全国高等学校中药资源与开发、中草药栽培与鉴定、中药制药等专业
国家卫生健康委员会"十三五"规划教材

中药学

主　审　颜正华

主　编　崔　瑛　张一昕

副主编　张金莲　陈　芳　李盛青　卫培峰　胡小勤

编　委（以姓氏笔画为序）

卫培峰（陕西中医药大学）　　　　　张金莲（江西中医药大学）

王玉凤（安徽中医药大学）　　　　　陈　芳（贵州中医药大学）

王加锋（山东中医药大学）　　　　　陈海丰（云南中医药大学）

王颖芳（广东药科大学）　　　　　　周　鹏（天津中医药大学）

冯　静（河南中医药大学）　　　　　赵志英（中国药科大学）

刘立萍（辽宁中医药大学）　　　　　胡小勤（广西中医药大学）

李会芳（山西中医药大学）　　　　　高　琰（北京医院）

李盛青（广州中医药大学）　　　　　高慧琴（甘肃中医药大学）

杨　敏（成都中医药大学）　　　　　郭宏伟（广西医科大学）

汪　琼（湖北中医药大学）　　　　　崔　瑛（河南中医药大学）

张一昕（河北中医药大学）　　　　　廖广辉（浙江中医药大学）

张凤瑞（长春中医药大学）

学术秘书

冯　静（河南中医药大学）　　　　　郝　蕾（河北中医药大学）

人民卫生出版社

·北京·

图书在版编目（CIP）数据

中药学 / 崔瑛，张一昕主编 . —北京：人民卫生
出版社，2020.12（2024.1重印）
ISBN 978-7-117-30558-7

Ⅰ.①中⋯ Ⅱ.①崔⋯②张⋯ Ⅲ.①中药学 —医学
院校 —教材 Ⅳ.①R28

中国版本图书馆 CIP 数据核字（2020）第 185532 号

人卫智网	www.ipmph.com	医学教育、学术、考试、健康，购书智慧智能综合服务平台
人卫官网	www.pmph.com	人卫官方资讯发布平台

中 药 学
Zhongyaoxue

主　　编：崔　瑛　张一昕
出版发行：人民卫生出版社（中继线 010-59780011）
地　　址：北京市朝阳区潘家园南里 19 号
邮　　编：100021
E - mail：pmph @ pmph.com
购书热线：010-59787592　010-59787584　010-65264830
印　　刷：天津市光明印务有限公司
经　　销：新华书店
开　　本：850×1168　1/16　印张：25
字　　数：607 千字
版　　次：2020 年 12 月第 1 版
印　　次：2024 年 1 月第 2 次印刷
标准书号：ISBN 978-7-117-30558-7
定　　价：89.00 元

打击盗版举报电话：010-59787491　E-mail：WQ @ pmph.com
质量问题联系电话：010-59787234　E-mail：zhiliang @ pmph.com

出版说明

高等教育发展水平是一个国家发展水平和发展潜力的重要标志。办好高等教育,事关国家发展,事关民族未来。党的十九大报告明确提出,要"加快一流大学和一流学科建设,实现高等教育内涵式发展",这是党和国家在中国特色社会主义进入新时代的关键时期对高等教育提出的新要求。近年来,《关于加快建设高水平本科教育全面提高人才培养能力的意见》《普通高等学校本科专业类教学质量国家标准》《关于高等学校加快"双一流"建设的指导意见》等一系列重要指导性文件相继出台,明确了我国高等教育应深入坚持"以本为本",推进"四个回归",建设中国特色、世界水平的一流本科教育的发展方向。中医药高等教育在党和政府的高度重视和正确指导下,已经完成了从传统教育方式向现代教育方式的转变,中药学类专业从当初的一个专业分化为中药学专业、中药资源与开发专业、中草药栽培与鉴定专业、中药制药专业等多个专业,这些专业共同成为我国高等教育体系的重要组成部分。

随着经济全球化发展,国际医药市场竞争日趋激烈,中医药产业发展迅速,社会对中药学类专业人才的需求与日俱增。《中华人民共和国中医药法》的颁布,"健康中国 2030"战略中"坚持中西医并重,传承发展中医药事业"的布局,以及《中医药发展战略规划纲要(2016—2030 年)》《中医药健康服务发展规划(2015—2020 年)》《中药材保护和发展规划(2015—2020 年)》等系列文件的出台,都系统地筹划并推进了中医药的发展。

为全面贯彻国家教育方针,跟上行业发展的步伐,实施人才强国战略,引导学生求真学问、练真本领,培养高质量、高素质、创新型人才,将现代高等教育发展理念融入教材建设全过程,人民卫生出版社组建了全国高等学校中药资源与开发、中草药栽培与鉴定、中药制药专业规划教材建设指导委员会。在指导委员会的直接指导下,经过广泛调研论证,我们全面启动了全国高等学校中药资源与开发、中草药栽培与鉴定、中药制药等专业国家卫生健康委员会"十三五"规划教材的编写出版工作。本套规划教材是"十三五"时期人民卫生出版社的重点教材建设项目,教材编写将秉承"夯实基础理论、强化专业知识、深化中医药思维、锻炼实践能力、坚定文化自信、树立创新意识"的教学理念,结合国内中药学类专业教育教学的发展趋势,紧跟行业发展的方向与需求,并充分融合新媒体技术,重点突出如下特点:

1. **适应发展需求,体现专业特色** 本套教材定位于中药资源与开发专业、中草药栽培与鉴定专业、中药制药专业,教材的顶层设计在坚持中医药理论、保持和发挥中医药特色优势的前提下,重视现代科学技术、方法论的融入,以促进中医药理论和实践的整体发展,满足培养特色中医药人才的需求。同时,我们充分考虑中医药人才的成长规律,在教材定位、体系建设、内容设计上,注重理论学习、生产实践及学术研究之间的平衡。

2. **深化中医药思维,坚定文化自信** 中医药学根植于中国博大精深的传统文化,其学科具有文化和科学双重属性,这就决定了中药学类专业知识的学习,要在对中医药学深厚的人文内涵的发掘中去理解、去还原,而非简单套用照搬今天其他学科的概念内涵。本套教材在编写的相关内容中注重中医药思维的培养,尽量使学生具备用传统中医药理论和方法进行学习和研究的能力。

3. **理论联系实际,提升实践技能** 本套教材遵循"三基、五性、三特定"教材建设的总体要求,做到理论知识深入浅出,难度适宜,确保学生掌握基本理论、基本知识和基本技能,满足教学的要求,同时注重理论与实践的结合,使学生在获取知识的过程中能与未来的职业实践相结合,帮助学生培养创新能力,引导学生独立思考,理清理论知识与实际工作之间的关系,并帮助学生逐渐建立分析问题、解决问题的能力,提高实践技能。

4. **优化编写形式,拓宽学生视野** 本套教材在内容设计上,突出中药学类相关专业的特色,在保证学生对学习脉络系统把握的同时,针对学有余力的学生设置"学术前沿""产业聚焦"等体现专业特色的栏目,重点提示学生的科研思路,引导学生思考学科关键问题,拓宽学生的知识面,了解所学知识与行业、产业之间的关系。书后列出供查阅的相关参考书籍,兼顾学生课外拓展需求。

5. **推进纸数融合,提升学习兴趣** 为了适应新教学模式的需要,本套教材同步建设了以纸质教材内容为核心的多样化的数字教学资源,从广度、深度上拓展了纸质教材的内容。通过在纸质教材中增加二维码的方式"无缝隙"地链接视频、动画、图片、PPT、音频、文档等富媒体资源,丰富纸质教材的表现形式,补充拓展性的知识内容,为多元化的人才培养提供更多的信息知识支撑,提升学生的学习兴趣。

本套教材在编写过程中,众多学术水平一流和教学经验丰富的专家教授以高度负责、严谨认真的态度为教材的编写付出了诸多心血,各参编院校对编写工作的顺利开展给予了大力支持,在此对相关单位和各位专家表示诚挚的感谢!教材出版后,各位教师、学生在使用过程中,如发现问题请反馈给我们(renweiyaoxue@163.com),以便及时更正和修订完善。

人民卫生出版社

2019 年 2 月

教材书目

序号	教材名称	主编	单位
1	无机化学	闫 静 张师愚	黑龙江中医药大学 天津中医药大学
2	物理化学	孙 波 魏泽英	长春中医药大学 云南中医药大学
3	有机化学	刘 华 杨武德	江西中医药大学 贵州中医药大学
4	生物化学与分子生物学	李 荷	广东药科大学
5	分析化学	池玉梅 范卓文	南京中医药大学 黑龙江中医药大学
6	中药拉丁语	刘 勇	北京中医药大学
7	中医学基础	战丽彬	南京中医药大学
8	中药学	崔 瑛 张一昕	河南中医药大学 河北中医药大学
9	中药资源学概论	黄璐琦 段金廒	中国中医科学院中药资源中心 南京中医药大学
10	药用植物学	董诚明 马 琳	河南中医药大学 天津中医药大学
11	药用菌物学	王淑敏 郭顺星	长春中医药大学 中国医学科学院药用植物研究所
12	药用动物学	张 辉 李 峰	长春中医药大学 辽宁中医药大学
13	中药生物技术	贾景明 余伯阳	沈阳药科大学 中国药科大学
14	中药药理学	陆 茵 戴 敏	南京中医药大学 安徽中医药大学
15	中药分析学	李 萍 张振秋	中国药科大学 辽宁中医药大学
16	中药化学	孔令义 冯卫生	中国药科大学 河南中医药大学
17	波谱解析	邱 峰 冯 锋	天津中医药大学 中国药科大学

序号	教材名称	主编	单位
18	制药设备与工艺设计	周长征 王宝华	山东中医药大学 北京中医药大学
19	中药制药工艺学	杜守颖 唐志书	北京中医药大学 陕西中医药大学
20	中药新产品开发概论	甄汉深 孟宪生	广西中医药大学 辽宁中医药大学
21	现代中药创制关键技术与方法	李范珠	浙江中医药大学
22	中药资源化学	唐于平 宿树兰	陕西中医药大学 南京中医药大学
23	中药制剂分析	刘 斌 刘丽芳	北京中医药大学 中国药科大学
24	土壤与肥料学	王光志	成都中医药大学
25	中药资源生态学	郭兰萍 谷 巍	中国中医科学院中药资源中心 南京中医药大学
26	中药材加工与养护	陈随清 李向日	河南中医药大学 北京中医药大学
27	药用植物保护学	孙海峰	黑龙江中医药大学
28	药用植物栽培学	巢建国 张永清	南京中医药大学 山东中医药大学
29	药用植物遗传育种学	俞年军 魏建和	安徽中医药大学 中国医学科学院药用植物研究所
30	中药鉴定学	吴啟南 张丽娟	南京中医药大学 天津中医药大学
31	中药药剂学	傅超美 刘 文	成都中医药大学 贵州中医药大学
32	中药材商品学	周小江 郑玉光	湖南中医药大学 河北中医药大学
33	中药炮制学	李 飞 陆兔林	北京中医药大学 南京中医药大学
34	中药资源开发与利用	段金廒 曾建国	南京中医药大学 湖南农业大学
35	药事管理与法规	谢 明 田 侃	辽宁中医药大学 南京中医药大学
36	中药资源经济学	申俊龙 马云桐	南京中医药大学 成都中医药大学
37	药用植物保育学	缪剑华 黄璐琦	广西壮族自治区药用植物园 中国中医科学院中药资源中心
38	分子生药学	袁 媛 刘春生	中国中医科学院中药资源中心 北京中医药大学

唐志书　陕西中医药大学
黄必胜　湖北中医药大学
梁沛华　广州中医药大学
彭　成　成都中医药大学
彭代银　安徽中医药大学
简　晖　江西中医药大学

委　　员（以姓氏笔画为序）

马　琳	马云桐	王文全	王光志	王宝华	王振月	王淑敏
申俊龙	田　侃	冯　锋	刘　华	刘　勇	刘　斌	刘合刚
刘丽芳	刘春生	闫　静	池玉梅	孙　波	孙海峰	严玉平
杜守颖	李　飞	李　荷	李　峰	李　萍	李向日	李范珠
杨武德	吴　卫	邱　峰	余伯阳	谷　巍	张　辉	张一昕
张永清	张师愚	张丽娟	张振秋	陆　茵	陆兔林	陈随清
范卓文	林　励	罗光明	周小江	周日宝	周长征	郑玉光
孟宪生	战丽彬	钟国跃	俞年军	秦民坚	袁　媛	贾景明
郭顺星	唐于平	崔　瑛	宿树兰	巢建国	董诚明	傅超美
曾建国	谢　明	甄汉深	裴妙荣	缪剑华	魏泽英	魏建和

秘 书 长　吴啟南　郭兰萍

秘　　书　宿树兰　李有白

前　言

中药学脱胎于古代本草,是前人智慧的结晶,经过近几十年的实践、探索、凝练,成为集古今中药精华的启蒙之作。教材是知识的载体,科学的教学思维是教材的灵魂,有灵魂的教材能给学生以启发、引导,自然而然地由必然而进入自由的学术殿堂。有灵魂的教材始能称之为教科书。

本教材继承历版《中药学》教材的精华,力求所载知识的系统、准确。同时,围绕药物知识、用药知识两大知识模块,以建立中药合理用药思维为目标,在总论撰写上,突出中药品质、中药性能、中药用法在保证安全、有效用药中的关键地位;在各论撰写上,各章体现从章、到节、到每味中药的层层递进的对证用药思维。希望学生通过课程学习,达到知药、用药的基本要求,培养学生建立中药合理用药的系统思维。

本教材共分总论和各论两部分。总论部分共4章,依次介绍了中药与中药学相关概念、中药的起源和中药学的发展与沿革、中药的品质、中药的性能、中药的应用,附以中药的功效和中药的常用命名方法。各论部分收载临床常用中药544种(含附药96种),按其主要功效分为23章。每章首列概述,阐明该类中药的含义、性能主治、应用要点。每药依次按处方用名、主要药性、功效、应用、用法用量、使用注意、现代研究、备注等内容介绍。书后附有主要参考书目、中药药食两用和可用于食品的中药名录、中药名称汉语拼音索引。

本教材由全国22家中医药院校、药科大学、医疗机构的23位长期从事中药学教学、研究工作的专家、教授精诚合作,共同完成。其中崔瑛撰写中药的品质、中药的药性、中药的应用和附录部分,张一昕撰写绪论和发散风寒药,王加锋撰写发散发热药、驱虫药,张金莲撰写清热泻火药、清热燥湿药、涌吐药,郭宏伟撰写清热解毒药,冯静撰写清热解毒药、清热凉血药、清虚热药、活血止痛药、活血调经药,高慧琴撰写泻下药,王玉凤撰写祛风湿散寒药,汪琼撰写祛风湿清热药、祛风湿强筋骨药,刘立萍撰写化湿药,杨敏撰写利水消肿药、利尿通淋药,高琰撰写利湿退黄药、活血疗伤药、破血消癥药,廖广辉撰写温里药、拔毒化腐生肌药,张凤瑞撰写理气药,赵志英撰写消食药、止咳平喘药,胡小勤撰写止血药,李盛青撰写化痰药,李会芳撰写安神药、攻毒杀虫止痒药,王颖芳撰写平抑肝阳药、息风止痉药,周鹏撰写开窍药、补阴药,陈芳撰写补气药、补血药,陈海丰撰写补阳药,卫培峰撰写收涩药。

在本教材的编写过程中,教材主审,国医大师,北京中医药大学终身教授颜正华先生以期颐之年,亲自审定教材编写方案,提出了许多宝贵意见,并全程给予指导和支持。人民卫生出版社、河南中医药大学、河北中医学院给予了大力支持和帮助。河南中医药大学冯静老师、河北中医学院郝蕾老师为本教材文稿整理、校对,数字化资料的整理做了大量工作。本教材的完成与出版,凝聚了责任编辑、编委会成员的心血与汗水,在此一并表达深深的谢意!

本教材编写过程中,参考、借鉴并吸纳了《中国药典》《中华本草》《中药大辞典》《临床用药须知·中药饮片卷》以及历版《中药学》教材的精华,恕未在教材中注明。在此向作者和出版社表示诚挚的谢意!

由于作者水平有限,教材中难免存在错误和不足,诚恳接受高校同行、学生和读者的宝贵意见,以便再版时修改完善。

编者

2020 年 8 月

目　录

总　论

各　论

总 论

第一章 绪论

【学习目标】

1. 掌握中药与中药学及其相关概念的含义。

2. 熟悉中药学的发展概况,重点掌握《神农本草经》《本草经集注》《新修本草》《证类本草》《本草纲目》《本草纲目拾遗》《中华本草》等主要本草著作的学术成就。了解中药的起源。

第一节 中药与中药学的相关概念

在广袤的自然界蕴藏着丰富的植物、动物和矿物资源。人类很早就开始发现并利用其中具有药用价值的资源,作为治疗疾病、维护健康的工具。随着药物知识的日渐丰富,在各民族文化的背景下,形成了各具民族特色的传统药学体系。在我国,有中药、藏药、维药、苗药、蒙药、傣药等不同的传统药学体系,这些都是我国传统医药学的重要组成部分。

中药的发现与应用历史悠久、内容丰富、理论体系完善。清代及其以前的古代本草文献所载中药已超过 3 000 种。全国第三次中药资源普查资料表明,中药资源已达 12 807 种。所谓中药,是指在中医药理论指导下,用于预防、诊断、治疗疾病和康复保健的天然产物及其加工品。数千年来,我国劳动人民以中药作为防病治病的主要武器,对中华民族的繁衍昌盛和人类健康发挥了巨大的作用。中药也有草药、中草药的称谓。所谓草药,历史上是与"官药"对应的名词,现多指某些局部地区民间习用、加工炮制欠规范、性能功效不系统的中药。而中草药,可以理解为中药和草药的混称,也是与中药等同的概念。由此可见,中药与草药、中草药没有本质的区别。为避免混淆,应统一于中药概念之中。

中药主要来源于天然产物,包括植物药、动物药、矿物药及部分人工制品。由于中药以植物药居多,故有"诸药以草为本"的说法。五代时期的医药学家韩保昇指出:"药有玉石草木虫兽,而直言本草者,草类药为最多也。"因此,从古至今习惯上把记载药物知识的书籍称本草。本草是传承中药知识的主要载体。

中药有中药材、中药饮片、中成药等主要传统形态。中药材是指在中医药理论指导下,对采集的药用部位经产地初加工后形成的原料药,可供制成中药饮片。中药饮片是指中药材经过炮制后,可直接用于中医临床或制剂生产使用的处方药品。中成药是指以中药饮片为原料,在中医药理论指导下,按规定的处方和方法加工制成一定剂型,标明功效、主治、用法、用量等,经药品监督管理部门批准生产,供医师或患者使用的药品。

此外,近年来也有一些新的中药饮片兴起,如中药配方颗粒是将单味中药饮片经提取浓缩制成的、供中医临床配方用的颗粒;中药超微配方颗粒是由超微粉碎技术将固体药物粉碎成直径小于10μm(即300目以上)粉体的超微颗粒配方饮片。这两种饮片已经在医疗机构中使用。

中药学是专门研究中药的基本理论和各种中药的品种、来源、产地、采集、炮制、性能、功效及临床应用规律等知识的学科。中药学的上述内容完整地保留在历代本草著作中。当今,由于学科的分化,中药学中的品种、来源、产地、采集、炮制等内容,分化为中药鉴定学、中药炮制学、中药药剂学等中药学二级学科。本教材所载内容实际上属于中药学二级学科临床中药学的范畴。临床中药学是专门研究中药的基本理论和各种中药的性能、功效及临床应用规律等知识的学科。

临床中药学重点介绍中药的性能、功效、应用等基本理论以及临床安全有效应用各种中药的知识,为临床合理用药提供依据,是中医药学理、法、方、药的重要组成部分。临床中药学的理论与知识也是中药学各学科开展中药现代研究的起点和归宿。

第二节　中药的起源与中药学的发展

中药的发现与应用,有着悠久的历史。早在原始社会,人们为了生存,通过长期的采集食用植物和狩猎活动,逐步观察和了解到这些植物、动物不仅可以充饥果腹,而且有的可以减缓病痛,有的会引起中毒,甚至危及生命、造成死亡。因此,人们在觅食时很自然地逐渐有所选择和避忌。为了与疾病作斗争,上述经验启示人们对这些植物和动物的药效作用加以利用。古人经过无数次有意识的反复试验和观察,逐步形成了早期的药物知识。《淮南子·修务训》中记述的"神农……尝百草之滋味……一日而遇七十毒"的传说,生动而形象地表达了药物知识的萌芽与人类寻求食物的生活实践的密切关系。

人类早期主要以植物性食物充饥,因而最先发现的是植物药。在广泛的渔猎活动开展之后,又相继认识了某些动物药物。进入原始社会后期,随着开矿、采石和冶炼的兴起,又相继发现并掌握了矿物药的加工和应用知识。在这一时期,我们的祖先还从野果与谷物的自然发酵的启示中,逐步发现并掌握了酒的酿制技术。至殷商时期,酿酒业已十分兴盛,酒除了作为饮料之外,更重要的是具有祛寒邪、通血脉、行药势、作溶媒等多方面的医疗作用,故古人将酒誉为"百药之长"。

随着文字的创造和使用,药物知识也由口耳相传发展为文字记载。从现有文献可知,先秦时期认识的药物品种已十分可观。如《诗经》中用以比喻吟咏的植物和动物有300余种,其中大多为后世常用药物。记述山川及物产的《山海经》介绍了植物药、动物药、矿物药120余种,所言各物产地更加具体,还介绍了其医疗用途。20世纪70年代初,长沙出土的战国早期医书《五十二病方》涉及药物247种,对炮制、制剂、用法、禁忌等均有记述。1977年安徽阜阳出土的汉代简书《万物》中载有药物 70 余种,主治疾病 30 多种。日渐丰富的药学知识,为本草专著的产生,奠定了基础。

药学专著的出现,是中药学形成的重要标志。各个历史时期的主要本草著作,又是中药学发展的集中体现。其发展简况如下。

一、秦汉时期(公元前 221—公元 220)

秦汉之际,本草学已初具规模。通过境内外的交往,西域的胡麻、大蒜与越南的薏苡仁等相继传入我国,边远地区的羚羊角、麝香、琥珀等药材进入中原内地。炼丹术的兴起,开创了化学药物的制作和使用。据医学史家考证,西汉时已有药学专著出现,而且达到了相当水平和规模。如《史记·扁鹊仓公列传》记载有公乘阳庆传其弟子淳于意《药论》一书,《汉书·楼护传》云:"护诵医经、本草、方术数十万言。"遗憾的是这些专门的本草文献未能流传下来。当时的本草和医经、方术一样,已成为临床医生必修的学科,还拥有一批被称为"本草待诏"的药学人员,有的还被国家录用。

成书于东汉的《神农本草经》(简称《本经》),是对汉以前药学知识的第一次大总结,代表了秦汉两代最高的药学成就,是我国现存最早的药学专著。全书分为"序例"(总论)和"药物"(各论)两部分,序例部分简要论述了四气、五味、有毒无毒、配伍法度、药物对剂型的选择以及产地、采收、加工、真伪等多方面的内容,初步奠定了中药学理论的基础。各论部分载药 365 种,以有毒无毒,以及养身延年与祛邪治病的作用为标准,分为上、中、下三品,这是药物按功用分类的创始。每药项下,主要介绍性味、功效、主治等内容。其所载药效,大多朴实有验,如麻黄平喘、黄连治痢、人参补虚、茵陈退黄、半夏止呕等,至今亦为临床常用。

二、三国、两晋、南北朝时期(220—581)

这一时期,科学技术快速发展,加之南北融合和中外交往的扩大,以及医家应用的药物种类日渐增多,本草学的内容更加丰富,学术水平进一步提高。此间的本草著作有近百种之多,且形式多样,有综合性的、炮制类的、专科用药类的、配伍忌宜的、食物类的,以及单味药专论、采药、药图等。对后世影响较大者除《吴普本草》《名医别录》《李当之药录》及徐之才《雷公药对》外,首推梁代陶弘景编著的《本草经集注》(简称《集注》)。该书完成于公元 500 年左右,它以《本经》为基础,又从《名医别录》中选取 365 种药物,加上陶氏自注而成,全书 7 卷,共载药 730 种。书中"序录"部分,首先回顾本草学发展概况,随后对《本经》序例 13 条逐一注释、发挥,补充了许多采收、鉴别、加工、炮制、制剂、配伍、合理配方取量方面的理论和操作原则,从而大大丰富了药学总论的内容。其增列的"诸病通用药",实为病证用药索引,便于临床医生查询。各论部分首创按药物自然属性分类的方法,列为玉石、草木、虫兽、果、菜、米食及有名未用七类,各类中又结合三品分类安排药物顺序。每味药物项下不仅转录《本经》和《名医别录》的内容,而且增加了自注,以反映作者的用药经验和见解。为便于区分文献来源,采用朱书《本经》原文,墨书《名医别录》原文,小字作注的方式。对于药性,又以朱点为热,墨点为冷,无点为平。该书对魏晋以来三百余年的药学成就进行了全面总结,并标志着综合本草模式的初步确立,其编写体例和内容,一直为后世许多本草学家所沿袭,是我国药学史上一部承上启下的划时代的药学专著。

南朝刘宋时期,雷敩总结了当时药物炮制的经验,撰成《雷公炮炙论》,书中介绍了近 300 种药物的炮制方法,总结了水飞、蒸、煮、炒、煨、制霜等 10 余种炮制技术;其对炮制铺料选用十分考究。原书虽已散佚,其内容为后世本草书籍及有关著作所引述。该书是我国第一部炮制专著,标志着新兴本草分支的出现,对后世中药的炮制产生了极大的影响。

三、隋唐时期(581—960)

隋唐两代,尤其是盛唐之时,政权统一,经济文化日渐繁荣,交通发达,海外交往逐步扩大,医药学有了较大的发展。相继从海外输入的药材品种亦有所增加,本草内容更加丰富,各地使用的药物总数已达千种之多。此外,由于长期分裂、战乱等多种原因造成的药物品种及名称混乱,加之《本草经集注》在一百年来的传抄中出现了不少错误,因而对本草学进行一次大规模的整理,既是当时的迫切需要,也是本草学发展的必然结果。在唐王朝"普颁天下,营求药物"的基础上,根据原有文献及全国各地方收集的药物调查资料,于显庆四年(公元 659 年)颁行了由李勣、苏敬等主持编纂的《新修本草》(又称《唐本草》),这是我国历史上第一部官修本草,也被誉为世界上第一部药典。全书共 54 卷,载药 844 种(一说 851 种)。由药图、图经、本草三部分组成,分为玉石、草、木、兽禽、虫、鱼、果菜、米谷、有名未用等九类。除有名未用外,其余各类药又分为上、中、下三品。除正文之外,书中增加了绘制考究的药物图谱,并辅以文字说明的"图经"以介绍各药形态特征,这种图文对照的方法,开创了世界药学著作体例的先河。该书以其崭新的形式和内容广为流传,成为我国唐代及当时日本等地医生的必修课本。

开元年间(713—741 年),陈藏器编成《本草拾遗》。他广泛收集资料,不仅搜集了《新修本草》所遗漏的民间药物,而且辨识品类也极为审慎,充实了本草学的内容。并根据药效提出药有宣、通、补、泻、轻、重、滑、涩、燥、湿十类,成为后世药物和方剂按功效分类的开端。

此外,由孟诜原著,张鼎增补的《食疗本草》,较全面地总结了唐代的食疗经验。李珣所辑《海药本草》,则为介绍外来药的专书。

四、宋、金元时期(960—1368)

随着经济、文化、科学技术和商业、交通的发展,特别是雕版印刷等技术的应用,为医药书籍的编纂和刊行提供了有利条件。宋代初年,依靠国家的力量,对药材的来源和品种进行了全面考订,相继刊行了多部官修本草。公元 973 年刊行了《开宝新详定本草》。书成之后,发现多处错漏,翌年又进行重新校勘修订,名为《开宝重定本草》(简称《开宝本草》)。1060 年刊行《嘉祐补注本草》(简称《嘉祐本草》)。1061 年刊行《本草图经》(亦称《图经本草》),所附的 900 多幅药图,是我国现存最早的版刻本草图谱。当时《嘉祐本草》与《图经本草》各自刊行,使用不便,因而四川名医陈承将二书合并,增加古今论说及个人见解,名为《重广补注神农本草图经》。

无独有偶,将《嘉祐本草》与《图经本草》合并编撰的还有一位医家,就是四川名医唐慎微。唐氏医技高超,为人治病往往不计报酬,只求良方,从而搜集了大量古今单方、验方。他治学广泛,学识渊博,整理了经史百家246种典籍中有关药学的资料,在《嘉祐本草》与《图经本草》的基础上,于公元1082年撰成《经史证类备急本草》(简称《证类本草》)。全书33卷,载药1558种,较前增加了476种,附方3000余首。方例是药物功能的直接例证,每味药物附有图谱,这种方药兼收、图文并重的编写体例,较前代本草又有所进步,且保存了民间用药的丰富经验。每药还附以制法,为后世提供了药物炮制资料。他广泛引证历代文献,保存了《开宝本草》《日华子本草》《嘉祐本草》等佚书内容。本书不仅切合实际,而且在集前人著作大成方面作出了极大贡献,为后世保存了大量古代方药的宝贵文献,本书使我国大型骨干本草编写格局臻于完备,起到了承前启后、继往开来的作用。《证类本草》沿用了500多年,直到明代《本草纲目》问世后,才逐渐被取代。作为本草学范本的《证类本草》,不仅完成了当时的历史使命,而且为《本草纲目》的诞生奠定了基础。该书是宋代最有代表性的大型综合本草。直到现代,它仍然是我们研究中药必备的重要参考书目之一。

　　金元时期的本草,一般出自医家之手,药味不多,内容简要,具有明显的临床药学特征。如寇宗奭的《本草衍义》张元素的《珍珠囊》李杲的《药类法象》和《用药心法》王好古的《汤液本草》朱震亨的《本草衍义拾遗》等。这些本草著作发展了升降浮沉、归经等药性理论,并使之系统化,进一步完善了中药性能的内容。而且根据中医理论,结合药物主治经验,总结各药功效,提高了本草的学术性、临床实用性和可读性,并促进了明清本草家的求实风格。

　　元代忽思慧编著的《饮膳正要》是饮食疗法的专门著作,记录了不少回、蒙民族的食疗方药,至今仍有较高的参考价值。

五、明代时期(1368—1644)

　　明代随着医药学的发展,药学知识和技术进一步积累,沿用已久的《证类本草》已不能满足时代的要求。1503年刘文泰等人修订的《本草品汇精要》是我国封建社会最后一部大型官修本草,载药1815种,绘有1385幅精美的彩色药图和制药图,是我国古代规模最大的彩绘本草图谱。但其内容立足于文献改编,缺乏创新,且分项过于繁杂,成书之后因刘文泰获罪而放置内库,直至1936年才由商务印书馆出版,故在药学史上未产生什么影响。

　　1552—1578年间,伟大的医药学家李时珍在通考800余种文献的基础上,又亲历实践,广收博采,历时27年,三易其稿,编著了《本草纲目》这一不朽的巨著。全书52卷,载药1892种(新增374种),附方11000多首,附图1109幅。序例部分对本草史和中药基本理论进行了全面、系统、深入的总结和发挥,创见颇多。各论按自然属性分为水、火、土、金石、草、谷、菜、果、木、器服、虫、鳞、介、禽、兽、人共16部60类。各药项下,又分正名、释名、集解、正误、修治、气味、主治、发明、附方诸项,逐一介绍。该书集我国16世纪以前药学成就之大成,在训诂、语言文字、历史、地理、植物、动物、矿物、冶金、农学、气象等许多方面均有突出成就,其影响远远超出了本草学的范围。自1596年刊行之后,很快即风行全国,17世纪初期流传到国外,先后有拉丁、日、法、德、英、苏等20多种语言文字,在世界广泛流传,被国外学者誉为"16世纪中国的百科全书"。2011年,《本草纲目》作为世界物质文化遗产,与《黄帝内经》入选《世界记忆名录》。

这一时期的专题本草也取得瞩目成就。朱橚的《救荒本草》,着重介绍可供灾荒时食用之物,对医学、农学、植物学均有一定参考价值。兰茂的《滇南本草》,以收载云南地区的药物为主,成为内容最丰富的古代地方性本草。缪希雍的《神农本草经疏》及《炮炙大法》,则分别为阐释药理及专论炮制的代表著作。

六、清代时期(1644—1911)

清代虽未产生大型综合本草,但医家非常重视对本草的研究,本草的数量达400种之多。其中代表作当推赵学敏的《本草纲目拾遗》(1765年)。全书共10卷,载药921种,仅新增品种就达716种之多。其卷首"正误"中,对《本草纲目》疏漏未载或备而不详者加以补充修订,错误之处给予更正。内容34条,十分可贵。其新增品种,有金钱草、鸦胆子等疗效确切的民间药,鸡血藤、胖大海、冬虫夏草等临床常用药,同时收载了金鸡纳(奎宁)、香草、臭草等外来药,极大丰富了本草学的内容。书中还保存了10余种现已失散的草药书籍的部分内容。因此,该书在鉴定药材、研究草药单方的经验等方面,具有较大的实用价值和文献价值。

为配合临床需要,以临床实用为原则,撷取《本草纲目》精粹,旁引众家,兼抒己见,编撰成临床节要性本草,具有较高的质量,影响较大。如汪昂的《本草备要》、吴仪洛的《本草从新》、黄宫绣的《本草求真》等。另外,受考据和崇古思想的影响,清人辑复《神农本草经》等古典文献并加以阐释之风盛行,前者有孙星衍、顾观光等人的辑本,后者有《本草崇原》《本经逢原》《神农本草经百种录》《本经疏证》等。这些著作多出自各家,在继承前人用药经验、发展药性理论、精炼药物功用方面,亦不乏实效。

清代专题类本草门类齐全,其中也不乏佳作。如张仲岩的《修事指南》为炮制类专著;郑肖岩的《伪药条辨》为优秀的辨药专书;唐容川的《本草问答》、徐灵胎的《医学源流论》中的10余篇药理论文,都属药理专著;章穆的《调疾饮食辩》、丁其誉的《类物》、王士雄的《随息居饮食谱》等,均属于较好的食疗专著。

七、民国时期(1912—1949)

辛亥革命以后,随着西方文化及西方医药学在我国进一步传播,尽管曾出现了一股全盘否定传统文化的思潮,国民政府当局也采取了压制中医的政策,但是在志士仁人的努力下,本草学以其顽强的生命力,在继承和发扬方面均有新的发展。

随着中医学校的兴建,涌现了一批适应中医药教育需要的实用性强、内容简要、体例新颖的中药学讲义,如浙江兰溪中医学校张寿颐的《本草正义》、浙江中医专门学校何廉臣的《实验药物学》、上海中医专门学校秦伯未的《药物学》、天津国医函授学校张锡纯的《药物讲义》等。这些讲义,对各药功用主治的论述更加充实,其中尤以《本草正义》的论述和发挥最为精辟中肯。

药学辞典类工具书的编纂,是民国时期中药学发展的一大贡献。其中影响和成就最大的当推陈存仁主编的《中国药学大辞典》(1935 年出版),其收录条目 4 300 余条,汇集了古今有关论述与研究成果,资料繁博,查阅方便,虽有不少错讹,但仍不失为现代第一部最重要的大型中药辞书。

本草学的现代研究开始起步。一是利用植(动)物学和生药学的成果,进行药材资源调查、品种考证,确定中药的基源。二是参照西药的研究方法,对单味中药的化学成分和药理作用开展研究。这些工作对于促进中药学发展的历史功绩是应当加以充分肯定。

八、中华人民共和国成立以后(1949 至今)

中华人民共和国成立以后,党和政府高度重视中医药事业的继承和发展,制定了一系列有利于中医药发展的方针、政策和措施。随着我国社会和经济建设的迅速发展,现代自然科学技术的日益进步,中医药步入了最佳发展时期,中药学也取得了举世瞩目的空前成就。

从 20 世纪 50 年代开始,各地出版部门根据原国家卫生部的建议和安排,积极进行中医药文献的整理刊行。在本草方面,陆续影印、重刊或校点评注了《神农本草经》《本草经集注》《证类本草》《新修本草》(残卷)、《本草品汇精要》《本草纲目》等数十种重要的古代本草专著,对中药学的全面继承和发掘研究具有重大意义。

20 世纪 70 年代后期中药新著不断面世,数以千计各具特色的中药著作,从多角度、全方位地将本草学提高到崭新的水平。其中最能反映当代本草学术成就的,有《中华人民共和国药典》《中药志》《全国中草药汇编》《中药大辞典》《原色中国本草图鉴》《中华本草》《中国本草全书》等。

《中华人民共和国药典》(以下简称《中国药典》)是我国药品标准的法典,以法典的形式确定了中药在当代医药卫生事业中的地位,作为药品生产、供应、检验和使用的依据,也为中药材及中药制剂质量的提高、标准的确定起到了巨大的促进作用。

《中药大辞典》由江苏新医学院编写,第 2 版由南京中医药大学编著,共收载中药 6 008 种,以正名为辞目,下分异名、基源、原植(动、矿)物、栽培(或饲养)、采集、制法、药材、成分、药理、炮制、性味、归经、功用主治、用法与用量、忌宜、选方、临床报道、各家论述、备考 19 项,内容丰富,资料齐全、系统,引文直接标注最早出处或始载文献,有重要的文献价值。

《中华本草》是由国家中医药管理局主持、南京中医药大学总编审、全国 60 多个单位协作编写、全国 500 余名专家历时 10 年完成的划时代中药学巨著。全书 35 卷,共 2 400 余万字,其中前 30 卷为中药,后 5 卷为民族药,分为藏药、蒙药、维吾尔药、傣药和苗药各 1 卷,陆续单独出版。其中中药部分收录正药 8 980 味,插图 8 534 幅,附列药物 571 种,该书项目齐全,图文并茂,学科众多,资料繁博,体例严谨,编排合理,发皇古义,融合新知。有别于古代本草的是引入了化学成分、药理、制剂、药材鉴定和临床报道等内容,在深度和广度上,超过了以往的本草文献,是一部全面总结中华民族两千多年来传统药学成就,集中反映 20 世纪中药学科发展成就的综合性本草巨著。

《中国本草全书》是由中国文化研究会于 1996—2002 年编辑出版。该书收录了我国公元前

220 年至公元 1911 年本草专著 800 余部,相关本草文献 10 000 余种。全书的文献资料采集于世界 130 多家图书馆,其中近百部本草专著是流散于海外的孤本珍本。以及 6 000 余种医籍中本草文献和 8 000 余种中国古代地方志中记载的本草相关文献。该书还收录了中国少数民族本草文献、宗教领域里的本草文献以及古代海外学者撰写的本草相关文献。全书共计 410 卷,24 万余页,约 2.5 亿字。全书第一次完整而全面地收录了中国古代本草文献彩色图片 7 000 余幅,黑白图片近 20 000 幅,其中绝大多数彩色图片均是 400 多年以前由当时的宫廷画家或民间画师手工绘制而成。该书是迄今以来对本草文献最大规模的整理和总结。

中华人民共和国成立以后,政府对中药资源情况也非常重视,先后 3 次组织各方面人员,开展了不同范围和规模的中药资源普查(调查)。基本掌握了天然药物品种的数量、产区分布、生态环境、蕴藏情况等。在资源调查的基础上,编著出版了全国性的中药志及一大批药用植物志、药用动物志及地区性的中药志。20 世纪 90 年代,第三次全国中药资源普查资料表明,中国的中药资源种类达到 12 807 种。目前,第四次全国中药资源普查也已于 2012 年正式启动并已全面展开,截至 2019 年 8 月,调查已汇总近 1.3 万种野生药用资源信息,发现 79 个新物种,其中近六成有潜在药用价值。

随着现代自然科学的迅速发展及中药事业自身发展的需要,中药的现代研究无论在深度和广度上都取得了瞩目的成就,促进了临床中药学、中药鉴定学、中药化学、中药药理学、中药炮制学、中药制剂学等分支学科的发展。

当代中药教育事业的振兴,为中药学和中药事业的发展,培养了大量高素质的专业人才。1956 年北京、上海、成都、广州 4 所中医学院的成立,使中医教育步入了现代正规高等教育行列。1959 年起,相继开设了本科中药专业。1978 年起,开始招收中药硕士研究生,并于 1984 年开始招收中药博士研究生。至此,我国的中药教育形成了以中专、大专、本科到硕士、博士研究生以及博士后多层次培养的完整体系。

进入 21 世纪后,中药学取得了前所未有的进展。一是加大中医药行业的投资力度,国家先后建立了一批中药重点实验室和工程技术中心,培养了一批制药骨干企业,初步形成了中药教学、科研、开发、生产相结合的体系。二是注重中药基础理论研究,如通过国家 973 计划、中药现代化专项等形式,资助了多项中药药性理论研究的重大项目。三是《中华人民共和国中医药法》由全国人民代表大会常务委员会于 2016 年 12 月 25 日发布,自 2017 年 7 月 1 日起施行。中医药健康发展走上法制化道路。四是中医药优势进一步凸显:①在预防保健方面,中医药作为大健康产业的主要角色,在健康理念、健康产品、养生保健、预防疾病等过程中发挥着不可替代的作用;②中医药在治疗病毒性疾病尤其是 2019 年底暴发的新型冠状病毒肺炎疫情的治疗中,面对无针对性治疗药物的局面,中药在抑制病情恶化、促进轻症康复中起到关键作用。这一切既是国家支持中医药发展的必然结果,也是中医药本身具有历史深厚积淀和鲜活生命力的必然结果。有党和政府的持续支持,有中医药从事人员的不断努力,中药将在未来的健康产业、预防保健、治疗疑难疾病中大放异彩,中药一定会实现更好地造福于人类的夙愿。

1. 何谓中药、中药学、本草、中草药、中成药?

2. 简述《神农本草经》《本草经集注》《新修本草》《证类本草》《本草纲目》《本草纲目拾遗》《中华本草》的成书年代、历史价值与学术贡献。

ER 总论第一章　同步练习

（张一昕）

第二章 中药的品质

1. 掌握道地药材与炮制的含义、中药炮制的目的。
2. 熟悉常用或特殊的炮制方法。
3. 了解中药的品种、产地、采集、炮制、贮藏与中药质量的关系。

品质,是指物品的质量。中药的品质,就是指中药的质量。质量是关系到中药有效性与安全性的前提与基础。作为主要来自天然产物的中药,其质量需要通过控制多种因素来保证。其中,中药的品种、产地、采集、炮制、贮存是控制中药饮片品质的关键因素。

第一节 中药品种

《中华本草》指出:"所谓中药品种,一般是指中药药味种类或物种而言"。药味种类,即中药药味数量,如《神农本草经》收载中药 365 种,实际上是 365 味中药。物种,即中药各自的物种来源,如中药牛膝来源于苋科植物牛膝 Achyranthes bidentata Bl. 的干燥根。中药有单一物种来源的单味中药,如牛膝;也有单一物种来源的多味中药,如来源于唇形科植物紫苏 Perilla frutescens (L.) Britt.,其种子、叶、茎则分别为紫苏子、紫苏叶、紫苏梗;也有单一中药多物种来源的情况,如黄连来源于毛茛科植物黄连 Coptis chinensis Franch.、三角叶黄连 Coptis deltoidea C. Y. Cheng et Hsiao 或云连 Coptis teeta Wall. 的干燥根茎。另外,中药同名异物、同物异名情况非常多见,中药还有历代物种来源变迁的问题等。因此,保证中药的品质,首先要从物种来源上明确各单味中药的品种,使用正品中药,这是保证中药有效性和安全性的前提条件。历代医家重视药材品种对中药临床有效与安全的重要影响,如陶弘景指出:"一物有谬,便性命及之。"

一味中药如只来源于一个品种,则不存在品种间的优劣问题。一味中药如来源于同一科的多个品种,则各品种之间有优劣差异。如麻黄来源于麻黄科植物木贼麻黄、草麻黄和中麻黄三个品种。几种麻黄所含成分相似,但其生物碱含量以木贼麻黄最高,草麻黄次之,中麻黄较低。三种麻黄药材的性能强弱、疗效高低肯定存在一定的差别。一味中药如来源于不同科的多个品种,各品种之间的差异可能还会更大。如中药贯众,曾经在商品中以贯众为名的药材有 6 科 35 种之多。

经研究,其中只有绵马贯众、紫萁贯众、狗脊蕨有清热解毒、凉血止血、杀虫等与传统本草记载一致的功效,三者之中,以绵马贯众作用最强。其余贯众,虽有贯众之名,只具备贯众某一方面的功效,实无贯众之实。因此,目前《中国药典》只收载绵马贯众、紫萁贯众。

由于一味药的不同品种之间存在质量差异,所以,在引种、栽培药用植物或驯化药用动物时,应当注意选择其优良品种。临床用药时,一定要弄清其品种来源。使用中药名称时,一定要书写正名。凡《中国药典》收载品种,必须以其使用的名称为准,不要使用别名,更不能杜撰名称,造成混乱。

第二节　中药产地

中药材的分布与生产离不开一定的自然环境。不同的自然环境决定了中药材的种类和质量的差异。故陶弘景云:"诸药所生,皆有境界。"陈嘉谟指出:"凡诸草木昆虫,各有相宜地产,气味功力自异寻常";"地产南北相殊,药力大小悬隔"。古人不仅观察到中药材种类和质量的地域差异,也认识这种差异对临床疗效的影响。如孙思邈所言:"古之医……用药必依土地,所以治十得九。今之医者,知诊脉处方……至于出处土地……皆不悉,所以治十不得五六者,实由于此。"从而形成了产地 - 质量 - 疗效的中药产地质量(品质)观。随着这一观点的不断成熟,前人通过长期的用药实践逐渐形成了"道地药材"的概念。

所谓"道地药材",是指品质优良、疗效突出、具有地域特色的中药材。如东北的人参、内蒙古的黄芪、山东的阿胶、山西的党参、河南的地黄、甘肃的当归、四川的黄连、江苏的薄荷、浙江的白术、广东的陈皮、云南的茯苓等。从古至今,习惯上在道地药材前冠以地名称谓。即《本草蒙筌》所云:"以地冠名,地胜药灵。"如阿胶、潞党参、苏薄荷、怀地黄、川黄连、广藿香、于白术、云苓等。

道地药材是优质药材的代名词。优质药材的形成,首先是因其优良的品种,其次是有适宜的生态环境,加之产区形成的合理的栽培(或养殖)、加工技术,才使得药材品质优良,疗效上乘。但是,道地药材的产地不是永恒不变的,历史上时常有产地变迁的情况。如人参"生上党山谷及辽东"(《名医别录》),人参原以上党为贵,后因环境条件变化使上党人参灭绝,遂以东北人参为贵。又如地黄"生咸阳川泽黄土地者佳"(《名医别录》),"今人惟以怀庆地黄为上,亦各处随时兴废不同也"(《本草纲目》)。可见,变化的是地域,不变的是对于中药质量的永恒追求。因此,为了满足临床对优质中药材的需求,在保证质量和疗效的前提下,可以积极扩大道地药材生产,也可以采用异地引种、驯养,来丰富和发展道地药材资源。

第三节　中药采集

动、植物在其生长过程的不同阶段,其药用部位各种成分的积累会有所不同,因而药性的强弱、疗效的高低及毒性的大小也会有明显差异。通过对中药采集时机的把握,达到控制中药质量的目的是中药质量保障的特色。早在汉代,《神农本草经》就把"采治时月"作为序例的内容之一,反映了对中药采集的重视。《千金翼方》列举了233种中药的采收时节,并强调:"不依时采取,与朽木不殊,虚费人功,卒无裨益。"如鹿茸以3~6岁鹿所生的鹿茸最佳;生长3~4年的甘草,其主要有效成分甘草酸的含量较生长1年者几乎高1倍;槐花在花蕾阶段有效成分芦丁含量最高。如此等等,印证了适时采集中药材对保证中药质量的重要性。

前人在动、植物药材的采集中积累了丰富的知识,对采集时机的把握历经数千年并形成成熟的经验和方法。这些经验和方法在当今依然具有其实用价值。

1. 全草 全草类药材,一般在茎叶最繁茂的现蕾至花盛期采集。可割取地上部分,如薄荷、青蒿、藿香等;也可连根拔起,如车前草、蒲公英、败酱草、白花蛇舌草等。以嫩苗入药者,则须在幼苗期采收,如茵陈。忍冬藤等以茎叶同时入药的木本、藤茎类药材,其采收原则与全草类相同,也应在其生长旺盛时割取。

2. 叶 叶类药材,一般在植物的花刚开放或开花盛期采收,如艾叶、番泻叶、罗布麻叶等;常绿木本以叶入药的,一年四季均可采收,如侧柏叶;而桑叶则应在深秋或初冬经霜后采集。

3. 花、花粉 花类药材,一般在植物的花期采集。以花蕾入药的,宜在含苞待放时采集,如辛夷、金银花、槐花等;以花朵入药的,宜在花初开放时采集,如菊花、旋覆花等;以花粉入药的,宜在花朵完全开放后采集,如蒲黄等。

4. 果实、种子 果实类药材,一般根据用药要求在果期采集。以未成熟果实入药者,应在果实幼小或未成熟时采集,如枳实、青皮等;以成熟或近成熟果实入药者,应在接近成熟或完全成熟时依次采集,如山楂、川楝子、枸杞子等。种子类药材,一般在果实成熟后依次采集。

5. 根、根(块)茎 根或根茎类药材,一般以农历二、八月采集为佳。陶弘景指出:"春初津润始萌,未充枝叶,势力淳浓也。至秋枝叶干枯,津润归流于下也。"如冬季至次年清明前未长茎叶时挖取的天麻,商品名称为"冬麻",其体坚实,色明亮,质量佳,产量亦大;在春末茎苗出土后采收者,称为"春麻",其体轻疏,色暗多皱缩,质次而产量低。又如秋冬季采集的石菖蒲,其挥发油含量高于春夏采集者。比较而言,多数药还是以深秋采集更为适宜。此外,半夏、延胡索等少数块茎药材宜在夏季采集。

6. 树皮、根皮 皮类药材,一般在植物生长旺盛期采集,如黄柏、厚朴、杜仲等。但肉桂则宜在8~10月间采集。牡丹皮、地骨皮、桑白皮等根皮的采收,与根或根茎类一样,宜在深秋苗萎或叶枯之后,或早春枝叶萌发前采收。

7. 动物 动物药的采集,应根据药用要求和动物生长周期适时采集。如金钱白花蛇应在夏秋季节捕捉孵出1~3周的幼蛇;小昆虫类应在数量多的活动期捕捉,如斑蝥宜在夏秋季清晨露水未干,其翅受湿不能飞翔时捕捉。桑螵蛸则应在3月中旬收集,过时则虫卵孵化,药材质量降低。鹿茸则应在过了清明节,脱盘后45~50天锯取头茬茸,过时则角化成为鹿角。制取阿胶的驴皮,宜在冬至后剥取,其皮厚而质优。

8. 矿物 矿物药大多可随时采集。

采集中药,既要保证药材质量,又要兼顾产量,还应充分注意药材资源的可持续利用,同时还要考虑生产成本和注意保护生态环境。

第四节　中药炮制

炮制,在历史上又称炮炙、修事、修治、修制,是在中医药理论指导下、根据中药自身性质,以及临床用药和调剂、制剂的需要,对中药进行必要加工处理而制备中药饮片的一门传统制药技术。中药材采集后,一般需要经过炮制才能作为中药饮片进行调剂或制成各种剂型,也需要通过炮制,满足用药有效、安全的需要。因此,炮制是影响中药临床有效性、安全性的重要因素。合理的炮制可提高临床用药的疗效,确保用药安全。相反,不合理的加工,则会降低临床用药的疗效与安全性。特别是有毒中药,必须经过炮制才能提高用药安全的程度。故《本草蒙筌》指出:"凡药制造,贵在适中,不及则功效难求,太过则气味反失。"

一、中药炮制的目的

炮制的目的,就是保证中药质量,使临床用药更有效、更安全。中药炮制的目的大致可以归纳为以下八个方面。

1. 纯净药材,保证药材质量和剂量准确　药材中混杂的泥沙、非药用部分,以及变质药材必须清除干净,才能保证中药质量和剂量的准确。如黄柏刮去栓皮,山茱萸拣去果核,防风去掉芦头等。

2. 切制饮片,便于调剂、制剂　将净选后的中药材,经过软化、切削、干燥等加工工序,制成一定规格的片、段、丝、块等。便于准确称量、调剂,便于制剂,便于煎煮时有效成分的煎出。对矿物介壳类药物如磁石、赭石、石决明、牡蛎的煅、淬等炮制处理,能使之酥脆,也利于有效成分煎出。

3. 干燥药材,利于贮藏　药材经日晒、凉、烘、炒等炮制处理,使之干燥,并使所含酶类失去活性,防止霉变,便于长期保存。对于一些具有活性的药材,如种子药材白扁豆、赤小豆等,必须加热干燥;对桑螵蛸必须蒸至虫卵死亡为度。另外,药材经酒制、醋制均有防腐作用。

4. 矫味、矫臭,便于服用　一些动物药及一些具有特殊气味的药物,经过酒制、醋制、炒制、水漂、麸炒后,能起到矫味和矫臭的作用,方便临床服用。如酒制乌梢蛇、醋炒五灵脂、麸炒白僵蚕、滑石烫刺猬皮、水漂海藻、麸炒斑蝥等。

5. 降低毒烈之性,保证安全用药　一些有毒药、药性峻猛的药物通过炮制,可以使毒烈之性明显降低,临床使用的安全性明显提高。如生草乌有大毒,经过浸、漂、蒸、煮或加辅料等法炮制后毒性减小,方可服用;巴豆经去油取霜可以缓解其峻泻作用,半夏用石灰、明矾、生姜炮制后,可消除其刺激咽喉和引起呕吐的不良作用等。

6. 增强药物功能,提高临床疗效　延胡索用醋制后能增强活血止痛功效,百部、款冬花用蜜制后能增强润肺止咳作用,川芎用酒制后能增强活血作用,淫羊藿用羊脂炒后增强补肾助阳作用等。

7. 改变药物性能,扩大应用范围　药物经炮制之后,可以改变药物性能,扩大应用范围,使之更适应病情的需要。如生地黄甘、苦、寒,具有清热凉血、滋阴生津的功效,主治血热、阴津不足等证;制成熟地黄后药性甘、微温,具有滋阴补血、生精填髓功效,主治血虚、阴精亏虚。如天南星药性辛温燥烈,功能燥湿化痰、祛风解痉,经牛胆汁制后称胆南星,变为药性凉润,清化热痰、息风定惊之品;柴胡生用疏散退热,鳖血炒柴胡则可凉血除蒸。

8. 引药入经,加强定向作用 有些药物经炮制后,可以在特定脏腑经络中发挥治疗作用。即《本草蒙筌》谓:"入盐走肾脏""用醋注肝经"之意。如黄柏、杜仲经盐炒后,可增强入肾经的作用;柴胡、香附、青皮经醋炒后,增强入肝经的作用等。

二、炮制方法

中药的炮制方法种类繁多,而且历代均有丰富和发展。根据前人的记载和当代的应用的实际情况,可将炮制方法分为修治、水制、火制、水火共制和其他制法五类。

1. 修治 包括净制、切制和粉碎等加工处理方法。为进一步加工贮存、调剂、制剂和临床用药做好准备。

(1)净制:借助一定的工具,用手工或机械的方法,如挑、筛、簸、刷、刮、挖、撞等方法,去掉泥土杂质、非药用部分,使药物清洁纯净。如拣去辛夷的枝、叶,筛选王不留行,簸去薏苡仁的杂质,刷除枇杷叶背面的绒毛,刮去厚朴的粗皮,挖掉海蛤壳等贝壳上的残留肉,撞去白蒺藜的硬刺。还有像西洋参、天麻、冬虫夏草等按药材质量不同,经过挑选区分药材的等级。

(2)切制:用刀具采用切、铡的方法将中药切成片、段、丝、块等一定的规格,使药物有效成分易于溶出,并便于进行其他炮制,也利于干燥、贮藏和调剂时称量。根据药材性质或制剂及临床需要,可以切制不同的规格。如槟榔切薄片,白术切厚片,甘草、肉桂切圆盘片,黄芪宜切斜片,麻黄、白茅根切段,茯苓、葛根切块等。

(3)粉碎:以捣、碾、研、磨、镑、锉等方法,使药材粉碎达到一定粉碎度,以符合制剂和其他炮制的要求,或便于提取或服用。如贝母、砂仁、郁李仁等捣碎便于煎煮;琥珀研末便于吞服;犀角、羚羊角等镑成薄片或挫成粉末,便于制剂或服用。人参、三七等粉碎成粉末,以供散剂、制剂或吞服等使用。

2. 水制 用水或其他辅料处理药材的方法称为水制法。主要具有清洁药物、除去杂质、软化药物、便于切制、降低毒性及调整药性等作用。常见的方法有漂洗、浸泡、闷润、喷洒、水飞等。

(1)漂洗:将药物置于宽水或长流水中,反复地换水,以除去杂质、盐味及腥味。如将芦根、白茅根洗去泥土杂质,海藻、昆布漂去盐分,紫河车漂去腥味等。

(2)浸泡:将质地松软或经水泡易损失有效成分的药物,置于水中浸湿立即取出,称为"浸",又称"沾水";而将药物置于清水或辅料药液中,使水分渗入,药材软化,便于切制,或用以除去药物的有毒物质及非药用部分,称为"泡"。如用白矾水浸泡半夏、天南星,用胆巴水浸泡附子等。操作时要根据浸泡的目的、季节、气温的不同,掌握浸泡时间及搅拌和换水次数,以免药材腐烂变质影响药效。

(3)闷润:根据药材质地的软坚、加工时的气温、工具的不同,而采用淋润、洗润、泡润、浸润、晾润、盖润、伏润、露润、复润、双润等多种方法,使清水或其他液体辅料徐徐渗入药物组织内部,至内外的湿度均匀,便于切制饮片。如淋润荆芥、泡润槟榔、酒洗润当归、姜汁浸润厚朴、伏润天麻、盖润大黄等。

(4)喷洒:对一些不宜用水浸泡,但又需潮湿者,可采用喷洒湿润的方法。而在炒制药物时,按不同要求,可喷洒清水、酒、醋、蜜水、姜汁等辅料药液。

(5)水飞:是借药物在水中的沉降性质分取药材极细粉末的方法。将不溶于水的药材粉碎后置乳钵、碾槽、球磨机等器具内,加水共研,然后再加入多量的水搅拌,粗粉即下沉,细粉混悬于水中,随水倾出,剩余之粗粉再研再飞。倾出的混悬液沉淀后,将水除净,干燥后即成极细粉末。此法所制粉末既细,又减少了研磨中粉末的飞扬损失。常用于矿物类、甲壳类药物的制粉,如水飞朱砂、炉甘石、滑石、蛤粉、雄黄等。

3. 火制　将中药用火进行加热处理的方法属火制法。根据加热的温度、时间和方法的不同,可分为炒、炙、煅、煨等。

(1)炒:将净选或切制后的中药置容器内加热并不断搅拌或翻动至一定程度的炮制方法。炒法包括清炒和加辅料炒。

1)清炒:将药材置锅内,不加辅料直接翻炒,称清炒。清炒又有炒黄、炒焦和炒炭之分。炒制可使中药易于粉碎加工,并缓和药性。种子类中药炒后则煎煮时有效成分易于溶出。而炒炭能缓和药物的烈性,或增强其收敛止血、止泻的作用。

炒黄:将中药炒至表面微黄或能嗅到药物应有的气味为度,如炒牛蒡子、炒葶苈子等。

炒焦:将中药炒至表面焦黄,内部淡黄为度,如焦山楂、焦白术等。

炒炭:将中药炒至表面枯黑,内部焦黄为度,如槐花炭、艾叶炭。

2)加辅料炒:加辅料炒就是以砂、土、蛤粉、滑石粉、米、麦麸等固体辅料为中间传热体与药材共同加热的炮制方法。其中,加砂、蛤粉或滑石粉炒也称"烫"。它是先在锅内加热中间体,加热到150~300℃,用以烫制药物,烫毕,去除中间体,放冷即得。这种炮制方法可使药物受热均匀。加辅料炒的作用是使药物质地变得酥脆,便于药效成分的煎出;或矫味矫臭;或减轻毒副作用。如砂烫鳖甲、蛤粉炒阿胶、米炒斑蝥、麸炒枳壳等。

(2)炙:将药物与液体辅料共置锅中加热拌炒,使辅料渗入药物组织内部或附着于药物表面的方法。常用的液体辅料有:蜜、酒、醋、姜汁、盐水等。如蜜炙款冬花、枇杷叶可增强润肺止咳作用;酒炙川芎、当归可增强活血之功;醋炙香附、柴胡可增强疏肝止痛功效;盐炙杜仲可增强补肾作用;醋制芫花、大戟可降低毒性;酒炙常山可减弱催吐作用;甘草水炙吴茱萸,可缓和其燥烈之性;甘草水炙远志,可消除其"戟人咽喉"的副作用等。

(3)煅:用火直接或间接煅烧药物的炮制方法,使质地松脆,易于粉碎,便于有效成分的煎出,以充分发挥疗效。煅制包括直接煅和间接煅。

1)直接煅:将药物直接置于炉火上煅烧称直接煅,又称明煅。直接煅可使药材质地疏松便于粉碎和煎煮,如煅磁石、煅牡蛎等。

2)间接煅:将药物置于耐高温的密闭容器中,再置火上煅烧称间接煅,又称焖煅。间接煅可使药物性能功效发生改变,增强止血作用,如煅血余炭、煅棕榈炭等。

(4)煨:将药物用湿面或湿纸包裹,置于热火灰中或用吸油纸将药物分层隔开进行加热以去除部分油质的方法。一般煨至面皮或湿纸呈焦黄色时取出,去掉包裹物。煨法能去除药物中的部分挥发性及刺激性成分,从而缓和药性,降低副作用,增强疗效。如煨制肉豆蔻、煨木香、煨葛根等。

4. 水火共制　这类炮制方法既要用水又要用火,有些药物还必须加入其他辅料,主要包括蒸、煮、炖、焯、淬等炮制方法。

(1)蒸:将药物置适当的容器内,隔水加热或用蒸汽加热,将药物蒸透或至规定程度的加工方法。不加辅料的称清蒸,如清蒸玄参;使用辅料者称加辅料蒸,如酒蒸山茱萸、酒蒸大黄等。蒸制便于药物进一步加工,如茯苓、厚朴蒸后变软,便于切制;也可以改变或增强药物的性能,降低药物的毒性。如何首乌经反复蒸晒后不再有泻下之力而功专补肝肾益精血;黄精经蒸制后可增强其补脾益气、滋阴润肺之功。

(2)煮:是将药物与水或辅料置锅中同煮的方法。它可减低药物的毒性、烈性或附加成分,增强药物的疗效。其中不留残液煮法,如醋煮芫花、狼毒至醋液吸尽为度;弃残液煮法,将药物与辅料溶液共煮一定时间后把药物捞出,弃除剩余液体,如姜、矾煮半夏。

(3)炖:将药物置于容器中,同时加入一定的液体辅料,盖严后,放入水锅中炖一定时间。其优点是不致使药效走失、辅料挥发掉,如炖制熟地黄等。

(4)焯:是将药物快速放入沸水中短暂潦过,立即取出的方法。常用于种子类药物的去皮及肉质多汁类药物的干燥处理。前者如焯苦杏仁、焯桃仁以去皮;后者如焯马齿苋、焯天冬以便于干燥。

(5)淬:将药物煅烧红后,迅速投入冷水或醋等液体辅料中,使之受冷而松脆的炮制方法称为淬制。淬制的主要目的是便于粉碎,并增强药效。如醋淬自然铜、鳖甲、赭石等。

5. 其他制法

(1)制霜:制霜的含义有多种。如巴豆、瓜蒌仁压榨除去部分油后,分别称巴豆霜、瓜蒌霜;柿饼经日晒夜露后,其表面析出的白粉状物质,称柿霜;将芒硝装入西瓜内,日后在其外皮上收集的白色粉末,称西瓜霜;鹿角经煎煮后剩下的残渣,称鹿角霜。

(2)发酵:将药物与辅料拌和,置于一定的温度和湿度下,利用霉菌使之生霉、发泡的炮制方法称为发酵。发酵可使原药物的性能、功效改变而成为新的药物品种。如神曲、半夏曲等。

(3)发芽:将具有发芽能力的种子用水浸泡后,继续保持一定湿度、温度,使其萌发幼芽入药的炮制方法称为发芽。如麦芽、谷芽、大豆黄卷等。

(4)精制:多为水溶性天然结晶药物,先经过水溶解除去杂质,再经浓缩、静置后析出结晶即成。如由朴硝精制成芒硝、玄明粉。

(5)药拌:药物中加入其他辅料拌染而成。如朱砂拌麦冬、砂仁拌熟地等。

第五节　中药贮存

绝大多数药物从采集到临床应用期间,都要经历保管贮存的过程。在贮存过程中,由于生物、湿度、温度、日光、空气及贮存时间等外部因素的作用,很容易发生耗损或变质。如不重视科学地保管贮存,不仅中药的质量、疗效难以保证,还可能对患者造成伤害。故贮存是影响中药品质不可忽视的环节。

一、贮存过程中影响药材质量的主要因素

1. 温度　贮存过程中的温度对药材质量的影响很大。一般药物的多种成分在 15~20℃ 的条件下比较稳定。在温度升高的情况下，柏子仁、苦杏仁、桃仁、郁李仁等含油脂多的药材易发生"走油"现象；肉桂、沉香、厚朴等药材所含挥发油大量挥散，不仅芳香气散失，还会失去油润而干枯或破裂；阿胶、鹿角胶、龟甲胶等动物胶类药材，乳香、没药等部分固体树脂类药材，受热后易发软，粘连结块；在湿度高的情况下，则霉菌更易生长、繁殖而加速药材霉变。

2. 湿度　湿度是影响药材质量的一个极重要的因素。如贮存的药材未充分干燥、含水量超过 15%，以及室内相对湿度在 75% 以上，在温度适宜的情况下，易使霉菌生长、繁殖，导致药材发酵霉变。空气中湿度过大，药材受潮后还可能变色，如半夏受潮会变成粉红色、灰色、黑色。乳香、没药、阿魏、芦荟、儿茶、阿胶、鹿角胶、龟甲胶等熔点较低的固体树脂类药材及胶类药材受潮后则会粘连结块。芒硝、硇砂等含盐类矿物药，受潮后会潮解溶化。在剂量相同的条件下，失去结晶水的芒硝等药材，其含盐量较含结晶水者高，其性能、疗效也应在含结晶水者之上。

3. 空气　空气中的氧气会引起药材中的成分发生复杂的化学变化，使动、植物药材中的挥发油、脂肪、糖类等成分氧化、分解、酸败、走油、变色、气味散失。氧气也能氧化矿物，可使灵磁石变成呆磁石。空气中的臭氧含量虽少，但因属强氧化剂，可加速药材中的有机质，特别是脂肪变质。

4. 日光　日光照射，除可导致温度升高，促使药材发生失水、粘结、走油、挥发、氧化、水解等物理、化学变化之外，在日光的直接或间接照射下，还会破坏药材所含色素，使药材变色变质。如玫瑰花经日晒会褪色；红花易褪色变黄，大黄会由黄色迅速变成红棕色等。

5. 微生物　药材容易受到霉菌、酵母菌等微生物污染，一旦温度和湿度适宜，霉菌、酵母菌等微生物就会大量繁殖，萌发菌丝，分泌酵素，侵蚀药材组织，引起霉烂变质而失去药效。黄曲霉毒素等微生物产生的毒素，对人体还有很强的毒害性。

6. 虫蛀　药材上附着的害虫或虫卵，在药材中生活、繁殖，蛀蚀药材，形成蛀洞，甚至毁为蛀粉，不仅造成药材严重耗损，药效下降，害虫的残体及其排泄物亦会造成药材污染。

7. 鼠耗　鼠喜食种子、果实及动物类药材，不仅会造成药材耗损，使药效降低；其粪尿及随身携带的病原体还会污染药材，可能给患者造成伤害。

8. 贮存时间　药材在微生物、湿度、温度、日光、空气等自然因素的影响下，每时每刻都在发生变化。因此，多数药材贮存过久，有效成分含量会降低，质量会下降。如穿心莲贮存 2 个月时，所含穿心莲内酯为 12.5mg/g，贮存 22 个月时则降至 6.4mg/g。所以，一般药材都不宜贮存过久。

少数中药"用药宜陈"。如狼毒、枳实、陈皮、半夏、麻黄、吴茱萸等古称"六陈药"者，一般认为久贮为佳。另外，棕榈炭、艾叶等也以陈久者入药为佳；芫花、狼毒贮存陈久，其毒性会有所下降，使用更安全。值得注意的是，新、陈是相对的。用药宜陈，不能理解为贮存越久越好。张寿颐认为，陈皮"以陈年者辛辣之气稍和为佳，故曰陈皮"。陈皮宜陈，只是希望其辛辣之气"稍和"，而不是完全丧失。倘若贮存过久，待辛辣之气完全丧失，其有效成分也会减少。

综上所述，要很好地保存药材，确保疗效，必须克服上述因素对药材的不良影响。

二、常用的中药贮存养护措施

在中药贮存中，除注意常规的防鼠害、虫蛀外，还应根据具体情况采取多种贮藏方法和技术。常用的中药贮存养护的方法有：

1. 干燥养护　除去药材中的大量水分，避免发霉、虫蛀以及有效成分的分解和破坏，利于贮藏。干燥养护包括晒干、阴干、烘干、木炭干燥、生石灰干燥、通风干燥、微波干燥、远红外干燥等处理方法。

2. 冷藏　采用低温（0~10℃）贮存中药，防止不宜烘、晾的中药生虫、发霉、变色的方法。冷藏可以防止中药的有效成分变化或散失。

3. 密封贮存　隔绝空气、湿气、微生物、害虫的一种贮存方法。密封贮存包括容器密封贮存、罩帐密封贮存、库房密封贮存等，可在密闭容器中添加干燥的石灰、砂子、糠壳、木炭等。

4. 化学药剂养护　选用不易残留的化学药品熏蒸灭菌杀虫的方法。如硫黄熏蒸养护、磷化铝熏蒸养护等。

5. 对抗养护　是利用不同种类贮药所含的成分或物理性能之间的差异，将两种以上中药贮藏在一起，产生相互对抗，达到互不生虫、不发霉、不泛油、不变色的目的的特殊贮藏方法。如泽泻、山药等与牡丹皮同贮防虫保色，花椒与地龙、蕲蛇、白花蛇、全蝎同贮防虫蛀等。

6. 气调养护　就是人为地将空气中的氧气、二氧化碳、氮气等调节到适宜的比例。用这种方法对中药进行的养护，叫做"气调养护"。有自然降氧、机械降氧和充二氧化碳等方法。

此外，近年来还有钴 60-γ 射线辐射、气幕防潮、气体灭菌、无菌包装、埃 - 京氏杀虫、高频介质电热杀虫等贮存养护技术。应根据中药的品种、特性，结合实际情况采取合适的措施，做到科学贮存、保证质量。

【思考题】

1. 何谓道地药材？
2. 何谓中药炮制？中药炮制的目的是什么？
3. 简述影响中药品质的主要因素。

ER 总论第二章　同步练习

（崔 瑛）

第三章　中药的性能

【学习目标】

1. 掌握中药性能的含义、中药治病的基本原理。
2. 掌握中药四气、五味、升降浮沉、归经、毒性的含义、所表示药物的作用及其临床指导意义。熟悉应用有毒药物的注意事项。熟悉影响升降浮沉的主要因素。

　　性能，是指"器材、物品等所具有的性质和功能"。中药性能，是指中药所具有的性质和功能，主要有四气、五味、升降浮沉、归经、毒性等内容。中药性能是通过对许多中药作用于机体的表现，在中医理论指导下，经过分析、归纳而形成的，是对单味中药性能的总体概括，是中药理论的核心，是认识和使用中药的重要依据。

　　然而，单味中药的性能，只是中药性能内容的局部或侧面。如单味中药的气，寒热温凉平只具备其一；五味极少有五味俱全者。而且，性、味与归经等又有多种多样的组合。如此形成了各具性能特征的单味中药。因此，我们把中药性能在单味中药的具体化、特征性表现，称之为偏性。前人认识到中药偏性的普遍性，如《医原》："药未有不偏者也，以偏救偏，故名曰药"。

　　中医认为，疾病是机体在致病因素的作用下，脏腑、经络功能异常，气血阴阳偏盛偏衰的状态。因此，利用中药的偏性纠正机体疾病状态下的偏盛偏衰，是中药治病的一般原理。故张景岳在《景岳全书·类经》指出："气味之偏者，药饵之属是也，所以去人之邪气。其为故也，正以人之为病，病在阴阳偏胜耳。欲救其偏，则气味之偏者能之，正者不及也。"徐灵胎在《神农本草经百种录》更进一步指出："凡药之用，或取其气，或取其味，或取其色，或取其形……各以其偏胜而即资之疗疾，故能补偏救弊，调和脏腑……"

　　中药偏性用于纠正疾病状态下的阴阳偏盛偏衰时表现为中药的治疗作用。但若使用不当，中药的偏性有可能成为导致或加重机体阴阳偏盛偏衰病理变化的因素。故对中药偏性的两面性应该有客观、清醒的认识。中药合理使用就是利用其偏性以治病，避免其偏性以致病。

第一节　四气

　　四气，最早见于《神农本草经》，该书序例明确指出药"有寒热温凉四气"。宋代寇宗奭的《本草衍义》认为气与嗅觉有关,而寒热温凉不是嗅觉能感知的。因此提出"凡称气者,即是香臭之气,其寒、热、温、凉,则是药之性……其序例中气字,恐后世误书,当改为性字,则于义方允"。因而将"四气"称为"四性"。后世则两种称谓并存,并沿用至今。

所谓四气,是指寒、热、温、凉四种不同的药性。它主要反映药物对人体阴阳盛衰、寒热变化的影响。是中药性能的重要组成部分,是说明药物寒热性质与作用的主要理论。由于寒凉、温热分别属于一类,仅在程度上有差异,故常寒与凉、温与热并称。"凉次于寒""温次于热",若进一步区分其程度,则又有"大热""大寒""微温""微凉"等描述。《神农本草经》序例中只列寒、热、温、凉四气,但在记载具体药物药性时,又常见有平性。可见平性最迟在《神农本草经》时期已经成为四气中隐而未现的内容。所谓平性,是指对人体阴阳盛衰、寒热变化无明显影响的药性,因而应用广泛。因此,四气实际上包含寒、热、温、凉、平五方面内容。若按寒凉、平、温热分类则有三方面。但目前习惯上既不称"五性"也不称"三性",仍然称四性(气)。

药性的寒凉、温热是由药物作用于人体所产生的不同效应而总结出来的,它与所治疗疾病的性质是相对而言的。故能够减轻或消除热证的药物,其药性属于寒凉性。如患者表现为高热烦渴、面红目赤、咽喉肿痛、脉洪数,这属于热证。用石膏、知母等药物治疗后,上述症状得以缓解或消除,说明上述药物的药性是寒凉的。能够减轻或消除寒证的药物,其药性属于温热性。如患者表现为四肢厥冷、面色㿠白、脘腹冷痛、脉微欲绝,这属于寒证,用附子、干姜等药物治疗后,上述症状得以缓解或消除,说明上述药物的药性是温热的。

一般而言,寒凉药多具有清热、泻火、解热毒等作用,而温热药多具有温里、散寒、助阳等作用。

明确了四气的性质及其作用,就能以四气为依据指导临床用药。

1. 疗寒以热药,疗热以寒药 即治疗寒证要用温热药物,治疗热证要寒凉药物。这是《神农本草经》提出的基于四气的中药应用原则,也是《素问·至真要大论》"寒者热之,热者寒之"治则的体现,临床使用中药时必须遵循。若不按这一原则使用中药,就有可能对患者造成不良影响。故王叔和明确提出了"桂枝下咽,阳盛则毙;承气入胃,阴盛以亡"的警示。在对证用药的前提下,还应注意根据药性寒凉、温热的差异,疾病寒、热证候的轻重程度而施用,以避免病重药轻,达不到应有的效果,或病轻药重、矫枉过正等不利状况发生。当疾病既不是寒证又不是热证时,或为寒证、或为热证时,均可选用合适的平性药。

2. 寒热并用 临床疾病的表现复杂多样,寒热并见就是疾病常见的表现形式。针对诸如表寒里热,上热下寒,寒热中阻而致的寒热错杂的复杂病证,则当寒、热药并用,使寒热并除。即《医碥》所谓:"因其人寒热之邪夹杂于内,不得不用寒热夹杂之剂,古人每多如此"。如治疗心肾不交的交泰丸,既用热性的肉桂、又用苦寒的黄连。对于寒热错杂、阴阳格拒的病证,又当采用反佐之法治之。即张景岳"以热治寒,而寒拒热,则反佐以寒药而入之;以寒治热,而热拒寒,则反佐以热药而入之"之谓也。

第二节　五味

五味最早主要指烹饪、饮食调味,如《吕氏春秋》:"调和之事,必以酸苦甘辛咸,先后多少"。将五味与药物结合起来,最早见于《黄帝内经》《神农本草经》。如《素问·脏气法时论》:"辛散、酸收、甘缓、苦坚、咸软"。《素问·至真要大论》:"淡味渗泄"。《神农本草经》:"药有酸、咸、甘、苦、辛五味"。从而为中药五味的形成奠定了基础。经后世历代医家的补充完善,逐步形成了说明药物五味性质与作用的主要理论。

所谓五味,是指药物有酸、苦、甘、辛、咸五种不同的药味,因而具有不同的属性和作用。不过有些药物还具有淡味或涩味,虽然实际上药味不止五种,但仍称五味。

五味,最初是人体对药物真实滋味或气味的直接感受。如黄连味苦、乌梅味酸、甘草味甜等。随着对药物滋味与药物作用关系的知识积累,认识到不同滋味的药物作用于人体,会产生不同的效应。在此基础上,以五味为纲,对各种作用的中药进行五味归类,从而总结归纳出五味的理论。由此可见,五味不仅仅有对药物滋味的真实反映,更重要的是在中药功效的基础上,对药物属性和作用的高度概括,是从中药滋味抽象出来的理论概念。五味成为中药性能之后,也使对中药"味"的认定有了依据。常常将具有发散、行气或活血的中药定为辛味;将具有补虚或缓急止痛等作用的中药定为甘味。由于以功效定味的原因,本草书籍的中药五味有时出现中药药味与实际口尝滋味不相符的现象。因此,对中药五味的认知,也应从口尝滋味的认识层面,上升到代表属性与功效的性能层面。

五味所表达的中药属性与作用的内容丰富。清代汪昂在《本草备要》对五味性能行了全面的总结。他指出:"凡药酸者能收能涩,苦者能燥能泻能坚,甘者能补能和能缓,辛者能散能润能横行,咸者能下能软坚,淡者能利窍能渗泄,此五味之用也"。兹分述如下:

1. 辛味　"能散能行",具有发散、行气、行血的作用。一般用于治疗表证、气滞证、血瘀证。如辛味药麻黄发汗解表、木香行气止痛、川芎活血化瘀。辛散也有散结聚、启窍闭作用,如夏枯草味辛,能消肿散结;细辛味辛,能开窍醒神、通鼻窍。

此外,《黄帝内经》有"辛以润之"之说。所谓辛润,是对阳气不足、气化不行、津液不能输布所致干燥症状的一种治法。如附子、肉桂、桂枝等。

辛味性散,有些辛味药易耗气伤津,气虚阴亏者慎用。

2. 甘　"能补能和能缓",具有补益、和中、调和药性和缓急止痛的作用。一般用于治疗虚证、脾胃不和、拘挛疼痛、中毒等。如甘味药人参补气、熟地黄补血滋阴、饴糖缓急止痛、甘草调和药性并解药食中毒等。

甘味多滋腻,有些甘味药易助湿碍脾,湿阻、中满气滞者慎用。

3. 酸　"能收能涩",具有收敛、固涩的作用,具体表现为止汗、涩精、缩尿、止带、止血、敛肺止咳、安神等功效。一般用于治疗正气不固、遗泻滑脱诸症以及肺虚久咳、心神不安等。如山茱萸敛汗,罂粟壳敛肺止咳,石榴皮涩肠止泻,金樱子固精缩尿、固崩止带,五味子安神等。

酸味具有生津作用,可用于治疗胃阴不足之口干、口渴,如乌梅、五味子等。此外,酸味还有安蛔作用,可用于治疗蛔厥腹痛,如乌梅。

酸味收敛,有敛邪弊端,故有实邪者不宜用。

4. 苦 "能泄、能燥、能坚",泄有降泄、通泄、清泄等作用。一般用于治疗气机上逆病证、大便秘结以及实热证等。如苦味药苦杏仁降气止咳平喘、陈皮降逆止呕、大黄泻下通便、栀子清热泻火等。苦燥即能燥湿,一般用于治疗湿盛所致疾病。味苦而性温热者,治疗寒湿证,味苦而性寒凉者治疗湿热证。如苦寒的龙胆清热燥湿,治疗湿热证;苦温的苍术温燥除湿,治疗寒湿证。苦坚,是指苦味具有泻火存阴作用,可用于治疗阴虚火旺病证。通过泻火而保护津液。如苦味的黄柏能泻相火以存阴。

苦味性燥,有些苦味药易伤津液,阴津不足者慎用。

5. 涩 与酸味药的作用相似,可用于治疗虚汗、泄泻、尿频、遗精、滑精、出血等证。如莲子涩精止带,禹余粮涩肠止泻,乌贼骨收敛止血等。

涩味收敛,有敛邪弊端,故有实邪者不宜用。

6. 咸 "能下、能软",有泻下通便、软坚散结的作用。一般用于治疗大便干结、痰核、瘰疬、瘿瘤、癥瘕痞块等。如芒硝软坚泻下、牡蛎软坚散结等。

此外,咸味偏走肾经,一些咸味药有补肾作用,如紫河车、海狗肾、蛤蚧、龟甲、鳖甲等。咸味药中的食盐有引药入肾作用,知母、黄柏、杜仲、巴戟天等药,用盐水炮制用意就在于此。

7. 淡 "能渗、能利",有渗湿利小便的作用。一般用于治疗水肿、脚气、小便不利之证。如淡味药薏苡仁、茯苓利水消肿,滑石能利尿通淋。

淡味渗利水湿,应用不当易伤耗津液。

根据五行理论,五味与五脏有密切的联系。《素问·宣明五气篇》:"酸入肝(属木)、苦入心(属火)、甘入脾(属土)、辛入肺(属金)、咸入肾(属水)。"是对此进行的概括说明。但这种关系与中药作用的脏腑并非完全一致。如黄柏味苦、性寒,作用是泻肾火而不是泻心火;枸杞子味甘,作用是补肝肾而不是补脾土等。因此不能把五行理论中五味与五脏的关系直接套用到中药五味作用的认识上。

"物有味必有气,有气斯有性"(缪希雍),故每种药物都同时具有性和味。四气、五味反映的是中药性能的不同层面,因此两者必须综合起来,才能准确地辨别药物的作用及其特点。一般而言,气味相同,作用相近。如辛温的药物多具有发散风寒的作用,甘温的药物多具有补气或助阳的作用。有时气味相同,又有主次之别,如黄芪甘温,偏于甘以补气,锁阳甘温,偏于温以助阳。气味不同,作用有别。如黄连苦寒,党参甘温,黄连清热燥湿,党参则补中益气。气味不同有气同味异者,如麻黄、苦杏仁、大枣、乌梅、肉苁蓉同属温性,由于五味不同,则有麻黄辛温散寒解表、苦杏仁苦温下气止咳、大枣甘温补脾益气、乌梅酸温敛肺涩肠、肉苁蓉咸温补肾助阳;气味不同有味同气异者,如桂枝、薄荷、附子、石膏均为辛味,因四气不同,则有桂枝辛温解表散寒、薄荷辛凉疏散风热、附子辛热补火助阳、石膏辛寒清热泻火等不同作用。至于一药兼有数味,则往往作用更广,如当归辛甘温,甘以补血、辛以活血行气、温以祛寒,故有补血、活血、行气止痛、温经散寒等作用,可用治血虚、血滞、血寒所引起的多种疾病。一般临床用药是既用其气,又用其味,但有时在配伍其他药物复方用药时,就可能出现或用其气,或用其味的不同情况。如升麻辛甘微寒,与葛根同用治麻疹不透时,则取其味辛以解表透疹;若与石膏同用治胃火牙痛,则取其寒性以清热降火。此即王好古《汤液本草》所谓："药之辛、甘、酸、苦、咸,味也;寒、热、温、凉,气也。味则五,气则四,五味之中,每一味各有四气,有使气者,有使味者,有气味俱使者……所用不一也。"由此可见,药物的气味所表示的药物作用以及气味配合的关系是比较复杂的。因此,既要熟悉四气五味的一般规律,又要掌握每一药物气味的特殊治疗作用以及气味配合的规律,这样才能很好地掌握药性,指导临床用药。

附:芳香药性

芳香药性是中药性能内容之一,是中药药性理论的组成部分。对于中药作用及其机制,常常需要用芳香药性进行认识。芳香药性主要性能表现在以下几方面:

1. 辟秽祛浊　芳香药性气味纯正,有辟秽、化湿、祛浊之功。一是辟除秽浊疫疠之气、抵御邪气,如古今常用芳香类药物制作熏香、炷香、枕香、佩香等方法以防病祛邪。二是宣化湿浊,运脾开胃,如苍术、厚朴、藿香、佩兰、草豆蔻等芳香化湿药,均治湿浊中阻、脾失健运、痞满呕吐等病证。

2. 发散表邪　芳香药性疏散,具有芳香疏泄、解表散邪之功,如薄荷、香薷、胡荽等芳香中药,都具有疏散表邪、解除表证的作用。

3. 行气　芳香药性有疏理气机之功,治疗气机阻滞之证。一是行气开胃,如木香、丁香、甘松等有疏理脾胃气滞、开胃进食之功;也有些中药,炒制后香气大出,增进开胃、纳谷消食的功效。如炒谷芽、炒麦芽、炒神曲等。二是芳香疏泄,行气活血,调经止痛,如香附、香橼、佛手、青皮等主治肝郁气滞、月经不调、胸胁胀痛等证。

4. 开窍　芳香药行散走窜,芳香上达,能通窍开闭。一是通鼻窍。如辛夷、薄荷、白芷、细辛等芳香药,主治鼻塞、鼻渊等病证。二是开窍启闭,苏醒神志。如麝香、冰片、苏合香、安息香、樟脑等芳香药,主治邪蒙心窍、神志昏迷的病证。

可见,芳香药性学说,是四气五味学说的补充和发展,也是中药药性理论的重要组成部分。

第三节　升降浮沉

升降浮沉理论肇始于《黄帝内经》阴阳升降理论。《黄帝内经》把升降出入作为自然界一切事物的基本运动形式,故在《素问·六微旨大论》指出:"升降出入,无器不有。"升降出入异常会引起人体发生疾病;而人体发生疾病也可以表现为升降出入运动形式的异常。故《素问·阴阳应象大论》指出:"清气在下,则生飧泄;浊气在上,则生䐜胀"。《素问·阴阳应象大论》提出了对气机升降失常的治则:"其高者,因而越之;其下者,引而竭之;中满者,泻之以内;有邪者,渍形以为汗;其在皮者,汗而发之。"表明在《黄帝内经》时代,已经能够根据升降出入障碍的表现,采取相应的治疗方法,为中药升降浮沉理论的产生和发展奠定了理论基础。金元时期升降浮沉学说得到了全面发展,张元素在《医学启源》中旨承《黄帝内经》,通过"气味厚薄升降图说",用运气学说阐发了药物具有升降浮沉不同作用趋向的道理。其后,李杲、王好古等又做了进一步的补充,使药物升降浮沉学说趋于完善。

所谓升降浮沉,是药物对人体作用的不同趋向性。升,即上升提举,趋向于上;降,即下达降逆,趋向于下;浮,即向外发散,趋向于外;沉,向内收敛,趋向于内。升降浮沉也就是指药物对机体有向上、向下、向外、向内四种不同作用趋向。它是与疾病所表现的趋向性相对而言的。由于疾病在病机、病势上常常表现出向上如呕吐、呃逆、喘息,向下如脱肛、遗尿、崩漏,向外如自汗、盗汗,向内如表证未解而入里等趋向;在病位上则有在表、在里、在上、在下等的不同,针对病机、病位、症状的趋向性具有改善或消除作用的药物,相对而言也就分别具有了升降浮沉的作用趋向。升降浮沉是说明药物作用趋向的理论,也是中药性能的内容之一。

升降浮沉之中,升与降、浮与沉是相对立的,升与浮、沉与降,既有区别又有联系。故常升与浮、沉与降相提并论。按阴阳属性区分,则升浮属阳,沉降属阴。从药物作用而言,一般升浮药作用趋向多主上升、向外。分别具有疏散解表、宣毒透疹、解毒消疮、宣肺止咳、温里散寒、暖肝散结、温通经脉、通痹散结、行气开郁、活血消癥、开窍醒神、升阳举陷、涌吐等作用。故解表药、温里药、祛风寒湿药、行气药、活血祛瘀药、开窍药、涌吐药等多具有升浮特性。一般沉降药作用趋向多主下行向内,分别具有清热泻火、泻下通便、利水渗湿、重镇安神、平肝潜阳、息风止痉、降逆平喘、止呕、止呃、消积导滞、固表止汗、敛肺止咳、涩肠止泻、固崩止带、涩精止遗、收敛止血、收湿敛疮等作用。故清热药、泻下药、利水渗湿药、降气平喘药、降逆和胃药、安神药、平肝息风药、收敛止血药、收涩药等多具有沉降药性。由此看出,大多数中药可以归属于升浮药类或沉降药类。同时也应该看到,少数药物具有升浮与沉降的双重性,如川芎,既上行头目,又下行血海;麻黄既发汗解表,又利水消肿等;也有一些药物升浮、沉降趋势都不明显或不易确定,如川楝子杀虫、疗癣,土荆皮杀虫、疗癣、止痒等。

药物升降浮沉的形成,与药物在自然界生成禀受所形成的药性有关,也受炮制、配伍等诸多因素的影响。升降浮沉性能既有内在根据,也可以通过炮制、配伍等进行干预或改变。诚如《本草纲目》所言:"升降在物,亦在人"。

影响药物升降浮沉的因素主要有以下几方面:

1. 四气五味　中药气、味是升降浮沉性能的内在依据。王好古云:"夫气者天也,温热天之阳;寒凉天之阴,阳则升,阴则降;味者地也,辛甘淡地之阳,酸苦咸地之阴,阳则浮,阴则沉"。《本草纲目》云:"酸咸无升、辛甘无降,寒无浮,热无沉"。故一般而言,凡味属辛、甘,气属温、热的药物,大都是主升浮,如麻黄、升麻、黄芪等药;凡味属苦、酸、咸、性属寒、凉的药物,大都是主沉降,如大黄、芒硝、山楂等。

2. 质地　中药质地的轻重影响其升降浮沉的性能。汪昂《本草备要》药性总义云:"轻清升浮为阳,重浊沉降为阴……凡药轻虚者浮而升;重实者沉而降"。一般而言,花、叶、皮、枝等质轻的药物大多为升浮药,如紫苏叶、菊花、蝉蜕等;而种子、果实、矿物、贝壳及质重者大多都是沉降药,如紫苏子、枳实、牡蛎、代赭石等。

此外,某些药也有特殊性,如旋覆花虽然是花,但功能降气消痰、止呕止噫,药性沉降而不升浮;苍耳子虽然是果实,但功能通窍发汗、散风除湿,药性升浮而不沉降,故有"诸花皆升,旋覆独降;诸子皆降,苍耳独升"之说。

3. 炮制　中药的炮制影响其升降浮沉的性能。李时珍指出:"升者引之以咸寒,则沉而直达下焦,沉者引之以酒,则浮而上至巅顶。"一般而言,药物酒制则升,姜炒散,醋炒收敛,盐炒下行。如大黄,属于沉降药,峻下热结、泻热通便,经酒炒后,大黄则可清上焦火热,可治目赤头痛。

4. 配伍　中药的配伍影响其升降浮沉的性能。一般而言,升浮药在大队沉降药中能随之下降;反之,沉降药在大队升浮药中能随之上升。此外,某些引经药可起到引药上升或下降的作用。如桔梗"为肺部引经,与甘草同为舟楫之剂,诸药有此一味,不能下沉"(《本草经疏》)。故治疗胸膈以上病证的处方,多用桔梗载药上行;牛膝"能引诸药下行"(《本草衍义补遗》),故治疗腰膝以下疾病,多用牛膝引药下行。

药物升降浮沉的性能,可以调理脏腑功能,纠正疾病状态下的病机、症状的趋势,达到治疗疾病的目的。临床用药时可采用逆其病理趋势而治、因势利导而治、针对某些部位而治等多种方式,从而达到治愈疾病的目的。具体而言,病变部位在上在表者宜升浮不宜沉降,如外感风热则应选用薄荷、菊花等升浮药来疏散;病变部位在下在里者宜沉降不宜升浮,如热结肠燥大便秘结者则应选用大黄、芒硝等沉降药来泻热通便;病势上逆者,宜降不宜升,如肝阳上亢头晕目眩则应选用赭石、石决明等沉降药来平肝潜阳;病势下陷,宜升不宜降,如气虚下陷久泻脱肛,则应用黄芪、升麻、柴胡等升浮药来升阳举陷。

总之,必须针对疾病发生部位有在上在下在表在里的区别,病势上有上逆下陷的区别,根据药物有升降浮沉的不同特性,恰当选用药物,这也是指导临床用药必须遵循的重要原则。

第四节　归经

药物归经的理论,发源于秦汉。《素问·至真要大论》云:"五味入胃,各归其所喜,故酸先入肝,苦先入心,甘先入脾,辛先入肺,咸先入肾。"《灵枢·九针论》也有五走的论述,如"酸走筋、辛走气、苦走血、咸走骨、甘走肉,是谓五走也。"在《神农本草经》中也有近乎归经的部位描述。如大黄"荡涤肠胃"、地肤子"主膀胱热,利小便"等。《名医别录》中已有"芥归鼻""韭归心""葱白归目"等记载,首开在具体药物条文下指明其归经的先河。唐宋时期《食疗本草》称"绿豆行十二经脉",《图经本草》言瞿麦"通心经"等对后世归经学说的创立有着很大的影响。金元时期张元素在《珍珠囊》《医学启源》等书中,首先将归经理论作为一种重要的药性理论,进行了较为详细的介绍,并在各种药物项下注明其所归之经名。其后李杲、王好古、朱震亨等人进一步发挥,使系统的归经理论得以形成。"归经"术语的提出,则是清代的医药学家沈金鳌,其所著《要药分剂》一书,对药物归经作了较全面的总结,把历代"引经""行经""入""走""归"及为某某经药等众多的说法,统一称为"归经",得到普遍认同并沿用至今。

所谓归经,是指药物对于机体某部位的选择性作用,即中药对某些脏腑经络的病变起着主要或特殊的治疗作用。药物的归经不同,其治疗作用也不同。归经指明了药物治病的适用范围,说明了药效所在,包含了药物作用定位的内容,是阐明药物作用机制,指导临床用药的性能理论之一。

中药归经理论的形成是在中医基本理论指导下以脏腑经络学说为基础,以药物所治疗的具体病证为依据,经过长期临床实践总结出来的用药理论。经络能沟通人体内外表里,所以一旦机体发生疾病,体表病变可以通过经络影响到内在脏腑;反之,内在脏腑病变也可以反映到体表上来。由于发病所在脏腑及经络循行部位不同,临床上所表现的症状则各不相同。能够治疗特定脏腑经络疾病的中药,一般就归所治疗的脏腑经络。如心经病变多见心悸失眠,朱砂、远志能治疗心悸失眠,因而它们归心经;肺经病变常见胸闷喘咳,桔梗、紫苏子能治疗喘咳胸闷,因而它们归肺经;肝经病变可见胁痛、抽搐等,白芍、钩藤能治疗胁痛、抽搐,因而它们归肝经。当然,许多中药可以治疗多脏腑、经络疾病,因而一药就能归数经。如麻黄既能发汗宣肺平喘,治疗外感风寒及咳喘之证,又能利尿,治疗水肿之证,因而麻黄归肺、膀胱经。由此可见,归经理论是通过脏腑辨证用药,从临床疗效观察中总结出来的用药理论。

掌握归经便于临床针对病位的用药。根据疾病的临床表现,通过辨证,明确病变所在脏腑经络部位,按照归经来选择适当药物进行治疗。如心悸失眠,选择归心经的中药治疗;咳嗽气喘,选择归肺经的中药治疗。可见归经理论为临床针对病位用药提供了方便。

掌握归经便于临床根据脏腑关系配伍用药。脏腑之间在疾病状态下常相互影响,治疗时可根据五行学说中脏腑关系,采用合理的配伍,提高临床疗效。如水不涵木、肝火上炎之目赤头晕,治疗除可选择清肝火明目的菊花、决明子外,还可根据肝肾五行关系选择滋补肾阴的枸杞子、熟地黄以滋水涵木;对于肺病久咳有痰者,治疗时除选择陈皮、半夏化痰止咳外,还可根据脾肺五行关系选择补气健脾中药党参、白术、茯苓等以补脾益肺,培土生金。而不能拘泥于见肝治肝、见肺治肺的单纯分经用药的方法。

在运用归经理论指导药物临床应用时,还必须与气、味、升降浮沉结合起来,才能做到准确用药。如同归肺经的药物,由于有四气的不同,其治疗作用也异:紫苏温散肺经风寒、薄荷凉散肺经风热、干姜性热温肺化饮、黄芩性寒清肺泻火。同归肺经的药物,由于五味的不同,作用亦殊。如乌梅酸收固涩、敛肺止咳,麻黄辛以发表、宣肺平喘,党参甘以补虚、补肺益气,陈皮苦以下气、止咳化痰,蛤蚧咸以补肾、益肺平喘。同归肺经的药物,因其升降浮沉之性不同,作用迥异。如桔梗、麻黄药性升浮,故能开宣肺气、止咳平喘;苦杏仁、紫苏子药性降沉,故能泻肺止咳平喘。四气五味、升降浮沉、归经同是药性理论的重要组成部分,在应用时必须结合起来,全面分析,才能准确地指导临床用药。

归经理论把药物的治疗作用与病变所在的脏腑经络部位有机地联系起来。事实证明,掌握好归经理论对于指导临床用药意义很大。然而,由于历代医家对一些药物功效的观察、认识上所存在的差异,归经方法的不同,以及药物品种的混乱,因此出现了本草文献中对某些药物归经的记载不够统一、准确,造成归经混乱的现象。因此对于归经理论的运用,既承认其理论的科学性,又要看到它的不足之处,也不能过于拘泥。正如徐灵胎所说:"不知经络而用药,其失也泛,必无捷效;执经络而用药,其失也泥,反能致害。"

第五节　毒性

所谓毒性,通俗的讲就是关于中药"毒"的性能。毒性是最早被认识的中药性能。在《周礼·天官冢宰》已有"医师掌医之政令,聚毒药以供医事"的记载。作为中药性能,毒性具有普遍性,凡药均有毒,故古代常常把毒药作为一切药物的总称。张从正《儒门事亲》云:"凡药有毒也,非止大毒小毒谓之毒。甘草、苦参不可不谓之毒,久服必有偏胜。"从上述观点可以看出药与毒的密不可分关系,即有毒才治病、治病才为药、有毒能为患。这是毒性作为中药性能的基本内涵,也是凡药均有毒这一广义毒性概念的基本内涵。

对于中药毒性与其他药性的关系,明代张景岳首次进行了诠释。他在《类经》中指出:"药以治病,因毒为能,所谓毒者,因气味之偏也。盖气味之正者,谷食之属是也,所以养人之正气。气味之偏者,药饵之属是也,所以去人之邪气,其为故也,正以人之为病,病在阴阳偏胜耳……大凡可辟邪安正者,均可称为毒药,故曰毒药攻邪也。"从而将毒性与药性、毒性与偏性联系在一起。

古人已经认识到毒性有大小。故历史上既有《本经》的"有毒无毒"分类,也有《黄帝内经》无毒、小毒、常毒、大毒分类。无毒之药仍具有治疗疾病的基本作用,也有引起不良作用的可能性。如王冰所言"无毒之药,性虽平和,久而多之,则性有所偏,则有偏绝"。故中药毒性的无毒这一层级,仍在中药毒性范畴之内。

一般而言,毒性越大,作用越强;相应的其疗效及对机体的潜在危害性越强。本草及当代中药著作,对于容易引起机体损害的中药,在其药性项下,往往标注"有毒""小毒""大毒"等。《诸病源候论·解诸药毒候》亦云:"凡药物云有毒及有大毒者,皆能变乱,于人为害,亦能杀人。"因此,毒性专指中药对机体的危害性时,就是狭义的中药毒性。

古今都有中药引起机体损害的记载和报道。自中华人民共和国成立以来,有统计表明,仅单味药引起中毒就达上百种之多,其中植物药90余种,如关木通、苍耳子、苦楝皮、昆明山海棠、狼毒、萱草、附子、乌头、夹竹桃、雪上一枝蒿、福寿草、槟榔、乌桕、巴豆、半夏、牵牛子、山豆根、艾叶、白附子、瓜蒂、马钱子、黄药子、苦杏仁、桃仁、枇杷仁及曼陀罗花、曼陀罗花苗、莨菪等;动物药及矿物药各十多种,如斑蝥、蟾蜍、鱼胆、芫青、蜂蛹及砒霜、升药、胆矾、铅丹、密陀僧、皂矾、雄黄、降药等。由此可见,文献中认为大毒、剧毒的固然有中毒致死的,小毒、微毒,甚至无毒的同样也有中毒病例发生,故临床应用有毒中草药固然要慎重,就是"无毒"的中药,也不可掉以轻心。

中药中毒的主要原因有:①剂量过大,如砒霜、胆矾、斑蝥、蟾酥、马钱子、附子、乌头等毒性较大的药物,用量过大,或时间过长可导致中毒;②误服伪品,如误以华山参、商陆代人参,独角莲代天麻使用;③炮制不当,如使用未经炮制的生附子、生乌头;④制剂服法不当,如乌头、附子中毒,多因煎煮时间太短,或服后受寒、进食生冷;⑤配伍不当,如甘遂与甘草同用,乌头与瓜蒌同用而致中毒。此外,还有药不对证、自行盲目服药、乳母用药及个体差异也是引起中毒的原因。因此,对于中药的使用一定要加强管理,尤其是加强对列入国务院《医疗用毒性药品管理办法》的中药品种的管理。这些中药包括:砒石、砒霜、水银、生马钱子、生川乌、生草乌、生白附子、生附子、生半夏、生南星、生巴豆、斑蝥、青娘虫、红娘虫、生甘遂、生狼毒、生藤黄、生千金子、生天仙子、闹羊花、雪上一枝蒿、红升丹、白降丹、蟾酥、洋金花、红粉、轻粉、雄黄。

明确中药毒性是中药性能内容,对于指导临床合理用药有重要意义:

1. 慎重对待中药的使用　凡药均有毒,凡药均有偏性,因此,中药的使用应非常审慎。首先,无病不用药。如孙思邈《千金方》指出:"人体平和,唯须好将养,药势偏有所助,令人脏气不平,易受外患。"罗天益《卫生宝鉴》中指出:"夫药以攻疾,无疾不可饵也……无疾服药,乃无事生事。"其次,有病须辨证用药。如《药治通义》引程若水《医彀》曰:"盖药有利有害,参芪归术,补气补血等药,利人处极多,亦有受其害者,不中病也。香燥苦寒,损气损血等药,害人处极多,亦有受其利者,适中病也。"故辨证用药、药证相应(中病),是保证中药安全有效的关键。

2. 充分利用药毒以治病　根据"以毒攻毒"的原则,在保证用药安全的前提下,也可采用某些毒药治疗某些疾病。如用雄黄治疗疔疮恶肿,水银治疗疥癣梅毒,砒霜治疗白血病等,让有毒中药更好地为临床服务。

3. 严格控制剂量和疗程　对有毒中药的用量,古人极其审慎,提出了一系列用量原则。一是从小量开始,逐渐增加剂量,疾愈即止。如《神农本草经》:"若用毒药疗病,先起如黍粟,病去即止。不去倍之,不去十之,取去为度。"二是按毒药在方中的比例确定服用量。如陶弘景云:"一物一毒服一丸,如细麻;二物一毒服二丸,如大麻;三物一毒服三丸,如胡豆;四物一毒服四丸,如小豆;五物一毒服五丸,如大豆;六物一毒服六丸,如梧子。以此至十,皆如梧子,以数为丸。而毒中又有轻重,且如狼毒、钩吻,岂同附子、芫花辈耶?凡此之类,皆须量宜。"三是按毒的大小有无确定服用总量。如《素问·五常政大论》:"大毒治病十去其六,常毒治病十去其七,小毒治病十去其八,无毒治病十去其九。"提示药物的毒性强则使用的疗程短,药物的毒性弱使用的疗程长。即使无毒中药,也应留有余地。剂量是决定中药起治疗效应或起毒性效应的重要参数。故适宜的单次用量和服用总量,是保证中药安全有效的重要因素。

除上述措施外,还可以通过炮制、配伍、剂型、用法等手段来达到安全有效用药的目的。炮制方面:露蜂房有毒,"火熬之良";斑蝥有毒,须"糯米中炒,米黄为度"。配伍方面:《本经》:"若有毒宜制,可用相畏、相杀者,不尔勿合用也。"陶弘景指出:"俗方每用附子,皆须甘草、人参、生姜相配者,正制其毒故也"。剂型方面:《神农本草经》有"药性有宜丸者,宜散者,宜水煮者,宜酒渍者,宜膏煎者,亦有一物兼宜者,亦有不可入汤酒者,并随药性,不得违越"。用法方面:羊踯躅"不入汤服";木鳖子"多从外治",大风子"惟从外敷,不入内治"等均提示我们,通过多种用药环节的控制,保证中药应用的安全性、保证有毒中药应用的安全性。

【思考题】

1. 何谓中药性能、四气、五味、升降浮沉、归经、毒性?
2. 简述四气、五味、升降浮沉、归经、毒性的基本内容及临床意义。

ER 总论第三章　同步练习

附:中药的功效

从《神农本草经》开始,本草著作记载中药以药性、主治为中心内容。《本经》中已经可见类似中药功效的表述,如丹参"益气"、附子"温中"、麻黄"发表"、芍药"止痛"等。但在相当长的历史时期,没有将功效明确分列。明代以来,随着中药功效的逐渐明晰,功效开始从主治中游离出来,成为中药内容的主体。如李梴的《医学入门》"川芎辛温行气血"。龚廷贤《万病回春·药性歌》:"人参味甘,大补元气,止渴生津,调营养卫";"熟地微温,滋肾补血,益髓填精,乌髭黑发。"从明末至清,医药学家已经对临床常用中药的功能,进行了系统的概括。如《药品化义》辨药八法"体色气味形性能力"中,"力"包括"宣通补泻渗敛散"等内容,就是对中药功效的高度概括。反映在具体药物则更为清晰地表达出该药功效。如熟地黄"力:补血"、赤芍药"力:泻肝火"、人参"力:补脾益肺"、泽泻"力:利水"等。表明此时功效已经成为每药必备的独立内容。清初汪昂《本草备要》,对每一味药的功能都进行了概括,并以注语形式列于药名之下。如:"人参,补气,固表,泻火";"天门冬,泻肺火,补肾水,润燥痰";"丹砂,重,镇心,定惊,泻热"等。清末黄宫绣《本草求真》不仅以功效为核心归纳概括该药的特点,而且将其与"功""功能"等专用词联系在一起,也将通过药性认识功效、通过功效确定主治形成了完整的体系。如山柰"气味芳香,功能暖胃辟恶,凡因邪气而见心腹冷痛,寒湿霍乱,暨风虫牙痛,用此治无不效"等。从而将药性、功效、主治的中药理论体系完整地呈现出来。

中药的功效,是在中医药理论指导下,对于药物治疗和保健作用的高度概括。它以中药性能、主治为基础,既是性能的体现,又是决定主治的依据,是性能与主治的桥梁。是中药性能 - 功效 - 主治完整理论体系的组成部分。掌握了中药的功效,就掌握了认识中药、使用中药的关键。对于指导临床用药有着非常重要的实际意义。也使中医学理、法、方、药真正成为统一的整体。

中药功效名称特色鲜明、内容丰富,涉及中药作用的方方面面,形成了较为完善的中药功效体系。根据作用特点,可以把中药功效分为对证功效、对症功效、对病功效和保健功效。

1. 对证功效 "证"是中医学的特有概念,是对疾病所处一定阶段的病因、病性、病位等作出的病理性概括。是对疾病当前本质所作出的诊断。对证功效是针对中医所特有的"证"发挥治疗作用的功效。如清热燥湿,主要针对"湿热证"发挥治疗作用;活血化瘀,主要针对"瘀血证"发挥治疗作用等。中医有各种不同的辨证方法,诸如八纲辨证、脏腑辨证、六经辨证、三焦辨证、卫气营血辨证、气血津液辨证等,因而就有各种不同的证型。针对各种辨证体系,也有相应的中药对证功效,如针对八纲辨证的表里寒热虚实,中药有解表、温理,清热、散寒,补虚、泻实,补阴、补阳等功效;针对脏腑辨证的寒热虚实,中药有养心、清心,温肺、降肺气、润肺、敛肺,润肠通便、涩肠止泻,补气健脾、温胃、清胃、降逆止呕、补中益气、补气升阳,疏肝、清肝、养肝、暖肝、平肝阳、养肝阴(血)、泻肝火、镇肝息风、利胆,补肾、滋肾阴、助肾阳、补肾纳气等。针对气血津液辨证的表现,中药有补气、行气、降气、大补元气,养血、活血、止血、摄血,滋阴、敛阴,生津、化痰、化饮、逐饮、利水等。

2. 对病功效 "病"是对疾病全过程的特点与规律所作出的概括,代表着该病种的基本矛盾。对病功效就是针对中医的"病"发挥治疗作用的功效。如退黄、消痈排脓、通鼻窍、截疟、驱蛔等,分别针对黄疸、肺痈、鼻渊、疟疾、蛔虫病发挥治疗作用。

3. 对症功效 中医的临床证候,是由若干症状和体征构成的,不少证候还常常有一种突出的主症,需要首先予以处理。由于药物作用的多样性,中药治疗功效中还存在一类能消除或缓解患者某一自觉痛苦或临床体征的特殊效用,即"对症治疗功效"。如止痛、止咳、止血、止呕、平喘、止汗、涩肠止泻、涩精止遗等。

由于历史的原因,人们习惯于将一些对因功效和对症功效组合在一起,形成了若干复合的功效术语,如凉血止血、化瘀止血、温经止痛、清胃止呕、养血安神等。在这些功效中,前两字是对因的,后两字是对症的,两者主要是并列关系。从治法上讲,两者虽存在因果关系,但相对较为次要。

(崔 瑛)

第四章　中药的应用

【学习目标】

---

1. 掌握中药七情的含义,常见的配伍关系及对临床用药的指导意义。
2. 掌握配伍用药禁忌、妊娠用药禁忌,了解证候用药禁忌,服药饮食禁忌。
3. 掌握中药剂量的含义及确定剂量的依据。
4. 熟悉中药的特殊煎法和服法。

第一节　中药七情

中药有单用、合用等形式,《神农本草经·序例》将中药应用形式总结为单行、相须、相使、相恶、相畏、相杀、相反七种情况,称为"七情"。现将七情内容分述于下:

1. 单行　就是用单味中药治疗某种疾病。一般病情单纯或病势较轻者。如清金散,即单用一味黄芩,治疗肺热出血的病证;其他如马齿苋治疗痢疾、夏枯草膏消瘿瘤等皆属此类。也可用于病情危急的疾病,如独参汤,即单用一味人参,治疗大量失血所引起元气虚脱的危重病证。

2. 相须　就是两种性能功效类似的药物合用,可以增强原有药物疗效的配伍关系。如麻黄配桂枝,能增强发汗解表、祛风散寒的作用;附子、干姜配伍,可以增强温阳、回阳救逆的功效;陈皮配半夏可以加强燥湿化痰、理气和中的功效;全蝎、蜈蚣同用能明显增强平肝息风、止痉定搐的作用。

3. 相使　就是以一种药物为主,另一种药物为辅,辅药可以提高主药疗效的配伍关系。如治疗气虚水肿,以黄芪补气利水为主药,辅以茯苓健脾利湿,二药合用,茯苓能增强黄芪补气利水的治疗效果;又如治疗湿热泻痢、腹痛里急,以黄连清热燥湿、解毒止痢为主药,辅以木香行气止痛,二药合用,可增强黄连清热燥湿、行气止痛的治疗效果。

4. 相畏　就是一种药物的毒性或副作用能被另一种药物减轻或消除的配伍关系。如半夏畏生姜,即半夏的毒副作用可以被生姜所抑制。

5. 相杀　就是一种药物能够消除另一种药物的毒性或副作用的配伍关系。如生姜杀半夏,即生姜可以减轻或消除半夏的毒性或副作用。可见,相畏和相杀没有质的区别,是从自身的毒副作用受到对方的抑制和自身能消除对方毒副作的不同角度提出来的配伍方法,也就是同一配伍关系的两种不同提法。

6. 相恶　就是一种药物能使另一种药物的功效破坏或丧失的配伍关系。如人参恶莱菔子，莱菔子能削弱人参的补气作用；生姜恶黄芩，黄芩能削弱生姜的温胃止呕的作用。

7. 相反　就是两种药物合用能产生或增强毒性或副作用的配伍关系。如甘草反甘遂，贝母反乌头等，详见用药禁忌"十八反""十九畏"中的药物。

相须、相使配伍能提高疗效；相畏、相杀配伍可使有害效应削弱或消除，有利于临床用药安全；上述配伍，都是临床用药时应充分利用的配伍形式。相恶配伍会降低疗效，相反配伍会使有害效应增强，故相恶、相反配伍都是临床用药时应尽量避免的配伍形式。

药物的配伍应用是中医用药的主要形式，七情是中药应用的基本形式。药物按一定法度加以组合，并确定一定的分量比例，规定适当的剂型，即是方剂。方剂是药物配伍的发展，方剂君臣佐使的配伍应用是中药配伍的高级形式。

第二节　用药禁忌

为了保证疗效和安全用药，必须注意用药禁忌。中药的用药禁忌主要包括配伍禁忌、证候禁忌、妊娠禁忌和饮食禁忌四个方面。

1. 配伍禁忌　所谓配伍禁忌，就是指某些药物合用会产生或增加毒副作用，或降低和破坏药效，因而应该避免配合应用，也即《神农本草经》所谓："勿用相恶、相反者。"历代关于配伍禁忌的认识不完全一致，其中金元时期《儒门事亲》概括的"十八反"歌诀和明代《医经小学》概括的"十九畏"歌诀便于吟诵，流传较广。

"十八反"歌诀："本草明言十八反，半蒌贝蔹及攻乌，藻戟遂芫俱战草，诸参辛芍叛藜芦。"即乌头反贝母、瓜蒌、半夏、白及、白蔹；甘草反甘遂、大戟、海藻、芫花；藜芦反人参、丹参、玄参、沙参、细辛、芍药。

"十九畏"歌诀："硫黄原是火中精，朴硝一见便相争，水银莫与砒霜见，狼毒最怕密陀僧，巴豆性烈最为上，偏与牵牛不顺情，丁香莫与郁金见，牙硝难合京三棱，川乌草乌不顺犀，人参最怕五灵脂，官桂善能调冷气，若逢石脂便相欺，大凡修合看顺逆，炮爁炙煿莫相依。"即硫黄畏朴硝，水银畏砒霜，狼毒畏密陀僧，巴豆畏牵牛子，丁香畏郁金，牙硝畏三棱，川乌、草乌畏犀角，人参畏五灵脂，官桂畏赤石脂。

十八反与十九畏作为中药配伍禁忌，有其历史渊源，也在《中国药典》中有所体现。因此，应当将十八反与十九畏作为用药禁忌来遵循。但是，应该看到，古今文献中，都有应用十八反、十九畏配伍用药的记载。因此，对十八反、十九畏配伍应采取审慎的态度，若无充分安全保证，不宜使用，以免发生意外。

2. 证候禁忌　由于药物的药性不同，其作用各有专长和一定的适应范围，因此，某种或某类病证不宜使用某种或某类药物，称"证候禁忌"。如麻黄性味辛温，功能发汗解表、散风寒，又能宣肺平喘利尿，故只适宜于外感风寒表实无汗或肺气不宣的喘咳，而对表虚自汗及阴虚盗汗、肺肾虚喘则应禁止使用。又如黄精甘平，功能滋阴补肺、补脾益气，主要用于肺虚燥咳、脾胃虚弱及肾虚精亏的病证。但因其性质滋腻,易助湿邪,因此,凡脾虚有湿、咳嗽痰多以及中寒便溏者,则不宜服用。证候用药禁忌内容涉及范围较广,详见各论中每味药物的"使用注意"部分。

3. 妊娠用药禁忌 是指妇女妊娠期间慎用或禁用某些药物。一般而言,凡能引起堕胎或损害胎元的药物均应作为妊娠禁忌的药物。根据药物对于胎元损害程度的不同,一般可分为慎用与禁用两大类。慎用的药物包括通经祛瘀,行气破滞及辛热滑利之品,如桃仁、红花、牛膝、大黄、枳实,附子、肉桂、干姜,木通、冬葵子、瞿麦等;而禁用的药物是指毒性较强或药性猛烈的药物,如巴豆、牵牛子、大戟、商陆、麝香、三棱、莪术、水蛭、斑蝥、雄黄、砒霜等。

凡禁用的药物绝对不能使用,慎用的药物可以根据病情的需要,斟酌使用。

4. 饮食禁忌 是指服药期间对某些食物的禁忌,简称食忌,也就是通常所说的忌口。在服药期间,一般应忌食生冷、油腻、腥膻、有刺激性的食物。此外,病情不同,饮食禁忌也有区别。如热性病应忌食辛辣、油腻、煎炸性食物;寒性病应忌食生冷食物、饮料等;胸痹患者应忌食油腻肉食、动物内脏及烟、酒等;肝阳上亢头晕目眩、烦躁易怒患者等应忌食胡椒、辣椒、大蒜、白酒等辛热助阳之品;黄疸胁痛患者应忌食动物脂肪及辛辣、烟酒刺激物品;脾胃虚弱患者应忌食油炸黏腻、寒凉、不易消化的食物;肾病水肿患者应限食盐和酸辣太过的刺激食品;疮疡、皮肤病患者应忌食鱼、虾、蟹等腥膻发物及辛辣刺激性食品。此外,古代文献记载有:服用甘草、黄连、桔梗、乌梅忌食猪肉;服用鳖甲忌食苋菜;服用常山忌食葱;服用地黄、何首乌忌食葱、蒜、萝卜;服用丹参、茯苓、茯神忌食醋;服用土茯苓、使君子忌饮茶;服用薄荷忌食蟹肉,以及蜜反生葱、柿反蟹等,也应作为服药禁忌的参考。

第三节　中药的剂量

中药的剂量是指临床应用时的分量。它主要指明了每味药的成人一日量。本书每味药物标明的用量,除特别注明以外,都是指干燥后饮片的成人一日内用量。

中药的传统计量有重量(斤、两、钱、分、厘)、度量(寸、尺等)、容量(勺、合、升、斗等)、数量(片、条、枚、支、角、只等)等多种方法。明清以来,我国普遍采用 16 进位制的"市制"计量方法,即 1 市斤 =16 两 =160 钱。自 1979 年起我国对中药生产计量统一采用公制,即 1 公斤 =1 000g=1 000 000mg。为了处方和调剂计算方便,按规定以如下的近似值进行换算:1 市两(16 进位制) =30g;1 钱 =3g;1 分 =0.3g;1 厘 =0.03g。

尽管中药绝大多数安全剂量幅度较大,用量不像化学药品那样严格,但用量得当与否,也是直接影响药效的发挥、临床效果好坏的重要因素之一。药量过小,起不到治疗作用而贻误病情,药量过大,戕伤正气,也可引起不良后果,或造成不必要的浪费。同时中药多是复方应用。其中主要药物的剂量变化,可以影响到整个处方的功效和主治病证的改变。因此,对于中药剂量的使用应采取科学、谨慎的态度。一般来讲,确定中药的剂量,应考虑以下几方面的因素:

1. 药物 剧毒药或作用峻烈的药物,应严格控制剂量,开始时用量宜轻,逐渐加量,一旦病情好转后,应当立即减量或停服,防止过量或蓄积中毒。花、叶、皮、枝等量轻质松及性味浓厚、作用较强的药物用量宜小;矿物介壳质重沉坠及性味淡薄,作用温和的药物用量宜大;鲜品药材含水分较多用量宜大(一般为干品的 4 倍);干品药材用量当小;过于苦寒的药物也不要久服过量,免伤脾胃;贵重药材犀角、羚羊角、麝香、牛黄、鹿茸、珍珠等,在保证药效的前提下应尽量减少用量。在一般情况下,同样的药物入汤剂比入丸散剂的用量要大;单味药使用比复方中应用剂量要大;在复方配伍使用时,主药比辅药用量要大。

2. 患者　由于年龄、体质的不同,对药物耐受程度不同,则药物用量也就有了差别。成人及平素体质壮实的患者用量宜重。老年、小儿、妇女产后及体质虚弱的患者,一般可适当减少用量;一般 5 岁以下的小儿用成人药量的 1/4 ;5 岁以上的儿童按成人用量减半服用。病情轻重,病势缓急,病程长短与药物剂量也有密切关系。一般病情轻、病势缓、病程长者用量宜小;病情重、病势急、病程短者用量宜大。

3. 季节　夏季发汗解表药及辛温大热药不宜多用;冬季发汗解表药及辛热大热药可以多用;夏季苦寒降火药用量宜重;冬季苦寒降火药则用量宜轻。

4. 应用　确定药物的具体用量时,还应考虑用药目的因素。中药一物多用,临床用药目的不同,其用量也可能不同。如槟榔,用于消积、行气、利水,常用量仅为 6~15g;而用以驱姜片虫、绦虫时,则需用到 60~120g。又如泻下药牵牛子,李杲称它"少则动大便,多则下水"。同是泻下,用以通便导滞,用量宜轻;若用以峻下逐水,则用量宜重。

除了剧毒药、峻烈药、精制药及某些贵重药外,一般中药常用内服剂量 5~10g;部分常用量较大剂量为 15~30g;新鲜药物常用量 30~60g。

第四节　中药的用法

本书所述中药的用法,主要是汤剂的煎煮及不同剂型的服用方法。

1. 汤剂煎煮法　汤剂是中药最为常用的剂型之一,自商代伊尹创制汤液以来沿用至今,经久不衰。汤剂的制作对煎具、用水、火候、煮法都有一定的要求。

(1)煎药用具:以砂锅、瓦罐为好,铝锅、搪瓷罐次之;忌用钢铁锅,以免发生化学变化,影响疗效。

(2)煎药用水:古时曾用长流水、井水、雨水、泉水、米泔水等煎煮。现在多用自来水、井水、蒸馏水等,但总以水质洁净新鲜为好。

(3)煎药火候:有文火、武火之分。文火,是指使温度上升及水液蒸发缓慢的火候;而武火,又称急火,是指使温度上升及水液蒸发迅速的火候。

(4)煎煮方法:先将药材浸泡 30~60 分钟,用水量以高出药面约两横指为度。一般中药煎煮两次,第二煎加水量为第一煎的 1/3~1/2。两次煎液去渣滤净混合后分两次服用。煎煮的火候和时间,要根据药物性能而定。一般而言,解表药、清热药宜武火煎煮,时间宜短,煮沸后煎 3~5 分钟即可;补养药需用文火慢煎,时间宜长,煮沸后再续煎 30~60 分钟。某些药物因其质地不同,煎法比较特殊,处方上需加以注明,归纳起来包括有先煎、后下、包煎、另煎、溶化、泡服、冲服、煎汤代水等不同煎煮方法。

1)先煎:主要指一些有效成分难溶于水的金石、矿物、介壳类药物,应打碎先煎,煮沸 20~30 分钟,再下其他药物同煎,以使有效成分充分分析出。如磁石、赭石、生铁落、生石膏、寒水石、紫石英、龙骨、牡蛎、海蛤壳、瓦楞子、珍珠母、石决明、紫贝齿、龟甲、鳖甲等。此处,附子、乌头等毒性较强的药物,宜先煎45~60分钟后再下其他药,久煎可以降低毒性。

2)后下:主要指一些气味芳香的药物,久煎其有效成分易于挥发而降低药效,需在其他药物煎好前5~10分钟后放入即可。如薄荷、青蒿、香薷、木香、砂仁、沉香、豆蔻、草豆蔻等。此外,有些药物虽不属芳香药,但久煎也能破坏其有效成分,如钩藤、大黄、番泻叶等亦属后下之列。

3)包煎:主要指那些黏性强、粉末状及带有绒毛的药物,宜先用纱布袋装好,再与其他药物同煎,以防止药液混浊或刺激咽喉引起咳嗽及沉于锅底,加热时引起焦化或糊化。如蛤粉、滑石、青黛、旋覆花、车前子、蒲黄及灶心土、北秫米等。

4)另煎:又称另炖,主要是指某些贵重药材,为了更好地煎出有效成分还应单独另煎(即另炖)2~3小时。煎液可以另服,也可与其他煎液混合服用,如人参、西洋参、羚羊角、犀角、鹿茸、虎骨等。

5)溶化:又称烊化,主要是指某些胶类药物及黏性大而易溶的药物,为避免入煎粘锅或黏附其他药物影响煎煮,可单用水或黄酒将此类药加热熔化即烊化后,用煎好的药液冲服,也可将此类药放入其他药物煎好的药液中加热烊化后服用,如阿胶、鹿角胶、龟甲胶、鳖甲胶、虎骨胶、鸡血藤胶及蜂蜜、饴糖等。

6)泡服:又叫焗服,主要是指某些有效成分易溶于水或久煎容易破坏药效的药物,可以用少量开水或复方中其他药物滚烫的煎出液趁热浸泡,加盖闷润,减少挥发,半小时后去渣即可服用,如藏红花、番泻叶、胖大海等。

7)冲服:主要指某些贵重药用量较轻,为防止散失,常需要研成细末制成散剂用温开水或复方其他药物煎液冲服,如麝香、牛黄、珍珠、羚羊角、猴枣、马宝、西洋参、鹿茸、人参、蛤蚧等;某些药物根据病情需要,为提高药效,也常研成散剂冲服,如用于止血的三七、花蕊石、白及、紫珠草、血余炭、棕榈炭及用于息风止痉的蜈蚣、全蝎、僵蚕、地龙和用于制酸止痛的乌贼骨、瓦楞子、海蛤壳、延胡索等;某些药物高温容易破坏药效或有效成分难溶于水,也只能做散剂冲服,如雷丸、鹤草芽、朱砂等。此外,还有一些液体药物如竹沥汁、姜汁、藕汁、荸荠汁、鲜地黄汁等也需冲服。

8)煎汤代水:主要指某些药物为了防止与其他药物同煎使煎液混浊,难于服用,宜先煎后取其上清液代水再煎煮其他药物,如灶心土等。此外,某些药物质轻用量多,体积大,吸水量大如玉米须、丝瓜络、金钱草等,也需煎汤代水用。

2. 服药法

(1)服药时间:汤剂一般每日一剂,煎两次分服,两次间隔时间为4~6小时。临床用药时可根据病情增减,如急性病、热性病可一日二剂。至于饭前还是饭后服则主要决定于病变部位和性质。一般而言,病在胸膈以上者如眩晕、头痛、目疾、咽痛等宜饭后服;如病在胸腹以下,如胃、肝、肾等脏疾患,则宜饭前服。某些对胃肠有刺激性的药物宜饭后服;补益药多滋腻碍胃,宜空腹服;治疟药宜在疟疾发作前的两小时服用;安神药宜睡前;慢性病定时服;急性病、呕吐、惊厥及石淋、咽喉病需煎汤代茶饮者,均可不定时服。

(2)服药方法

1)汤剂:一般宜温服。但解表药要偏热服,服后还需覆盖好衣被,或进热粥,以助汗出;寒证用热药宜热服,热证用寒药宜冷服,以防格拒于外。如出现真热假寒当寒药温服,真寒假热者则当热药冷服,此即《黄帝内经》所谓"治热以寒,温以行之;治寒以热,凉以行之"的服药方法。

2) 丸剂:颗粒较小者,可直接用温开水送服;大蜜丸者,可以分成小粒吞服;若水丸质硬者,可用开水溶化后服。

3) 散剂、粉剂:可用蜂蜜加以调和送服,或装入胶囊中吞服,避免直接吞服,刺激咽喉。

4) 膏剂:宜用开水冲服,避免直接倒入口中吞咽,以免黏喉引起呕吐。

5) 颗粒剂、糖浆剂:颗粒剂宜用开水冲服;糖浆剂可以直接吞服。

此外,危重患者宜少量频服;呕吐患者可以浓煎药汁,少量频服;对于神志不清或因其他原因不能口服时,可采用鼻饲给药法。在应用发汗、泻下、清热药时,若药效较强,要注意患者个体差异,一般得汗、泻下、热降即可停药,适可而止,不必尽剂,以免发汗、泻下、清热太过,损伤人体的正气。

附:中药的命名与分类

中药来源广泛,品种繁多,名称各异。因此,明确其命名规律及内涵、明确其分类方法,有利于从命名把握中药的特征、从分类系统认识中药,对于学习中药颇有裨益。

(一) 中药的命名

中药的名称常常蕴含一定的文化背景和历史印迹,往往也体现出中药来源、生长、形色气味的特征、作用特征等内容,也包括了比喻、夸张等手法。中药命名方法丰富多彩,主要方法分述于下。

1. 以来源、药用部位命名 中药材来源于植物、动物、矿物,药用部位不尽相同。以来源、药用部位命名,可直观体现药材资源特征。以来源命名的如石膏、芒硝、蜈蚣、蛤蚧、雪莲花、桑寄生;以来源与药用部位结合命名的如葛根、桑叶、桂枝、合欢皮、忍冬藤、牛蒡子、凌霄花、龟甲、刺猬皮、水牛角等。

2. 以生长特性命名 植物药、动物药有一定的生长周期,也有不同的生长阶段和生理状态,有些中药的命名体现了生长特性的内容。如茵陈,经冬不死,更因旧苗而生;夏枯草是生长到夏至后枯萎;半夏在夏季过半时(农历五月间)长成;款冬花,至冬而花开;月季花,逐月开放;冬虫夏草,冬眠的蝙蝠蛾幼虫被冬虫夏草菌感染,至夏长出寄生菌的子座;金银花以花蕾入药,花初开时洁白如银,数天后变为金黄,黄白相间,故名金银花,其中以色白的花蕾入药为好,故简称银花。

3. 以产地命名 中药的生产,在质量和产量上,往往有一定的地域性,以产地命名者,多含道地、量大之义。如广陈皮、田七、怀牛膝、怀地黄、云苓、阿胶、浙贝母、辰砂、川芎、川楝子、高良姜、羌活、胡黄连、番木鳖、苏合香(原产古苏合国)、苏木(原产古苏方国)等。

4. 以形态命名 中药的形态各异,以形态特征命名,能给人生动的印象。如冰片,为加工形成的结晶体,洁白如冰而成片状;乌头,其块根形似乌鸦之头;百合,以众瓣合抱而成;钩藤,形如钓钩;贯众,一根能贯众枝;金樱子,其形状似罂(口小腹大的瓶子)等。其他如马兜铃、佛手、大腹皮、冬虫夏草、人参等均属此类。

5. 以颜色命名 中药具有各种天然的颜色,以药物的颜色命名,明了直观。色青者如青黛、青皮、青蒿等;色绿者如绿矾、绿豆等;色紫者如紫草、紫花地丁等;色红者如红花、红枣、丹参、朱砂、赤茯苓、赤芍等;色黄者如黄连、黄芪、大黄等;色白者如白芷、白术、白矾、银耳等;色黑者如黑芝麻、玄参、墨旱莲等。

6. 以气味命名　有些中药具有特殊的气味,以气味命名,便于闻香辨物。如麝香,香气特异而远射;丁香、茴香、安息香、檀香等,香气浓郁,日常生活中可用于调味或生活起居,故以“香”字命名;而败酱草、臭梧桐等,均有特殊臭气;鱼腥草,则具有浓烈的鱼腥气味。

7. 以滋味命名　每种中药都有一定的味道,以滋味特征命名,便于尝味识药。如酸枣仁以其味酸得名;苦参以其味苦得名;甘草以其味甘得名;细辛、辛夷以味辛得名;五味子,因皮肉甘酸,核中辛苦,全果皆有咸味,五味俱全得名。

8. 以功效命名　有些中药的命名反映了该药的功效、应用的特点。如益母草功善活血调经,为妇科经产要药,故名益母;防风为祛风的要药;骨碎补主伤折、疗骨碎;续断功善续筋骨、疗折伤,主治筋伤骨折;决明子清肝明目,主治眼科疾病,为明目佳品;千年健祛风湿、强筋骨,为强筋健骨的佳品等。

9. 以人名或传说命名　有些中药的命名是以创用者、习用人或古代传说而命名。如杜仲是相传其人因服食此药而得道;使君子,相传是潘州郭使君治疗儿科病的常用药;刘寄奴相传是南朝宋武帝刘裕(小名刘寄奴)发现的;牵牛子传说是由田野老人牵牛谢医而得名;何首乌来自传说中何姓老人采食此药,百余岁依然须发乌黑发亮的故事,故名何首乌。

10. 以译音或谐音命名　有些外来药以译音为名,如诃黎勒、曼陀罗、阿片、荜澄茄等。有些中药名称是由谐音转化而来,如山漆与三七,山柰与三柰、三赖。

11. 其他命名方式　中药的命名除上述常见的方法外,还有其他的命名方式。以采集时间命名的如霜桑叶、冬麻、春蛹等;以贮藏时间长短命名的如陈皮、陈仓米、鲜地黄、生姜等;以炮制方法命名的如炙麻黄、酒大黄、炮姜、醋延胡索、熟地黄等;以功效缓峻命名的如威灵仙、肉苁蓉;以珍贵难得命名的如珍珠、狗宝、马宝等;封建社会,为了避帝王的名讳,有的药物也改换了名称,山药原名薯蓣,至唐朝因避代宗(名预)讳改为“薯药”,至宋代又为了避英宗(名署)讳而改为山药。

中药名称丰富多样,总的来说具有“称其名即识其性,呼其号而明其功”的价值,有助于初学者加深对中药的认识。

(二) 中药的分类

中药品种众多,来源复杂,为了便于检索、应用,古今医药学家采用了多种分类法。现简述如下:

1. 三品分类法　是《神农本草经》根据药物毒性和作用进行分类的一种方法。该书序例中云“上药一百二十种为君,主养命以应天,无毒,多服久服不伤人,欲轻身益气,不老延年者本上经;中药一百二十五种为臣,主养性以应人,无毒有毒,斟酌其宜,欲遏病补虚羸者本中经;下药一百二十五种为佐使,主治病以应地,多毒,不可久服,欲除寒热邪气,破积聚,愈疾者本下经。”这是本草对中药最早的分类方法。该分类方法对后世影响巨大,《本草经集注》《新修本草》《开宝本草》《嘉祐本草》《证类本草》都沿用了三品分类方法。

2. 自然属性分类法　以药物的来源和形态等自然属性为依据的分类方法。梁代陶弘景的《本草经集注》首先采用了自然属性分类法,将药物分为玉石、草木、虫兽、果、菜、米食、有名未用七类,每类中再分上中下三品。自然属性分类方法被后世历代本草所沿用。明代李时珍的《本草纲目》将1 892种药物分为水、火、土、金石、草、谷、菜、果、介、木、器服、虫、鳞、禽、兽、人16部(纲),60类

(目),达到当时的最高水平并传沿至今。如《中华本草》等就是采用此分类方法。

3. 功能分类法　是根据药物功效、应用进行分类的方法。《神农本草经》三品分类法,将365种药分为上品补虚养命、中品补虚治病,下品功专祛病,实为最早的功效分类形式。唐代陈藏器的《本草拾遗》按药物的功用提出了著名的十剂分类法,即宣、通、补、泻、燥、湿、滑、涩、轻、重。清代黄宫绣的《本草求真》将520种药分为补剂、收剂、散剂、泻剂、血剂、杂剂、食物等7类。各类再细分,如补类中又分平补、温补、补火、滋水等小类,系统明晰,排列合理,便于应用,进一步完善了按功能分类的方法。本教材采用功效分类,将药物分为解表药、清热药、泻下药等23类。

4. 脏腑经络分类法　根据药物归属于某脏腑、经络来进行分类的方法。始见于金代张元素《脏腑虚实标本用药式》,按肝、心、脾、肺、肾、命门、三焦、胆、胃、大肠、小肠、膀胱十二脏腑将药物进行分类。清代姚澜《本草分经》以经络为纲分类药物,如手太阴肺、足太阴脾等,每类下有相关药物若干,分为补、和、攻、散、寒、热6项。《本草害利》将常用药物按脏腑分队,分为心部药队、肝部药队、脾部药队、肺部药队、肾部药队、胃部药队、膀胱部药队、胆部药队、大肠部药队、小肠部药队、三焦部药队,每队再以补泻凉温为序,先陈其害,后叙其利,便于临床用药,以达有的放矢之目的。

5. 笔画分类法　　根据药名的笔画顺序进行排列分类的方法。《中国药典》与《中药大辞典》等即采用此种分类法。其优点是将中药归入笔画索引表中,便于查阅。

【思考题】

1. 何谓中药七情? 七情各自的内涵是什么? 如何根据中药七情合理使用中药?
2. 简述十八反、十九畏的内容? 如何正确对待中药的十八反、十九畏?
3. 何谓中药的剂量,确定用药剂量的因素有哪些?
4. 简述中药煎煮的常用方法及其意义。

ER 总论第四章　同步练习

（崔　瑛）

各 论

第一章　解表药

ER 各论第一章
课件

【学习目标】

1. 掌握解表药的含义、性能主治、应用要点；熟悉解表药的分类及每节药物的性能特点。

2. 掌握麻黄、桂枝、紫苏叶、荆芥、防风、羌活、白芷、薄荷、牛蒡子、桑叶、菊花、柴胡、葛根的药性、功效、主治、性能特点、经典配伍、用法用量及使用注意。熟悉生姜、香薷、藁本、细辛、苍耳子、辛夷、蝉蜕、蔓荆子、升麻的功效、主治、某些特殊用法及使用注意。了解其余解表药的功效、特殊用法及使用注意。

【含义】以发散表邪为主要功效，主治外感表证的药物，称解表药，又叫发表药。根据其药性和作用特点，解表药分为发散风寒药和发散风热药两类。

【性能主治】本类药物多具辛味，其性疏散轻扬，入肺经、膀胱经，偏行肌表，能促进肌体发汗，使表邪由汗出而解，即《黄帝内经》所谓"其在皮者，汗而发之"之意。属于中医治法的汗法。故均具有发散表邪之功，主治外感表证。其中，药性偏温热者，具有发散风寒之功，适用于风寒表证，称为发散风寒药；药性偏寒凉者，具有发散风热之功，适用于风热表证，称为发散风热药。此外，有些解表药兼有透疹止痒、利水消肿、止咳平喘、止痛、消疮等功效，可用于治疗麻疹透发不畅、皮肤瘙痒、水肿、咳嗽气喘、疼痛、疮肿等。

【应用要点】

1. 对证用药　解表药均适用于治疗外感表证，在使用时应针对外感风寒、风热表证，分别选用发散风寒或发散风热的药物；在此基础上，应注意药物性能特点与外感表证个体表现的对应性。

2. 配伍用药　为了增强疗效，解表药常相须配伍使用。为了增强发汗解表之力，治疗风热表证时，可适当配伍发散风寒药。根据表证兼见的病邪和患者体质，可配伍祛暑、化湿、润燥药。对虚人外感，应根据正气不足的具体表现，有选择地与益气、助阳、养阴、补血药配伍，以扶正祛邪。温病初起，邪在卫分，在选用发散风热药物基础上，应同时配伍清热解毒药。

3. 注意事项　使用解表药治疗外感表证时，要注意发汗适度；津液不足的外感患者应用解表药治疗时，尤要注意发汗与养阴兼顾；使用解表药还应注意因时、因地而异，如春夏腠理疏松，容易出汗，解表药用量宜轻；冬季腠理致密，不易出汗，解表药用量宜重；北方严寒地区用药宜重；南方炎热地区用药宜轻。解表药中辛散轻扬之品，入汤剂不宜久煎，以免有效成分损失而降低药效。

第一节 发散风寒药

本节药物性味多为辛温,功效发散风寒,发汗力强,主治风寒之邪侵袭肌表所致的感冒、皮肤瘙痒、麻疹透发不畅、鼻塞不通等。兼有止咳、平喘、祛风湿等功效,又可治疗咳喘、痹病、水肿兼风寒者。

麻黄 máhuáng

本品首载于《神农本草经》。为麻黄科植物草麻黄 *Ephedra sinica* Stapf、中麻黄 *Ephedra intermedia* Schrenk et C. A. Mey. 或木贼麻黄 *Ephedra equisetina* Bge. 的干燥草质茎。主产于河北、山西、内蒙古等地。立秋至霜降间采收。以干燥、茎粗、淡绿、内心充实、味苦涩者佳。生用或制用。《中国药典》规定,本品含盐酸麻黄碱($C_{10}H_{15}NO \cdot HCl$)和盐酸伪麻黄碱($C_{10}H_{15}NO \cdot HCl$)的总量不得少于 0.80%。

【处方用名】麻黄、生麻黄、炙麻黄、麻黄绒。

【主要药性】辛、微苦,温。归肺、膀胱经。

【功效】发汗散寒,宣肺平喘,利水消肿。

【应用】

1. 风寒表证　本品味辛发散,性温祛寒,长于开泄腠理,发散风寒。凡风寒之邪在表者,皆可使之从汗出而解,故有“发散第一药”之称。因其发汗力强,故善治风寒表实无汗者,每与桂枝相须为用。此外,取麻黄发散通阳之功,还可用治风寒湿痹,阴疽、痰核等。

2. 咳嗽气喘　本品辛散苦降,外可开皮毛之郁闭以宣畅肺气,内可泄上逆之肺气以复其肃降,能宣降肺气而平喘止咳。凡肺气壅遏,胸闷喘咳,无论属寒属热,皆可配伍运用。故为治咳喘要药。因其性温,以治风寒外束,肺气内壅之喘咳最为适宜,常与苦杏仁、甘草配伍。若治外感风寒、寒饮停肺、咳嗽气喘、痰多清稀者,常配伍细辛、干姜、半夏等。若治肺热壅盛、高热喘急者,常与石膏或黄芩等清肺之品同用。

3. 水肿　本品上能宣通肺气,通调水道;下能温通膀胱,故有利水退肿之效。常用于水肿、小便不利兼有表证之风水水肿,可与甘草、浮萍、茯苓等同用。

【用法用量】内服:2~10g,煎汤,或入丸散。生麻黄偏于发汗解表,利水消肿;炙麻黄偏于宣肺平喘;麻黄绒发汗力减缓。

【使用注意】表虚自汗、阴虚盗汗及肾虚咳喘者忌服。高血压、失眠患者应慎用。

【现代研究】

1. 化学成分　主要含麻黄碱、伪麻黄碱、甲基伪麻黄碱、麻黄次碱等生物碱,挥发油、黄酮、多糖、儿茶酚、鞣质及有机酸等成分。

2. 药理作用　有发汗、解热、平喘、镇咳、祛痰、利尿、抗炎、抗菌、抗过敏、升高血压、加快心率和一定的中枢兴奋作用。

桂枝　guìzhī

本品首载于《名医别录》。为樟科植物肉桂 *Cinnamomum cassia* Presl 的干燥嫩枝。主产于广东、广西、云南等地。春、夏二季采收。以质嫩、色棕红、香气浓者佳。生用。《中国药典》规定,本品含桂皮醛(C_9H_8O)不得少于 1.0%。

【处方用名】桂枝、嫩桂枝、桂枝尖。

【主要药性】辛、甘,温。归心、肺、膀胱经。

【功效】发汗解肌,温通经脉,助阳化气,平冲降逆。

【应用】

1. 风寒表证　本品辛温散寒,甘温助阳、扶卫达表,发汗之力较麻黄温和。凡外感风寒,无论表实无汗、表虚有汗及阳虚受寒者,用之皆宜。治外感风寒、表实无汗者,常与麻黄相须为用;治外感风寒、表虚有汗者,常与白芍同用;素体阳虚、复感风寒者,每与麻黄、附子、细辛等同用。

2. 脘腹冷痛、经闭痛经、关节痹痛等寒凝血瘀诸痛　本品辛散温通,具有温通经脉,散寒止痛之功,凡寒凝血瘀诸痛用之皆宜。治胸阳不振,心脉瘀阻,胸痹心痛者,可与枳实、薤白等同用;治中焦虚寒,脘腹拘急冷痛者,常配伍白芍、甘草;治寒凝血滞,月经不调,痛经闭经,产后腹痛者,每与当归、吴茱萸等同用;治风寒湿痹,肩臂疼痛者,常与附子、甘草等配伍。

3. 痰饮,水肿　本品能温助脾、肾之阳,以消除水湿痰饮。治脾阳不运之痰饮、眩晕,常与茯苓、白术等同用;治肾阳不足,膀胱气化不行之水肿、小便不利,每与茯苓、泽泻等同用。

4. 心悸,奔豚　本品辛甘性温,能助心阳,通血脉,止悸动。治心阳不振或心失温养的心动悸、脉结代者,常与甘草、人参同用;治阴寒内盛,引动下焦冲气,上凌心胸所致奔豚者,常重用本品以助阳化气、平冲降逆。

【用法用量】内服:3~10g,煎汤,或入丸散。

【使用注意】本品辛温助热,易伤阴动血,凡外感热病、阴虚火旺及血热妄行之出血证均当忌用。孕妇及月经过多者慎用。

【现代研究】

1. 化学成分　主要含挥发油(桂皮醛、莰烯、苯甲醛等)、酚类、有机酸、多糖、苷类、香豆素及鞣质等成分。

2. 药理作用　有促进发汗、解热、镇痛、扩张皮肤血管、抗病原微生物、镇静、抗炎、抗惊厥、增加冠脉血流量、强心、利尿、促进胃肠蠕动及抑制肿瘤等作用。

紫苏叶　zǐsūyè

本品首载于《名医别录》。为唇形科植物紫苏 *Perilla frutescens* (L.) Britt. 的干燥叶(或带嫩枝)。主产于江苏、浙江、河北。夏季采收。以色紫、香气浓者佳。生用。《中国药典》规定,本品含挥发油干燥药材不得少于 0.40%(ml/g)、干燥饮片不得少于 0.20%(ml/g)。

【处方用名】紫苏叶、苏叶、紫苏。

【主要药性】辛,温。归肺、脾经。

【功效】解表散寒,行气和胃。

【应用】

1. 风寒表证　本品辛散发表,性温散寒,发汗作用不如麻黄、桂枝。对于风寒表证轻证可单用,而重证须与其他发散风寒药同用。因其外能散寒解表,内能行气和胃,且略兼化痰止咳之功,故适宜于风寒表证兼有气滞胸闷呕恶者。治风寒表证兼见咳嗽痰多、胸闷者,常与苦杏仁、桔梗等同用;若兼见胸脘满闷、恶心呕逆者,可与香附、陈皮等同用。

2. 脾胃气滞,妊娠呕吐　本品味辛能行,入中焦脾胃,能行气以宽中除胀,和胃止呕,兼有理气安胎之功,可治疗脾胃气滞之脘腹胀满,恶心呕吐。若偏寒者,可与砂仁、丁香等同用;若偏热者,常与黄连、芦根同用;治妊娠胎气上逆,恶心呕吐,胎动不安者,常与砂仁、陈皮等同用。用治七情郁结,痰凝气滞之梅核气,常与半夏、厚朴、茯苓等同用。

3. 鱼蟹中毒　本品能解鱼蟹毒,用于进食鱼蟹引起的腹痛、吐泻,可单用本品煎汤服,或与生姜、藿香、陈皮等同用。

【用法用量】内服:5~10g,煎汤,不宜久煎;或入丸散。

【现代研究】

1. 化学成分　主要含挥发油:紫苏醛、紫苏酮、苏烯酮、矢车菊素、莰烯、薄荷醇、薄荷酮、紫苏醇等成分。

2. 药理作用　有解热、抗炎、抗病原微生物、抗呕吐、降血脂、抗氧化、保肝等作用。

附:

紫苏梗　本品为唇形科植物紫苏的干燥茎。辛,温,归肺、脾经。具有理气宽中、止痛、安胎的功效,临床多用于胸膈痞闷、胃脘疼痛、嗳气呕吐、胎动不安等证。煎服,5~10g。

生姜　shēngjiāng

本品首载于《名医别录》。为姜科植物姜 *Zingiber officinale* Rosc. 的新鲜根茎。主产于四川、贵州、湖北等地。秋、冬二季采收。以质嫩者佳。生用。《中国药典》规定,药材含6-姜辣素($C_{17}H_{26}O_4$)不得少于0.050%;8-姜酚($C_{19}H_{30}O_4$)与10-姜酚($C_{21}H_{34}O_4$)总量不得少于0.040%。饮片含6-姜辣素($C_{17}H_{26}O_4$)不得少于0.050%。

【处方用名】生姜。

【主要药性】辛,微温。归肺、脾、胃经。

【功效】解表散寒,温中止呕,化痰止咳,解鱼蟹毒。

【应用】

1. 风寒表证　本品味辛发散,性温散寒,虽有发汗解表之功,但药力较弱,适用于风寒表证的轻证,可单味煎服,或与红糖、葱白同煎服。对于风寒表证较重者,多配入辛温解表剂中作辅助用药。

2. 胃寒呕吐　本品辛散温通,能温胃散寒、降逆止呕,因其善能止呕,故有“呕家圣药”之称,随证配伍可治疗多种呕吐。其药性偏温,用治胃寒呕吐尤宜,可与高良姜、白豆蔻等同用。治痰饮呕吐,常与半夏同用;治胃热呕吐,常与黄连、竹茹等同用。

3. 寒痰咳嗽　本品辛散性温,入肺经,能温肺散寒、化痰止咳。凡肺寒咳嗽,无论有无外感,或有痰无痰皆可配伍应用。治风寒犯肺,咳嗽胸闷,恶寒头痛者,每与麻黄、苦杏仁同用。治咳嗽痰多而无表邪者,可与陈皮、半夏等同用。

4. 鱼蟹中毒　本品对鱼蟹等食物中毒及生半夏、生天南星等药物之毒均有一定的解毒作用。

【用法用量】内服:3~10g,煎汤。

【使用注意】本品易助火伤阴,故热盛及阴虚内热者忌服。

【现代研究】

1. 化学成分　主要含挥发油,油中主要为 α- 姜烯、β- 檀香萜醇、β- 水芹烯、6- 姜辣素、3- 姜辣素、4- 姜辣素、5- 姜辣素、8- 姜辣素、8- 姜酚、10- 姜酚、生姜酚、姜醇、姜烯酮、姜酮等成分。

2. 药理作用　有解热、镇痛、止吐、促进消化液分泌、保护胃黏膜、抗氧化、保肝、利胆、镇静、抗炎、抗菌等作用。

附:

1. 生姜皮　本品为生姜根茎切下的外表皮。辛,凉,归脾、肺经。具有和脾行水消肿的功效,临床多用于皮肤水肿。煎服,3~10g。

2. 生姜汁　本品为生姜捣汁入药。功同生姜,但偏于化痰止呕,便于临床应急服用。如遇半夏、天南星中毒所致喉舌麻木肿痛,或呕逆不止、难以下食者,可取汁冲服;也可配竹沥,冲服或鼻饲给药,治中风猝然昏厥者。冲服,3~10 滴。

香薷　xiāngrú

本品首载于《名医别录》。为唇形科植物石香薷 *Mosla chinensis* Maxim. 或江香薷 *Mosla chinensis* 'Jiangxiangru' 的干燥地上部分。前者习称"青香薷",后者习称"江香薷"。青香薷主产于广东、广西、福建;江香薷主产于江西。夏季采收。以穗多、质嫩、叶青绿色、香气浓者佳。生用。《中国药典》规定,干燥药材含挥发油不得少于 0.60%(ml/g),含麝香草酚($C_{10}H_{14}O$)与香荆芥酚($C_{10}H_{14}O$)的总量不得少于 0.16%。

【处方用名】香薷、青香薷、江香薷、陈香薷。

【主要药性】辛,微温。归肺、胃经。

【功效】发汗解表,化湿和中,利水消肿。

【应用】

1. 暑湿外感　本品辛温入肺能外达皮毛、发汗解表散寒,气香入胃又能化湿浊而和中,故常用于暑月乘凉饮冷,外感风寒,内伤暑湿,恶寒发热、头痛无汗、腹痛吐泻者,为"夏月解表之药",多与厚朴、扁豆同用。

2. 水肿,小便不利　本品辛散温通,外能发汗以散肌表之水湿,内能开宣肺气,通畅水道,以利尿消肿,亦适用于水肿,小便不利者,可与茯苓、白术等同用。

【用法用量】内服:3~10g,煎汤,或入丸散。

【使用注意】本品辛温发汗之力较强,表虚有汗及暑热证忌用。

【现代研究】

1. 化学成分　主要含挥发油,油中主要含麝香草酚、香荆芥酚、百里香酚、聚伞花素等成分。另含甾醇、黄酮苷等。

2. 药理作用 有发汗、解热、镇痛、镇静、利尿、抗病毒、增强免疫等作用。

荆芥 jīngjiè

本品首载于《神农本草经》。为唇形科植物荆芥 *Schizonepeta tenuifolia* Briq. 的干燥地上部分。主产于江苏、浙江、江西等地。夏、秋二季采收。以茎细、色紫、穗多、香气浓者佳。生用或制用。《中国药典》规定,本品含胡薄荷酮($C_{10}H_{16}O$)干燥药材不得少于 0.020%、干燥饮片不得少于 0.020%;含挥发油干燥药材不得少于 0.60%(ml/g)、干燥饮片不得少于 0.30%(ml/g)。

【处方用名】荆芥、荆芥炭。

【主要药性】辛,微温。归肺、肝经。

【功效】解表散风,透疹,消疮,炒炭止血。

【应用】

1. 外感表证 本品辛散气香,药性微温不热,善祛风邪,为发散风寒药中性质平和之品。对于外感表证,无论风寒、风热均可应用。治风寒表证,常与防风、羌活等同用;若治风热表证,每与薄荷、金银花等同用。

2. 麻疹不透,风疹瘙痒 本品轻扬透散,能宣散疹毒,祛风止痒。治麻疹初起、疹出不畅者,多与蝉蜕、薄荷同用。治风疹瘙痒,可与防风、蒺藜等同用。

3. 疮疡初起 本品既能祛风解表,又能促使疮肿消散,可用于疮疡初起兼有表证者。若偏风寒者,可与羌活、川芎等同用;若偏风热者,则与金银花、连翘等同用。

4. 出血 本品炒炭后味涩,有收敛止血之效,可随证配伍治疗多种出血。治血热吐血、衄血、便血,可与生地黄、白茅根、地榆等同用;治崩漏下血,可与棕榈炭、仙鹤草等同用。

【用法用量】内服:5~10g,煎汤,不宜久煎;或入丸散。炒炭,增强止血作用。

【现代研究】

1. 化学成分 主要含挥发油,如右旋薄荷酮、消旋薄荷酮、右旋柠檬烯等;单萜类成分,如荆芥苷,荆芥醇、荆芥二醇等以及黄酮类等。

2. 药理作用 有解热、抗炎、镇静、镇痛、抗病毒、兴奋肠肌、抗补体、抗肿瘤等作用;荆芥炭能缩短出血时间。

附:

荆芥穗 本品为唇形科植物荆芥的干燥花穗。辛,微温,归肺、肝经。具有解表散风、透疹、消疮的功效。临床多用于外感表证,头痛,麻疹,风疹,疮疡初起。煎服,5~10g。

防风 fángfēng

本品首载于《神农本草经》。为伞形科植物防风 *Saposhnikovia divaricata* (Turcz.) Schischk. 的干燥根。主产于黑龙江、内蒙古、吉林等地。春、秋采收。以切面皮部色浅棕、木部色黄者佳。生用。《中国药典》规定,本品含升麻素苷($C_{22}H_{28}O_{11}$)和 5-*O*-甲基维斯阿米醇苷($C_{22}H_{28}O_{10}$)的总量不得少于 0.24%。

【处方用名】防风、关防风、北防风。

【主要药性】辛、甘,微温。归膀胱、肝、脾经。

【功效】祛风解表,胜湿止痛,止痉。

【应用】

1. 外感表证　本品辛温发散,以祛风见长,又能胜湿。其性微温不燥,甘缓不峻,前人称其为"风药中之润剂",故外感风寒、风热、风湿表证均可配伍应用。治风寒表证,常与荆芥、羌活等同用;治风热表证,多与薄荷、连翘等同用;治风寒夹湿表证,可与羌活、川芎等同用。

2. 风湿痹痛　本品有祛风胜湿、止痛作用,是常用的祛风湿、止痹痛药。治风寒湿痹、肢节疼痛、筋脉挛急者,每与羌活、独活等同用。若治风湿热痹、关节红肿热痛,可与地龙、防己等同用。

3. 风疹瘙痒　本品能祛风止痒,可治疗多种皮肤病,尤其适宜于风邪所致的瘾疹瘙痒。其药性平和,不论风寒、风热均可配伍应用。若偏于风寒者,常与白芷、苍耳子等同用;若偏于风热者,常与薄荷、蝉蜕等同用;若偏于湿热者,可与土茯苓、白鲜皮等同用;若血虚风燥者,则与当归、熟地黄等同用。

4. 破伤风　本品既能辛散外风,又能息内风以止痉。用治风毒内侵,引动内风致四肢抽搐、项背强急、角弓反张的破伤风,常与天麻、天南星等同用。

【用法用量】内服:5~10g,煎汤,或入丸散。

【现代研究】

1. 化学成分　主要含色酮类成分,如防风色酮醇、5-*O*-甲基维斯阿米醇苷、升麻素;香豆素类成分,如佛手柑内酯以及酸性多糖、挥发油等。

2. 药理作用　有解热、抗炎、镇静、镇痛、抗惊厥、抗过敏等作用。

羌活　qiānghuó

本品首载于《神农本草经》。为伞形科植物羌活 *Notopterygium incisum* Ting ex H. T. Chang 或宽叶羌活 *Notopterygium franchetii* H. de Boiss. 的干燥根茎和根。主产于四川、甘肃、青海等地。春、秋二季采收。以外表皮色棕褐、切面油点多、气味浓者佳。生用。《中国药典》规定,本品含挥发油不得少于 1.4%(ml/g),含羌活醇($C_{21}H_{22}O_5$)和异欧前胡素($C_{16}H_{14}O_4$)的总量不得少于 0.40%。

【处方用名】羌活、西羌活、川羌活。

【主要药性】辛、苦,温。归膀胱、肾经。

【功效】解表散寒,祛风除湿,止痛。

【应用】

1. 风寒表证　本品辛温散寒,苦燥胜湿,气味雄烈,主入足太阳膀胱经,有较强的解表散寒、祛风除湿、止痛之功,善治风寒夹湿表证和太阳头痛。治疗外感风寒夹湿,恶寒发热、无汗、头痛项强、肢体酸痛者,常与防风、细辛、川芎等同用;治风寒、风湿所致头项疼痛,可与川芎、白芷、藁本等同用。

2. 风寒湿痹　本品辛散祛风、味苦燥湿、性温散寒,具有良好的祛风湿、止痛功效,升散上行,以除上半身风寒湿痹见长。治风寒湿痹,肩背肢节疼痛等,多与防风、姜黄等同用。

【用法用量】内服:3~10g,煎汤,或入丸散。

【使用注意】本品辛香温燥之性较烈,易伤阴耗血,故阴血亏虚者慎用。用量过多,易致呕吐,脾胃虚弱者不宜服。

【现代研究】

1. 化学成分　主要含挥发油,如α-侧柏烯、α-蒎烯、β-蒎烯;香豆素类成分如紫花前胡苷、羌活醇、异欧前胡素、8-甲基异欧前胡素等以及酚性成分、脂肪酸等。

2. 药理作用　有解热、抗炎、镇痛、抗心律失常、抗凝血、抗病原微生物等作用。

藁本　gǎoběn

本品首载于《神农本草经》。为伞形科植物藁本 *Ligusticum sinense* Oliv. 或辽藁本 *Ligusticum jeholense* Nakai et Kitag. 的干燥根茎和根。藁本主产于四川、湖北、陕西。辽藁本主产于辽宁。秋季茎叶枯萎或次春出苗时采挖。以外表皮色棕褐、切面黄色、香气浓者佳。生用。《中国药典》规定,本品含阿魏酸($C_{10}H_{10}O_4$)不得少于0.050%。

【处方用名】藁本、辽藁本、川藁本。

【主要药性】辛,温。归膀胱经。

【功效】祛风散寒,除湿止痛。

【应用】

1. 风寒表证　本品辛香温燥,上行外散,长于祛风、散寒、发散湿邪,并有较好的止痛作用,善治外感风寒湿邪所致表证及巅顶头痛。治外感风寒挟湿、头身疼痛者,可与羌活、独活、防风等同用;治外感风寒湿、巅顶痛甚者,可与川芎、防风、苍术等同用。

2. 风寒湿痹　本品辛散香燥温通,能祛风散寒除湿而蠲痹止痛。治风寒湿痹、一身尽痛,常与羌活、防风、苍术等同用。

【用法用量】内服:3~10g,煎汤,或入丸散。

【使用注意】本品辛温香燥,易伤阴耗血,故阴血亏虚、肝阳上亢、火热内盛之头痛者忌服。

【现代研究】

1. 化学成分　主要含苯酞类成分如3-丁基苯肽、蛇床肽内酯等,有机酸类成分阿魏酸等,以及萜类、烯丙基苯类、香豆素、挥发油等。

2. 药理作用　有解热、镇静、镇痛、抗炎、提高耐缺氧、止泻及抗血小板聚集等作用。

白芷　báizhǐ

本品首载于《神农本草经》。为伞形科植物白芷 *Angelica dahurica* (Fisch. ex Hoffm.) Benth. et Hook. f. 或杭白芷 *Angelica dahurica* (Fisch. ex Hoffm.) Benth. et Hook. f. var. *formosana* (Boiss.) Shan et Yuan 的干燥根。主产于浙江、四川、河南等地。夏、秋间采收。以粉性足、棕色油点多、香气浓郁者佳。生用。《中国药典》规定,本品含欧前胡素($C_{16}H_{14}O_4$)不得少于0.080%。

【处方用名】白芷、香白芷、杭白芷。

【主要药性】辛,温。归胃、大肠、肺经。

【功效】解表散寒,祛风止痛,宣通鼻窍,燥湿止带,消肿排脓。

【应用】

1. 风寒表证　本品辛温发散,芳香透窍,既解表散寒,又兼有较好的止痛、通鼻窍功效,故最宜用于外感风寒,恶寒发热伴有头痛或鼻塞流涕者,常与防风、羌活、细辛等同用。

2. 头痛,眉棱骨痛,牙痛,风湿痹痛 本品辛香上达,长于止痛,主入足阳明胃经,多用于头痛,尤其是前额头痛;也常用于治疗牙痛、风湿痹痛。治外感风寒头痛,可单用,也可与防风、细辛、川芎等同用;治外感风热头痛,可与薄荷、蔓荆子、菊花配伍。治风冷牙痛,常与细辛、全蝎、川芎等同用;治风热牙痛,可配伍蔓荆子、荆芥等。治风寒湿痹、关节疼痛、屈伸不利者,可与苍术、川乌等配伍。

3. 鼻衄,鼻渊,鼻塞流涕 本品辛香温燥,既可祛风、散寒、燥湿,又能宣通鼻窍,可有效改善鼻衄、鼻渊所致的鼻塞不通、浊涕不止、前额疼痛等症,多与细辛、苍耳子、辛夷等同用。

4. 带下 本品性偏温燥,能燥湿止带。治寒湿带下,多与鹿角霜、白术、山药等同用;治湿热带下,常与车前子、黄柏等配伍。

5. 疮疡肿痛 本品辛散温通,有消肿、排脓之效,用于疮疡初起、红肿热痛者,每与金银花、当归、穿山甲等同用;若脓成难溃者,常与人参、黄芪、当归等配伍。

【用法用量】内服:3~10g,煎汤,或入丸散。

【使用注意】本品辛香温燥,阴虚血热者忌服。

【现代研究】

1. 化学成分 主要含香豆素类成分欧前胡素,异欧前胡素、别欧前胡素等。还含挥发油等。

2. 药理作用 有解热、抗炎、镇痛、解痉、抗病原微生物、抑制肠平滑肌、抗肿瘤、抑制黑色素生成等作用。

细辛 xìxīn

本品首载于《神农本草经》。为马兜铃科植物北细辛 *Asarum heterotropoides* Fr. Schmidt var. *mandshuricum* (Maxim.) Kitag.、汉城细辛 *Asarum sieboldii* Miq. var. *seoulense* Nakai 或华细辛 *Asarum sieboldii* Miq. 的干燥根和根茎。前二种习称"辽细辛",主产于辽宁、吉林、黑龙江。后一种习称"华细辛",主产于陕西。夏季采收。以根灰黄、干燥、味辛辣而麻舌者佳。生用。《中国药典》规定,本品含马兜铃酸 I ($C_{17}H_{11}NO_7$) 不得过 0.001%,含挥发油不得少于 2.0% (ml/g),含细辛脂素 ($C_{20}H_{18}O_6$) 不得少于 0.050%。

【处方用名】细辛、北细辛、华细辛、辽细辛。

【主要药性】辛,温。归心、肺、肾经。

【功效】解表散寒,祛风止痛,通窍,温肺化饮。

【应用】

1. 风寒表证 本品辛温发散,芳香透达,能解表散寒,祛风止痛。治风寒表证,头身疼痛较甚者,常与羌活、防风、白芷等同用。其又能通鼻窍,也宜于风寒外感见鼻塞流涕者,常配伍白芷、苍耳子、辛夷等。本品不仅散在表之风寒,还能除在里之寒,治疗阳虚外感,表里俱寒之恶寒发热、无汗脉沉者,常与麻黄、附子同用。

2. 头痛,牙痛,风湿痹痛 本品辛散温通,气香走窜,善于祛风散寒止痛,且止痛力强。适宜于头痛、牙痛、痹痛等多种疼痛。治疗风寒头痛,常与白芷、川芎、羌活等同用。治疗风冷牙痛,可单用煎汤含漱,或与高良姜、冰片等同用;治胃火牙痛,可与生石膏、升麻、黄连等同用。治疗风寒湿痹、腰膝冷痛,常配伍独活、桑寄生、防风等。

3. 鼻衄,鼻渊,鼻塞流涕　本品辛散温通,芳香透达,又能通鼻窍、止痛,为治鼻衄、鼻渊之良药,每与白芷、苍耳子、辛夷等同用。

4. 寒痰咳喘　本品辛温入肺,外能发散风寒,内能温肺化饮。治疗外感风寒,水饮内停之恶寒发热、无汗、咳喘、痰多清稀者,可与麻黄、桂枝、干姜等配伍。治寒痰停饮于肺,咳嗽胸满,气逆喘急者,常与茯苓、干姜、五味子等同用。

此外,本品有开窍醒神作用,治疗中风卒倒、不省人事者,可取其粉末少许吹鼻取嚏以苏醒神志。

【用法用量】内服:1~3g,煎汤。散剂每次服0.5~1g。外用适量。

【使用注意】本品辛香温散,故气虚多汗、阴虚阳亢头痛、阴虚燥咳或肺热咳嗽者忌用。不宜与藜芦同用。用量不宜过大。

【现代研究】

1. 化学成分　主要含木脂类成分如细辛脂素,挥发油α-蒎烯、莰烯、香叶烯、柠檬烯、细辛醚等以及马兜铃酸I。

2. 药理作用　有解热、镇静、镇痛、抗炎、抑制病原微生物、抗变态反应、增加心肌收缩力、松弛支气管平滑肌等作用。

苍耳子　cāng'ěrzǐ

本品首载于《神农本草经》。为菊科植物苍耳 *Xanthium sibiricum* Patr. 的干燥成熟带总苞的果实。主产于山东、江苏、湖北。秋季采收。以粒大、饱满、色黄绿者佳。生用或制用。《中国药典》规定,干燥药材、饮片含羧基苍术苷($C_{31}H_{46}O_{18}S_2$)不得过0.35%,含绿原酸($C_{16}H_{18}O_9$)不得少于0.25%。炒苍耳子饮片含苍术苷($C_{30}H_{46}O_{16}S_2$)应为0.10%~0.30%。

【处方用名】苍耳子、炒苍耳子。

【主要药性】辛、苦,温;有毒。归肺经。

【功效】散风寒,通鼻窍,祛风湿,止痛。

【应用】

1. 风寒表证,头痛鼻塞　本品辛温宣散,发散风寒之力较弱,善于通鼻窍、止痛。多用于外感风寒,恶寒发热、头痛伴有鼻塞流涕者,常与白芷、羌活等同用。

2. 鼻衄,鼻渊,鼻塞流涕　本品辛散温通,苦燥湿浊,入肺经,善宣通鼻窍,且可止前额及鼻内胀痛,为治鼻衄鼻渊之良药,内服外用均可。治鼻渊头痛,不闻香臭,时流浊涕,若属风寒者,每与白芷、辛夷等同用;若属风热外袭或湿热内蕴者,可与薄荷、黄芩等配伍。

3. 风疹瘙痒　本品辛散风邪,能祛风止痒,治风疹瘙痒,可与地肤子、白鲜皮等同用。

4. 风寒湿痹　本品辛散苦燥温通,可祛风除湿、散寒止痛,治风寒湿痹,关节疼痛,四肢拘挛,宜与羌活、威灵仙、木瓜等同用。

【用法用量】内服:3~10g,煎汤,或入丸散,外用适量。

【使用注意】血虚头痛不宜服用。过量服用易致中毒。

【现代研究】

1. 化学成分　主要含脂肪酸类成分如棕榈酸、硬脂酸、油酸、亚油酸。还含苍术苷、绿原酸、蜡醇等。

2. 药理作用　有抗炎、镇痛、免疫抑制、抗氧化、抗病原微生物、扩张血管、降血糖等作用。

附:

苍耳草　本品为菊科植物苍耳的茎叶。苦、辛,微寒;有小毒。具有祛风、清热、解毒的功效,临床多用于风湿痹痛,四肢拘急。也可用于麻风、疔毒、皮肤瘙痒等证。本品有毒,内服不宜过量,亦不能持续服用。煎服:6~15g。外用适量。本品散气耗血,体虚者慎用。

鹅不食草　ébùshícǎo

本品首载于《食性本草》。为菊科植物鹅不食草 *Centipeda minima*(L.) A. Br. et Aschers. 的干燥全草。主产于浙江、湖北、江苏等地。夏、秋二季采收。以茎细叶小、色黄绿者佳。生用。

【处方用名】鹅不食草。

【主要药性】辛,温。归肺经。

【功效】发散风寒,通鼻窍,止咳。

【应用】

1. 风寒头痛　本品辛温升散,发散风寒作用和缓,而长于宣通鼻窍,适用于外感风寒,恶寒发热,头痛伴有鼻塞流涕者,常配伍细辛、白芷等。

2. 咳嗽痰多　本品辛散温通,入肺经,能祛痰止咳,治咳嗽痰多、胸闷不舒,可与麻黄、苦杏仁、桔梗等同用。

3. 鼻塞不通,鼻渊流涕　本品辛散温燥,能宣通鼻窍,治鼻渊、鼻塞不通,常与白芷、辛夷、苍耳子等同用。

【用法用量】内服:6~9g,煎汤,或入丸散。外用适量。

【现代研究】

1. 化学成分　主要含挥发油、三萜类成分如蒲公英赛醇、蒲公英甾醇、豆甾醇、黄酮类、有机酸等。

2. 药理作用　有止咳、祛痰、平喘、抑制结核杆菌、抑制金黄色葡萄球菌、抗过敏、抗突变、抗肿瘤等作用。

辛夷　xīnyí

本品首载于《神农本草经》。为木兰科植物望春花 *Magnolia biondii* Pamp.、玉兰 *Magnolia denudata* Desr. 或武当玉兰 *Magnolia sprengeri* Pamp. 的干燥花蕾。主产于河南、四川、陕西等地。冬末春初采收。以完整、花蕾未开放、色黄绿者佳。生用。《中国药典》规定,干燥药材含挥发油不得少于 1.0%(ml/g),含木兰脂素($C_{23}H_{28}O_7$)不得少于 0.40%。

【处方用名】辛夷、木笔花、迎春花。

【主要药性】辛,温。归肺、胃经。

【功效】散风寒,通鼻窍。

【应用】

1. 风寒表证,头痛鼻塞　本品发散风寒力弱,因善通鼻窍,故宜于外感风寒,恶寒发热、头痛鼻塞者,常与白芷、细辛等同用。

2. 鼻渊,鼻鼽,鼻塞流涕　本品辛温透散,芳香通窍,功似苍耳子,亦为治鼻渊鼻鼽、鼻塞流涕、头痛之要药。若偏风寒者,可与白芷、细辛、苍耳子等同用;若偏风热者,可配伍薄荷、连翘等。

【用法用量】内服:3~10g;煎汤,宜包煎;或入丸散。外用适量。

【使用注意】阴虚火旺者忌服。

【现代研究】

1. 化学成分　主要含木脂类成分如木兰脂素、松脂素二甲醚,黄酮类成分如芦丁、槲皮素 -7-O- 葡萄糖苷,生物碱成分如柳叶木兰碱、木兰箭毒碱以及乙酸龙脑酯、反式丁香烯、β- 蒎烯等挥发油类成分。

2. 药理作用　有抗过敏、抗炎、降血压、抑制病原微生物、镇痛、兴奋子宫等作用。

葱白　cōngbái

本品首载于《神农本草经》。为百合科植物葱 *Allium fistulosum* L. 近根部的鳞茎。我国各地均有种植。随时可采。生用。

【处方用名】葱白、葱白头。

【主要药性】辛,温。归肺、胃经。

【功效】发汗解表,散寒通阳。

【应用】

1. 风寒感冒　本品辛散温通,入肺经,可外散风寒以解表,因其发汗力较弱,多用于风寒感冒、发热恶寒之轻证,常与淡豆豉配伍。

2. 阴盛格阳　本品辛温发散,善透达表里,温通上下阳气。治阴盛格阳,症见腹痛下利、里寒外热、厥逆脉微等,常与附子、干姜等同用。单用本品炒热,外熨脐腹,亦有散寒通阳之效,可治寒凝气阻,腹部冷痛,或膀胱气化失司,小便不通等。

此外,单用本品捣烂外敷,治疮痈肿毒,有解毒散结之效;亦可用于乳汁郁滞不下,乳房胀痛,有散结通络下乳之功。

【用法用量】内服:3~10g,煎汤。外用适量。

【使用注意】表虚多汗者忌服。又《本草纲目》有葱忌与蜜、枣、地黄、常山同食的记载,用当注意。

【现代研究】

1. 化学成分　主要含挥发油、二烯丙基硫醚、苹果酸、维生素 B_1、维生素 B_2、维生素 C、维生素 A 类物质等。

2. 药理作用　有发汗解热、祛痰、利尿、健胃、抗菌、杀灭阴道滴虫等作用。

胡荽　húsuī

本品首载于《食疗本草》。为伞形科植物芫荽 *Coriandrum sativum* L. 的干燥全草。我国各地均有种植。八月采收。以色带青、香气浓厚者佳。生用。

【处方用名】胡荽、芫荽、香菜。

【主要药性】辛,温。归肺、胃经。

【功效】发表透疹,开胃消食。

【应用】

1. 麻疹不透,风寒感冒　本品辛温发散,香气浓烈,有发散风寒、透疹外出之功,用于麻疹初期,透发不畅,或因感受风寒,使疹出而又复隐者,可单用煎汤局部熏洗,或与荆芥、薄荷等同用。亦可用于风寒感冒,因其发汗解表之力较弱,故临床应用较少。

2. 饮食不消,纳食不佳　本品气味芳香,能开胃消食,治饮食积滞、胃纳不佳者,可与山楂、莱菔子等同用。

【用法用量】内服:3~6g,煎汤。外用适量。

【使用注意】麻疹已透,或虽未透而热毒壅滞,非风寒外束者忌服。

【现代研究】

1. 化学成分　主要含挥发油、苹果酸钾、维生素 C 等。

2. 药理作用　有促进外周血液循环、增进胃肠腺体分泌和胆汁分泌、抗真菌等作用。

西河柳　xīhéliǔ

本品首载于《开宝本草》。为柽柳科植物柽柳 *Tamarix chinensis* Lour. 的干燥细嫩枝叶。我国大部分地区均产。夏季采收。以色绿、枝叶细嫩者佳。生用。

【处方用名】西河柳、柽柳。

【主要药性】甘、辛,平。归心、肺、胃经。

【功效】发表透疹,祛风除湿。

【应用】

1. 麻疹不透　本品辛散透发,善于发表透疹,用治麻疹初起,疹出不畅,或表邪外束,疹毒内陷,始见形而骤然收没者,可单用煎汤熏洗,或与竹叶、牛蒡子、蝉蜕等同用。治风疹皮肤瘙痒,可单用煎汤熏洗或与荆芥穗、地肤子、防风等配伍。

2. 风湿痹痛　本品辛散祛风,治风湿痹痛,关节疼痛,屈伸不利,可与羌活、独活等同用。

【用法用量】内服:3~6g,煎汤,或入丸散。外用:适量,煎汤熏洗。

【使用注意】麻疹已透者不宜服。用量过大易致心烦、呕吐。

【现代研究】

1. 化学成分　主要含萜类成分如柽柳酚、柽柳酮、柽柳醇,黄酮类成分如槲皮素、异鼠李素,还含甾醇等。

2. 药理作用　有解热、解毒、抗炎、止咳、减轻四氯化碳引起肝组织损害等作用。

第二节　发散风热药

本节药物味多辛而性偏寒凉,功效发散风热,主治风热之邪侵袭肌表所致的风热表证,温病初起邪在卫分所致发热、微恶风寒、咽干口渴、头痛目赤等。有些药物兼有清头目、利咽喉、透疹、止痒、止咳等功效,又可以治疗目赤多泪、咽喉肿痛、麻疹不透、风疹瘙痒、咳嗽等症,但以兼有风热表证或属热证者为宜。

薄荷　bòhe

本品首载于《新修本草》。为唇形科植物薄荷 *Mentha haplocalyx* Briq. 的干燥地上部分。主产于江苏、浙江、湖南等地。夏、秋二季采收。以叶多、色绿、气味浓者为佳。生用。《中国药典》规定,含薄荷脑($C_{10}H_{20}O$)干燥药材不得少于0.20%、干燥饮片不得少于0.13%。

【处方用名】薄荷、苏薄荷、南薄荷、薄荷叶、薄荷梗。

【主要药性】辛,凉。归肺、肝经。

【功效】疏散风热,清利头目,利咽,透疹,疏肝行气。

【应用】

1. 风热表证,风温卫分证　本品味辛发散,性凉清热,宣散表邪效佳,且有一定发汗作用,为"温病宜汗解之要药"。用治风热表证或温病初起、邪在卫分,常与金银花、连翘、牛蒡子等配伍。

2. 头痛目赤,喉痹口疮　本品芳香辛散而通鼻窍、散风热。用治风热上攻、头痛眩晕,宜与川芎、石膏、白芷等配伍。治疗风热上攻之目赤多泪,可与桑叶、菊花、蔓荆子等同用。用治风热壅盛、咽喉肿痛,常配伍桔梗、生甘草、僵蚕等。

3. 麻疹不透,风疹瘙痒　本品轻宣透散,疏风透表,祛风止痒。用治风热束表、麻疹不透,常配伍蝉蜕、牛蒡子、葛根等。治疗风疹瘙痒,可与荆芥、防风、僵蚕等同用。

4. 肝气郁滞,胸胁胀闷　本品味辛入肝经,能"疏肝气"。用治肝郁气滞、胸胁胀闷、月经不调,常与柴胡、白芍、当归等配伍。

【用法用量】内服:3~6g,煎汤,宜后下;或入丸散。薄荷叶长于发汗解表,薄荷梗偏于行气和中。

【使用注意】体虚多汗者不宜使用。

【现代研究】

1. 化学成分　主要含挥发油,如薄荷脑、薄荷醇、异薄荷酮、胡薄荷酮、薄荷糖苷、柠檬烯等成分。

2. 药理作用　有发汗解热、镇痛、解痉、利胆、消炎、止痒、祛痰、止咳、抗应激、抗着床、抗早孕、局部麻醉、抗病原微生物等作用。

牛蒡子　niúbàngzǐ

本品首载于《名医别录》。为菊科植物牛蒡 *Arctium lappa* L. 的干燥成熟果实。主产于东北、浙江、四川等地。秋季采收。以粒大、饱满、色灰褐者为佳。生用或制用。《中国药典》规定,干燥药材含牛蒡苷($C_{27}H_{34}O_{11}$)不得少于5.0%。

【处方用名】牛蒡子、炒牛蒡子。

【主要药性】辛、苦,寒。归肺、胃经。

【功效】疏散风热,宣肺透疹,解毒利咽。

【应用】

1. 风热表证,温病卫分证　本品辛散苦泄,升散之中具有清降之性,风热表证而见咽喉红肿疼痛,或咳嗽痰多不利者常用。治风热表证或温病卫分证,发热、咽喉肿痛等症,常配金银花、连翘、桔梗等;治风热咳嗽、痰多不畅者,常与桑叶、桔梗、前胡等配伍。

2. 麻疹不透,风疹瘙痒　本品清泄透散,能透疹止痒。治麻疹透发不畅者,常与薄荷、柽柳、竹叶等同用;若热毒壅盛者,常与大青叶、紫草、升麻等配伍。治风疹瘙痒,常与荆芥、蝉蜕、薄荷等配伍。

3. 咽喉肿痛,痄腮,丹毒,痈肿疮毒　本品升浮之中又有清降之性,"外透其毒,内泄其热,表里兼顾"。可用治痈肿疮毒、丹毒、痄腮等热毒病证,兼大便热结者尤宜。治风热外袭、火毒内结、痈肿疮毒兼有便秘者,常与大黄、芒硝、栀子等同用。治乳痈肿痛尚未成脓者,可与金银花、连翘、栀子等药同用。治瘟毒发颐、痄腮喉痹等热毒之证,配伍玄参、黄芩、黄连等。

【用法用量】内服:6~12g,煎汤,或入丸散。炒用可使其苦寒及滑肠之性略减。

【使用注意】气虚便溏者慎用。

【现代研究】

1. 化学成分　主要含牛蒡苷、牛蒡醇 A~F 及牛蒡醇 H,脂肪酸类花生酸、硬脂酸,挥发油类(S)-胡薄荷酮等成分。

2. 药理作用　有抗病原微生物、抗菌、解热、降血糖、抗肿瘤、调节免疫等作用。

蝉蜕　chántuì

本品首载于《名医别录》。为蝉科昆虫黑蚱 Cryptotympana pustulata Fabricius 的若虫羽化时脱落的皮壳。主产于山东、河北、河南等地。夏、秋二季收集。以体轻、色亮者为佳。生用。

【处方用名】蝉蜕、蝉衣。

【主要药性】甘,寒。归肺、肝经。

【功效】疏散风热,利咽,透疹,明目退翳,解痉。

【应用】

1. 风热表证,温病卫分证　本品味甘性寒,质轻疏散,长于疏散肺经风热。风热表证症见声音嘶哑或咽喉肿痛者为宜。治风热表证或温病卫分证,发热恶风、头痛口渴者,常与薄荷、牛蒡子、前胡等配伍;治风热火毒上攻之咽喉肿痛、声音嘶哑,可与薄荷、牛蒡子、金银花等同用。

2. 麻疹不透,风疹瘙痒　本品轻宣疏散,透疹止痒。治风热外束、麻疹不透,可与麻黄、牛蒡子、升麻等同用;治风疹瘙痒,可与荆芥、防风、蒺藜等配伍。

3. 目赤翳障　本品轻扬上浮,上达头面而凉散风热、明目退翳。治风热上攻或肝火上炎之目赤肿痛、翳膜遮睛,常与菊花、决明子、车前子等同用。

4. 惊风抽搐,破伤风　本品甘寒质轻,既疏散肝经风热,又凉肝息风止痉。治小儿急惊风,可与天竺黄、栀子、僵蚕等配伍;治小儿慢惊风,可配伍全蝎、天南星等。治破伤风证牙关紧闭、手足抽搐、角弓反张,常与天麻、僵蚕、全蝎等同用。

此外,本品还可用于治疗小儿夜啼不安,可与钩藤、薄荷同用。

【用法用量】内服:3~6g,煎汤,或入丸散。

【使用注意】孕妇慎用。

【现代研究】

1. 化学成分　主要含甲壳质、壳聚糖、蛋白质、组胺、氨基酸、微量元素等。

2. 药理作用　有解热、镇静、抗惊厥等作用。

桑叶　sāngyè

本品首载于《神农本草经》。为桑科植物桑 *Morus alba* L. 的干燥叶。全国大部分地区均产。初霜后采收。以色黄绿者为佳。生用或制用。《中国药典》规定，干燥药材含芦丁（$C_{27}H_{30}O_{16}$）不得少于 0.10%。

【处方用名】桑叶、霜桑叶、炙桑叶。

【主要药性】甘、苦，寒。归肺、肝经。

【功效】疏散风热，清肺润燥，清肝明目。

【应用】

1. 风热表证，温病卫分证　本品甘寒质轻、能疏散肺卫之风热。治风热表证，或温病卫分证，或风热犯肺发热恶风、咽痒、咳嗽，常与菊花、薄荷、桔梗等配伍。

2. 肺热燥咳　本品苦甘寒润燥、苦寒清泄，又能清肺热、润肺燥而止咳。治肺热或燥热伤肺，咳嗽痰少，色黄而黏稠，或干咳少痰，咽痒等症，轻者可与苦杏仁、沙参、贝母等配伍，重者可与生石膏、麦冬、阿胶等同用。

3. 头晕头痛，目赤昏花　本品疏散肝经风热，又苦寒清泄肝热，甘润益阴明目。治风热上攻、肝火上炎所致目赤、涩痛、多泪，可配伍菊花、蝉蜕、夏枯草等。若肝肾精血不足、目失所养、眼目昏花、视物不清，常配伍黑芝麻等。治肝阳上亢、头痛眩晕、烦躁易怒者，与菊花、石决明、白芍等同用；治肝热头昏、头痛，可与菊花、石决明、夏枯草等同用。

此外，本品能凉血止血，可用于血热吐血、咯血等，单用或配伍凉血止血药同用。

【用法用量】内服：5~10g，煎汤，或入丸散。肺燥咳嗽多蜜炙用。

【现代研究】

1. 化学成分　主要含芦丁、槲皮素等，甾体类牛膝甾酮等黄酮类以及伞形花内酯、挥发油、生物碱、萜类等成分。

2. 药理作用　有抗菌、降糖、降血脂等作用。

菊花　júhuā

本品首载于《神农本草经》。为菊科植物菊 *Chrysanthemum morifolium* Ramat. 的干燥头状花序。主产于浙江、安徽、河南等地。9~11 月采收。以花朵完整、色鲜艳、香气浓郁者为佳。生用。《中国药典》规定，干燥药材含绿原酸（$C_{16}H_{18}O_9$）不得少于 0.20%，含木犀草苷（$C_{21}H_{20}O_{11}$）不得少于 0.080%，含 3,5-*O*-二咖啡酰基奎宁酸（$C_{25}H_{24}O_{12}$）不得少于 0.70%。

【处方用名】菊花、杭菊花、白菊花、黄菊花、滁菊花、怀菊花。

【主要药性】甘、苦，微寒。归肺、肝经。

【功效】疏散清热，平肝明目，清热解毒。

【应用】

1. 风热表证　本品体轻升散，性寒清热，功能疏散肺经风热。治风热表证，或温病卫分证，或风热犯肺之发热恶风、头痛、咳嗽等，常与桑叶、薄荷、牛蒡子等配伍。

2. 头痛眩晕　本品轻清上达，能清肝热、平肝阳。治肝阳上亢、头痛眩晕，每与石决明、珍珠母、白芍等同用;治肝火上攻眩晕、头痛,以及肝经热盛、热极动风者,可与羚羊角、钩藤、桑叶等配伍。

3. 目赤肿痛,目暗昏花 本品质轻疏散、苦微寒清泄,既疏散肝经风热,又清泄肝热明目,为"目科要药"。治肝经风热目赤肿痛,常与蝉蜕、薄荷、白僵蚕等配伍;治肝火上攻目赤肿痛,则与石决明、决明子、夏枯草等同用。若治肝肾精血不足、目失所养、眼目昏花、视物不清,又常与枸杞子、熟地黄、山茱萸等同用。

4. 疮痈肿毒 本品苦,微寒,清热解毒。治疮痈肿毒,常与金银花、生甘草同用。

【用法用量】内服:5~10g,煎汤,或入丸散。外感风热多用黄菊花,平肝清肝明目多用白菊花。

【现代研究】

1. 化学成分 主要含龙脑、樟脑、菊花酮,黄酮类木犀草苷,有机酸类绿原酸、3,5-O 二咖啡酰基奎宁酸,菊苷、水苏碱等成分。

2. 药理作用 有抗炎、抗菌、解热、镇静等作用。

蔓荆子 mànjīngzǐ

本品首载于《神农本草经》。为马鞭草科植物单叶蔓荆 *Vitex trifolia* L. var. *simplicifolia* Cham. 或蔓荆 *Vitex trifolia* L. 的干燥成熟果实。主产于山东、浙江、福建等地。秋季采收。以粒大、饱满、气味浓者为佳。生用或制用。《中国药典》规定,干燥本品含蔓荆子黄素($C_{19}H_{18}O_8$)不得少于0.030%。

【处方用名】蔓荆子、蔓荆实、炒蔓荆子。

【主要药性】辛、苦,微寒。归膀胱、肝、胃经。

【功效】疏散风热,清利头目。

【应用】

1. 风热表证 本品辛散寒清,疏风热、利头目,故多用于风热表证之头昏头痛,常与薄荷、菊花、川芎等同用。

2. 头痛,目赤多泪,目暗不明,耳聋耳鸣 本品辛散上行,疏散头面风热而清利头目。治风邪上攻之偏头痛,常配伍白芷、细辛、羌活等;治风热上攻,目赤多泪、牙龈肿痛,常与菊花、蝉蜕、蒺藜等同用。治肝肾不足,目暗不明,可与枸杞子、熟地黄、女贞子等同用。治中气不足、清阳不升、头晕目眩、耳鸣耳聋,可与黄芪、人参、升麻同用。

此外,本品能祛风止痛。治风湿痹痛,可与防风、木瓜、秦艽等配伍。

【用法用量】内服:5~10g,煎汤,或入丸散。

【现代研究】

1. 化学成分 本品含蔓荆子黄素、紫花牡荆素、蔓荆子蒿素、棕榈酸、硬脂酸等,挥发油茨烯等成分。

2. 药理作用 有镇静、止痛、退热、抗菌、抗病毒、降压、平喘祛痰等作用。

柴胡 cháihú

本品首载于《神农本草经》。为伞形科植物柴胡 *Bupleurum chinensis* DC. 或狭叶柴胡 *Bupleurum scorzonerifolium* Willd. 的根。前者习称"北柴胡",后者习称"南柴胡"。北柴胡主产于河南、河北、辽宁等地;南柴胡主产于湖北、江苏、四川等地。春、秋二季采收。以外表皮黑褐、切面黄白色者为佳。生用或制用。《中国药典》规定,干燥药材含柴胡皂苷 a($C_{42}H_{68}O_{13}$)和柴胡皂苷 d($C_{42}H_{68}O_{13}$)总量不得少于 0.30%。

【处方用名】柴胡、南柴胡、北柴胡、醋柴胡。

【主要药性】辛、苦,微寒。归肝、胆、肺经。

【功效】疏散退热,疏肝解郁,升举阳气。

【应用】

1. 表证发热　本品辛散苦泄,善于解表退热。治外感表证发热,无论风热、风寒,皆可使用。治发热,可单用,如柴胡的单味制剂柴胡口服液;治风寒表证,恶寒发热,可与防风、生姜等配伍;治风热表证,发热、头痛,可与菊花、薄荷、升麻等同用。本品主入肝胆经,长于疏散少阳半表半里之邪,为伤寒少阳证要药。治伤寒邪在少阳,寒热往来、胸胁苦满、口苦咽干、目眩,常与黄芩等同用。治疟疾发热,常与黄芩、常山、草果等同用。

2. 胁肋胀痛,月经不调　本品辛行苦泄,善"行肝经逆结之气"。治肝气郁滞所致的胸胁或少腹胀痛、情志抑郁、妇女月经失调、痛经等症,常与香附、白芍同用。治肝郁血虚,脾失健运所致妇女月经不调,乳房胀痛,胁肋作痛,神疲食少,常当归、白芍、白术等同用。

3. 子宫脱垂,脱肛　本品能升举脾胃清阳之气。治中气不足,气虚下陷所致脘腹重坠作胀,食少倦怠,久泻脱肛,子宫下垂等症,常与黄芪、升麻、人参等同用。

【用法用量】内服:3~10g,煎汤,或入丸散。疏散退热宜生用;疏肝解郁宜醋炙,升举阳气可生用或酒炙。

【使用注意】柴胡其性升散,古人有"柴胡劫肝阴"之说,阴虚阳亢,肝风内动,阴虚火旺及气机上逆者忌用或慎用。

【现代研究】

1. 化学成分　主要含柴胡皂苷 a、b、d、f,2-甲基环戊酮、柠檬烯、月桂烯等,尚含多糖、有机酸、生物碱、植物甾醇及黄酮类成分。

2. 药理作用　有解热、抗炎、抗病毒、镇静、镇痛、利胆、降转氨酶、兴奋肠平滑肌、抑制胃酸分泌、抗溃疡、抗肿瘤、抗辐射等作用。

升麻　shēngmá

本品首载于《神农本草经》。为毛茛科植物大三叶升麻 *Cimicifuga heracleifolia* Kom.、兴安升麻 *Cimicifuga dahurica*(Turcz.) Maxim. 或升麻 *Cimicifuga foetida* L. 的干燥根茎。主产于辽宁、黑龙江、河北等地。秋季采挖。以外表皮黑褐、切面黄绿色者为佳。生用或制用。《中国药典》规定,干燥药材含异阿魏酸($C_{10}H_{10}O_4$)不得少于 0.10%。

【处方用名】升麻、炙升麻。

【主要药性】辛、微甘,微寒。归肺、脾、胃、大肠经。

【功效】发表透疹,清热解毒,升举阳气。

【应用】

1. 风热表证,温病卫分证　本品辛散寒清,能发表退热。治疗风热表证、温病卫分证,发热、头痛等,可与桑叶、菊花、薄荷等同用。治外感风热夹湿之阳明经头痛、前额作痛、呕逆、心烦痞满者,可与苍术、葛根、鲜荷叶等配伍。

2. 麻疹不透,发斑 本品升散外透,发表透疹,清热解毒。治麻疹初起、透发不畅,常配伍葛根、薄荷、荆芥等。治温毒发斑,常与生石膏、大青叶、紫草等同用。

3. 齿痛口疮,咽喉肿痛 本品辛散寒清,归脾胃经而善清解阳明热毒。治胃火炽盛的牙龈肿痛、口舌生疮,多与生石膏、黄连、生地黄等同用。治风热疫毒上攻之大头瘟,头面红肿,咽喉肿痛,常与黄芩、玄参、板蓝根等配伍。治痄腮肿痛,可与黄连、连翘、牛蒡子等配伍。

4. 中气下陷,脱肛,子宫脱垂,崩漏下血 本品能升举脾胃清阳之气。治中气不足、气虚下陷所致的脘腹重坠作胀、食少倦怠、久泻脱肛、子宫下垂等,多与黄芪、柴胡、人参等同用;治胸中大气下陷、气短不足以息,常与柴胡、黄芪、桔梗等同用。治气虚下陷、月经量多或崩漏者,可与人参、黄芪、白术等配伍。

【用法用量】内服:3~10g,煎汤,或入丸散。发表透疹、清热解毒生用,升阳举陷宜炙用。

【使用注意】麻疹已透、阴虚火旺,以及阴虚阳亢者均当忌用。

【现代研究】

1. 化学成分 主要含异阿魏酸,升麻酸 A、B、C、D、E 等,以及兴安升麻丹醇、降升麻素等。

2. 药理作用 有解热、抗炎、镇痛、抗过敏、抗菌、抗肿瘤、抗惊厥、降血脂等作用。

葛根 gégēn

本品首载于《神农本草经》。为豆科植物野葛 *Pueraria lobata* (Willd.) Ohwi 或甘葛藤 *Pueraria thomsonii* Benth. 的干燥根。前者习称“野葛”,后者习称“粉葛”。野葛主产于河南、湖南、浙江等地,粉葛主产于广西、广东等地。秋、冬二季采收。生用或制用。野葛以质疏松、切面纤维性强者为佳;粉葛以块大、质坚实、色白、粉性足、纤维少者为佳。生用或制用。《中国药典》规定,野葛干燥药材含葛根素($C_{21}H_{20}O_9$)不得少于 2.4%,粉葛干燥药材含葛根素($C_{21}H_{20}O_9$)不得少于 0.3%。

【处方用名】葛根、煨葛根。

【主要药性】甘、辛,凉。归脾、胃、肺经。

【功效】解肌退热,生津止渴,透疹,升阳止泻,通经活络,解酒毒。

【应用】

1. 外感发热,项背强痛 本品辛凉,轻扬升散,具有散表邪、“解肌热”之功。外感表证发热,无论风寒、风热,均可选用。治疗风热表证,发热、头痛等症,可与薄荷、菊花、蔓荆子等药同用。若治风寒表证,邪郁化热、发热重、恶寒轻、头痛无汗、目疼鼻干、口微渴、苔薄黄等症,常配伍柴胡、黄芩、白芷等。本品善治颈背强痛,故治风寒表证,表实无汗、恶寒、项背强痛者,常与麻黄、桂枝等同用;治表虚汗出、恶风、项背强痛者,常与桂枝、白芍等配伍。

2. 口渴,消渴 本品甘凉生津,并能鼓舞脾胃清阳之气上升,以“止烦渴”。治热病津伤口渴,常与芦根、天花粉、知母等同用。治疗消渴证属阴津不足者,可与天花粉、鲜地黄、麦门冬等配伍;若治内热消渴、口渴多饮、体瘦乏力、证属气阴不足者,多配伍乌梅、麦冬、黄芪等。

3. 麻疹不透 本品升散外达,发表透疹。治麻疹初起、疹出不畅,常与升麻、荆芥、蝉蜕等配伍。

4. 热痢,泄泻 本品味辛升发清阳,能升发脾胃清阳之气而止泻痢,治脾虚泄泻,常配伍人参、白术、木香等药。若治表证未解、邪热入里、下利臭秽、肛门有灼热感,或湿热泻痢、热重于湿者,常与黄芩、黄连等同用。

5. 中风偏瘫,胸痹心痛,眩晕头痛　本品味辛能行,通经活络。治中风偏瘫、胸痹心痛、眩晕头痛,常与川芎、丹参等同用。

6. 酒毒伤中　本品味甘解酒毒,"病酒及渴者,行之甚良"。用治酒毒伤中,恶心呕吐,常与枳椇子、砂仁、豆蔻等同用。

【用法用量】内服:10~15g,煎汤。解肌退热、透疹、生津、通经活络、解酒毒宜生用,升阳止泻宜煨用。

【现代研究】

1. 化学成分　主要含黄酮类葛根素、黄豆苷元、黄豆苷、葛根素木糖苷等,香豆素类6,7-二甲基香豆素等成分。

2. 药理作用　有解热、降血压、降血糖、降血脂、抗氧化、抗肿瘤、保肝、抗急性心肌缺血等作用。

附:

葛花　本品为豆科植物野葛或甘葛藤未开放的花蕾。性味甘,平。归脾、胃经。具有解酒醒脾,清热利湿功效。用于酒毒伤中,头痛头昏,不思饮食,呕逆吐酸等症。煎服,4.5~9g。

淡豆豉　dàndòuchǐ

本品首载于《名医别录》。为豆科植物大豆 *Glycine max* (L.) Merr. 的成熟种子发酵加工品。全国大部分地区均产。以色黑、质柔、气香者为佳。生用或制用。

【处方用名】淡豆豉、豆豉、炒豆豉。

【主要药性】苦、辛,凉。归肺、胃经。

【功效】解表,除烦,宣发郁热。

1. 感冒　本品辛散轻浮,具有疏散宣透之性,能疏散表邪。发汗解表之力平和,无论风寒、风热表证,皆可配伍使用。治疗风热表证,或温病卫分证,发热、微恶风寒,头痛口渴,咽痛等,常与金银花、连翘、牛蒡子等同用;治风寒表证,恶寒发热、无汗、头痛、鼻塞等,可与葱白等同用。

2. 烦躁胸闷,虚烦不眠　本品辛散苦泄性凉,宣散郁热、除烦。治外感热病,邪热内郁胸中,症见心中懊侬、烦热不眠等,常与栀子配伍。

【用法用量】内服:6~12g,煎汤,或入丸散。

【使用注意】本品由于加辅料不同而药性有异。用桑叶、青蒿为辅料的,药性偏于辛凉,适用于风热表证或温病卫分证;用麻黄、紫苏为辅料的,药性偏于辛温,适用于风寒表证。

【现代研究】

1. 化学成分　主要含异黄酮类大豆苷、黄豆苷、大豆素、黄豆素等成分。

2. 药理作用　有较弱发汗作用,并有健胃、助消化、抗动脉硬化、降血糖及抗骨质疏松等作用。

附:

大豆黄卷　本品为豆科植物大豆的种子发芽后晒干而成。全国各地均产。味甘,性平;归脾、胃、肺经。功能解表祛暑,清热利湿。适用于暑湿感冒,湿温初起,发热汗少,胸闷脘痞、肢体酸楚,小便不利。煎服,9~15g。

浮萍　fúpíng

本品首载于《神农本草经》。为浮萍科植物紫萍 *Spirodela polyrrhiza* (L.) Schleid. 的干燥全草。全国大部分地区均产。6~9 月采收。以色绿、背紫者为佳。生用。

【处方用名】浮萍、水萍、浮萍草。

【主要药性】辛,寒。归肺、膀胱经。

【功效】宣散风热,透疹,利尿。

【应用】

1. 风热表证　本品辛寒,质轻上浮,善开毛窍以宣肺发汗,发散风热。治风热表证,发热无汗等症,可与薄荷、蝉蜕、金银花等同用。

2. 麻疹不透　本品辛散性寒,主入肺经,能疏散风热,解表透疹。治麻疹初起,疹出不畅,常与薄荷、蝉蜕、牛蒡子等同用。

3. 风疹瘙痒　本品辛散,具有祛风止痒之功。治风热风疹瘙痒,多与蝉蜕、薄荷、牛蒡子等同用;若治偏于风寒者,多与麻黄、防风、荆芥等同用。

4. 水肿尿少　本品可开宣肺气、通调水道而利尿消肿,治疗水肿尿少兼风热表证者为宜,可单用,或与其他利水消肿药同用。

【用法用量】内服:3~9g,煎汤,或入丸散。外用:适量,煎汤浸洗。

【使用注意】表虚自汗者不宜使用。

【现代研究】

1. 化学成分　主要含黄酮类荭草素、异荭草素,有机酸类及鞣质等成分。
2. 药理作用　有解热、利尿、抑菌及强心等作用。

木贼　mùzéi

本品首载于《嘉祐本草》。为木贼科植物木贼 *Equisetum hyemale* L. 的干燥地上部分。主产于黑龙江、吉林、辽宁等地。夏、秋二季采收。以茎粗长、色绿、质厚、不脱节者为佳。生用或制用。《中国药典》规定,干燥本品含山奈酚($C_{15}H_{10}O_6$)不得少于 0.20%。

【处方用名】木贼、木贼炭。

【主要药性】甘、苦,平。归肺、肝经。

【功效】疏散风热,明目退翳。

【应用】

风热目赤,迎风流泪,目生翳障　本品甘苦性平,轻扬升散,功擅疏风明目退翳,主要用于风热上攻目赤肿痛、多泪、目生翳障,常与蝉蜕、谷精草、菊花等同用。若治肝热目赤,可与决明子、夏枯草、菊花等配伍。

此外,本品有轻微止血作用,可与其他止血药配伍治疗出血证。

【用法用量】内服:3~9g,煎汤,或入丸散。

【现代研究】

1. 化学成分 主要含黄酮类山柰酚、有机酸类琥珀酸、生物碱类犬问荆碱及挥发油等成分。

2. 药理作用 有抑菌及扩张血管、降压降脂、抗凝血等作用。

思考题

1. 何谓解表药？简述解表药的分类、功效、主治。如何正确使用解表药？

2. 如何正确使用麻黄、桂枝、紫苏叶、荆芥、防风、羌活、白芷、薄荷、牛蒡子、桑叶、菊花、柴胡、葛根？

3. 简述麻黄与桂枝，荆芥与防风，羌活与藁本，桑叶与菊花，柴胡与升麻、葛根，麻黄与浮萍在功效、应用方面的异同点。

ER 各论第一章 同步练习

（张一昕　王加锋）

第二章　清热药

【学习目标】

1. 掌握清热药的含义、性能主治、应用要点;熟悉清热药的分类及每节药物的性能特点。
2. 掌握石膏、知母、栀子、夏枯草、黄芩、黄连、黄柏、金银花、连翘、板蓝根、蒲公英、鱼腥草、射干、白头翁、生地黄、玄参、牡丹皮、赤芍、青蒿、地骨皮的药性、功效、主治、性能特点、经典配伍以及用法用量、使用注意。熟悉芦根、天花粉、竹叶、淡竹叶、决明子、龙胆、苦参、穿心莲、贯众、大青叶、青黛、野菊花、熊胆粉、土茯苓、山豆根、白花蛇舌草、重楼、马齿苋、败酱草、漏芦、山慈菇、紫草、水牛角、白薇、胡黄连功效、主治、某些特殊用法及使用注意。了解其余清热药的功效、特殊用法及使用注意。

【含义】以清解里热为主要功效,主治里热证的药物,称清热药。根据其药性和作用特点,清热药常分为清热泻火药、清热燥湿药、清热解毒药、清热凉血药及清虚热药五类。

【性能主治】本类药物性寒凉,多具苦味,寒可清热,苦能清泄,故善清泄里热。凡外无表邪,内无积滞,热在脏腑,或在气分、血分,或实热、虚热,皆能使之清解。即《神农本草经》所谓"疗热以寒药"之意。属于中医治法的清法。其中,主入气分,以治疗气分热证和脏腑实热证为主要作用者,称为清热泻火药。味苦燥湿力强,以治疗湿热证为主要作用者,称为清热燥湿药。以治疗各种热毒证为主要作用者,称为清热解毒药。善入营走血,以治疗营分、血分热证为主要作用者,称清热凉血药。善退虚热,以治疗肝肾阴虚所致骨蒸潮热及热病后期阴虚发热为主要作用者,称为清虚热药。

【应用要点】

1. 对证用药　清热药适应于治疗里热证。里热证因热邪所在的部位、阶段及虚实不同,临床表现各异,应针对性地选择清热泻火、清热燥湿、清热解毒、清热凉血、清虚热等不同类别的清热药进行治疗。在此基础上,应注意各类清热药物性能特点与里热证个体表现的对应性。

2. 配伍用药　为增强疗效,清热药常相须为用。治疗气血两燔者,常选择清热泻火药与清热凉血药同用,以气血两清。同时,应根据热证形成的原因、致病特点、兼有的病邪进行配伍。如治疗虚热证,常配伍补阴药;治疗湿热证,可与利湿、化湿药同用。火热邪气易耗气伤阴、动血生风、易生肿疡等,可随证配伍益气养阴、生津润燥、凉血止血、息风止痉和解毒消肿等药物。若里热兼有表证者,可先解表后清里,或配伍解表药以表里双解;若里热兼积滞者,宜配通腑泻下药。

3. **注意事项** 本类药物药性大多寒凉,易伤脾胃,凡脾胃虚弱、食少便溏者慎用;热病易伤津液,苦寒药物易化燥伤阴,故阴津不足亦当慎用;阴盛格阳、真寒假热之证禁用。

第一节 清热泻火药

本节药物性味多为甘寒或苦寒,功善清泄气分实热和脏腑火热证。主治温热病气分实热证,症见高热、汗出、烦渴、脉洪大有力等。部分药物能清脏腑火热,可用治肺热、胃热、心火、肝火等脏腑火热证。如热邪壅肺之咳嗽喘息,胃火上炎之头痛、牙痛,肝火上炎之目赤肿痛、头痛,心火上炎之口舌生疮等。

石膏 shígāo

本品首载于《神农本草经》。为硫酸盐类矿物硬石膏族石膏,主含含水硫酸钙($CaSO_4 \cdot 2H_2O$)。主产于湖北、河南、西藏等地。全年可采。以块大、色白、半透明、纵断面如丝、有光泽为佳。生用或制用。《中国药典》规定,生石膏含含水硫酸钙($CaSO_4 \cdot 2H_2O$)不得少于95.0%,煅石膏含硫酸钙($CaSO_4$)不得少于92.0%。

【处方用名】石膏、生石膏、煅石膏。

【主要药性】甘、辛,大寒。归肺、胃经。

【功效】生用:清热泻火,除烦止渴。煅用:收湿,生肌,敛疮,止血。

【应用】

1. 气分实热证 本品辛甘大寒,性寒清热泻火,味辛解肌透热,甘寒生津止渴,为清泻肺胃气分实热之要药。治温热病邪在气分之高热、汗出、烦渴、脉洪大等,常与知母相须为用;若治热毒壅盛,气血两燔,见高热不退,身发斑疹者,常与玄参、牡丹皮、栀子等同用。

2. 肺热咳嗽 本品性寒而入肺经,善清肺经实热,用于邪热壅肺之身热不解、咳逆喘促,常与麻黄、苦杏仁、甘草同用。

3. 胃火亢盛,头痛牙痛 本品入胃经,能清泻胃火,治胃中积热所致头痛、牙龈红肿疼痛,或牙周出血,常与黄连、升麻等配伍。

4. 湿疹瘙痒,溃疡不敛,水火烫伤,外伤出血 本品煅后研末外用,有收敛、生肌作用。治湿疹瘙痒,可配枯矾外用。治溃疡不敛,可与红粉共为末外用。治水火烫伤,可单用,或配青黛外用。治外伤出血,可单用研末外撒。

【用法用量】内服:15~60g,煎汤,打碎先煎,或入丸散。外用:适量,研末撒敷患处或调敷。内服生用,外用多煅用。

【使用注意】脾胃虚寒及阴虚内热者忌用。

【现代研究】

1. 化学成分 主要含含水硫酸钙($CaSO_4 \cdot 2H_2O$),尚含有微量的 Fe^{2+} 及 Mg^{2+}、有机物、硫化物等杂质。煅石膏主要为无水硫酸钙($CaSO_4$)。

2. 药理作用 有解热、解渴、增强免疫功能、降血糖以及抗炎、解痉、利尿作用。

知母　zhīmǔ

本品首载于《神农本草经》。为百合科植物知母 *Anemarrhena asphodeloides* Bge. 的干燥根茎。主产于河北、山西及东北等地。春、秋均可采挖,以秋季采者为佳。以条粗、质硬、断面色白黄者为佳。生用或制用。《中国药典》规定,本品含知母皂苷 B Ⅱ($C_{45}H_{76}O_{19}$),干燥药材及饮片不得少于 3.0%,盐知母不得少于 2.0%;含芒果苷($C_{19}H_{18}O_{11}$)干燥药材不得少于 0.70%,饮片不得少于 0.50%,盐知母不得少于 0.40%。

【处方用名】知母、盐知母、知母肉、毛知母。

【主要药性】甘、苦,寒。归肺、胃、肾经。

【功效】清热泻火,滋阴润燥。

【应用】

1. 气分实热证　本品味苦甘,性寒质润;苦寒能清热泻火除烦,甘寒能生津润燥止渴。治温热病邪在气分之高热、烦渴、汗出、脉洪大,常与石膏相须为用。

2. 肺热咳嗽,阴虚燥咳　本品入肺经,苦寒能清肺泻火,甘寒能滋肺阴以润燥,肺热咳嗽或阴虚燥咳均可配伍使用。治肺热咳嗽,常与浙贝母、黄芩、桑白皮等同用;治肺热伤阴、燥咳无痰,常与川贝母、瓜蒌等配伍。

3. 内热消渴　本品寒清甘润,能清热泻火、滋阴润燥、生津止渴。治热病津伤口渴、内热津伤之消渴,常配天花粉、葛根、山药等同用;治气阴不足、内热消渴,可与黄芪、玉竹、生地黄等同用。

4. 骨蒸潮热　本品苦寒泄热坚阴,甘以补阴,入肾经而能滋肾降火、退蒸除热。治肾阴亏虚、骨蒸潮热、遗精盗汗,常与黄柏同用,或与龟甲、黄柏、熟地黄等同用。

此外,本品滋阴润燥,可用于阴虚肠燥便秘。

【用法用量】内服:6~12g,煎汤,或入丸散。清泻实火生用,滋阴降火盐水炙用。

【使用注意】脾胃便溏者慎用。

【现代研究】

1. 化学成分　主要含知母皂苷 A-Ⅰ、A-Ⅱ、A-Ⅲ、B-Ⅰ、B-Ⅱ、B-Ⅲ等甾体皂苷类,以及芒果苷、异芒果苷,黄酮类、木质素类、多糖类、有机酸、生物碱等。

2. 药理作用　有抗病原微生物、解热、抗炎、免疫调节、降血糖、抑制肾上腺皮质激素分解、改善学习记忆、保护脑缺血损伤等作用。

芦根　lúgēn

本品首载于《名医别录》。为禾本科植物芦苇 *Phragmites communis* Trin. 的新鲜或干燥根茎。主产于安徽、江苏、浙江等地。全年均可采挖。以条粗均匀、色黄白、有光泽、无须根者为佳。鲜用或晒干用。

【处方用名】芦根、鲜芦根。

【主要药性】甘,寒。归肺、胃经。

【功效】清热泻火,生津止渴,除烦,止呕,利尿。

【应用】

1. 热病烦渴　本品寒清甘润,既清热除烦又生津止渴。其清热之力弱于石膏、知母,但清热不碍胃,生津不恋邪。治热病伤津,烦热口渴,可与麦冬、梨、荸荠、藕共取汁服。

2. 肺热咳嗽,肺痈吐脓　本品入肺经,能清泻肺热,祛痰排脓。治风热犯肺之咳嗽,可与桑叶、菊花、苦杏仁等同用;治邪热壅肺之咳嗽,可与黄芩、浙贝母等配伍。治肺痈吐腥臭脓痰者,常与薏苡仁、冬瓜仁、桃仁等同用。

3. 胃热呕哕　本品入胃经,可清胃和中。治疗胃热气逆之呕哕,可单用煎浓汁频饮,或与竹茹、姜汁等同用。

4. 热淋涩痛　本品性寒,有清热利尿之功,常与白茅根、车前草等同用。

【用法用量】内服:15~30g,煎汤;鲜品用量加倍,或捣汁用。

【使用注意】脾胃虚寒者慎用。

【现代研究】

1. 化学成分　主要含咖啡酸、龙胆酸、维生素、天冬酰胺、蛋白质、脂肪、多糖等。

2. 药理作用　有镇静、镇吐、解热、镇咳及免疫促进等作用。

天花粉　tiānhuāfěn

本品首载于《神农本草经》。为葫芦科植物栝楼 *Trichosanthes kirilowii* Maxim. 或双边栝楼 *Trichosanthes rosthornii* Harms 的干燥根。主产于河南、山东、江苏等地。秋、冬二季采挖。以色洁白、粉性足、质细嫩、体肥满者为佳。生用。

【处方用名】天花粉、瓜蒌根、栝楼根。

【主要药性】甘、微苦,微寒。归肺、胃经。

【功效】清热泻火,生津止渴,消肿排脓。

【应用】

1. 热病烦渴,内热消渴　本品微苦微寒,甘润养阴,善清肺胃热而养胃阴,有生津止渴之功。治热病伤津口渴,常与芦根、麦冬等同用。治积热内蕴、化燥伤津之消渴证,常与麦冬、芦根、白茅根等同用;治内热消渴、气阴两伤者,可与人参同用。

2. 肺热燥咳　本品入肺经,能清肺热,润肺燥。治燥邪伤肺、干咳少痰,或痰中带血,常与天门冬、麦冬、生地黄等同用。治燥热伤肺、气阴两伤,可与西洋参、北沙参、阿胶同用。

3. 疮痈肿毒　本品既能清热泻火而解毒,又能消肿排脓以疗疮。对于疮痈肿毒,未成脓者可使之消散,成脓者可溃疮排脓。疮痈初起,常与连翘、穿山甲等配伍;治疮痈已溃者,可与黄芪、甘草并用。

【用法用量】内服:10~15g,煎汤,或入丸散。

【使用注意】孕妇慎用。不宜与川乌、制川乌、草乌、制草乌、附子同用。

【现代研究】

1. 化学成分　主要含天花粉蛋白、天冬氨酸、α-羟甲基丝氨酸、核糖、木糖,还含 α- 和 β- 苦瓜素、葫芦苦素。

2. 药理作用　有抑菌、调节血糖作用。皮下或肌内注射天花粉蛋白,能引产和中止妊娠。

鸭跖草　yāzhícǎo

本品首载于《本草拾遗》。为鸭跖草科植物鸭跖草 *Commelina communis* L. 的干燥地上部分。全国大部分地区均产。夏、秋二季采收,晒干。以色黄绿者为佳。生用。

【处方用名】鸭跖草、鸭脚掌、鸭食草。

【主要药性】甘、淡,寒。归肺、胃、小肠经。

【功效】清热泻火,解毒,利水消肿。

【应用】

1. 热病烦渴,风热表证　本品性寒,清热泻火。治温热病热入气分之高热烦渴,可与石膏、知母、芦根等同用。治风热表证之发热,可与薄荷、金银花、牛蒡子等同用。

2. 咽喉肿痛,疮痈肿毒　本品有清热解毒之功。治热毒壅盛之咽喉肿痛,可单用捣汁,频频含服,或与板蓝根、桔梗、玄参等同用。治热毒疮痈,可单用捣敷患处,或与紫花地丁、白花蛇舌草等同用。

3. 水肿尿少,热淋涩痛　本品甘淡而性寒,既能淡渗利水以消肿,又能清利湿热以通淋。治湿热水肿尿少,小便淋沥涩痛,可与车前子、木通等同用。

【用法用量】内服:15~30g,煎汤,或入丸散。外用适量。

【使用注意】脾胃虚寒者用量宜小。

【现代研究】

1. 化学成分　主要含当药素、异荭草素、水仙苷、芦丁和多肽苷等。
2. 药理作用　有解热、抗病原微生物、抗炎、保肝、镇痛、止咳等作用。

栀子　zhīzǐ

本品首载于《神农本草经》。为茜草科植物栀子 *Gardenia jasminoides* Ellis 的干燥成熟果实。主产于浙江、湖南、江西等地。9~11月果实成熟呈红黄色时采收。以皮薄、饱满、色红黄者为佳。生用或制用。《中国药典》规定,本品含栀子苷($C_{17}H_{24}O_{10}$)干燥药材不得少于1.8%、炒栀子不得少于1.5%、焦栀子不得少于1.0%。

【处方用名】栀子、炒栀子、焦栀子。

【主要药性】苦,寒。归心、肺、三焦经。

【功效】泻火除烦,清热利湿,凉血解毒;外用消肿止痛。

【应用】

1. 热病心烦　本品苦寒清降,清泻三焦火热,功擅清心除烦,为治热病心烦、躁扰不宁之要药。治热郁胸膈、心中懊侬,常与淡豆豉同用。治三焦火毒热盛证,大热烦渴、口燥咽干、谵语、不眠者,常与黄芩、黄连、黄柏同用。

2. 湿热黄疸,淋证涩痛　本品清热且能导湿热从小便而出,故有退黄、通淋之功。治湿热黄疸,常与茵陈、大黄同用;治湿热淋证,常与木通、车前子、滑石等同用。

3. 血热出血　本品入血分,能凉血以止血。治血热妄行的吐血、衄血、尿血等多种出血,可与白茅根、生地黄、黄芩等配伍。

4. 热毒疮疡,目赤肿痛　本品苦寒,能清热泻火、凉血解毒,可用治多种热毒证。若治火热上炎或热毒之口舌生疮、牙龈肿痛、目赤肿痛、咽喉肿痛等,常配伍金银花、大黄、黄连等;治疮痈肿毒,常与金银花、蒲公英、连翘等同用。

5. 外伤肿痛　本品外用有散瘀消肿止痛之功。治扭挫伤或外伤肿痛,可单用生品研末,醋、酒、水调外敷。

【用法用量】内服:6~10g,煎汤,或入丸散。外用生品适量,研末调敷。生栀子偏于清热泻火,焦栀子及栀子炭偏于凉血止血,栀子仁(种子)善清心除烦,栀子皮(果皮)兼清表热。

【使用注意】脾胃虚寒,食少便溏者慎用。

【现代研究】

1. 化学成分　主要含栀子苷、去羟栀子苷、栀子酮苷、栀子素、藏红花素、藏红花酸、熊果酸、栀子花甲酸、栀子花乙酸、绿原酸。还含挥发油、多糖、多种微量元素等。

2. 药理作用　有保肝、利胆、解热、抗炎、镇静、镇痛、抗胰腺炎、抗病毒、抗内毒素、止血等作用。

竹叶　zhúyè

本品首载于《名医别录》。为禾本科植物淡竹 *Phyllostachys nigra* (Lodd. et Lindl) Munro var. *henonis* (Mitf.) Stapf ex Rendle 的干燥叶。主产于长江流域各地。全年均可采收。以色绿、完整、无枝梗者为佳。生用。

【处方用名】鲜竹叶、竹叶。

【主要药性】甘、辛、淡,寒。归心、胃、小肠经。

【功效】清热除烦,生津,利尿。

【应用】

1. 热病烦渴　本品甘寒入心经,能清心除烦、生津止渴。治热病伤津烦渴,常与石膏、芦根、麦冬等配伍;治热病后期,气津两伤,烦渴喜饮者,常与人参、石膏、麦冬等配伍。

2. 口舌生疮,尿赤涩痛　本品上能清心火,下能利小便,使火热之邪从下而解。治心火上炎之口舌生疮,或心热下移小肠之尿赤涩痛,常配生地黄、木通、甘草等。

【用法用量】内服:6~15g,煎汤;鲜品 15~30g。

【使用注意】脾胃虚寒者慎用。

【现代研究】

1. 化学成分　主要黄酮类、三萜类、多糖、氨基酸、涩味质等。

2. 药理作用　有抑菌、抗炎、抗过敏、抑制病毒等作用。

附:

竹叶卷心　本品为禾本科植物竹叶其卷而未放的幼叶。性味甘、辛、淡,寒。归心、小肠、胃经。功效与竹叶相似,但清心泻火作用强于竹叶,主要具有清心除烦功效,临床多用于温病热陷心包证。煎服,6~12g。

淡竹叶 dànzhúyè

本品首载于《本草纲目》。为禾本科植物淡竹叶 *Lophatherum gracile* Brongn. 的干燥茎叶。主产于浙江、江苏、安徽等地。夏季未抽花穗前采割。以叶大、色绿、无根及花穗者为佳。生用。

【处方用名】淡竹叶。

【主要药性】甘、淡,寒。归心、胃、小肠经。

【功效】清热泻火,除烦止渴,利尿通淋。

【应用】

1. 热病烦渴　本品甘寒,能清心胃之火以除烦止渴。治热病津伤、心烦口渴,常与石膏、芦根、知母等配伍。

2. 口舌生疮,热淋涩痛　本品甘淡性寒,上能清心经之火,下能导小肠之热,为泻火利水之良品。治心火炽盛之口舌生疮或热移小肠之尿赤涩痛,常与木通、生地黄、甘草等同用。

【用法用量】内服:6~10g,煎汤,或入丸散。

【现代研究】

1. 化学成分　主要含芦竹素、白茅素等三萜类成分,以及 β- 谷甾醇、蒲公英甾醇、菜油甾醇等甾类物质。此外,还含酚性成分、氨基酸、有机酸、糖类等。

2. 药理作用　有解热、利尿、抗肿瘤、抑菌、升高血糖等作用。

夏枯草 xiàkūcǎo

本品首载于《神农本草经》。为唇形科植物夏枯草 *Prunella vulgaris* L. 的干燥果穗。主产于江苏、浙江、安徽等地。夏季果穗呈棕红色时采收。以色紫褐、穗大者为佳。生用。《中国药典》规定,本品含迷迭香酸($C_{18}H_{16}O_8$)不得少于 0.20%。

【处方用名】夏枯草、夏枯球。

【主要药性】辛、苦,寒。归肝、胆经。

【功效】清肝泻火,明目,散结消肿。

【应用】

1. 目赤肿痛,头痛眩晕,目珠疼痛　本品味辛能散,苦寒泄热,功善清散肝经郁火以明目。治肝火上炎之目赤肿痛、头痛眩晕,常与菊花、决明子等同用。治目珠疼痛,至夜则甚者,可与香附同用;若属阴血亏虚者,宜与当归、白芍等同用。

2. 瘰疬瘿瘤,乳痈乳癖　本品辛散苦泄,主入肝经。有良好的清肝火、散郁结作用。治肝郁化火,痰火蕴结之瘰疬、瘿瘤,可单用,或配伍昆布、玄参、浙贝母等。治肝气郁结,痰热互结之乳痈、乳癖、乳房胀痛者,可与蒲公英、昆布、玄参等同用。

【用法用量】内服:9~15g,煎汤或熬膏服,或入丸散。

【使用注意】脾胃寒弱者慎用。

【现代研究】

1. 化学成分　主要含迷迭香酸、齐墩果酸、熊果酸、芦丁、木犀草素等,还含甾类、香豆素类、挥发油等。

2. 药理作用　本品有降血压、抑菌、抗肿瘤、降血糖、抗炎、免疫抑制等作用。

决明子　juémíngzǐ

本品首载于《神农本草经》。为豆科植物钝叶决明 *Cassia obtusifolia* L. 或决明（小决明）*Cassia tora* L. 的干燥成熟种子。主产于安徽、广西、四川等地。秋季果实成熟时采收。以颗粒均匀、饱满、色绿棕者为佳。生用或制用。《中国药典》规定，本品含大黄酚（$C_{15}H_{10}O_4$）干燥药材不得少于0.20%、干燥饮片不得少于0.12%；含橙黄决明素（$C_{17}H_{14}O_7$）干燥药材及饮片不得少于0.080%。

【处方用名】决明子、草决明、炒决明子。

【主要药性】甘、苦、咸，微寒。归肝、大肠经。

【功效】清热明目，润肠通便。

【应用】

1. 目赤肿痛，羞明多泪，目暗不明　本品苦寒泄热，甘咸益阴，既能清泄肝热，又兼益肝阴，为明目佳品。目疾无论虚实，皆可应用。治风热上攻所致的目赤肿痛，常配伍菊花、青葙子、茺蔚子等；治肝火上攻所致的目赤肿痛、羞明多泪等，常配伍石决明、菊花、木贼等。治肝肾阴虚，视物昏花、目暗不明者，可与枸杞子、熟地黄、山茱萸等同用。

2. 头痛眩晕　本品苦寒清泄，入肝经，既能泻肝火，又兼能平肝阳。治肝火或肝阳头痛眩晕，可单味爆炒、水煎代茶，或与菊花、钩藤、生牡蛎等同用。

3. 肠燥便秘　本品味苦通泄，质润滑利，入大肠经，功能清热润肠通便。治内热肠燥、大便秘结，可与瓜蒌仁、郁李仁等配伍。

【用法用量】内服：9~15g，煎汤，或入丸散。用于润肠通便，不宜久煎。

【使用注意】气虚便溏者不宜用。

【现代研究】

1. 化学成分　主要含大黄酚、大黄素、芦荟大黄素、决明子素等蒽醌类化合物。尚含甾醇、脂肪酸、蛋白质等。

2. 药理作用　有降血压、利尿、降血脂、保肝、泻下、抑制病原微生物等作用。

青葙子　qīngxiāngzǐ

本品首载于《神农本草经》。为苋科植物青葙 *Celosia argentea* L. 的干燥成熟种子。主产于我国中部及南部各地。秋季果实成熟时采收。以粒饱满、色黑、光亮者为佳。生用。

【处方用名】青葙子。

【主要药性】苦，微寒。归肝经。

【功效】清肝泻火，明目退翳。

【应用】

1. 目赤肿痛，目生翳膜，视物昏花　本品苦寒清降，主入肝经，能清泻肝火，明目退翳。治风热上攻之目赤肿痛、羞明多泪，常与菊花、木贼等同用；治肝火上炎所致目赤肿痛、目生翳膜，可与决明子、茺蔚子、羚羊角等同用；治肝虚血热之视物昏花，常与生地黄、玄参、车前子等同用。

2. 肝火眩晕　本品能清肝火而平肝阳，可用治肝阳化火所致头痛、眩晕、烦躁不寐，常与石决明、菊花、夏枯草等配伍。

【用法用量】内服:9~15g,煎汤,或入丸散。

【使用注意】青光眼患者禁用。

【现代研究】

1. 化学成分　主要含棕榈酸、硬脂酸、油酸、亚油酸、青葙子苷 A、青葙子苷 B 等,还含多种氨基酸。

2. 药理作用　有降血压、降血糖、保肝、抑菌、降眼压和扩瞳等作用。

谷精草　gǔjīngcǎo

本品首载于《开宝本草》。为谷精草科植物谷精草 *Eriocaulon buergerianum* Koern. 的干燥带花茎的头状花序。主产于江苏、浙江、湖北等地。秋季采收。以花序大而紧、色灰白,花茎短、色黄绿者为佳。生用。

【处方用名】谷精草。

【主要药性】辛、甘,平。归肝、肺经。

【功效】疏散风热,明目退翳。

【应用】

1. 风热目赤,肿痛羞明,目生翳膜　本品味辛质轻升散,善于疏散头面风热,明目退翳。治风热上攻、目赤肿痛、羞明多泪、目生翳膜者,常与荆芥、菊花等配伍;治肝火上炎的目赤肿痛,可与决明子、青葙子等配伍。

2. 风热头痛　本品能疏散头部风热,治风热头痛、牙痛、喉痹,可与薄荷、升麻、菊花等配伍。

【用法用量】内服:5~10g,煎汤,或入丸散。

【使用注意】阴虚血亏之眼疾者不宜用。

【现代研究】

1. 化学成分　主要含谷精草素。
2. 药理作用　对多种细菌有抑制作用。

密蒙花　mìménghuā

本品首载于《开宝本草》。为马钱科植物密蒙花 *Buddleja officinalis* Maxim. 的干燥花蕾和花序。主产于湖北、四川、河南等地。春季花未开放时采收。以花蕾密聚、色灰黄、茸毛多、质柔软者为佳。生用。《中国药典》规定,本品含蒙花苷($C_{28}H_{32}O_{14}$)不得少于 0.50%。

【处方用名】密蒙花、蒙花。

【主要药性】甘,微寒。归肝经。

【功效】清热泻火,养肝明目,退翳。

【应用】

1. 目赤肿痛,羞明多泪,目生翳膜　本品甘寒入肝经,清泻肝火,明目退翳,治肝火上炎之目赤肿痛,常与菊花、甘草等同用;治风热上攻之羞明多泪,常与木贼、石决明、羌活等同用;治肝火郁滞、目生翳膜,常与蝉蜕、白蒺藜等同用。

2. 肝虚目暗,视物昏花　本品甘寒质润,入肝经,既能清肝火,又能养肝阴而明目。治肝虚有热所致目暗不明、视物昏花者,常与菟丝子、山药、肉苁蓉等同用。

【用法用量】内服:3~9g,煎汤,或入丸散。

【现代研究】

1. 化学成分　主要含蒙花苷、芹菜苷、木犀草苷、密蒙花新苷、木犀草素-7-O-葡萄糖苷等黄酮类成分。

2. 药理作用　有抗病原微生物、降血糖、抗血管内皮细胞增生、调节体内性激素水平、抑制泪腺细胞凋亡、解痉、利胆、利尿等作用。

第二节　清热燥湿药

本节药物性味多苦寒,苦能燥湿,寒能清热,清热燥湿力强。主治湿热内蕴所致的身热不扬、头身困重、胸脘痞闷、呕吐泻痢、黄疸尿赤、湿疹湿疮、阴肿阴痒、舌苔黄腻等。多数药物还兼有良好的清热泻火、清热解毒之功,又常用于治疗脏腑热证、热毒证。

黄芩　huángqín

本品首载于《神农本草经》。为唇形科植物黄芩 *Scutellaria baicalensis* Georgi 的干燥根。主产于河北、山西、内蒙古等地。春、秋二季采挖。以条粗长、质坚实、外表皮棕黄色、切面色黄者为佳。生用或制用。《中国药典》规定,本品含黄芩苷($C_{21}H_{18}O_{11}$)干燥药材不得少于9.0%、干燥饮片不得少于8.0%。

【处方用名】黄芩、炒黄芩、酒黄芩、黄芩炭。

【主要药性】苦,寒。归肺、胆、脾、大肠、小肠经。

【功效】清热燥湿,泻火解毒,止血,安胎。

【应用】

1. 湿热证　本品苦能燥湿,性寒清热,有较强的清热燥湿作用,能清肺、胃、肝、胆、大肠湿热,尤善清中上焦湿热。治湿温、暑湿初起,常与滑石、豆蔻等配伍;治湿热黄疸,常与茵陈、栀子等同用;治湿热蕴结大肠、泻痢腹痛,可与葛根、黄连等同用;治湿热下注膀胱的热淋涩痛,可与白茅根、车前子等配伍。

2. 肺热咳嗽　本品苦寒,主入肺经,善清肺热。治肺热咳嗽,可单用,或与桑白皮、知母等配伍;治肺热燥咳,可与知母、贝母、麦冬等同用;治痰热咳喘,可与半夏、胆南星等同用。

3. 热病烦渴,寒热往来　本品苦寒,有清胸膈及少阳邪热作用。治外感热病、胸膈烦热,常与栀子、连翘、大黄等同用;治邪在少阳、寒热往来,每与柴胡等同用。

4. 痈肿疮毒　本品清热解毒,治疗热毒疮疡,常与黄连、栀子、连翘等同用。

5. 血热出血　本品入血,清热凉血、止血。治热盛迫血妄行的吐血、衄血、便血、崩漏等,可与白茅根、小蓟、地榆等配伍。

6. 胎热不安　本品有清热安胎之效,治胎热之胎动不安或血虚有热之胎动不安,常与白术、当归等配伍。

【用法用量】内服:3~10g,煎汤,或入丸散。清热生用,安胎炒用,清上焦热酒炒,止血炒炭。子芩偏泻大肠火,清下焦湿热;枯芩偏泻肺火,清上焦热。

【使用注意】脾胃虚寒者忌用。

【现代研究】

1. 化学成分　主要含黄芩苷、黄芩素、汉黄芩苷、汉黄芩素、黄芩新素、去甲汉黄芩素等黄酮类成分,并含苯乙酮、棕榈酸、油酸等挥发油,尚含多种氨基酸、甾醇等。

2. 药理作用　有解热、抑菌、抗炎、缓解气管收缩、保肝、利胆、降血压、降血脂、抗氧化、抗肿瘤、抗过敏、抗凝血和抗血栓形成等作用。

黄连　huánglián

本品首载于《神农本草经》。为毛茛科植物黄连 *Coptis chinensis* Franch.、三角叶黄连 *Coptis deltoidea* C. Y. Cheng et Hsiao 或云连 *Coptis teeta* Wall. 的干燥根茎。以上三种分别习称"味连""雅连""云连"。味连主产于四川、云南、湖北等地,雅连主产于四川,云连主产云南。秋季采挖。以身干粗壮、残留叶柄及须根少、质坚实、断面鲜黄,味极苦者为佳。生用或制用。《中国药典》规定,干燥药材以盐酸小檗碱($C_{20}H_{18}ClNO_4$)计,味连含小檗碱不得少于 5.5%、表小檗碱($C_{20}H_{17}NO_4$)不得少于 0.80%、黄连碱($C_{19}H_{13}NO_4$)不得少 1.6%、巴马汀($C_{21}H_{21}NO_4$)不得少于 1.5%,雅连含小檗碱不得少于 4.5%,云连含小檗碱不得少于 7.0%。味连饮片以盐酸小檗碱计,含小檗碱不得少于 5.0%,含表小檗碱、黄连碱和巴马汀的总量不得少于 3.3%。

【处方用名】黄连、味连、雅连、云连、川黄连、酒黄连、姜黄连、萸黄连。

【主要药性】苦,寒。归心、脾、胃、肝、胆、大肠经。

【功效】清热燥湿,泻火解毒。

【应用】

1. 湿热痞满、呕吐吞酸　本品苦寒,清热燥湿、泻火力强,入脾胃尤长于清中焦湿热与实火。治疗吞酸,不论寒热均可配伍使用。治湿热阻滞中焦所致脘腹痞满、恶心呕吐,常与苏叶同用;治脾胃寒热错杂之心下痞满,可与黄芩、干姜、半夏等配伍。治胃热呕吐,可与石膏、竹茹、半夏配伍;治肝火犯胃所致的胁肋胀痛、呕吐吞酸,常与吴茱萸配伍;治脾胃虚寒、呕吐酸水,可与人参、白术、干姜等同用。

2. 湿热泻痢　本品善清大肠湿热,为治泻痢要药。治湿热泻痢、腹痛里急后重,可单用或与木香配伍;治湿热泻痢兼表证发热者,常与葛根、黄芩、甘草配伍。

3. 高热神昏,心烦不寐　本品清热泻火之中,尤善清泻心经实火,常用治心经热盛所致的多种病证。治热病扰心,高热烦躁,甚至神昏,常与连翘、牛黄等同用;治心火亢盛,心烦失眠,常与朱砂、生甘草等同用;治热盛伤阴,心烦不寐,常与黄芩、白芍、阿胶等同用;治心火亢旺,心肾不交之怔忡不寐,常与肉桂配伍。

4. 痈肿疔疮,目赤牙痛　本品既能清热燥湿,又能泻火解毒,尤善疗疔毒。治痈肿疔毒,多与黄芩、黄柏、栀子同用;治目赤肿痛,可单用煎汁滴眼或与决明子、夏枯草、车前子等配伍。治目赤肿痛、赤脉胬肉,可与淡竹叶配伍;治胃火上攻、牙痛难忍,常与生地黄、升麻、牡丹皮等同用。

5. 消渴　本品善清胃火而可用治胃火炽盛、消谷善饥之消渴证,可与黄柏配伍,以增强泻火存阴之力;治肾阴不足、心胃火旺之消渴,可与生地黄、麦冬等配伍。

6. 外治湿疹、湿疮、耳道流脓　本品有清热燥湿、泻火解毒之功,取之制为软膏外敷,可治皮肤湿疹、湿疮。取之浸汁涂患处,可治耳道流脓。

【用法用量】内服:2~5g,煎汤,或入丸散。外用适量。生黄连偏于清热燥湿、泻火解毒;酒黄连偏清上焦火热;姜黄连偏清胃和胃止呕;萸黄连偏于疏肝和胃止呕。

【使用注意】脾胃虚寒者忌用;阴虚津伤者慎用。

【现代研究】

1. 化学成分　主要含小檗碱、黄连碱、甲基黄连碱、掌叶防己碱等生物碱类成分,还含黄柏酮、黄柏内酯等成分。

2. 药理作用　有较强的抗菌作用,还能抑制各型流感病毒、解热、抗炎、降血糖、利胆、保肝、抗溃疡、抗腹泻、抗肿瘤等。

黄柏　huángbò

本品首载于《神农本草经》。为芸香科植物黄皮树 *Phellodendron chinense* Schneid. 或黄檗 *Phellodendron amurense* Rupr. 的干燥树皮。前者习称"川黄柏",后者习称"关黄柏"。川黄柏主产于四川、贵州、湖北等地,关黄柏主产于辽宁、吉林、河北等地。常于清明前后剥取树皮。以皮厚、色鲜黄、味极苦者为佳。生用或制用。《中国药典》规定,干燥药材含小檗碱以盐酸小檗碱($C_{20}H_{17}NO_4 \cdot HCl$)计,川黄柏不得少于 3.0%,关黄柏不得少于 0.60%;川黄柏含黄柏碱以盐酸黄柏碱($C_{20}H_{23}NO_4 \cdot HCl$)计,不得少于 0.34%;关黄柏含盐酸巴马汀($C_{21}H_{21}NO_4 \cdot HCl$)不得少于 0.30%。

【处方用名】黄柏、川黄柏、盐黄柏、黄柏炭。

【主要药性】苦,寒。归肾、膀胱经。

【功效】清热燥湿,泻火解毒,除骨蒸。

【应用】

1. 湿热证　本品苦寒沉降,功善清热燥湿,可用于多种湿热证,尤宜于下焦湿热诸证。治湿热下注、带下黄浊臭秽,常与车前子、白果等配伍;治湿热蕴结膀胱、小便淋沥涩痛,常配合木通、滑石等;治湿热所致足膝肿痛,多与牛膝、苍术配伍;治湿热泻痢腹痛,可配白头翁、黄连、秦皮等同用;治湿热黄疸,可与栀子、甘草配伍。

2. 疮疡肿毒　本品清热解毒,治热毒疮疡、红肿热痛者,可与大黄同用为散,醋调外搽;内服常与黄连、栀子等配伍。治湿疹湿疮,可与苦参、地肤子等同用。

3. 阴虚发热证　本品性寒,能退虚火。因其主入肾经,故擅长泻肾火,退虚热。治肾阴不足,虚火上炎所致腰酸耳鸣、骨蒸潮热、遗精盗汗等,常与知母、熟地黄等配伍。

【用法用量】内服:3~12g,煎汤,或入丸散。外用适量。清热燥湿、泻火生用,退虚热用盐水炙。

【使用注意】脾胃虚寒者忌用。

【现代研究】

1. 化学成分　主要含小檗碱及少量木兰碱、黄柏碱、掌叶防己碱等多种生物碱。尚含内酯、甾醇、黏液质等成分。

2. 药理作用　对多种细菌、钩端螺旋体、乙肝病毒有抑制作用;还能抗炎、抗变态反应、降压、抗溃疡、降血糖、抗痛风等作用。

龙胆　lóngdǎn

本品首载于《神农本草经》。为龙胆科植物条叶龙胆 *Gentiana manshurica* Kitag.、龙胆 *Gentiana scabra* Bge.、三花龙胆 *Gentiana triflora* Pall. 或坚龙胆 *Gentiana rigescens* Franch. 的干燥根及根茎。前三种习称"龙胆",主产于东北地区;后一种习称"坚龙胆",主产于云南、四川等地。春、秋二季采挖。以根条粗长、黄色或黄棕色、无碎段者为佳。生用。《中国药典》规定,干燥药材含龙胆苦苷($C_{16}H_{20}O_9$),龙胆不得少于 3.0%,坚龙胆不得少于 1.5%;干燥饮片含龙胆苦苷($C_{16}H_{20}O_9$),龙胆不得少于 2.0%,坚龙胆不得少于 1.0%。

【处方用名】龙胆、龙胆草、胆草。

【主要药性】苦,寒。归肝、胆经。

【功效】清热燥湿,泻肝胆火。

【应用】

1. 湿热证　本品苦寒,清热燥湿力强,善于清泄下焦及肝胆湿热。治湿热下注、阴肿阴痒、带下黄稠臭秽,或男子阴囊肿痛、湿疹瘙痒等,常与黄柏、苦参、蛇床子等同用。治湿热黄疸,常与茵陈、栀子等配伍。

2. 肝经热盛证　本品苦寒沉降,善泻肝火。治肝胆火盛之胁痛口苦、头痛目赤、耳肿耳聋等,常配伍柴胡、栀子、黄芩等。治肝火上炎、目赤肿痛,常配伍黄连、夏枯草等;治肝经热盛、热极生风之高热惊厥、手足抽搐,常配伍钩藤、黄连、牛黄等。

【用法用量】内服:3~6g,煎汤,或入丸散。

【使用注意】脾胃虚寒者忌用;阴虚津伤者慎用。

【现代研究】

1. 化学成分　主要含龙胆苦苷、当药苷、苦龙苷、三叶苷等环烯醚萜苷类成分和龙胆黄碱、龙胆碱等生物碱类成分。此外,还含龙胆三糖、甾醇等。

2. 药理作用　有保肝、利胆、抗炎、抑杀疟原虫、镇静、松弛肌肉、降血压、抗菌、解热、健胃等作用。

苦参　kǔshēn

本品首载于《神农本草经》。为豆科植物苦参 *Sophora flavescens* Ait. 的干燥根。我国各地均产。春、秋二季采挖。以条匀、断面黄白、无须根,味极苦者为佳。生用。《中国药典》规定,本品含苦参碱($C_{15}H_{24}N_2O$)和氧化苦参碱($C_{15}H_{24}N_2O_2$)的总量,干燥药材不得少于 1.2%,饮片不得少于 1.0%。

【处方用名】苦参。

【主要药性】苦,寒。归心、肝、胃、大肠、膀胱经。

【功效】清热燥湿,杀虫止痒,利尿。

【应用】

1. 湿热证　本品苦寒,善清下焦湿热。治湿热泻痢,可与木香、白芍配伍;治湿热灼伤肠络、肠风便血、痔漏下血,可与生地黄、地榆、槐花等同用;治湿热下注,阴痒带下,色黄臭秽,可配伍黄柏、蛇床子、椿皮等,煎汤内服或外洗。

2. 湿疹湿疮,疥癣麻风　本品燥湿祛风杀虫,善止痒,为治皮肤瘙痒之要药,内服外用均可。治湿疮,可单用煎洗,或与黄柏、蛇床子、苦楝皮煎水外洗;治疥癣瘙痒,可配伍黄柏、硫黄、枯矾等外用;治皮肤瘙痒,可配伍防风、蝉蜕、荆芥等;治麻风病,可与大风子、苍耳子等同用。

3. 小便不利,灼热涩痛　本品入膀胱经,能清湿热而通淋,常用于湿热蕴结之小便不利、灼热涩痛,可单用,或与车前子、滑石等同用。

此外,本品苦寒,入心经,可用于心火亢盛之心悸不宁及疮痈肿毒。

【用法用量】内服:4.5~9g,煎汤,或入丸散。外用:适量,煎汤洗患处。

【使用注意】脾胃虚寒者忌用,不宜与藜芦同用。

【现代研究】

1. 化学成分　含多种生物碱,其主要成分为苦参碱、氧化苦参碱、异苦参碱、槐果碱、苦参醇碱等。尚含苦参醇等黄酮类、醌类及三萜皂苷等成分。

2. 药理作用　有解热、抗炎、抗病原微生物、抗胃溃疡、抗肿瘤、免疫抑制、抗心律失常及心肌缺血、利尿、镇静、平喘等作用。

秦皮　qínpí

本品首载于《神农本草经》。为木犀科植物苦枥白蜡树 *Fraxinus rhynchophylla* Hance、白蜡树 *Fraxinus chinensis* Roxb.、尖叶白蜡树 *Fraxinus szaboana* Lingelsh. 或宿柱白蜡树 *Fraxinus stylosa* Lingelsh. 的干燥枝皮或干皮。主产于东北、陕西、河北等地。春、秋二季剥取。以整齐、外表皮色灰白、味苦者为佳。生用。《中国药典》规定,本品含秦皮甲素($C_{15}H_{16}O_9$)和秦皮乙素($C_9H_6O_4$)的总量,干燥药材不得少于 1.0%,干燥饮片不得少于 0.8%。

【处方用名】秦皮。

【主要药性】苦、涩,寒。归肝、胆、大肠经。

【功效】清热燥湿,收涩止痢,止带,明目。

【应用】

1. 湿热泻痢,赤白带下　本品苦寒兼涩,燥中有敛,有清热燥湿、止痢、止带之功。治湿热及热毒泻痢、里急后重,常与白头翁、黄连等配伍;治湿热带下,可与椿皮、黄柏等同用。

2. 目赤肿痛,目生翳膜　本品性寒清热,入肝经,长于清肝明目。治肝火上炎所致的目赤肿痛、目生翳膜,可单用煎水洗眼,或与黄连、竹叶、木贼等同用。

【用法用量】内服:6~12g,煎汤,或入丸散。外用适量,煎洗患处。

【现代研究】

1. 化学成分　主要含秦皮甲素、秦皮乙素、秦皮素、秦皮苷等香豆素类成分及酚类、皂苷、鞣质等。

2. 药理作用　有抗病原微生物、抗炎、镇痛、抗痛风、抗惊厥、促进尿酸排泄等作用。

白鲜皮　báixiānpí

本品首载于《神农本草经》。为芸香科植物白鲜 *Dictamnus dasycarpus* Turcz. 的干燥根皮。主产于辽宁、河北、山东等地。春、秋二季采挖。以条大皮厚、色灰白、羊膻气浓者为佳。生用。《中国药典》规定,干燥药材含梣酮($C_{14}H_{16}O_3$)不得少于0.050%,黄柏酮($C_{26}H_{34}O_7$)不得少于0.15%。

【处方用名】白鲜皮。

【主要药性】苦,寒。归脾、胃、膀胱经。

【功效】清热燥湿,祛风解毒。

【应用】

1. 湿疹湿疮,风疹疥癣　本品苦寒,有清热燥湿、解毒、祛风之功,内服外用均宜。治湿热疮毒、黄水淋漓,常配伍苦参、连翘等。治湿疹,常与黄柏、黄连、地肤子等同用;治疥癣,可配伍苦参、蛇床子煎汤外洗。

2. 湿热黄疸,风湿热痹　本品苦寒,能清热燥湿,治湿热诸证。治湿热黄疸尿赤,可配茵陈、栀子、车前子等;治风湿热痹、关节红肿热痛者,可配苍术、薏苡仁、黄柏等。

【用法用量】内服:5~10g,煎汤,或入丸散。外用适量,煎汤洗或研粉敷。

【使用注意】脾胃虚寒者慎用。

【现代研究】

1. 化学成分　含白鲜碱、异白鲜碱等生物碱及梣酮、黄柏酮、黄柏酮酸等柠檬苦素类化合物。此外,还含有粗多糖、甾醇、皂苷等。

2. 药理作用　有抑制多种真菌、抗炎、解热、抗肿瘤等作用。

第三节　清热解毒药

本节药物性味多为寒凉,以清解热毒为主要作用,主治热毒所致的痈疮疔疖、咽喉肿痛、痄腮、丹毒、瘟毒发斑、痢疾以及水火烫伤、蛇虫咬伤、癌肿等。有些药物兼有疏散风热、泻火、凉血、利水、通淋、祛痰、止血、明目、下乳等功效,又可治疗风热表证、气分热证、水肿、淋证以及出血、痰多、目赤肿痛、乳汁不通等。

金银花　jīnyínhuā

本品首载于《名医别录》。为忍冬科植物忍冬 *Lonicera japonica* Thunb. 的干燥花蕾或带初开的花。主产于河南、山东。夏初花开放前采摘。以花蕾大、含苞待放、色黄白、滋润丰满、香气浓者佳。生用或制用。《中国药典》规定,干燥品绿原酸($C_{16}H_{18}O_9$)和木犀草苷($C_{21}H_{20}O_{11}$)的含量分别不得少于1.5%和0.050%,含酚酸类的总量不得少于3.8%。

【处方用名】金银花、银花、二花、金银花炭。

【主要药性】甘,寒。归肺、心、胃经。

【功效】清热解毒,疏散风热。

【应用】

1. 痈肿疔疮　咽喉肿痛　本品甘寒,具有良好的清热解毒、消散痈肿作用,为治一切痈肿疔疮之要药。治疗痈疮初起、红肿热痛,常与天花粉、皂角刺、白芷等配伍;治疗疮肿毒、坚硬根深者,常与紫花地丁、蒲公英、野菊花等同用;治肠痈腹痛者,常与当归、连翘、黄芩等配伍;治肺痈咳吐脓血者,常与鱼腥草、桔梗等同用。治咽喉肿痛,不论热毒内盛或风热外袭者,均可使用。治前者常与射干、山豆根等同用,治后者常与薄荷、牛蒡子等同用。

2. 风热表证,温热病　本品性寒质轻,气味芳香,具轻宣疏散之性,既能发散肌表风热,又能透泄在里之热,主治风热袭表及温热病卫、气、营、血诸证。治风热表证或温病卫分证,常与连翘、荆芥、薄荷等配伍;治温热病气分热盛,高热汗出、烦渴,可与石膏、知母等同用;热入营血、高热神昏、斑疹吐衄者,可与生地黄、玄参、丹参等配伍。

3. 热毒痢疾　本品有清热解毒,凉血止痢之效。治热毒痢疾、大便脓血者,可单用本品浓煎频服,或与白头翁、秦皮、黄连等同用。

此外,本品有清解暑热作用,以之蒸馏制成金银花露代茶饮用,或以金银花煎汤代茶,或与清解暑热药荷叶、西瓜翠衣、扁豆花等配伍使用,可用于暑热烦渴,小儿热疖、痱子等。

【用法用量】内服:6~15g,煎汤,或入丸散。金银花生用偏于疏散风热、清泄里热;金银花炭偏于凉血止痢;金银花露偏于清解暑热。

【使用注意】气虚疮疡脓清者忌用。

【现代研究】

1. 化学成分　主要含绿原酸和异绿原酸等有机酸类,木犀草素、金丝桃苷等黄酮类,挥发油类、环烯醚萜苷类、三萜皂苷类等成分。

2. 药理作用　有抗菌、抗病毒、解热、抗炎、抗氧化、抗肿瘤、增强免疫、保肝利胆、降血脂等作用。

附:

1. 忍冬藤　本品为忍冬科植物忍冬的干燥茎枝,又名金银花藤。性味苦,微寒;归肺、胃经。功效与金银花相似,但清热解毒之力不及金银花,主要具有清热疏风,通络止痛的功效。临床多用于温病发热,风湿热痹等证。煎服,9~30g。

2. 山银花　本品为忍冬科植物灰毡毛忍冬 *Lonicera macranthoides* Hand.-Mazz.、红腺忍冬 *Lonicera hypoglauca* Miq.、华南忍冬 *Lonicera confusa* DC. 或黄褐毛忍冬 *Lonicera fulvotomentosa* Hsu et S. C. Cheng 的干燥花蕾或带初开的花。主产于重庆、贵州、湖南等地。夏初花开放前采收。生用。性味甘,寒;归肺、心、胃经。功能清热解毒,疏散风热。适用于痈肿疔疮,喉痹,丹毒,风热感冒,温病发热。本品药性功用与金银花相似,在有些地区作为金银花的代用品使用。煎服,6~15g。

连翘　liánqiáo

本品首载于《神农本草经》。为木犀科植物连翘 *Forsythia suspensa*(Thunb.) Vahl 的干燥果实。主产于山西、河南、陕西等地。秋季果实初熟尚带绿色时采收,习称"青翘";果实熟透时采收,习称"黄翘"或"老翘";种子作"连翘心"用。青翘以色青绿、不开裂、无枝梗为佳;黄翘(老翘)以色黄、瓣大、壳厚、无种子者为佳。生用。《中国药典》规定,干燥品连翘苷($C_{27}H_{34}O_{11}$)的含量不得少于0.15%,青翘、老翘连翘酯苷 A($C_{29}H_{36}O_{15}$)的含量分别不得少于 3.5% 和 0.25%。

【处方用名】连翘、青翘、老翘、连翘心。

【主要药性】苦,微寒。归肺、心、小肠经。

【功效】清热解毒,消肿散结,疏散风热。

【应用】

1. 疮痈肿毒,瘰疬结核,咽喉肿痛　本品苦寒,入心经,长于清心火、解热毒,并有消痈散结之效,故有"疮家圣药"之称。治疮痈初起,红肿热痛,常与蒲公英、金银花、野菊花等同用;治痰火郁结,瘰疬痰核、瘿瘤,常配伍海藻、昆布、浙贝母等。治热毒所致的咽喉肿痛,可与金银花、马勃、牛蒡子等配伍。

2. 风热表证,温热病　本品性寒,质轻疏散,既可外散风热,又能内解热毒。故常用于风热袭表以及温热病卫、气、营、血诸证。治风热表证或温病卫分证,发热、微恶风寒、咽痛等,常与金银花、薄荷等配伍;治热入营血,可配伍生地黄、玄参等。本品疏散之力不如金银花,而苦寒清降之性较强,长于清心经实火,故治热邪内陷心包,高热,烦躁,神昏等,较为多用,常与黄连、莲子心等配伍。

此外,本品苦寒泄降,兼有清热利尿之功,治疗湿热壅滞所致之小便不利、淋沥涩痛,常与车前子、白茅根、竹叶等配伍。

【用法用量】内服:6~15g,煎汤,或入丸散。青翘偏于清热解毒;老翘长于透热达表,疏散风热;连翘心长于清心泻火。

【使用注意】气虚疮疡脓清者忌用。

【现代研究】

1. 化学成分　主要含连翘酯苷A、毛柳苷等苯乙醇苷类,连翘苷和连翘脂素等木脂素类,齐墩果酸、熊果酸、白桦脂酸等三萜类及芦丁、槲皮素等黄酮类成分。

2. 药理作用　有抗菌、抗病毒、解热、抗炎、保肝、抗肿瘤、抗氧化、免疫调节、降血压、强心、利尿等作用。

穿心莲　chuānxīnlián

本品首载于《岭南采药录》。为爵床科植物穿心莲 Andrographis paniculata(Burm. f.) Nees 的干燥地上部分。主产于广东、广西、福建等地。秋初茎叶茂盛时采收。以色绿、叶多者为佳。生用。《中国药典》规定,干燥药材、饮片含穿心莲内酯($C_{20}H_{30}O_5$)、新穿心莲内酯($C_{26}H_{40}O_8$)、1,4-去氧穿心莲内酯($C_{20}H_{30}O_4$)和脱水穿心莲内酯($C_{20}H_{28}O_4$)的总量分别不得少于 1.5%、1.2%。

【处方用名】穿心莲、一见喜、苦胆草。

【主要药性】苦,寒。归心、肺、大肠、膀胱经。

【功效】清热解毒,燥湿,凉血,消肿。

【应用】

1. 外感风热,温病初起　本品质轻透散,苦寒清泄,有疏风清热之功。治外感风热或温病卫分证,发热头痛,可单用,亦常与金银花、连翘、薄荷等同用。

2. 肺热咳喘,肺痈吐脓,咽喉肿痛　本品善清肺火,凉血消肿。治肺热咳嗽气喘,常与黄芩、桑白皮、地骨皮配伍;治肺痈咳吐脓痰,可与鱼腥草、桔梗、冬瓜仁等同用;治咽喉肿痛,多与玄参、牛蒡子、板蓝根等同用。

3. 湿热泻痢,热淋涩痛,湿疹瘙痒　本品苦燥性寒,有清热解毒、燥湿、止痢功效,故凡湿热诸证均可应用。治胃肠湿热、腹痛泄泻、下痢脓血者,可单用;或与苦参、木香等同用;治膀胱湿热、小便淋沥涩痛,常与车前子、白茅根、黄柏等同用;治湿疹瘙痒,可用本品研末,甘油调涂患处。亦可用于湿热黄疸,湿热带下等证。

4. 痈肿疮毒,蛇虫咬伤　本品既能清热解毒,又能凉血消痈,故可用治火热毒邪诸证。治热毒壅聚、痈肿疮毒,可单用或与金银花、野菊花、重楼等同用,并可同时鲜品捣烂外敷;治蛇虫咬伤,可与半边莲、白花蛇舌草等同用。

【用法用量】内服:6~9g,煎汤;0.6~3g,研末或入丸、散。外用:适量,捣烂或制成软膏涂患处。

【使用注意】不宜多服久服;脾胃虚寒者不宜用。

【现代研究】

1. 化学成分　主要含穿心莲内酯、脱水穿心莲内酯、新穿心莲内酯等内酯类化合物,穿心莲烷、穿心莲酮及穿心莲甾醇等成分。

2. 药理作用　有抗菌、抗病毒、解热、抗炎、增强免疫、抗肿瘤、利胆保肝、抗血小板聚集、抗血栓等作用。

大青叶　dàqīngyè

本品首载于《名医别录》。为十字花科植物菘蓝 *Isatis indigotica* Fort. 的干燥叶。主产于河北、陕西、江苏等地。夏、秋二季分 2~3 次采收。以身干、叶大完整、色暗灰绿、无枝梗杂质者佳。生用或鲜用。《中国药典》规定,干燥药材和饮片靛玉红（$C_{16}H_{10}N_2O_2$）的含量均不得少于 0.020%。

【处方用名】大青叶。

【主要药性】苦,寒。归心、胃经。

【功效】清热解毒,凉血消斑。

【应用】

1. 温病发热,发斑发疹　本品苦寒,解热解毒力强,且有表里双解、气血两清之功。故常用于温热病卫、气、营、血各阶段以及风热表证。治温病初起、邪在卫分或外感风热之发热头痛、口渴咽痛,可配伍葛根、牛蒡子、柴胡等;治温病热入气分,高热口渴,可与石膏、知母等配伍;治温病热入营血,或气血两燔,高热神昏、发斑发疹,常与玄参、知母、水牛角等同用。

2. 痄腮,喉痹,丹毒,痈肿　本品有解毒消肿、凉血消斑之效,尤善治丹毒。治痈肿、丹毒,可以鲜品捣烂外敷,或与蒲公英、紫花地丁、野菊花等煎汤内服。治瘟毒上攻,痄腮、喉痹,可用鲜品捣汁内服,或与金银花、拳参、大黄等配伍。

【用法用量】内服:9~15g,煎汤;鲜品 30~60g,捣汁服。外用:适量,捣敷或煎水洗。

【使用注意】脾胃虚寒者忌用。

【现代研究】

1. 化学成分　主要含靛玉红、靛蓝、靛红烷 B、芥苷、新芥苷、苯甲酸、丁香酸、水杨酸、棕榈酸、腺苷及多种氨基酸等成分。

2. 药理作用　有抗菌、抗病毒、抗内毒素、增强免疫和抗肿瘤等作用。

板蓝根　bǎnlán'gēn

本品首载于《本草纲目》。为十字花科植物菘蓝 *Isatis indigotica* Fort. 的干燥根。主产于河北、陕西、江苏等地。秋季采挖。以根平直粗壮均匀、体实、粉性大者佳。生用。《中国药典》规定,干燥药材和饮片 (R,S)-告依春 (C_5H_7NOS) 的含量分别不得少于 0.020% 和 0.030%。

【处方用名】板蓝根、蓝根、大青根。

【主要药性】苦,寒。归心、胃经。

【功效】清热解毒,凉血利咽。

【应用】

1. 瘟疫时毒,发热咽痛　本品苦寒,入心、胃经,有清热解毒之效,尤善清肺胃热毒而利咽散结。治温病卫分证或外感风热、发热、咽痛,可单味使用,或与金银花、牛蒡子等同用;治热毒壅盛之咽喉肿痛,可单用,或与玄参、桔梗、马勃等配伍。

2. 温毒发斑,痄腮,大头瘟疫,丹毒,痈肿　本品苦寒,善于清热解毒、凉血消肿。随证配伍,可用于多种瘟疫热毒病证。治温毒发斑、舌绛紫暗,常与黄芩、紫草、生地黄等配伍;治大头瘟疫、头面红肿、咽喉不利,以及丹毒、痄腮,常与连翘、牛蒡子、玄参等同用。

【用法用量】内服:9~15g,煎汤,或入丸散。外用:适量,煎汤熏洗。

【使用注意】体虚而无实火热毒者忌服,脾胃虚寒者慎用。

【现代研究】

1. 化学成分　主要含靛蓝、靛玉红、β-谷甾醇、棕榈酸、尿苷、次黄嘌呤、尿嘧啶、青黛酮和胡萝卜苷及多种氨基酸等成分。

2. 药理作用　有抗菌、抗病毒、抗内毒素、增强免疫、抗肿瘤等作用。

附:

南板蓝根　本品为爵床科植物马蓝 *Baphicacanthus cusia*(Nees)Bremek. 的干燥根茎和根,主产于福建、四川、云南等地。夏、秋二季采挖。生用。性味苦,寒;归心、胃经。功能清热解毒,凉血消斑。适用于温疫时毒,发热咽痛,温毒发斑,丹毒。本品药性功用与板蓝根相似,在南方地区亦作为板蓝根使用,习称"南板蓝根"。煎服,9~15g。

青黛　qīngdài

本品首载于《药性论》。为爵床科植物马蓝 *Baphicacanthus cusia*(Nees)Bremek.、蓼科植物蓼蓝 *Polygonum tinctorium* Ait. 或十字花科植物菘蓝 *Isatis indigotica* Fort. 的叶或茎叶经加工制得的干燥粉末、团块或颗粒。主产于福建、河北、云南等地,以福建所产品质最优,称"建青黛"。夏、秋季采收茎叶,加水浸泡,至叶腐烂、茎脱皮时,将茎枝捞出,加入石灰充分搅拌,待浸液色转为紫红色时,捞出液面泡沫状物,晒干而成。以粉细、色蓝、质轻而松、能浮于水面、燃烧时呈紫红色火焰者佳。研细用。《中国药典》规定,干燥药材靛玉红 $(C_{16}H_{10}N_2O_2)$ 的含量不得少于 0.13%,靛蓝 $(C_{16}H_{10}N_2O_2)$ 不得少于 2.0%。

【处方用名】青黛。

【主要药性】咸,寒。归肝经。

【功效】清热解毒,凉血消斑,泻火定惊。

【应用】

1. 温毒发斑,血热出血　本品味咸入血,清热解毒、凉血消斑之功与大青叶、板蓝根相似。治温毒发斑,常配伍生石膏、生地黄、栀子等;治血热妄行之吐血、衄血等,轻者单用,水调服;重者与生地黄、白茅根等配伍。

2. 痄腮,咽痛口疮,疮肿　本品有清热解毒消肿之功。治痄腮肿痛,可单用以醋调涂患处,或与寒水石共研为末,外敷患处。治咽痛口疮,可与板蓝根、甘草同用,或配牛黄、冰片等吹撒患处。治热毒疮肿,可与蒲公英、紫花地丁等同用。

3. 肺热咳嗽咯血　本品主归肝经,长于泻肝火,兼泻肺热,又能凉血,故善治肝火犯肺、咳嗽胸痛、咯血或痰中带血等症,轻者常与海蛤壳配伍;重者与牡丹皮、瓜蒌、黄芩等同用。

4. 肝热惊痫　本品清肝火,亦治肝热生风,惊痫抽搐。治小儿惊风抽搐,常与钩藤、牛黄配伍。

【用法用量】内服:1~3g,入丸散。外用:适量,干撒或调敷。

【使用注意】脾胃虚寒者慎用。

【现代研究】

1. 化学成分　主要含靛玉红、靛蓝、十九烷、N-苯基-2-萘胺、靛红、色氨酮、异靛蓝、β-谷甾醇和大量无机盐等成分。

2. 药理作用　有抗菌、抗炎、镇痛、抗肿瘤和保肝等作用。

贯众　guànzhòng

本品首载于《神农本草经》。为鳞毛蕨科植物粗茎鳞毛蕨 *Dryopteris crassirhizoma* Nakai 的干燥根茎和叶柄残基。主产于黑龙江、吉林、辽宁等地。秋季采挖。以个大、整齐、须根少者佳。生用或制用。

【处方用名】贯众、绵马贯众、贯众炭。

【主要药性】苦,微寒。有小毒。归肝、胃经。

【功效】清热解毒,杀虫,止血。

【应用】

1. 风热感冒,温毒发斑,痄腮　本品苦寒,既能清气分之实热,又能解血分之热毒,凡温热毒邪所致之证皆可用之,并有一定的预防作用。治风热感冒、温热病邪在卫分者,可与牛蒡子、金银花、桑叶等同用;治温毒发斑、痄腮,可与板蓝根、大青叶、紫草等同用。用于预防流感、麻疹、流行性脑脊髓膜炎,可与金银花、大青叶等配伍。

2. 血热出血　本品味苦微寒,主入肝经,有凉血止血之功,主治血热所致之衄血、吐血、便血、崩漏等证,可单味研末调服,或与侧柏叶、五灵脂、血余炭等配伍。

3. 虫积腹痛　本品有杀虫之功,可用于绦虫、蛔虫等肠道寄生虫病。常与槟榔、雷丸、使君子等配伍。

【用法用量】内服:4.5~9g,煎汤,或入丸散。外用:适量,研末调敷。生用偏于清热解毒、驱虫;炒炭用偏于止血。

【使用注意】本品有小毒,用量不宜过大;孕妇、脾胃虚寒者慎用;服用本品时忌油腻。

【现代研究】

1. 化学成分　主要含黄绵马酸类、白绵马素类、绵马酚等间苯三酚类成分,还含羊齿三萜、绵马三萜、鞣质、挥发油、树脂等成分。

2. 药理作用　有抗菌、抗病毒、抗肿瘤、止血、驱肠道寄生虫和抗血吸虫、镇痛、消炎等作用。

蒲公英　púgōngyīng

本品首载于《新修本草》。为菊科植物蒲公英 *Taraxacum mongolicum* Hand.-Mazz.、碱地蒲公英 *Taraxacum borealisinense* Kitam. 或同属数种植物的干燥全草。我国各地均有分布。夏至秋季花初开时采收。以叶多、灰绿、根完整、花黄、无杂质者佳。生用或鲜用。《中国药典》规定,干燥药材和饮片菊苣酸($C_{22}H_{18}O_{12}$)的含量分别不得少于 0.45%、0.30%。

【处方用名】蒲公英、公英、鲜公英、黄花地丁。

【主要药性】苦、甘,寒。归肝、胃经。

【功效】清热解毒,消肿散结,利尿通淋。

【应用】

1. 热毒疮痈　本品苦甘性寒,功善清泄热毒、消散痈肿,凡热毒壅盛所致之疮痈肿毒,不论内痈外痈,均为常用药。因本品长于入肝、胃二经,兼能疏郁通乳,故为治乳痈要药。治乳痈肿痛,可单用浓煎内服,或内服与鲜品捣汁外敷结合,或与瓜蒌、金银花、漏芦等配伍。治肠痈腹痛,常与大黄、牡丹皮、桃仁等同用;治肺痈吐脓,常与鱼腥草、芦根、冬瓜仁等同用;治疮痈肿痛,可与金银花、紫花地丁、野菊花等配伍;治咽喉肿痛,可与板蓝根、玄参、牛蒡子等配伍。

2. 热淋,湿热黄疸　本品能清利湿热、利尿通淋,常用于治疗湿热淋证、黄疸等。治热淋涩痛,可与白茅根、金钱草、车前子等同用;治湿热黄疸,可与茵陈蒿、栀子、大黄等同用。

此外,本品尚有清肝明目作用,可用治肝火上炎所致的目赤肿痛,可单用取汁点眼,或浓煎内服,亦可与菊花、夏枯草、黄芩等配伍使用。

【用法用量】内服:10~15g,煎汤,或入丸散;鲜品可用至 60g,捣汁服。外用:适量,捣敷。

【使用注意】大量可致缓泻,脾虚便溏者慎用。

【现代研究】

1. 化学成分　主要含胡萝卜素类、三萜类、甾醇类、黄酮类、倍半萜内酯类、咖啡酸、菊苣酸、绿原酸、挥发油、香豆素类、酚酸类、脂肪酸等成分。

2. 药理作用　有抗菌、抗炎、抗肿瘤、抗内毒素、抗胃溃疡、免疫调节、抗氧化等作用。

紫花地丁　zǐhuādìdīng

本品首载于《本草纲目》。为堇菜科植物紫花地丁 *Viola yedoensis* Makino 的干燥全草。主产于江苏、浙江、安徽等地。春、秋二季采收。以叶整、色绿、根黄、无杂质者佳。生用或鲜用。

【处方用名】紫花地丁、地丁草。

【主要药性】苦、辛,寒。归心、肝经。

【功效】清热解毒,凉血消肿。

【应用】

1. 痈肿疔疮　本品苦泄辛散，寒能清热，入心肝血分，功善清解热毒、散结消痈，适用于热毒炽盛兼血热壅滞所致之内外痈肿，尤为治疗疮之要药。治疗疮初起肿痛，可单用鲜品捣汁内服，以渣外敷；或与连翘、栀子等同用；治疮痈肿痛，可与金银花、蒲公英、野菊花等配伍；治乳痈，常与蒲公英配伍，煎汤内服，并以药渣外敷，或熬膏贴患处；治肠痈，常与大黄、大血藤、败酱草等同用。

2. 毒蛇咬伤　本品解蛇毒，治疗毒蛇咬伤，可用鲜品捣汁内服，亦可配雄黄少许，捣烂外敷。

【用法用量】内服：15~30g，煎汤；鲜品加倍，捣汁服。外用：适量，捣敷。

【使用注意】体质虚寒者忌服。

【现代研究】

1. 化学成分　主要含山奈酚 -3- 鼠李糖苷、异荭草素、槲皮素 -3-*O*-*β*-D- 葡萄糖苷、山奈酚 -3-*O*-*β*-D- 葡萄糖苷、异牡荆素、异荭草素等黄酮类，秦皮甲素、秦皮乙素、东莨菪内酯等香豆素类以及挥发油、生物碱、有机酸等成分。

2. 药理作用　有抗菌、抗病毒、解热、抗炎、抗肿瘤、抗氧化等作用。

野菊花　yějúhuā

本品首载于《本草正》。为菊科植物野菊 *Chrysanthemum indicum* L. 的干燥头状花序。中国大部分地区均产。秋、冬二季花初开时采摘。以类球形、色黄、完整、体轻、气芳香、味苦而有清凉感者佳。生用或鲜用。《中国药典》规定，干燥药材蒙花苷（$C_{28}H_{32}O_{14}$）的含量不得少于 0.80%。

【处方用名】野菊花。

【主要药性】苦、辛，微寒。归肝、心经。

【功效】清热解毒，泻火平肝。

【应用】

1. 热毒疮痈　本品辛散苦泄，清热解毒之力强于菊花，为治热毒疮痈之良药。治热毒炽盛的疮痈疖肿，常与蒲公英、紫花地丁、金银花等配伍；治热盛咽喉肿痛，多与板蓝根、山豆根、牛蒡子等同用。

2. 目赤头痛　本品苦寒泄热，主归肝经，能清泻肝火；辛寒凉散，兼散风热，故可用治风热上攻或肝火上炎之目赤肿痛，多与菊花、蝉蜕、决明子等配伍。治肝阳上亢之头痛眩晕，常与夏枯草、决明子、钩藤等同用。

【用法用量】内服：9~15g，煎汤。外用：适量，捣敷。

【现代研究】

1. 化学成分　主要含蒙花苷、槲皮素、芹菜素、木犀草素等黄酮类，1,8- 桉叶素、樟脑、反丁香烯、*α*- 侧柏酮等挥发油，绿原酸和咖啡酸等酚酸类以及微量元素等成分。

2. 药理作用　有抗菌、抗病毒、抗炎、镇痛、保肝、抗肿瘤、降血压、抑制血小板聚集等作用。

重楼　chónglóu

本品首载于《神农本草经》。为百合科植物云南重楼 *Paris polyphylla* Smith var. *yunnanensis*

（Franch.）Hand.-Mazz. 或七叶一枝花 *Paris polyphylla* Smith var. *chinensis*（Franch.）Hara 的干燥根茎。主产于广西、云南、广东等地。秋末冬初采挖。以粗壮、干燥者佳。生用。《中国药典》规定，干燥药材重楼皂苷 I（$C_{44}H_{70}O_{16}$）、重楼皂苷 II（$C_{51}H_{82}O_{20}$）和重楼皂苷 VII（$C_{51}H_{82}O_{21}$）的总量不得少于 0.60%。

【处方用名】重楼、蚤休、草河车。

【主要药性】苦、微寒;有小毒。归肝经。

【功效】清热解毒,消肿止痛,凉肝定惊。

【应用】

1. 痈肿疔疮,咽喉肿痛,毒蛇咬伤　本品苦寒清热,有解毒、消肿、止痛之功,为治痈肿疔毒、毒蛇咬伤的常用药。治痈肿疔毒,可单用为末,醋调外敷,或与黄连、赤芍、金银花等配伍;治咽喉肿痛、痄腮、喉痹,常与牛蒡子、连翘、板蓝根等同用;治瘰疬痰核,可与夏枯草、牡蛎、浙贝母等同用。治毒蛇咬伤、红肿疼痛,可单用本品研末冲服,并用其鲜根捣烂外敷患处,也常与半边莲配伍使用。

2. 惊风抽搐　本品苦寒入肝,有凉肝泻火、息风定惊之功。用于小儿热极生风、手足抽搐,可单用本品研末冲服,或与钩藤、菊花、蝉蜕等配伍。

3. 跌打损伤　本品入肝经血分,能化瘀止血、消肿止痛。治疗外伤出血、跌打损伤、瘀血肿痛,可单用研末冲服,或配三七、血竭、自然铜等同用。

【用法用量】内服:3~9g,煎汤。外用:适量,研末调敷。

【使用注意】本品有小毒,用量不宜过大。阴证疮疡忌用。

【现代研究】

1. 化学成分　主要含重楼皂苷、薯蓣皂苷等甾体皂苷,黄酮苷、植物蜕皮激素、多糖及脂肪酸酯、肌酸酐、鞣质、苯丙素类、单宁酸生物碱、氨基酸等成分。

2. 药理作用　有抗菌、抗病毒、抗肿瘤、止血、免疫调节、护肝、抗氧化、镇静、止痛等作用。

拳参　quánshēn

本品首载于《本草图经》。为蓼科植物拳参 *Polygonum bistorta* L. 的干燥根茎。主产于东北、华北、山东等地。春季发芽时或秋季茎叶将枯萎时采挖。以个大、质硬、断面浅红棕色者佳。生用。《中国药典》规定,干燥药材没食子酸（$C_7H_6O_5$）的含量不得少于 0.12%。

【处方用名】拳参。

【主要药性】苦、涩,微寒。归肺、肝、大肠经。

【功效】清热解毒,消肿,止血。

【应用】

1. 痈肿瘰疬,毒蛇咬伤　本品苦泄寒清,能清热解毒,消肿散结。治热毒疮痈、咽喉肿痛、瘰疬、毒蛇咬伤,可单用本品捣烂外敷,或煎汤外洗,或与半边莲、金银花、白花蛇舌草等同用。

2. 湿热泻痢　本品兼有涩味,既能清热解毒,又兼涩肠止泻,治湿热泻痢,可单独制成片剂使用,或与金银花、白头翁、秦皮等同用。

3. 血热出血　本品苦而微寒,入肝经血分而能凉血止血。治血热妄行所致的各种出血证,常与贯众、白茅根、生地黄等同用。

4. 热病神昏,惊痫抽搐　本品苦寒入肝,清肝泻火而息风定惊。治热病高热神昏、惊痫抽搐以及破伤风等,常配伍钩藤、牛黄、全蝎等。

【用法用量】内服:5~10g,煎汤。外用:适量,捣敷。

【使用注意】无实火热毒者不宜使用。阴证疮疡患者忌服。

【现代研究】

1. 化学成分　主要含没食子酸、丁二酸、原儿茶酸、阿魏酸、丁香苷、芦丁、绿原酸、槲皮素等成分。

2. 药理作用　有抗菌、抗肿瘤和止血作用。

漏芦　lòulú

本品首载于《神农本草经》。为菊科植物祁州漏芦 *Rhaponticum uniflorum* (L.) DC. 的干燥根。主产于河北、辽宁、山西等地。春、秋二季采挖。以外皮灰黑色、条粗、质坚、不裂者佳。生用。《中国药典》规定,干燥药材 β- 蜕皮甾酮($C_{27}H_{44}O_7$)的含量不得少于 0.040%。

【处方用名】漏芦。

【主要药性】苦,寒。归胃经。

【功效】清热解毒,消痈,下乳,舒筋通脉。

【应用】

1. 热毒疮痈、乳痈　本品苦寒清泄,有清热解毒、消痈散结之效。治疮痈初起、红肿疼痛,常与连翘、大黄、紫花地丁等配伍。又因其能通经下乳,故为治乳痈之良药,常与瓜蒌、金银花、蒲公英等配伍。

2. 乳房胀痛,乳汁不下　本品味苦降泄,有良好的通乳之功,为产后乳汁不通的常用药。治乳络塞滞、乳汁不下、乳房胀痛、欲作乳痈者,常与穿山甲、王不留行等药同用。

此外,本品性善通利,有舒筋通脉活络之功,可用于治疗湿痹、筋脉拘挛、骨节疼痛等。

【用法用量】内服:5~9g,煎汤。外用:适量,研末调敷,或煎水洗。

【使用注意】阴证疮疡及孕妇慎用。

【现代研究】

1. 化学成分　主要含蜕皮甾酮、土克甾酮、漏芦甾酮等植物蜕变激素和甾醇类,乌索酸、齐墩果酸等萜类,牛蒡子醛、牛蒡子醇等噻吩类,槲皮素、儿茶素等黄酮类成分。

2. 药理作用　有抗氧化、抗衰老、抗动脉粥样硬化、降血脂、保肝、抗肿瘤和提高免疫功能等作用。

附:

禹州漏芦　本品为菊科植物蓝刺头 *Echinops latifolius* Tausch. 或华东蓝刺头 *Echinops grijisii* Hance 的干燥根。主产于山东、河南、内蒙古等地。春、秋二季采挖。生用。性味苦,寒;归胃经。功能清热解毒,消痈,下乳,舒筋通脉。适用于乳痈肿痛,痈疽发背,瘰疬疮毒,乳汁不通,湿痹拘挛。本品药性功用与漏芦相似,有些地区作为漏芦使用。煎服,5~10g。

土茯苓　tǔfúlíng

本品首载于《滇南本草》。为百合科植物光叶菝葜 *Smilax glabra* Roxb. 的干燥根茎。主产于广东、湖南、湖北等地。夏、秋二季采挖。以淡棕色、粉性足、纤维少者佳。生用。《中国药典》规定,干燥药材落新妇苷($C_{21}H_{22}O_{11}$)的含量不得少于 0.45%。

【处方用名】土茯苓。

【主要药性】甘、淡,平。归肝、胃经。

【功效】解毒,除湿,通利关节。

【应用】

1. 梅毒,疮痈肿毒　本品甘淡渗利,善解毒利湿,又能通利关节、解汞毒,对梅毒或因梅毒服用汞剂中毒而致肢体拘挛者,功效尤佳,故为治梅毒要药。可单味大剂量水煎服,也可与金银花、白鲜皮、威灵仙等同用;治梅毒伴有肢体拘挛者,常配伍木瓜、薏苡仁、防风等。治痈疮红肿溃烂,可单用为末,醋调外敷。

2. 热淋,带下,湿疹瘙痒　本品甘淡渗利,解毒利湿,故可用于湿热引起的热淋、带下、湿疹瘙痒等证。治热淋,可与木通、车前子、海金沙等同用;治湿热带下、湿疹瘙痒,可与黄柏、苦参等同用。

【用法用量】内服:15~60g,煎汤。外用:适量,研末调敷。

【使用注意】肝肾阴虚者慎服。服药时忌茶。

【现代研究】

1. 化学成分　主要含落新妇苷、异黄杞苷、胡萝卜苷、生物碱、挥发油、鞣质、树脂、淀粉及甾醇等成分。

2. 药理作用　有抗菌、抗炎、抗痛风、抗心肌缺血、抗血栓、抗动脉粥样硬化、免疫抑制、镇痛、利尿、抗肿瘤和抗棉酚毒性等作用。

鱼腥草　yúxīngcǎo

本品首载于《名医别录》。为三白草科植物蕺菜 *Houttuynia cordata* Thunb. 的新鲜全草或干燥地上部分。主产于长江以南各地。鲜品全年均可采割;干品夏季茎叶茂盛花穗多时采割。以茎叶完整、色灰绿、有花穗、鱼腥气浓者佳。生用或鲜用。

【处方用名】鱼腥草、鲜鱼腥草。

【主要药性】辛,微寒。归肺经。

【功效】清热解毒,消痈排脓,利尿通淋。

【应用】

1. 肺痈,肺热咳嗽　本品寒能泄降,辛以散结,主入肺经,以清解肺热见长,又具消痈排脓之效,为治肺痈之要药。治肺痈咳吐脓血,常与桔梗、芦根、瓜蒌等同用;治肺热咳嗽、痰黄黏稠,多与桑白皮、黄芩、贝母等同用。

2. 热毒疮痈　本品辛寒,既能清热解毒,又能消痈排脓,亦为外痈疮毒常用之品,常与野菊花、蒲公英、金银花等同用;亦可单用鲜品捣烂外敷。

3. 湿热淋证　本品有清热除湿、利水通淋之效,善清膀胱湿热。治小便淋沥涩痛常与车前草、海金沙、金钱草等同用。

此外,本品又能清热除湿止痢,还可用治湿热泻痢。

【用法用量】内服:15~25g,煎汤或入丸散;鲜品用量加倍,水煎或捣汁服。外用:适量,捣敷或煎汤熏洗患处。

【使用注意】不宜久煎。

【现代研究】

1. 化学成分　主要含癸酰乙醛、月桂醛、甲基正壬酮等挥发油成分,槲皮素、槲皮苷、金丝桃苷等黄酮类化合物以及生物碱、多糖、亚油酸等成分。

2. 药理作用　有抗菌、抗病毒、增强免疫、抗炎、抗肿瘤、抗过敏、利尿和平喘等作用。

金荞麦　jīnqiáomài

本品首载于《新修本草》。为蓼科植物金荞麦 *Fagopyrum dibotrys*(D. Don)Hara 的干燥根茎。主产于江苏、浙江、江西等地。冬季采挖。以个大、质坚硬者佳。生用。《中国药典》规定,干燥药材和饮片表儿茶素($C_{15}H_{14}O_6$)的含量分别不得少于 0.030% 和 0.020%。

【处方用名】金荞麦。

【主要药性】微辛、涩,凉。归肺经。

【功效】清热解毒,排脓祛瘀。

【应用】

1. 肺痈,肺热咳嗽　本品辛凉,既可清热解毒,又善排脓祛瘀,并能清肺化痰,故以治疗肺痈咯痰浓稠腥臭或咳吐脓血为其所长,可单味隔水炖汁服用,或与鱼腥草、金银花、芦根等配伍使用;若治肺热咳嗽,可与天花粉、黄芩、瓜蒌等同用。

2. 瘰疬疮疖,咽喉肿痛　本品凉以清热,辛以散结,有解毒、消痈、利咽、消肿之效。治瘰疬痰核,可与生何首乌同用;治疮痈疖肿或毒蛇咬伤,可与蒲公英、紫花地丁等同用;治咽喉肿痛,可与牛蒡子、射干、山豆根等同用。

此外,本品尚有健脾消食之功,用治腹胀食少、疳积消瘦等症,常与茯苓、麦芽等同用。

【用法用量】内服:15~45g,煎汤,或用水或黄酒隔水密闭炖服。

【现代研究】

1. 化学成分　主要含金丝桃苷、表儿茶素、原儿茶酸、儿茶素等黄酮类成分,赤杨酮、赤杨醇等萜类化合物,鞣质等成分。

2. 药理作用　有抗菌、抗炎、镇痛、抗氧化、抗肿瘤和增强免疫等作用。

大血藤　dàxuèténg

本品首载于《本草图经》。为木通科植物大血藤 *Sargentodoxa cuneata*(Oliv.)Rehd. et Wils. 的干燥藤茎。主产于江西、湖北、江苏等地。秋、冬二季采收。以条均匀、色棕红、气香者佳。生用。

【处方用名】大血藤、红血藤、红藤。

【主要药性】苦,平。归大肠、肝经。

【功效】清热解毒,活血,祛风止痛。

【应用】

1. 肠痈腹痛,热毒疮痈　本品苦降开泄,长于清热解毒、消痈止痛,主入大肠经,为治肠痈要药,也可用于其他热毒疮疡。治肠痈腹痛,常与桃仁、大黄等同用;治热毒疮痈,常配伍连翘、金银花、贝母等。

2. 跌打损伤,经闭痛经　本品苦泄能活血散瘀,消肿,止痛。治跌打损伤、瘀血肿痛,常与骨碎补、续断、赤芍等同用;治经闭痛经,常与当归、香附、益母草等同用。

3. 风湿痹痛　本品有活血化瘀,祛风活络止痛作用。治风湿痹痛、腰腿疼痛、关节不利,常与独活、牛膝、防风等同用。

【用法用量】内服:9~15g,煎汤。外用:适量,捣敷。

【使用注意】孕妇慎用。

【现代研究】

1. 化学成分　主要含没食子酸、原儿茶酸、红景天苷、绿原酸、大黄素、大黄素甲醚、大黄酚、毛柳苷、右旋丁香酚二葡萄糖苷、右旋二氢愈创木脂酸、香草酸及鞣质等成分。

2. 药理作用　有抗菌、抗病毒、抗血栓、抗炎、抗肿瘤、免疫抑制等作用。

<h2 style="text-align:center">败酱草　bàijiàngcǎo</h2>

本品首载于《神农本草经》。为败酱科植物黄花败酱 *Patrinia scabiosaefolia* Fisch.、白花败酱 *Patrinia villosa* Juss. 的干燥全草。主产于四川、河北、河南等地。夏、秋季采收。以干燥、叶多、完整色绿、无杂质者佳。生用或鲜用。

【处方用名】败酱草、鲜败酱草、败酱。

【主要药性】辛、苦,微寒。归肝、胃、大肠经。

【功效】清热解毒,消痈排脓,祛瘀止痛。

【应用】

1. 肠痈肺痈,痈肿疮毒　本品性寒,辛散苦泄,既可清热解毒,又可消痈排脓,且能活血止痛,为治肠痈腹痛的要药。治肠痈初起,腹痛便秘、未化脓者,常与金银花、蒲公英、牡丹皮等同用;治肠痈脓已成者,常与薏苡仁、附子配伍。治肺痈咳吐脓血者,常与鱼腥草、芦根、桔梗等同用;治痈肿疮毒,无论已溃未溃皆可用之,常与金银花、连翘等配伍,并可以鲜品捣烂外敷。

2. 产后瘀阻腹痛　本品辛行苦泄,有活血行瘀、通经止痛之功。用于治疗产后瘀阻、腹中刺痛,可单用本品煎服,或与五灵脂、香附、当归等配伍。

此外,本品亦可用治肝热目赤肿痛及赤白痢疾。

【用法用量】内服:6~15g,煎汤,或入丸散。外用:适量,捣敷。

【使用注意】孕妇慎用。

【现代研究】

1. 化学成分　黄花败酱主要含败酱烯、异败酱烯等挥发油,齐墩果酸、常春藤皂苷元、黄花龙芽苷、胡萝卜苷及多种皂苷等成分;白花败酱主要含挥发油、白花败酱苷、莫诺苷及马钱苷等成分。

2. 药理作用　有抗菌、抗病毒、镇静、保肝、利胆、抗氧化等作用。

附：

墓头回　本品为败酱科植物异叶败酱 *Patrinia heterophylla* Bunge 及糙叶败酱 *Patrinia scabra* Bunge 的根。主产山西、河南、河北等地。秋季采挖。生用或鲜用。性味辛、苦，微寒。功用与败酱草相似，兼有止血、止带之功效，多用于治疗崩漏下血、赤白带下等。用法用量同败酱草。

射干　shègān

本品首载于《神农本草经》。为鸢尾科植物射干 *Belamcanda chinensis* (L.) DC. 的干燥根茎。主产于湖北、河南、江苏等地。春初刚发芽或秋末茎叶枯萎时采挖。以干燥、肥壮、断面色黄、无根须及泥土者佳。生用。《中国药典》规定，干燥药材次野鸢尾黄素（$C_{20}H_{18}O_8$）的含量不得少于 0.10%。

【处方用名】射干、嫩射干

【主要药性】苦，寒。归肺经。

【功效】清热解毒，消痰，利咽。

【应用】

1. 咽喉肿痛　本品苦寒降泄，主入肺经，有清肺泻火、解毒利咽之功，为治咽喉肿痛常用之品。治热毒痰火郁结、咽喉肿痛，可单用或与升麻、甘草等同用；治外感风热、咽痛音哑，可与荆芥、连翘、牛蒡子等同用。

2. 痰盛咳喘　本品善清肺火，降气消痰，以平喘止咳。治肺热咳喘、痰多而黄，可与桑白皮、马兜铃、桔梗等同用。若治寒痰咳喘、痰多清稀，常与麻黄、细辛、生姜等配伍。

【用法用量】内服：3~10g，煎汤，或入丸散。

【使用注意】脾虚便溏者慎用。孕妇慎用。

【现代研究】

1. 化学成分　主要含次野鸢尾黄素、野鸢尾黄素、鸢尾黄素等黄酮类，多种二环三萜及其衍生物以及苯酚类化合物等成分。

2. 药理作用　有抗菌、抗病毒、抗氧化、抗肿瘤、抗血栓形成、解热、止痛和利尿作用。

山豆根　shāndòugēn

本品首载于《开宝本草》。为豆科植物越南槐 *Sophora tonkinensis* Gagnep. 的干燥根及根茎。主产于广西。秋季采挖。以根茎粗大、质坚硬、无须根者佳。生用。《中国药典》规定，干燥药材、饮片苦参碱（$C_{15}H_{24}N_2O$）和氧化苦参碱（$C_{15}H_{24}N_2O_2$）的总量分别不得少于 0.70% 和 0.60%。

【处方用名】山豆根、广豆根、苦豆根。

【主要药性】苦，寒；有毒。归肺、胃经。

【功效】清热解毒，消肿利咽。

【应用】

1. 咽喉肿痛　本品苦寒归肺经，功善清肺火、解热毒、利咽消肿，为治疗咽喉肿痛的要药。凡热毒蕴结之咽喉肿痛者均可用之。轻者可单味煎服或含漱；重者常与桔梗、栀子、连翘等配伍。若治乳蛾喉痹,可配伍射干、天花粉、麦冬等。

2. 牙龈肿痛　本品苦寒,入胃经,清胃火,故对胃火上炎引起的牙龈肿痛、口舌生疮均可应用,可单用煎汤漱口,或与石膏、黄连、升麻等同用。

此外,取本品苦燥苦泄,性寒清热,还可用于湿热黄疸、肺热咳嗽、痈肿疮毒等证。

【用法用量】内服:3~6g,煎汤,或入丸散。

【使用注意】脾胃虚寒者慎用。

【现代研究】

1. 化学成分　主要含苦参碱、氧化苦参碱、臭豆碱和甲基金雀花碱等生物碱,柔枝槐酮、柔枝槐素、柔枝槐酮色烯、柔枝槐素色烯、紫檀素、山槐素等黄酮类化合物及红车轴草根苷等成分。

2. 药理作用　有抗菌、抗炎、抗肿瘤、增强免疫、抗心律失常、降血压等作用。

附:

北豆根　本品为防己科植物蝙蝠葛 *Menispermum dauricum* DC. 的干燥根茎。主产于吉林、辽宁、河北等地。春、秋二季采挖。生用。性味苦,寒;有小毒。归肺、胃、大肠经。功能清热解毒,祛风止痛。适用于热毒咽喉肿痛,泻痢,风湿痹痛等。本品为北方地区习用。煎服,3~9g。

马勃　mǎbó

本品首载于《名医别录》。为灰包科真菌脱皮马勃 *Lasiosphaera fenzlii* Reich.、大马勃 *Calvatia gigantea* (Batsch ex Pers.) Lloyd 或紫色马勃 *Calvatia lilacina* (Mont. et Berk.) Lloyd 的干燥子实体。脱皮马勃主产于辽宁、甘肃、江苏等地;大马勃主产于内蒙古、河北、青海等地;紫色马勃主产于广东、广西、江苏等地。夏、秋二季采收。以个大、皮薄、完整、饱满、灰褐色、松泡有弹性者佳。生用。

【处方用名】马勃、灰包。

【主要药性】辛,平。归肺经。

【功效】清肺利咽,止血。

【应用】

1. 咽喉肿痛,咳嗽失音　本品味辛质轻,入肺经。既能宣散肺经风热,又能清泻肺经实火,长于解毒利咽,为治咽喉肿痛的常用药。本品又能止血敛疮,故对喉证有出血和溃烂者尤为适宜。治风热及肺火所致咽喉肿痛、咳嗽、失音,可与牛蒡子、玄参、板蓝根等配伍。

2. 吐血衄血,外伤出血　本品有清热凉血止血之功。治火邪迫肺、血热妄行引起的吐血、衄血等症,可单用研末吞服,或与侧柏叶、茜草等同用。用治外伤出血,可用马勃粉撒敷伤口。

此外,马勃粉外敷,可治疗口疮。

【用法用量】内服:2~6g,煎服,或入丸散。外用:适量,研末撒,或调敷患处,或作吹药。

【使用注意】风寒伏肺咳嗽失音者禁服。

【现代研究】

1. 化学成分　主要含有甾体化合物、萜类化合物、氨基酸、脂肪酸以及多糖、蛋白质和多肽等成分。

2. 药理作用　有抗菌、抗炎、止咳、止血、抗肿瘤、抗氧化等作用。

青果　qīngguǒ

本品首载于《日华子本草》。为橄榄科植物橄榄 *Canarium album* Raeusch. 的干燥成熟果实。主产广东、广西、福建等地。秋季果实成熟时采收。以个大、肉厚、色灰绿、无乌黑斑者佳。生用或鲜用。

【处方用名】青果、橄榄。

【主要药性】甘、酸，平。归肺、胃经。

【功效】清热解毒，利咽，生津。

【应用】

1. 咽喉肿痛，咳嗽烦渴　本品甘酸化阴，性平偏寒，功能清热解毒、生津利咽、化痰止咳。治风热上扰或热毒蕴结而致咽喉肿痛，常与硼砂、冰片、青黛等同用；治咽干口燥，烦渴音哑，咳嗽痰黏，可单用鲜品熬膏服用，亦可与金银花、桔梗、芦根等同用。

2. 鱼蟹中毒　本品甘平解毒，用于解河豚之毒，可单用鲜品榨汁或煎浓汤饮用。本品又有解毒醒酒之效，用于饮酒过度，可单用煎汤饮服。

【用法用量】内服：5~10g，煎汤，或入丸散；鲜品用量加倍，水煎或捣汁服。

【现代研究】

1. 化学成分　主要含有挥发油、黄酮类、多酚类、三萜类化合物、氨基酸、脂肪酸和蛋白质等成分。

2. 药理作用　有抗菌、解酒、保肝、利咽止咳、抗氧化等作用。

锦灯笼　jǐndēnglong

本品首载于《神农本草经》。为茄科植物酸浆 *Physalis alkekengi* L. var. *franchetii* (Mast.) Makino 的干燥宿萼或带果实的宿萼。主产于东北、华北。秋季采收。以个大、色红者为佳。生用。《中国药典》规定，以干燥品计算，含木犀草苷（$C_{21}H_{20}O_{11}$）不得少于 0.10%。

【处方用名】锦灯笼。

【主要性能】酸、甘，寒。归肺、肾经。

【功效】清热解毒，利咽化痰，利尿通淋。

【应用】

1. 咽痛音哑，痰热咳嗽　本品性寒，入肺经，能清热解毒，并长于利咽化痰。治喉痛音哑可将本品与冰片共研末，吹喉；或与山豆根、桔梗、牛蒡子等同用；治痰热咳嗽，可与前胡、瓜蒌等同用。

2. 小便不利，热淋涩痛　本品有利尿通淋之功。治小便短赤、淋沥涩痛，常与车前子、木通、萹蓄等配伍；治疗砂淋、石淋，与龙胆草、赤茯苓、车前草等配用。

【用法用量】内服：5~9g，煎汤，或入丸散。外用适量，捣敷患处。

【使用注意】脾虚泄泻者及孕妇忌用。

【现代研究】

1. 化学成分　主要含生物碱类、黄酮类、柠檬酸、枸橼酸、草酸、维生素 C 及酸浆红素等，另含有甾醇类及多种氨基酸。

2. 药理作用　有抗癌作用,对金黄色葡萄球菌、铜绿假单胞菌等有抑制作用;对乙型肝炎病毒表面抗原也有抑制作用。

金果榄　jīnguǒlǎn

本品首载于《本草纲目拾遗》。为防己科植物青牛胆 *Tinospora sagittata* (Oliv.) Gagnep. 或金果榄 *Tinospora capillipes* Gagnep. 的干燥块根。主产于广西、湖南、贵州等地。秋、冬二季采收。以体重、质坚实者为佳。生用。《中国药典》规定,本品含古伦宾($C_{20}H_{22}O_6$)不得少于 1.0%。

【处方用名】金果榄。

【主要性能】苦,寒。归肺、胃经。

【功效】清热解毒,利咽,止痛。

【应用】

1. 咽喉肿痛　本品苦寒,具有清热解毒、利咽消肿之功。治肺胃蕴热、咽喉肿痛,可单用本品煎服,或与冰片共研粉吹喉;也可与栀子、青果、甘草等同用。

2. 痈肿疔毒　本品清热解毒,消肿止痛。治疗热毒蕴结、疔毒疮痈、红肿疼痛,可单用醋磨后,外敷患处;或与鲜苍耳草,捣汁服用。

此外,本品尚有清热止痛作用,还可用于胃脘热痛及泻痢腹痛。

【用法用量】内服:3~9g,煎汤,或入丸散。外用适量,研末吹喉或醋磨涂敷患处。

【使用注意】脾胃虚弱者慎用。

【现代研究】

1. 化学成分　主要含生物碱类,有防己碱、药根碱、非洲防己碱等。另含有萜类及甾醇类。

2. 药理作用　对金黄色葡萄球菌、抗酸性分枝杆菌、结核杆菌、钩端螺旋体等有抑制作用。还有解毒、止痛及兴奋子宫的作用。

木蝴蝶　mùhúdié

本品首载于《本草纲目拾遗》。为紫葳科植物木蝴蝶 *Oroxylum indicum* (L.) Vent. 的干燥成熟种子。主产于云南、广西、贵州等地。秋、冬二季采收成熟果实。生用。《中国药典》规定,干燥药材木蝴蝶苷 B($C_{27}H_{30}O_{15}$)的含量不得少于 2.0%。

【处方用名】木蝴蝶、玉蝴蝶、千张纸。

【主要药性】苦、甘,凉。归肺、肝、胃经。

【功效】清肺利咽,疏肝和胃。

【应用】

1. 喉痹音哑,肺热咳嗽　本品苦甘性凉,入肺经,具有清肺热,利咽喉之功效,为治咽喉肿痛之常用药。治邪热伤阴,咽喉肿痛,声音嘶哑,多与玄参、麦冬、冰片等配伍。治肺热咳嗽,或小儿百日咳,可与桔梗、桑白皮、款冬花等配伍。

2. 肝胃气痛　本品甘缓苦泄,入肝、胃二经,能疏肝和胃止痛。治肝气犯胃、肝胃不和的胃脘胁肋疼痛,可单味研末,酒调送服。

【用法用量】内服:1~3g,煎汤,或入丸散。

【现代研究】

1. 化学成分　主要含木蝴蝶苷、白杨素、木蝴蝶定等黄酮类成分,以及对羟基苯乙醇、环己醇、紫檀碱及挥发油等成分。

2. 药理作用　有抗菌、抗炎、抗氧化、抗肿瘤、镇咳、祛痰和防治白内障等作用。

白头翁　báitóuwēng

本品首载于《神农本草经》。为毛茛科植物白头翁 *Pulsatilla chinensis* (Bge.) Regel 的干燥根。主产于东北、内蒙古及华北等地。春、秋二季采挖。以条粗长、整齐、外表灰黄色、根头部有白色毛茸者为佳。生用。《中国药典》规定,干燥药材中白头翁皂苷 B_4($C_{59}H_{96}O_{26}$)的含量不得少于 4.6%。

【处方用名】白头翁。

【主要药性】苦,寒。归胃、大肠经。

【功效】清热解毒,凉血止痢。

【应用】

1. 热毒血痢　本品苦寒降泄,能清热解毒、凉血止痢,尤善于清胃肠湿热及血分热毒,对热毒血痢和湿热痢疾均有较好疗效,故为治痢之良药。治热毒血痢、发热腹痛、里急后重、下痢脓血,可单用,或与黄连、黄柏、秦皮同用;治赤痢下血、日久不愈、腹内冷痛,可与阿胶、干姜、赤石脂等同用。

2. 阴痒带下　本品性味苦寒,有清热燥湿之功,故可用于湿热下注之阴痒、带下。可与苦参、白鲜皮、秦皮等同用,煎汤外洗。

此外,本品还能解毒消肿,用于治疗痄腮、瘰疬、疮痈肿痛等病症,可与蒲公英、连翘等同用。

【用法用量】内服:9~15g,煎汤,或入丸散。外用:适量。

【使用注意】虚寒泻痢忌服。

【现代研究】

1. 化学成分　主要含白头翁皂苷,还有木脂素、白头翁灵、胡萝卜苷以及糖蛋白等成分。

2. 药理作用　有抗阿米巴原虫和阴道滴虫、抑菌等作用。

马齿苋　mǎchǐxiàn

本品首载于《本草经集注》。为马齿苋科植物马齿苋 *Portulaca oleracea* L. 的干燥地上部分。全国大部地区均产。夏、秋二季采收。以棵小、质嫩、叶多、青绿色、整齐少碎、无杂质者佳。生用或鲜用。

【处方用名】马齿苋、马齿菜。

【主要药性】酸,寒。归肝、大肠经。

【功效】清热解毒,凉血止血,止痢。

【应用】

1. 热毒血痢　本品性寒清热,酸能收敛,入大肠经,具有清热解毒,凉血止痢之功,为治痢疾的常用药,单用煎服即效。治热毒血痢,可与粳米煮粥,空腹服食;治产后血痢,单用鲜品捣汁入蜜调服;治大肠湿热,腹痛泄泻,或下利脓血,里急后重,可与黄芩、黄连等配伍。

2. 痈肿疔疮,湿疹,丹毒　本品具有清热解毒,凉血消肿之功。治血热毒盛,痈肿疮疡,丹毒肿痛,可单用本品煎汤内服并外洗,再以鲜品捣烂外敷;也可与连翘、大青叶、蒲公英等同用。

3. 便血,痔血,崩漏下血　本品味酸而寒,入肝经血分,有清热凉血,收敛止血之效。治血热妄行,崩漏下血,可单味鲜品捣汁服,或配伍苎麻根、侧柏叶等;治大肠湿热,便血痔血,可与地榆、槐角、椿皮等同用。

此外,本品可利尿通淋。治湿热淋证、血淋等,可与白茅根、车前草等同用。

【用法用量】内服:9~15g,煎汤,或入丸散。外用:适量,捣敷患处。

【使用注意】脾胃虚寒,肠滑作泄者忌用。

【现代研究】

1. 化学成分　主要含三萜醇类、黄酮类、氨基酸、有机酸及其盐,还含有大量的 L- 去甲基肾上腺素和多巴胺及少量的多巴。

2. 药理作用　对痢疾杆菌、大肠埃希菌等多种细菌有抑制作用。

鸦胆子　yādǎnzǐ

本品首载于《本草纲目拾遗》。为苦木科植物鸦胆子 *Brucea javanica* (L.) Merr. 的干燥成熟果实。主产于广西、广东、福建等地。秋季果实成熟时采收。以粒大、饱满、质坚、色黑、种仁色白、油性足、味苦者为佳。去壳取仁,生用。《中国药典》规定,干燥药材含油酸($C_{18}H_{34}O_2$)不得少于 8.0%。

【处方用名】鸦胆子、鸭胆子。

【主要药性】苦,寒;有小毒。归大肠、肝经。

【功效】清热解毒,止痢,截疟;外用腐蚀赘疣。

【应用】

1. 热毒血痢,冷积久痢　本品苦寒,善清热解毒,尤善清大肠热毒而止痢。治热毒血痢,大便脓血,里急后重,或休息痢乍轻乍重、大便乍红乍白,可单味服用。治冷积久痢,可单味口服与灌肠并用;治久痢久泻,迁延不愈者,可与诃子、乌梅、木香等同用。

2. 疟疾　本品有杀虫截疟之功,对各种类型的疟疾均可应用,尤以间日疟及三日疟为佳,也用治恶性疟疾,可单用或与青蒿、何首乌等配伍。

3. 鸡眼赘疣　本品外用有腐蚀作用。治鸡眼、赘疣等,可取鸦胆子仁捣烂稀释后涂敷患处,或取鸦胆子油稀释后局部涂敷。

【用法用量】内服:0.5~2g,用龙眼肉包裹或装入胶囊吞服,或压去油制成丸剂、片剂服,不宜入煎剂。外用:适量。

【使用注意】本品有毒,内服需严格控制剂量,不宜多用、久服。胃肠出血及肝肾病患者,应忌用或慎用;孕妇及小儿慎用。外用注意用胶布保护好周围正常皮肤,以防止对正常皮肤的刺激。

【现代研究】

1. 化学成分　主要含苦木苦味素类、鸦胆子碱、鸦胆宁、鸦胆灵、鸦胆子苷、酚性成分等。

2. 药理作用　有杀灭阿米巴原虫、抗疟、抗肿瘤等作用,还可使赘疣细胞的细胞核固缩,细胞坏死、脱落。

地锦草 dìjǐncǎo

本品首载于《嘉祐本草》。为大戟科植物地锦 *Euphorbia humifusa* Willd. 或斑地锦 *Euphorbia maculata* L. 的干燥全草。主产于长江流域及南方各地。夏、秋二季采收。以叶绿、梗紫红、具花果、身干、无杂质者为佳。生用。《中国药典》规定,干燥药材含槲皮素($C_{15}H_{10}O_7$)不得少于 0.10%。

【处方用名】地锦草、地锦、斑地锦。

【主要药性】辛,平。归肝、大肠经。

【功效】清热解毒,凉血止血,利湿退黄。

【应用】

1. 热毒泻痢　本品性平偏凉,有清热解毒止痢,凉血止血之效。常用于治疗痢疾。治湿热、热毒所致的泻痢不止、下痢脓血,泄泻,可单用本品,或与马齿苋、地榆等同用。

2. 血热出血　本品既能凉血止血,又能活血散瘀,具有止血而不留瘀的特点,可用于多种内外出血证。治崩漏下血,可单用本品,或配伍茜草、蒲黄等;治血热之吐血衄血,可配伍生地黄、牡丹皮、赤芍等;治便血、痔血,可配伍地榆、槐花等;治外伤肿痛出血,可用鲜品捣烂外敷。

3. 湿热黄疸　本品能利湿退黄。治湿热黄疸,单用本品,或与茵陈、栀子、黄柏等同用。本品还能利尿通淋,故又可治疗尿血、血淋,常与白茅根、小蓟等配伍。

4. 热毒疮痈　本品有清热解毒之功,可用于热毒疮痈、毒蛇咬伤等证,常用鲜品捣烂外敷患处,或配伍蒲公英、重楼、紫花地丁等。

【用法用量】内服:9~20g;鲜品 30~60g,煎汤。外用:适量。

【现代研究】

1. 化学成分　主要含槲皮素、东莨菪素、没食子酸、棕榈酸、有机醇及鞣质等。

2. 药理作用　有抗病原微生物、抗菌、抗炎、止血、止泻、解痉等作用。

半边莲 bànbiānlián

本品首载于《本草纲目》。为桔梗科植物半边莲 *Lobelia chinensis* Lour. 的干燥全草。全国各地均有分布。夏季采收。以身干、叶绿、根黄、无泥杂者佳。鲜用或生用。

【处方用名】半边莲,半边菊。

【主要药性】辛,平。归心、小肠、肺经。

【功效】清热解毒,利尿消肿。

【应用】

1. 疮痈肿毒,蛇虫咬伤　本品有较好的清热解毒作用,可用于解诸毒。治疗疮肿毒、乳痈肿痛、毒蛇咬伤、蜂蝎蜇伤,内服外用均可,尤以鲜品捣烂外敷疗效更佳,也可与重楼、蒲公英、白花蛇舌草等配伍。

2. 腹胀水肿　本品有利水消肿之功,故可用治水肿、小便不利。治水湿停蓄、大腹水肿,常配伍金钱草、大黄等。

3. 湿热黄疸,湿疮湿疹　本品既可清热解毒,又兼能利水祛湿,对湿热诸症有较好疗效。治湿热黄疸、小便不利,可配伍茵陈、泽泻、栀子等。治皮肤湿疮、湿疹及疥癣,可单味水煎,或配伍蛇床子、苦参、白鲜皮等,局部湿敷或外搽患处。

【用法用量】内服:9~15g,鲜品30~60g,煎汤。外用:适量。

【使用注意】虚证水肿忌用。

【现代研究】

1. 化学成分　含半边莲碱、山梗菜酮碱、芹菜素、木犀草素、香叶木素、5,7-二甲氧基香豆素、皂苷等成分。还含有治疗毒蛇咬伤的有效成分如延胡索酸钠、琥珀酸钠、对羟基苯甲酸钠等。

2. 药理作用　有抗肿瘤、抗氧化、镇痛、抗炎、利尿等作用。

附:

半枝莲　本品为唇形科植物半枝莲 Scutellaria barbata D. Don 的干燥全草。主产于广东、福建、安徽等地。夏、秋二季茎叶茂盛时采挖。生用。性味辛、苦,寒。归肺、肝、肾经。功能清热解毒,化瘀利尿。适用于疔疮肿毒,咽喉肿痛,跌扑伤痛,水肿,黄疸,蛇虫咬伤。煎服,15~30g。

白花蛇舌草　báihuāshéshécǎo

本品首载于《广西中药志》。为茜草科植物白花蛇舌草 Oldenlandia diffusa (Willd.) Roxb. 的干燥全草。主产于长江以南各地。夏、秋二季采收。以叶多、色灰绿、具花果者为佳。生用。

【处方用名】白花蛇舌草、蛇舌草。

【主要药性】微苦、甘,寒。归胃、大肠、小肠经。

【功效】清热解毒,利湿通淋。

【应用】

1. 痈肿疮毒,咽喉肿痛,毒蛇咬伤　本品苦泄性寒,能清热解毒、散结消肿。治痈肿疮毒,可配伍金银花、连翘、野菊花等;治毒蛇咬伤,可单用鲜品捣烂绞汁内服,以药渣外敷,或配伍半边莲、重楼、紫花地丁等;治肠痈腹痛,常配伍大血藤、败酱草、牡丹皮等;治咽喉肿痛,可与黄芩、玄参、板蓝根等药同用。

近年利用本品清热解毒消肿之功,广泛用于各种癌症的治疗。

2. 热淋涩痛　本品有清热利湿通淋之功。治膀胱湿热,小便淋沥涩痛,单用本品,或配伍白茅根、车前草、石韦等。

此外,取本品清热利湿之功,尚可用于湿热黄疸,常配伍栀子、茵陈、黄柏等。

【用法用量】内服:15~60g,煎汤,或入丸散。外用:适量。

【使用注意】阴疽及脾胃虚寒者忌用。

【现代研究】

1. 化学成分　主要含萜类、黄酮类、蒽醌类、甾醇类等,其中萜类主要有三萜类和环烯醚萜类。

2. 药理作用　有抗肿瘤、抗氧化、抗菌、免疫调节和保肝等作用。

山慈菇　shāncígū

本品首载于《本草拾遗》。为兰科植物杜鹃兰 Gremastra appendiculata (D. Don) Makino、独蒜兰 Pleione bulbocodioides (Franch.) Rolfe 或云南独蒜兰 Pleione yunnanensis Rolfe 的干燥假鳞茎。前者

习称"毛慈菇",后二者习称"冰球子"。主产于四川、贵州等地。夏、秋二季采挖。以个大、饱满、断面黄白色、质坚而体重者为佳。生用。

【处方用名】山慈菇、山慈姑、毛慈菇、冰球子。

【主要药性】甘、微辛,凉。归肝、脾经。

【功效】清热解毒,化痰散结。

【应用】

1. 痈疽疔毒,瘰疬痰核,蛇虫咬伤　本品性凉清热,味辛能散,故有清热解毒,消痈散结之效。治痈疽发背、疔疮肿毒、瘰疬痰核、蛇虫咬伤,常配伍雄黄、朱砂、麝香等,内服外用均可。

2. 癥瘕痞块　本品有解毒散结消肿之功,近年来广泛地用于癥瘕痞块和多种肿瘤。治肝硬化,常配伍土鳖虫、穿山甲、蟅蛄等同用;治瘰疬瘿瘤,常配伍重楼、浙贝母、夏枯草等。

此外,本品尚可化痰,可治风痰癫痫等证。

【用法用量】内服:3~9g,煎汤或入丸散。外用:适量。

【使用注意】正虚体弱者慎用。

【现代研究】

1. 化学成分　主要含菲类、二氢菲类、联苄类、苄酯糖苷类,以及少量的黄酮类、生物碱类、萜类和酚酸类成分等。

2. 药理作用　有抗肿瘤、降血压、抗病原微生物、激活酪氨酸酶等作用。

熊胆粉　xióngdǎnfěn

首载于《新修本草》。为脊椎动物熊科棕熊 Ursus arctos Linnaeus、黑熊 Selenarctos thibetanus Cuvier 的干燥胆汁。产于云南者称"云胆",品质最优;产于黑龙江、吉林者称"东胆",产量最大。来自野生熊者,以个大、胆仁多、色金黄、半透明、质松脆者为佳;现多以活熊导管引流胆汁,干燥。研粉用。

【处方用名】熊胆粉、熊胆。

【主要药性】苦,寒。归肝、胆、心经。

【功效】清热解毒,息风止痉,清肝明目。

【应用】

1. 热毒疮痈,痔疮肿痛,咽喉肿痛　本品苦寒,清热解毒之效佳,又能消散痈肿,故常用于热毒蕴结所致之疮疡痈疽、痔疮肿痛、咽喉肿痛等。治热毒疮痈、痔疮肿痛,可单用本品加水调化外用,或配伍麝香、牛黄、芦荟等制软膏外用;治咽喉肿痛,常配伍牛黄、冰片、珍珠等,制丸剂内服或含化。

2. 热极生风,惊痫抽搐　本品苦寒,具有良好的凉心清肝、息风止痉之功,主治肝火炽盛、热极生风所致的高热惊风、癫痫、子痫、手足抽搐。治小儿痰热惊痫,可单用本品和乳汁及竹沥化服;治子痫,可单用本品温开水化服,或配伍羚羊角、钩藤、牛黄等。

3. 目赤翳障　本品主入肝经,有清肝明目退翳之功。治肝热目赤肿痛、羞明流泪及目生障翳,常与石决明、车前子等同用;治新生儿胎热目闭多眵,可用本品少许点眼或与冰片化水点眼。

此外,本品还可用于治疗黄疸,小儿疳积,风虫牙痛等。

【用法用量】内服:0.25~0.5g,入丸、散剂。外用:适量,调涂患处。

【使用注意】脾胃虚寒者忌服。

【现代研究】

1. 化学成分　主要含熊去氧胆酸、鹅去氧胆酸、去氧胆酸、牛黄熊脱氧胆酸等。

2. 药理作用　有利胆、溶解胆结石、解痉、降血糖、抑菌等作用。

<h2 style="text-align:center">千里光　qiānlǐguāng</h2>

本品首载于《本草图经》。为菊科植物千里光 Senecio scandens Buch.-Ham. 的干燥地上部分。主产于江苏、浙江、四川等地。全年均可采收。以叶多、色绿者为佳。生用或鲜用。《中国药典》规定,干燥药材含金丝桃苷($C_{21}H_{20}O_{12}$)不得少于 0.030%。

【处方用名】千里光、千里明。

【主要药性】苦,寒。归肺、肝经。

【功效】清热解毒,明目,利湿。

【应用】

1. 痈肿疮毒　本品苦寒,具有清热解毒、消散痈肿作用。治热毒壅盛之痈肿疮毒,可单用鲜品水煎内服并外洗,再将其捣烂外敷患处,或与金银花、野菊花、蒲公英等同用;治水火烫伤,常配伍白及,水煎浓汁外搽,此法亦可用治褥疮及下肢溃疡。

2. 目赤肿痛　本品苦寒入肝,清肝明目之功甚佳。治疗风热或肝火上炎所致的目赤肿痛,单用本品煎汤熏洗眼部,或与夏枯草、决明子、谷精草等配伍。

3. 湿热证　本品味苦性寒,有清热解毒、利湿之功,可用于治疗湿热诸证。治大肠湿热、腹痛泄泻,或下痢脓血、里急后重,可单用本品,或与黄连、金银花炭等配伍。治湿热虫毒所致之头癣湿疮、阴囊湿痒、鹅掌风等,可煎汁浓缩成膏,涂搽患处。

取其清热解毒之功,可用于风热感冒、发热、咽痛等症,可单用煎服,或与金银花、连翘等配伍。

【用法用量】内服:15~30g,煎汤或入丸散。外用:适量。

【使用注意】脾胃虚寒者慎服。

【现代研究】

1. 化学成分　主要含毛茛黄素、菊黄质、β- 胡萝卜素。亦含生物碱、挥发油、黄酮苷、对羟基苯乙酸等。

2. 药理作用　有抗菌、抗病毒、抗氧化、抗肿瘤作用等。

<h2 style="text-align:center">白蔹　báiliǎn</h2>

本品首载于《神农本草经》。为葡萄科植物白蔹 Ampelopsis japonica (Thunb.) Makino 的干燥块根。主产于华北、华东及中南各地。春、秋二季采挖。以肥大、断面粉红色、粉性足者为佳。生用。

【处方用名】白蔹。

【主要药性】苦,微寒。归心、胃经。

【功效】清热解毒,消痈散结,敛疮生肌。

【应用】

1. 疮痈肿毒,瘰疬痰核　本品清热解毒,兼具消散、收敛之效,疮痈各个阶段皆宜,内服、外用均可。治痈疮初起、红肿硬痛者,可单用为末水调涂敷患处,或配伍金银花、连翘、蒲公英等;治痰火郁结、痰核瘰疬,可与玄参、赤芍、大黄等研末外敷;治疮痈脓成不溃,可配伍苦参、天南星、皂角等制作膏药外贴;治疮疡溃后不敛,可配伍白及、络石藤共研细末,干撒疮口。

2. 水火烫伤,手足皲裂　本品既能清解火热毒邪,又具敛疮生肌止痛之功。治水火烫伤,可单用本品研末外敷,或配伍地榆为末外用;治手足皲裂,常配伍白及、大黄、冰片等。

此外,本品尚具清热凉血、收敛止血之功。治疗血热之咯血、吐血,常配伍生地黄同用;若治扭挫伤痛,可单用捣烂外敷。

【用法用量】内服:5~10g,煎汤或入丸散。外用:适量。

【使用注意】脾胃虚寒者不宜服。不宜与川乌、制川乌、草乌、制草乌、附子同用。

【现代研究】

1. 化学成分　主要含大黄酚、大黄素等蒽醌类,黄酮类,甾醇类,酚酸类及其糖苷,三萜类,木脂素类等。

2. 药理作用　有抗菌、抗肿瘤、抗溃疡、免疫调节等作用。

四季青　sìjìqīng

本品首载于《神农本草经》。为冬青科植物冬青 *Ilex chinensis* Sims 的干燥叶。主产于江苏、浙江、广西等地。秋、冬季采收。以身干、色绿、无枝梗者为佳。生用或鲜用。《中国药典》规定,干燥药材含长梗冬青苷($C_{36}H_{58}O_{10}$)不得少于 1.35%。

【处方用名】四季青、冬青叶。

【主要药性】苦、涩,凉。归肺、大肠、膀胱经。

【功效】清热解毒,消肿敛疮,止血。

【应用】

1. 水火烫伤,疮疡,湿疹　本品苦涩性寒,有清热解毒、消肿、敛疮之功,长于治疗水火烫伤。治水火烫伤、下肢溃疡,单用研粉麻油调敷;治热毒疮疖初起,可用鲜叶捣烂外敷;治皮肤湿疹,可单用干粉撒敷。

2. 肺热咳嗽,咽喉肿痛,热淋,泻痢　本品苦寒,善于清热解毒消肿。治肺热咳嗽、咽痛,可与黄芩、桔梗、薄荷等同用;治湿热小便淋沥涩痛、泄泻痢疾者,可单用本品或与车前子、穿心莲配伍。

3. 出血　本品既能凉血止血,又能收敛止血。治外伤出血,可鲜用捣敷。

【用法用量】内服:15~60g,煎汤。外用:适量,鲜品捣敷或水煎外涂。

【使用注意】脾胃虚寒,肠滑泄泻者慎用。

【现代研究】

1. 化学成分　主要含原儿茶酸、原儿茶醛、缩合型鞣质、黄酮类化合物及挥发油等。

2. 药理作用　有抗菌、消炎、控制烧伤创面感染和渗出等作用。

绿豆　lǜdòu

本品首载于《日华子本草》。为豆科植物绿豆 *Phaseolus radiatus* L. 的干燥种子。全国大部分地区均产。秋后种子成熟时采收。以粒大、饱满、色绿者为佳。生用。

【处方用名】绿豆。

【主要药性】甘,寒。归心、胃经。

【功效】清热解毒,消暑,利水。

【应用】

1. 痈肿疮毒　本品甘寒,具有清热解毒、消痈疗疮之功。治热毒疮痈肿痛,内服单用即效,或配伍大黄为末外敷。若用于预防痘疮及麻疹,常与赤小豆、黑豆、甘草配伍。

2. 药食中毒　本品甘寒,善解药食之毒。对因服用附子、巴豆、砒霜等辛热毒烈之药物中毒,及食物、农药等中毒,可单用,或与黄连、葛根、生甘草配伍。

3. 暑热烦渴　本品甘寒,有清热消暑,除烦止渴,通利小便之功。治暑热烦渴、尿赤等症,常单用本品煮汤冷饮,亦可与西瓜翠衣、荷叶、青蒿等同用。

4. 水肿,小便不利　本品有利水消肿之功。治小便不通、淋沥不畅、水肿等,可与陈皮、茯苓、泽泻等配伍。

【用法用量】内服:15~30g,煎汤或入丸散。外用:适量。

【使用注意】脾胃虚寒,肠滑泄泻者忌用。

【现代研究】

1. 化学成分　主要含蛋白质、脂肪、糖类、胡萝卜素、维生素 A、维生素 B、烟酸和磷脂以及钙、磷、铁等。

2. 药理作用　有抗菌、降血脂、抗肿瘤、解毒等作用。

附:

绿豆衣　本品为豆科植物绿豆的种皮。将绿豆用清水浸泡后取皮晒干即成。性味甘,寒;归心、胃经。功似绿豆,但解暑之力较弱,而清热解毒之功胜于绿豆,又能退目翳,治疗斑痘目翳。煎服,6~12g。

第四节　清热凉血药

本节药物性寒,主入心、肝经。有清解营分、血分热邪的功效。主要用于营分、血分实热证。如外感温热病热入营分,症见舌绛、身热夜甚、心烦不寐、斑疹隐隐、舌红绛、脉细数;热陷心包,则神昏谵语、舌謇肢厥、舌质红绛;热入血分,热盛迫血,心神被扰,症见舌色深绛、吐血衄血、尿血便血、斑疹紫暗、躁扰不安、甚或昏狂等。本节药物亦可用于内伤杂病中的各种血热证。

部分药物尚有养阴、解毒、活血等功效,还可用于热病伤阴口渴、热毒证或瘀血证。

生地黄　shēngdìhuáng

本品首载于《神农本草经》。为玄参科植物地黄 *Rehmannia glutinosa* Libosch. 的干燥块根。主产于河南。秋季采挖。以块大、体重、断面乌黑油润、味甘者佳。生用或制用。《中国药典》规定,干燥药材含梓醇($C_{15}H_{22}O_{10}$)不得少于 0.20%、地黄苷 D($C_{27}H_{42}O_{20}$)不得少于 0.010%。

【处方用名】生地黄、生地、干地黄、怀生地、生地炭。

【主要药性】甘,寒。归心、肝、肾经。

【功效】清热凉血,养阴生津。

【应用】

1. 热入营血,温毒发斑　本品苦寒入营血,善于清热凉血,常用于治疗温热病热入营血,温毒发斑。治热入营分,壮热烦渴、神昏舌绛,常配伍玄参、连翘、丹参等;治热入血分,身热发斑,甚则神昏谵语,常配伍水牛角、赤芍、牡丹皮等;治血热毒盛,发斑发疹、色紫暗,常与大青叶、水牛角等配伍。

2. 血热出血　本品善凉血止血。治血热吐衄,常配伍侧柏叶、荷叶、艾叶等;治血热便血、尿血,常与地榆同用;治血热崩漏或产后下血不止、心神烦乱,可与益母草同用。

3. 热病烦渴,津伤便秘,内热消渴　本品甘寒质润,既能清热,又能养阴生津止渴。治热病伤阴、烦渴多饮,常配伍麦冬、沙参、玉竹等;治津伤肠燥便秘,常与玄参、麦冬配伍;治阴虚内热之消渴证,可与山药、黄芪、葛根等同用。

4. 阴虚发热,骨蒸劳热　本品甘寒,既养肾阴,又降虚火,故善治虚热证。治阴虚内热、潮热骨蒸,可与知母、地骨皮同用;治温病后期,余热未尽,阴津已伤,症见夜热早凉、舌红者,常与青蒿、鳖甲等同用。

【用法用量】内服:10~15g,煎汤。生地黄偏于凉血生津;生地黄炭偏于止血。

【使用注意】脾虚湿滞,腹满便溏者不宜使用。

【现代研究】

1. 化学成分　含梓醇等环烯醚萜及其苷类,毛蕊花糖苷、地黄苷等糖苷类,氨基酸类,β- 谷甾醇,及铁、锌等 20 多种微量元素。

2. 药理作用　有增强免疫功能、止血、抗肿瘤、抗衰老、降血糖、保护胃黏膜等作用。

附:

鲜地黄　本品为玄参科植物地黄的新鲜块根。性味甘、苦,寒;归心、肝、肾经。功效清热生津,凉血,止血。主治热病伤阴,舌绛烦渴,温毒发斑,吐血,衄血,咽喉肿痛。煎服,12~30g。

玄参　xuánshēn

本品首载于《神农本草经》。为玄参科植物玄参 *Scrophularia ningpoensis* Hemsl. 的干燥根。主产于浙江。冬季茎叶枯萎时采挖。以条粗壮、坚实、断面乌黑色者为佳。生用。《中国药典》规定,干燥药材中含哈巴苷($C_{15}H_{24}O_{10}$)和哈巴俄苷($C_{24}H_{30}O_{11}$)的总量不得少于 0.45%。

【处方用名】玄参、黑玄参、元参。

【主要药性】甘、苦、咸,微寒。归肺、胃、肾经。

【功效】清热凉血,滋阴降火,解毒散结。

【应用】

1. 热入营血,温毒发斑　本品苦寒入血分,功善清热凉血,泻火解毒。治温病热入营分,身热夜甚、心烦口渴、舌绛脉数,常与生地黄、丹参、连翘等同用;治温病热陷心包,神昏谵语,可配伍麦冬、竹叶卷心、连翘心等;治温热病,气血两燔,发斑发疹,常与石膏、知母、大青叶等配伍。

2. 热病烦渴,津伤便秘,骨蒸劳嗽　本品甘寒质润,归肺、胃、肾经,功能清热生津、滋阴润燥。治热病伤阴,舌绛烦渴,可与生地黄、天冬、天花粉等配伍;治热病伤阴、津伤便秘,常与生地黄、麦冬同用;治肺肾阴虚、虚火上炎、骨蒸劳嗽,可与百合、生地黄、川贝母等配伍。

3. 目赤,咽痛,白喉,瘰疬,痈肿疮毒　本品甘苦咸寒,既能泻火解毒、滋阴降火,又有软坚散结之功。治肝经热盛,目赤肿痛,可与栀子、大黄、羚羊角等配伍;治热毒咽喉肿痛、白喉,可与黄芩、连翘、板蓝根等配伍;治虚火上炎之咽喉干痛,常与麦冬、甘草、桔梗配伍;治痰火郁结之瘰疬,常与浙贝母、牡蛎、夏枯草等配伍;治痈肿疮毒,可与金银花、连翘、蒲公英等同用;治热毒炽盛之脱疽,可与金银花、当归、甘草同用。

【用法用量】内服:9~15g,煎汤或入丸散。

【使用注意】脾胃虚寒,食少便溏者不宜服用。不宜与藜芦同用。

【现代研究】

1. 化学成分　含哈巴苷、哈巴苷元、浙玄参苷甲、浙玄参苷乙,以及生物碱、植物甾醇、油酸、天冬酰胺、微量挥发油等。

2. 药理作用　有抑菌、抗心肌缺血、抗动脉粥样硬化、抗心肌肥大、抗脑缺血、抗血小板聚集、抗炎、保肝等作用。

牡丹皮　mǔdānpí

本品首载于《神农本草经》。为毛茛科植物牡丹 Paeonia suffruticosa Andr. 的干燥根皮。主产于安徽、河南、山东等地。秋季采挖。以条粗长、皮厚、无木心、断面色白、粉性足、结晶多、香气浓郁者为佳。生用或制用。《中国药典》规定,干燥药材含丹皮酚($C_9H_{10}O_3$)不得少于1.2%。

【处方用名】牡丹皮、丹皮、酒牡丹皮、牡丹皮炭。

【主要药性】苦、辛,微寒。归心、肝、肾经。

【功效】清热凉血,活血化瘀。

【应用】

1. 热入营血,温毒发斑,吐血衄血　本品苦寒,入心肝血分,善清营分、血分实热。治温病热入营血、迫血妄行所致发斑、吐血、衄血,可与水牛角、生地黄、赤芍等配伍;治温毒发斑,可配伍栀子、大黄、黄芩等;治血热吐衄,可配伍大黄、大蓟、茜草等。

2. 温病伤阴,夜热早凉,阴虚发热,无汗骨蒸　本品辛寒,入血分而善于清透阴分伏热,为治无汗骨蒸之要药。治温病后期、邪伏阴分、夜热早凉、热退而无汗,常与知母、生地黄、鳖甲等配伍;治阴虚发热、无汗骨蒸,可与生地黄、麦冬等配伍。

3. 血滞经闭,痛经,跌打伤痛　本品辛行苦泄,有活血祛瘀之功。治血滞经闭、痛经,常配伍桃仁、川芎等;治跌打伤痛,可与红花、乳香、没药等配伍。

4. 痈肿疮毒,肠痈　本品苦寒,清热凉血之中,又善散瘀消痈。治火毒炽盛、痈肿疮毒,可配伍大黄、白芷、甘草等;若治瘀热互结之肠痈初起,常配伍大黄、桃仁、芒硝等。

【用法用量】内服:6~12g,煎汤或入丸散。生用,偏于清热凉血;酒炙,偏于活血祛瘀;炒炭,偏于止血。

【使用注意】血虚有寒、月经过多及孕妇不宜用。

【现代研究】

1. 化学成分　含丹皮酚、丹皮酚苷、芍药苷等单萜及其苷类,三萜、甾醇及其苷类,槲皮素等。

2. 药理作用　主要有抗炎、抗菌、抗血栓形成、抗动脉粥样硬化、抗心肌缺血、抗心律失常、降压、保肝、中枢抑制、调节免疫功能等作用。

赤芍　chìsháo

本品首载于《开宝本草》。为毛茛科植物芍药 *Paeonia lactiflora* Pall. 或川赤芍 *Paeonia veitchii* Lynch 的干燥根。主产于内蒙古、四川、辽宁等地。春、秋二季采挖。以根粗壮、断面粉白色、粉性大者为佳。生用或制用。《中国药典》规定,本品含芍药苷($C_{23}H_{28}O_{11}$)干燥药材不得少于 1.8%;干燥饮片不得少于 1.5%。

【处方用名】赤芍、赤芍药、川赤芍、炒赤芍。

【主要药性】苦,微寒。归肝经。

【功效】清热凉血,散瘀止痛。

【应用】

1. 热入营血,温毒发斑,吐血衄血　本品苦寒,入肝经而走血分,善清泄血分邪热。治温热病热入营血、迫血妄行之吐血衄血、斑疹紫暗,可配伍水牛角、牡丹皮、生地黄等;治血热吐衄,可与生地黄、大黄、白茅根等同用。

2. 目赤肿痛,痈肿疮疡　本品苦寒,专入肝经而善清肝火。治肝经风热目赤肿痛、羞明多眵,常与荆芥、薄荷、黄芩等同用。取其清热凉血、散瘀消肿之功,还可用治热毒壅盛、痈肿疮疡,可与金银花、连翘、乳香等配伍。

3. 肝郁胁痛,经闭痛经,癥瘕腹痛,跌打损伤　本品有良好的活血通经、散瘀止痛之功。治肝郁血滞之胁痛,可配伍柴胡、牡丹皮等;治血滞经闭、痛经、癥瘕腹痛,可与当归、川芎、延胡索等配伍;治跌打损伤、瘀肿疼痛,可与乳香、没药、虎杖等配伍。

【用法用量】内服:6~12g,煎汤或入丸散。生用,偏于清热凉血;炒用,寒性缓和,多用于活血止痛。

【使用注意】血寒经闭不宜用。不宜与藜芦同用。

【现代研究】

1. 化学成分　含芍药苷、芍药内酯苷、没食子酰芍药苷等单萜苷类。

2. 药理作用　有保肝、抗肿瘤、神经保护、心脏保护、抗血栓、抗氧化等作用。

紫草　zǐcǎo

本品首载于《神农本草经》。为紫草科植物新疆紫草 *Arnebia euchroma* (Royle) Johnst. 或内蒙紫草 *Arnebia guttata* Bunge 的干燥根。主产于新疆、辽宁、内蒙古等地。春、秋二季采挖。以条粗大、色紫、皮厚、木心小者为佳。生用。《中国药典》规定,干燥药材含羟基萘醌总色素以左旋紫草素($C_{16}H_{16}O_5$)计,不得少于 0.80%;含 β,β'- 二甲基丙烯酰阿卡宁($C_{21}H_{22}O_6$)不得少于 0.30%。

【处方用名】紫草、紫草根、软紫草、硬紫草。

【主要药性】甘、咸,寒。归心、肝经。

【功效】清热凉血,活血解毒,透疹消斑。

【应用】

1. 血热毒盛,斑疹紫黑,麻疹不透　本品咸寒入血分,既能凉血活血,又善解毒透疹。治温毒发斑、血热毒盛、斑疹紫黑,常配伍赤芍、蝉蜕等;治麻疹不透、疹色紫暗,常与牛蒡子、连翘等配伍;治正气不足,麻疹疹出不畅,常配伍黄芪、升麻、荆芥等。

2. 疮疡,湿疹,水火烫伤　本品有凉血解毒、活血消肿之效,多外用治疗疮疡、湿疹、水火烫伤。治痈肿疮疡,常与金银花、连翘、蒲公英等配伍;治疮疡久溃不敛,常与当归、白芷、血竭等配伍;治湿疹,常与黄连、黄柏等配伍;治水火烫伤,多外用,可单用,或与黄柏、牡丹皮、大黄等配伍。

【用法用量】内服:5~10g,煎汤或入丸散。外用:适量,熬膏或用植物油浸泡涂擦。

【使用注意】脾虚便溏者忌服。

【现代研究】

1. 化学成分　主要含紫草素类等萘醌类成分和多糖类化合物。

2. 药理作用　有抗菌、抗炎、抗病毒、抗肿瘤及免疫调节、保肝、抗氧化等作用。

水牛角　shuǐniújiǎo

本品首载于《名医别录》。为牛科动物水牛 *Bubalus bubalis* Linnaeus 的角。主产于云南、广东、广西等地。生用,或制为浓缩粉用。

【处方用名】水牛角、水牛角粉。

【主要药性】苦,寒。归心、肝经。

【功效】清热凉血,解毒,定惊。

【应用】

1. 温病高热,神昏谵语,惊风,癫狂　本品苦寒,入心肝走血分,能清热凉血、泻火解毒、定惊。治温热病热入营血、高热神昏谵语、惊风抽搐,常与石膏、玄参、羚羊角等配伍;治热病神昏,或中风偏瘫、神志不清,常与牛黄、珍珠母、黄芩等配伍;治血热癫狂,可与石菖蒲、玄参、连翘等配伍。

2. 发斑发疹,吐血衄血　本品苦寒入血,能清热凉血止血。治血热妄行之发斑发疹、吐血衄血,常与生地黄、牡丹皮、赤芍等配伍。

3. 痈肿疮疡,咽喉肿痛　本品有清热解毒之功。治痈肿疮疡、咽喉肿痛,常与黄连、黄芩、连翘等配伍。

【用法用量】内服:15~30g,煎汤,宜先煎 3 小时以上。水牛角浓缩粉冲服,每次 1.5~3g,每日 2 次。

【使用注意】脾胃虚寒者忌用。

【现代研究】

1. 化学成分　主要含胆甾醇、肽类及多种氨基酸、多种微量元素。

2. 药理作用　有镇惊、解热、强心、降血压、增加血小板计数、缩短凝血时间、降低毛细血管通透性、抗炎、兴奋垂体 - 肾上腺皮质系统等作用。

第五节　清虚热药

本节药物药性寒凉,多归肝、肾经,主入阴分,以清虚热、退骨蒸。主要用于肝肾阴虚,虚热内扰所致的骨蒸潮热、手足心热、虚烦不寐、盗汗遗精、舌红少苔、脉细数,以及温热病后期,邪热未尽,伤阴劫液,而致夜热早凉、热退无汗、舌质红绛、脉细数等。部分药物兼有清实热、解暑热、截疟、利水等功效,可用于治疗脏腑实热、湿热、血热、热毒疮肿、暑热、疟疾等。

青蒿　qīnghāo

本品首载于《神农本草经》。为菊科植物黄花蒿 *Artemisia annua* L. 的干燥地上部分。全国大部地区均产。秋季花盛开时采割。以身干、粗茎少、色绿、叶多、气清香者为佳。鲜用或生用。

【处方用名】青蒿、嫩青蒿、香青蒿。

【主要药性】苦、辛,寒。归肝、胆经。

【功效】清虚热,除骨蒸,解暑热,截疟,退黄。

【应用】

1. 温邪伤阴,夜热早凉　本品苦寒清热,辛香透散,长于清透阴分伏热,故可退虚热、除骨蒸。治温病后期,余热未清,邪伏阴分,伤阴劫液,夜热早凉,热退无汗,或热病后低热不退等,常与鳖甲、知母、牡丹皮等配伍。

2. 阴虚发热,骨蒸劳热　本品有退虚热、除骨蒸的作用。治阴虚发热、骨蒸劳热、潮热盗汗、五心烦热、舌红少苔者,常与银柴胡、地骨皮、鳖甲等配伍。

3. 暑热外感,发热口渴　本品苦寒清热,辛香发散,善解暑热。治外感暑热、头昏头痛、发热口渴等,常与连翘、滑石、西瓜翠衣等配伍。

4. 疟疾寒热　本品辛寒芳香,主入肝胆,截疟之功甚强,尤善除疟疾寒热,为治疗疟疾之良药。治各型疟疾,可单用鲜品绞汁内服;治湿热郁遏少阳,三焦气机不畅,寒热如疟,胸膈胀闷,可与黄芩、竹茹、半夏等配伍。

5. 湿热黄疸　本品苦寒入肝胆经,能利胆退黄。治疗湿热黄疸,一身面目俱黄、黄色鲜明、舌苔黄腻,常与茵陈、大黄、栀子等配伍。

【用法用量】内服:6~12g,煎汤,后下;或鲜品绞汁服。

【使用注意】脾胃虚弱,肠滑泄泻者忌服。

【现代研究】

1. 化学成分　主要含青蒿素等倍半萜类、黄酮类、香豆素类、挥发性成分及其他 β- 半乳糖苷酶、β- 葡萄糖苷酶、β- 谷甾醇等。

2. 药理作用　有显著抗疟、抗血吸虫作用,还有抗菌、抗病毒、利胆、解热、镇痛、抗炎等作用。

白薇　báiwēi

本品首载于《神农本草经》。为萝藦科植物白薇 *Cynanchum atratum* Bge. 或蔓生白薇

Cynanchum versicolor Bge. 的干燥根和根茎。全国大部分地区均产。春、秋二季采挖。以根粗长、条均、色棕黄、断面白色、实心者为佳。生用。

【处方用名】白薇、嫩白薇、香白薇。

【主要药性】苦、咸，寒。归胃、肝、肾经。

【功效】清热凉血，利尿通淋，解毒疗疮。

【应用】

1. 阴虚发热，骨蒸劳热，产后血虚发热，温邪伤营发热 本品味咸入血，苦寒清热，既退虚热、又清实热。治阴虚发热、骨蒸潮热，常与生地黄、知母、青蒿等同用；治产后血虚发热、低热不退及昏厥等，可与当归、人参、甘草等配伍。治热病后期、余邪未尽、夜热早凉，或阴虚发热、骨蒸潮热，常与地骨皮、知母、青蒿等同用。

此外，本品又能清实热，故还可用治温邪入营、高热烦渴、神昏舌绛，常配伍生地黄、玄参、牡丹皮等。

2. 热淋，血淋 本品既能清热凉血，又能利尿通淋，故可用于热淋、血淋涩痛，常与木通、滑石、石韦等配伍。

3. 疮痈肿毒，毒蛇咬伤，咽喉肿痛 本品苦咸而寒，有清热凉血、解毒疗疮、消肿散结之效，内服、外敷均可。治热毒炽盛疮痈肿毒、毒蛇咬伤，常与金银花、蒲公英、重楼等同用；治咽喉红肿疼痛，常与金银花、桔梗、山豆根等配伍。

4. 阴虚外感 本品清泄肺热且兼透邪外出，可用治阴虚外感、发热咽干、口渴心烦，常与玉竹、淡豆豉、薄荷配伍。

【用法用量】内服：5~10g，煎汤或入丸散。外用适量。

【使用注意】脾胃虚寒、食少便溏者不宜服用。

【现代研究】

1. 化学成分 主要含 C_{21} 甾体皂苷、挥发油、强心苷以及微量元素等。

2. 药理作用 有强心、减慢心率、抑菌、解热、利尿等作用。

地骨皮　dìgǔpí

本品首载于《神农本草经》。为茄科植物枸杞 *Lycium chinense* Mill. 或宁夏枸杞 *Lycium barbarum* L. 的干燥根皮。全国大部分地区均产。春初或秋后采挖。以身干、块大、皮质厚、整齐、无泥杂、气微香、无木心者为佳。生用。

【处方用名】地骨皮、枸杞根。

【主要药性】甘，寒。归肺、肝、肾经。

【功效】凉血除蒸，清肺降火。

【应用】

1. 阴虚发热，盗汗骨蒸 本品甘寒清润，能清肝肾之虚热，除有汗之骨蒸，为退虚热、疗骨蒸之佳品。治阴虚发热、潮热盗汗等，常与知母、鳖甲、银柴胡等配伍。

2. 肺热咳嗽 本品甘寒，善清泄肺热，除肺中伏火。治肺火郁结、气逆不降、咳嗽气喘、皮肤蒸热等症，常与桑白皮、甘草等同用。

3. 血热出血　本品甘寒入血分,能清热血以止血。用治血热妄行的吐血、衄血、尿血等,单用,或配伍白茅根、侧柏叶等。

此外,本品尚能生津止渴,可治内热消渴,常与生地黄、天花粉、五味子等配伍。

【用法用量】内服:9~15g,煎汤或入丸散。

【使用注意】外感风寒发热及脾虚便溏者不宜用。

【现代研究】

1. 化学成分　主要含地骨皮甲素等生物碱,亚油酸等有机酸及其酯类,肽类等。

2. 药理作用　有解热、降血糖、降血脂等作用。

银柴胡　yíncháihú

本品首载于《本草纲目拾遗》。为石竹科植物银柴胡 *Stellaria dichotoma* L. var. *lanceolata* Bge. 的干燥根。主产于宁夏、甘肃、内蒙古等地。春、夏间植株萌发或秋后茎叶枯萎时采挖;栽培品于种植后第三年采挖。以条长、肥匀、外皮淡黄棕色、断面黄白色者为佳。生用。

【处方用名】银柴胡、银胡。

【主要药性】甘,微寒。归肝、胃经。

【功效】清虚热,除疳热。

【应用】

1. 阴虚发热　本品甘而微寒,善于清虚热,为退虚热、除骨蒸之常用药。治阴虚发热、骨蒸劳热、潮热盗汗,常与地骨皮、青蒿、鳖甲同用。

2. 小儿疳积发热　本品能清虚热,除疳热。治小儿食滞或虫积所致的疳积发热、腹部膨大、口渴消瘦、毛发焦枯等,常与胡黄连、鸡内金、使君子等配伍。

【用法用量】内服:3~10g,煎汤或入丸散。

【使用注意】外感风寒,血虚无热者忌用。

【现代研究】

1. 化学成分　主要含甾醇类、环肽类、生物碱类、酚酸类、挥发类等成分。

2. 药理作用　有抗炎、解热和抗过敏等作用。

胡黄连　húhuánlián

本品首载于《神农本草经》。为玄参科植物胡黄连 *Picrorhiza scrophulariiflora* Pennell 的干燥根茎。主产于云南、西藏。秋季采挖。以条粗匀、断面棕黑色或灰黑色、条中间无髓、味苦者为佳。生用。《中国药典》规定,干燥药材含胡黄连苷 I($C_{24}H_{28}O_{11}$)与胡黄连苷 II($C_{23}H_{28}O_{13}$)的总量不得少于 9.0%。

【处方用名】胡黄连、胡连。

【主要药性】苦,寒。归肝、胃、大肠经。

【功效】退虚热,除疳热,清湿热。

【应用】

1. 骨蒸潮热　本品性寒,入肝经血分,有退虚热、除骨蒸之功。治阴虚发热、劳热骨蒸,常与银柴胡、地骨皮等配伍。

2. 小儿疳热 本品既能清退虚热,又能除小儿疳热。治小儿疳积发热、腹胀体瘦、低热不退等,常与党参、白术、山楂等同用。

3. 湿热泻痢,黄疸尿赤,痔疮肿痛 本品苦寒沉降,能清热燥湿,尤善除胃肠湿热。治湿热泻痢,常与黄芩、黄柏、白头翁等同用;治痔疮肿痛,可单用,或与刺猬皮、麝香等配伍。治湿热黄疸、尿赤,可与茵陈、栀子、大黄等配伍。

【用法用量】内服:3~10g,煎汤或入丸散。

【使用注意】脾胃虚寒者慎用。

【现代研究】

1. 化学成分 主要含有胡黄连苷Ⅰ、Ⅱ、Ⅲ等环烯醚萜苷及少量生物碱,酚酸及其糖苷,少量甾醇等。

2. 药理作用 有利胆、护肝、抑菌等作用。

思考题

1. 何谓清热药?简述清热药的分类、功效、主治。如何正确使用清热药?

2. 如何正确使用石膏、知母、栀子、夏枯草、黄芩、黄连、黄柏、金银花、连翘、板蓝根、蒲公英、鱼腥草、射干、白头翁、生地黄、玄参、牡丹皮、赤芍、青蒿、地骨皮?

3. 简述石膏与知母,黄芩、黄连与黄柏,金银花与连翘,大青叶、板蓝根与青黛,鲜地黄与生地黄,牡丹皮与赤芍,牡丹皮与地骨皮在功效、应用方面的异同点。

ER 各论第二章 同步练习

(张金莲 郭宏伟 冯 静)

第三章 泻下药

【学习目标】

1. 掌握泻下药的含义、性能主治、应用要点;熟悉泻下药的分类及每节药物的性能特点。

2. 掌握大黄、芒硝的药性、功效、主治、性能特点、经典配伍以及用法用量、使用注意。熟悉番泻叶、芦荟、火麻仁、郁李仁、甘遂、巴豆的功效、主治、某些特殊用法及使用注意。了解其余泻下药的功效、特殊用法及使用注意。

【含义】以泻下通便为主要功效,主治里实积滞证的药物,称泻下药。根据其作用强弱及主治病证的不同,泻下药分为攻下药、润下药和峻下逐水药三类。

【性能主治】本类药物多味苦性沉降,主归大肠经,均能引起腹泻,或滑利大肠以促使排便,能使胃肠宿食积滞、燥屎,体内积水、停饮及其他有害物质等从大便排出。泻下属于中医治法的下法,故均具有泻下通便之功,主治里实积滞证。其中性寒力猛,具有较强的泄热通便作用,适用于实热积滞、大便秘结者,称为攻下药;药性滋润平和,润肠通便,适用于肠燥便秘者,称为润下药;药性有毒力峻,通便逐水为主,适用于水饮内停所致水肿、大腹胀满、胸胁停饮等病症者,称为峻下逐水药。此外,有些泻下药兼有清热泻火、凉血、解毒、消肿散结、活血、利水、祛痰、杀虫、蚀疮等功效,可用于治疗脏腑实热、血热、热毒疮肿、血瘀、小便不利、痰浊阻肺、虫积腹痛以及恶疮、赘疣等。

【应用要点】

1. 对证用药　泻下药主要适用于里实积滞,大便秘结之证,使用时应针对热结便秘、肠燥便秘及水肿、停饮的不同,分别选择攻下药、润下药和峻下逐水药;在此基础上,还应注意药物性能特点与里实积滞个体表现的对应性。

2. 配伍用药　为增强疗效,泻下药常相须配伍使用。因积滞内停,容易壅塞气机,故泻下药临床常配伍行气药同用,以消除气滞胀满之证,增强泻下通便之功。同时还应根据里实证的兼证及患者体质进行适当配伍。里实兼有表邪者,当先解表后攻里,或配伍解表药同用,表里双解,以免表邪内陷;里实兼正气虚者,应与补虚药同用,攻补兼施,以免损伤正气;若属热结便秘,应配伍清热药;若属寒积便秘,应配伍温里药。

3. 注意事项　使用作用较强的泻下药时,应注意奏效即止,切勿过量,以免损伤正气;年老体虚、脾胃虚弱者当慎用;妇女胎前产后及月经期当忌用。对作用峻猛并有毒性的泻下药,要严格炮制,控制用量,注意用法及禁忌证,避免中毒现象发生,确保用药安全。

第一节 攻下药

本节药物性味多为苦寒,主入胃与大肠经,功效泻下通便,具有较强的泻下作用,主治实热积滞、大便秘结。其中部分药物清热泻火力强,能导热下行,起到"釜底抽薪"作用,可用于治疗热病高热神昏,谵语发狂;火邪上炎所致的头痛、目赤、咽喉肿痛、牙龈肿痛;火热炽盛,迫血妄行的吐血、衄血、咯血等上部出血证;本类药物泻下祛邪作用,还可用于治疗痢疾初起、饮食积滞等病症。此外,有些药物兼有清热解毒、利水、杀虫等功效,可用于治疗热毒证、小便不利、寄生虫病等。

大黄 dàhuáng

本品首载于《神农本草经》。为蓼科植物掌叶大黄 *Rheum palmatum* L.、唐古特大黄 *Rheum tanguticum* Maxim. ex Balf. 或药用大黄 *Rheum officinale* Baill. 的干燥根和根茎。掌叶大黄和唐古特大黄药材称北大黄,主产于青海、甘肃等地。药用大黄药材称南大黄,主产于四川。秋末茎叶枯萎或次春发芽前采挖。以个大、外表黄棕色、体重、质坚实、气清香、有油性、味苦而微涩者为佳。生用或制用。《中国药典》规定,干燥药材含游离蒽醌以芦荟大黄素($C_{15}H_{10}O_5$)、大黄酸($C_{15}H_8O_6$)、大黄素($C_{15}H_{10}O_5$)、大黄酚($C_{15}H_{10}O_4$)和大黄素甲醚($C_{16}H_{12}O_5$)的总量计,不得少于 0.20%,生大黄含游离蒽醌不得少于 0.35%,酒大黄、熟大黄含游离蒽醌不得少于 0.50%,大黄炭含游离蒽醌不得少于 0.50%、总蒽醌不得少于 0.90%。

【处方用名】大黄、生大黄、酒大黄、熟大黄、大黄炭、西大黄、川大黄。

【主要药性】苦,寒。归脾、胃、大肠、肝、心包经。

【功效】泻下攻积,清热泻火,凉血解毒,逐瘀通经,利湿退黄。

1. **积滞便秘** 本品苦寒,苦泄寒清,具有较强的泻下通便、荡涤肠胃、推陈致新作用,为治积滞便秘之要药,尤以实热积滞便秘最为适宜。治热结便秘、大便干结、排便困难,可单用本品泡服,或与芒硝相须为用;治热病便秘、腹痛拒按、高热不退、神昏谵语,可与芒硝、枳实、厚朴配伍;治热结便秘兼有津亏者,可与地黄、玄参、麦冬等配伍;治热结便秘兼有气血亏虚者,可与芒硝、人参、当归等配伍;治脾阳不足、冷积便秘,则须与附子、干姜等配伍。

2. **火热上攻,内外疮痈** 本品苦寒清热泻火、解毒,又泻下通便,能使上炎之火、体内热毒得以下泄。治疗目赤肿痛、咽喉肿痛、口舌生疮及牙龈肿痛等上部火热证,可单用或与黄芩、栀子等同用。治热毒疮疡、红肿热痛,可与金银花、蒲公英、连翘等同用;治肠痈腹痛,常与牡丹皮、桃仁、芒硝等同用。

3. **血热出血** 本品能泻血分实热,有凉血止血之功。治血热妄行之吐血、衄血、咯血等上部出血证,可单用研末服或与黄芩、黄连等配伍。

4. **瘀血证** 本品有较好的活血逐瘀、通经之功,既可下瘀血,又能清血热,为治疗瘀血证的常用药。治妇女瘀血经闭、痛经,可与桂枝、桃仁等同用;治妇女产后恶露不尽、瘀滞腹痛,可配伍桃仁、土鳖虫等;治疗跌打损伤、瘀血肿痛,可与当归、红花、穿山甲等同用。

5. 湿热痢疾、黄疸、淋证　本品有泻下通便,导湿热外出之功。治湿热痢疾,可与黄连、木香、白芍等同用;治湿热黄疸,多配伍茵陈、栀子等;治湿热淋证,可与车前子、木通、滑石等配伍。

6. 水火烫伤　本品清热泻火、凉血解毒,外用治疗烧伤烫伤,可单用为粉,或配伍地榆粉,用麻油调敷患处。

此外,大黄通腑降浊,可"破痰实"。治疗痰火所致喘咳痰稠、大便秘结,常与礞石、黄芩、沉香配伍。

【用法用量】内服:3~15g,煎汤,用于泻下时不宜久煎,或入丸散。外用:适量。生大黄泻下力强,用于积滞便秘;酒大黄善清上焦火热;熟大黄泻下力减弱,活血作用较好,用于瘀血证;大黄炭多用于出血证。

【使用注意】脾胃虚弱者慎用。妇女孕期、月经期、哺乳期忌用。

【现代研究】

1. 化学成分　主要含蒽醌衍生物,包括蒽醌苷和双蒽醌苷。双蒽醌苷中有番泻苷 A、B、C、D、E、F;游离型的苷元有大黄酸、大黄酚、大黄素、芦荟大黄素、大黄素甲醚等。又含大黄鞣质及其相关物质没食子酸、儿茶素等。

2. 药理作用　能增加肠蠕动,抑制肠内水分吸收,促进排便;有抗感染、抗急性胰腺炎、抗病原微生物、抗肾衰、抗纤维化、抗肿瘤等作用;还能抗炎、保肝、利胆、健胃、止血、降血压、降低血清胆固醇等;此外,对流感病毒也有抑制作用。

芒硝　mángxiāo

本品首载于《名医别录》。为含硫酸钠的天然矿物经加工精制而成的结晶体。主含含水硫酸钠($Na_2SO_4 \cdot 10H_2O$)。主产于河北、河南、山东等地。全年均可采集提炼。将天然产品用热水溶解、过滤,冷却后析出的结晶,称朴硝或皮硝。朴硝与萝卜片加水共煮,取上层液,冷却,析出的结晶,即芒硝,以无色、透明、呈结晶状、无杂质者为佳。芒硝经风化失去结晶水而成的白色粉末,即玄明粉(元明粉)。生用。《中国药典》规定,本品含硫酸钠(Na_2SO_4)不得少于 99.0%。

【处方用名】芒硝、玄明粉、元明粉。

【主要药性】咸、苦,寒。归胃、大肠经。

【功效】泻下通便,润燥软坚,清火消肿。

【应用】

1. 大便燥结　本品味咸软坚,味苦降泄,有泻下通便、润燥软坚之功,为治大便燥结之要药。性寒清热,治实热积滞、大便燥结最宜。治胃肠实热积滞、腹满胀痛、大便燥结,常与大黄相须为用。治大便燥结久不通、身体兼羸弱者,可单用本品以鲜莱菔煎浓汤冲服;虚弱甚者,再配人参另煎兑服。治肠痈初起,右少腹疼痛拒按,可与大黄、牡丹皮、冬瓜子等同用,也可与大黄、大蒜同用,捣烂外敷。

2. 疮痈肿痛,目赤、咽痛、口疮　本品外用有清热泻火,消肿软坚之功。治乳痈初起,可用本品化水或用纱布包裹外敷;治疗痔疮肿痛,可单用外洗。治目赤肿痛,可用玄明粉配制成眼药水,外用滴眼。治疗咽喉肿痛、口舌生疮,常以玄明粉配硼砂、朱砂、冰片等研末外用,或以芒硝置西瓜中制取的西瓜霜外用。

【用法用量】内服:芒硝 6~12g,玄明粉 6~12g,冲入药汁内或开水溶化后服。外用:适量。

【使用注意】孕妇及哺乳期妇女忌用或慎用。不宜与硫黄、三棱同用。

【现代研究】

1. 化学成分　主要含硫酸钠,尚含少量氯化钠、硫酸镁、硫酸钙等无机盐。

2. 药理作用　有促进肠蠕动而致泻作用。此外,尚有抗炎、利尿及组织脱水作用。

番泻叶　fānxièyè

本品首载于《饮片新参》。为豆科植物狭叶番泻 *Cassia angustifolia* Vahl 或尖叶番泻 *Cassia acutifolia* Delile 的干燥小叶。前者主产于印度、埃及和苏丹,后者主产于埃及。我国广东、广西及云南亦有栽培。9 月采收。以叶片大、完整、色绿、梗少、无泥沙者为佳。生用。《中国药典》规定,干燥药材含番泻苷 A($C_{42}H_{38}O_{20}$)和番泻苷 B($C_{42}H_{38}O_{20}$)的总量,不得少于 1.1%。

【处方用名】番泻叶、泻叶。

【主要药性】甘、苦,寒。归大肠经。

【功效】泄热行滞,通便,行水。

【应用】

1. 热结便秘　本品苦寒,主入大肠,长于泄热通便、消积导滞,主治热结便秘,可单味开水泡服,或与枳实、厚朴同用。亦可用于习惯性便秘及老年便秘。

2. 水肿胀满　本品能泻下行水消胀,治疗水肿胀满,常与牵牛子、大腹皮等同用。

【用法用量】内服:2~6g,煎汤,后下。或开水泡服,1.5~3g。小剂量可起缓泻作用,大剂量则可攻下。

【使用注意】妇女孕期、月经期、哺乳期忌用。剂量过大可致恶心、呕吐、腹痛等不良反应。

【现代研究】

1. 化学成分　主要含番泻苷、大黄酸葡萄糖苷、芦荟大黄素葡萄糖苷、芦荟大黄素、大黄酸、山柰酚、植物甾醇及其苷等。

2. 药理作用　有促进大肠推进性运动而致泻作用。对大肠埃希菌、痢疾杆菌等多种细菌及皮肤真菌有抑制作用。

芦荟　lúhuì

本品首载于《药性论》。为百合科植物库拉索芦荟 *Aloe barbadensis* Miller、好望角芦荟 *Aloe ferox* Miller 或其他同属近缘植物的汁液经浓缩的干燥物。前者主产于非洲北部及南美洲的西印度群岛,我国云南、广东、广西等地有栽培,药材称老芦荟,质量较好。后者主产于非洲南部地区,药材称新芦荟。全年可采,割开植物的叶片,收集流出的汁液,置锅内熬成稠膏,倾入容器,冷却凝固后即得。以色墨绿、质脆、有光泽、气味浓者为佳。生用。《中国药典》规定,干燥药材芦荟苷($C_{21}H_{22}O_9$)的含量,库拉索芦荟不得少于 16.0%,好望角芦荟不得少于 6.0%。

【处方用名】芦荟、老芦荟。

【主要药性】苦,寒。归肝、胃、大肠经。

【功效】泻下通便,清肝泻火,杀虫疗疳。

【应用】

1. 热结便秘 本品苦寒,既能泻下通便,又善清肝火、除烦热,故以治疗热结便秘,兼见心、肝火旺,烦躁失眠者尤为适宜,常与朱砂同用。

2. 惊痫抽搐 本品有较好的清泻肝火作用,适用于肝经火盛之便秘溲赤、头晕头痛、烦躁易怒、惊痫抽搐等证,常与龙胆、栀子、青黛等同用。

3. 小儿疳积 本品有驱杀蛔虫,清热疗疳之功。治虫积腹痛、面色萎黄、形瘦体弱之小儿疳积证,可与使君子等份为末,米汤调服;或配伍人参、白术等。

此外,取其杀虫之功,外用可治癣疮。近年多做美容护肤品使用,治疗痤疮、皮肤粗糙及黄褐斑等。

【用法用量】内服:每次 2~5g,入丸服。外用:适量,研末敷患处。

【使用注意】脾胃虚弱,食少便溏及孕妇忌用。

【现代研究】

1. 化学成分 主要含芦荟大黄素苷、对香豆酸、多种氨基酸、少量 α-葡萄糖等。

2. 药理作用 具有刺激性泻下作用,有抑菌、抗炎、抗氧化、延缓衰老、保肝、抗肿瘤、抗辐射、促进伤口愈合等作用;水浸剂对多种皮肤真菌和人型结核杆菌有抑制作用。

第二节 润下药

本节药物多为植物种子或种仁,富含油脂,味甘质润,药性平和,主入脾、大肠经,能润滑大肠,使大便软化易于排出,具有缓泻作用,个别药物兼能滋养补虚。适用于年老津枯、产后血虚、热病伤津及失血等所致的肠燥便秘。有些药物兼有利水、润肺功效,可用于治疗水肿、小便不利、肺燥咳嗽。

火麻仁 huǒmárén

本品首载于《神农本草经》。为桑科植物大麻 *Cannabis sativa* L. 的干燥成熟果实。全国各地均有栽培。主产于山东、河北、黑龙江等地。秋季果实成熟时采收。以粒大、种仁饱满者为佳。生用或炒用。

【处方用名】火麻仁、麻子仁、麻仁、炒火麻仁。

【主要药性】甘,平。归脾、胃、大肠经。

【功效】润肠通便。

【应用】

血虚津亏,肠燥便秘 本品甘平,质润多脂,能润肠通便,且兼能滋养补虚,故适用于老人、产妇及病后体虚,津血不足之肠燥便秘。可单味打碎煮粥服用,或与郁李仁、瓜蒌仁、苦杏仁等同用,或与大黄、厚朴等配伍,以加强降泄通便之力。

【用法用量】内服:10~15g,煎汤。打碎入煎剂。

【现代研究】

1. 化学成分　主要含脂肪油。

2. 药理作用　有润滑肠道作用,尚有降脂、抗动脉粥样硬化、抗氧化、延缓衰老、增强免疫、抗炎、镇痛等作用。

郁李仁　yùlǐrén

本品首载于《神农本草经》。为蔷薇科植物欧李 *Prunus humilis* Bge.、郁李 *Prunus japonica* Thunb. 或长柄扁桃 *Prunus pedunculata* Maxim. 的干燥成熟种子。前二种习称"小李仁",后一种习称"大李仁"。主产于内蒙古、河北、辽宁等地。夏、秋二季采收。以颗粒饱满、淡黄白色、整齐不碎、不出油、无核壳者为佳。生用或制用。《中国药典》规定,干燥药材苦杏仁苷($C_{20}H_{27}NO_{11}$)的含量,不得少于 2.0%。

【处方用名】郁李仁、生郁李仁、炒郁李仁、蜜郁李仁。

【主要药性】辛、苦、甘,平。归脾、大肠、小肠经。

【功效】润肠通便、下气利水。

【应用】

1. 津枯肠燥,食积气滞,腹胀便秘　本品质润多脂,润肠作用较火麻仁强,又能下气导滞。故多用于大肠气滞、肠燥便秘之证,常与柏子仁、苦杏仁、桃仁等同用。

2. 水肿,小便不利,脚气肿痛　本品能利水消肿,治疗水肿胀满、小便不利,多与桑白皮、赤小豆等同用;治疗脚气肿痛,可与木瓜、蚕沙等配伍。

【用法用量】内服:6~10g,煎汤,打碎入煎剂,或入丸散。

【使用注意】孕妇慎用。

【现代研究】

1. 化学成分　主要含苦杏仁苷、郁李仁苷、香草酸、熊果酸,尚含脂肪油、皂苷、纤维素等。

2. 药理作用　能促进肠蠕动,具有润滑性缓泻作用;并有抗炎、镇痛等作用。

松子仁　sōngzǐrén

本品首载于《开宝本草》。为松科乔木红松 *Pinus koraiensis* Sieb. et Zucc 等的种仁。主产于东北。果实成熟后采收。以颗粒饱满、完整、浅黄白色、不泛油者为佳。生用。

【处方用名】松子仁、松仁。

【主要药性】甘,温。归肺、肝、大肠经。

【功效】润肠通便,润肺止咳。

【应用】

1. 肠燥便秘　本品味甘气香,质地滋润,入大肠经,能润肠通便,适用于津枯肠燥便秘之证,可与火麻仁、柏子仁等同用。

2. 肺燥干咳　本品味甘质润,温而不燥,入肺经,有润肺止咳之功,适用于肺燥咳嗽,干咳少痰或无痰。可单用,或与胡桃仁同用。

【用法用量】内服:5~10g,煎汤,或入膏、丸。

【使用注意】脾虚便溏,湿痰者不宜使用。

【现代研究】

1. 化学成分　含脂肪油,主要为油酸脂和亚油酸脂。此外,尚含掌叶防己碱、蛋白质、挥发油等。

2. 药理作用　能调节人体免疫功能,有促进性腺分泌、促进人体生长发育、抗衰老等作用。

第三节　峻下逐水药

本节药物大多苦寒有毒,药力峻猛,服药后能引起剧烈腹泻,适用于全身水肿,大腹胀满,胸胁停饮而正气未衰者。部分药物兼能利尿,从而使体内潴留的水液通过大、小便排出体外。

本类药物药性峻猛有毒,易伤正气,临床应用当"中病即止",不可久服。使用时常配伍补虚药以保护正气。本类药的炮制、剂量、用法及禁忌等要严格掌握,以确保用药安全。体虚者慎用,孕妇忌用。

甘遂　gānsuí

本品首载于《神农本草经》。为大戟科植物甘遂 *Euphorbia kansui* T. N. Liou ex T. P. Wang 的干燥块根。春季开花前或秋末茎叶枯萎后采挖。以肥大、色白、连珠形、粉性足者为佳。生用或制用。《中国药典》规定,干燥药材大戟二烯醇($C_{30}H_{50}O$)的含量不得少于 0.12%。

【处方用名】甘遂、生甘遂、醋甘遂、制甘遂、煨甘遂、煮甘遂。

【主要药性】苦,寒;有毒。归肺、肾、大肠经。

【功效】泻水逐饮,消肿散结。

【应用】

1. 水肿胀满,胸腹积水,痰饮积聚　本品苦寒泄降,泻下之力峻猛,服药后可致连续泻下,使体内潴留水饮排出体外,凡水肿、大腹臌胀、胸胁停饮而正气未衰者,均可用之。可单用,或与牵牛子同用,或与大戟、芫花等配伍。

2. 风痰癫痫　本品能荡涤痰涎,可用于痰热上扰,蒙蔽清窍之癫痫发狂。治风痰癫痫,可以甘遂为末,入猪心煨后,与朱砂共研细末,为丸服用。

3. 疮痈肿毒　本品外用能消肿散结,治疗疮痈肿毒,多单味研末后,水调外敷。

【用法用量】内服:0.5~1.5g,入丸、散服。内服醋制用,以降低毒性。外用:适量,生用。

【使用注意】孕妇忌用。不宜与甘草同用。

【现代研究】

1. 化学成分　含四环三萜类化合物 α- 和 γ- 大戟醇、甘遂醇、大戟二烯醇,尚含棕榈酸、柠檬酸、鞣质、树脂等。

2. 药理作用　能刺激肠管,增加肠蠕动,造成峻泻。尚有利尿、镇痛、抗炎、抗病毒、抗生育、抗肿瘤等作用。

京大戟　jīngdàjǐ

本品首载于《神农本草经》。为大戟科植物大戟 *Euphorbia pekinensis* Rupr. 的干燥根。主产于江苏、四川、广西等地。秋、冬二季采挖。以根条均匀、肥嫩、质软无须者为佳。生用或制用。《中国药典》规定,干燥药材大戟二烯醇($C_{30}H_{50}O$)的含量不得少于0.60%。

【处方用名】京大戟、大戟、醋大戟。

【主要药性】苦,寒;有毒。归肺、脾、肾经。

【功效】泻水逐饮,消肿散结。

【应用】

1. 水肿胀满,胸腹积水,痰饮积聚　本品苦寒有毒,泻水逐饮作用类似甘遂而稍逊。治疗水肿停饮、正气未衰者,可与大枣同煮,去大戟,食枣;或与甘遂、芫花同用,增强泻下逐水之功。

2. 痈肿疮毒,瘰疬痰核　本品消肿散结,适用于热毒壅滞之痈肿疮毒,痰火凝结之瘰疬痰核,内服外用均可。以外用为主,可用鲜品捣烂外敷。

【用法用量】内服:1.5~3g,煎汤;入丸散服,每次1g。内服醋制,以降低毒性。外用:适量,生用。

【使用注意】孕妇忌用。不宜与甘草同用。

【现代研究】

1. 化学成分　主含大戟苷及大戟酸、三萜醇、有机酸、生物碱、鞣质、树脂等。

2. 药理作用　能刺激肠管而导泻,并有利尿、镇痛、镇静、抗肿瘤等作用。

附:

红大戟　本品为茜草科植物红大戟 *knoxia valerianoides* Thorel et Pitard 的根。又名红芽大戟、广大戟。性味苦、寒,有小毒;归肺、脾、肾经。功用与京大戟略同。但京大戟泻下逐水力强,红大戟消肿散结力胜。用法用量及使用注意同京大戟。

芫花　yuánhuā

本品首载于《神农本草经》。为瑞香科植物芫花 *Daphne genkwa* Sieb. et Zucc. 的干燥花蕾。主产于安徽、江苏、浙江等地。春季花未开放前采摘。以花蕾多而整齐、淡紫色、无杂质者为佳。生用或制用。《中国药典》规定,干燥药材芫花素($C_{16}H_{12}O_5$)的含量不得少于0.20%。

【处方用名】芫花、醋芫花、陈芫花。

【主要药性】苦、辛,温;有毒。归肺、脾、肾经。

【功效】泻水逐饮;外用杀虫疗疮。

【应用】

1. 水肿胀满,胸腹积水,痰饮积聚,气逆咳喘　本品泻水逐饮作用与甘遂、京大戟相似而力稍逊,尤以泻胸胁水饮见长,适用于胸胁停饮所致的喘咳,胸胁引痛及水肿胀满等证,常与甘遂、京大戟等同用。

2. 疥癣秃疮,痈肿,冻疮　本品外用能杀虫疗疮,治疗上述病症,可单用研末,或配雄黄用猪脂调膏,外敷患处。

【用法用量】内服:1.5~3g,煎汤;入丸散服,每次0.6~0.9g。内服醋制,以降低毒性。外用:适量。

【使用注意】孕妇忌用。不宜与甘草同用。

【现代研究】

1. 化学成分　含芫花素,芫花苷,芹菜素,木犀草素,芫花酯甲、乙、丙、丁、戊,尚含挥发油、脂肪酸等。

2. 药理作用　能刺激肠黏膜引起剧烈的水泻和腹痛;对肺炎杆菌、溶血性链球菌及多种皮肤真菌有抑制作用;此外,还有利尿、镇静、镇咳、祛痰等作用。

附:

狼毒　本品为大戟科植物狼毒大戟 *Euphorbia fischeriana* Steud. 或月腺大戟 *Euphorbia ebracteolata* Hayata 的干燥根。主产于辽宁、内蒙古、河北等地。春、秋采挖。生用或醋制用。性味辛,平;有毒。归肝、脾经。功能逐水祛痰,破积杀虫。适用于水肿腹胀,痰食虫积,心腹疼痛,癥瘕积聚,结核,疥癣等。多入丸散剂,外用适量。本品有毒,内服宜慎。体弱及孕妇忌用。不宜与密陀僧同用。

商陆　shānglù

本品首载于《神农本草经》。为商陆科植物商陆 *Phytolacca acinosa* Roxb. 或垂序商陆 *Phytolacca americana* L. 的干燥根。主产于河南、安徽、湖北等地。秋季至次春采挖。以块片大、色白者为佳。生用或制用。《中国药典》规定,干燥药材含商陆皂苷甲($C_{42}H_{66}O_{16}$)不得少于0.15%,干燥饮片含商陆皂苷甲($C_{42}H_{66}O_{16}$)不得少于0.20%。

【处方用名】商陆、醋商陆。

【主要药性】苦,寒;有毒。归肺、脾、肾、大肠经。

【功效】逐水消肿,通利二便;外用解毒散结。

【应用】

1. 水肿胀满,二便不利　本品苦寒性降,能通利二便而排泄水湿,消除肿满。适宜于水肿臌胀,大便秘结,小便不利的水湿肿满实证。单用即有效,或与鲤鱼、赤小豆煮食,或与泽泻、茯苓皮等同用。亦可将本品捣烂,入麝香少许,贴于脐上,以消退水肿。

2. 疮痈肿毒　本品外用有消肿散结之功。治疮痈肿毒初起,可用鲜商陆根,酌加食盐,捣烂外敷。

【用法用量】内服:3~9g,煎汤或入丸散。醋制以降低毒性。外用:适量。

【使用注意】孕妇忌用。

【现代研究】

1. 化学成分　含商陆碱、三萜皂苷、加利果酸、甾族化合物、生物碱和大量硝酸钾。

2. 药理作用　有泻下、利尿及祛痰、镇咳作用,对痢疾杆菌、流感杆菌、肺炎双球菌及部分皮肤真菌有不同程度的抑制作用。

牵牛子　qiānniúzǐ

本品首载于《名医别录》。为旋花科植物裂叶牵牛 *Pharbitis nil* (L.) Choisy 或圆叶牵牛

Pharbitis purpurea(L.) Voigt 的干燥成熟种子。全国大部分地区均产。秋末果实成熟、果壳未开裂时采收。以颗粒饱满、无果皮等杂质者为佳。生用或制用。

【处方用名】牵牛子、炒牵牛子、二丑、黑丑、白丑、黑白丑。

【主要药性】苦,寒;有毒。归肺、肾、大肠经。

【功效】泻水通便,消痰涤饮,杀虫攻积。

【应用】

1. 水肿胀满,二便不通　本品苦寒降泄,能通利二便以排泄水湿,其逐水之力虽不及甘遂、京大戟,但仍属峻下逐水之品,故以水湿停滞而正气未衰者为宜。治水肿胀满,二便不利,可单味研末服用,或与甘遂、京大戟等同用。

2. 痰饮积聚,气逆喘咳　本品苦寒,归肺经,能泻肺气、逐痰饮,治疗肺气壅滞、痰饮喘咳、面目浮肿,可与葶苈子、苦杏仁、陈皮等同用。

3. 虫积腹痛　本品既能杀虫攻积,又可借其泻下通便作用排除虫体。治疗蛔虫、绦虫及虫积腹痛者,可与槟榔、使君子等同用。

【用法用量】内服:3~6g,煎汤。入丸散服,每次 1.5~3g。

【使用注意】孕妇忌用。不宜与巴豆、巴豆霜同用。

【现代研究】

1. 化学成分　含牵牛子苷、牵牛子酸、没食子酸、麦角碱、裸麦角碱、脂肪油及其他糖类。

2. 药理作用　能刺激肠道,增进肠蠕动,从而导致强烈的泻下作用;此外,还有利尿、抗菌、驱杀蛔虫和绦虫、兴奋子宫等作用。

巴豆　bādòu

本品首载于《神农本草经》。为大戟科植物巴豆 *Croton tiglium* L.的干燥成熟果实。主产于四川、广西、云南等地。秋季果实成熟时采收。以个大、饱满、种仁色黄白者为佳。取仁生用或制霜用。《中国药典》规定,干燥药材及其炮制品巴豆霜中巴豆苷($C_{10}H_{13}N_5O_5$)的含量不得少于 0.80%。

【处方用名】巴豆、巴豆霜、焦巴豆。

【主要药性】辛,热;有大毒。归胃、大肠经。

【功效】峻下冷积,逐水退肿,豁痰利咽;外用蚀疮。

【应用】

1. 寒积便秘　本品辛热,能荡涤肠胃之沉寒痼冷,宿食积滞;开通闭塞,有"斩关夺门"之功。治寒邪食积,阻结肠道,大便不通,腹满胀痛,病起急骤,气血未衰者。可单用巴豆霜装入胶囊服用,或配伍大黄、干姜制丸服用。

2. 小儿乳食停积　本品制霜后微量使用,峻药轻投,能消积、调中、祛痰,可用于小儿乳食停积,痰壅惊痫,常与胆南星、朱砂、神曲等同用。

3. 腹水臌胀,二便不通　本品有强烈的泻下逐水退肿作用。治疗腹水臌胀,可配苦杏仁为丸服用。近代用本品配绛矾、神曲为丸,即含巴绛矾丸,用治晚期血吸虫病肝硬化腹水有效。

4. 喉痹痰阻,寒实结胸　本品能祛痰涎、利咽喉以使呼吸通畅。适用于喉痹痰涎壅塞气道,呼吸困难,甚则窒息欲死者,可将巴豆霜吹入喉部,引起呕吐,排出痰涎。近代用此法治疗白喉及喉炎引起的喉梗阻,能有效缓解梗阻症状。治疗痰涎壅塞、胸膈窒闷、肢冷汗出之寒实结胸者,常与贝母、桔梗同用。

5. 痈肿脓成未溃、疥癣恶疮　本品外用有蚀腐肉、疗疮毒作用。治痈肿脓成未溃者,常与乳香、没药、木鳖子等熬膏外敷,以蚀腐皮肤,促进破溃排脓;治疥癣,可用巴豆仁捣泥加雄黄适量,捣匀外搽;治恶疮,单用本品炸油,以油调雄黄、轻粉末,外涂疮面。

【用法用量】内服:0.1~0.3g,入丸散服。内服多制成巴豆霜用,以减低毒性。外用:适量。

【使用注意】孕妇忌用。不宜与牵牛子同用。外用巴豆霜可产生接触性皮炎,局部烧灼或起脓疱状红疹、水疱等,故皮肤过敏者不宜用。

【现代研究】

1. 化学成分　主含巴豆油,油中主要成分为巴豆油酸和甘油酯,尚含巴豆毒素、巴豆苷、生物碱、β-谷甾醇等。

2. 药理作用　能引起剧烈水泻,并有抗肿瘤、抗菌、抗炎、镇痛、促血小板聚集等作用。巴豆油毒性较大,口服半滴至1滴,即能产生口腔、咽及胃黏膜的烧灼感及呕吐,短期内可产生大量多次水泻,并伴有剧烈腹痛和里急后重。巴豆油外用,对皮肤有强烈刺激作用。巴豆油、巴豆树脂和巴豆醇脂类均有较弱的致癌活性。

千金子　qiānjīnzǐ

本品首载于《蜀本草》。为大戟科植物续随子 *Euphorbia lathyris* L. 的干燥成熟种子。主产于河北、浙江、四川等地。夏、秋二季果实成熟时采收。晒干。以粒饱满、油性足者为佳。用时去壳生用或制霜用。《中国药典》规定,干燥药材千金子甾醇($C_{32}H_{40}O_8$)的含量不得少于0.35%。

【处方用名】千金子、千金子霜、续随子。

【主要药性】辛,温;有毒。归肝、肾、大肠经。

【功效】泻下逐水,破血消癥;外用疗癣蚀疣。

【应用】

1. 二便不通,水肿,痰饮,积滞胀满　本品药性峻猛,能泻下逐水退肿,可用于二便不利、水肿、痰饮、积滞胀满之实证。单用有效,或与防己、槟榔、葶苈子等同用,以增强逐水消肿之功。

2. 血瘀经闭,癥瘕　本品能破血逐瘀消癥,治疗癥瘕痞块、血瘀经闭,可与牛膝、三棱、莪术等同用。

3. 顽癣,赘疣　本品外用,还有攻毒杀虫,疗癣蚀疣之功。治顽癣、赘疣、恶疮肿毒及毒蛇咬伤,多外用,亦可内服。治毒蛇咬伤,可与重楼为散,酒调内服并外敷。

【用法用量】内服:1~2g,去壳、去油用,多入丸散服。外用:适量,捣烂敷患处。

【使用注意】孕妇忌用。

【现代研究】

1. 化学成分　主含脂肪油,如千金子甾醇、巨大戟萜醇-20-棕榈酸酯等,以及含萜的酯类化合物。并含有白瑞香素、续随子素、马栗树皮苷等。

2. 药理作用　千金子甾醇对胃肠有刺激,能产生峻泻作用,强度为蓖麻油的3倍。

1. 何谓泻下药？简述泻下药的分类、功效及主治病证。

2. 如何正确使用大黄、芒硝、番泻叶、甘遂、巴豆？

3. 比较大黄与芒硝、郁李仁与火麻仁在功效、应用方面的异同点。

ER 各论第三章　同步练习

（高慧琴）

第四章 祛风湿药

ER 各论第四章
课件

【学习目标】

1. 掌握祛风湿药的含义、性能主治、应用要点,熟悉祛风湿药的分类及每节药物的性能特点。

2. 掌握独活、威灵仙、木瓜、蕲蛇、秦艽、防己、桑寄生的药性、功效、主治、性能特点、经典配伍以及用法用量、使用注意。掌握相似药物的功效、应用的异同点。熟悉川乌、徐长卿、蚕沙、豨莶草、络石藤、雷公藤、老鹳草、五加皮的功效、主治、某些特殊用法及使用注意。了解其余祛风湿药的功效、特殊用法及使用注意。

【含义】以祛除风湿、解除痹痛为主要功效,主治痹病的药物,称祛风湿药。根据其药性和作用特点,祛风湿药分为祛风湿散寒药、祛风湿清热药和祛风湿强筋骨药三类。

【性能主治】本类药物多辛香苦燥走散,入肝、脾、肾经,具有祛风除湿之功,主治风湿痹证。药性偏于温热者,具有祛风湿散寒之功,适用于风寒湿痹,称为祛风湿散寒药;药性偏于寒凉者,具有祛风湿清热之功,适用于风湿热痹,称为祛风湿清热药;祛风湿并兼有补肝肾、强筋骨之功者,适用于风湿日久、肝肾虚损、腰膝酸软、脚弱无力等,称为祛风湿强筋骨药。此外,部分药物还兼有止痛、舒筋、通络、活血、利水等功效,可用于治疗疼痛、肢体屈伸不利、拘挛以及跌打损伤、水肿等。

【应用要点】

1. 对证用药 祛风湿药均适应于治疗风湿痹证,在使用时应根据寒、热、虚、实的证候,有针对性地选择祛风湿散寒药、祛风湿清热药、祛风湿强筋骨药;在此基础上,应注意药物性能特点与风湿痹证个体表现的对应性。

2. 配伍用药 为了增强疗效,祛风湿药常相须配伍使用。同时应根据邪气的偏盛、病变部位、正气强弱进行配伍。风邪偏盛的行痹,配伍活血养营之品;湿邪偏盛的着痹,配以健脾渗湿之品;寒邪偏盛的痛痹,配伍通阳温经之品;外邪入里化热或郁久化热的热痹,配伍凉血清热药;感邪初期,病邪在表,当配伍祛风胜湿的解表药;夹有痰浊、瘀血者,可与祛痰、化瘀药同用;久病体虚、肝肾亏虚、气血不足者,配以补肝肾、补气血的药物,扶正以祛邪。

3. 注意事项 祛风湿药多辛温性燥,易伤耗阴血,阴血亏虚者应慎用。有毒之品,应注意通过炮制、配伍、剂型、剂量、煎法等途径,减缓其毒性。痹病多为慢性疾病,为服用方便,可制成酒或丸散剂。酒剂可增强祛风湿药的功效,也可制成外用剂型,直接用于患处。

第一节　祛风湿散寒药

本节药物性味多辛苦温,功效祛风湿、散寒,主治风寒湿痹、肢体关节疼痛、痛有定处、遇寒加重。有些药物兼有通经络、化湿、利水等功效,又可治疗中风半身不遂、跌打损伤,水肿等症。本节药物经配伍亦可用于风湿热痹。

独活　dúhuó

本品首载于《神农本草经》。为伞形科植物重齿毛当归 *Angelica pubescens* Maxim. f. *biserrata* Shan et Yuan 的干燥根。主产于四川、湖北、安徽等地。春初或秋末采挖。以根条粗壮、油润、香气浓郁者为佳。生用。《中国药典》规定,干燥药材蛇床子素($C_{15}H_{16}O_3$)的含量不得少于 0.50%,二氢欧山芹醇当归酸酯($C_{19}H_{20}O_5$)的含量不得少于 0.080%。

【处方用名】独活、川独活、香独活。

【主要药性】辛、苦,微温。归肾、膀胱经。

【功效】祛风除湿,通痹止痛。

【应用】

1. 风寒湿痹　本品辛散苦燥温通,功善祛风湿,通经络,止痹痛。凡风寒湿邪所致的痹痛,无论新久,均可应用;因其主入肾经,尤适宜于腰以下半身寒湿痹痛,常与防风、当归、桑寄生等同用。

2. 风寒夹湿表证　本品入足太阳膀胱经,有祛风散寒胜湿作用。治疗外感风寒夹湿所致的头痛头重,一身尽痛,常与羌活、藁本等同用。

3. 少阴头痛　本品入肾而搜伏风、止痛,治风扰肾经,伏而不出之少阴头痛,可与细辛、川芎等配伍。

此外,亦可内服治疗牙痛。治皮肤瘙痒,内服或外用皆可。

【用法用量】内服:3~10g,煎汤,或入丸散。外用:适量。

【使用注意】阴虚及血燥者慎用。

【现代研究】

1. 化学成分　主要含蛇床子素、东莨菪素、异欧前胡素等香豆素类成分,挥发油、佛手柑内酯、二氢山芹醇、二氢山芹醇当归酸酯、二氢山芹醇乙酸酯、当归醇等。

2. 药理作用　有镇痛、抗炎、抗心律失常、抑制血小板聚集等作用。

威灵仙　wēilíngxiān

本品首载于《新修本草》,为毛茛科植物威灵仙 *Clematis chinensis* Osbeck、棉团铁线莲 *Clematis hexapetala* Pall. 或东北铁线莲 *Clematis manshurica* Rupr. 的干燥根及根茎。前者主产于江苏、安徽、浙江等地,后两种主产于东北地区。秋季采挖。均以根较粗长、色黑或棕黑色、无地上残基者为佳。生用。《中国药典》规定,干燥药材齐墩果酸($C_{30}H_{48}O_3$)的含量不得少于 0.30%。

【处方用名】威灵仙、灵仙、酒炒灵仙。

【主要药性】辛、咸,温。归膀胱经。

【功效】祛风湿,通经络,消骨鲠。

【应用】

1. 风湿痹证　本品辛散温通,走而不守。能祛风湿、通经络而止痛,为治风湿痹痛要药。因其性善走窜,通行十二经络,故尤宜于风邪偏盛,全身游走性疼痛者。可单用为末服,或与羌活、防己、川芎等同用。

2. 骨鲠咽喉　本品味咸,能软坚而消骨鲠,可单用浓煎或与砂糖、醋煎后缓缓咽下。

此外,能消痰逐饮,用于痰饮、噎膈、痞积。

【用法用量】内服:6~10g,煎汤,外用:适量。

【使用注意】本品辛散走窜,气血虚弱者慎用。

【现代研究】

1. 化学成分　主要含威灵仙皂苷 A、B,常春藤皂苷、齐墩果酸苷等皂苷类成分,橙皮苷、柚皮素、大豆素等黄酮类成分,挥发油,三萜类成分,齐墩果酸等成分。

2. 药理作用　有抗炎、镇痛、保肝利胆、促尿酸排泄及松弛平滑肌等作用。

徐长卿　xúchángqīng

本品首载于《神农本草经》。为萝藦科植物徐长卿 *Cynanchum paniculatum* (Bge.) Kitag. 的干燥根和根茎,全国各地均产,秋季采挖。以香气浓者为佳。生用。《中国药典》规定,干燥药材丹皮酚 ($C_9H_{10}O_3$) 的含量不得少于 1.3%。

【处方用名】徐长卿。

【主要药性】辛,温。归肝、胃经。

【功效】祛风除湿,止痛,止痒。

【应用】

1. 风湿痹痛　本品辛散温通,具有祛风除湿、通络止痛作用。治风寒湿痹、关节疼痛,可单用浸酒服,或与防己、威灵仙等同用;治肝肾亏虚、寒湿痹阻、腰膝酸软疼痛,可与杜仲、独活、续断等同用。

2. 诸种疼痛　本品止痛功良,常用治多种疼痛。治肝胃气滞,胃脘胀痛,胁肋胀痛,常与香附、延胡索、川楝子等同用;治牙痛,常与细辛、花椒同用;治气滞血瘀、经行腹痛,可与香附、川芎、当归等配伍;治外伤肿痛,可单用煎服,或与栀子捣烂外敷。

3. 风疹,湿疹　本品能祛风除湿止痒,善治风淫湿邪所致的瘙痒性皮肤病。治风疹、湿疹、顽癣等皮肤瘙痒,可单用煎水外洗,或与细辛、硫黄、苦参等同用。

此外,本品亦能解虫蛇之毒,用于虫蛇咬伤,可单用水煎服,渣捣烂外敷。

【用法用量】内服:3~12g,煎汤,后下;或入丸散。外用:适量。

【现代研究】

1. 化学成分　主要含丹皮酚、异丹皮酚、丹皮酚原苷、丹皮酚苷、白前苷、直立白薇苷、多糖,以及徐长卿苷 A、B、C 等成分。

2. 药理作用　有镇痛、抗炎、松弛胃肠道平滑肌及改善心肌代谢等作用。

川乌 chuānwū

首载于《神农本草经》。为毛茛科植物乌头 *Aconitum carmichaelii* Debx. 的干燥母根。主产于四川。6 月下旬到 8 月上旬采挖。以饱满、质坚实,断面色白有粉性者为佳。生用或制用。《中国药典》规定,干燥药材乌头碱($C_{34}H_{47}NO_{11}$)、次乌头碱($C_{33}H_{45}NO_{10}$)和新乌头碱($C_{33}H_{45}NO_{11}$)的总量应为 0.050%~0.17%。制川乌按干燥品计算,含苯甲酰乌头原碱($C_{32}H_{45}NO_{10}$)、苯甲酰次乌头原碱($C_{31}H_{43}NO_9$)及苯甲酰新乌头原碱($C_{31}H_{43}NO_{10}$)的总量应为 0.070%~0.15%。

【处方用名】生川乌、制川乌。

【主要药性】辛、苦、热,归心、肝、肾、脾经。有大毒。

【功效】祛风除湿,温经止痛。

【应用】

1. 风寒湿痹 本品辛苦性热,善于祛风除湿、温经止痛,为治寒湿痹痛之佳品,尤宜于寒邪偏盛之痛痹。治寒湿侵袭、历节疼痛、不可屈伸者,常配伍白芍、甘草、麻黄等;治寒湿瘀血留滞经络、肢体筋脉挛痛、关节屈伸不利,及中风手足不遂、日久不愈者,常配伍地龙、乳香、草乌等。

2. 心腹冷痛,寒疝疼痛 本品辛散温通,散寒止痛作用较强,适用于治疗多种寒邪凝滞所致的疼痛。治寒凝心脉、心痛彻背、背痛彻心、手足不温者,常与附子、干姜、赤石脂等同用。治寒疝腹痛、手足厥冷者,常与蜂蜜同用。

此外,本品还可用于跌打损伤,瘀肿疼痛。古方常以本品作为麻醉止痛药。

【用法用量】内服:1.5~3g,煎汤,先煎,久煎。外用:适量。

【使用注意】内服一般应炮制用,生品内服宜慎;生品入药按国务院《医疗用毒性药品管理办法》要求管理使用。酒煎、酒浸服易致中毒,应慎用。孕妇忌用。不宜与半夏、瓜蒌、天花粉、川贝母、浙贝母、白及、白蔹同用。外用:适量。

【现代研究】

1. 化学成分 主要含乌头碱、次乌头碱、新乌头碱等生物碱,以及乌头多糖 A、B、C、D 等。

2. 药理作用 有镇痛、抗炎、免疫抑制、强心、麻醉、降血糖等作用。

附:

草乌 本品为毛茛科植物北乌头 *Aconitum kusnezoffii* Reichb. 的干燥根,主产于华北、东北。秋季采收。主要药性、功效、应用、用法用量、使用注意等与川乌基本相同,但毒性更强。

蕲蛇 qíshé

本品首载于《雷公炮炙论》。为蝰科动物五步蛇 *Agkistrodon acutus*(Güenther)的干燥体。主产于湖北。多于夏、秋季捕捉。以身干、个大、头尾齐全、花纹斑点明显者为佳。生用或酒制用。

【处方用名】蕲蛇、蕲蛇肉、酒蕲蛇。

【主要药性】甘、咸,温;有毒。归肝经。

【功效】祛风,通络,止痉。

【应用】

1. 风湿顽痹,中风半身不遂　本品性善走窜,能祛内外风邪,又能通行经络,凡风湿痹证均可应用。因其祛风通络作用较强,故尤宜于风邪偏盛之行痹及日久难愈之顽痹。也用于治疗中风口眼㖞斜,半身不遂。常与羌活、防风、当归等配伍。

2. 小儿惊风,破伤风　本品入肝,能祛风定惊、止痉,为治抽搐痉挛常用药物。治小儿急慢惊风、破伤风之抽搐痉挛,常与乌梢蛇、蜈蚣等配伍。

3. 麻风,疥癣　本品既能祛风止痒,又能以毒攻毒,为治风毒之邪为患的常用之品。治麻风,常配蝉蜕、大黄、皂角刺等;治疥癣,常配薄荷、天麻、荆芥等;治皮肤瘙痒,可与防风、蝉蜕、蒺藜等同用。

此外,本品还可用于治疗瘰疬、恶疮。

【用法用量】内服:3~9g,煎汤;研末吞服,每次 1~1.5g。或酒浸、熬膏、入丸服。

【使用注意】阴虚内热者忌服。

【现代研究】

1. 化学成分　主要含蛋白质及脂肪类成分。

2. 药理作用　有镇静、催眠、镇痛、抗血栓、降血压及抗肿瘤等作用。

附:

金钱白花蛇　本品为眼镜蛇科动物银环蛇 *Bungarus multicinctus* Blyth 的幼蛇干燥体。分布于长江以南各地。夏、秋二季捕捉。以头尾齐全、条大、花纹明显、内壁洁净者为佳。其主要药性、功效、应用与蕲蛇相似而较强。内服,2~5g,煎汤;研末吞服 1~1.5g。

乌梢蛇　wūshāoshé

本品首载于《药性论》。为游蛇科动物乌梢蛇 *Zaocys dhumnades*(Cantor)的干燥体。中国大部分地区均有分布。多于夏、秋二季捕捉。以头尾齐全、皮黑肉黄、质坚实者为佳。生用或酒制用。

【处方用名】乌梢蛇、乌梢蛇肉、酒乌梢蛇。

【主要药性】甘,平。归肝经。

【功效】祛风,通络,止痉。

【应用】

1. 风湿顽痹,中风半身不遂　本品性善走窜,能透骨搜风、通经络,功用与蕲蛇相似而力缓。可作为蕲蛇的代用品使用,常用于风湿痹证及中风半身不遂,尤宜于风湿顽痹。治风痹、手足缓弱、麻木拘挛,配防风、天南星、全蝎等;治顽痹瘫痪、挛急疼痛,可制酒饮。治中风口眼㖞斜、半身不遂,常配地龙、川芎、当归等。

2. 小儿惊风,破伤风　本品能息风止痉以定惊搐,治小儿急慢惊风,常与皂荚、麝香等配伍。治破伤风之抽搐痉挛,常与蜈蚣、蕲蛇等配伍。

3. 麻风,疥癣　本品能祛风而止痒。治麻风,常配大风子、白芷、白附子等。治干湿癣证,常配荷叶、枳壳等。

此外,本品又可治瘰疬、恶疮。

【用法用量】内服:6~12g,煎汤,研末吞服,每次 2~3g。或入丸剂、酒浸服。外用:适量。

【使用注意】血虚生风者慎用。

【现代研究】

1. 化学成分　主要含多种氨基酸、蛋白质及脂肪类成分。

2. 药理作用　有镇痛、镇静、抗炎及调节免疫等作用。其血清有对抗五步蛇毒作用。

附:

蛇蜕　本品为游蛇科动物多种蛇蜕下的表皮膜。全国各地均产。春末夏初或冬初采集。性味甘、咸,平;归肝经。功效祛风,定惊,退翳,解毒。用治惊风癫痫,抽搐痉挛,翳障,喉痹,口疮,疔肿,皮肤瘙痒,白癜风等。内服:2~3g,煎汤。研末吞服,每次 0.3~0.6g。外用适量。

木瓜　mùguā

本品首载于《名医别录》。为蔷薇科植物贴梗海棠 Chaenomeles speciosa (Sweet) Nakai 的干燥近成熟果实。夏、秋二季采收。主产于安徽、湖北、四川等地。以外皮皱缩、肉厚、内外紫红色、质坚实、味酸者为佳。生用。《中国药典》规定,干燥药材齐墩果酸($C_{30}H_{48}O_3$)和熊果酸($C_{30}H_{48}O_3$)的总含量不得少于 0.50%。

【处方用名】木瓜、宣木瓜、皱皮木瓜。

【主要药性】酸,温。归肝、脾经。

【功效】舒筋活络,和胃化湿。

【应用】

1. 风湿痹证　本品入肝、脾经,重在舒筋活络、祛湿,为治湿痹筋脉拘挛、关节屈伸不利的要药。治风湿痹痛、腰膝关节酸重疼痛,常与蕲蛇、威灵仙、川芎等配伍。治项强筋急、不可转侧,可与乳香、没药等配伍;治脚膝疼重、不能久立远行,可与羌活、独活、附子等配伍。

2. 吐泻转筋　本品性温气香,能化湿以和脾胃,舒筋活络以除脚腓挛急。治湿浊中阻之腹痛吐泻转筋,偏寒者,常配伍茴香、吴茱萸、紫苏叶等;偏热者,常配伍薏苡仁、黄连、蚕沙等。

3. 脚气水肿　本品能祛湿舒筋,为治疗脚气水肿常用药。治脚气水肿、足胫肿痛不可忍,常与紫苏、吴茱萸、槟榔等同用。

此外,本品亦能消食,生津止渴,用治消化不良、津伤口渴。

【用法用量】内服:6~9g,煎汤,或入丸散。

【使用注意】内有郁热,小便短赤者忌服。

【现代研究】

1. 化学成分　主要含齐墩果酸、熊果酸、白桦脂酸等三萜类成分,苹果酸、枸橼酸、酒石酸、琥珀酸、苯甲酸等有机酸类成分。

2. 药理作用　有抗炎、镇痛、保肝、松弛胃肠道平滑肌及抑菌等作用。

蚕沙　cánshā

本品首载于《名医别录》。为蚕蛾科昆虫家蚕 Bombyx mori L. 幼虫的干燥粪便。主产于浙江、江苏、四川等地。6~8 月收集。以粒大、色黑、无杂质者为佳。生用或酒制用。

【处方用名】蚕沙、蚕矢、晚蚕沙。

【主要药性】甘、辛,温。归肝、脾、胃经。

【功效】祛风湿,和胃化湿。

【应用】

1. 风湿痹证　本品辛散温通,能祛风湿、舒筋活络。可用于多种痹证,无论寒热新久皆可应用。治风湿痹痛、肢体麻木不遂,可单用蒸热,更熨患处;或与威灵仙、羌活、独活等同用。治风湿热痹、肢体烦疼,可与薏苡仁、防己、连翘等同用。

2. 吐泻转筋　本品能和胃化湿以止吐泻,又能舒筋活络以缓解足腓挛急。适宜于湿浊中阻之吐泻转筋,常与薏苡仁、木瓜等同用。

此外,本品又能祛风止痒,用于风疹、湿疹瘙痒。可单用煎汤外洗,或与地肤子、白鲜皮、蝉蜕等同用。

【用法用量】内服:5~15g,煎汤,宜布包入煎。外用:适量。

【使用注意】阴血亏虚者慎用。

【现代研究】

1. 化学成分　主要含植物醇、β- 谷甾醇、胆甾醇、麦角甾醇、叶绿素、蛇麻脂醇、氨基酸、胡萝卜素、维生素 B 和 C 等成分。

2. 药理作用　有抗炎、促生长、抑癌等作用。

油松节　yóusōngjié

本品首载于《名医别录》。为松科植物油松 *Pinus tabulieformis* Carr.、马尾松 *Pinus massoniana* Lamb. 的干燥瘤状节或分枝节。全国大部分地区均产。全年均可采收。以个大、棕红色、油性足者为佳。生用。《中国药典》规定,干燥药材挥发油的含量不得少于 0.4%,α- 蒎烯的含量不得少于 0.10%。

【处方用名】油松节、松节。

【主要药性】苦、辛,温。入肝、肾经。

【功效】祛风除湿,通络止痛。

【应用】

1. 风湿痹证　本品辛散苦燥性温,主入肝、肾经。善祛风除湿,通络止痛。治风湿痹痛、历节风痛、转筋挛急,可与牛膝、当归、熟地黄等同用。

2. 跌打损伤　本品通络止痛力强,治跌打损伤、瘀肿疼痛,可单用炒末服;或与伸筋草、当归、续断等同用。

【用法用量】内服:9~15g,煎汤,或入丸散。外用:适量。

【使用注意】阴虚血燥者慎用。

【现代研究】

1. 化学成分　主要含挥发油、倍半萜烯类、萜醇类等成分。

2. 药理作用　有抗炎、镇痛、抗肿瘤等作用。

附:

松花粉　本品为松科植物马尾松 *Pinus massoniana* Lamb. 及油松 *Pinus tabulieformis* Carr. 或同属数种植物的干燥花粉。主产于东北、华北和西北各省份。4~5 月采集。以体轻、色淡黄者为佳。性味甘、温;归肝、脾经。功效收敛止血、燥湿敛疮。主治湿疹、黄水疮、皮肤糜烂、脓水淋漓、外伤出血等。外用适量。

伸筋草　shēnjīncǎo

本品首载于《本草拾遗》。为石松科植物石松 *Lycopodium japonicum* Thunb. 的干燥全草。中国大部分地区均产。夏、秋季采收。以茎长、色黄绿、无杂质者为佳。生用。

【处方用名】伸筋草。

【主要药性】微苦、辛,温。归肝、脾、肾经。

【功效】祛风除湿,舒筋活络。

【应用】

1. 风寒湿痹　本品辛散苦燥,善祛风除湿、舒筋活络。治风湿痹痛、筋脉拘急、关节屈伸不利,常与羌活、独活、桂枝等配伍。治肢体软弱、肌肤麻木,常配伍寻骨风、威灵仙、松节等。

2. 跌打损伤　本品能舒筋活络,用于跌打损伤、瘀肿疼痛,常与土鳖虫、红花、苏木等配伍,内服外洗均可。

【用法用量】内服:3~12g,煎汤,或入丸散。外用:适量。

【使用注意】性偏温燥,孕妇及月经过多者慎用,风湿兼有阴血不足者不宜单独使用。

【现代研究】

1. 化学成分　主要含石松碱、伸筋草碱、石松宁碱等生物碱,石松三醇、石松四醇酮等萜类化合物,β- 谷甾醇等甾醇,香草酸,阿魏酸等成分。

2. 药理作用　有镇痛、抗炎、调节免疫及镇痛等作用。

海风藤　hǎifēngténg

本品首载于《本草再新》。为胡椒科植物风藤 *Piper kadsura* (Choisy) Ohwi 的干燥藤茎。主产于福建、广东、台湾等地。夏、秋二季采割。以茎条粗壮、均匀、香气浓者为佳。生用。

【处方用名】海风藤。

【主要药性】辛、苦,微温。归肝经。

【功效】祛风除湿,通络止痛。

【应用】

1. 风寒湿痹　本品辛苦微温。为治风寒湿痹,肢节疼痛,筋脉拘挛,屈伸不利之常用药,常与羌活、独活、当归等配伍。亦可与生川乌、桂枝、细辛等制成膏药贴于患处。亦可与鸡血藤、络石藤、木瓜等制成药酒应用。

2. 跌打损伤　本品能通络止痛,治跌打损伤、瘀肿疼痛,常与三七、红花、土鳖虫等配伍。

【用法用量】内服:6~12g,煎汤。外用:适量。

【现代研究】

1. 化学成分　主要含海风藤酮、海风藤酚、甲基海风藤酚等木质素类以及挥发油等成分。

2. 药理作用　有镇痛、抗炎、抑制血小板活化、抗脑缺血等作用。

青风藤　qīngfēngténg

本品首载于《本草纲目》。为防己科植物青藤 *Sinomenium acutum*（Thunb.）Rehd. et Wils 及毛青藤 *Sinomenium acutum*（Thunb.）Rehd. et Wils. var. *cinereum* Rehd. et Wils. 的干燥藤茎。主产于长江流域及其以南各地。秋末冬初采割。以条均匀为佳。生用。《中国药典》规定,干燥药材青藤碱（$C_{19}H_{23}NO_4$）的含量不得少于 0.50%。

【处方用名】青风藤、青藤、清风藤。

【主要药性】苦、辛,平。归肝、脾经。

【功效】祛风湿,通经络,利小便。

【应用】

1. 风湿痹证　本品辛散苦燥,祛风湿、通经络作用较强。治风湿痹痛、关节肿胀疼痛、局部恶风寒、屈伸不利、麻木,单用有效,亦可与威灵仙、木瓜、秦艽等同用;治肩臂痛,可与姜黄、羌活等同用;治腰膝疼痛,常与牛膝、独活等同用。

2. 水肿,脚气　本品既能通经络,又能利小便。治水肿,可单用或与白术等同用;治脚气肿痛,可单用或与吴茱萸、木瓜等同用。

此外,本品亦可用于胃痛、皮肤瘙痒。

【用法用量】内服:6~12g,煎汤,或入丸散。

【现代研究】

1. 化学成分　主要含青藤碱、异青藤碱、双青藤碱、四氢表小檗碱等生物碱,脂类、甾醇类等成分。

2. 药理作用　有抗炎、镇痛、调节免疫、促组胺释放、抑制胃肠收缩、中枢神经抑制及抗心律失常等作用。

丁公藤　dīnggōngténg

本品首载于《中国药典》。为旋花科植物丁公藤 *Erycibe obtusifolia* Benth. 或光叶丁公藤 *Erycibe schmidtii* Craib 的干燥藤茎。主产于广东。全年均可采收。以质坚硬,纤维较多,不易折断为佳。生用。《中国药典》规定,干燥药材东莨菪内酯（$C_{10}H_8O_4$）的含量不得少于 0.050%。

【处方用名】丁公藤

【主要药性】辛,温;有小毒。归肝、脾、胃经。

【功效】祛风除湿,消肿止痛。

【应用】

1. 风湿痹痛,半身不遂　本品辛散温通,既能散风寒湿,又能通络止痛。治风湿湿痹、半身不遂、手足麻木、腰腿酸痛,可单用酒水各半煎服,或与桂枝、羌活、当归等同用。

2. 跌扑肿痛　本品有消肿止痛之功。治跌打损伤、瘀肿疼痛,可与桂枝、麻黄、羌活等配伍,泡酒。

【用法用量】内服：3~6g，煎汤，或入丸散；常用于配制酒剂，内服或外搽。

【使用注意】本品有强烈的发汗作用，虚弱者慎用，孕妇禁服。

【现代研究】

1. 化学成分　主要含东莨菪苷、东莨菪内酯、丁公藤甲素和丙素。

2. 药理作用　有抗炎、调节免疫、降眼压和缩瞳等作用。

昆明山海棠　kūnmíngshānhǎitáng

本品首载于《滇南本草》。为卫矛科植物昆明山海棠 *Tripterygium hypoglaucum* (Lévl.) Hutch. 的干燥根。产于四川、云南、贵州等地。9~10 月采收。以质坚韧不易折断为佳。生用。

【处方用名】昆明山海棠。

【主要药性】苦、辛，温；有大毒。归肝、脾、肾经。

【功效】祛风除湿，祛瘀通络，续筋接骨。

【应用】

1. 风湿痹证　本品辛散苦燥温通，能祛风除湿、通经活络而止痛，善治风寒湿痹日久、关节肿痛麻木之顽痹。可单用浸酒、煎服，或与川牛膝、木瓜、当归等同用。现在临床常用于治疗类风湿性关节炎等自身免疫性疾病。

2. 跌打损伤，骨折　本品能活血通络，消肿止痛，续筋接骨。治跌打损伤、骨折肿痛，可单用外敷，或与川芎、当归、刘寄奴等同用。

【用法用量】内服：6~15g，煎汤，宜先煎。或酒浸服。外用：适量。

【使用注意】孕妇及体弱者忌服。因有大毒，不宜过量久服。

【现代研究】

1. 化学成分　主要含雷公藤碱、次碱、晋碱等生物碱，雷公藤三萜酸 C、A，山海棠萜酸，齐墩果酸等成分。

2. 药理作用　有抗炎、抗生育、抗癌、抗疟、解热镇痛、调节免疫等作用。

路路通　lùlùtōng

本品首载于《本草纲目拾遗》。为金缕梅科植物枫香树 *Liquidambar formosana* Hance 的干燥成熟果序。全国大部分地区均产。冬季采收。以个大、色黄、无泥、无果柄者为佳。生用。《中国药典》规定，干燥药材路路通酸（$C_{30}H_{46}O_3$）的含量不得少于 0.15%。

【处方用名】路路通、枫香果。

【主要药性】苦、平。归肝、肾经。

【功效】祛风活络，利水，通经。

【应用】

1. 风湿痹痛，中风半身不遂　本品既能祛风湿，又能通经活络。治风湿痹痛、麻木拘挛，常与络石藤、伸筋草、秦艽等同用。治气血瘀滞、脉络痹阻、中风后半身不遂，可与川芎、红花、黄芪等同用。

2. 跌打损伤 本品能通经脉而散瘀止痛,治跌打损伤、瘀肿疼痛,常与桃仁、红花、苏木等同用。

3. 水肿,小便不利 本品味苦降泄,能通利小便,治水肿胀满,常与茯苓、猪苓、泽泻等相配。

4. 经行不畅,乳汁短少或不通 本品能疏肝气、通经脉、下乳汁。治气滞血瘀之经少或经闭、小腹胀痛,常与川芎、当归、茺蔚子等配伍。治乳汁不通或乳少、乳房胀痛,常与穿山甲、王不留行、青皮等同用。

【用法用量】内服:5~10g,煎汤,或入丸散。

【使用注意】月经过多及孕妇忌服。

【现代研究】

1. 化学成分 主要含路路通酸、路路通内酯、齐墩果酸、熊果酸等萜类成分,黄酮类成分,环烯醚萜类,甾醇等成分。

2. 药理作用 有镇痛、抗炎、抗肝细胞毒活性等作用。

穿山龙 chuānshānlóng

本品首载于《东北药用植物志》。为薯蓣科植物穿龙薯蓣 *Dioscorea nipponica* Makino 的干燥根茎。全国大部分地区均产。春、秋二季采挖。以根茎粗长、土黄色、质坚硬者为佳。生用。《中国药典》规定,干燥药材薯蓣皂苷($C_{45}H_{72}O_{16}$)的含量不得少于 1.3%。

【处方用名】穿山龙。

【主要药性】甘、苦,温。归肝、肾、肺经。

【功效】祛风除湿,舒筋通络,活血止痛,止咳平喘。

【应用】

1. 风湿痹证 本品能祛风湿、舒筋活络,主入肝、肾经,善治风湿痹痛、肩背酸沉、腰腿寒痛、四肢麻木、筋脉拘挛等,可单味水煎或酒浸服,或与威灵仙、木瓜、徐长卿等同用。

2. 跌打损伤,闪腰岔气 本品能活血止痛,治跌打损伤、瘀滞肿痛、闪腰岔气,常与马钱子、骨碎补、红花等同用。

3. 咳嗽气喘 本品味苦降泄,归肺经能止咳平喘,治咳嗽气喘,可与苦杏仁、紫苏子等同用。

【用法用量】内服:9~15g,煎汤,或酒浸服。外用:适量。

【使用注意】粉碎加工时,注意防护,以免发生过敏反应。

【现代研究】

1. 化学成分 主要含薯蓣皂苷、纤维薯蓣皂苷、多糖等成分。

2. 药理作用 有镇痛、抗炎、调节免疫、镇咳、平喘、祛痰等作用。

第二节 祛风湿清热药

本节药物性味多为辛苦寒,功效祛风除湿、清热通络,主治风湿热痹、关节红肿热痛等症。有些药物兼有清热解毒、清湿热、利尿等功效,又可治疗疮痈、湿热黄疸、水肿等症。若配伍散寒止痛药,亦可用于风寒湿痹。

秦艽 qínjiāo

本品首载于《神农本草经》。为龙胆科植物秦艽 *Gentiana macrophylla* Pall.、麻花秦艽 *Gentiana straminea* Maxim.、粗茎秦艽 *Gentiana crassicaulis* Duthie ex Burk. 或小秦艽 *Gentiana dahurica* Fisch. 的干燥根。前三种按性状不同分别习称"秦艽"和"麻花艽",后一种习称"小秦艽"。主产于陕西、甘肃、内蒙古等地。春、秋二季采挖。以质实、色棕黄、气味浓厚者为佳。生用。《中国药典》规定,干燥药材龙胆苦苷($C_{16}H_{20}O_9$)和马钱苷酸($C_{16}H_{24}O_{10}$)的含量不得少于2.5%。

【处方用名】秦艽、炒秦艽、酒秦艽。

【主要药性】辛、苦,平。归胃、肝、胆经。

【功效】祛风湿,止痹痛,清湿热,退虚热。

【应用】

1. 风湿痹证　本品味辛祛风,苦能燥湿,药性平和,偏润不燥,有"风药中润剂"之称,且善走四肢,为治风湿痹痛之要药。凡风湿痹痛,无问寒热新久均可配伍应用。因其性平偏凉,兼能清热,故尤宜于热痹,关节红肿热痛者,常与防己、络石藤、忍冬藤等同用;治风湿寒痹,则可与天麻、羌活、川芎等配伍。

2. 中风半身不遂　本品既能祛风邪,又能通经络,可用于中风半身不遂,口眼㖞斜,四肢拘急,舌强不语等,可单用大剂量水煎服,或与当归、熟地黄、白芍等同用。

3. 湿热黄疸　本品性平偏凉,入肝胆经,能清除肝胆之湿热而退黄。主要用于湿热黄疸,可单用为末服;亦可与茵陈、栀子、大黄等清热利湿药同用。

4. 骨蒸潮热,疳积发热　本品尚能清虚热,除骨蒸,退疳热,为治虚热证之常用药物。治骨蒸盗汗,肌肉消瘦,唇红颊赤者,常与鳖甲、地骨皮、知母等配伍;治小儿疳积发热,形体消瘦,食欲减退者,可与薄荷、炙甘草同用。

【用法用量】内服:3~10g,煎汤,或入丸散。

【现代研究】

1. 化学成分　主要含龙胆苦苷、秦艽碱甲、秦艽碱乙、秦艽碱丙、当药苦苷、褐煤酸、褐煤酸甲酯、栎瘿酸、α-香树脂醇、β-谷甾醇等成分。

2. 药理作用　有镇静、镇痛、解热、抗炎、抗菌、抗病毒、保肝、降血压等作用。

防己 fángjǐ

本品首载于《神农本草经》。为防己科植物粉防己 *Stephania tetrandra* S. Moore 的干燥根。主产于广东、广西、云南等地。秋季采挖。以质坚实、粉性足、去尽外皮者为佳。生用。《中国药典》规定,干燥药材粉防己碱($C_{38}H_{42}N_2O_6$)和防己诺林碱($C_{37}H_{40}N_2O_6$)的含量不得少于1.6%。

【处方用名】防己、粉防己、汉防己。

【主要药性】苦,寒。归肺、膀胱经。

【功效】祛风止痛,利水消肿。

【应用】

1. 风湿痹证　本品苦寒降泄,既能祛风湿,又能止痹痛,为治风湿痹痛之常用药。其性寒清热,对风湿热痹尤宜。治热邪壅滞经络、关节红肿热痛者,常与滑石、薏苡仁等同用;治风寒湿痹、四肢挛急疼痛者,则与麻黄、肉桂、茯苓等配伍。

2. 水肿脚气 本品苦寒降泄,又能清热利水,善泄下焦湿热,常用于水肿、脚气,小便不利等水湿停留之证。治湿热腹胀水肿者,常与椒目、葶苈子等同用;治脚气浮肿,常与吴茱萸、槟榔等配伍。

此外,本品还可用治湿热为患之湿疹、疮毒等。

【用法用量】内服:5~10g,煎汤,或入丸散。

【使用注意】胃纳不佳及阴虚体弱者慎用。

【现代研究】

1. 化学成分 主要含粉防己碱、防己诺林碱、轮环藤酚碱、氧防己碱、防己斯任碱、小檗胺等成分。

2. 药理作用 有利尿、镇痛、抗炎、抗菌、免疫抑制、降压、降血糖、抗肿瘤等作用。

桑枝 sāngzhī

本品首载于《本草图经》。为桑科植物桑 *Morus alba* L. 的干燥嫩枝。全国各地均产。春末夏初采收。以质嫩、切面黄白色者为佳。生用或制用。

【处方用名】桑枝、炒桑枝、酒桑枝。

【主要药性】微苦,平。归肝经。

【功效】祛风湿,利关节。

【应用】

风湿痹证 本品性平,祛风湿而善达四肢经络,通利关节,大凡痹证,无问新久、寒热均可应用。因其性上行,偏走上肢,故尤宜于上肢之痹痛,肩臂关节疼痛麻木者。可单用,亦可随证配伍使用。治寒痹证,常与独活、桂枝、防风等同用;治热痹证,常与络石藤、忍冬藤等配伍。

此外,桑枝有利水作用,还可用治水肿,小便不利等。

【用法用量】内服:9~15g,煎汤,或入丸散。外用:适量。

【现代研究】

1. 化学成分 主要含鞣质、蔗糖、果糖、水苏糖、葡萄糖、麦芽糖、棉子糖、阿拉伯糖、木糖、γ- 氨基丁酸和 L- 天门冬氨酸等成分。

2. 药理作用 有抗炎、增强免疫、抗氧化、降血脂的作用。

豨莶草 xīxiāncǎo

本品首载于《新修本草》。为菊科植物豨莶 *Siegesbeckia orientalis* L.、腺梗豨莶 *Siegesbeckia pubescens* Makino 或毛梗豨莶 *Siegesbeckia glabrescens* Makino 的干燥地上部分。主产于湖南、湖北、江苏等地。夏、秋二季采收。以叶多、枝嫩、色深绿色者为佳。生用或制用。《中国药典》规定,干燥药材奇壬醇($C_{20}H_{34}O_4$)的含量不得少于 0.050%。

【处方用名】豨莶草、酒豨莶草、制豨莶草。

【主要药性】辛、苦,寒。归肝、肾经。

【功效】祛风湿,利关节,解毒。

【应用】

1. 风湿痹证 本品辛散苦燥,归肝肾经,能祛经络、筋骨间风湿而通经络,利关节。因其性寒,故以治风湿热痹,症见关节红肿热痛者为宜,可单用为丸服,或与桑枝、防己、威灵仙等配伍。

2. 中风半身不遂 本品善通经活络,也用于治疗中风口眼㖞斜、半身不遂,常与蕲蛇、黄芪、当归等配伍。

3. 风疹,湿疮,疮痈 本品辛能散风邪,苦寒能解热毒、清湿热。可用于风疹、湿疮瘙痒及热毒疮痈。若治风疹、湿疮者,可单用本品内服或外洗,亦可与地肤子、白鲜皮等同用;治疮痈肿毒、红肿热痛者,常与蒲公英、野菊花等配伍。

【用法用量】内服:9~12g,煎汤,或入丸散。外用:适量。治风湿痹痛、半身不遂宜黄酒蒸制用;治风疹、湿疮、疮痈宜生用。

【现代研究】

1. 化学成分 主要含生物碱、酚性成分、豨莶苷、豨莶苷元、氨基酸、有机酸、糖类、苦味质等。还含有微量元素 Zn、Cu、Fe、Mn 等成分。

2. 药理作用 有抗炎、镇痛、免疫抑制、抗血栓、抗菌、抗病毒、降压等作用。

臭梧桐叶 chòuwútóngyè

本品首载于《本草图经》。为马鞭草科植物海州常山 Clerodendrum trichotomum Thunb. 的干燥嫩枝和叶。主产于江苏、安徽、浙江等地。夏季采收。以花枝干燥、有叶、色绿者为佳。生用。

【处方用名】臭梧桐。

【主要药性】辛、苦,平。归肝经。

【功效】祛风除湿,平肝。

【应用】

1. 风湿痹证 本品辛散苦燥,能祛风湿、通经络、止痹痛。因其性平和缓,痹证无论偏寒偏热均可选用,可单用,或与豨莶草相须为用。

2. 风疹,湿疮 本品辛散祛风,苦燥除湿,能祛肌肤风热或湿热之邪。治风疹、湿疮、皮肤瘙痒,可单用煎洗或外敷。

3. 肝阳上亢证 本品性平偏凉,入肝经,能凉肝热,平肝阳。治肝阳上亢之眩晕头痛,可单用,或与钩藤、菊花等同用。现代取其平肝之功,常用于高血压病属肝阳上亢者。

【用法用量】内服:5~15g,煎汤,不宜久煎。外用:适量。

【现代研究】

1. 化学成分 主要含海州常山黄酮苷、臭梧桐素 A 和臭梧桐素 B、海州常山苦素 A 和海州常山苦素 B、内消旋肌醇、刺槐素 -7- 双葡萄糖醛酸苷、洋丁香酚苷、植物血凝素等成分。

2. 药理作用 有镇痛、镇静、抗炎、降血压等作用。

海桐皮 hǎitóngpí

本品首载于《海药本草》。为豆科植物刺桐 Erythrina variegata L. 或乔木刺桐 Erythrina arborescens Roxb. 的干皮或根皮。主产于浙江、福建、台湾等地。夏、秋采收。以皮钉大、钉刺多者为佳。生用。

【处方用名】海桐皮、刺桐皮。

【主要药性】苦、辛,平。归肝、脾经。

【功效】祛风除湿,舒筋通络,杀虫止痒。

【应用】

1. 风湿痹证　本品辛能散风,苦能燥湿,主入肝经,能祛风湿,行经络,止疼痛,善治下肢关节疼痛。治风湿四肢拘挛、腰膝酸痛者,可与牛膝、薏苡仁、五加皮等同用。

2. 疥癣,湿疹　本品辛散苦燥,能祛风除湿、杀虫止痒。治风湿或湿热之疥癣、湿疹瘙痒,可单用,或与蛇床子、苦参、土茯苓等煎汤外洗或内服。

【用法用量】内服:6~12g,煎汤,或酒浸。外用:适量。

【使用注意】血虚者慎用。

【现代研究】

1. 化学成分　主要含刺桐文碱、水苏碱等多种生物碱,还含黄酮、氨基酸和有机酸等成分。

2. 药理作用　具有抗炎、镇痛、镇静、降压、抗菌等作用。

络石藤　luòshíténg

本品首载于《神农本草经》。为夹竹桃科植物络石 *Trachelospermum jasminoides* (Lindl.) Lem. 的干燥带叶藤茎。主产于江苏、湖北、山东等地。冬季至次春采收。以叶多、色绿者为佳。生用。《中国药典》规定,干燥药材含络石苷($C_{27}H_{34}O_{12}$)不得少于 0.45%。

【处方用名】络石藤。

【主要药性】苦,微寒。归心、肝、肾经。

【功效】祛风通络,凉血消肿。

【应用】

1. 风湿痹证　本品善走经脉,通达肢节,祛风通络。故可用于风湿痹痛、腰膝酸痛、筋脉拘挛、屈伸不利。其性微寒清热,以治热痹最为适宜。可单用酒浸服,或与忍冬藤、秦艽、地龙等配伍。

2. 咽喉肿痛,痈肿疮毒　本品入心肝血分,能清热凉血、利咽消肿。适用于热毒壅盛之咽喉肿痛、痈肿疮毒。治热毒壅盛之咽喉肿痛,可单用本品水煎,慢慢含咽;治热毒疮痈,常与皂角刺、乳香、没药等同用。

此外,络石藤有通经络、消肿止痛作用,还可用治跌扑损伤,瘀滞肿痛等。

【用法用量】内服:6~12g,煎汤,或入丸散。外用:适量,鲜品捣敷。

【现代研究】

1. 化学成分　主要含络石苷、去甲络石苷、牛蒡苷、穗罗汉松树脂酚苷、橡胶肌醇等成分。

2. 药理作用　有抗痛风、抗菌、降血压等作用。

雷公藤　léigōngténg

本品首载于《本草纲目拾遗》。为卫矛科植物雷公藤 *Tripterygium wilfordii* Hook. f. 根的木质部。

主产于浙江、江苏、安徽、福建等地。生用。

【处方用名】雷公藤。

【主要药性】苦、辛、寒;大毒。归肝、肾经。

【功效】祛风除湿,活血通络,消肿定痛。

【应用】

1. 风湿痹证　本品苦辛性猛,有较强的祛风湿、活血通络之功,为治风湿顽痹要药。又苦寒清热、消肿定痛功著,故尤宜于关节红肿热痛、肿胀难消、功能受限,甚至关节变形者。可单用内服或外敷,或与威灵仙、独活、防风等配伍。现在临床常用于治疗类风湿性关节炎等自身免疫性疾病。

2. 麻风,顽癣,湿疹,疥疮　本品苦燥能祛风除湿、杀虫止痒。治麻风、顽癣、湿疹、疥疮等皮肤疾患,可单用;风邪偏甚者可与防风、荆芥、蒺藜等配伍;热毒偏甚者可与金银花、黄柏等配伍,内服或外用。

3. 疔疮肿毒　本品苦寒能清热解毒,又能以毒攻毒、消肿止痛。治热毒痈肿疔疮,常与蟾酥同用。

【用法用量】内服:1~3g,煎汤,先煎。外用:适量。

【使用注意】本品有大毒,内服宜慎,外敷不宜超过半个小时,否则起泡。心、肝、肾功能不全及白细胞减少者慎用。孕妇忌服。

【现代研究】

1. 化学成分　主要含雷公藤明碱、雷公藤宁碱、雷公藤春碱、雷公藤甲素、雷公藤三萜酸A、雷公藤三萜酸C、黑蔓酮酯甲等。还有卫矛醇、卫矛碱、β-谷甾醇、L-表儿茶酸和苷等成分。

2. 药理作用　有抗炎、免疫抑制、镇痛、抗菌、抗肿瘤、抗生育、抗凝等作用。

老鹳草 lǎoguàncǎo

本品首载于《救荒本草》。为牻牛儿苗科植物牻牛儿苗 Erodium stephanianum Willd.、老鹳草 Geranium wilfordii Maxim. 或野老鹳草 Geranium carolinianum L. 的干燥地上部分。全国大部分地区有产。夏、秋二季采收。以色深绿、花果多者为佳。生用。

【处方用名】老鹳草。

【主要药性】辛、苦、平。归肝、肾、脾经。

【功效】祛风湿,通经络,止泻痢。

【应用】

1. 风湿痹证　本品苦燥祛湿,味辛走散,长于祛风湿,通经络。因其性平,故凡风湿痹痛皆可选用,单味煎服或熬膏服用;或与威灵仙、独活等同用。

2. 泄泻,痢疾　本品味苦能燥湿,平而偏凉,能清热除湿而止泻痢。治湿热泄泻及热毒痢疾,可单用煎服,或与黄连、白头翁等同用。

此外,取祛风、解毒、除湿之功还可用治疮疡、皮肤瘙痒等,内服外用皆可。

【用法用量】内服:9~15g,煎汤,或熬膏、酒浸。外用:适量。

【现代研究】

1. 化学成分　主要含没食子酸、鞣花酸、槲皮素、芦丁等鞣质、黄酮类,以及有机酸和挥发油等成分。

2. 药理作用　有抗炎、免疫抑制、镇痛、抗菌、抗病毒、抗癌、抗氧化等作用。

丝瓜络　sīguāluò

本品首载于《本草纲目》。为葫芦科植物丝瓜 *Luffa cylindrica* (L.) Roem. 干燥成熟果实的维管束。我国各地均有栽培。夏、秋二季采收。以筋细、质韧、洁白、无皮者为佳。生用。

【处方用名】丝瓜络。

【主要药性】甘,平。归肺、胃、肝经。

【功效】祛风,通络,活血,下乳。

【应用】

1. 风湿痹证　本品体轻通利,能祛风通络,常用于治疗风湿痹痛,筋脉拘挛,肢体麻痹,可与秦艽、鸡血藤等同用。

2. 胸胁胀痛,乳汁不下,乳痈肿痛　本品入肝、胃二经,有活血通络、下乳汁、散结肿之功。治气滞血瘀之胸胁胀痛者,常与柴胡、香附等配伍;治产后乳少或乳汁不通者,常与王不留行、穿山甲等同用;治乳痈肿痛者,可与蒲公英、瓜蒌等配伍。

【用法用量】内服:5~12g,煎汤,或入丸散。外用:适量。

【现代研究】

1. 化学成分　主要含木聚糖、甘露聚糖、半乳聚糖、木质素等成分。

2. 药理作用　有镇痛、镇静和抗炎等作用。

第三节　祛风湿强筋骨药

本节药物性温或平,功效祛风湿,补肝肾,强筋骨。主治风湿日久,肝肾虚损,腰膝酸软,脚弱无力等。亦可用于肾虚腰痛,骨痿,软弱无力者。

本节药物虽有补益祛邪、标本兼顾之力,但补益力不强,若治肝肾不足、久病体虚者,宜配伍补肝肾药物。

桑寄生　sāngjìshēng

首载于《神农本草经》。为桑寄生科植物桑寄生 *Taxillus chinensis* (DC.) Danser 的干燥带叶茎枝。主产于广东、广西、云南等地。冬季至次春采收。以枝细、质嫩、红褐色、叶多者为佳。生用。

【处方用名】桑寄生、桑上寄生。

【主要药性】苦、甘,平。归肝、肾经。

【功效】祛风湿,补肝肾,强筋骨,安胎元。

【应用】

1. 风湿痹证　本品苦能燥湿,甘能补虚,既祛风湿,又补肝肾。长于补益肝肾,强筋健骨。对风湿痹证日久,伤及肝肾,腰膝酸软,筋骨无力者尤宜。可与独活、五加皮、杜仲等配伍。

2. 妊娠漏血,胎动不安　本品味甘能补肝肾,又能养血安胎。治肝肾亏虚,冲任不固之妊娠下血、胎动不安,常与阿胶、续断、菟丝子等同用。

【用法用量】内服:9~15g,煎汤,或入丸散。

【现代研究】

1. 化学成分　主要含广寄生苷、槲皮素、槲皮苷、萹蓄苷及少量的右旋儿茶酚等成分。

2. 药理作用　有镇痛、抗炎、降血脂、降压、利尿、抗病毒及抗肿瘤等作用。

附:

槲寄生　本品为桑寄生科植物槲寄生 *Viscum coloratura* (Komar.) Nakai 的干燥带叶茎枝。性味苦,平;归肝、肾经。功能祛风湿,补肝肾,强筋骨,安胎元。适用于风湿痹痛,腰膝酸软,筋骨无力,崩漏经多,妊娠漏血,胎动不安,头晕目眩。本品药性功用与桑寄生相似。煎服,9~15g。

五加皮　wǔjiāpí

本品首载于《神农本草经》。为五加科植物细柱五加 *Acanthopanax gracilistylus* W. W. Smith 的干燥根皮。习称"南五加皮"。主产于湖北、河南、安徽等地。夏、秋二季采挖。以粗长、皮厚、气香、无木心者为佳。生用。

【处方用名】五加皮、南五加皮。

【主要药性】辛、苦,温。归肝、肾经。

【功效】祛风除湿,补益肝肾,强筋壮骨,利水消肿。

【应用】

1. 风湿痹证　本品辛能散风,温能祛寒,苦能燥湿,入肝肾二经。既能散风寒湿邪,又能补肝肾、强筋骨。治风湿痹证日久,肝肾不足,筋骨不健者最为适宜。可单用浸酒服,也可与独活、牛膝、桑寄生等同用。

2. 筋骨痿软,小儿行迟　本品能温补肝肾、强筋壮骨,故常用于治疗肝肾不足之筋骨痿软。常与杜仲、牛膝等同用;治小儿行走迟缓,常与龟甲、牛膝、木瓜等配伍。

3. 水肿脚气　本品尚能温肾而除湿利水。治水湿内停之水肿,小便不利,常与茯苓皮、大腹皮、生姜皮等配伍;治湿盛脚气肿痛,可与木瓜、吴茱萸等配伍。

【用法用量】内服:5~10g,煎汤,或酒浸、入丸散。

【现代研究】

1. 化学成分　主要含紫丁香苷、刺五加苷 B_1、右旋芝麻素、16α- 羟基 -(−)- 贝壳松 -19- 酸、左旋对映贝壳松烯酸、β- 谷甾醇、β- 谷甾醇葡萄糖苷、硬脂酸、棕榈酸、亚麻酸、维生素 A、维生素 B_1 及挥发油等成分。

2. 药理作用　有抗炎、镇痛、镇静、抗应激、降低血糖、抗肿瘤、抗诱变、抗溃疡、抗排异作用,并有性激素样作用等。

狗脊　gǒujǐ

本品首载于《神农本草经》。为蚌壳蕨科植物金毛狗脊 *Cibotium barometz* (L.) J. Sm. 的干燥根茎。主产于云南、广西、浙江等地。秋、冬二季采挖,切厚片,干燥,为"生狗脊片";蒸后,晒至六、七成干,切厚片,干燥,为"熟狗脊片"。以片厚薄均匀、坚实无毛、不空心者为佳。砂烫用。《中国药典》规定,干燥药材的原儿茶酸($C_7H_6O_4$)含量不得少于0.020%。

【处方用名】狗脊、金毛狗脊、烫狗脊。

【主要药性】苦、甘,温。归肝、肾经。

【功效】祛风湿,补肝肾,强腰膝。

【应用】

1. 风湿痹证　本品苦温能祛风寒湿邪,甘温能补肝肾、健腰膝、利关节,对肝肾不足,兼有风寒湿邪引起的腰痛脊强、不能俯仰,或足膝痿弱、关节不利者最为适宜。常与杜仲、续断、海风藤等同用。

2. 遗尿,遗精,带下　本品甘温,入肾经,又有温补固摄之功。治肾虚不固之尿频、遗尿及遗精者,可与桑螵蛸、益智仁等同用;治冲任虚寒之带下清稀者,常配伍鹿茸、白蔹、艾叶等。

此外,本品的绒毛有止血作用,外敷可用于金疮出血。

【用法用量】内服:6~12g,煎汤,或入丸散。

【现代研究】

1. 化学成分　主要含原儿茶酸、咖啡酸、3,4-二羟基苯甲醛、粉蕨素、金粉蕨素、金粉蕨素-2'-O-β-D-葡萄糖苷、金粉蕨素-2'-O-β-D-阿洛糖苷等成分,尚含挥发油、糖及氨基酸等成分。

2. 药理作用　有防治骨质疏松、抗炎、抗风湿、镇痛、抗氧化、抑菌、保肝、抗癌等作用。

千年健　qiānniánjiàn

本品首载于《本草纲目拾遗》。为天南星科植物千年健 *Homalomena occulta* (Lour.) Schott 的干燥根茎。主产于云南、广西等地。春、秋二季采挖。以切面红棕色、香气浓者为佳。生用。《中国药典》规定,干燥药材芳樟醇($C_{10}H_{18}O$)的含量不得少于0.20%。

【处方用名】千年健。

【主要药性】苦、辛,温。归肝、肾经。

【功效】祛风湿,壮筋骨。

【应用】

风湿痹证　本品辛温苦燥,能祛风通络疗痹;又入肝肾经,能强筋壮骨;故尤宜于老年人痹病。治疗风寒湿痹、四肢麻木、筋骨疼痛、行步艰难,常与羌活、牛膝、木瓜等配伍。

【用法用量】内服:5~10g,煎汤,或酒浸服。

【使用注意】阴虚内热者慎服。

【现代研究】

1. 化学成分　主要含芳樟醇、α-蒎烯、β-蒎烯、柠檬烯、α-松油醇、β-松油醇、橙花醇、香叶醇、香叶醛、丁香油酚、异龙脑、广藿香醇等挥发油类成分。

2. 药理作用　有抗炎、镇痛、抗组胺、抗凝血及抗菌等作用。

鹿衔草　lùxiáncǎo

本品首载于《滇南本草》。为鹿蹄草科植物鹿蹄草 *Pyrola calliantha* H. Andres 或普通鹿蹄草

Pyrola decorata H. Andres 的干燥全草。全国大部分地区有产。全年均可采挖。以紫红色或紫褐色者为佳。生用。《中国药典》规定,干燥药材水晶兰苷($C_{16}H_{22}O_{11}$)的含量不得少于 0.10%。

【处方用名】鹿衔草、鹿蹄草、鹿含草。

【主要药性】甘、苦,温。归肝、肾经。

【功效】祛风湿,强筋骨,止血,止咳。

【应用】

1. 风湿痹证　本品苦燥甘补,归肝肾经。既能祛风湿,又能强筋骨,适用于风湿痹痛、日久不愈及肾虚腰痛、腰膝无力者,可与桑寄生、杜仲等同用。

2. 出血证　本品能收敛止血,适用于月经过多、崩漏、咯血、外伤出血等多种出血证,单用或随证配用。治月经过多、崩漏,常配伍棕榈炭、地榆炭等;治肺痨咯血,常与白及、阿胶等同用;治外伤出血,常与三七等研末调敷。

3. 久咳劳嗽　本品能补益肺肾而定喘嗽,用于肺虚久咳或肾不纳气之虚喘,常与五味子、百部等同用。

【用法用量】内服:9~15g,煎汤,或入丸散。外用:适量。

【使用注意】阴虚火旺者慎用。

【现代研究】

1. 化学成分　主要含鹿蹄草素,*N*-苯基-2-萘胺,高熊果酚苷,伞形梅笠草素,没食子酸,原儿茶酸,没食子鞣质,肾叶鹿蹄草苷,6-*O*-没食子酰高熊果酚苷,槲皮素,金丝桃苷,没食子酰金丝桃苷等成分。

2. 药理作用　有抗炎、降压、增加血流量、增强免疫力等作用。

雪莲花　xuěliánhuā

首载于《本草纲目拾遗》。为菊科植物绵头雪莲花 *Saussurea laniceps* Hand.-Mazz.、鼠曲雪莲花 *Saussurea gnaphaloides*(Royle)Sch.-Bip.、水母雪莲花 *Saussurea medusa* Maxim. 三指雪莲花 *Saussurea tridactyla* Sch.-Bip. ex Hook. f.、槲叶雪莲花 *Saussurea quercifolia* W. W. Smith 的带根全草。主产于四川、云南、西藏等地。6~7 月间拔取全株。生用。

【处方用名】雪莲花、雪莲。

【主要药性】甘、微苦,温。归肝、肾经。

【功效】祛风湿,强筋骨,补肾阳,调经止血。

【应用】

1. 风湿痹证　本品苦燥温通,甘而能补,归肝肾经,既能祛风湿,又能补肝肾、强筋骨,尤宜于风湿湿痹证及风湿日久、肝肾亏损、腰膝软弱者。可单用泡酒服,或与五加皮、桑寄生、狗脊等同用。

2. 肾虚阳痿,月经不调　本品甘温,能温肾阳,调冲任,壮阳起痿,调经止带。治肾虚阳痿、腰膝酸软等,可单用,亦可与冬虫夏草、仙茅、枸杞浸酒服用;治下元虚冷、冲任失调所致的月经不调,如崩漏、闭经、痛经及带下量多,可单用蒸服,或与党参等炖鸡食用。

此外,本品外敷,可用于外伤出血。

【用法用量】内服:6~12g,煎汤,或入丸散、酒剂。外用:适量。

【使用注意】孕妇禁服。

【现代研究】

1. 化学成分　主要含东莨菪素、伞形花内酯、芹菜素、芹菜素-6-甲氧基黄酮、木犀草素、山奈酚、槲皮素、芦丁、芹菜素-7-*O*-α-L-鼠李糖(1→2)-*β*-D-葡萄糖吡喃糖苷、柯利素-7-*O*-*β*-D-葡萄吡喃糖苷等成分。

2. 药理作用　有抗炎、镇痛、抗氧化、降压、强心及兴奋子宫等作用。

附:

天山雪莲　本品为菊科植物天山雪莲 *Saussurea involucrata*(Kar. et Kir.)Sch. Bip. 的地上部分。主产于新疆。夏、秋二季采收。性味微苦,温;归肝、肾经。功效温肾助阳,祛风胜湿,通经活血。用于风寒湿痹痛,小腹冷痛,月经不调。水煎或酒浸服,3~6g。外用适量。孕妇忌用。

【思考题】

1. 何谓祛风湿药?简述祛风湿药的分类、功效、主治。如何正确使用祛风湿药?

2. 如何正确使用独活、威灵仙、木瓜、蕲蛇、秦艽、防己、桑寄生?

3. 简述独活与羌活、五加皮与桑寄生在功效、应用方面的异同点。

ER 各论第四章　同步练习

(王玉凤　汪 琼)

第五章 化湿药

【学习目标】

1. 掌握化湿药的含义、性能主治、应用要点。

2. 掌握广藿香、苍术、厚朴的药性、功效、主治、性能特点、经典配伍以及用法用量、使用注意。熟悉砂仁、豆蔻的功效、主治、某些特殊用法及使用注意。了解其余化湿药的功效、特殊用法及使用注意。

【含义】以化湿运脾为主要功效，主治湿阻中焦证的药物，称化湿药，又称芳香化湿药。

【性能主治】本类药物多具辛味，气味芳香，其性温燥，入脾、胃经，偏行中焦。"土爱暖而喜芳香"，温燥能燥湿运脾，芳香能化湿醒脾，故具有化湿运脾之功，主治湿阻中焦证之脘腹痞满、呕吐泛酸、大便溏薄、食少体倦、口甘多涎、舌苔白腻。此外，有些化湿药兼有解暑、行气等功效，可用于治疗暑湿、湿温初起、湿阻气滞等病证。

【应用要点】

1. 对证用药　化湿药均适应于治疗湿阻中焦证。在此基础上，应注意各药性能特点与湿阻中焦证个体表现的对应性。

2. 配伍用药　为了增强疗效，化湿药常相须配伍使用。同时应根据兼证进行配伍。治疗湿阻气滞时，可配伍行气药；湿热阻滞者，可配伍清热燥湿药；寒湿阻滞者，可配伍温中散寒药；暑湿者，配伍解暑药。对脾虚生湿者，应与补气健脾药配伍。王冰曰"治湿之病，不下小便，非其治也"，故治疗湿阻中焦证，常可配伍利水渗湿药。"

3. 注意事项　有些化湿药温燥力强，易耗气伤阴，阴虚血燥及气虚者应慎用。化湿药中辛香之品，入汤剂不宜久煎，以免有效成分损失而降低药效。

广藿香　guǎnghuòxiāng

本品首载于《名医别录》。为唇形科植物广藿香 *Pogostemon cablin* (Blanco) Benth. 的干燥地上部分。主产于广东。枝叶茂盛时采割。以叶多、香气浓者佳。生用。《中国药典》规定，干燥药材百秋李醇（$C_{15}H_{26}O$）的含量不得少于 0.10%。

【处方用名】广藿香、藿香。

【主要药性】辛，微温。归脾、胃、肺经。

【功效】芳香化湿,和中止呕,发表解暑。

【应用】

1. 湿阻中焦证　本品味辛发散,其气芳香,性温祛寒,长于化湿辟秽,醒脾和胃,为芳香化湿浊要药。治湿阻中焦所致的脘腹痞满、呕吐泛酸、大便溏薄、食少体倦、口甘多涎、舌苔白腻者,常与苍术、厚朴、陈皮等配伍。

2. 呕吐　本品既能芳香化湿,又能和中止呕。凡呕吐之证,无论寒热虚实,皆可配伍运用,以治湿浊中阻所致之呕吐最为适宜。治胃寒停饮呕吐,常与生姜、半夏等同用;治胃热呕吐,常与黄连、竹茹等同用;治妊娠呕吐,可与砂仁、香附等同用。

3. 暑湿表证,湿温初起　本品辛香性温,外散表邪,内化湿浊,为治暑月外感风寒、内伤生冷之要药。治外感风寒,内伤生冷所致的恶寒发热、头疼胸闷、呕吐泄泻者,常配伍紫苏、厚朴、半夏等。治湿温初起、湿热并重者,常配伍滑石、茵陈、黄芩等。

【用法用量】内服:3~10g,煎汤,或入丸散。

【现代研究】

1. 化学成分　主要含百秋李醇、广藿香醇、广藿香酮及广藿香二醇等挥发油,黄酮等成分。

2. 药理作用　有止泻、促消化、保护胃黏膜、抗病原微生物、止咳、祛痰、平喘、抗炎和镇痛作用。

佩兰　pèilán

本品首载于《神农本草经》。为菊科植物佩兰 Eupatorium fortunei Turcz. 的干燥地上部分。主产于江苏、浙江、河北等地。夏、秋二季分两次采割。以叶多、色绿、质嫩、香气浓者佳。生用。《中国药典》规定,干燥药材挥发油的含量不得少于 0.30%(ml/g);干燥饮片挥发油的含量不得少于 0.25%(ml/g)。

【处方用名】佩兰、兰草。

【主要药性】辛,平。归脾、胃、肺经。

【功效】芳香化湿,醒脾开胃,发表解暑。

【应用】

1. 湿阻中焦证　本品味辛,气味芳香,主入脾胃经,能芳香化湿、醒脾和中,治湿阻中焦证,每与广藿香相须为用。治脾经湿热,口中甜腻、口臭、多涎等脾瘅症,可单用,或与滑石、黄芩、薏苡仁等同用。

2. 暑湿表证,湿温初起　本品辛散发表,芳香化湿,既能解暑,又能化湿。治暑湿者,常与广藿香、青蒿等同用。治湿温初起者,可与广藿香、滑石等同用。

【用法用量】内服:3~10g,煎汤,或入丸散。

【现代研究】

1. 化学成分　主要含对聚伞花素、乙酸橙醇酯、百里香酚甲醚等挥发油、生物碱、甾醇及其酯类、有机酸等成分。

2. 药理作用　有促消化、抗炎、抗病原微生物和抗病毒作用。

砂仁 shārén

本品首载于《药性论》。为姜科植物阳春砂 *Amomum villosum* Lour.、绿壳砂 *Amomum villosum* Lour. var. *xanthioides* T. L. Wu et Senjen 或海南砂 *Amomum longiligulare* T. L. Wu 的干燥成熟果实。主产于广东、广西、云南等地。夏、秋二季采收。以色棕褐、仁饱满、气味浓者佳。生用。《中国药典》规定,干燥药材阳春砂、绿壳砂种子团含挥发油不得少于 3.0%(ml/g);海南砂种子团含挥发油不得少于 1.0%(ml/g);含乙酸龙脑酯($C_{12}H_{20}O_2$)的含量不得少于 0.90%。

【处方用名】砂仁、阳春砂。

【主要药性】辛,温。归脾、胃、肾经。

【功效】化湿开胃,温脾止泻,理气安胎。

【应用】

1. 湿阻中焦证,脾胃气滞证 本品芳香醒脾,味辛能行,性温散寒,入脾胃经,长于化湿、行气、温中,凡湿阻中焦或脾胃气滞,皆可配伍运用,尤宜于寒湿阻滞者。治湿阻气滞,可与豆蔻、木香等同用;治寒湿阻滞中焦,可与厚朴、陈皮等同用;治脾胃气虚、痰阻气滞者,常与木香、党参、白术等配伍。

2. 脾胃虚寒,呕吐泄泻 本品辛温,能温脾止泻、和胃止呕。治脾胃虚寒、呕吐泄泻,可与干姜、附子等同用。

3. 妊娠恶阻,胎动不安 本品和胃止呕,行气安胎。常用于治疗脾胃气滞、妊娠恶阻、胎动不安,可与紫苏梗、白术等同用。

【用法用量】内服:3~6g,煎汤宜后下,或入丸散。

【使用注意】阴虚血燥者慎用。

【现代研究】

1. 化学成分 主要含乙酸龙脑酯、樟脑、樟烯、柠檬烯等挥发油,黄酮等成分。

2. 药理作用 有增强胃动力、抗胃溃疡、利胆、止泻、抗炎和镇痛作用。

附:

砂仁壳 本品为姜科植物阳春砂、绿壳砂或海南砂的果壳。性味功效与砂仁相似,但药力不及砂仁,临床多用于脾胃湿阻气滞,脘腹胀痛,呕恶食少等。煎服,3~6g。

豆蔻 dòukòu

本品首载于《名医别录》。为姜科植物白豆蔻 *Amomum kravanh* Pierre ex Gagnep. 或爪哇白豆蔻 *Amomum compactum* Soland ex Maton 的干燥成熟果实。原豆蔻主产于泰国、柬埔寨;印尼白蔻主产于印度尼西亚爪哇,我国主产于广东、广西、云南等地。秋季采收。以个大、饱满、果壳完整、气味浓者佳。生用。《中国药典》规定,干燥药材原豆蔻仁的挥发油含量不得少于 5.0%(ml/g),印尼白蔻仁的挥发油含量不得少于 4.0%(ml/g);豆蔻仁桉油精($C_{10}H_{18}O$)的含量不得少于 3.0%。

【处方用名】豆蔻、白豆蔻。

【主要药性】辛,温。归肺、脾、胃经。

【功效】化湿行气,温中止呕。

【应用】

1. 湿阻中焦证,脾胃气滞证　本品辛温芳香,味辛行气,芳香化湿,能化湿行气。治湿阻气滞、脘腹胀满、不思饮食者,常与苍术、厚朴、陈皮等同用。

2. 湿温初起　本品辛香,能化湿行气;入肺、脾、胃经,功在中、上二焦,常用于治疗湿温初起,胸闷不饥。湿重于热者,常配伍苦杏仁、薏苡仁等;热重于湿者,常配伍黄芩、滑石等。

3. 呕吐　本品辛温,能温胃散寒,常用于胃寒呕吐,可单用研末冲服,或与广藿香、半夏等同用。

【用法用量】内服:3~6g,煎汤后下,或入丸散。

【使用注意】阴虚血燥者慎用。

【现代研究】

1. 化学成分　主要含桉油精、β-蒎烯、α-蒎烯、丁香烯、乙酸龙脑酯等挥发油。

2. 药理作用　有促消化、止呕、抑菌和解酒作用。

附:

豆蔻壳　本品为姜科草本植物白豆蔻或爪哇白豆蔻的果壳。性味功效与豆蔻相似,但药力不及豆蔻,临床多用于湿阻气滞所致的脘腹痞闷、食欲不振、呕吐等。煎服,3~6g。

厚朴　hòupò

本品首载于《神农本草经》。为木兰科植物厚朴 *Magnolia officinalis* Rehd. et Wils. 或凹叶厚朴 *Magnolia officinalis* Rehd. et Wils. var. *biloba* Rehd. et Wils. 的干燥干皮、根皮及枝皮。主产于四川、湖北、浙江等地。4~6月采收。以皮厚、油性足、断面紫棕色、有小亮星、气味浓厚者佳。生用或制用。《中国药典》规定,干燥药材厚朴酚($C_{18}H_{18}O_2$)与和厚朴酚($C_{18}H_{18}O_2$)的总含量不得少于2.0%;干燥饮片姜厚朴含厚朴酚($C_{18}H_{18}O_2$)与和厚朴酚($C_{18}H_{18}O_2$)的总量不得少于1.6%。

【处方用名】厚朴、姜厚朴、川厚朴。

【主要药性】苦、辛,温。归脾、胃、肺、大肠经。

【功效】燥湿消痰,下气除满。

【应用】

1. 湿阻中焦证　本品苦能燥,辛能行,长于行气、燥湿,为消除胀满之要药,凡脾胃气滞、脘腹胀满者,皆可配伍运用。治湿阻中焦、脘腹胀满者,常与苍术、陈皮等配伍。

2. 胃肠积滞证　本品味辛行气,味苦降泄,能下气消积。治食积气滞、脘腹胀满者,常与山楂、神曲、麦芽等配伍;治积滞便秘、脘腹胀痛者,常配伍枳实、大黄等。

3. 痰饮喘咳　本品味苦,既能燥湿痰,又能降肺气,长于消痰平喘。治痰涎壅盛、胸闷喘咳者,常配伍紫苏子、肉桂、当归等;治表虚咳喘,可与桂枝、芍药、苦杏仁等配伍。

此外,治痰气互阻于咽喉之梅核气者,常与半夏、茯苓、生姜等同用。

【用法用量】内服:3~10g,煎汤或入丸散。

【使用注意】气虚津亏者及孕妇慎用。

【现代研究】

1. 化学成分 主要含厚朴酚、和厚朴酚等酚性成分,木脂素、挥发油、生物碱等成分。

2. 药理作用 有促消化、保护胃黏膜、抗病原微生物、抗炎、抑菌、镇痛和抗抑郁作用。

附:

厚朴花 本品为木兰科植物厚朴或凹叶厚朴的干燥花蕾。性味苦,微温;归脾、胃经。功能芳香化湿,理气宽中,用于脾胃湿阻气滞,胸脘痞闷胀满,纳谷不香等。煎服,3~9g。

苍术 cāngzhú

本品首载于《神农本草经》。为菊科植物茅苍术 *Atractylodes lancea*(Thunb.)DC. 或北苍术 *Atractylodes chinensis*(DC.)Koidz. 的干燥根茎。主产于江苏、河南、河北等地。春、秋二季采收。以切面朱砂点多、香气浓者佳。生用或制用。《中国药典》规定,干燥药材苍术素($C_{13}H_{10}O$)的含量不得少于 0.30%;干燥饮片麸炒苍术苍术素($C_{13}H_{10}O$)的含量不得少于 0.20%。

【处方用名】苍术、麸炒苍术、茅苍术、北苍术。

【主要药性】辛、苦,温。归脾、胃、肝经。

【功效】燥湿健脾,祛风散寒,明目。

【应用】

1. 湿阻中焦证 本品苦温燥湿,入脾胃经,长于燥湿健脾。凡湿阻中焦,皆可配伍运用,尤宜于寒湿困脾之证。治脘腹胀满、不思饮食、恶心呕吐、倦怠乏力、舌苔白腻者,常与厚朴、陈皮、甘草配伍。

2. 风湿痹证,风寒表证 本品辛散苦燥,性温祛寒,既能祛风湿,又能散风寒。治痹证以湿重者尤宜。治风寒湿痹,可与独活、羌活等同用。治湿热下注、足膝痿软无力者,常与黄柏配伍。若治风寒表证夹湿、恶寒发热、头痛身痛者,常与羌活、细辛、川芎等同用。

3. 夜盲,眼目昏涩 本品能明目,常用于夜盲及眼目昏涩,可单用,亦可与猪肝等蒸煮同食。

【用法用量】内服:3~9g,煎汤或入丸散。

【使用注意】阴虚内热,气虚多汗者忌用。

【现代研究】

1. 化学成分 主要含 β- 橄榄烯、α- 及 δ- 愈创木烯、花柏烯、丁香烯、芹子烯、广藿香烯、苍术酮、苍术素等挥发油,白术内酯、苍术烯内酯丙等成分。

2. 药理作用 有调节胃肠运动、抗溃疡、抑制子宫平滑肌、抗病原微生物、促进胆汁分泌和镇痛作用。

草豆蔻 cǎodòukòu

本品首载于《名医别录》。为姜科植物草豆蔻 *Alpinia katsumadai* Hayata 的干燥近成熟种子。主产于云南、广西等地。夏、秋二季采收。以个大、饱满、气味浓者佳。生用。《中国药典》规定,干燥药材挥发油的含量不得少于 1.0%（ml/g）；含山姜素（$C_{16}H_{14}O_4$）、乔松素（$C_{15}H_{12}O_4$）和小豆蔻明（$C_{16}H_{14}O_4$）的总含量不得少于 1.35%，桤木酮（$C_{19}H_{18}O$）的含量不得少于 0.50%。

【处方用名】草豆蔻、草蔻。

【主要药性】辛，温。归脾、胃经。

【功效】燥湿行气，温中止呕。

【应用】

1. 寒湿中阻证，脾胃气滞证　本品辛香温燥，入脾胃经，长于燥湿行气、脾胃寒湿偏盛者尤宜。治寒湿阻滞中焦、气机不畅、脾失健运、脘腹胀满、呕吐泄泻者，常与干姜、陈皮等同用。

2. 呕吐　本品辛香温燥，温中止呕，治寒湿阻滞中焦、恶心呕吐者，可与高良姜、陈皮、肉桂等同用。

【用法用量】内服：3~6g，煎汤或入丸散。

【使用注意】阴虚血燥者慎用。

【现代研究】

1. 化学成分　主要含桉油精、蛇麻烯、反 - 麝子油醇、樟脑等挥发油，黄酮类、二苯基庚烷、皂苷等成分。

2. 药理作用　有促消化、止呕、抑菌、抗病原微生物和抗氧化作用。

草果　cǎoguǒ

本品首载于《饮膳正要》。为姜科植物草果 *Amomum tsao-ko* Crevost et Lemaire 的干燥成熟果实。主产于云南、广西、贵州等地。秋季采收。以个大、饱满、色红棕、气味浓者佳。生用或制用。《中国药典》规定，干燥药材种子团含挥发油不得少于 1.4%（ml/g）；干燥饮片草果仁挥发油的含量不得少于 1.0%（ml/g），姜草果仁挥发油的含量不得少于 0.7%（ml/g）。

【处方用名】草果、草果仁、姜草果仁。

【主要药性】辛，温。归脾、胃经。

【功效】燥湿温中，截疟除痰。

【应用】

1. 寒湿中阻证　本品辛温燥烈，入脾、胃经，燥湿温中力强。治寒湿困脾、脘腹疼痛、舌苔浊腻者，常与厚朴、苍术等同用。

2. 疟疾　本品芳香辟秽，能截疟。治疟疾寒热往来者，可与柴胡、知母等同用。

【用法用量】内服：3~6g，煎汤或丸散。

【使用注意】阴虚血燥者慎用。

【现代研究】

1. 化学成分　主要含桉油精、2- 癸烯醛、香叶醇、2- 异丙基苯甲醛、柠檬醛等挥发油成分。

2. 药理作用　有止咳、祛痰、平喘、抗炎、抑菌、抗溃疡、抗病原微生物和镇痛作用。

【思考题】

1. 何谓化湿药？简述化湿药的分类、功效、主治。如何正确使用化湿药？

2. 如何正确使用广藿香、苍术、厚朴？

3. 简述广藿香与佩兰、苍术与厚朴、砂仁与豆蔻、豆蔻与草豆蔻在功效、应用方面的异同点。

ER 各论第五章　同步练习

（刘立萍）

第六章　利水渗湿药

【学习目标】

1. 掌握利水渗湿药的含义、性能功效、主治、应用要点；熟悉利水渗湿药的分类以及每类药物的性能特点。

2. 掌握茯苓、薏苡仁、泽泻、车前子、木通、茵陈、金钱草、虎杖的功效、应用、性能特点、经典配伍以及用法用量、使用注意。熟悉猪苓、滑石、石韦、瞿麦的功效、主治、某些特殊用法及使用注意。了解其余利水渗湿药的功效、特殊用法及使用注意。

【含义】以通利水道、渗泄水湿为主要功效，主治水湿内停病证的药物，称利水渗湿药。根据其药性和作用特点，利水渗湿药分为利水消肿药、利尿通淋药和利湿退黄药三类。

【性能主治】

本类药物多具甘淡味或苦味，渗利下行，多归膀胱、肾及小肠经，能使小便通畅、尿量增加、促进体内水湿之邪排泄，具有利水渗湿之功，主治水湿内停的水肿、小便不利、淋证、黄疸、痰饮、泄泻、带下、湿疮、湿疹、湿温、暑湿等病证。其中以渗泄水湿、利尿退肿为主要功效，主要用于水肿、小便不利、痰饮、泄泻等病症者，称为利水消肿药；性偏寒凉，以通利水道、解除淋痛药为主要功效，主要用于热淋、血淋、石淋、膏淋等病症者，称为利尿通淋药；性偏寒凉，以渗水利湿、退黄为主要功效，主要用于黄疸者，称为利湿退黄药。此外，有些利水渗湿药兼有健脾、祛风湿、祛风止痒、清热泻火、清热解毒等功效，可用于治疗脾虚水湿内停之痰饮、泄泻、风湿痹痛、湿疮、湿疹、脏腑热证、疮痈肿毒等。

【应用要点】

1. 对证用药　利水渗湿药均适用于治疗水湿内盛病证，在使用时应针对水肿、淋证、黄疸等不同病症，选择使用利水消肿、利尿通淋或利湿退黄的药物；在此基础上，应注意各个药物性能特点与水肿、淋证、黄疸等病症个体表现的对应性。

2. 配伍用药　为增强疗效，利水渗湿药不仅常相须配伍使用，且常与行气药同用。还可根据水湿内停病证的不同证候表现进行配伍。水肿骤起有表证者，配伍解表宣肺药；水肿日久、脾肾阳虚者，配伍温补脾肾药；湿热者，配伍清热药；寒湿者，配温里祛寒药；热伤血络而尿血者，配伍凉血止血药；湿热黄疸者，配伍清热燥湿药；脾失运化泄泻、痰饮者，配伍健脾化湿药；暑湿、湿温者，配伍芳香化湿药。

3. 注意事项　利水渗湿药易耗伤津液，阴虚津亏者应慎用或忌用。

第一节　利水消肿药

本节药物大多性平或微寒,味甘淡,功效利水消肿,主治水湿内停之水肿、小便不利、泄泻、痰饮等证。有些药物兼有健脾功效,可用于治疗脾虚生湿者。

茯苓　fúlíng

本品首载于《神农本草经》。为多孔菌科真菌茯苓 *Poria cocos*（Schw.）Wolf 的干燥菌核。主产于云南、安徽、湖北等地。7~9 月采挖。以体重坚实,外皮棕褐色、纹细、无裂隙,断面白色细腻,黏牙力强为佳。生用。

【处方用名】茯苓、白茯苓、云茯苓。

【主要药性】甘、淡,平。归脾、肾、心经。

【功效】利水渗湿,健脾,宁心安神。

【应用】

1. 水肿、小便不利、痰饮　本品性平,甘补淡渗,既可渗湿祛邪,又可健脾扶正,为利水消肿之要药,适用于寒热虚实各种水湿内盛病证。治水湿内停之水肿、小便不利,常与猪苓、泽泻、白术等配伍;治脾肾阳虚水肿,常与附子、白术、生姜等同用;治水热互结、阴虚小便不利、水肿,常与猪苓、滑石、阿胶等同用。治湿痰阻肺、痰白量多,常与半夏、陈皮等配伍;治饮停于胃而呕吐者,多与半夏、生姜等同用。

2. 脾虚食少,便溏泄泻　本品能健脾渗湿,可用于治疗脾虚倦怠乏力,食少便溏诸症。治脾胃虚弱、食少纳呆、疲倦乏力,常与人参、白术、甘草同用;治脾虚湿盛之泄泻,常配伍人参、白术、薏苡仁等。

3. 心悸失眠　本品既能补脾渗湿,又可宁心安神,无论痰饮内盛或心脾不足者均可应用。治痰饮之目眩心悸,常与桂枝、白术、甘草配伍;治疗心脾两虚、气血不足之心悸、失眠、健忘,常与人参、黄芪、当归等同用;治心气亏虚、惊恐不眠者,多与人参、远志等同用。

【用法用量】内服:10~15g,煎汤,或入丸散,或作药膳用。

【现代研究】

1. 化学成分　主要含茯苓多糖、乙酰茯苓酸、茯苓酸、3β-羟基羊毛甾三烯酸以及树胶、甲壳质、蛋白质、脂肪、卵磷脂、胆碱、组氨酸、麦角甾醇、腺嘌呤、锂盐等。

2. 药理作用　有利尿、增强免疫、抗肿瘤、抗肝硬变、镇静、清除自由基、增白、抗炎、抗病毒、抑菌、抗衰老和降血糖等作用。

附:

1. 茯苓皮　本品为多孔菌科真菌茯苓的干燥菌核的黑色外皮。性味甘、淡,平;归肾、膀胱经。功效:利水消肿。临床多用于水肿,小便不利。煎服,15~30g。

2. 茯神　本品为多孔菌科真菌茯苓的菌核抱有松根的部分。性味甘、淡,平;归肾、心经。功效:宁心安神。临床多用于心神不安,惊悸,健忘。煎服,10~15g。

薏苡仁　yìyǐrén

本品首载于《神农本草经》。为禾本科多年生草本植物薏苡 *Coix lacryma-jobi* L. var. *mayuen* (Roman.) Stapf 的干燥成熟种仁。主产于福建、河北、辽宁等地。秋季果实成熟时采收。以粒大、饱满、色白、完整者为佳。生用或制用。《中国药典》规定,干燥药材、饮片甘油三油酸酯($C_{57}H_{104}O_6$)的含量分别不得少于 0.50%、0.40%。

【处方用名】薏苡仁、炒薏苡仁。

【主要药性】甘、淡,凉。归脾、胃、肺经。

【功效】利水渗湿,健脾止泻,除痹,排脓。

【应用】

1. 水肿、小便不利、脚气　本品甘淡渗利,既利水又健脾,尤宜于治疗脾虚湿盛之水肿、小便不利,常与茯苓、白术、黄芪等同用。治水肿喘急,可用郁李仁汁煮饭服。治脚气浮肿,常与吴茱萸、槟榔、木瓜等同用。

2. 脾虚泄泻　本品既能健脾,又能渗湿止泻,治疗脾虚湿盛之泄泻,可与人参、白术、茯苓等配伍。

3. 湿热证　本品辛凉,能清利湿热。治湿热淋证,可单用本品煎服;治湿温初起、胸闷不饥、舌苔浊腻者,常与苦杏仁、豆蔻、厚朴等配伍。

4. 痹证　本品甘淡渗利,且能除痹,善疗湿痹筋脉拘急,可单用煮粥服用或与独活、防风、桂枝等配伍。因其性凉,兼能清热,对于风湿热痹尤为适宜。治风湿身痛发热,可与麻黄、苦杏仁、甘草等配伍;治湿热下注痿痹,可与苍术、黄柏、牛膝同用。

5. 肺痈,肠痈　本品性凉,能清热排脓。治肺痿肺痈吐脓血,可单用;治胸痛、咳吐腥臭脓痰,可与芦根、冬瓜仁、桃仁等配伍。治肠痈腹痛,可与牡丹皮、桃仁、败酱草等同用。

此外,薏苡仁还有解毒散结之功,可用于治疗赘疣、癌肿。

【用法用量】内服:9~30g,煎服。生薏苡仁利水清热,炒薏苡仁健脾止泻。本品力缓,为食疗佳品。

【使用注意】孕妇慎用。

【现代研究】

1. 化学成分　主要含薏苡内酯、薏苡仁酯、薏苡仁多糖、粗蛋白、甾醇、氨基酸、多种 B 族维生素等。

2. 药理作用　有抗肿瘤、提高机体免疫力、降血糖、抗炎、镇痛、抑制骨质疏松等作用。

猪苓　zhūlíng

本品首载于《神农本草经》。为多孔菌科真菌猪苓 *Polyporus umbellatus* (Pers.) Fries 的干燥菌核。主产于陕西、山西、云南等地。春、秋采挖。以个大、外皮黑褐色、断面粉白、体较重者为佳。生用。《中国药典》规定,干燥药材、饮片麦角甾醇($C_{28}H_{44}O$)的含量分别不得少于 0.070%、0.05%。

【处方用名】猪苓。

【主要药性】甘、淡,平。归肾、膀胱经。

【功效】利水渗湿。

【应用】

1. 水肿、小便不利　本品甘淡性平,利水作用强于茯苓。治水湿停滞的水肿,可单用为末调服,或与茯苓、泽泻、白术等配伍;治水热互结,阴虚小便不利、水肿,可与茯苓、阿胶、滑石等同用。

2. 泄泻　本品利水渗湿力强,且能止泻,尤宜于水湿泄泻,常与茯苓、泽泻、白术等同用。治夏秋之间,脾胃伤冷,泄泻不止,常与茯苓、泽泻、苍术等同用;治肠胃寒湿、濡泻无度者,可与肉豆蔻等配伍。

3. 淋浊,带下　本品淡渗利湿祛浊。治膀胱湿热之小便淋痛,常与生地黄、滑石、木通等同用;治湿热带下,常配伍茯苓、车前子、黄柏等。若治寒湿带下,可与苍术、白术、山药等同用。

【用法用量】内服:6~12g,煎汤,或入丸散。

【使用注意】无水湿者忌用。

【现代研究】

1. 化学成分　主要含麦角甾醇、猪苓多糖、猪苓聚糖、猪苓菌丝多糖、猪苓菌核多糖、猪苓酸、氨基酸、维生素等。

2. 药理作用　有利尿、抑制尿路结石形成、增强机体免疫、抗肿瘤、抗辐射损伤、改善肝功能、抗诱变和抗衰老等作用。

泽泻　zéxiè

本品首载于《神农本草经》。为泽泻科植物东方泽泻 *Alisma orientale*(Sam.) Juzep. 或泽泻 *Alisma plantago-aquatica* Linn. 的干燥块茎。主产于福建、四川、江西等地。以福建、江西产者称为"建泽泻",质较优。冬季采挖。以个大、质坚、色黄白,粉性足者为佳。生用或制用。《中国药典》规定,干燥药材和饮片含 23- 乙酰泽泻醇 B($C_{32}H_{50}O_5$)和 23- 乙酰泽泻醇 C($C_{32}H_{48}O_6$)的总量不得少于 0.10%。

【处方用名】泽泻、盐泽泻、麸炒泽泻。

【主要药性】甘、淡,寒。归肾、膀胱经。

【功效】利水渗湿,泄热,化浊降脂。

【应用】

1. 水肿、小便不利、泄泻　本品甘淡,利水渗湿作用较强。治水湿内停之水肿、小便不利,常与茯苓、猪苓、白术等配伍;治湿盛泄泻、尿少,可与车前子、薏苡仁、猪苓等同用。

2. 痰饮眩晕　本品利水渗湿以消痰饮、疗眩晕。治痰饮眩晕,常与白术同用,或与天麻、代赭石、石菖蒲等配伍。

3. 淋证、遗精　本品性寒,长于渗利下焦湿热。治湿热蕴结膀胱之淋证,小便短赤、淋涩疼痛,常与木通、车前子、黄柏等同用。治相火偏亢之遗精、腰膝酸软、五心烦热,常与熟地黄、山茱萸、山药等配伍。

此外,本品有化浊降脂之功,常可用于治疗高脂血症,可与决明子、荷叶、何首乌等同用。

【用法用量】内服:6~10g,煎汤,或入丸散。生泽泻偏于泄热,盐泽泻偏于泄下焦之火,麸炒泽泻寒性减弱。

【使用注意】性寒通利之品,肾虚滑精及无湿热者忌用。

【现代研究】

1. 化学成分　主要含三萜类化合物、挥发油、生物碱、黄酮、蛋白质、淀粉、氨基酸等。

2. 药理作用　有利尿、降低血清总胆固醇、抗动脉粥样硬化、增加冠脉流量、抗血小板聚集、抗血栓、抗脂肪肝、降压、降血糖、抗炎、抑菌等作用。

冬瓜皮　dōngguāpí

本品首载于《开宝本草》。为葫芦科植物冬瓜 *Benincasa hispida* (Thunb.) Cogn. 的干燥外层果皮。全国大部分地区均产。夏末秋初采收。生用。以皮薄、条长、外表面灰绿色、有粉霜、干燥、洁净者为佳。

【处方用名】冬瓜皮。

【主要药性】甘,凉。归脾、小肠经。

【功效】利水消肿,清热解暑。

【应用】

1. 水肿,小便不利　本品味甘,性凉,善于利水消肿。用于治疗水肿、小便不利,常配伍茯苓、猪苓、泽泻等药物。

2. 暑热证　本品性凉,可清热解暑。治疗暑热烦渴、小便短赤,常与西瓜皮、绿豆配伍,煎汤后代茶饮。也可用于治疗暑湿证,常与薏苡仁、滑石、扁豆花等配伍。

【用法用量】内服:9~30g,煎汤,或入丸散。

【现代研究】

1. 化学成分　主要含挥发成分、烟酸、胡萝卜素、葡萄糖、果糖、蔗糖、有机酸、维生素等。

2. 药理作用　有利尿等作用。

附:

冬瓜子　本品为葫芦科植物冬瓜的种子。性味甘,微寒;归肺、大肠经。功效清肺化痰,利湿,消痈排脓。应用于肺热咳嗽,肺痈,肠痈,带下,白浊等证。煎服,10~15g。

玉米须　yùmǐxū

本品首载于《滇南本草》。为禾本科植物玉蜀黍 *Zea mays* L. 的花柱及柱头。全国各地均产。秋后剥取玉米时收集。鲜用或晒干生用。以柔软、有光泽者为佳。生用。

【处方用名】玉米须。

【主要药性】甘,平。归膀胱、肝、胆经。

【功效】利水消肿,利湿退黄。

【应用】

1. 水肿、淋证　本品药性平和、长于利水渗湿消肿。治水肿、小便不利,可单用大剂量煎服;或配伍猪苓、泽泻、冬瓜皮等。治湿热蕴结膀胱之小便短赤、频数涩痛,可单味煎汤服用;或与车前子、海金沙等配伍。

2. 黄疸 本品长于利湿退黄,常用于治疗多种黄疸。治疗湿热黄疸,常配伍金钱草、茵陈、栀子等。

【用法用量】内服:30~60g,煎汤。鲜者加倍。

【现代研究】

1. 化学成分 主要含有脂肪油、挥发油、树胶样物质、树脂、苦味糖苷、皂苷、生物碱及谷甾醇、苹果酸、柠檬酸等。

2. 药理作用 有利尿、促进胆汁分泌、降血糖、增加血中凝血酶原含量及血小板数、降压等作用。

葫芦　húlu

本品首载于《日华子本草》。为葫芦科植物瓢瓜 *Lagenaria siceraria*(Molina)Standl. var. *depressa*(Ser.)Hara 的干燥果皮。全国大部分地区均有栽培。秋季采收。以干燥、色黄,陈久而无霉者为佳。生用。

【处方用名】葫芦、陈葫芦。

【主要药性】甘,平。归肺、肾经。

【功效】利水消肿。

【应用】

水肿 本品甘平,长于利水消肿。治水肿、腹水、小便不利,可与冬瓜皮、猪苓、泽泻等配伍。

此外,本品尚能利尿通淋、利湿退黄,可用于治疗淋证、黄疸。

【用法用量】内服:15~30g,煎汤。鲜者加倍。

【现代研究】

1. 化学成分 主要含葫芦素 B、葡萄糖、戊聚糖、木质素等。
2. 药理作用 有利尿、抑菌、止泻等作用。

香加皮　xiāngjiāpí

本品首载于《中药志》。为萝藦科植物杠柳 *Periploca sepium* Bge. 的干燥根皮。主产于山西、河南、河北等地。春、秋二季采挖。以块大、皮厚、香气浓、无木心者为佳。生用。《中国药典》规定,干燥药材 4- 甲氧基水杨醛($C_8H_8O_3$)的含量不得少于 0.20%。

【处方用名】香加皮、北五加皮。

【主要药性】辛,苦,温。有毒。归肝、肾、心经。

【功效】利水消肿,祛风湿,强筋骨。

【应用】

1. 下肢浮肿,心悸气短 本品性温,既温助心肾,又有较强利水消肿作用,常用于治疗下肢水肿、心悸气短,可与葶苈子、桂枝、黄芪等配伍。

2. 风湿痹证 本品辛散苦燥,温通祛寒,能祛风除湿、强健筋骨,常用于治疗风湿痹证,尤宜于风寒湿兼肝肾不足者。治疗症关节拘挛、筋骨疼痛、腰膝酸软,可与牛膝、木瓜、桑寄生等同用。

【用法用量】内服:3~6g,煎汤;或入丸、散。或浸酒服。

【使用注意】本品有毒,服用不宜过量。

【现代研究】

1. 化学成分　主要含强心苷、杠柳毒苷、香加皮苷等多种苷类,以及挥发油、萜类等成分。

2. 药理作用　有强心、升压、利尿、抗癌、抗炎等作用。

枳椇子　zhǐjǔzǐ

本品首载于《新修本草》。为鼠李科植物枳椇 *Hovenia dulcis* Thunb. 的干燥成熟种子。主产于陕西、广东、湖北等地。秋季果实成熟时采收。以饱满、有光泽为佳。生用。

【处方用名】枳椇子。

【性能】甘,平。归胃经。

【功效】利水消肿,解酒毒。

【应用】

1. 水肿　本品甘平,利水消肿。治疗水湿内停所致的水肿、小便不利,常与猪苓、茯苓、泽泻等配伍。

2. 醉酒　本品善解酒毒,用于治疗酒醉、烦热口渴,可单用鲜品,煎汤服用;或配伍葛花、绿豆煎汤服用。

【用法用量】内服:10~15g,煎汤,或泡酒服用。

【现代研究】

1. 化学成分　主含黑麦草碱、枳椇苷、葡萄糖及苹果酸钾等。

2. 药理作用　有利尿、降压、保肝、解酒等作用。

泽漆　zéqī

本品首载于《神农本草经》。为大戟科植物泽漆 *Euphorbia helioscopia* L. 的干燥全草。我国大部分地区均产。4~5月开花时采收。以干燥、无根者为佳。生用。

【处方用名】泽漆、猫儿眼睛草。

【主要性能】辛、苦,微寒。有毒。归大肠、小肠、肺经。

【功效】利水消肿,化痰止咳,解毒散结。

【应用】

1. 水肿、腹水　本品苦寒降泄,有较强的利水消肿作用。治水肿、臌胀,可单用熬膏或为丸服,或与泽泻、桑白皮等与鲤鱼同煮食用。

2. 咳嗽气喘　本品苦燥化痰、辛苦宣肺降气。治痰饮喘咳,与半夏、生姜、桂枝等同用;治肺热咳喘,可与桑白皮、地骨皮等同用。治慢性气管炎,可单味煎服或制成糖浆、片剂服用。

3. 瘰疬,癣疮　本品有化痰解毒散结、消肿的作用。治瘰疬,可单味熬成膏,以椒、葱、槐枝煎汤洗净患处,外搽,亦可与浙贝母、夏枯草、牡蛎等配伍,内服;治癣疮,可单味为末,油调搽之。治无名肿毒,可单用熬膏外敷。

【用法用量】内服:5~10g,煎汤,或入丸散。外用适量,多熬膏外用。

【使用注意】本品苦寒,易伤脾胃,脾胃虚寒者及孕妇慎用。有毒,不宜过量或长期使用。

【现代研究】

1. 化学成分　主要含皂苷、槲皮素-5,3-二-D-半乳糖苷、泽漆丁酸、泽漆醇、葡萄糖、果糖、树脂等。

2. 药理作用　有祛痰、退热等作用,对结核杆菌、金黄色葡萄球菌、铜绿假单胞菌、伤寒杆菌有抑制作用。

蝼蛄　lóugū

本品首载于《神农本草经》。为蝼蛄科昆虫华北蝼蛄(北方蝼蛄) *Gryllotalpa unispina* Saussure 和非洲蝼蛄(南方蝼蛄) *Gryllotalpa africana* Palisot et Besurois. 的干燥全虫。主产于江苏、浙江、山东等地。夏、秋间捕捉。以身干、完整、无杂质及泥土者为佳。生用。

【处方用名】蝼蛄。

【主要性能】咸,寒。归膀胱、大肠、小肠经。

【功效】利水消肿,通淋。

【应用】

1. 水肿、臌胀　本品性善下行,有较强的利水消肿作用,并有通利大便之功。治头面浮肿,大腹水肿,小便不利,可单用焙干研末服,或与甘遂、商陆同用。

2. 淋证、癃闭　本品利尿通淋。治石淋作痛,单用本品加盐焙干为末,酒送服;治小便不通,可单用研末内服,也可与麝香同捣敷脐。

【用法用量】内服,3~5g,煎汤;研末或入丸散,每次3~5g。外用适量。

【使用注意】气虚体弱者及孕妇忌用。

【现代研究】

1. 化学成分　主要含氨基酸,其中含谷氨酸、丙氨酸、亮氨酸、天冬氨酸较高。

2. 药理作用　有利尿作用。

第二节　利尿通淋药

本节药物性味甘淡或苦、寒凉,功效利尿通淋,主治下焦湿热所致的小便短赤、淋沥涩痛之热淋、血淋、石淋、膏淋等证。有些药物兼有清肝明目、祛痰等功效,又可治疗肝热目疾、肺热咳嗽等病证。

车前子　chēqiánzǐ

本品首载于《神农本草经》。为车前科植物车前 *Plantago asiatica* L. 或平车前 *Plantago depressa* Willd. 的干燥成熟种子。前者全国各地均有,后者主要分布北方各地。夏、秋种子成熟时采收。以颗粒大、颜色黑、饱满者为佳。生用或制用。《中国药典》规定,干燥药材含京尼平苷酸($C_{16}H_{22}O_{10}$)不得少于0.50%;毛蕊花糖苷($C_{29}H_{36}O_{15}$)不得少于0.40%。

【处方用名】车前子、盐车前子。

【主要药性】甘,微寒。归肾、膀胱、肝、肺经。

【功效】利尿通淋,渗湿止泻,清肝明目,清肺祛痰。

【应用】

1. 淋证,水肿 本品甘寒滑利,长于降泄,尤善清利膀胱湿热,具有利尿通淋、利水消肿之效,为湿热淋证、水湿停滞之水肿的要药。治湿热淋证,小便淋沥涩痛,常与木通、滑石、瞿麦等配伍;治水湿停滞之水肿、小便不利,可与猪苓、茯苓、泽泻等配伍;治肾虚水肿,常配伍茯苓、肉桂、附子等。

2. 泄泻 本品长于渗利水湿,能分清浊而止泻,利小便以实大便,为治疗湿邪偏盛水泻之要药。治湿盛泄泻尿少,可单用本品研末,米饮送服;治脾虚湿盛之泄泻,常配伍白术、茯苓等;治夏季暑湿泄泻,常配伍香薷、茯苓、广藿香等。

3. 目赤肿痛,目暗昏花 本品甘寒清热,能清肝明目。治肝火上炎、目赤肿痛,常与菊花、决明子等配伍;治肝肾亏虚、精血不足、视物昏花,常与熟地黄、菟丝子、枸杞子等配伍。

4. 痰热咳嗽 本品性寒清热,能清泻肺热、祛痰止咳。治肺热咳嗽,痰多黄稠者,常与瓜蒌、浙贝母、枇杷叶等清肺之品同用。

【用法用量】内服:9~15g。包煎,或入丸散。

【使用注意】肾虚滑精无湿热者忌用。

【现代研究】

1. 化学成分 主要含多量黏液质、桃叶珊瑚苷、车前子酸、胆碱、腺嘌呤、琥珀酸、树脂等。

2. 药理作用 有利尿、祛痰、镇咳、增强耐缺氧能力、降血压、降血糖、促进胃肠蠕动、抗肿瘤、调节阴道菌群失调、抑菌等作用。

附:

车前草 本品为车前科植物车前或平车前的全草。性味甘,寒;归肾、肝、肺、小肠经。功效利尿通淋,祛湿止泻,祛痰,凉血解毒。适用于热淋涩痛,水肿尿少,暑湿泄泻,痰热咳嗽,热毒痈肿,吐血衄血。煎服,9~30g。

滑石 huáshí

本品首载于《神农本草经》。为硅酸盐类矿物滑石族滑石,主含含水硅酸镁[$Mg_3(Si_4O_{10})(OH)_2$],主产于山东、江西、山西等地。全年可采。以质滑、色青白、整洁、无杂质为佳。研粉或水飞用。《中国药典》规定,干燥滑石粉含硅酸镁[$Mg_3(Si_4O_{10})(OH)_2$],不得少于88.0%;含重金属不得过40mg/kg;含砷盐不得过2mg/kg。

【处方用名】滑石、滑石粉。

【主要药性】甘、淡,寒。归膀胱、肺、胃经。

【功效】利尿通淋,清热解暑;外用祛湿敛疮。

【应用】

1. 热淋,石淋 本品甘淡性寒,清热滑利,渗利湿邪,为淋证常用之品。治湿热蕴结膀胱之小便淋沥、尿热涩痛,可用滑石为散,木通煎汤送服,也可与木通、车前子、瞿麦等同用;治石淋,可单用滑石为散服,或与海金沙、金钱草、石韦等配伍。

2. 暑湿,湿温　本品淡渗利湿,性寒清热,能清解暑热,长于治疗暑湿、湿温。治暑热烦渴胸闷、小便短少,常与甘草同用;治湿温初起、头痛恶寒、身重胸闷,常与薏苡仁、豆蔻、苦杏仁等同用。利用其清解暑热、利湿作用,可治疗暑湿或湿热泄泻,多与猪苓、车前子、薏苡仁等同用。

3. 湿疮,湿疹,痱子　本品外用能祛湿敛疮。治湿疮、湿疹,可单用或与枯矾、黄柏等为末,撒布患处。治痱子,配伍薄荷、甘草等,制成痱子粉外用。

【用法用量】内服:10~20g,包煎,或入丸散;外用:适量。

【使用注意】脾虚、热病伤津及孕妇忌用。直肠、阴道等黏膜长期接触滑石粉,局部易引起肉芽肿,因此滑石不宜久服、久用。

【现代研究】

1. 化学成分　主要含含水硅酸镁、氧化铝、氧化镍等。

2. 药理作用　外用有保护创面、吸附分泌物、促进结痂作用,内服有保护胃肠道黏膜、止泻等作用。

木通　mùtōng

本品首载于《神农本草经》。为木通科植物木通 *Akebia quinata* (Thunb.) Decne.、三叶木通 *Akebia trifoliata* (Thunb.) Koidz.、白木通 *Akebia trifoliata* (Thunb.) Koidz. var. *australis* (Diels) Rehd. 的干燥藤茎。秋季采收。以条匀,内色黄者为佳。生用。《中国药典》规定,干燥药材含木通苯乙醇苷($C_{23}H_{26}O_{11}$)不得少于0.15%。

【处方用名】木通。

【主要药性】苦,寒。归心、小肠、膀胱经。

【功效】利尿通淋,清心除烦,通经下乳。

【应用】

1. 淋证,水肿　本品性味苦寒,长于降泄膀胱之湿热,为热淋尿痛之专药。治膀胱湿热,小便淋沥涩痛、短赤灼热,常与车前子、滑石、萹蓄等同用。治水肿、小便不利,常与茯苓、猪苓、泽泻等配伍。

2. 心烦尿赤,口舌生疮　本品上能清心火除烦热,下能清利小肠,导心热从小便出,尤宜于治疗心火上炎之口舌生疮,或心火下移小肠之心烦、尿赤,常与生地黄、淡竹叶、甘草配伍。

3. 经闭,乳少　本品性通利,入血分,有通经下乳之功。治产后乳少或乳汁不通,可与猪蹄炖服,或配伍王不留行、穿山甲、漏芦等。治血瘀经闭,可与红花、益母草、牛膝等配伍。

4. 湿热痹证　本品清利湿热,通利关节,善治湿热痹证。治热痹关节红肿热痛者,可单用煎服,或与防己、秦艽、络石藤等配伍。

【用法用量】内服:3~6g,煎汤,或入丸散。

【使用注意】孕妇忌用。

【现代研究】

1. 化学成分　主含常春藤皂苷元、齐墩果酸、木通皂苷、白桦脂醇、木通苯乙醇苷 B、甾醇等成分。

2. 药理作用　有利尿、抑菌、抗炎等作用。

附:

川木通　为毛茛科植物小木通 *Clematis armandii* Franch.、或绣球藤 *Clematis montana* Buch.-Ham 的干燥藤茎。性味淡、苦,寒;归心、肺、小肠、膀胱经。功效与木通相似,临床用于淋证,水肿,口疮,经闭,乳少,湿热痹证。煎服 3~6g。

通草　tōngcǎo

本品首载于《本草拾遗》。为五加科植物通脱木 *Tetrapanax papyrifer*（Hook.）K. Koch 的干燥茎髓。主产于贵州、云南、四川等地。秋季采收。以条粗壮、色洁白、有弹性、空心有隔膜者为佳。生用。

【处方用名】通草。

【主要药性】甘、淡,微寒。归肺、胃经。

【功效】清热利尿,通气下乳。

【应用】

1. 淋证,水肿　本品甘淡渗利,性寒清热,具有清热利尿之功,适用于治疗热淋、水肿有热者。治热淋小便不利、淋漓涩痛,可与冬葵子、滑石、石韦等配伍;治石淋,可与滑石、金钱草、海金沙等配伍;治血淋,可与白茅根、蒲黄、小蓟等同用。治水湿内停之水肿、小便不利,可与猪苓、地龙、麝香为末,米汤送服。

2. 乳汁不下　本品性通利,能通胃气上达而下乳汁。治产后乳汁不畅或不下,常与甘草、猪蹄等炖食,或与穿山甲、王不留行同用。

【用法用量】内服:3~5g,煎汤,或入丸散。

【使用注意】孕妇慎用。

【现代研究】

1. 化学成分　主要含肌醇,多聚戊糖、葡萄糖、半乳糖醛酸,谷氨酸等多种氨基酸,钙、镁、铁等多种微量元素。

2. 药理作用　有利尿、增加尿钾排出量、促进乳汁分泌、调节免疫、抗氧化等作用。

灯心草　dēngxīncǎo

本品首载于《开宝本草》。为灯心草科植物灯心草 *Juncus effusus* L. 的干燥茎髓。主产于江苏、四川、云南等地。夏末至秋季采收。以色白,条长,粗细均匀,有弹性者为佳。生用或制用。

【处方用名】灯心草、灯心炭。

【主要药性】甘、淡,微寒。归心、肺、小肠经。

【功效】利小便,清心火。

【应用】

1. 淋证　本品味甘、淡,性微寒,能渗湿清热,适用于膀胱湿热、小便不利、淋沥涩痛者,其质轻力弱,多与木通、瞿麦、车前子等同用。

2. 心烦失眠,口舌生疮　本品性寒,既清心火,又利尿泄热,以导心火外出。治心烦失眠,可单味煎服,或与木通、竹叶、栀子等配伍。若治小儿热扰心神之夜啼不安,常配伍淡竹叶等。

【用法用量】内服:1~3g,煎汤或入丸散。外用:适量。

【现代研究】

1. 化学成分　主要含灯心草二酚、6-甲基灯心草二酚、灯心草酚等多种菲类衍生物,以及木犀草素、有机酸等。

2. 药理作用　有利尿、止血、抑菌等作用。

瞿麦　qúmài

本品首载于《神农本草经》。为石竹科植物瞿麦 Dianthus superbus L. 和石竹 Dianthus chinensis L. 的干燥地上部分。主产于河北、辽宁、江苏等地。夏、秋季采割。以花未开放、青绿色、干燥、无根者为佳。生用。

【处方用名】瞿麦。

【主要药性】苦,寒。归心、小肠经。

【功效】利尿通淋,活血通经。

【应用】

1. 淋证　本品苦寒泄降,能清心与小肠火,导热下行,而有利尿通淋之功,为治淋证要药。治热淋、小便淋沥涩痛者,常与车前子、萹蓄、木通等同用;治热伤血络之血淋,常与栀子、甘草等同用;治石淋,常与石韦、滑石、冬葵子等配伍。

2. 闭经,月经不调　本品性寒,能活血通经。治血热瘀阻之闭经或月经不调,可与益母草、红花、丹参等同用。

【用法用量】内服:9~15g,煎汤,或入丸散。

【使用注意】孕妇慎用。

【现代研究】

1. 化学成分　主要含多种黄酮类化合物,丁香酚、苯乙醇等挥发油类,生物碱,磷酸,维生素A等。

2. 药理作用　有利尿、兴奋肠平滑肌、抑制心脏、降血压、兴奋子宫、抑菌、抗癌等作用。

萹蓄　biānxù

本品首载于《神农本草经》。为蓼科植物萹蓄 Polygonum aviculare L. 的干燥地上部分。主产于河南、四川、浙江等地。夏季采收。以色绿、叶多、质嫩为佳。生用。《中国药典》规定,干燥药材含杨梅苷($C_{21}H_{20}O_{12}$)不得少于 0.030%。

【处方用名】萹蓄。

【主要药性】苦,微寒。归膀胱经。

【功效】利尿通淋,杀虫止痒。

【应用】

1. 淋证　本品苦寒,入膀胱经,能清利膀胱湿热以利尿通淋。治膀胱湿热之小便频数、短赤、涩痛,常与瞿麦、木通、车前子等同用;治血淋,常与大蓟、小蓟、白茅根等配伍。

2. 湿疹、阴痒　本品能清利湿热、杀虫止痒。治下焦湿热所致外阴瘙痒,带下黄稠,或湿疹、湿疮等,可单用煎汤外洗,或配伍地肤子、蛇床子、荆芥等煎水外洗。

此外,本品单味浓煎服,可治疗蛔虫腹痛、面青。

【用法用量】内服:9~15g,煎汤,或入丸散,鲜品加倍。外用:适量,局部浸洗或捣敷。

【使用注意】脾胃虚寒者慎用。

【现代研究】

1. 化学成分　主要含槲皮素、萹蓄苷、槲皮苷、杨梅苷、萹蓄黄酮苷等多种黄酮类,香豆素类、阿魏酸、绿原酸以及葡萄糖、果糖、水溶性多糖、钾盐等。

2. 药理作用　有利尿、驱蛔虫、驱蛲虫、缓下、利胆、降压、抑菌等作用。

地肤子　dìfūzǐ

本品首载于《神农本草经》。为藜科植物地肤 *Kochia scoparia* (L.) Schrad. 的干燥成熟果实。全国大部分地区均产。秋季采收。以色灰绿、饱满、无枝叶杂质者为佳。生用。《中国药典》规定,干燥药材含地肤子苷 I c($C_{41}H_{64}O_{13}$)不得少于 1.8%。

【处方用名】地肤子。

【主要药性】辛、苦,寒。归肾、膀胱经。

【功效】清热利湿,祛风止痒。

【应用】

1. 淋证　本品苦寒清热,能清下焦湿热,利尿通淋。治膀胱湿热、小便不利、淋沥涩痛,常配伍木通、瞿麦、冬葵子等。

2. 湿疹,湿疮,风疹瘙痒,湿热带下　本品能清热除湿,祛风止痒,为治湿热瘙痒之要药。治湿热、风湿蕴结皮肤所致湿疹、湿疮、风疹瘙痒,常与白鲜皮、蛇床子、蝉蜕等配伍。治湿热下注之带下黄稠、外阴湿痒,常配伍黄柏、苦参、蛇床子等,煎汤外洗。

【用法用量】内服:9~15g,煎汤,或入丸散。鲜品加倍。外用:适量,煎汤熏洗。

【使用注意】脾胃虚寒者慎用。

【现代研究】

1. 化学成分　主要含齐墩果酸等三萜皂苷类成分,脂肪油,维生素 A 类物质等成分。

2. 药理作用　有降糖、抑制真菌、抑制阴道滴虫、抑制迟发型超敏反应、抗辐射、升白细胞、增强巨噬细胞的吞噬功能、杀螨等作用。

海金沙　hǎijīnshā

本品首载于《嘉祐本草》。为海金沙科植物海金沙 *Lygodium japonicum* (Thunb.) Sw. 的干燥成熟孢子。主产于广东、浙江等地。秋季孢子成熟尚未脱落时采集。以干燥、黄棕色、质轻光滑、能浮于水、无泥沙杂质、引燃时爆响者为佳。生用。

【处方用名】海金沙。

【主要药性】甘、咸,寒。归膀胱、小肠经。

【功效】清利湿热,通淋止痛。

【应用】

淋证,水肿　本品其性下降,善清小肠、膀胱湿热,功擅止尿道疼痛,为治诸淋涩痛之要药。治热淋涩痛,可单味吞服;也可与车前子、木通等配伍;治血淋,可与白茅根、小蓟等配伍;治石淋,常与鸡内金、金钱草、牛膝等配伍;治膏淋,可与萆薢、滑石等同用。治疗水肿,可与泽泻、猪苓、防己等配伍。

【用法用量】内服:6~15g。煎汤,包煎。

【使用注意】肾阴亏虚者慎用。

【现代研究】

1. 化学成分　主要含田蓟苷等黄酮类,对香豆酸等酚酸,糖苷类,三萜类等成分。

2. 药理作用　有抑制草酸钙结石形成、降血糖、抗氧化作用、抑菌、利胆等作用。

附:

海金沙藤　本品为海金沙科植物海金沙的全草。性味甘淡,寒;归膀胱、小肠经。功效与海金沙相似,兼能清热解毒。临床多用于淋证、痈肿疮毒、痄腮和黄疸等证。煎服,15~30g。外用适量,煎汤外洗或捣敷。

石韦　shíwéi

本品首载于《神农本草经》。为水龙骨科植物庐山石韦 *Pyrrosia sheareri*(Bak.) Ching 和石韦 *Pyrrosia lingua*(Thunb.) Farwell 或有柄石韦 *Pyrrosia petiolosa*(Christ) Ching 的干燥叶。前两种称大叶石韦,后一种称小叶石韦。全国各地均产。全年均可采收。大叶石韦以叶大、质厚、背面有毛为佳;小叶石韦以叶厚、整齐、洁净为佳。生用。《中国药典》规定,干燥药材含绿原酸($C_{16}H_{18}O_9$)不得少于0.20%。

【处方用名】石韦。

【主要药性】甘、苦,微寒。归肺、膀胱经。

【功效】利尿通淋,清肺止咳,凉血止血。

【应用】

1. 淋证,水肿　本品性味甘寒,清利膀胱湿热而通淋,兼可凉血止血,长于治疗血淋,可与蒲黄、小蓟等同用。治热淋涩痛,常配伍滑石、木通、车前子等。治石淋,可与滑石、金钱草等同用。

2. 肺热咳喘　本品苦寒,能清泄肺热、止咳平喘,治疗肺热咳喘痰多,常配伍鱼腥草、黄芩、瓜蒌等。若治痰中带血者,可与侧柏叶、白茅根等同用。

3. 血热出血　本品能凉血止血,可用于血热妄行之吐血、衄血、尿血、崩漏等证,单用,或与大蓟、侧柏叶、槐花等配伍。

【用法用量】内服:6~12g,煎汤,或入丸散。

【现代研究】

1. 化学成分　主要含芒果苷、异芒果苷、槲皮素、异槲皮素、绿原酸、原儿茶酸、延胡索酸、咖啡酸、里白烯、β-谷甾醇、山奈酚和蔗糖等。

2. 药理作用　有镇咳、祛痰、平喘、抗泌尿系统结石、抑菌、抗甲型流感病毒、升高白细胞等作用。

冬葵子　dōngkuízǐ

本品首载于《神农本草经》。为锦葵科植物冬葵 *Malva verticillata* L. 的干燥成熟种子。多为栽培。全国各地均有产。夏、秋二季采收。以身干、子粒饱满、色灰褐、无杂质者为佳。生用。《中国药典》规定,干燥药材含总酚酸以咖啡酸($C_9H_8O_4$)计,不得少于0.15%。

【处方用名】冬葵子、冬葵果。

【性能】甘,凉。归大肠、小肠、膀胱经。

【功效】清热利尿,下乳,润肠。

【应用】

1. 淋证、水肿　本品甘凉滑利,能利尿通淋,常用于治疗淋证。治热淋,常与石韦、瞿麦、滑石等配伍;治石淋,常与海金沙、金钱草、鸡内金等配伍;治血淋、妊娠子淋,可单用煎服。本品又可利小便、消水肿,治疗水肿胀满、小便不利,可与猪苓、泽泻、茯苓等配伍。

2. 乳汁不通、乳房胀痛　本品滑润利窍,能痛经下乳。治疗产后乳汁不通、乳少、乳房胀痛,可与砂仁等分为末,酒送服,或与穿山甲、王不留行等配伍。

3. 便秘　本品甘润滑利,能润肠而通便。治疗肠燥便秘,可与郁李仁、火麻仁等同用。

【用法用量】内服:3~9g,煎汤,或入丸散。

【使用注意】脾虚便溏者与孕妇慎用。

【现代研究】

1. 化学成分　主要含脂肪油及蛋白质、锌、铁、锰、磷等多种微量元素。

2. 药理作用　有利尿等作用。

萆薢　bìxiè

本品首载于《神农本草经》。为薯蓣科植物绵萆薢 *Dioscorea spongiosa* J. Q. Xi, M. Mizuno et W. L. Zhao、福州薯蓣 *Dioscorea futschauensis* Uline ex R. Kunth 或粉背薯蓣 *Dioscorea hypoglauca* Palibin 的干燥根茎。前两种称"绵萆薢",主产于浙江、福建等地;后一种称"粉萆薢",主产于浙江、安徽、江西等地。秋冬采挖。绵萆薢以身干、色白、片子厚薄均匀者佳;粉萆薢以身干、色黄白、片大而薄、有弹性、整齐不碎者佳。生用。

【处方用名】萆薢、绵萆薢、粉萆薢。

【主要药性】苦,平。归肾、胃经。

【功效】利湿去浊,祛风除痹。

【应用】

1. 膏淋,白浊,带下　本品长于利湿去浊,为治膏淋之要药。治下焦湿浊所致的膏淋、小便混浊如米泔水者,常与乌药、益智仁、石菖蒲等配伍。治湿浊下注之带下量多者,可与猪苓、薏苡仁、泽泻等同用。

2. 风湿痹证　本品能祛风除湿,通络之痛。治湿邪痹阻关节、腰膝痹痛、关节屈伸不利,常与薏苡仁、木瓜、蚕沙等配伍;治寒湿痹痛者,可配伍附子、独活等。若治湿热痹痛者,可与黄柏、忍冬藤、防己等同用。

【用法用量】内服:9~15g,煎汤,或入丸散。

【现代研究】

1. 化学成分　主要含薯蓣皂苷元等多种甾体皂苷,鞣质、淀粉、蛋白质、多糖等成分。

2. 药理作用　有抗心肌缺血、预防动脉粥样硬化、抗骨质疏松、抗肿瘤、抑制真菌、降血糖等作用。

第三节　利湿退黄药

本节药物性味多为苦寒,功效清泄湿热、利湿退黄,主治湿热蕴结肝胆所致的黄疸,症见目黄、身黄、小便黄等以及湿疹、湿疮、湿温、暑湿等湿热病证。有些药物兼有清热解毒、利尿通淋、活血化瘀、疏肝、止咳化痰、明目等功效,还可用于治疗热毒证、淋证、瘀血证、肝郁以及咳嗽、目赤肿痛等。

茵陈　yīnchén

本品首载于《神农本草经》。为菊科植物滨蒿 *Artemisia scoparia* Waldst. et Kit. 或茵陈蒿 *Artemisia capillaris* Thunb. 的干燥地上部分。主产于陕西、山西、河北。春季幼苗高 6~10cm 时采收或秋季花蕾长成时采割。春季采收的习称"绵茵陈",秋季采割的称"花茵陈"。以质嫩、绵软、色灰白、香气浓者佳。生用。《中国药典》规定,绵茵陈干燥药材含绿原酸($C_{16}H_{18}O_9$)不得少于 0.50%,花茵陈干燥药材含滨蒿内酯($C_{11}H_{10}O_4$)不得少 0.20%。

【处方用名】茵陈、茵陈蒿、绵茵陈。

【主要药性】苦、辛,微寒。归脾、胃、肝、胆经。

【功效】清利湿热,利胆退黄。

【应用】

1. 黄疸　本品苦能燥湿,寒能清热,并善渗泄而利小便,善祛湿热,退黄疸,为治黄疸之要药。治湿热熏蒸、身目皆黄、小便短赤的阳黄证,常与栀子、大黄配伍;治阳黄湿邪偏重、小便不利者,可与猪苓、茯苓、泽泻等同用;若治寒湿郁滞、胆汁外溢、色黄晦暗的阴黄证,可与附子、干姜、白术等配伍。

2. 湿温暑湿　本品气清芬,功专清利湿热。治湿温暑温,可与滑石、豆蔻、黄芩等同用。

3. 湿疮瘙痒　本品清利湿热而止痒。治湿热内蕴所致的湿疮、疥癣、风疹等病症,可单味煎汤外洗或与黄柏、土茯苓、苦参等配伍内服或外用。

【用法用量】内服:6~15g,煎汤,或入丸散。外用:适量,煎汤熏洗。

【使用注意】脾虚,气血不足,以及蓄血发黄、血虚萎黄者慎用。

【现代研究】

1. 化学成分　主要含滨蒿内酯、东莨菪素等香豆素类,茵陈黄酮、异茵陈黄酮、蓟黄素等黄酮类,绿原酸、水杨酸、香豆酸等有机酸,还含挥发油、烯炔、三萜、甾体等成分。

2. 药理作用　有抗肝损伤、利胆、抗病原微生物、抗肿瘤、抗氧化及镇痛等作用。

金钱草　jīnqiáncǎo

本品首载于《本草纲目拾遗》。为报春花科植物过路黄 *Lysimachia christinae* Hance 的干燥全草。主产于四川。夏、秋二季采收。以叶多者佳。生用或鲜用。《中国药典》规定,干燥药材含槲皮素($C_{15}H_{10}O_7$)和山奈酚($C_{15}H_{10}O_6$)的总量不得少于 0.10%。

【处方用名】金钱草、过路黄、大金钱草。

【主要药性】甘、咸,微寒。归肝、胆、肾、膀胱经。

【功效】利湿退黄,利尿通淋,解毒消肿。

【应用】

1. 湿热黄疸　本品清肝胆之火,除下焦湿热,有清热利湿退黄之功。治湿热黄疸,常与茵陈、栀子、大黄等配伍。治湿热所致肝胆结石,可与茵陈、鸡内金、郁金等同用。

2. 石淋,热淋　本品甘淡利尿,咸以软坚,微寒清热,故有利水通淋、排石止痛的功能,为消石要药。治石淋,可单用大剂量煎汤代茶饮,或与海金沙、鸡内金、滑石等配伍;治热淋,可与车前子、萹蓄、滑石等同用。

3. 痈肿疔疮,蛇虫咬伤　本品有解毒消肿之功。治恶疮肿毒、毒虫咬伤,可鲜品捣汁饮服或捣烂外敷,内服可与蒲公英、野菊花、穿心莲等同用。

【用法用量】内服:15~60g,煎汤,鲜品加倍,或捣汁服。外用:适量,捣汁敷或涂抹。

【使用注意】气虚体弱、阴虚无湿热者慎用。不宜单味大剂量长期使用。

【现代研究】

1. 化学成分　主要含槲皮素,山奈酚等黄酮类,还含苷类、鞣质、挥发油、氨基酸、胆碱、甾醇等成分。

2. 药理作用　有利胆、抗泌尿系结石、抗炎、抗氧化等作用。

附:

1. 连钱草　本品为唇形科植物活血丹 *Glechoma longituba* (Nakai) Kupr. 的干燥地上部分。全国大部分地区均产。春至秋季采收。生用或鲜用。性味辛、微苦,微寒;归肝、肾、膀胱经。功效利湿通淋,清热解毒,散瘀消肿。适用于热淋,石淋,湿热黄疸,疮痈肿痛,跌打损伤。煎服,15~30g。外用适量,煎汤洗。

2. 广金钱草　本品为豆科植物广金钱草 *Desmodium styracifolium* (Osb.) Merr. 的干燥地上部分。主产于广东、福建、湖南等地。夏、秋二季采割。生用。性味甘、淡,凉;归肝、肾、膀胱经。功效利湿退黄,利尿通淋。适用于黄疸尿赤,热淋,石淋,小便涩痛,水肿尿少。煎服,15~30g。

虎杖　hǔzhàng

本品首载于《名医别录》。为蓼科植物虎杖 *Polygonum cuspidatum* Sieb. et Zucc. 的干燥根茎和根。主产于华东、西南。春、秋二季采挖。以根条粗壮,内心不枯朽者为佳。生用。《中国药典》规定,干燥药材含虎杖苷($C_{20}H_{22}O_8$)不得少于 0.15%。

【处方用名】虎杖。

【主要药性】微苦,微寒。归肝、胆、肺经。

【功效】利湿退黄,清热解毒,散瘀止痛,止咳化痰。

【应用】

1. 湿热黄疸,淋浊,带下　本品味苦燥湿,性寒清热,能清泻湿热,利胆退黄。治湿热黄疸,可单用煎服,或与茵陈、金钱草、栀子等配伍;治湿热蕴结膀胱之小便涩痛、淋浊带下等,可单用煎汤服或与萹蓄、车前草、黄柏等配伍；治带下腥臭，可与萆薢、薏苡仁等同用。

2. 风湿痹痛　本品有祛风定痛之功，治风湿筋骨疼痛，可单用本品水煎服或浸酒服，或与防风、防己、秦艽等配伍。

3. 水火烫伤，痈肿疮毒，毒蛇咬伤　本品善于清热解毒，既可内服又可外用。治水火烫伤而致肤腠灼痛或溃后流黄水者，单用研末，茶水或香油调敷，亦可鲜品切片浸于麻油中，取油涂搽患处；治湿毒蕴结肌肤所致痈肿疮毒，可用虎杖根烧灰贴，或煎汤洗患处，或与金银花、连翘、蒲公英等配伍；治毒蛇咬伤，可取鲜品捣烂敷患处，亦可煎浓汤内服。

4. 经闭，癥瘕，跌打损伤　本品入肝经血分，活血散瘀，通经止痛。治经闭、痛经，常与桃仁、延胡索、红花等配伍；治癥瘕，可与三棱、牛膝同用；治跌打损伤疼痛，可与赤芍同为细末，温酒调下或与红花、乳香、没药等配伍。

5. 肺热咳嗽　本品既能苦降泄热，又能化痰止咳。治肺热咳嗽，可与贝母、枇杷叶、苦杏仁等同用。

此外，本品还有泄热通便作用，可用于热结便秘。

【用法用量】内服：9~15g，煎汤，或浸酒，或入丸散。外用：适量，研末敷，煎水洗，制成油膏涂敷。

【使用注意】孕妇慎用。

【现代研究】

1. 化学成分　主要含大黄素、大黄素甲醚、大黄酚、虎杖苷、多糖及氨基酸等。

2. 药理作用　有利胆、保肝、降脂、改善循环、抗血栓、消炎、镇咳、平喘、降压、抗休克、镇痛、抗菌、抗病毒、抗癌等作用。

垂盆草　chuípéncǎo

本品首载于《本草纲目拾遗》。为景天科植物垂盆草 *Sedum sarmentosum* Bunge 的干燥全草。主产于浙江、江苏。夏、秋二季采收。以叶多、色绿者佳。生用。《中国药典》规定，干燥药材槲皮素（$C_{15}H_{10}O_7$）、山奈酚（$C_{15}H_{10}O_6$）和异鼠李素（$C_{16}H_{12}O_7$）的总量不得少于 0.10%。

【处方用名】垂盆草。

【主要药性】甘、淡，凉。归肝、胆、小肠经。

【功效】利湿退黄，清热解毒。

【应用】

1. 湿热黄疸，小便不利　本品甘淡渗泄，微寒清热，能利湿退黄。治湿热黄疸、小便不利，常与虎杖、茵陈、矮地茶等同用。

2. 痈肿疮疡，喉痹，蛇伤，烫伤　本品有清热解毒、消痈散肿之效。治痈肿疮疡，可单用内服或外敷，或与野菊花、紫花地丁、半边莲等配伍。治喉痹咽喉肿痛，可与山豆根同用。治毒蛇咬伤，常与白花蛇舌草、鱼腥草配伍。治疗烫伤，烧伤，可鲜品捣汁外涂。

【用法用量】内服：15~30g，煎汤，鲜品加倍。外用：适量，外敷或捣汁外涂。

【使用注意】脾胃虚寒者慎用。

【现代研究】

1. 化学成分　主要含槲皮素、山奈酚、异鼠李素、苜蓿素、苜蓿苷、木犀草素、木犀草素 -7- 葡萄糖苷、甘草素、甘草苷、异甘草素等黄酮类,三萜、甾醇、生物碱、氰苷、多糖等成分。

2. 药理作用　有保肝、改善急性胰腺炎合并肺损伤、免疫调节、抗氧化、抑菌等作用。

鸡骨草　jīgǔcǎo

本品首载于《岭南采药录》。为豆科植物广州相思子 *Abrus cantoniensis* Hance 的干燥全株。主产于广东、广西。全年均可采挖。以根、茎、叶全者佳。生用。

【处方用名】鸡骨草。

【主要药性】甘、微苦,凉。归肝、胃经。

【功效】利湿退黄,清热解毒,疏肝止痛。

【应用】

1. 湿热黄疸　本品甘苦而凉,具有清热利湿退黄之功。治疗肝胆湿热郁蒸引起的黄疸,可单味生用或鲜品加倍使用,或与茵陈、垂盆草、金钱草等配伍。

2. 乳痈肿痛　本品能清热解毒,治疗乳痈,可鲜叶捣烂外敷或与蒲公英、漏芦等配伍。

3. 胁肋不舒,胃脘胀痛　本品具有疏肝止痛之功。治肝气郁结所致胁肋不舒、胃脘疼痛,可与香附、佛手等同用。

【用法用量】内服:15~30g,煎汤,鲜品加倍。外用:适量,捣汁敷或涂抹。

【使用注意】虚寒体弱者慎用。

【现代研究】

1. 化学成分　主要含相思子皂醇 A、B、C、D、E、F、G、L、大豆皂醇、葛根皂醇、相思子皂苷等三萜及其苷类成分,大黄酚、大黄素甲醚,还含胆碱、相思子碱等。

2. 药理作用　有保肝、抗肝纤维化、降脂、抗炎、抗菌、抗病毒、免疫增强、抗氧化、增强肠蠕动等作用。

【思考题】

1. 何谓利水渗湿药? 简述利水渗湿药的分类、功效主治。如何正确使用利水渗湿药?

2. 如何正确使用茯苓、薏苡仁、泽泻、车前子、木通、茵陈、金钱草、虎杖?

3. 简述茯苓与薏苡仁,车前子与木通,茵陈、金钱草与虎杖在功效与主治方面的异同?

ER 各论第六章　同步练习

（杨　敏　高　琰）

第七章　温里药

ER 各论第七章
课件

【学习目标】

1. 掌握温里药的含义、性能主治、应用要点。

2. 掌握附子、干姜、肉桂、吴茱萸的药性、功效、主治、性能特点、经典配伍以及用法用量、使用注意。熟悉小茴香、丁香、高良姜、花椒的功效、主治、某些特殊用法及使用注意。了解其余温里药的功效、特殊用法及使用注意。

【含义】以温里祛寒为主要功效,主治里寒证的药物,称温里药,又称祛寒药。

【性能主治】本类药物味多辛而性温热,辛散温通,主入脾(胃)经,兼归肾、肝、心、肺经,长于走脏腑入里,既擅温散在里之寒邪,亦可温煦不足之阳气,故具有温里祛寒之功,主治里寒证。即《神农本草经》所谓"疗寒以热药"之意。属于中医治法的温法范畴。由于作用部位和主治的不同,本章药物又分别具有不同的功效。本章药物均归中焦脾胃,主治脘腹冷痛、呕吐泄泻、舌淡苔白的脾胃寒证,故均有温中散寒之功;归肺经,主治痰鸣喘咳、痰白清稀等肺寒证者,具有温肺化饮功效;归肝经,主治少腹冷痛、寒疝作痛、厥阴头痛等寒凝经(肝)脉证者,具有暖肝散寒功效;归肾经,主治阳痿宫冷、腰膝冷痛、夜尿频多、滑精遗尿等肾阳虚证者,具有温肾助阳功效;归心经,主治胸痹心痛、畏寒肢冷等心阳虚证者,具有温阳通脉功效;主治四肢厥逆、脉微欲绝的亡阳证者,具有回阳救逆功效。"寒性主痛",寒去痛消,故大多有散寒止痛功效。有些药物还分别兼有引火归原、止呕、止泻、行气、通经、杀虫等功效,又可用治虚阳上浮、恶心呕吐、泄泻、胸胁脘腹胀痛、闭经、虫积腹痛、瘙痒等病症。

【应用要点】

1. 对证用药　温里药均适应于治疗里寒证,在使用时应针对寒证的部位、虚实之不同有针对性地选择相应药物;在此基础上,应注意药物性能特点与里寒证个体表现的对应性。

2. 配伍用药　为了增强疗效,温里药常相须配伍使用。使用温里药应根据不同证候作适当配伍。若外寒内侵、表邪仍未解者,当配伍发散风寒药,以表里双解;寒凝经脉、气滞血瘀者,当配伍行气活血药,以达气血通畅;寒湿内阻者,宜配伍芳香化湿或温燥祛湿药,以散寒除湿;脾肾阳虚者,宜配伍温补脾肾药,以温阳散寒;亡阳气脱者,宜配伍大补元气药,以补气回阳固脱。

3. 注意事项　本类药物多辛热燥烈,易助火伤阴,凡实热证、阴虚火旺、津血亏虚以及热伏于里,热深厥深,真热假寒者忌用;天气炎热之时亦当慎用或减少用量,即取《黄帝内经》所谓"用热远热"之意。孕妇慎用。部分药物有毒,应注意炮制、用法及剂量,以免中毒。

附子 fùzǐ

本品首载于《神农本草经》。为毛茛科植物乌头 *Aconitum carmichaeli* Debx. 的子根的加工品。主产于四川。6月下旬至8月上旬采挖,一般制过用。分别加工成黑顺片、白附片、淡附片、炮附片。黑顺片以皮黑褐、切面油润有光泽者为佳;白附片以片大、色黄白、油润半透明者为佳。《中国药典》规定,含双酯型生物碱以新乌头碱($C_{31}H_{45}NO_{11}$)、次乌头碱($C_{31}H_{45}NO_{10}$)和乌头碱($C_{34}H_{47}NO_{11}$)的总量计,黑顺片、白附片、炮附片不得过0.020%,淡附片不得过0.010%;黑顺片、白附片、淡附片、炮附片含苯甲酰新乌头原碱($C_{31}H_{43}NO_{10}$)、苯甲酰乌头原碱($C_{32}H_{45}NO_{10}$)和苯甲酰次乌头原碱($C_{32}H_{45}NO_{9}$)的总量,不得少于0.010%。

【处方用名】附片、黑顺片、白附片、淡附片、炮附片。

【主要药性】辛、甘,大热;有毒。归心、肾、脾经。

【功效】回阳救逆,补火助阳,散寒止痛。

【应用】

1. 亡阳证　本品辛甘大热,其性峻猛,既能驱逐在里之寒邪,又可急回外散之阳气,有"回阳救逆第一品药"之称。治阳虚至极,阴寒内盛症见大汗淋漓、四肢厥冷、脉微欲绝之亡阳证,每与干姜、甘草配伍;治亡阳兼气虚欲脱者,常与人参同用。

2. 阳虚证　本品甘热温煦,益火消阴,为补火助阳之要药。能通行十二经,温一身之阳气,可用治阳虚诸证。治肾阳不足、命门火衰、阳痿滑精、宫寒不孕、腰膝冷痛、夜尿频多者,常配伍肉桂、鹿角胶、山茱萸等;治脾阳不足,脾胃虚寒或脾肾阳虚之脘腹冷痛、恶心呕吐、大便溏泻者,常配伍干姜、党参、白术等;治脾肾阳虚,水肿,小便不利者,常配伍生姜、白术、茯苓等;治心阳衰弱、胸痹心痛、心悸气短,常配伍桂枝、人参等;治阳虚外感风寒,常配麻黄、细辛同用。

3. 痹证　本品辛散温通,气雄性悍,能入经走络,具有较强的祛风除湿、逐寒止痛之效,故尤善疗寒痹痛剧,常配伍桂枝、白术、甘草等。

【用法用量】内服:3~15g,先煎,久煎,至口尝无麻辣感为度。

【使用注意】热证、阴虚阳亢及孕妇慎用。不宜与半夏、瓜蒌、瓜蒌子、瓜蒌皮、天花粉、川贝母、浙贝母、平贝母、伊贝母、湖北贝母、白蔹、白及同用。生品按国务院《医疗用毒性药品管理办法》要求管理使用。

【现代研究】

1. 化学成分　主要含乌头碱、新乌头碱、次乌头碱、去甲乌头碱等双酯型生物碱,还含有苯甲酰新乌头原碱、苯甲酰乌头原碱和苯甲酰次乌头原碱等单酯型生物碱等成分。双酯型生物碱是附子的活性与毒性成分。

2. 药理作用　有强心、镇痛、抗炎、抗心律失常、抗休克、抗肿瘤、心肌保护、扩张血管、增加血流、抑制凝血、抗血栓形成、改善血液循环、抗寒冷、提高耐缺氧能力、增加肾上腺皮质系统功能、抗溃疡、增强免疫与机体抗氧化能力、抗衰老、镇静、局麻等作用。

干姜 gānjiāng

本品首载于《神农本草经》。为姜科多年生植物姜 Zingiber officinale Rosc. 的干燥根茎。主产于四川、贵州、湖北等地。冬季采挖。以粉性足、气味浓者为佳。生用或制用。《中国药典》规定,干燥药材、干姜饮片含挥发油不得少于 0.8%(ml/g),含 6- 姜辣素($C_{17}H_{26}O_4$)不得少于 0.60%。姜炭饮片含挥发油同药材,含 6- 姜辣素($C_{17}H_{26}O_4$)不得少于 0.050%。

【处方用名】干姜、姜炭。

【主要药性】辛,热。归脾、胃、肾、心、肺经。

【功效】温中散寒,回阳通脉,温肺化饮。

【应用】

1. 脾胃寒证　本品辛热燥烈,主入中焦,为温中散寒、振奋脾阳之要药。凡中焦寒证,无论虚实均可使用。治脾胃实寒证,可单用或与高良姜配伍;治脾胃虚寒证,常与党参、白术、甘草同用。

2. 亡阳证　本品辛热,入心、肾、脾经,有回阳通脉之功。治疗心肾阳虚、阴寒内盛之亡阳厥逆、脉微欲绝,常与附子同用。二者配伍为用,以增效减毒,故古有"附子无姜不热"之说。

3. 寒饮喘咳　本品辛热入肺,能温肺散寒以化饮。治寒饮伏肺之咳喘、形寒背冷、痰多清稀,常与细辛、五味子、麻黄等同用。

【用法用量】内服:3~10g,煎汤,或入丸散。

【使用注意】阴虚内热、血热妄行者忌用。孕妇慎用。

【现代研究】

1. 化学成分　主要含 α- 姜烯、6- 姜辣素、牻牛儿醇、β- 甜没药烯等,姜炭中含有姜酮等。

2. 药理作用　有抗消化性溃疡、调节胃肠功能、利胆、镇吐、抗炎、镇痛、镇静、解热、抗缺氧、抗肿瘤、抗菌等作用。

肉桂 ròuguì

本品首载于《神农本草经》。为樟科植物肉桂 Cinnamomum cassia Presl 的干燥树皮。主产于广东、广西、海南等地。秋季采收。以皮厚、油性大、香气浓者为佳。生用。《中国药典》规定,干燥药材及饮片含挥发油不得少于 1.2%(ml/g),含桂皮醛(C_9H_8O)不得少于 1.5%。

【处方用名】肉桂、官桂。

【主要药性】辛、甘,大热。归肾、脾、心、肝经。

【功效】补火助阳,引火归原,散寒止痛,温通经脉。

【应用】

1. 肾阳虚证　本品甘温助阳,主归肾经,善补命门火而益阳消阴,并能引火归原,为治下元虚冷、命门火衰之要药。治命门火衰,下元虚冷之腰膝冷痛、夜尿频多、阳痿宫寒等症,常与附子、熟地黄、山茱萸等同用。治下元虚冷,虚阳上浮之眩晕、面赤、虚喘、脉微弱等,可与山茱萸、人参、五味子等同用。

2. 寒凝诸痛　本品辛散温通,能祛沉寒痼冷,通经止痛。治寒邪内侵或脾胃虚寒之脘腹冷痛,可与干姜、附子、白术等同用;治胸阳不振、寒邪内侵之胸痹心痛,常与附子、干姜、薤白等同用;治寒疝腹痛,常与小茴香、吴茱萸、乌药等配伍;治风寒湿痹,可与独活、桑寄生、杜仲等同用;治冲任虚寒,寒凝血瘀之月经不调、痛经、闭经、或妇人产后瘀血阻滞之恶露不尽、腹痛不止,常与川芎、桃仁、益母草等同用;治阳虚寒凝,血滞痰阻之阴疽,常与鹿角胶、白芥子、麻黄等同用。

此外,久病体虚气血不足者,在补气益血方中常少量加入肉桂,有鼓舞气血生长之效。

【用法用量】内服:1~5g,煎汤,宜后下。或入丸散。

【使用注意】阴虚火旺者忌服,有出血倾向者及孕妇慎用,不宜与赤石脂同用。

【现代研究】

1. 化学成分　主要含桂皮醛、乙酸桂皮酯、桂皮酸乙酯、肉桂酸等;尚含甲基羟基查耳酮、黏液质、鞣质等。

2. 药理作用　有抗消化性溃疡、止泻、利胆、抗血小板聚集、抗血栓、抗心肌缺血、抗炎、镇痛、平喘、降血糖、抗肿瘤、抗菌、增强免疫、抗前列腺增生等作用。

吴茱萸　wúzhūyú

本品首载于《神农本草经》。为芸香科植物吴茱萸 *Euodia rutaecarpa*(Juss.) Benth.、石虎 *Euodia rutaecarpa*(Juss.) Benth. var. *officinalis*(Dode) Huang 或疏毛吴茱萸 *Euodia rutaecarpa*(Juss.) Benth. var. *bodinieri*(Dode) Huang 的干燥近成熟果实。主产于贵州、湖南、四川等地。8~11月采收。以饱满、色绿、香气浓者为佳。甘草汤制过用。《中国药典》规定,干燥药材及饮片含吴茱萸碱($C_{19}H_{17}N_3O$)和吴茱萸次碱($C_{18}H_{13}N_3O$)的总量不得少于0.15%,苦柠檬素($C_{26}H_{30}O_8$)不得少于0.20%。

【处方用名】吴茱萸、制吴茱萸。

【主要药性】辛、苦,热;有小毒。归肝、脾、胃、肾经。

【功效】散寒止痛,降逆止呕,助阳止泻。

【应用】

1. 寒滞肝脉诸痛　本品辛热温散,苦燥而降,主入肝经,既能散肝经之寒邪,又可行肝经之郁滞,为治寒凝肝脉诸痛之要药。治肝胃虚寒,浊阴上逆之厥阴巅顶头疼,干呕吐涎沫,常与人参、生姜配伍;治寒侵肝脉,疝气疼痛,常与小茴香、川楝子、木香等同用;治冲任虚寒、瘀血阻滞之痛经,常与桂枝、川芎、当归等药配伍;治寒湿脚气肿痛,或上冲入腹、胀满疼痛,常与槟榔、苏叶、木瓜等药同用。

2. 呕吐吞酸　本品味兼辛苦,其性温热,既入肝经,又走脾胃。既温中散寒以止痛,又疏肝降气以止呕,为治肝胃不和、呕吐吞酸之要药。治肝寒犯胃、呕吐吞酸者,常与生姜、半夏等配伍;治肝郁化火、肝胃不和之胁痛口苦、呕吐吞酸者,常与黄连同用。

3. 虚寒泄泻　本品性热,既入脾胃,又走肾经,能温脾肾之阳以止泻。治脾肾阳虚、五更泄泻,多与补骨脂、肉豆蔻、五味子同用。

此外,以本品研末,用米醋调敷足心(涌泉穴),亦治口疮和高血压等。

【用法用量】内服:2~5g,煎汤,或入丸散。外用:适量。

【使用注意】阴虚有热者忌用。孕妇慎用。

【现代研究】

1. 化学成分　主要含吴茱萸碱、吴茱萸次碱、吴茱萸新碱、吴茱萸烯、罗勒烯、吴茱萸内酯等。尚含吴茱萸酸、吴茱萸啶酮、柠檬苦素及挥发油等。

2. 药理作用　有抑制胃肠运动、抗溃疡、止泻、保护心肌缺血、降血压、抗炎、镇痛、抑制血小板聚集、抗肿瘤、抗氧化、抗脑缺血损伤等。

小茴香　xiǎohuíxiāng

本品首载于《新修本草》。为伞形科植物茴香 *Foeniculum vulgare* Mill. 的干燥成熟果实。主产于内蒙古、山西等地。秋季果实初熟时采收。以粒大饱满、色黄绿、香气浓郁者为佳。生用或制用。《中国药典》规定,干燥药材、小茴香饮片、盐小茴香饮片含挥发油不得少于 1.5%(ml/g)。干燥药材、小茴香饮片含反式茴香脑($C_{10}H_{12}O$)不得少于 1.4%,盐小茴香饮片不得少于 1.3%。

【处方用名】小茴香、盐小茴香。

【主要药性】辛,温。归肝、肾、脾、胃经。

【功效】散寒止痛,理气和胃。

【应用】

1. 寒疝,睾丸偏坠胀痛,少腹冷痛,痛经　本品辛香温散,入肝肾经,既散寒温肾暖肝,又疏肝行气止痛,为治少腹痛引睾丸,偏坠肿胀之寒疝的要药。常与乌药、木香、川楝子配伍。若治寒侵肝经之少腹冷痛,或冲任虚寒之痛经,常与川芎、当归、肉桂等同用。

2. 脘腹胀痛,食少吐泻　本品辛温,行散温通,入脾胃经。既温中散寒止痛,又能理气开胃。治胃寒气滞之脘腹胀痛、食少吐泻,常与高良姜、香附、白术等配伍。

【用法用量】内服:3~6g,煎汤,或入丸散。盐炙小茴香偏于暖肾散寒止痛,宜于寒疝腹痛、睾丸偏坠、经寒腹痛。

【使用注意】阴虚火旺者慎用。

【现代研究】

1. 化学成分　主要含挥发油,主要成分为反式茴香脑、茴香醛、柠檬烯、小茴香酮、爱草脑、γ-松油烯、α-蒎烯、β-蒎烯、月桂烯、樟脑等。还含脂肪油。

2. 药理作用　有促进肠蠕动、抗胃溃疡、松弛气管平滑肌、利胆、保肝、镇痛及己烯雌酚样作用等。

附:

八角茴香　本品为木兰科植物八角茴香 *Illicium verum* Hook. f. 的干燥成熟果实,又名大茴香。性味辛,温。归肝、肾、脾、胃经。功效温阳散寒,理气止痛。用于寒疝腹痛,肾虚腰痛;胃寒呕吐,脘腹冷痛。力稍逊小茴,主要作食物调味品。煎服,3~6g。

丁香　dīngxiāng

本品首载于《雷公炮炙论》。为桃金娘科植物丁香 *Eugenia caryophyllata* Thunb. 的干燥花蕾,习称公丁香。主产于坦桑尼亚、马来西亚、印度尼西亚;我国广东、海南、广西等地有栽培。9月至次年 3 月采收。以个大、色棕褐、气香浓、油多者为佳。生用。《中国药典》规定,干燥药材、饮片含丁香酚($C_{10}H_{12}O_2$)不得少于 11.0%。

【处方用名】丁香、公丁香

【主要药性】辛,温。归脾、胃、肺、肾经。

【功效】温中降逆,补肾助阳。

【应用】

1. 脾胃虚寒,呃逆呕吐　本品辛温,主入脾胃经,功能温中散寒,降逆止呕、止呃,为治胃寒呕吐、呃逆之要药。治胃寒呃逆、呕吐,可与柿蒂、生姜等配伍;治脾胃虚寒之食少吐泻,常与白术、砂仁、豆蔻等配伍;治妊娠恶阻,常与藿香、人参同用。治中寒脘腹冷痛,常与干姜、高良姜配伍。

2. 肾虚阳痿　本品性温入肾,有温肾助阳起痿之功效。治肾阳虚衰之阳痿、腰膝酸痛,常与附子、肉桂等配伍。

【用法用量】内服:1~3g,煎汤,或入丸散。外用:适量,研末外敷。

【使用注意】热证及阴虚内热者慎用。不宜与郁金同用。

【现代研究】

1. 化学成分　主要含挥发油,油中主要成分是丁香酚、乙酰丁香酚、β- 丁香烯、甲基正戊基酮、水杨酸甲酯等;尚含齐墩果酸、鼠李素、山柰酚等。

2. 药理作用　有调节胃肠功能、抗溃疡、镇痛、抗炎、抗菌、抗血栓、抗血小板聚集等作用。

附:

母丁香　为桃金娘科植物丁香的干燥近成熟果实,又名鸡舌香。性味辛,温。归脾、胃、肺、肾经。功效温中降逆,补肾助阳。用于脾胃虚寒之呃逆呕吐,食少泄泻,心腹冷痛,肾虚阳痿。力稍逊丁香。煎服,1~3g。内服或研末外敷。不宜与郁金同用。

高良姜　gāoliángjiāng

本品首载于《名医别录》。为姜科植物高良姜 *Alpinia officinarum* Hance 的干燥根茎。主产于广东、海南、广西等地。夏末秋初采收。以色棕红、味辛辣者为佳。生用。《中国药典》规定,本品含高良姜素($C_{15}H_{10}O_5$)不得少于 0.70%。

【处方用名】高良姜、良姜。

【主要药性】辛,热。归脾、胃经。

【功效】温胃止呕,散寒止痛。

【应用】

1. 脘腹冷痛　本品辛热,主入中焦,善温中散寒以止痛、止呕,为治脘腹冷痛之常用药。治胃寒脘腹冷痛,每与干姜为伍;治胃寒肝郁之脘腹胀痛,常与香附相配。

2. 胃寒呕吐,嗳气吞酸　本品辛热,有温中止呕之功,为胃寒呕吐、嗳气吞酸之常用品。治实寒呕吐,每与半夏、生姜等同用;治虚寒呕吐,常与党参、白术、陈皮等配伍。

【用法用量】内服:3~6g,煎汤,或入丸散。

【使用注意】热证及阴虚火旺者慎用,孕妇慎用。

【现代研究】

1. 化学成分　主要含挥发油,油中主要成分是桉油精、高良姜酚、丁香油酚、桂皮酸甲酯、蒎烯、荜澄茄烯等;尚含高良姜素、槲皮素、山柰酚、异鼠李素、槲皮素-5-甲醚、高良姜素-3-甲醚等。

2. 药理作用　有调节胃肠功能、抗胃溃疡、镇痛、抗炎、抗菌、抗血栓、抗血小板聚集等作用。

附:

红豆蔻　为姜科植物大高良姜 *Alpinia galanga* (L.) Willd 的干燥成熟果实。性味辛温。归脾、肺经。功效散寒燥湿,醒脾消食。主治脘腹冷痛,食积腹胀,呕吐泄泻,饮酒过多。煎服,3~6g。

胡椒　hújiāo

本品首载于《新修本草》。为胡椒科植物胡椒 *Piper nigrum* L. 的干燥近成熟或成熟果实。主产于广东、广西、云南等地。秋末至次春采收。以个大、饱满、香辣气味浓者为佳。生用。《中国药典》规定,本品含胡椒碱($C_{17}H_{19}NO_3$)不得少于 3.3%。

【处方用名】胡椒、黑胡椒、白胡椒。

【主要药性】辛,热。归胃、大肠经。

【功效】温中散寒,下气,消痰,开胃进食。

【应用】

1. 胃寒呕吐,腹痛泄泻　本品辛热,能温中散寒以止痛、止呕、止泻,宜于胃寒呕吐、腹痛泄泻者。治胃寒脘腹冷痛、呕吐,可单用研末服,或与高良姜、丁香等同用。治脾胃虚寒、腹痛泄泻,可单用研粉敷贴脐部,或与干姜、白术等同用,内服。

2. 癫痫　本品辛香性热,能散风冷、祛痰。治痰气逆上,蒙蔽清窍之癫痫痰多,常与荜茇等分为末服。

此外,本品有调味开胃、增强食欲作用,可用于治疗食欲不振。

【用法用量】研粉吞服,每次 0.6~1.5g。外用:适量。

【使用注意】本品辛热,易伤阴动火,阴虚内热者慎用。孕妇慎服。

【现代研究】

1. 化学成分　主要含挥发油,黑胡椒含 1.2%~2.6%,白花椒约含 0.8%。尚含胡椒碱、胡椒林碱、辣椒碱、胡椒新碱、胡椒油碱 A、B、C 等生物碱及有机酸、木脂素。

2. 药理作用　有镇惊、催眠、抗惊厥、抗炎、促进胆汁分泌、骨骼肌松弛和抗抑郁等作用。

花椒　huājiāo

本品首载于《神农本草经》。为芸香科植物青椒 *Zanthoxylum schinifolium* Sieb. et Zucc. 或花椒 *Zanthoxylum bungeanum* Maxim. 的干燥成熟果皮。主产于四川。秋季采收。青椒以色灰绿、无梗、无椒目者为佳;花椒以色紫红、无梗、无椒目者为佳。生用或制用。《中国药典》规定,干燥药材含挥发油不得少于 1.5%。

【处方用名】花椒、炒花椒、川椒、蜀椒。

【主要药性】辛,温。归脾、胃、肾经。

【功效】温中止痛,杀虫止痒。

【应用】

1. 脘腹冷痛、呕吐泄泻　本品辛温,入脾胃经,长于温中燥湿、散寒止痛。治外寒内侵、胃脘冷痛,常与生姜、高良姜同用;治脾胃虚寒之脘腹冷痛、呕吐、不思饮食,常与干姜、人参等配伍;治寒湿吐泻,常与砂仁、豆蔻同用。

2. 蛔虫腹痛　本品味辛,"虫得辛则伏",故有驱蛔杀虫之功。治蛔厥腹痛、手足厥冷,常与乌梅、黄连、干姜等配伍。

3. 湿疹,阴痒　本品有燥湿杀虫止痒之功。治湿疹瘙痒、阴痒,常单用或与苦参、黄柏、地肤子等配伍煎汤外洗。

【用法用量】内服:3~6g,煎汤或入丸散。外用:适量,煎汤含漱、熏洗或研末调敷。

【使用注意】本品辛温,易伤阴动火,阴虚内热者慎用。孕妇慎服。

【现代研究】

1. 化学成分　主要含挥发油,挥发油中主要成分为柠檬烯、1,8-桉叶素、月桂烯;尚含有 α- 和 β- 蒎烯、α- 和 β- 水芹烯、香桧烯、紫苏烯、芳樟醇等。另含香柑内酯、香草木宁碱、茵芋碱、青椒碱等。

2. 药理作用　有抗溃疡、保肝、抗腹泻、兴奋和抑制肠平滑肌的双向作用、镇痛、抗炎、抑菌、抗真菌、杀虫、局麻、抗血栓形成等。

附:

椒目　为青椒或花椒的种子。性味苦,寒。归肺、肾、膀胱经。功效利水消肿,降气平喘。用于水肿胀满,痰饮喘咳等。煎服,3~10g。

荜茇　bìbá

本品首载于《新修本草》。为胡椒科植物荜茇 *Piper longum* L. 的干燥近成熟或成熟果穗。国内主产于云南、广东、海南等地。国外主产于印度尼西亚、菲律宾、越南。果穗由绿变黑时采收。以肥大、饱满、气味浓者为佳。生用。《中国药典》规定,干燥药材、饮片含胡椒碱($C_{17}H_{19}NO_3$)不得少于 2.5%。

【处方用名】荜茇。

【主要药性】辛,热。归胃、大肠经。

【功效】温中散寒,下气止痛。

【应用】

1. 脘腹冷痛,呕吐,泄泻　本品辛热,入胃、大肠经,能温中散寒以止痛、止呕、止泻。治胃寒之脘腹冷痛、呕吐,可单用为末米汤送服,或配伍干姜、高良姜、半夏等;治脾胃虚寒泄泻,常与党参、白术、肉豆蔻等同用。取本品散寒止痛之功,可治寒凝气滞之胸痹心痛,常与肉桂、高良姜、檀香等配伍。

2. 头痛,牙痛　本品止痛功良。治头痛,常配伍川芎、藁本诸药;治龋齿疼痛,常以本品配胡椒研末,填塞龋齿孔中。

【用法用量】内服:1~3g,煎汤或入丸散。外用:适量,研末塞龋齿孔中。

【使用注意】本品辛热,能助火伤阴,热病及阴虚火旺者慎服。孕妇慎服。

【现代研究】

1. 化学成分　主要含胡椒碱、胡椒次碱、胡椒新碱、棕榈酸、四氢胡椒酸及挥发油等。

2. 药理作用　有降总胆固醇、降血脂、抗心肌缺氧、抗心律失常、抗动脉粥样硬化、镇静、镇痛、解热及广谱抗菌等作用。

荜澄茄　bìchéngqié

本品首载于《雷公炮炙论》。为樟科植物山鸡椒 *Litsea cubeba*(Lour.) Pers. 的干燥成熟果实。主产于广西、浙江、四川等地。秋季采收。以粒大、油性足、香气浓者为佳。生用。

【处方用名】荜澄茄。

【主要药性】辛,温。归脾、胃、肾、膀胱经。

【功效】温中散寒,行气止痛。

【应用】

1. 胃寒呕逆,脘腹冷痛　本品辛温行散,入脾胃经,能温中散寒、行气止痛。治胃寒脘腹胀痛、呕吐、呃逆,常与高良姜、肉桂同用。治气滞血瘀之胃脘痛,常与川楝子、延胡索配伍。

2. 寒疝腹痛　本品有行气、散寒、止痛之功。治寒疝腹痛,可与小茴香、乌药等同用。治下焦虚寒,或寒湿郁滞之小便不利、小便浑浊,可与小茴香、萆薢、桂枝等同用。

【用法用量】内服:1~3g,煎汤,或入丸散。

【使用注意】本品辛温,能助火伤阴,热病及阴虚火旺者慎服。孕妇慎服。

【现代研究】

1. 化学成分　主要含挥发油,油中主要成分为柠檬醛、柠檬烯、甲基庚烯酮、香茅醛、樟烯、α-蒎烯、芳樟醇及黄樟醚等。

2. 药理作用　有抗溃疡、止泻、抗心律失常、抗心肌缺血、抗血栓形成、抗血小板凝集、镇咳、祛痰、平喘、抗过敏、溶石、抗菌等作用。

【思考题】

1. 何谓温里药? 简述温里药的功效、主治。如何正确使用温里药?

2. 如何正确使用附子、干姜、肉桂、吴茱萸?

3. 简述附子与干姜、附子与肉桂、附子与乌头、肉桂与桂枝在功效、应用方面的异同点。

ER 各论第七章　同步练习

(廖广辉)

第八章　理气药

【学习目的】

掌握理气药的含义、性能主治、应用要点。

掌握陈皮、枳实、木香、香附的性能特点、功效、应用、经典配伍以及在用法用量、使用注意方面的特殊性。熟悉青皮、沉香、川楝子、薤白、乌药的功效和主要应用、某些特殊用法及使用注意。了解其余理气药的功效、特殊用法及使用注意。

【含义】以调畅气机为主要作用,主治气滞、气逆证的药物,称理气药,又叫行气药。其中理气作用强者,称为破气药。

【性能主治】本类药物性味大多辛、苦、温,辛香行散、苦味降泄、性温通利,主归脾、胃、肝、肺气分,能行气滞、降气逆,故能调畅气机,主治气滞证、气逆证。由于归经、主治的不同,本类药物分别具有不同的功效。其中,主归脾、胃经,主治脾胃气滞脘腹胀满疼痛、食欲不振、嗳气吞酸、恶心呕吐、大便秘结或泻痢不爽等症者,具有理气调中、理气健脾或降逆止呕等功效;主归肝经,主治肝郁气滞胁肋胀痛、急躁易怒、情志不舒、疝气疼痛、月经失调、乳房胀痛等症者,具有疏肝解郁功效;主归肺经,主治肺气壅滞胸闷不畅、咳嗽气喘等症者,具有理气宽胸、止咳平喘功效。本类药物使气机通畅,能治疗气滞胀痛,故多具有行气止痛功效。部分药物行气力强,能够用于治疗癥瘕积聚,具有破气散结功效。此外,有些药物还兼有燥湿化痰、消食化积、温肾纳气、杀虫、活血等功效,可用于治疗湿痰证、饮食积滞、肾阳不足、虚喘、虫症、血瘀证等。

【应用要点】

1. 对证用药　理气药适用于治疗气机失调的病证,在使用时应针对气滞证或气逆证选择相应的行气药或降气药;同时应根据气滞证、气逆证的病变部位,选择相应的药物;在此基础上,应注意药物性能特点与气滞证、气逆证个体表现的对应性。

2. 配伍用药　为了增强疗效,理气药常相须配伍使用。同时,应根据病因、兼证进行相应的配伍。食积气滞者,配伍消食药;湿热阻滞者,配伍清热燥湿药;寒湿阻滞者,配伍苦温燥湿药;气虚气滞者,配伍补气药。肝郁气滞者,配伍养血柔肝药;寒凝肝脉者,配伍暖肝散寒药。外邪犯肺、肺气壅滞者,配伍解表药;痰饮蕴肺、肺气壅滞者,配伍祛痰、化饮药。此外,气滞兼有瘀血者,配伍活血化瘀药。

3. 使用注意　本类药物多辛温香燥,易耗气伤阴,故气阴不足者忌用。破气药作用峻猛而更易耗气,故孕妇慎用。有些药物气芳香,含挥发性成分,入汤剂不宜久煎。

<h2 style="text-align:center">陈皮　chénpí</h2>

本品首载于《神农本草经》。为芸香科植物橘 *Citrus reticulata* Blanco 及其栽培变种的干燥成熟果皮。主产于广东、广西、福建等地,秋季果实成熟时采收。以色鲜艳、香气浓者佳。生用。《中国药典》规定,干燥药材含橙皮苷($C_{20}H_{34}O_{15}$)不得少于 3.5%,饮片不得少于 2.5%。

【处方用名】陈皮、橘皮、广陈皮、新会皮。

【主要药性】苦、辛,温。归脾、肺经。

【功效】理气健脾,燥湿化痰。

【应用】

1. 脾胃气滞证　本品辛香走散,温通苦燥而性降,长于行脾胃之气。故凡脾胃气滞、气逆证皆可选用。其行气兼能燥湿,为治脾胃湿阻气滞之佳品,尤宜于寒湿阻滞中焦者。治脾胃气滞、脘腹胀痛,可单用,或与木香、枳壳等配伍;治寒湿中阻之脾胃气滞、脘腹胀痛、恶心呕吐,可与苍术、厚朴等配伍;治脾虚气滞、脘痛喜按、不思饮食、食后腹胀、便溏,可与白术、党参、茯苓等配伍;治肝郁乘脾、腹痛泄泻,可与白芍、白术、防风配伍。

2. 呕吐,呃逆　本品苦降,善治呕吐、呃逆。呕吐呃逆属寒者,可单用,也可与生姜同用;属热者,可与竹茹、栀子等配伍;若属虚实错杂有热者,可与人参、竹茹、大枣等配伍。

3. 咳嗽痰多　本品苦温燥湿,辛香行气,长于燥湿化痰,兼能宽胸,故为治寒痰、湿痰之要药。治湿痰咳嗽、胸闷气促、咳吐痰涎、色白量多,常与半夏、茯苓等配伍;治寒痰咳嗽、痰多清稀,可与细辛、干姜、半夏等配伍。

【用法用量】内服:3~10g,煎汤或入丸散。

【现代研究】

1. 化学成分　主要含挥发油,橙皮苷、新皮苷、陈皮素、柚皮苷、新油皮苷等黄酮类,有机胺,微量元素等成分。

2. 药理作用　有平喘、镇咳、祛痰、升高血压、抗血小板聚集、抗氧化、抗衰老、强心、抗休克、抗过敏、抗肿瘤、抑菌、抗紫外线辐射等作用。

附:

1. 橘叶　为芸香科植物橘及栽培变种的叶。性味辛、苦,平;归肝经。功能疏肝行气,散结消肿。适用于治疗胁肋作痛、乳痈、乳房结块、癥瘕等病症。煎服,6~10g。

2. 橘核　为芸香科植物橘及栽培变种的成熟种子。性味苦,平;归肝经。功能行气散结止痛。适用于治疗乳房结块、睾丸肿痛及疝气腹痛等病症。煎服,3~9g。

3. 橘络　为芸香科植物橘及栽培变种的中果皮与内果皮之间的维管束群。性味甘、苦,平;归肝、肺经。功能行气通络,化痰止咳。适用于治疗痰滞经络、胸胁作痛、咳嗽痰多等症。煎服,3~5g。

4. 橘红　芸香科植物橘及栽培变种的干燥外层果皮。性味辛、苦,温;归脾、肺经。功能理气宽中,燥湿化痰。适用于治疗咳嗽痰多、食积不化而无热象者。煎服,3~10g。

5. 化橘红　为芸香科灌木或小乔木植物化州柚 *Citrus grandis* 'Tomentosa' 或柚 *Citrus grandis*

(L.)Osbeck 的未成熟或近成熟的外层果皮。性味苦、辛,温;归脾、肺经。功能理气宽中,燥湿化痰。适用于治疗寒痰或湿痰之咳嗽痰多、食积、胸闷等症。煎服,3~6g。

青皮　qīngpí

本品首载于《本草图经》。为芸香科植物橘 *Citrus reticulata* Blanco 及其栽培变种的幼果或未成熟果实的果皮。主产于广东、福建、四川等地。5~6 月采集自动脱落的幼果称为"个青皮",以色墨绿、个匀、质硬、香气浓者为佳;7~8 月采集未成熟的果实,在果实上纵剖四瓣保留基部,称为"四花青皮",以皮墨绿色、内面黄白色、香气浓者为佳。生用或制用。《中国药典》规定,干燥药材含橙皮苷($C_{20}H_{34}O_{15}$)不得少于 5.0%,饮片含橙皮苷($C_{20}H_{34}O_{15}$)不得少于 4.0%,醋青皮含橙皮苷($C_{20}H_{34}O_{15}$)不得少于 3.0%。

【处方用名】青皮、醋青皮、个青皮、四花青皮。

【主要药性】苦、辛,温。归肝、胆、胃经。

【功效】疏肝破气,消积化滞。

【应用】

1. 肝气郁滞证　本品辛散温通,苦泄下行,作用力强,主入肝胆而疏畅气机。治肝郁气滞之胁肋胀痛,常与柴胡、郁金、香附等配伍;治乳房胀痛或结块,可与浙贝母、橘叶等配伍;治乳痈,可与蒲公英、瓜蒌、金银花等配伍;治寒疝腹痛,常与小茴香、木香、高良姜等配伍。

2. 食积气滞证　本品既能消积,又能行气止痛,可治食积气滞证。治食积气滞、脘腹胀痛,常与山楂、神曲、麦芽等配伍;若气滞甚而腹胀痛重者,则常与木香、槟榔、枳实等配伍。

3. 气滞血瘀证　本品苦泄峻烈、辛散温通力强而善破气散结。治气滞血瘀之癥瘕积聚、久疟痞块等,常与鳖甲、三棱、莪术等配伍。

【用法用量】内服:3~10g,煎汤或入丸散。醋制后其疏肝止痛力增强。

【使用注意】本品性烈耗气,故而气虚者慎用。

【现代研究】

1. 化学成分　主要含挥发油,橙皮苷、新皮苷、陈皮素、柚皮苷、新油皮苷等黄酮类,有机胺,微量元素,以及天冬氨酸、谷氨酸、脯氨酸等多种氨基酸等成分。

2. 药理作用　有调节胃肠道、利胆、祛痰、扩张支气管、平喘等作用。

枳实　zhǐshí

本品首载于《神农本草经》。为芸香科植物酸橙 *Citrus aurantium* L. 及栽培变种或甜橙 *Citrus sinensis* Osbeck 的干燥幼果。主产于四川、江西、福建等地。5~6 月采收。以外皮色墨绿、香气浓者为佳。生用或制用。《中国药典》规定,干燥药材、饮片含辛弗林($C_9H_{13}NO_2$)不得少于 0.30%。

【处方用名】枳实、麸炒枳实。

【主要药性】苦、辛、酸,微寒。归脾、胃经。

【功效】破气消积,化痰消痞。

【应用】

1. 胃肠气滞证　本品辛散苦降,气雄性猛,行气作用强,为破气除痞之要药,多种原因所致的肠胃气滞、脘腹痞满均可用之。治饮食积滞、脘腹胀痛、嗳腐吞酸,可与莱菔子、山楂、神曲等配伍;治脾胃虚弱、脘腹痞满胀闷,常与白术配伍;治热结便秘、痞满胀痛,常与大黄、芒硝、厚朴等配伍;治湿热积滞、脘痞腹满或泻痢后重,可与大黄、黄连、黄芩等配伍;治脾虚气滞、寒热互结、心下痞满,常与厚朴、黄连、半夏等配伍。

2. 痰阻气滞证　本品化痰浊以除积滞、破气结而通痞塞,适用于痰阻气滞之胸痹、结胸等病症。治痰浊阻闭、胸阳不振、胸痹心痛,与薤白、桂枝、瓜蒌等配伍;治痰热结胸,可与瓜蒌、半夏、黄连等配伍;治心下痞满,食欲不振,可与半夏曲、厚朴等同用。

此外,本品尚可用治脏器下垂,可单用,或与黄芪、柴胡、升麻等配伍。

【用法用量】内服:3~10g,煎汤或入丸散。炒后药性较平和。

【使用注意】孕妇慎用。其破气之功易伤正气,若非邪实者用之宜慎。

【现代研究】

1. 化学成分　主要含橙皮素、橙皮苷、柚皮素、柚皮苷、新橙皮苷、柚皮芦丁等黄酮类,辛弗林、N-甲基酪胺等生物碱,α-水茴香萜、α-蒎烯、柠檬烯、芳樟醇等挥发油,以及蛋白质、碳水化合物、胡萝卜素、维生素 B_2、γ-氨基丁酸等。

2. 药理作用　有调节胃肠道平滑肌、抗溃疡、利胆、调节子宫功能、升压、强心、抗氧化、抗休克、抗过敏、抗菌、镇痛、护肝、降糖、降血脂、利尿等作用。

附:

枳壳　为芸香科植物酸橙及栽培变种的干燥未成熟果实。性味归经与枳实相同,但作用较为缓和。功能理气宽中,行滞消胀。用治胸胁气滞、胀满疼痛、食积不化、痰饮内停、脏器下垂等。煎服,3~10g。孕妇慎用。

木香　mùxiāng

本品首载于《神农本草经》。为菊科植物木香 *Aucklandia lappa* Decne. 的干燥根。原产于印度、缅甸、巴基斯坦,因从广州进口而称之为"广木香";云南引种者称之为"云木香"。秋、冬季采挖。以香气浓郁、油性足者为佳。生用或制用。《中国药典》规定,干燥药材含木香烃内酯($C_{15}H_{20}O_2$)和去氢木香内酯($C_{15}H_{18}O_2$)的总量不得少于 1.80%,饮片不得少于 1.50%。

【处方用名】木香、煨木香、广木香、云木香。

【主要药性】辛、苦,温。归脾、胃、大肠、胆、三焦经。

【功效】行气止痛,健脾消食。

【应用】

1. 脾胃气滞证　本品辛行苦泄温通,芳香气烈,长于行气止痛,常用于多种气滞疼痛;归脾胃经,善行脾胃气滞,为治脾胃气滞证的要药,兼能消食,治食积气滞为佳。治脾胃气滞、脘腹胀痛,可单用本品磨汁服,或与枳壳、厚朴、陈皮等配伍;治食积气滞、脘痞腹痛,可与陈皮、半夏、枳实等同用;治脾虚气滞,脘腹胀满,食少便溏,可与陈皮、白术、党参等配伍。

2. 泻痢后重　本品辛行苦降,善于通行大肠气滞而除后重,为治泻痢后重的要药。治湿热壅滞大肠、泻痢后重,常与黄连配伍;治积滞内停、湿蕴生热、脘腹痞满胀痛、大便秘结或泻而不爽,常与大黄、香附、青皮等配伍。

3. 胸胁胀痛,疝气疼痛　本品辛香能行,味苦能泄,归三焦和胆经,能疏理肝胆和三焦之气机。治湿热郁蒸、气机阻滞之胸胁胀痛、黄疸口苦,可与柴胡、郁金、茵陈等配伍;治寒疝腹痛、睾丸偏坠疼痛,可与川楝子、小茴香等同用。

此外,本品芳香醒脾开胃,于滋补剂中少许加之,能减轻补虚药的腻胃、滞气之弊,收补而不滞之效。

【用法用量】内服:3~6g,煎汤或入丸散。生用行气力强,煨用实肠止泻,可用于泄泻腹痛。

【使用注意】本品辛温香燥,凡阴虚火旺者慎用。

【现代研究】

1. 化学成分　含挥发油、多种烯类成分、豆甾醇、木香碱、树脂,以及少量的酮、醛、酚等化合物,木香萜胺 A、B、C、D、E、天冬氨酸、谷氨酸、γ- 氨基丁酸等 20 种氨基酸。

2. 药理作用　有减轻腹泻、抑菌、抗炎、抗肿瘤、扩张血管、抑制血小板聚集等作用。

附:

1. 川木香　本品为菊科植物川木香 *Vladimiria souliei* (Frannch.) Ling 或灰毛川木香 *Vladimiria souliei* (Frannch.) Ling var. *cinera* Ling 的干燥根。性味辛、苦,温;归脾、胃、胆、大肠经。功能行气止痛,适用于胸胁及脘腹胀痛、肠鸣腹泻、里急后重等症。煎服,3~9g。

2. 土木香　本品为菊科植物土木香 *Inula helenium* L. 的干燥根。性味辛、苦,温;归肝、脾经。功能健脾和胃,行气止痛,安胎。适用于胸胁及脘腹胀痛、呕吐泻痢、胸胁挫伤、岔气作痛等症。3~9g,多入丸散剂。

沉香　chénxiāng

本品首载于《名医别录》。为瑞香科植物白木香 *Aquilaria sinensis* (Lour.) Gilg. 含树脂的木材。主产于海南、广东、广西等地。全年采收。以含树脂多、香气浓、味苦者为佳。生用。《中国药典》规定,干燥药材含沉香四醇($C_{17}H_{18}O_6$)不得少于 0.10%。

【处方用名】沉香、沉水香。

【主要药性】辛、苦,微温。归脾、胃、肾经。

【功效】行气止痛,温中止呕,纳气平喘。

【应用】

1. 寒凝气滞疼痛　本品芳香辛散,行气止痛;温通祛寒,温而不燥,善治寒凝气滞疼痛。治寒凝气滞之胸腹胀痛,常与乌药、木香、槟榔等配伍;治脾胃虚寒之脘腹冷痛,可与干姜、附子、肉桂等配伍。

2. 胃寒呕吐　本品辛温散寒,质重苦泄沉降,长于降逆止呕。治寒邪犯胃之呕吐清水,可与陈皮、荜澄茄等配伍;治胃寒久呃、经久不愈,可与丁香、豆蔻、人参等配伍。

3. 虚喘证　本品质重而温,入下焦能温肾纳气。治下元虚冷、肾不纳气之虚喘,常与肉桂、附子、补骨脂等配伍;治上盛下虚之痰饮喘嗽,可与紫苏子、半夏、厚朴等配伍。

【用法用量】内服:1~5g,煎汤宜后下;或磨汁冲服,或入丸散剂,每次 0.5~1g。

【使用注意】本品辛温助热,故阴虚火旺者慎用。

【现代研究】

1. 化学成分　主要含白木香醇、白木香醛、呋喃白木香醛、沉香四醇、白木香醇、呋喃白木香醇、去氧白木香醇等挥发油类以及 6- 甲氧基 -2-(2- 苯乙基) 色酮、6,7- 二甲氧基 -2-(2- 苯乙基) 色酮等色酮类成分。

2. 药理作用　有解痉、镇静、安定、镇痛、麻醉、抑菌、平喘作用。

檀香　tánxiāng

本品首载于《名医别录》。为檀香科植物檀香 *Santalum album* L. 树干的干燥心材。主产于印度、澳大利亚、印度尼西亚;我国产于海南、广东、云南等地。全年均可采,以夏季采收质量好。以色黄、质坚、显油性、香气浓厚者为佳。生用。《中国药典》规定,干燥药材含挥发油不得少于 3.0%(ml/g)。

【处方用名】檀香。

【主要药性】辛,温。归脾、胃、心、肺经。

【功效】行气调中,散寒止痛。

【应用】

寒凝气滞疼痛　本品辛香温通而行气散寒止痛,善于治上中焦寒凝气滞疼痛。治寒凝气滞,胸腹冷痛,常与沉香、木香、藿香等配伍;治胃脘寒痛,呕吐食少,可研末干姜汤泡服,或与豆蔻、砂仁、沉香等配伍,治寒凝气滞血瘀之胸痹、心腹冷痛,可与延胡索、高良姜等配伍。

【用法用量】内服:2~5g,煎汤宜后下;入丸散,1~3g。

【现代研究】

1. 化学成分　主要含挥发油(主要成分为倍半萜类化合物)、二氢 -α- 沉香呋喃、二氢 -β- 沉香呋喃、4,11- 环氧 - 顺式 - 桉叶烷、朱栾萜烯等成分。

2. 药理作用　有镇静、利尿、抑菌作用。

川楝子　chuānliànzǐ

本品首载于《神农本草经》。为楝科植物川楝 *Melia toosendan* Sieb. et Zucc. 的干燥成熟果实。主产于四川。冬季采收。以个大、饱满、外皮金黄色、果肉黄白色者为佳。生用或制用。《中国药典》规定,干燥药材与饮片含川楝素($C_{30}H_{38}O_{11}$)0.060%~0.20%,炒川楝子含川楝素 0.040%~0.20%。

【处方用名】川楝子、炒川楝子、金铃子。

【主要药性】苦,寒;有小毒。归肝、小肠、膀胱经。

【功效】行气止痛,杀虫。

【应用】

1. 气郁化火疼痛　本品味苦降泄,善疏肝气、止疼痛;性寒善清肝火、泻郁热;为治肝郁气滞疼痛之良药,尤善治肝郁化火诸痛。治肝胃不和或肝郁化火之胁肋胀痛,常与延胡索配伍,也可与柴胡、白芍、枳实等配伍;若治寒疝腹痛,常与小茴香、吴茱萸等配伍。

2. 虫积腹痛　本品既能杀虫,又能行气止痛。治蛔虫腹痛,可与槟榔、使君子等配伍。

此外,本品能杀虫疗癣。治头癣,单用焙黄研末,以油调膏外涂。

【用法用量】内服,5~10g,煎汤或入丸散;外用:适量,研末调涂。炒用寒性降低。

【使用注意】脾胃虚寒者慎用;不宜过量服、久服。

【现代研究】

1. 化学成分　主要含川楝素、黄酮、脂肪油、多糖等成分。

2. 药理作用　有收缩胆囊、促进胆汁分泌、驱虫、抑菌、抗炎、抗氧化、抗生育、抗癌、镇痛等作用。

乌药　wūyào

本品首载于《本草拾遗》。为樟科植物乌药 lindera aggregata(Sims) Kosterm. 的干燥块根。主产于浙江、安徽、陕西等地。全年可采。以质嫩、粉性大、切面淡黄棕色、香气浓者为佳。生用。《中国药典》规定,干燥药材、饮片含乌药醚内酯($C_{15}H_{16}O_4$)不得少于 0.030%、去甲异波尔定($C_{18}H_{19}NO_4$)不得少于 0.40%。

【处方用名】乌药、天台乌药。

【主要药性】辛,温。归肺、肾、脾、膀胱经。

【功效】行气止痛,温肾散寒。

【应用】

1. 寒凝气滞疼痛　本品辛温行散祛寒,入肺、脾、肾经,治三焦寒凝气滞疼痛。治胸闷胁痛,可与薤白、延胡索、瓜蒌等配伍;治脘腹胀痛,可与沉香、木香、枳实等配伍;治痛经,与当归、香附等配伍;治寒疝腹痛,可与小茴香、青皮、川楝子等配伍。

2. 遗尿,尿频　本品下走肾与膀胱,温肾散寒缩尿止遗。治肾阳不足、膀胱虚冷之遗尿、尿频,常与山药、益智仁等配伍。

【用法用量】内服:6~10g,煎汤或入丸散。

【现代研究】

1. 化学成分　主要含倍半萜类及内酯类如乌药醚内酯、伪新乌药醚内酯、乌药醇、乌药根烯,生物碱类如木姜子碱、波尔定碱、去甲异波尔定碱,脂肪酸类如葵酸、十二烷酸,挥发油如龙脑、乙酸龙脑酯等成分。

2. 药理作用　有调节胃肠道平滑肌、抗病毒、抗肿瘤、抗炎镇痛、抑菌、兴奋心肌、改善中枢神经系统功能、调节凝血、保肝等作用。

荔枝核　lìzhīhé

本品首载于《本草衍义》。为无患子科植物荔枝 Litchi chinensis Sonn. 的干燥成熟种子。主产于福建、广东、广西等地。夏季采收。以粒大、饱满、光亮者为佳。生用或制用。

【处方用名】荔枝核、盐荔枝核。

【主要药性】甘、微苦,温。归肝、肾经。

【功效】行气散结,散寒止痛。

【应用】

1. 疝气腹痛,睾丸肿痛　本品辛行苦泄温通,主入肝经,有疏肝理气、散结消肿、散寒止痛之功。治寒疝腹痛,常与小茴香、吴茱萸、橘核等配伍;治肝经湿热下注之睾丸肿痛,可与大黄、龙胆等配伍。

2. 气滞胃痛,腹痛　本品有疏肝和胃,散寒止痛作用。治肝气郁滞、胃脘久痛,可与木香同用;治肝郁气滞血瘀之痛经及产后腹痛,可与香附同用;或与香附、川芎、柴胡等配伍。

【用法用量】内服:5~10g,煎汤或入丸散。

【现代研究】

1. 化学成分　主要含总皂苷、多糖、黄酮类化合物。

2. 药理作用　有降血脂、降血糖、抗氧化、抗病毒、抗肿瘤、抗肝损伤、提高免疫力等作用。

香附　xiāngfù

本品首载于《名医别录》。为莎草科植物莎草 Cyperus rotundus L. 的干燥根茎。主产于广东、浙江、山东等地。秋季采挖。以色棕褐、香气浓者为佳。生用或制用。《中国药典》规定,含挥发油干燥药材、香附饮片不得少于 1.0%(ml/g)、醋香附饮片不得少于 0.80%(ml/g)。

【处方用名】香附、醋香附。

【主要药性】辛、微苦、微甘,平。归肝、脾、三焦经。

【功效】疏肝解郁,调经止痛,理气宽中。

【应用】

1. 胸胁胀痛,疝气疼痛　本品辛散行气、味苦疏泄,归肝经,善疏肝理气,为疏肝解郁之要药。治肝气郁结、胁肋胀痛,常与柴胡、白芍、川芎等配伍;治寒凝气滞、肝寒犯胃之胃脘疼痛,常与高良姜配伍;治寒凝肝脉之疝气腹痛,可与吴茱萸、小茴香、乌药等配伍。

2. 月经不调,痛经,乳房胀痛　本品疏肝理气,善调经止痛,为妇科调经止痛之要药。被誉之为"气病之总司,女科之主帅。"治肝郁气滞之月经不调、痛经,常与柴胡、当归、川芎等配伍;治乳房胀痛或结块,可与柴胡、橘核、青皮等配伍。

3. 脾胃气滞,脘腹痞闷,胀满疼痛　本品味辛能行,归脾经,有行气宽中之功,故常用于治疗脾胃气滞证。治脘腹胀痛、胸膈噎塞、嗳气吞酸、纳呆,可与砂仁、甘草同用,或与乌药、苏叶同用;治外感风寒兼脾胃气滞者,可与苏叶、陈皮等同用;治气、血、痰、火、湿、食六郁所致胸膈痞满、脘腹胀痛、呕吐吞酸、饮食不化等,可与川芎、苍术、栀子等同用。

【用法用量】内服:6~10g,煎汤或入丸散。醋制可增强疏肝止痛功效。

【现代研究】

1. 化学成分　主要含挥发油如 β-蒎烯、香附子烯、α-香附酮、β-香附酮、广藿香酮、α-莎草醇、β-莎草醇、柠檬烯、丁香烯,尚含糖类、苷类、黄酮类、三萜类、酚类、生物碱类成分。

2. 药理作用　有促进胆汁分泌、保肝、强心、降血压、镇痛、抑菌、抗炎、抗肿瘤、雌激素样作用。

佛手　fóshǒu

本品首载于《滇南本草》。为芸香科植物佛手 Citrus medica L. var. sarcodactylis Swingle 的干燥

果实。主产于广东、四川、浙江等地。秋季采收。以片大、绿皮白肉、香气浓者为佳。生用。《中国药典》规定,干品含橙皮苷($C_{28}H_{34}O_{15}$)不得少于0.030%。

【处方用名】佛手。

【主要药性】辛、苦、酸,温。归肝、脾、胃、肺经。

【功效】疏肝理气,和胃止痛,燥湿化痰。

【应用】

1. 肝郁气滞,胸胁胀痛　辛香行散,味苦疏泄,善于疏肝解郁、行气止痛。治肝气郁滞、胁肋胀痛,可与柴胡、郁金、香附等配伍。

2. 脾胃气滞,脘腹痞满,食少呕吐　本品辛香归脾胃,能理气止痛。治脾胃气滞、脘腹胀痛、呕恶食少,可与枳壳、陈皮、木香等配伍。

3. 痰多咳嗽　本品苦温燥湿化痰,兼能理气宽胸,可治痰湿壅肺之痰多咳嗽胸闷。治湿痰壅肺、咳嗽痰多、胸闷气急作痛,常与半夏、陈皮、瓜蒌皮等配伍。

【用法用量】内服:3~10g,煎汤或入丸散。

【现代研究】

1. 化学成分　主要含挥发油如柠檬酸、γ-松油烯等,黄酮类如橙皮苷、香叶木苷等,香豆素类如佛手内酯、柠檬内酯,萜类如柠檬苦素等,以及多糖、有机酸等。

2. 药理作用　有扩张冠状动脉、减缓心率、降血压、平喘、祛痰、抗应激、抗肿瘤、调节免疫等作用。

香橼　xiāngyuán

本品首载于《本草拾遗》。为芸香科植物枸橼 *Citrus medica* L. 或香圆 *Citrus wilsonii* Tanaka 的干燥成熟果实。主产于浙江、江苏、广东等地。秋季采收。以个大、皮粗、色墨绿,香气浓者为佳。生用。《中国药典》规定,干燥药材含柚皮苷($C_{27}H_{32}O_{14}$)不得少于2.5%。

【处方用名】香橼。

【主要药性】辛、苦、酸,温。归肝、脾、肺经。

【功效】疏肝理气,宽中,化痰。

【应用】

1. 肝郁气滞,胸胁胀痛　本品辛散苦泄,入肝,长于疏肝理气。治肝气郁滞、胁肋胀痛,可与柴胡、郁金、佛手等配伍。

2. 脾胃气滞,脘腹痞满,食少呕吐　本品辛香行散而行气宽中。治脾胃气滞、脘腹胀痛、嗳气、呕恶食少,可与枳壳、砂仁、木香等配伍。

3. 痰多咳嗽　本品苦燥降泄以化痰止咳,辛行入肺而理气宽胸。治湿痰壅肺、咳嗽痰多胸闷,可与半夏、陈皮、茯苓等配伍。

【用法用量】内服:3~10g,煎汤或入丸散。

【现代研究】

1. 化学成分　主要含挥发油如右旋柠檬烯、枸橼醛、水芹烯、乙酸香叶酯等,黄酮类如橙皮苷、柚皮苷等,以及二萜内酯、鞣质等成分。

2. 药理作用　有促进胃肠蠕动、健胃、抗炎、抗病毒、祛痰等作用。

玫瑰花　méiguīhuā

本品首载于《食物本草》。为蔷薇科植物玫瑰 *Rosa rugosa* Thunb. 的干燥花蕾。主产于江苏、浙江、福建等地。春末夏初分批采摘。以色紫红、朵大、香气浓者为佳。生用。

【处方用名】玫瑰花。

【主要药性】甘、微苦,温。归肝、脾经。

【功效】行气解郁,和血,止痛。

【应用】

1. 胸脘胀痛,食少呕恶　本品芳香行气,味苦疏泄,归肝、胃经,既能疏肝,又能宽中和胃。治疗肝气郁滞或肝胃不和之胸胁、脘腹胀痛,呕恶食少,可与香附、佛手、砂仁等配伍。

2. 月经不调　本品善于疏肝行气止痛,治肝郁气滞之月经不调或经前乳房胀痛,可与当归、川芎、白芍等配伍。

3. 跌扑伤痛　本品味苦疏泄,性温通行,有活血止痛之功。治疗跌打损伤、瘀肿疼痛,可与当归、川芎、赤芍等配伍。

【用法用量】内服:3~6g,煎汤或入丸散。

【现代研究】

1. 化学成分　主要含挥发油如玫瑰油、香茅醇、牻牛儿醇、橙花醇、苯乙醇、丁香油酚等,以及鞣质、槲皮苷、有机酸、脂肪油等成分。

2. 药理作用　有促进胆汁分泌作用。

梅花　méihuā

本品首载于《本草纲目》。为蔷薇科植物梅 *Prunus mume* (Sieb.) Sieb. et Zucc. 的干燥花蕾。分为白梅花、红梅花两种,入药以白梅花为主。白梅花主产于江苏、浙江等地;红梅花主产于四川、湖北等地。初春采收。以完整、含苞未放、气清香者为佳。生用。《中国药典》规定,干燥品含绿原酸($C_{16}H_{18}O_9$)不得少于 3.0%、金丝桃苷($C_{21}H_{20}O_{12}$)和异槲皮苷($C_{21}H_{20}O_{12}$)的总量不得少于0.35%。

【处方用名】梅花、绿萼梅。

【主要药性】微酸,平。归肝、胃、肺经。

【功效】疏肝和中,化痰散结。

【应用】

1. 肝胃气痛,郁闷心烦　本品芳香行气,味酸入肝,能疏肝解郁,兼理气和中。治疗肝胃气滞、胁肋胀痛、郁闷心烦、脘腹痞满等,可与柴胡、佛手、香附等配伍。

2. 梅核气　本品芳香行气,化痰散结。治疗痰气郁结之梅核气,可与半夏、厚朴、茯苓等同用。

此外,本品化痰散结,可治疗瘰疬,单用装入鸡蛋中蒸熟食蛋或与连翘、夏枯草、玄参等配伍。

【用法用量】内服:5~10g,煎汤或入丸散。

【现代研究】

化学成分　主要含挥发油如4-松油烯醇、异丁香油酚等,以及金丝桃苷、异槲皮苷、绿原酸等。

娑罗子　suōluózǐ

本品首载于《本草纲目》。为七叶树科植物七叶树 *Aesculus chinensis* Bge.、浙江七叶树 *Aesculus chinensis* Bge. var. *chekiangensis*（Hu et Fang）Fang 或天师栗 *Aesculus wilsonii* Rehd. 的干燥成熟种子。主产于河北、山西、陕西等地。秋季采收。以饱满、种仁黄白色者为佳。生用。《中国药典》规定,干燥药材、饮片含七叶皂苷 A（$C_{55}H_{86}O_{24}$）不得少于 0.70%。

【处方用名】娑罗子。

【主要药性】甘,温。归肝、胃经。

【功效】疏肝理气,和胃止痛。

【应用】胸胁胀闷,脘腹胀痛　本品性味甘温,入肝胃二经,既能疏理肝气而解郁,又能理气宽中以除胀,适宜于肝郁气滞及肝胃气滞之胁肋脘腹胀痛,以偏寒者为宜。治肝气犯胃之胁肋脘腹胀痛,可与柴胡、木香等配伍;治胃寒气滞之脘腹冷痛,可与吴茱萸、高良姜、小茴香等配伍;治肝郁气滞、经前乳房胀痛,可与香附、郁金、柴胡等配伍。

【用法用量】内服:3~9g,煎汤或入丸散。

【现代研究】

1. 化学成分　主要含三萜皂苷、黄酮类化合物等成分。
2. 药理作用　有促进胃肠蠕动、抗炎、抗肿瘤、降血脂等作用。

薤白　xièbái

本品首载于《神农本草经》。为百合科植物小根蒜 *Allium macrostemon* Bge. 或薤 *Allium chinense* G. Don 的干燥鳞茎。主产于江苏、浙江、吉林等地。夏、秋季采收。以个大、饱满、色黄白、半透明者为佳。生用。

【处方用名】薤白。

【主要药性】辛、苦,温。归心、肺、胃、大肠经。

【功效】通阳散结,行气导滞。

【应用】

1. 胸痹心痛　本品辛散温通,散阴寒之凝滞、通胸阳之闭结,为治胸痹要药。治寒痰阻滞、胸阳不振之胸闷胸痛,常与瓜蒌、半夏、桂枝等配伍;治痰瘀阻滞之胸痹,可与瓜蒌、丹参、川芎等配伍。

2. 脘腹痞满胀痛,泻痢后重　本品辛散苦降,归胃肠经,能调畅脾胃气机、消胀止痛。治胃寒气滞之脘腹痞满胀痛,常与木香、砂仁、高良姜等配伍;治湿热内蕴、胃肠气滞之泻痢后重,可与黄连、黄柏、枳实等配伍。

【用法用量】内服:5~10g,煎汤或入丸散。

【使用注意】气虚无滞及胃弱纳呆者不宜用。

【现代研究】

1. 化学成分　主要含甾体皂苷类、前列腺素、生物碱、含氮化合物等。

2. 药理作用　有止泻、抗血小板聚集、抗动脉粥样硬化、抗氧化、抗炎、抑菌、降血脂等作用。

大腹皮　dàfùpí

本品首载于《开宝本草》。为棕榈科植物槟榔 Areca catechu L. 的干燥果皮。主产于海南、云南、广西等地。冬季至次春采收未成熟的果实,习称"大腹皮";春末至秋初采收成熟果实,习称"大腹毛"。以色黄白、质柔韧者为佳。生用。

【处方用名】大腹皮、大腹毛。

【主要药性】辛,微温。归脾、胃、大肠、小肠经。

【功效】行气宽中,利水消肿。

【应用】

1. 胃肠气滞证　本品辛散行气,主入脾胃经,行气导滞而消除胀满,主用于脾胃气滞证。治食积气滞、脘腹胀满、嗳气吞酸、便秘或泻而不爽,常与莱菔子、山楂、木香等配伍;治湿阻气滞、脘腹胀满,可与厚朴、苍术、陈皮等配伍。

2. 水肿胀满,脚气肿痛,小便不利　本品辛散开泄,能开宣肺气以通利水道。治水肿、小便不利,常与茯苓皮、生姜皮、陈皮等配伍;治脚气肿痛,可与吴茱萸、木瓜等配伍。

【用法用量】内服:5~10g,煎汤或入丸散。

【现代研究】

1. 化学成分　主要含槟榔碱、槟榔次碱、α- 儿茶素等成分。

2. 药理作用　有兴奋胃肠道平滑肌、促进纤维蛋白溶解、杀绦虫等作用。

甘松　gānsōng

本品首载于《本草拾遗》。为败酱科植物甘松 Nardostachys jatamansi DC. 的干燥根及根茎。主产于四川、甘肃、青海等地。春、秋二季采挖,以秋采为佳。以主根肥壮、芳香气浓者为佳。生用。《中国药典》规定,含挥发油干燥药材不得少于 2.0%(ml/g)、干燥饮片不得少于 1.8%(ml/g)。干燥药材、饮片含甘松新酮($C_{15}H_{22}O_3$)不得少于 0.10%,

【处方用名】甘松。

【主要药性】辛、甘,温。归脾、胃经。

【功效】行气止痛,开郁醒脾,外用祛湿消肿。

【应用】

脘腹胀痛　本品辛温芳香,专归脾胃经,故能行气消胀、醒脾开胃、散寒止痛。治寒凝气滞之脘腹胀痛,可与厚朴、木香、砂仁等配伍;治思虑伤脾、脾胃气机阻滞、胸闷腹胀、不思饮食,可与柴胡、豆蔻、砂仁等配伍。

此外,本品外用有祛湿消肿之功。治湿脚气,可与荷叶、藁本煎汤外洗;治牙痛,可单用泡汤嗽口。

【用法用量】内服:3~6g,煎汤或入丸散。外用:适量,泡汤漱口或煎汤洗脚或研末敷患处。

【现代研究】

1. 化学成分　主要含倍半萜类如缬草萜酮、甘松新酮等,三萜类成分如齐墩果酸、熊果酸等以及挥发油等成分。

2. 药理作用　有抗癫痫、镇静、抗惊厥、抗抑郁、促进神经生长、改善认知能力、降血压、抑菌等作用。

九香虫　jiǔxiāngchóng

本品首载于《本草纲目》。为蝽科昆虫九香虫 *Aspongopus chinensis* Dallas 的干燥体。主产于四川、云南、贵州等地。11 月至次年 3 月间捕捉。以完整、色棕褐、发亮、油性大者为佳。生用或制用。

【处方用名】九香虫、炒九香虫。

【主要药性】咸,温。归肝、脾、肾经。

【功效】行气止痛,温肾助阳。

【应用】

1. 肝胃气滞证　本品性温气香通行走散,入肝胃理胸膈之凝滞而行气止痛。治寒郁中焦、气机不畅、脘腹胀痛或冷痛,可与高良姜、木香、陈皮等同用;治肝郁气滞之胸胁胀痛,或肝胃不和之胃脘疼痛,可与香附、延胡索,木香等同用。

2. 肾阳虚证　本品走肾经而温元阳,有温肾助阳起痿之功。治肾阳不足、命门火衰、阳痿宫冷、腰膝冷痛,可单用炙热研末服,或配伍淫羊藿、杜仲、巴戟天等。

【用法用量】内服:6~9g,煎汤或入丸散。

【使用注意】阴虚内热者禁服。

【现代研究】

1. 化学成分　主要含脂肪、蛋白质、甲壳质、维生素、黄嘌呤、次黄嘌呤、尿嘧啶,以及铁、铜、锌等微量元素。

2. 药理作用　有抑菌作用。

刀豆　dāodòu

本品首载于《救荒本草》。为豆科植物刀豆 *Canavalia gladiata* (Jacq.) DC. 的干燥成熟种子。主产于江苏、安徽、湖北等地。秋季采收。以粒大、饱满、色淡红者为佳。生用或制用。

【处方用名】刀豆、炒刀豆、盐刀豆。

【主要药性】甘,温。归胃、肾经。

【功效】降气止呃,温肾助阳。

【应用】

1. 呃逆,呕吐　本品性温沉降,归胃经而能温中、降气、止呃。治中焦虚寒之呕吐呃逆,可与丁香、柿蒂等配伍。

2. 肾虚腰痛　本品温肾则益火助阳壮腰。治肾虚腰痛,可单用刀豆 2 粒,包于猪腰内烧熟食用,或与杜仲、桑寄生、续断等配伍。

【用法用量】内服:6~9g,煎汤或入丸散。

【现代研究】

1. 化学成分　主要含胺类如刀豆四胺、γ-胍氧基丙胺等,以及赤霉素 A_{21}、赤霉素 A_{22}、蛋白质等成分。

2. 药理作用　有调节免疫、抗肿瘤等作用。

柿蒂　shìdì

本品首载于《名医别录》。为柿树科植物柿 *Diospyros kaki* Thunb. 的干燥宿萼。主产于四川、广东、广西等地。秋、冬季收。以个大、肥厚、质硬、色黄褐者为佳。生用。

【处方用名】柿蒂。

【主要药性】苦、涩,平。归胃经。

【功效】降气止呃。

【应用】

呃逆证　本品苦而降泄,专入胃经,降上逆之胃气,治各种呃逆,为止呃逆之要药。治胃寒呃逆,常与丁香、生姜配伍;治脾胃虚寒呃逆,可与人参、丁香等配伍;治胃热呃逆,可与竹茹、芦根等配伍;治痰湿壅滞之呃逆,可与半夏、旋覆花、赭石等配伍;治命门火衰、元气暴脱、上逆作呃,则须配伍附子、人参、丁香等。

【用法用量】内服:5~10g,煎汤或入丸散。

【现代研究】

1. 化学成分　主要含三萜类如齐墩果酸、熊果酸、桦皮酸,以及 β-谷甾醇、糖苷、鞣质等成分。

2. 药理作用　有镇静、抗惊厥、抗心律失常等作用。

【思考题】

1. 何谓理气药? 简述理气药的功效、主治。如何正确使用理气药?

2. 如何正确使用陈皮、香附、枳实、木香、薤白?

3. 比较陈皮与青皮、木香与香附、香橼与佛手性能及功效主治之异同。

ER 各论第八章　同步练习

(张凤瑞)

第九章　消食药

【学习目标】

1. 掌握消食药的含义、性能主治、应用要点。

2. 掌握山楂、六神曲、麦芽的药性、功效、主治、性能特点、经典配伍以及用法用量、使用注意。熟悉莱菔子、鸡内金的功效、主治、某些特殊用法及使用注意。了解其余消食药的功效、特殊用法及使用注意。

【含义】以消食化积为主要功效，主治饮食积滞证的药物，称消食药。

【性能主治】本类药物多具甘味，性平或微温，主归脾、胃二经。均具有消食化积之功，主治饮食积滞、脘腹胀满、不思饮食、嗳气吞酸、恶心呕吐、大便失常，以及脾胃虚弱之消化不良。此外，有些药物兼有行气、活血、化痰、回乳、固精止遗、化石等功效，又可用治气滞、血瘀、痰多咳喘、乳汁郁积、遗精遗尿、结石等病证。

【应用要点】

1. 对证用药　消食药均适应于治疗饮食积滞证。在选择消食药时应注意药物性能特点与食积证个体表现的对应性。

2. 配伍用药　为了增强疗效，消食药常相须配伍使用。同时应根据患者兼证及体质不同，予以适当配伍。饮食积滞常阻滞中焦气机，导致脾胃气滞证，故常需配行气药，以助消食化滞；若食积化热，配苦寒清热药或轻下之品；食积兼有湿滞中焦者，配芳香化湿药。若脾胃虚寒兼食积者，配温中健脾药；脾胃虚弱，运化无力，食积内停者，应配伍健脾益气药，以标本兼治，消积而不伤正。

3. 注意事项　部分药物有耗气之弊，气虚及无食积、痰滞者当慎用。

山楂　shānzhā

本品首载于《本草经集注》。为蔷薇科植物山里红 *Crataegus pinnatifida* Bge. var. *major* N. E. Br. 或山楂 *Crataegus pinnatifida* Bge. 的干燥成熟果实。主产于河南、河北、山东等地。秋季采摘。以个大、皮红、肉厚、核少者为佳。生用或制用。《中国药典》规定，干燥药材含有机酸以枸橼酸（$C_6H_8O_7$）计，不得少于 5.0%；炒山楂、焦山楂饮片含有机酸以枸橼酸（$C_6H_8O_7$）计，不得少于 4.0%。

【处方用名】山楂、炒山楂、焦山楂、山楂炭。

【主要药性】酸、甘，微温。归脾、胃、肝经。

【功效】消食健胃,行气散瘀。

【应用】

1. 饮食积滞证　本品酸甘微温,功善消食化积,能治各种饮食积滞,尤善消肉食油腻积滞。治食肉不消,可单用山楂水煎服;治饮食积滞引起的脘腹胀满、嗳气吞酸、腹痛便溏者,常与炒神曲、炒麦芽等同用;治脾胃虚弱,消化不良,可与人参、白术、茯苓等同用。

2. 泻痢腹痛　本品消食开胃兼能止泻止痢。治伤食泄泻,可单用研粉,红糖水冲服;治痢疾初起、身热腹痛、里急后重,可与黄连、黄芩、白芍等同用;治噤口痢疾、不思饮食,可与神曲、乌梅等同用。

3. 气滞血瘀诸证　本品性温,入肝经血分,具有行气活血、散瘀止痛之功。治瘀血阻滞所导致的经闭、产后瘀阻腹痛,常配伍当归、香附、红花等;治瘀血心腹刺痛、胸痹,可配伍丹参、葛根、三七等。治肝气郁滞、疝气疼痛,可配伍橘核、青皮等。

此外,本品有化浊降脂之功,可用于治疗高脂血症。

【用法用量】内服:9~12g,煎汤或入丸散。焦山楂消食导滞作用强,多用于肉食积滞,泻痢不爽。

【使用注意】脾胃虚弱而无积滞者慎用。

【现代研究】

1. 化学成分　主要含槲皮素、槲皮苷等黄酮类化合物,其次为山楂酸、齐墩果酸、熊果酸等多种有机酸,另含内酯、脂肪酶、糖类、维生素 C 等。

2. 药理作用　有促进脂肪消化,增加胃中的酶类及胃液分泌量,强心、降血压,增加冠状动脉流量,扩张血管,抗心律失常,降血脂,减轻动脉粥样硬化等作用。

六神曲　liùshénqǔ

本品首载于《药性本草》。为面粉、麸皮和多种中药(苦杏仁、赤小豆、鲜青蒿、鲜苍耳、鲜辣蓼)混合后经发酵而成的干燥加工品。全国各地均产。以身干、陈久、无虫蛀、杂质少者为佳。生用或制用。

【处方用名】六神曲、炒神曲、焦神曲。

【主要药性】甘、辛,温。归脾、胃经。

【功效】消食和胃。

【应用】

饮食积滞证　本品味甘,入脾、胃经,有消食和胃作用,适用于各类饮食积滞证。因略有解表退热作用,故尤宜于外感表证兼有食积者。治食积不化、脘腹痞满、食欲不振,常与麦芽、山楂、莱菔子等同用;治积滞日久不化、脘腹攻痛胀满,可与木香、厚朴、槟榔等同用。

此外,六神曲有促进金石药物消化吸收之功,如丸剂中含有金石、贝壳类药物,常用本品糊丸以助消化。

【用法用量】内服:6~15g,煎汤或入丸散。宜炒焦用。

【使用注意】脾阴虚、胃火盛者不宜服。孕妇不宜多食。

【现代研究】

1. 化学成分　主要含酵母菌、淀粉酶、维生素 B、麦角固醇、脂肪油、挥发油等。

2. 药理作用　有促进消化、提高食欲、改善肠道菌群失调、抗肠易激综合征作用。

附：

建神曲　本品为麦粉、麸皮和紫苏、荆芥、防风、厚朴等四十多种中药经混合后发酵而成。主产于福建泉州。性味苦，温；归脾、胃经。功能消食化滞，发散风寒，理气化湿，兼能健脾。适用于食滞不化或兼感风寒者。煎服，6~15g。

麦芽　màiyá

本品首载于《药性本草》。为禾本科植物大麦 *Hordeum vulgare* L. 的成熟果实经发芽而成。全国各地均产。以色黄粒大、饱满、芽完整者为佳。生用或制用。

【处方用名】麦芽、炒麦芽、焦麦芽。

【主要药性】甘，平。归脾、胃、肝经。

【功效】行气消食，健脾开胃，回乳消胀。

【应用】

1. 饮食积滞，脘腹胀痛　本品入脾、胃经，既能行气消食，又可健脾开胃。能促进淀粉性食物的消化，尤适用于米面薯芋类食物积滞。治食积不消、脘腹胀痛者，可与六神曲、山楂、鸡内金等同用。治脾胃虚弱、食少、食后饱胀者，可与人参、白术、陈皮等配伍。

2. 乳汁郁积，乳房胀痛　本品入肝经，有回乳消胀的作用。治妇女乳汁郁积、乳房胀痛，可与柴胡、香附等配伍；用于哺乳期妇女断乳，可单用大剂量煎汤服。

此外，本品有一定疏肝解郁功效，治肝郁气滞或肝胃不和，可作为辅助用药。

【用法用量】内服：10~15g，大剂量 30~120g，煎汤或入丸散。回乳宜用大剂量。生麦芽健脾和胃、疏肝行气，用于脾虚食少、乳汁郁积。炒麦芽行气消食回乳，用于食积不消、妇女断乳。焦麦芽消食化滞，用于食积不消、脘腹胀痛。

【使用注意】哺乳期妇女不宜用。

【现代研究】

1. 化学成分　主要含生物碱类成分，如大麦芽碱，大麦新碱 A、B 等，另含有腺嘌呤、胆碱、蛋白质、蛋白水解酶、淀粉水解酶、氨基酸、维生素 B、维生素 D 等。

2. 药理作用　有促进消化、抑制泌乳素分泌、降血糖等作用。

稻芽　dàoyá

本品首载于《名医别录》。为禾本科植物物稻 *Oryza sativa* L. 的成熟果实经发芽干燥的炮制加工品。主产于南方各省区。以粒饱满、均匀、色黄、无杂质者为佳。生用或制用。

【处方用名】生稻芽、炒稻芽、焦稻芽。

【主要药性】甘，温。归脾、胃经。

【功效】消食和中，健脾开胃。

【应用】

饮食积滞证　本品消食功效与麦芽相似，但作用缓和，又能健脾开胃，故能消食而不伤胃气。

治米面薯芋食滞、腹胀口臭,常与麦芽相须为用。治脾胃虚弱、不饥食少,可与白术、茯苓、炙甘草等同用。

【用法用量】内服:9~15g。煎汤或入丸散。生稻芽偏于和中。炒稻芽偏于消食,用于不饥食少。焦稻芽善化积滞,用于积滞不消。

【现代研究】

1. 化学成分 主要含淀粉酶、蛋白质、脂肪油、淀粉、麦芽糖、腺嘌呤、胆碱等。

2. 药理作用 所含淀粉酶能帮助消化。

附:

谷芽 本品为禾本科植物粟 Setaria italica (L.) Beauv. 的成熟果实发芽干燥的炮制加工品。全国各地均产。性味甘,温。归脾、胃经。功效消食和中,健脾开胃。适用于食积不消,腹胀口臭,脾胃虚弱,不饥食少。煎服,9~15g。

莱菔子 láifúzǐ

本品首载于《日华子本草》。为十字花科植物萝卜 Raphanus sativus L. 的干燥成熟种子。全国各地均产。5~8 月采收。以颗粒饱满、无杂质、油性大、色红者为佳。生用或制用。《中国药典》规定,干燥药材、饮片含芥子碱以芥子碱硫氰酸盐($C_{16}H_{24}NO_5 \cdot SCN$)计,不得少于 0.40%。

【处方用名】莱菔子、炒莱菔子。

【主要药性】辛、甘,平。归肺、脾、胃经。

【功效】消食除胀,降气化痰。

【应用】

1. 食积气滞证 本品味辛行散,既能消食化积,又能行气消胀,尤宜于食积气滞证。治饮食停滞、脘腹胀满,可与山楂、神曲、陈皮等同用。治下痢腹痛、里急后重者,可与大黄、木香等配伍。

2. 痰壅咳喘 本品有降气化痰、止咳平喘之功,善治痰壅气逆之咳嗽痰喘,兼食积者尤宜,可单用或与紫苏子、芥子同用。

【用法用量】内服:5~12g,煎汤或入丸散。炒莱菔子性缓,长于消食除胀。

【使用注意】无食积气滞及中气虚弱者慎用。

【现代研究】

1. 化学成分 主要含脂肪酸类成分,如芥酸、亚油酸、亚麻酸、菜子甾醇、22- 去氢菜油甾醇等;还含有挥发油成分,如 $\alpha,\beta-$ 己烯酸、$\beta,\gamma-$ 乙烯醇等;含莱菔素和芥子碱等。

2. 药理作用 有促进消化、镇咳、祛痰、抗菌、降血压、抗炎作用。

鸡内金 jī'nèijīn

本品首载于《神农本草经》。为雉科动物家鸡 Gallus gallus domesticus Brisson 的干燥沙囊内壁。全国各地均产。全年采收。以干燥、完整、个大、色黄者为佳。生用或制用。

【处方用名】鸡内金、炒鸡内金、醋鸡内金。

【主要药性】甘,平。归脾、胃、小肠、膀胱经。

【功效】健胃消食,涩精止遗,通淋化石。

【应用】

1. 饮食积滞证　本品味甘,消食化积作用较强,同时能健运脾胃,适用于各种饮食积滞证。治消化不良轻症,可单品研末吞服;治食积脘腹胀满,可与山楂、神曲、麦芽配伍;治小儿脾虚疳积、形瘦腹大者,可单用与白面烙熟随时服,或与茯苓、白术、山药等配伍。

2. 遗精,遗尿　本品有涩精止遗之功。治肾虚遗精,可与菟丝子、芡实、莲肉等同用;治遗尿及小便频数,常与桑螵蛸、牡蛎、覆盆子等同用。

3. 淋证,结石　本品能通淋消石。治泌尿系结石,可与金钱草、海金沙、川牛膝等同用;治胆囊结石,可与金钱草、郁金、木香等配伍。

【用法用量】内服:3~10g,煎汤;研末服,每次 1.5~3g。研末服效果优于煎剂。

【使用注意】脾虚无积者慎用。

【现代研究】

1. 化学成分　主要含胃液素、角蛋白、微量胃蛋白酶、淀粉酶、多种维生素,还含有赖氨酸、丝氨酸等 18 种氨基酸。

2. 药理作用　有调节胃肠动力、促进胃液分泌、抗凝血、降血脂、降血糖、抑制乳腺增生等。

【思考题】

1. 何谓消食药? 简述消食药的功效、主治。如何正确使用消食药?

2. 如何正确使用山楂、神曲、麦芽、莱菔子、鸡内金?

ER 各论第九章　同步练习

（赵志英）

第十章　驱虫药

ER 各论第十章
课件

【学习目标】

1. 掌握驱虫药的含义、性能主治、应用要点。
2. 掌握使君子、苦楝皮、槟榔的药性、功效、主治、性能特点、用法用量、使用注意。熟悉南瓜子、鹤草芽、雷丸的功效、主治、某些特殊用法及使用注意。了解其余驱虫药的功效、特殊用法及使用注意。

【含义】以驱除或杀灭人体内寄生虫为主要作用，主治虫病的药物，称驱虫药。

【性能主治】本类药物多具苦味，入脾、胃、大肠经，部分药物具有一定的毒性，主要能麻痹或杀灭肠道寄生虫，因而具有驱虫作用。主治蛔虫病、蛲虫病、绦虫病、钩虫病、姜片虫等多种肠道寄生虫病。部分药物兼能行气、消积、润肠、止痒等功效，还可用于治疗食积气滞、小儿疳积、便秘、疥癣瘙痒等病证。

【应用要点】

1. 对证用药　驱虫药均适用于治疗寄生虫病。在使用时应针对蛔虫病、蛲虫病、绦虫病、钩虫病、姜片虫病等不同寄生虫病，有针对性地选择药物。

2. 配伍用药　为了增强疗效，驱虫药常相须配伍使用。同时要根据不同兼证进行适当的配伍。如大便秘结者，当配伍泻下药物；兼有积滞者，可与消积导滞药物同用；脾胃虚弱者，配伍健脾和胃之品；体质虚弱者，须先补后攻或攻补兼施。使用无泻下作用的驱虫药时，多与泻下药同用以促进虫体排出。

3. 注意事项　驱虫药一般应在空腹时服用，使药物充分作用于虫体而保证疗效；驱虫药物对人体正气多有损伤，且多有毒，故要注意用量、用法，以免中毒或损伤正气；素体虚弱、年老体衰及孕妇，更当慎用。对发热或腹痛剧烈者，暂时不宜驱虫，待症状缓解后，再施用驱虫药物。

使君子　shǐjūnzǐ

本品首载于《开宝本草》。为使君子科植物使君子 *Quisqualis indica* L. 的干燥成熟果实。主产于四川、广东、广西等地。秋季采收。以个大、仁饱满、色黄白者为佳。生用或制用。《中国药典》规定，干燥药材、饮片葫芦巴碱（$C_7H_7NO_2$）含量不得少于 0.20%。

【处方用名】使君子、使君子仁、炒使君子、炒使君子仁。

【主要药性】甘,温。归脾、胃经。

【功效】杀虫消积。

【应用】

1. 蛔虫病,蛲虫病,虫积腹痛　本品甘润气香,有良好杀虫作用,又兼能润肠,为驱蛔要药,尤宜于小儿。治蛔虫病,轻者可单用本品炒香嚼服;重者可与苦楝皮、槟榔等同用。治蛲虫病,可与百部、槟榔、大黄等同用。治小儿蛔虫腹痛,可与苦楝子、芜荑等同用。

2. 小儿疳积　本品能杀虫消疳,为治疳积佳品。治小儿疳积,面色萎黄、形瘦腹大、腹痛有虫者,可与人参、白术、槟榔等同用;兼气滞腹胀者,可与厚朴、陈皮等同用;兼食积者,可与鸡内金、麦芽等同用。

【用法用量】内服:使君子 9~12g,捣碎入煎剂;使君子仁 6~9g,多入丸散或单用,作 1~2 次分服。小儿每岁 1~1.5 粒,炒香嚼服,1 日总量不超过 20 粒。

【使用注意】大量服用可致呃逆、眩晕、呕吐、腹泻等反应。若与热茶同服,亦能引起呃逆、腹泻,故服用时当忌饮浓茶。

【现代研究】

1. 化学成分　主要含使君子酸、使君子氨酸、苹果酸、胡芦巴碱、脂肪油、吡啶、糖类等成分,脂肪油中含油酸、棕榈酸、硬脂酸、花生酸等。

2. 药理作用　有麻痹虫体、驱蛔、驱蛲虫、抑制皮肤真菌、抗滴虫、改善学习记忆力等作用。

苦楝皮　kǔliànpí

本品首载于《名医别录》。为楝科植物川楝 Melia toosendan Sieb. et Zucc. 或楝 Melia azedarach L. 的干燥树皮及根皮。主产于四川、湖北、安徽等地。春、秋二季采收。以皮厚、无粗皮者为佳。生用。《中国药典》规定,干燥药材、饮片川楝素($C_7H_7NO_2$)含量应为 0.010%~0.20%。

【处方用名】苦楝皮、川楝皮。

【主要药性】苦,寒;有毒。归肝、脾、胃经。

【功效】杀虫,疗癣。

【应用】

1. 蛔虫病,蛲虫病,虫积腹痛　本品杀虫作用较强,治多种肠道寄生虫病,尤擅长驱杀蛔虫。治蛔虫病,可单用水煎或熬膏服用,亦可与使君子、槟榔、大黄等同用;治蛲虫病,可与百部、乌梅同煎,取浓液于晚间作保留灌肠,连用 2~4 天;治钩虫病,可与石榴皮同煎服之。治小儿虫痛不可忍,与芜荑同用,研末煎服。

2. 疥癣瘙痒　本品苦寒有毒,杀虫疗癣。治疥疮、头癣、湿疮、湿疹等,常单用研末,或与皂角同用为末,用醋或猪脂调涂患处,亦可煎汤浴洗。

【用法用量】内服:3~6g,煎汤或入丸散。有效成分难溶于水,需文火久煎。外用:适量,研末,用猪脂调敷患处。

【使用注意】本品有毒,不宜过量或持续久服。孕妇、肝肾功能不良、脾胃虚寒者慎用。

【现代研究】

1. 化学成分　主要含川楝素、异川楝素、苦楝皮萜酮、苦楝萜酮内酯、苦楝萜醇内酯、苦楝萜酸甲酯、苦楝酸等成分。

2. 药理作用　有麻痹蛔虫、蛲虫及钩虫虫体、抗血吸虫、镇痛、抗炎、抗真菌、抗血栓、抗肿瘤、抗胃溃疡、利胆等作用。

槟榔　bīnɡlánɡ

本品首载于《名医别录》。为棕榈科植物槟榔 *Areca catechu* L. 的干燥成熟种子。主产于海南、福建、云南等地。春末至秋初采收。以切面大理石花纹明显、无虫蛀者为佳。生用或制用。《中国药典》规定,干燥药材、饮片含槟榔碱($C_8H_{13}NO_2$)不得少于 0.20%。

【处方用名】槟榔、炒槟榔、焦槟榔。

【主要药性】苦、辛,温。归胃、大肠经。

【功效】杀虫,消积,行气,利水,截疟。

【应用】

1. 肠道寄生虫病　本品既能杀虫,又能通便,对绦虫、蛔虫、蛲虫、钩虫、姜片虫等肠道寄生虫都有驱杀作用,尤其对绦虫病疗效最佳。治绦虫病可单用,或与南瓜子同用;治蛔虫病、蛲虫病,可与使君子、苦楝皮同用;治钩虫病,可与贯众、榧子等同用;治姜片虫病,可与乌梅、甘草配用。

2. 食积气滞,泻痢后重　本品辛行苦降,入胃、大肠经,能行胃肠之气,兼能缓泻通便,以消积导滞。治食积气滞、腹胀便秘等,常与木香、青皮、大黄等同用;治湿热泻痢,里急后重,可与黄连、木香、大黄等同用。

3. 水肿,脚气肿痛　本品有利水消肿之功。治水肿实证、二便不利,常与商陆、泽泻、木通等同用;治寒湿脚气肿痛,可与木瓜、吴茱萸、陈皮等同用。

4. 疟疾　本品截疟。治疟疾寒热、久发不止,常与常山、草果等同用。

【用法用量】内服:3~10g,煎汤,或入丸散。驱绦虫、姜片虫 30~60g。焦槟榔用于食积不消,泻痢后重。

【使用注意】脾虚便溏、气虚下陷者忌用;孕妇慎用。

【现代研究】

1. 化学成分　主要含槟榔碱、槟榔次碱、去甲基槟榔碱、去甲基槟榔次碱、异去甲基槟榔次碱、槟榔副碱及高槟榔碱等生物碱类成分。还含有脂肪酸、鞣质、氨基酸和槟榔红色素等成分。

2. 药理作用　有麻痹或驱杀绦虫、蛲虫、蛔虫、钩虫、血吸虫等寄生虫作用,尚有调节胃肠运动功能、抑制皮肤真菌、抗流感病毒、抗血栓、减慢心率、降低血压、促进唾液和汗腺分泌、抗肿瘤等作用。

南瓜子　nán'ɡuāzǐ

本品首载于《现代实用中药学》。为葫芦科植物南瓜 *Cucurbita moschata*（Duch.）Poiret 的种子。主产于浙江、江西、河北等地。夏、秋采收。以饱满、色黄白者为佳。研粉生用,以新鲜者良。

【处方用名】南瓜子。

【主要药性】甘,平。归胃、大肠经。

【功效】杀虫。

【应用】

绦虫病　本品甘平,杀虫而不伤正气。治绦虫病,可单味生用,若与槟榔同用,则疗效更佳。一般先用本品 60~120g 研粉,冷开水调服,2 小时后服槟榔 60~120g 的水煎剂,再过 30 分钟,服玄明粉 15g,促使泻下,以利排虫。

此外,用治血吸虫病,须大剂量(120~200g),长期服用。

【用法用量】内服:研粉,60~120g。冷开水调服。

【现代研究】

1. 化学成分　主要含有南瓜子氨酸、亚麻仁油酸、油酸、硬脂酸等脂肪酸类成分,及蛋白质、类脂、维生素和胡萝卜素等成分。

2. 药理作用　有麻痹绦虫和血吸虫、降血压、降血糖、抗氧化、改善前列腺功能等作用。

鹤草芽　hècǎoyá

本品首载于《中华医学杂志》。为蔷薇科植物龙芽草(即仙鹤草)*Agrimonia pilosa* Ledeb. 的干燥冬芽。全国各地均产。冬、春季采收。以芽完整者为佳。研粉用。

【处方名称】鹤草芽。

【主要药性】苦、涩,凉。归胃、大肠经。

【功效】杀虫。

【应用】

绦虫病　本品善驱绦虫,并有泻下作用,有利于虫体排出,为治绦虫病的专药。单用本品研粉,晨起空腹顿服即效,一般在服药后 5~6 小时可排出虫体。

此外,本品制成栓剂,治疗滴虫性阴道炎,有一定疗效。

【用法用量】内服:研粉吞服,每日 30~45g,小儿 0.7~0.8g/kg,每日 1 次,早起空腹服。

【使用注意】不宜入煎剂。部分患者服药后偶见恶心、呕吐、腹泻、头晕、出汗等反应。

【现代研究】

1. 化学成分　主要含鹤草酚、仙鹤草内酯、仙鹤草醇、芹黄素、儿茶酚、软脂酸和鞣质等成分。

2. 药理作用　有抑制绦虫,抑杀阴道滴虫、血吸虫、疟原虫、囊虫等作用。

雷丸　léiwán

本品首载于《神农本草经》。为白蘑科真菌雷丸 *Omphalia lapidescens* Schroet. 的菌核。主产于四川、贵州、云南等地。秋季采收。以个大、质坚、断面色白者为佳。生用。《中国药典》规定,干燥药材、饮片含雷丸素以牛血清白蛋白计,不得少于 0.60%。

【处方用名】雷丸。

【主要药性】微苦,寒。归胃、大肠经。

【功效】杀虫消积。

【应用】

1. 肠道寄生虫病　本品能驱杀多种肠道寄生虫,尤以驱杀绦虫为佳。治绦虫病,可单用研末吞服,每次 20g,日服 3 次:治钩虫病、蛔虫病,可与槟榔、牵牛子、苦楝皮等同用;治蛲虫病,常与大黄、牵牛子等同用。

2. 小儿疳积　治小儿疳积,常与使君子、鹤虱、槟榔等配伍。

【用法用量】内服:15~21g,不宜入煎剂,一般研粉服,1 次 5~7g,饭后用温开水调服,1 日 3 次,连服 3 天。

【使用注意】脾胃虚寒者慎服。

【现代研究】

1. 化学成分　主要含雷丸素、雷丸蛋白酶、麦角甾醇、β- 谷甾醇、齐墩果酸、多糖等成分。

2. 药理作用　雷丸具有分解破坏绦虫虫体蛋白质、驱杀蛔虫及钩虫、抗炎、提高免疫、抗肿瘤等作用。

鹤虱　hèshī

本品首载于《新修本草》。为菊科植物天名精 *Carpesium abrotanoides* L. 的干燥成熟果实。主产于河南、山西、陕西等地。秋季采收。以粒均匀、饱满者为佳。生用或制用。

【处方名称】鹤虱。

【主要药性】苦、辛,平。有小毒。归脾、胃经。

【功效】杀虫消积。

【应用】

1. 蛔虫病,蛲虫病,绦虫病,虫积腹痛　本品苦降有毒,有杀虫之功,可治多种肠道寄生虫,对蛔虫、蛲虫、钩虫及绦虫等引发的虫积腹痛均有效。治蛔虫、蛲虫,单用本品作散剂服;治蛔虫腹痛,单用本品捣筛为蜜丸;治虫痛发作有时,口吐清水等,与白矾、槟榔等同用。治肠胃诸虫,与槟榔、使君子、枯矾同用。治蛲虫病,可与百部、苦楝皮等配伍,研末装胶囊,每晚塞肛门。

2. 小儿疳疾　本品驱虫又能消积。治湿热蕴结之蛔疳,可与使君子、槟榔、木香同用;治虫积所致四肢羸困、面色青黄、饮食虽进、不生肌肤等,可与槟榔、苦楝皮、白矾同用。

【用法用量】内服:3~9g,煎汤或入丸散。

【使用注意】本品有小毒,服后可有头晕、恶心、耳鸣、腹痛等反应,故孕妇、腹泻者忌用。南鹤虱有抗生育作用,孕妇忌用。

【现代研究】

1. 化学成分　主要含缬草酸、正己酸、油酸、豆甾醇等;挥发油中含有天名精内酯、鹤虱内酯、依瓦菊素、天名精酮、天名精素等成分。

2. 药理作用　有驱蛔、抗早孕、抗着床、引产等作用。

榧子　fěizǐ

本品首载于《名医别录》。为红豆杉科植物榧 *Torreya grandis* Fort. 的干燥成熟种子。主产于浙江、福建、安徽等地。秋季采收。以完整、饱满、种仁色黄白者为佳。生用或制用。

【处方名称】榧子,炒榧子。

【主要药性】甘、平。归肺、胃、大肠经。

【功效】杀虫消积,润肺止咳,润肠通便。

【应用】

1. 肠道寄生虫病　本品甘平,能杀虫消积、润肠通便,甘香可口而不伤胃,单用炒香嚼食有效,故为驱虫药用。治蛔虫病,可与使君子、苦楝皮同用;治钩虫病,单用或与槟榔、贯众同用;治绦虫病,可与槟榔、南瓜子同用。

2. 小儿疳积　本品驱虫并消积。治小儿疳积,面色萎黄、形瘦腹大,多与使君子、槟榔、木香同用。

3. 肠燥便秘　本品甘润归大肠,润肠通便。治痔疮便秘,单用炒熟嚼服;治肠燥便秘,可与火麻仁、郁李仁、瓜蒌仁等同用。

4. 肺燥咳嗽　本品甘润入肺,能润肺燥、止咳嗽。治肺燥咳嗽无痰或少痰,轻者单用炒熟嚼食,重者可与川贝母、瓜蒌仁、沙参等同用。

【用法用量】内服:10~15g,入煎剂宜生用。嚼食宜炒熟。

【使用注意】大便溏薄,肺热咳嗽者不宜用。服榧子时,不宜食绿豆,以免影响疗效。

【现代研究】

1. 化学成分　主要含亚油酸、硬脂酸、油酸、花生酸、月桂酸、花生二烯酸、花生三烯酸和肉豆蔻酸等。并含甾醇、葡萄糖、多糖、挥发油、鞣质等成分。

2. 药理作用　有驱虫、调脂、抗肿瘤、收缩子宫等作用。

芜荑　wúyí

本品首载于《神农本草经》。为榆科植物大果榆 *Ulmus macrocarpa* Hance 果实的加工品。主产于河北、山西、黑龙江等地。夏季采收。以块完整、具特异臭气者为佳。生用。

【处方名称】芜荑。

【主要药性】辛、苦,温。归脾、胃经。

【功效】杀虫消积。

【应用】

1. 虫积腹痛　本品辛行苦下,具杀虫消积之功。治蛔虫、蛲虫、绦虫之面黄、腹痛,可单用,或与槟榔、木香同用。

2. 小儿疳积　本品既杀虫,又消积疗疳。治疗小儿疳积、腹痛有虫、消瘦泄泻者,与使君子、白术、人参等同用。

此外,本品研末,用醋或蜜调涂患处,用治疥癣瘙痒、皮肤恶疮。

【用法用量】内服:3~10g,煎汤;入丸散,每次 2~3g。外用适量,研末调敷。

【使用注意】脾胃虚弱者慎服。

【现代研究】

1. 化学成分　主要含鞣质、糖类、挥发油等成分。

2. 药理作用　有杀灭蛔虫、抑菌、抗疟等作用。

【思考题】

1. 何谓驱虫药？简述驱虫药的功效、主治。如何正确使用驱虫药？

2. 如何正确使用使君子、苦楝皮、槟榔？

ER 各论第十章　同步练习

（王加锋）

第十一章　止血药

【学习目标】

1. 掌握止血药的含义、性能主治、应用要点;熟悉止血药的分类及每节药物的性能特点。
2. 掌握小蓟、地榆、三七、茜草、白及、艾叶的药性、功效、主治、性能特点、经典配伍以及用法用量、使用注意。熟悉大蓟、槐花、侧柏叶、白茅根、蒲黄、仙鹤草、炮姜的功效、主治、某些特殊用法及使用注意。了解其余止血药的功效、特殊用法及使用注意。

【含义】以制止体内外出血为主要作用,主治各种出血病证的药物,称止血药。根据其药性和作用特点,止血药分为凉血止血药、化瘀止血药、收敛止血药与温经止血药四类。

【性能主治】本类药物大多味苦、涩,其性或寒或温,主归心肝而走血分,多炒炭使用,具有制止出血作用,主治各种出血病证,如咯血、衄血、吐血、尿血、便血、崩漏、紫癜及创伤出血等。止血药因寒、温、散、敛药性的不同,其具体功效又有凉血止血、化瘀止血、收敛止血、温经止血之别。其中药性寒凉,功能凉血止血,适用于血热妄行之出血者,称为凉血止血药;兼有化瘀作用,功能化瘀止血,适用于出血而兼有瘀血者,称为化瘀止血药;药性涩敛,功能收敛止血,用于各种出血而无邪实者,称为收敛止血药;药性温热,功能温经止血,适用于虚寒性出血者,称为温经止血药。此外,有些止血药兼有清热解毒、消痈敛疮、止呕、利尿、化痰、乌发、泻下、杀虫等功效,分别适用于热毒疮痈、脏腑实热、湿疹湿疮、恶心呕吐、小便不利、痰多、便秘、虫症等病症。

【应用要点】

1. 对证用药　止血药适用于治疗出血证,在使用时应针对血热妄行之出血、出血而兼有瘀血、出血日久不止而无邪实、虚寒性出血等不同类型,有针对性地选择凉血止血、化瘀止血、收敛止血与温经止血的药物;在此基础上,应注意药物性能特点与出血证个体表现的对应性。

2. 配伍用药　为了增强疗效,止血药常相须配伍使用。同时需要根据出血的原因、病情以及证候的不同,进行配伍。如血热妄行之出血,应配伍清热泻火和清热凉血药;阴虚火旺所致出血,应配伍滋阴降火、潜阳药;气虚不摄之出血,应配伍用补气药;瘀血所致出血,应配伍行气药或活血药;虚寒性出血,应配伍益气健脾、温阳药。此外,前人有"下血必升举,吐衄必降气"之说,故对便血、崩漏等下部出血,可配伍升举之品如荆芥、升麻等,而对吐血、衄血等上部出血者,则可配以降气、降火之品如牛膝、赭石等。

3. 注意事项　李时珍云:"烧灰诸黑药皆能止血。"故一般止血药多炮制成炭后使用。对出血兼有瘀滞者,不宜单用凉血止血药和收敛止血药,以免凉遏恋邪留瘀。若出血过多、气随血脱者,则需急投大补元气之药以益气固脱、益气摄血,即所谓"有形之血不能速生,无形之气所当急固"。

第一节 凉血止血药

本节药物味多苦甘,药性寒凉,苦泄寒清,入血分,因而有凉血止血之功。主要用于血热妄行之出血病证。部分药物尚有清热解毒之功,又可治热毒疮痈、水火烫伤。

本类药物药性寒凉,易凉遏伤阳、停瘀留滞,故不宜过量久服。虚寒性出血,原则上不宜使用本类药物。

小蓟 xiǎojì

本品首载于《名医别录》。为菊科植物刺儿菜 *Cirsium setosum* (Willd.) MB 的干燥地上部分。全国大部分地区均产。夏、秋二季采收。以色灰绿,叶多者为佳。生用或制用。《中国药典》规定,干燥药材、小蓟饮片含蒙花苷($C_{28}H_{32}O_{14}$)不得少于0.70%。

【处方用名】小蓟、小蓟炭。

【主要药性】甘、苦,凉。归心、肝经。

【功效】凉血止血,散瘀解毒消痈。

【应用】

1. 血热出血证 本品味苦性凉,有凉血止血之功,用于血热妄行之多种出血证。兼能利尿,尤宜于尿血、血淋。治尿血、血淋、便血、痔血、崩漏等,可单用鲜品捣汁服,也可与大蓟、生地黄、栀子等配伍;治吐血、咯血、衄血,可与大蓟、侧柏叶、茜草等配伍;治外伤出血,可单用鲜品捣烂外敷。

2. 热毒疮痈 本品清热解毒消痈。治热毒疮痈,可单用鲜品捣烂外敷,也可单用内服,或与蒲公英、连翘、金银花等同用。

【用法用量】内服:9~15g,煎汤或入丸散;鲜品可用 30~60g。外用鲜品适量,捣敷患处。鲜品凉血之功突出;生品清热凉血解毒力胜,多用于热毒疮疡、血热妄行,炒炭功专止血。

【使用注意】脾胃虚寒而无瘀滞者忌服。

【现代研究】

1. 化学成分 主要含黄酮、三萜、生物碱、绿原酸等成分。

2. 药理作用 有促进血液凝固、缩短出血时间、抑菌、降血脂、利胆、利尿、强心、镇静、升压等作用。

大蓟 dàjì

本品首载于《名医别录》。为菊科植物蓟 *Cirsium japonicum* Fisch. ex DC. 的干燥地上部分。全国大部分地区均产。夏、秋二季采收。以色绿、叶多者为佳。生用或制用。《中国药典》规定,干燥药材、大蓟饮片含柳穿鱼叶苷($C_{28}H_{34}O_{15}$)不得少于0.20%。

【处方用名】大蓟、大蓟炭。

【主要药性】甘、苦,凉。归心、肝经。

【功效】凉血止血,散瘀解毒消痈。

【应用】

1. 血热出血证　本品性凉入血,长于凉血止血,血热咯血、衄血、崩漏、尿血、血淋以及外伤出血均可应用,为治血热出血之要药。治吐血、衄血、崩漏,可单用鲜品捣汁服,或配伍生地黄汁、生姜汁同服,亦可与小蓟、白茅根、侧柏叶等配伍。治外伤出血,可单用研末外敷。

2. 热毒疮痈　本品性凉而苦泄,能清热解毒,散瘀消痈,为疮痈肿毒之常用药,无论内痈外痈皆可应用。治疮痈肿毒,可单用鲜品捣汁服,亦可捣烂后外敷,或与金银花、紫花地丁、连翘等同用。

【用法用量】内服:9~15g,煎汤或入丸散,鲜品30~60g;外用鲜品适量,捣敷患处。炒炭味涩,止血力增强。鲜品凉血、消痈之功胜于生品;炒炭功专止血。

【使用注意】脾胃虚寒而无瘀滞者忌服。

【现代研究】

1. 化学成分　主要含挥发油,其主要成分为单紫杉烯、香附子烯、谷甾醇、多糖以及黄酮等。

2. 药理作用　有缩短凝血时间、兴奋子宫、抑菌、抗炎、抗病毒、抗肿瘤、抗糖尿病、促进脂肪代谢、降血压、利尿等作用。

地榆　dìyú

本品首载于《神农本草经》。为蔷薇科植物地榆 *Sanguisorba officinalis* L. 或长叶地榆 *Sanguisorba officinalis* L. var. *longifolia*(Bert.) Yü et Li 的干燥根。地榆主产于黑龙江、吉林、辽宁等地;长叶地榆主产于安徽、浙江、江苏等地,习称"绵地榆"。春季或秋季采收。以条粗、质坚、断面粉红色者为佳。生用或制用。《中国药典》规定,干燥药材、地榆饮片含没食子酸($C_7H_6O_5$)不得少于1.0%;地榆炭饮片含鞣质不得少于2.0%、没食子酸($C_7H_6O_5$)不得少于0.60%。

【处方用名】地榆、地榆炭。

【主要药性】苦、酸、涩,微寒。归肝、大肠经。

【功效】凉血止血,解毒敛疮。

【应用】

1. 血热出血证　本品苦寒降泄,酸涩收敛,可用治吐血、咯血、衄血、便血、痔血、血痢、崩漏等多种血热出血证。因其味苦沉降,尤擅治下部血热出血证。治便血、痔血,常与槐花相须为用;治崩漏,可与生地黄、黄芩、牡丹皮等同用;治血痢,可与甘草同用,或与黄连、木香、乌梅等配伍。

2. 水火烫伤、湿疹及疮疡肿毒　本品清热解毒,可用于治疗热毒疮肿;味酸涩又能敛疮生肌,故为治水火烫伤之要药。治水火烫伤,可单用研末或配伍大黄研末,麻油调敷;治湿疹及皮肤溃烂,可单用浓煎,亦可配苦参、大黄同煎,以纱布浸药汁湿敷,或配煅石膏、枯矾研末外擦患处;治疮疡肿毒,可单用捣敷或配清热解毒药。

【用法用量】内服:9~15g,煎汤或入丸散;外用适量,研末涂敷患处。

【使用注意】地榆含有水解型鞣质,易被身体大量吸收,引起中毒性肝炎,所以大面积烧伤患者,不宜使用地榆制剂外敷。

【现代研究】

1. 化学成分　主要含鞣质,其主要成分为没食子儿茶精、地榆素等;尚含地榆皂苷、没食子酸、三萜及三萜皂苷类化合物、黄酮、甾体、多糖等。

2. 药理作用　有缩短出、凝血时间、收缩血管、促进伤口愈合、抑菌、镇吐、止泻、抗溃疡、抗氧化、抗过敏、抗肿瘤等作用。

槐花　huáihuā

本品首载于《日华子本草》。为豆科植物槐 *Sophora japonica* L. 的干燥花及花蕾。主产于辽宁、河北、河南等地。夏季采收。花开者习称"槐花",花蕾习称"槐米",以个大、紧缩、色黄绿者为佳。生用或制用。《中国药典》规定,干燥药材、饮片含芦丁($C_{27}H_{30}O_{16}$)槐花不得少于 6.0%;槐米不得少于 15.0%。

【处方用名】槐花、炒槐花、槐花炭、槐米。

【主要药性】苦,微寒。归肝、大肠经。

【功效】凉血止血,清肝泻火。

【应用】

1. 血热出血证　本品性寒而苦降,善清大肠之火热而凉血止血,故擅治便血、痔血。治便血、痔血,常与地榆相须为用,亦可配荆芥、侧柏叶等;治咯血、衄血,常与白茅根、侧柏叶等同用。

2. 肝火上炎之头痛、目赤　本品味苦性寒,能清泻肝火而明目。治肝火上炎之目赤、头痛等,可单用本品煎汤代茶饮,或与夏枯草、菊花等配伍。

【用法用量】内服:10~15g,煎汤或入丸散。生用长于清热降火,炒炭长于止血。

【现代研究】

1. 化学成分　主要含黄酮,其主要成分为芦丁、槲皮素、三萜皂苷等。

2. 药理作用　有缩短凝血时间、保护心肌、改善血液流变性、降低血脂、降低血压、增强毛细血管抵抗力、减少毛细血管脆性、扩张冠状动脉、增加冠脉血流量、改善心肌循环、抑菌、抗肿瘤、致突变作用、解痉、抗溃疡等作用。

附:

槐角　本品为豆科植物槐 *Sophora japonica* L. 的干燥成熟果实。冬季采收。性味苦,寒。归肝、大肠经。性能功效与槐花相似,但止血之力较槐花弱,而清热泻火之力强于槐花,主要具有清热泻火、凉血止血的功效。常用于肠热便血、痔肿出血、肝热头痛、眩晕目赤等证。煎服,6~9g。孕妇慎用。

侧柏叶　cèbǎiyè

本品首载于《名医别录》。为柏科植物侧柏 *Platycladus orientalis* (L.) Franco 的干燥枝梢和叶。全国大部分地区均产。多在夏、秋二季采收。以叶嫩、青绿,无碎者佳。生用或制用。《中国药典》规定,干燥药材、饮片含槲皮苷($C_{21}H_{20}O_{11}$)不得少于 0.10%。

【处方用名】侧柏叶、侧柏炭。

【主要药性】苦、涩,寒。归肺、肝、脾经。

【功效】凉血止血,化痰止咳,乌发生发。

【应用】

1. 出血　本品苦寒泄热,性涩收敛,具有良好的止血作用,适用于各种出血病证,尤以治血热出血者为佳。治血热吐衄,可与生地黄、鲜艾叶、鲜荷叶同用;治尿血、血淋,可与蒲黄、小蓟、白茅根同用;治肠风下血、痔血或血痢,可与地榆、槐花等配伍;治虚寒性出血、血色紫暗者,须与艾叶、炮姜等配伍。

2. 肺热咳嗽　本品有清肺祛痰止咳之功。治肺热咳嗽、痰多黄稠,可与黄芩、瓜蒌等配伍。

3. 脱发及须发早白　本品清热凉血,阴干研末,和麻油涂搽或制成酊剂外涂,可治疗脱发及须发早白。

【用法用量】内服:6~12g,或入丸散;外用:适量。生用偏于凉血止血,炒炭偏于收敛止血。

【现代研究】

1. 化学成分　主要含挥发油,其主要成分为α-侧柏酮、侧柏烯、小茴香酮等;尚含侧柏双黄酮类、脂肪酸及其酯、鞣质和无机元素等。

2. 药理作用　有缩短凝血时间、抗炎、抑菌、镇咳、祛痰、平喘、抗肿瘤等作用。

白茅根　*báimáogēn*

本品首载于《神农本草经》。为禾本科植物白茅 *Imperata cylindrica* Beauv. var. *major*(Nees)C. E. Hubb. 的干燥根茎。全国大部分地区均产。春、秋二季采收。以条粗、色白、味微甜为佳。生用或制用。

【处方用名】白茅根、茅根炭。

【主要药性】甘,寒。归肺、胃、膀胱经。

【功效】凉血止血,清热利尿。

【应用】

1. 血热出血证　本品甘寒,具凉血止血之功,广泛用于血热妄行所致之多种出血;又兼利尿作用,故尤善治尿血。治吐血、衄血、咯血、尿血及崩漏等,可单用本品大剂量煎服,亦可与大蓟、小蓟、栀子等配伍。

2. 胃热呕吐、肺热咳嗽、热病烦渴　本品甘凉,入肺胃经,能清泻肺胃之热、生津止渴。治胃热呕吐,可与芦根或葛根同用,也可与竹茹、枇杷叶配伍;治肺热咳嗽气喘,可与桑白皮同用。

3. 热淋、水肿、湿热黄疸　本品甘寒,清热利尿、通淋、退黄,为治疗湿热淋证、水肿之良药。治湿热淋证,可与木通、车前子、滑石等配伍;治水肿、小便不利,可单用或与车前子、赤小豆、冬瓜皮等配伍;治湿热黄疸,可与茵陈、栀子等相伍。

【用法用量】内服:9~30g,煎汤或入丸散;鲜品30~60g;以鲜品为佳,可捣汁服。

【现代研究】

1. 化学成分　主要含淀粉及糖类,尚含有机酸、白茅素等三萜及白头翁素、黄酮、色原酮、木脂素等。

2. 药理作用　有缩短出凝血时间、利尿、抑菌、抗肝炎、镇痛、抗炎、免疫调节等作用。

苎麻根　zhùmágēn

本品首载于《名医别录》。为荨麻科植物苎麻 *Boehmeria nivea*(L.) Gaud. 的干燥根和根茎。主产于江苏、山东、陕西等地。以表面灰棕色,无空心者为佳。冬、春二季采收。生用。

【处方用名】苎麻根。

【主要药性】甘,寒。归心、肝经。

【功效】凉血止血,安胎,清热解毒。

【应用】

1. 血热出血证　本品寒凉入血,有凉血止血之功。治血热妄行之吐血、衄血、尿血、崩漏、紫癜等,可单用煎服,亦可与白茅根、侧柏叶、小蓟等配伍。

2. 胎漏下血、胎动不安　本品有清热止血安胎作用,为清热安胎之要药。治疗胎热引起的胎动不安、胎漏下血,可单用或与生地黄、当归、阿胶等同用。

3. 热毒疮疡　本品有清热解毒之功。治热毒疮疡、虫蛇咬伤,可用鲜根捣烂外敷,或与拳参、蒲公英、漏芦等配伍。

此外,本品尚有利尿作用,可治疗小便不利、水肿、淋证等。现代治疗上消化道出血、习惯性流产等亦有效。

【用法用量】内服:10~30g,煎汤或入丸散;外用:适量,捣敷或煎汤熏洗。

【现代研究】

1. 化学成分　主要含酚类、三萜或甾醇、绿原酸、咖啡酸等。

2. 药理作用　有缩短出凝血时间、安胎、抑菌、抗辐射等作用。

羊蹄　yángtí

本品首载于《神农本草经》。为蓼科植物羊蹄 *Rumex japonicus* Houtt. 或尼泊尔羊蹄 *Rumex nepalensis* Spreng. 的干燥根。全国大部分地区均产。秋季或春季采收。生用。

【处方用名】羊蹄。

【主要药性】苦,寒。归心、肝、大肠经。

【功效】凉血止血,解毒杀虫,泻下。

【应用】

1. 血热出血证　本品苦寒,归心肝经,能凉血止血。治血热妄行之出血证,可单用,或与小蓟、地榆、苎麻根等配伍。

2. 疥癣、疮痈、烫伤　本品解毒杀虫,为治疗疥癣之良药。治疥疮,可单用鲜品捣敷患处;治癣,常与枯矾研末,醋调敷;治烫伤,单用鲜品捣敷,或研末麻油调敷患处。

3. 大便秘结　本品寒凉泻下,功似大黄,但力较缓。可单用或与芒硝同用。

【用法用量】内服:10~15g,煎汤或入丸散;鲜品可用至 30~60g。外用:适量。

【使用注意】脾胃虚寒,泄泻不食者忌用。

【现代研究】

1. 化学成分　主要含大黄素、大黄素甲醚、大黄酚等,还含有尼泊尔羊蹄素和鞣质。

2. 药理作用　有抑菌、利胆、止血、降血压等作用。

附:

土大黄　为蓼科植物巴天酸模 *Rumex patientia* L. 或皱叶酸模 *Rumex crispus* L. 的干燥根。主产于河北。春季采收。生用。味苦、辛,性凉。归肺、大肠经。功能凉血止血,清热解毒,杀虫,通便。适用于衄血,咯血,便血,便血,崩漏,疥癣瘙痒,大便秘结。煎服,10~15g。

第二节　化瘀止血药

本节药物味多苦泄,主入肝经,既能止血,又善化瘀,有止血而不留瘀之特点。主要用于瘀血内阻,血不循经之出血病证。取其活血化瘀之功,部分药物亦可用于跌打损伤、瘀滞心腹疼痛、经闭、痛经等证。

三七　sānqī

本品首载于《本草纲目》。为五加科植物三七 *Panax notoginseng* (Burk.) F. H. Chen 的干燥根和根茎。主产于云南、广西。秋季采收。支根习称"筋条",根茎习称"剪口"。以个大、体重、质坚、表面光滑、断面灰绿色或黄绿色者为佳。生用。《中国药典》规定,干燥药材含人参皂苷 Rg_1 ($C_{42}H_{72}O_{14}$)、人参皂苷 Rb_1 ($C_{54}H_{92}O_{23}$) 及三七皂苷 R_1 ($C_{47}H_{80}O_{18}$) 的总量不得少于 5.0%。

【处方用名】三七。

【主要药性】甘、微苦,温。归肝、胃经。

【功效】散瘀止血,消肿定痛。

【应用】

1. 出血　本品既善止血又能化瘀血,止血不留瘀,广泛用于体内外各种出血病证,无论有无瘀滞,皆可使用,出血兼瘀者尤为适宜。治内外诸出血证,单用本品内服或外敷即有良效,也可与花蕊石、血余炭等同用。

2. 跌打损伤,瘀滞肿痛　本品能活血消肿止痛,治各种瘀血证,善治跌打损伤,为伤科要药。治跌打损伤、肿痛,可单用内服或外敷,亦可与当归、红花、土鳖虫等配伍;治胸痹心痛,可与丹参配伍;治血瘀经闭、痛经、产后瘀阻腹痛,可单用研末内服,也可与桃仁、红花、川芎等配伍;治癥瘕积聚,可与三棱、莪术、鳖甲等配伍。本品对痈疽肿痛也有良效。治无名痈肿,疼痛不已,可单用研末,米醋调涂;治痈疽溃烂,可与乳香、没药、儿茶等同用。

此外,本品有补虚强壮的作用,民间用治虚损劳伤,常与猪肉炖服。

【用法用量】内服:3~9g,煎汤;散剂,每次吞服 1~3g;外用适量。

【现代研究】

1. 化学成分　主要含四环三萜皂苷活性成分,其主要成分为三七皂苷,尚含止血有效成分田七氨酸(三七素)。

2. 药理作用　有止血、缩短凝血时间、抗凝、抑制血小板聚集、促进纤溶、降低全血黏度、增加冠脉流量,降低心肌耗氧量,增加心输出量、抗心律失常等作用。

附:

景天三七　本品为景天科植物费菜 *Sedum aizoon* L. 或横根费菜 *Sedum kamtschaticum* Fisch. 的根或全草。主产于四川、湖北、江西等地。春、秋二季采收。生用。味甘、微酸,性平。归心、肝、脾经。功能散瘀止血,宁心安神,解毒。用于吐血,衄血,便血,尿血,崩漏,紫斑,外伤出血,跌打损伤,心悸,失眠,疮疖痈肿,烫火伤,毒虫蜇伤。煎服,15~30g。或鲜品绞汁,30~60g。

茜草　qiàncǎo

本品首载于《神农本草经》。本品为茜草科植物茜草 *Rubia cordifolia* L. 的干燥根和根茎。主产于安徽、江苏、山东等地。春、秋二季采收。以条粗、表面红棕色、断面红色、无茎基及泥土者为佳。生用或制用。《中国药典》规定,干燥药材含大叶茜草素($C_{17}H_{15}O_4$)不得少于 0.40%、羟基茜草素($C_{14}H_{80}O_5$)不得少于 0.10%;饮片含大叶茜草素($C_{17}H_{15}O_4$)不得少于 0.20%、羟基茜草素($C_{14}H_{80}O_5$)不得少于 0.080%。

【处方用名】茜草、茜草炭。

【主要药性】苦,寒。归肝经。

【功效】凉血,祛瘀,止血,通经。

【应用】

1. 出血　本品性寒入血分,既能凉血止血,又能化瘀止血。治疗血热夹瘀之出血尤为适宜。治吐血不止,单用本品为末煎服;治血热崩漏,可与生地黄、生蒲黄、侧柏叶等配伍;治衄血,可与艾叶、乌梅同用;治气虚不摄的崩漏下血,常与黄芪、白术、山茱萸等同用;治尿血,常与小蓟、白茅根等同用。

2. 血瘀经闭、跌打损伤、风湿痹痛　本品有活血通经作用,尤宜于妇科瘀血证。治血瘀经闭、痛经,单用本品酒煎服,或与桃仁、红花、当归等同用;治跌打损伤,可单味泡酒服,或与三七、乳香、没药等同用;治痹证,可单用浸酒服,或与鸡血藤、海风藤、延胡索等配伍。

【用法用量】内服:10~15g,煎汤或入丸散。生用长于凉血止血,活血祛瘀;炒炭止血作用增强。

【现代研究】

1. 化学成分　主要含蒽醌,其主要成分为茜草素、异茜草素、伪羟基茜草素等。

2. 药理作用　有缩短出血时间、升高白细胞、兴奋子宫、抗实验性心肌梗死、抗肿瘤、抗氧化、防辐射、调节免疫、保肝、抑制细菌等作用。

蒲黄　púhuáng

本品首载于《神农本草经》。为香蒲科植物水烛香蒲 *Typha angustifolia* L.、东方香蒲 *Typha orientalis* Presl 或同属植物的干燥花粉。主产于浙江、江苏、山东等地。夏季采收。以粉细、体轻、色鲜黄、滑腻感强者佳。生用或制用。《中国药典》规定,干燥药材、生蒲黄饮片异鼠李素 -3-O- 新橙皮苷($C_{28}H_{32}O_{16}$)、香蒲新苷($C_{34}H_{42}O_{20}$)的总量不得少于 0.50%。

【处方用名】蒲黄、生蒲黄、蒲黄炭。

【主要药性】甘,平。归肝、心包经。

【功效】止血,化瘀,通淋。

【应用】

1. 出血　本品甘平,长于止血,兼有活血行瘀之功;止血而不留瘀。出血证无论寒热,有无瘀血均可用。治吐血、咯血、衄血、尿血、崩漏等多种出血,可单用冲服,亦可与棕榈炭、侧柏叶炭等同用;属热者还可配伍生地黄、白茅根、大蓟等;属寒者,还可配伍炮姜、艾叶等。治外伤出血,可单用外掺伤口。

2. 瘀血心腹诸痛　本品活血祛瘀止痛,瘀血作痛者均可应用,尤为妇产科所常用。治跌打损伤,单用蒲黄末,温酒服;治心腹刺痛、产后瘀阻腹痛、痛经等,常与五灵脂同用。

3. 血淋涩痛　本品既能止血,又能利尿通淋。治血淋证小便涩痛,可与冬葵子、生地黄同用。

【用法用量】内服:5~10g,煎汤包煎,或入丸散。外用:适量。生蒲黄偏于化瘀利尿;蒲黄炭止血作用强。

【使用注意】孕妇慎用。

【现代研究】

1. 化学成分　主要含黄酮类如异鼠李素、槲皮素等,甾类如香蒲醇、β-谷甾醇等,此外还含有脂肪油、生物碱及氨基酸等成分。

2. 药理作用　有抗血栓、止血、抗心肌缺血、调脂、抗炎、利胆、利尿、镇痛、平喘、抑菌等作用。

花蕊石　huāruǐshí

本品首载于《嘉祐本草》。为变质岩类岩石蛇纹大理岩。主产于河南、山西、江苏等地。全年可采。以质坚硬、色白带"彩晕"者佳。生用或制用。《中国药典》规定,药材、饮片含磷酸钙($CaCO_3$)不得少于40.0%。

【处方用名】花蕊石、煅花蕊石。

【主要药性】酸、涩,平。归肝经。

【功效】化瘀止血。

【应用】

出血　本品味酸涩性平,既能收敛止血,又能化瘀行血,适用于出血兼有瘀滞者。治吐血,单用本品煅成细末,用酒或醋和服;治咳血,可与白及、血余炭等同用;治外伤出血,单味研末外敷伤口。

【用法用量】内服:4.5~9g,煎汤或入丸散;研末服,每次1~1.5g。外用适量。煅花蕊石偏于止血。

【使用注意】孕妇慎用。

【现代研究】

1. 化学成分　主要含钙、镁的碳酸盐,并有少量铁盐、铅盐及锌、铜、钴、镉、镍等元素。

2. 药理作用　有促凝血、抗惊厥等作用。

第三节　收敛止血药

本节药物多味涩或质黏,或炒炭入药,故能收敛止血。主治多种出血证。有些药物兼有消肿生肌、止痢、杀虫、利尿、散瘀等功效,又可治疗疮疡肿痛、水火烫伤、泻痢、疟疾、小便不利等病症。对于出血有瘀或出血初期邪实者,当慎用。

白及　báijí

本品首载于《神农本草经》。为兰科植物白及 *Bletilla striata*(Thunb.)Reichb. f. 的干燥块茎。主产于贵州、四川、湖南等地。夏、秋二季采收。以个大、饱满、色白、半透明者为佳。生用。

【处方用名】白及。

【主要药性】苦、甘、涩,微寒。归肺、肝、胃经。

【功效】收敛止血,消肿生肌。

【应用】

1. 出血　本品质黏味涩,为收敛止血之要药,可用治体内外诸出血病证。主归肺、胃经,故尤多用于肺、胃出血之证。治久咳咯血,可单用研末服;治肺阴虚咯血,可与枇杷叶、藕节、生地黄等同用;治吐血、便血,常与乌贼骨同用;治外伤出血,可单用内服或与煅石膏研末外敷。

2. 痈肿疮疡,烫伤,手足皲裂,肛裂　本品寒凉苦泄,能消散痈肿;味涩质黏,能敛疮生肌,治疮痈不论未溃已溃均可使用。治痈肿疮疡初起,可配伍金银花、连翘、蒲公英等;治疮痈已溃、久不收口者,可与黄连、浙贝母、五倍子等为末外敷。治手足皲裂、肛裂、烧烫伤,可单用研末,麻油调涂;或以凡士林膏调膏外用。

【用法用量】内服:6~15g,煎汤或入丸散;研末吞服,3~6g。外用适量。

【使用注意】不宜与川乌、制川乌、草乌、制草乌、附子同用。

【现代研究】

1. 化学成分　主要含白及甘露聚糖,联苄类、二氢类、联菲类,二氢菲并吡喃类化合物,苄类化合物及蒽醌类成分和酚酸类成分。

2. 药理作用　有止血、抗胃溃疡、抗肿瘤、抗菌、促进伤口愈合等作用。

仙鹤草　xiānhècǎo

本品首载于《滇南本草》。为蔷薇科植物龙芽草 *Agrimonia pilosa* Ledeb. 的干燥地上部分。主产于浙江、江苏、湖南等地。夏、秋二季采收。以质嫩、叶多而完整、色青绿者为佳。生用。

【处方用名】仙鹤草。

【主要药性】苦、涩,平。归心、肝经。

【功效】收敛止血,截疟,止痢,解毒,补虚。

【应用】

1. 出血　本品味涩收敛止血,广泛用于各种出血病证。其性平,出血而无瘀滞者,无论寒热虚实,皆可应用。可单用,常随证配伍使用。治血热出血,可与生地黄、侧柏叶、牡丹皮等同用;治虚寒出血,可与党参、炮姜、艾叶等同用。

2. 疟疾寒热　本品有截疟之功,治疗疟疾寒热,可单用本品研末,于疟发前以烧酒送服。

3. 痢疾　本品涩敛能涩肠止泻止痢,兼能补虚,又能止血,故对于血痢及久病泻痢尤为适宜。治赤白痢,可单用本品水煎服。治血痢,可与地榆、马齿苋等配伍;治久痢不止,可与赤石脂、椿皮等同用。

4. 痈肿疮毒,阴痒带下　本品能解毒消肿,杀虫止痒。治痈肿疮毒,单用或与金银花、连翘、紫花地丁等配伍。治阴痒带下,可单用浓煎外洗,或与苦参、白鲜皮、黄柏等煎汤外洗。

5. 脱力劳伤　本品有补虚强壮的作用,可用治劳力过度所致的脱力劳伤,症见神疲乏力、面色萎黄而纳食正常者,常与大枣同煮,食枣饮汁。若气血亏虚、神疲乏力、头昏目眩者,可与党参、熟地黄、龙眼肉等同用。

【用法用量】内服:6~12g,煎汤或入丸散。外用适量。

【现代研究】

1. 化学成分　主要含黄酮类成分、间苯三酚类成分,还含有仙鹤草内酯及鞣质等成分。

2. 药理作用　有抗炎、抗肿瘤、镇痛、止血、降糖、降血压等作用。

紫珠叶　zǐzhūyè

本品首载于《本草拾遗》。为马鞭草科植物杜虹花 Callicarpa formosana Rolfe 的干燥叶。主产于广东、广西。夏、秋二季采收。以叶片完整、质嫩者佳。生用。《中国药典》规定,干燥药材含毛蕊花糖苷($C_{29}H_{36}O_{15}$)不得少于 0.50%。

【处方用名】紫珠叶。

【主要药性】苦、涩,凉。归肝、肺、胃经。

【功效】凉血收敛止血,散瘀解毒消肿。

【应用】

1. 出血　本品味苦涩而性凉,既能收敛止血,又能凉血止血,适用于各种内外伤出血,尤多用于肺胃出血。可单独应用,也可与其他止血药同用。治咳血、衄血、吐血,可与大蓟、白及等同用;治尿血、血淋,可与小蓟、白茅根等同用;治便血、痔血,可与地榆、槐花等同用;治外伤出血,可单用捣敷或研末外敷。

2. 热毒疮疡,水火烫伤　本品苦涩性凉,有清热解毒敛疮之功。治热毒疮疡,可单用鲜品捣敷,并煎汁内服,也可与连翘、白蔹、四季青等配伍;治烧烫伤,可单用本品研末撒布患处,或用本品煎煮滤取药液,浸湿纱布外敷。

【用法用量】内服:3~15g,煎汤或入丸散;研末吞服,1.5~3g。外用:适量。

【现代研究】

1. 化学成分　主要含黄酮类成分、苯乙醇苷类成分、三萜类成分,甾醇及其葡萄糖苷等成分。

2. 药理作用　有止血、抗菌、促进组织愈合等作用。

附:

大叶紫珠　本品为马鞭草科植物大叶紫珠 *Callicarpa macrophylla* Vahl 的干燥叶或带叶嫩枝。主产于广东、福建、广西等地。夏、秋二季采收。生用。性味辛、苦,平。归肝、肺、胃经。功效与紫珠叶相似,但清热凉血解毒之力较弱。功能散瘀止血,消肿止痛。用于衄血,咯血,吐血,便血,外伤出血,跌扑肿痛。煎服,15~30g。

棕榈炭　zōnglǘtàn

本品首载于《本草拾遗》。为棕榈科植物棕榈 *Trachycarpus fortunei*(Hook. f.) H. Wendl. 的干燥叶柄制成的炭化物。主产于湖南、四川、江苏等地。全年可采收。以表面黑褐色至黑色,有光泽,触之有黑色碳粉者为佳。一般制用。

【处方用名】棕榈炭、陈棕炭。

【主要药性】苦、涩,平。归肺、肝、大肠经。

【功效】收敛止血。

【应用】

出血　本品收涩力强,炒炭后长于收敛止血,可用于多种出血病证。尤以崩漏多用,以无瘀滞者为宜。治吐血、便血、尿血、崩漏等出,单用即效,亦可配伍血余炭、侧柏叶等同用;治血热出血者,可与大蓟、侧柏叶、白茅根等配伍;治阳虚失血者,可与艾叶、炮姜等配伍;治脾不统血,冲任不固之崩漏,当与黄芪、白术等配伍。

此外,尚可用于久泻久痢,妇女带下等证。

【用法用量】内服:3~9g,煎汤或入丸散。

【使用注意】出血兼有瘀滞、湿热下痢初起及带下有邪热者慎用。

【现代研究】

1. 化学成分　主要含大量纤维素及鞣质,丰富的金属元素锌、铁、铜、锰。

2. 药理作用　本品有缩短出、凝血时间等作用。

血余炭　xuèyútàn

本品首载于《本草蒙筌》。为人发制成的炭化物。全国各地均有。全年采收。以体轻、色黑、光亮者为佳。煅用。

【处方用名】血余炭。

【主要药性】苦,平。归肝、胃经。

【功效】收敛止血,化瘀,利尿。

【应用】

1. 出血　本品收涩止血,药力平和,兼能散瘀,故有止血不留瘀的特点。治吐血、衄血,常与三七、花蕊石同用;治崩漏,可单用或与酒服;治血淋,常配伍生地黄、蒲黄等;治便血、痔疮出血,与槐花、侧柏叶等同用。

2. 小便不利,黄疸　本品能化瘀利尿。治小便不利或点滴不通,多与滑石、冬葵子同用;治湿热黄疸者,可与猪膏同用。

【用法用量】内服:5~10g,煎汤或入丸散。外用:适量。

【使用注意】胃弱者慎用。

【现代研究】

1. 化学成分　主要含优角蛋白、黑色素等成分。

2. 药理作用　有止血、抗菌、抗炎等作用。

藕节　ǒujié

本品首载于《药性论》。为睡莲科植物莲 *Nelumbo nucifera* Gaertn. 的干燥根茎节部。主产于浙江、安徽、江苏。秋、冬二季采收。以表面色灰黄、断面色白者佳。生用或制用。

【处方用名】藕节、生藕节、藕节炭。

【主要药性】甘、涩,平。归肝、肺、胃经。

【功效】收敛止血,散瘀。

【应用】

出血　本品收敛止血之中兼能活血祛瘀,具有止血而不留瘀的特点。可用于治疗多种出血病证。常与其他止血药配伍使用。治疗血热出血证,宜用鲜品,可与生地黄、大蓟等同用;治疗虚寒性出血,宜炒炭用,可与艾叶、炮姜等配伍。

【用法用量】内服:9~15g,煎汤或入丸散。生藕节,收敛止血、散瘀;藕节炭,止血更强。

【现代研究】

1. 化学成分　主要含淀粉、鞣质、维生素、氨基酸和蛋白质等成分。

2. 药理作用　有缩短出血时间等作用。

第四节　温经止血药

本节药物性多温热,功效温经止血,适用于脾不统血、冲任不固之虚寒性出血,如便血、崩漏、紫癜等。有些药物尚有温经散寒功效,可用于脾胃及下焦虚寒所致呕吐、泄泻、腹痛、痛经、月经不调等证。血热妄行及阴虚火旺之出血证慎用。

艾叶　àiyè

本品首载于《名医别录》。为菊科植物艾 *Artemisia argyi* Lévl. et Vant. 的干燥叶。主产于山东、安徽、湖北等地。夏季采收。以色青、背面灰白色、绒毛多、叶厚、香气浓者为佳。生用或制用。《中国药典》规定,干燥药材、饮片含桉油精($C_{10}H_8O$)不得少于 0.050%、含龙脑($C_{10}H_{18}O$)不得少于0.20%。

【处方用名】艾叶、生艾叶、艾叶炭、醋艾炭。

【主要药性】辛、苦,温;有小毒。归肝、脾、肾经。

【功效】温经止血,散寒止痛;外用祛湿止痒。

【应用】

1. 出血　本品善于温经止血,为治疗虚寒性出血之要药,尤宜于崩漏、胎漏下血。治崩漏、妊娠下血,常与阿胶、生地黄、芍药等同用;治下焦虚寒,冲任不固之胎动不安、胎漏下血,常与阿胶、续断、桑寄生等同用;治中阳亏虚,失于统摄之吐血、便血,可单用艾叶煎服或与干姜、侧柏叶配伍;若治血热妄行的衄血、咯血,可用鲜艾叶配以鲜生地黄、鲜侧柏叶、鲜荷叶等。

2. 少腹冷痛、月经不调、宫冷不孕　本品能温经散寒、调经止痛,为调经要药。治下焦虚寒、月经不调、经行腹痛、宫寒不孕及带下清稀等证,常与香附、吴茱萸、肉桂等配伍。

3. 湿疹,疥癣　本品苦温燥湿,有祛湿止痒之功。治湿疹、疥癣,可单用,或与黄柏、花椒、防风等煎水外洗,亦可配枯矾研末外敷。

此外,将本品捣绒,制成艾条、艾炷等,用以熏灸体表穴位,能温煦气血、透达经络、散寒止痛,为温灸的主要原料。

【用法用量】内服:3~9g,煎汤或入丸散。外用:适量,灸治或熏洗。生艾叶性燥,祛寒燥湿力强;醋艾炭温经止血,用于虚寒性出血。

【现代研究】

1. 化学成分　主要含挥发油、倍半萜类、环木菠烷型三萜及黄酮类化合物。

2. 药理作用　有止血、镇痛、抗炎、平喘、镇咳、祛痰、强心、镇静、利胆、抗肿瘤、抗诱变、兴奋子宫平滑肌、抗过敏等作用。

炮姜　páojiāng

本品首载于《珍珠囊》。为姜科植物姜 *Zingiber officinale* Rosc. 的干燥根茎的炮制品。主产于四川、贵州等地。秋冬季采收。以表面鼓起、内部色棕黄、质疏松者佳。制用。《中国药典》规定,干燥药材含 6- 姜辣素($C_{17}H_{26}O_4$)不得少于 0.30%。

【处方用名】炮姜。

【主要药性】辛,热。归脾、胃、肾经。

【功效】温经止血,温中止痛。

【应用】

1. 虚寒性出血证　本品有温经止血之功,为治疗脾阳虚、脾不统血之出血证之要药。治虚寒崩漏下血、血痢、吐血、便血等,可单用为末服之,或与艾叶、侧柏叶等止血药同用,亦可与人参、黄芪、附子等配伍。

2. 虚寒腹痛、腹泻　本品有温中止痛、止呕、止泻之功。治疗中焦虚寒,腹痛吐泻,可单用,或与人参、白术等配伍;治寒凝腹痛,常与高良姜同用;治疗脾肾阳虚,腹痛久泻,可配伍炮附子、煨肉豆蔻等;治产后寒凝腹痛,多配伍当归、川芎等。

【用法用量】内服:3~9g,煎汤或入丸散。

【现代研究】

1. 化学成分　主要含挥发油、树脂、淀粉等成分。

2. 药理作用　有止血、抑制胃溃疡等作用。

灶心土   zàoxīntǔ

本品首载于《名医别录》。为烧木柴或杂草的土灶内底部中心的焦黄土块。全国均有产。在拆修柴火灶或烧柴火的窑时,将烧结的土块取下,用刀削去焦黑部分及杂质即可。又名伏龙肝。

【处方用名】灶心土。

【主要性能】辛,温。归脾、胃经。

【功效】温中止血,止呕,止泻。

【应用】

1. 出血   本品性温,能温暖中焦而收摄止血,为温经止血之要药。对脾不统血之出血病证,皆可应用。善治吐血、便血。治吐血、衄血,单用本品用水淘汁,和蜜服;治便血属下焦虚寒者,可与干姜、阿胶、黄芩等同用;治脾气虚寒之大便下血、吐血、衄血、崩漏等,常与附子、白术、地黄等同用。

2. 胃寒呕吐   本品性温质重,长于温中而降逆止呕。治脾胃虚寒、胃气不降所致的呕吐,可与干姜、半夏、白术等同用;治反胃呕吐,用本品研细,米饮送服;治妊娠呕吐,以本品捣细,调水服。

3. 脾虚久泻   本品既能温脾暖胃,又能实肠止泻。治脾虚久泻,常配伍附子、干姜、白术等;治胎前下痢、产后不止者,可以山楂、黑糖为丸,用本品煎汤代水送服。

【用法用量】内服:15~30g,布包,先煎;或60~120g,煎汤代水。亦可入丸、散,外用:适量。

【现代研究】

1. 化学成分   主要含硅酸、氧化铅、氧化铁,此外,尚含氧化钠、氧化钾、氧化镁等。

2. 药理作用   有缩短凝血时间,抑制纤维蛋白溶解酶及增加血小板第三因子活性等作用,能减轻洋地黄酊引起的呕吐,有止呕作用。

【思考题】

1. 何谓止血药? 简述止血药的分类、功效、主治。如何正确使用止血药?

2. 如何正确使用小蓟、地榆、三七、茜草、白及、艾叶?

3. 简述小蓟与大蓟、地榆与槐花、血余炭与棕榈炭、艾叶与炮姜在功效、应用方面的异同点。

ER 各论第十一章   同步练习

（王加锋）

第十二章 活血化瘀药

ER 各论第十二章 课件

【学习目标】

1. 掌握活血化瘀药的含义、性能主治、应用要点；熟悉活血化瘀药的分类及每节药物的性能特点。

2. 掌握川芎、延胡索、郁金、丹参、红花、桃仁、益母草、牛膝的药性、功效、主治、性能特点、经典配伍以及用法用量、使用注意。熟悉姜黄、乳香、没药、鸡血藤、王不留行的功效、主治、某些特殊用法及使用注意。了解其余活血化瘀药的功效、特殊用法及使用注意。

【含义】以通利血脉、促进血行、消散瘀血为主要作用，主治瘀血证的药物，称活血化瘀药，又称活血祛瘀药，也简称为活血药或化瘀药。根据其药性和作用特点，活血化瘀药可分为活血止痛药、活血调经药、活血疗伤药、破血消癥药四类。

【性能主治】本类药物多具辛、苦味，主入心、肝二经。味辛则能散、能行，味苦则通泄，且入心、肝走血分，故能使血脉通畅、瘀滞消散，具有活血化瘀功效，主治瘀血诸症。如内科胸、腹、头痛，痛如针刺，痛有定处，癥瘕积聚，中风不遂，肢体麻木以及关节痹痛日久；外科疮疡肿痛；妇科月经不调、经闭、痛经、产后腹痛；伤科的跌扑损伤、瘀肿疼痛等。其中，止痛力强，以治疗瘀血疼痛为主的药物，称为活血止痛药；善调经，以治疗妇科瘀血证为主的药物，称为活血调经药；善疗外伤，以治疗跌打伤痛瘀血为主的药物，称为活血疗伤药；活血力强，以治疗瘀血重症为主的药物，称为破血消癥药。此外，有些活血化瘀药兼有凉血、止血、行气、清热解毒消痈、利水、润肠通便、止咳平喘等功效，还可以用于治疗血热证、出血、气滞证、热毒疮痈肿痛、水肿、咳喘、便秘等。

【应用要点】

1. 对证用药　活血化瘀药均适应于治疗瘀血证，在使用时应根据瘀血证的具体表现，有针对性地选择活血止痛、活血调经、活血疗伤或破血消癥的药物；在此基础上，应注意药物性能特点与瘀血证个体表现的对应性。

2. 配伍用药　为了增强疗效，活血化瘀药常相须配伍使用。同时，尚需针对引起瘀血的原因进行配伍。如寒凝血脉者，当配温里散寒、温通经脉药；热灼营血，瘀热互结者，宜配清热凉血，泻火解毒药；痰湿阻滞，血行不畅者，当配化痰除湿药；风湿痹阻，经脉不通者，应配伍祛风除湿通络药；久瘀体虚或因虚致瘀者，则配补益药；癥瘕积聚，配伍软坚散结药。由于气血之间的密切关系，在使用活血祛瘀药时，常配伍行气药，以增强和提高活血散瘀的功效。

3. 注意事项　本类药物行散力强,易耗血动血,不宜用于妇女月经过多以及其他出血证无瘀血表现者;对于孕妇当慎用或忌用。

第一节　活血止痛药

本节药物多具辛味,辛散善行,既入血分,又入气分,活血兼行气,有良好的止痛效果,主治气血瘀滞所致的各种痛证,如头痛、胸胁痛、心腹痛、痛经、产后腹痛、肢体痹痛、跌打损伤之瘀痛等。也可用于其他瘀血病证。

川芎　chuānxiōng

本品首载于《神农本草经》。为伞形科植物川芎 *Ligusticum chuanxiong* Hort. 的干燥根茎。主产于四川。5 月采收。生用或制用。《中国药典》规定,干燥药材及饮片中,阿魏酸($C_{10}H_{10}O_4$)含量不得少于 0.10%。

【处方用名】川芎、酒川芎。

【主要药性】辛,温。归肝、胆、心包经。

【功效】活血行气,祛风止痛。

【应用】

1. 血瘀气滞诸痛　本品辛散温通,既能活血,又能行气,为"血中之气药",可"下调经水,中开郁结",具通达气血之效,故凡气滞血瘀之胸胁、腹部诸痛皆可使用,尤为妇科活血调经之要药。治血瘀经闭、痛经,常与桃仁、红花、赤芍等配伍;若属寒凝血瘀者,常与桂枝、当归、吴茱萸等配伍。治产后恶露不下、瘀阻腹痛,常与当归、桃仁、炮姜等配伍。治心脉瘀阻之胸痹心痛,常与丹参、桂枝、檀香等同用。治肝郁胁痛,常与柴胡、白芍、香附等配伍。治肝血瘀阻、积聚痞块、胸胁刺痛,多与桃仁、红花、当归等配伍。治跌扑损伤,瘀肿疼痛,常与乳香、没药、三七等同用。

2. 头痛　本品性升散,能"上行头目",祛风止痛,为治头痛要药,无论风寒、风热、风湿、血虚、血瘀头痛均可随证配伍用之,故有"头痛须用川芎"之说。治风寒头痛,常与羌活、细辛、白芷等配伍。治风热头痛,常与菊花、石膏、僵蚕等配伍。治风湿头痛,常与羌活、独活、防风等配伍。治血虚头痛,常与当归、白芍、熟地黄等配伍。治血瘀头痛,常与赤芍、麝香、红花等配伍。

3. 风湿痹痛　本品能"旁通络脉",祛风活血止痛,又可治风湿痹痛,常与独活、秦艽、防风等配伍。

【用法用量】内服:3~10g,煎汤,或入丸散。

【使用注意】阴虚火旺,多汗,热盛及无瘀之出血证和孕妇慎用。

【现代研究】

1. 化学成分　主要含川芎嗪等生物碱,藁本内酯、香烩烯等挥发油,阿魏酸等酚类物质,另含内酯素以及维生素 A、甾醇、脂肪油等。

2. 药理作用　有扩张冠状动脉,增加冠状动脉血流量,改善心肌的血氧供应,降低心肌的耗氧量,扩张脑血管,降低血管阻力,改善微循环,降低血小板表面活性,抑制血小板凝集,预防血栓的形成等作用。

<h2 style="text-align:center">延胡索　yánhúsuǒ</h2>

本品首载于《雷公炮炙论》。为罂粟科植物延胡索 *Corydalis yanhusuo* W. T. Wang 的干燥块茎。主产于浙江、江苏、湖北等地。夏初茎叶枯萎时采挖。生用或制用。《中国药典》规定,干燥药材及饮片延胡索乙素($C_{21}H_{25}NO_4$)含量分别不得少于 0.050%、0.040%。

【处方用名】延胡索、醋延胡索、元胡索、元胡。

【主要药性】辛、苦,温。归肝、脾经。

【功效】活血,行气,止痛。

【应用】

血瘀气滞诸痛　本品辛散温通,既能活血,又善行气,为止痛之佳品,前人谓其能"行血中之气滞,气中血滞,故能专治一身上下诸痛",无论何种痛证,均可配伍应用。治心血瘀阻之胸痹心痛,常与丹参、桂枝、薤白等同用。治热证胃痛,常与川楝子配伍;治寒证胃痛,常与桂枝(或肉桂)、高良姜配伍;治气滞胃痛,多与香附、木香、砂仁等同用;治瘀血胃痛,常与丹参、五灵脂等同用;治中虚胃痛,常与党参、白术、白芍等同用。治肝郁化火之胸胁痛,常与川楝子、山栀等同用。治寒疝腹痛,多与小茴香、吴茱萸等同用。治气滞血瘀之痛经、月经不调、产后瘀滞腹痛,常与当归、红花、香附等同用。治跌打损伤、瘀肿疼痛,常与乳香、没药同用。治风湿痹痛,多与秦艽、桂枝、独活等同用。

【用法用量】内服:3~10g,煎汤;研末吞服,一次 1.5~3g。

【现代研究】

1. 化学成分　主要含延胡索甲素、乙素、丙素等 20 余种生物碱,另含挥发油、淀粉、树脂等。

2. 药理作用　有显著的镇痛、催眠、镇静、安定、扩张冠脉、降低冠脉阻力、增加冠脉血流量等作用。

<h2 style="text-align:center">郁金　yùjīn</h2>

本品首载于《药性论》。为姜科植物温郁金 *Curcuma wenyujin* Y. H. Chen et C. Ling、姜黄 *Curcuma longa* L.、广西莪术 *Curcuma kwangsiensis* S. G. Lee et C. F. Liang 或蓬莪术 *Curcuma phaeocaulis* Val. 的干燥块根。主产于浙江、四川、广西等地。冬季茎叶枯萎后采挖。生用或制用。

【处方用名】郁金、醋郁金。

【主要药性】辛、苦,寒。归肝、心、肺经。

【功效】活血止痛,行气解郁,清心凉血,利胆退黄。

【应用】

1. 血瘀气滞之胸胁腹痛　本品味辛能行能散,既能活血,又能行气,故善治血瘀气滞诸痛证,常与木香配伍。治肝郁气滞之胸胁刺痛,多与柴胡、白芍、香附等同用。治心血瘀阻之胸痹心痛,常与瓜蒌、薤白、丹参等同用。治肝郁有热、气滞血瘀之痛经、乳房作胀,常与柴胡、当归、川芎等配伍。治癥瘕痞块,多与鳖甲、莪术、丹参等同用。

2. 热病神昏,癫痫痰闭　本品辛散苦泄,且性寒入心经,故能解郁、清心以醒神。治痰浊蒙蔽心窍、热陷心包之神昏,常与石菖蒲、栀子配伍;治癫痫痰闭,常与白矾配伍。

3. 吐血、衄血、倒经、尿血、血淋　本品性寒清热,味苦能降泄,入肝经血分而能凉血、降气止血。治气火上逆之吐血、衄血、倒经,常与生地黄、牡丹皮、栀子等配伍;治热结下焦、伤及血络之尿血、血淋,常与生地黄、小蓟等配伍。

4. 肝胆湿热黄疸、胆石症　本品性寒入肝胆经,能清利肝胆湿热。治湿热黄疸,多与茵陈蒿、栀子等同用;治胆石症,常与金钱草等同用。

【用法用量】内服:3~10g,煎汤,或入丸散。

【使用注意】不宜与丁香、母丁香同用。

【现代研究】

1. 化学成分　主要含莰烯、樟脑、倍半萜烯等挥发油,另含姜黄素、去甲基姜黄素、姜黄酮等。

2. 药理作用　有调节免疫,抗炎,抑制中枢神经,保护肝脏,促进胆汁分泌和排泄,改善血液流变性,减轻高脂血症,抗自由基损伤,镇痛等方面的作用。

姜黄　jiānghuáng

本品首载于《新修本草》。为姜科植物姜黄 *Curcuma longa* L. 的干燥根茎。主产于四川、福建、广东等地。冬季茎叶枯萎时采挖。生用。《中国药典》规定,干燥药材中,挥发油含量不得少于7.0%(ml/g),姜黄素($C_{21}H_{20}O_6$)含量不得少于1.0%;干燥饮片中,挥发油含量不得少于5.0%(ml/g),姜黄素含量($C_{21}H_{20}O_6$)不得少于0.90%。

【处方用名】姜黄。

【主要药性】辛、苦,温。归脾、肝经。

【功效】破血行气,通经止痛。

【应用】

1. 血瘀气滞诸痛　本品辛散苦泄温通,既入血分又入气分,祛瘀力强,为破血行气之品。治血瘀气滞寒凝之心腹疼痛难忍者,常与当归、木香、乌药等配伍。治肝胃气滞寒凝之胸胁痛,常与枳壳、桂心、炙草等配伍。治气滞血瘀之痛经、经闭、产后腹痛,常与当归、川芎、红花配伍。治跌打损伤、瘀肿疼痛,常与苏木、乳香、没药配伍。

2. 风湿痹痛　本品辛散苦燥温通,外散风寒湿邪,内行气血,通经止痛,尤长于行肢臂而除痹痛,常与羌活、防风、当归等配伍。

此外,本品常与白芷、细辛配伍为末外用,治牙龈肿胀疼痛。若治疮疡痈肿痛,常与大黄、白芷、天花粉等配伍。单用本品外敷还可用于皮癣痛痒。

【用法用量】内服:3~10g,煎汤,或入丸散。外用:适量。

【使用注意】血虚无气滞血瘀者慎用,孕妇忌用。

【现代研究】

1. 化学成分　主要含姜黄酮、芳姜黄酮、姜烯等挥发油,姜黄素、去甲氧基姜黄素等色素,另含胭脂树橙、降胭脂树素、微量元素等。

2. 药理作用　有降血脂,降血糖,抑制血小板聚集,降低血浆黏度和全血黏度,抗早孕,抗炎、抗菌、抗病毒等作用。

附:

片姜黄　本品为姜科植物温郁金的干燥根茎。主产于浙江,江苏、广东等地。冬季茎叶枯萎后采挖。生用。性味辛、苦,温;归脾、肝经。功能破血行气,通经止痛。适用于胸胁刺痛,胸痹心痛,痛经经闭,癥瘕,风湿肩臂疼痛,跌扑肿痛。本品药性、功用与姜黄相似,然片姜黄尤以治肩臂疼痛为长,姜黄则为血瘀气滞诸痛证为宜。煎服,3~9g。

乳香　rǔxiāng

本品首载于《名医别录》。为橄榄科植物乳香树 *Boswellia carterii* Birdw. 及同属植物 *Boswellia bhaw-dajiana* Birdw. 树皮渗出的树脂。主产于非洲索马里、埃塞俄比亚等地。春、夏季采收。生用或制用。《中国药典》规定,索马里乳香挥发油含量不得少于 6.0%(ml/g),埃塞俄比亚乳香挥发油含量不得少于 2.0%(ml/g)。

【处方用名】乳香、炒乳香、醋乳香。

【主要药性】辛、苦,温。归心、肝、脾经。

【功效】活血定痛,消肿生肌。

【应用】

1. 血瘀气滞诸痛　本品气味浓烈,辛散走窜,味苦通泄,既能活血,又能行气止痛,可用于一切气滞血瘀之疼痛。治胃脘疼痛,常与没药、延胡索、香附等配伍。治胸痹心痛,常配伍丹参、川芎等。治痛经、经闭、产后瘀阻腹痛,常与当归、丹参、没药等配伍。治风寒湿痹、肢体麻木疼痛,常与羌活、防风、秦艽等配伍。治跌打损伤,常与没药、血竭、红花等配伍。

2. 疮疡痈肿,瘰疬痰核　本品能活血止痛、消肿生肌,为外伤科要药。治疮疡肿毒初起、红肿热痛,常与没药、金银花、白芷等配伍。治痈疽、瘰疬、痰核,肿块坚硬不消,常与没药、麝香、雄黄配伍。治疮疡溃破、久不收口,常与没药配伍,研末外用。

【用法用量】内服:3~5g,煎汤,或入丸散;外用:适量,研末调敷。内服多制用。

【使用注意】孕妇及胃弱者慎用。

【现代研究】

1. 化学成分　主要含游离 α-乳香酸、β-乳香酸、结合乳香酸等树脂类,阿糖酸的钙盐和镁盐、西黄芪胶黏素等树胶类,和蒎烯、α-水芹烯、β-水芹烯等挥发油类。

2. 药理作用　有镇痛、消炎、升高白细胞、加速炎症渗出排泄,促进伤口愈合等作用。

没药　mòyào

本品首载于《开宝本草》。为橄榄科植物地丁树 *Commiphora myrrha* Engl. 或哈地丁树 *Commiphora molmol* Engl. 的干燥树脂。分为天然没药和胶质没药。主产于索马里、埃塞俄比亚及印度等地。11月至次年2月采集。生用或制用。《中国药典》规定,挥发油含量天然没药不得少于 4.0%(ml/g),胶质没药不得少于 2.0%(ml/g);饮片挥发油含量不得少于 2.0%(ml/g)。

【处方用名】没药、炒没药、醋没药。

【主要药性】辛、苦,平。归心、肝、脾经。

【功效】散瘀定痛,消肿生肌。

【应用】

没药的功效主治与乳香相似。常与乳香配伍相须为用,治疗跌打损伤瘀滞疼痛、痈疽肿痛、疮疡溃后久不收口以及一切瘀滞痛证。区别在于乳香偏于行气活血伸筋,治疗痹证多用。没药偏于活血化瘀,治疗血瘀气滞较重之胃痛多用。

【用法用量】内服:3~5g,煎汤,多入丸散。外用:适量。内服多制用。

【使用注意】孕妇及胃弱者慎用。

【现代研究】

1. 化学成分　主要含树脂酸等树脂类,丁香酚、间甲基酚、蒎烯等挥发油类,树胶等。

2. 药理作用　有降血脂,防止动脉内膜粥样斑块形成,抑制多种真菌、霉菌,兴奋肠蠕动等作用。

五灵脂　wǔlíngzhǐ

本品首载于《开宝本草》。为鼯鼠科动物复齿鼯鼠 *Trogopterus xanthipes* Milne-Edwards 的干燥粪便。主产于河北、山西、甘肃等地。全年均可采收。许多粪粒凝结成块状的称"灵脂块",又称"糖灵脂",质佳;粪粒松散呈米粒状的,称"灵脂米",质量较次。生用或制用。

【处方用名】五灵脂、灵脂、醋五灵脂、酒五灵脂。

【主要药性】苦、咸、甘、温。归肝经。

【功效】活血止痛,化瘀止血。

【应用】

1. 瘀血阻滞诸痛　本品苦泄温通,专入肝经血分,善于活血化瘀止痛,为治疗瘀滞疼痛之要药,常与蒲黄配伍相须为用。治胸痹心痛,常与川芎、丹参、乳香等同用。治脘腹胁痛,常与延胡索、香附、没药等同用。治痛经、经闭、产后瘀滞腹痛,多与当归、益母草等同用。治骨折肿痛,可配白及、乳香、没药等,研末外敷。

2. 出血证　本品炒用,既能活血散瘀,又能止血,故多用于瘀血内阻、血不归经之出血。治妇女崩漏经多、色紫多块、少腹刺痛,既可单味炒研末,温酒送服;亦可配伍三七、蒲黄、生地黄等同用。

【用法用量】内服:3~10g,煎服,宜包煎。

【使用注意】血虚无瘀及孕妇慎用。不宜与人参同用。

【现代研究】

1. 化学成分　主要含尿素、尿酸、维生素 A 类物质及多种树脂。

2. 药理作用　有抑制血小板聚集,降低全血、血浆黏度,降低心肌细胞耗氧量,提高耐缺氧、耐寒和耐高温能力,缓解平滑肌痉挛等作用。

降香　jiàngxiāng

本品首载于《证类本草》。为豆科植物降香檀 *Dalbergia odorifera* T. Chen 树干和根的干燥心材。主产于海南、广东、广西等地。全年均可采收。生用。《中国药典》规定,干燥药材中挥发油含量不得少于 1.0%（ml/g）。

【处方用名】降香。

【主要药性】辛,温。归肝、脾经。

【功效】化瘀止血,理气止痛。

【应用】

1. 出血　本品辛散温通,能化瘀行血止血,故可用于瘀滞性出血证,尤宜于跌打损伤所致的内外伤出血,为伤科常用之品。治刀伤出血,可单用本品研末外敷。治金刃或跌扑伤损、血流不止,可与五倍子配伍,外敷。治内伤吐血、衄血,属血瘀或气火上逆所致者,常与牡丹皮、郁金等同用。

2. 胸胁疼痛、跌损瘀痛　本品味辛,能散能行,能活血理气止痛,可用治血瘀气滞之胸胁心腹疼痛、跌损瘀肿疼痛。治上部瘀血停滞胸膈,可单用;亦常与五灵脂、川芎、郁金等同用。治跌打损伤、瘀肿疼痛,常配伍乳香、没药等同用。

此外,本品芳香降气辟秽,和中止呕,可用于夏月秽浊内阻脾胃之呕吐腹痛,常与藿香、木香等同用。

【用法用量】内服:9~15g,煎汤,宜后下;研末吞服,每次1~2g。外用:适量,研末外敷。

【现代研究】

1. 化学成分　主要含苦橙油醇等挥发油类,刺芝柄花素、降香黄酮等异黄酮类,另含黄酮、异黄酮衍生物的单聚体、双聚体等。

2. 药理作用　有抗血栓、抗凝、增加冠脉流量、减慢心率、轻度增加心跳振幅等作用。

第二节　活血调经药

本节药物大多辛行苦泄,主归肝经走血分,具有活血祛瘀之功,尤善通畅血脉而调经水。主治瘀血阻滞,血行不畅所致的月经不调,痛经,经闭及产后瘀滞腹痛;亦常用于瘀血肿痛,癥瘕,跌打损伤,疮痈肿毒。

丹参　dānshēn

本品首载于《神农本草经》。为唇形科植物丹参 *Salvia miltiorrhiza* Bge. 的干燥根和根茎。主产于四川、安徽、江苏等地。春、秋二季采挖。生用或制用。《中国药典》规定,干燥药材丹参酮 II_A（$C_{19}H_{18}O_3$）、隐丹参酮（$C_{19}H_{20}O_3$）和丹参酮 I（$C_{18}H_{12}O_3$）的总含量不得少于 0.25%,丹酚酸 B（$C_{36}H_{30}O_{16}$）含量不得少于 3.0%。

【处方用名】丹参、丹参炭、酒丹参。

【主要药性】苦,微寒。归心、肝经。

【功效】活血祛瘀,通经止痛,清心除烦,凉血消痈。

【应用】

1. 瘀血证　本品长于通行血脉,祛瘀止痛,又善调经水,且祛瘀生新而不伤正,故广泛用于瘀血所致的各种病证,尤为妇科调经之要药。因其性偏寒凉,对血热瘀滞之证尤为相宜。治瘀血阻滞之月经不调,经闭痛经及产后瘀滞腹痛,可单用,或与川芎、当归、益母草等配伍;若寒凝血滞者,可与吴茱萸、肉桂等同用。治血脉瘀阻之胸痹心痛,脘腹疼痛,常与砂仁、檀香配伍。治癥瘕积聚,常与三棱、莪术、鳖甲等配伍。治跌打损伤,肢体瘀血作痛,常与当归、乳香、没药等配伍。治风湿痹证,常与防风、秦艽等同用。

2. 疮痈肿毒　本品性寒,既凉血又活血,能清泄瘀热而消痈肿,可用于热毒瘀阻之疮痈肿毒,常与清热解毒药同用。治乳痈初起,常与金银花、连翘等配伍。

3. 烦躁不安,心悸失眠　本品性寒凉,入心经,能清心除烦而安神。治热病邪入心营之烦躁不寐,甚或神昏,常与生地黄、玄参、黄连等同用。若用于治疗血不养心之失眠、心悸,常与生地黄、酸枣仁、柏子仁等配伍。

【用法用量】内服:10~15g,煎汤,或入丸散。活血化瘀宜酒炙用。

【使用注意】反藜芦。孕妇慎用。

【现代研究】

1. 化学成分　主要含丹参酮Ⅰ、丹参酮ⅡA、丹参酮ⅡB等脂溶性成分,和丹参素,丹参酸甲、乙、丙,原儿茶酸等水溶性成分。

2. 药理作用　有扩张冠脉、增加冠脉血流量、改善心肌缺血、提高耐缺氧能力、改善微循环、镇静、镇痛、抗炎、抗菌、抗过敏、降血压、调节血脂等作用。

红花　hónghuā

本品首载于《新修本草》。为菊科植物红花 Carthamus tinctorius L. 的干燥花。主产于河南、湖北、四川等地。夏季花由黄变红时采摘。生用。《中国药典》规定,干燥本品羟基红花黄色素A ($C_{27}H_{32}O_{16}$) 含量不得少于1.0%,山柰酚 ($C_{15}H_{10}O_6$) 含量不得少于0.050%。

【处方用名】红花。

【主要药性】辛,温。归心、肝经。

【功效】活血通经,散瘀止痛。

【应用】

1. 血瘀经闭,痛经,产后瘀滞腹痛　本品辛散温通,为活血祛瘀、通经止痛之要药,尤其是妇产科瘀血证的常用药。治痛经,可单用,亦可与赤芍、延胡索、香附等同用。治经闭,常与当归、赤芍、桃仁等配伍。治产后瘀滞腹痛,常与荷叶、蒲黄、牡丹皮等同用。

2. 癥瘕积聚　本品能活血通经、祛瘀消癥,可用治癥瘕积聚,常与三棱、莪术、香附等同用。

3. 心腹瘀阻疼痛、胁痛　本品能活血通经、祛瘀止痛,善治瘀阻心腹胁痛。治胸痹心痛,常与桂枝、瓜蒌、丹参等同用。治瘀滞腹痛,常与桃仁、川芎、牛膝等配伍。治胁肋刺痛,可与桃仁、柴胡、大黄等配伍。

4. 跌打损伤,瘀滞肿痛　本品善通利血脉、消肿止痛,为治跌打损伤、瘀滞肿痛之要药,常与木香、苏木、乳香、没药等同用;或制为红花油、红花酊涂擦。

5. 斑疹色暗　本品有活血化斑之功,用治血热瘀滞之斑疹色暗,常与紫草、大青叶等配伍。

【用法用量】内服:3~10g,煎汤,或入丸散。外用:适量。

【使用注意】孕妇慎用。有出血倾向者慎用。

【现代研究】

1. 化学成分　主要含红花醌苷、新红花苷、红花苷、红花黄色素等苷类,另含有棕榈酸、肉豆蔻酸、月桂酸等红花油类。

2. 药理作用　有镇痛、镇静、抗惊厥、兴奋子宫、轻度兴奋心脏、降低冠脉阻力、保护和改善心肌缺血、抗心律失常、抑制血小板聚集、抗凝血等作用。

附:

西红花　本品为鸢尾科植物番红花 *Crocus sativus* L. 的干燥柱头。又名"藏红花""番红花"。原产于欧洲及中亚地区,现我国已有栽培。常于 9~10 月采收。生用。性味甘、微寒;归心、肝经。功效活血化瘀,凉血解毒,解郁安神。适用于经闭癥瘕,产后瘀阻,温毒发斑,忧郁痞闷,惊悸发狂。本品功用与红花相似,临床应用也基本相同,但力量较强,性微寒,又有凉血解毒功效,尤宜于斑疹火热,疹色紫暗,及温病入营血之证。煎服或沸水泡服,1~3g。孕妇忌用。

桃仁　táorén

本品首载于《神农本草经》。为蔷薇科植物桃 *Prunus persica* (L.) Batsch 或山桃 *Prunus davidiana* (Carr.) Franch. 的干燥成熟种子。桃全国各地均产;山桃主产于辽宁、河北、河南等地。6~7 月采收。生用或制用。《中国药典》规定,干燥药材苦杏仁苷($C_{20}H_{27}NO_{11}$)含量不得少于 2.0%;干燥饮片苦杏仁苷含量($C_{20}H_{27}NO_{11}$)不得少于 1.50%。

【处方用名】桃仁、燀桃仁、炒桃仁。

【主要药性】苦、甘,平。归心、肝、大肠经。

【功效】活血祛瘀,润肠通便,止咳平喘。

【应用】

1. 瘀血证　本品味苦,入心肝血分,祛瘀力强,为治疗多种瘀血证的常用药。治瘀血经闭、痛经,常与红花、当归、川芎等配伍。治产后瘀滞腹痛,常与炮姜、川芎等配伍。治瘀血蓄积之癥瘕痞块,常与桂枝、牡丹皮、赤芍等配伍,或与三棱、莪术等同用。治跌打损伤、瘀肿疼痛,常与当归、红花、大黄等配伍。

2. 肺痈、肠痈　本品善泄血分之壅滞,可活血祛瘀以消痈,常配伍清热解毒药,用治肺痈、肠痈等证。治肺痈,常与苇茎、冬瓜仁等配伍。治肠痈,常与大黄、牡丹皮等配伍。

3. 肠燥便秘　本品富含油脂,能润燥滑肠,故可用于肠燥便秘证。常与当归、火麻仁、瓜蒌仁等配伍。

4. 咳嗽气喘　本品味苦,能降肺气,有止咳平喘之功,治咳嗽气喘,可单用,亦常与苦杏仁配伍。

【用法用量】内服:5~10g,煎汤,或入丸散。

【使用注意】孕妇慎用。便溏者慎用。本品有毒,不可过量。

【现代研究】

1. 化学成分　主要含苦杏仁苷、苦杏仁酶、挥发油、脂肪油等。

2. 药理作用　有抗凝血、抗血栓、增加脑血流量、降低血管阻力、改善血流动力学、收缩子宫、镇痛、抗炎、镇咳、平喘等作用。

益母草 yìmǔcǎo

本品首载于《神农本草经》。为唇形科植物益母草 *Leonurus japonicus* Houtt. 的新鲜或干燥地上部分。我国大部分地区均产。在夏季采收。生用或制用。《中国药典》规定，干燥药材中盐酸水苏碱($C_7H_{13}NO_2 \cdot HCl$)含量不得少于 0.50%，盐酸益母草碱($C_{14}H_{21}O_5N_3 \cdot HCl$)含量不得少于 0.050%；干燥饮片中，盐酸水苏碱($C_7H_{13}NO_2 \cdot HCl$)含量不得少于 0.40%，盐酸益母草碱($C_{14}H_{21}O_5N_3 \cdot HCl$)含量不得少于 0.040%。

【处方用名】益母草、酒益母草。

【主要药性】苦、辛，微寒。归肝、心包、膀胱经。

【功效】活血调经，利尿消肿，清热解毒。

【应用】

1. 瘀血证　本品善活血调经，祛瘀通经，为妇产科要药。治血滞经闭、痛经、月经不调，或产后恶露不尽、瘀滞腹痛，可单用，亦常与当归、丹参、川芎等配伍。治跌打损伤、瘀血肿痛，常与川芎、乳香、没药等同用。

2. 水肿，小便不利　本品既利水消肿，又活血化瘀，故尤宜于水瘀互阻的水肿。可单用，亦可与白茅根、泽兰等同用。若治血热及瘀滞之血淋尿血，常与车前子、石韦、木通等同用。

3. 疮痈肿毒，皮肤瘾疹　本品既活血散瘀以止痛，又清热解毒以消肿。用治疮痈肿毒、皮肤瘾疹，可单用外洗或外敷，亦可配伍黄柏、蒲公英、苦参等煎汤内服。

【用法用量】内服：9~30g，鲜品 12~40g，煎汤，熬膏，或入丸剂。外用：适量。

【使用注意】孕妇慎用。无瘀滞及阴虚血少者忌用。

【现代研究】

1. 化学成分　主要含益母草碱、水苏碱等生物碱，还含亚麻酸、β-亚麻酸油酸、月桂酸等。

2. 药理作用　有兴奋子宫、抗着床、抗早孕、强心、抗心肌缺血、降血压、抗血栓、利尿等作用。

附：

茺蔚子　本品为益母草的干燥成熟果实。秋季果实成熟时采收。性味辛、苦，微寒；归心包、肝经。活血调经之功似益母草，又能清肝明目，用于目赤翳障，头晕胀痛等证。煎服，5~10g。

泽兰 zélán

本品首载于《神农本草经》。为唇形科植物毛叶地瓜儿苗 *Lycopus lucidus* Turcz. var. *hirtus* Regel 的干燥地上部分。主产于黑龙江、辽宁、浙江等地。夏、秋二季茎叶茂盛时采割。生用。

【处方用名】泽兰。

【主要药性】苦、辛，微温。归肝、脾经。

【功效】活血调经，祛瘀消痈，利水消肿。

【应用】

1. 瘀血诸证　本品辛散苦泄温通，行而不峻，善活血调经，为妇科经产瘀血病证的常用药。

治血瘀经闭、痛经、产后瘀滞腹痛,常与当归、川芎、香附等配伍。若治跌打损伤、瘀肿疼痛,可单用,亦可与当归、红花、桃仁等配伍。治胸胁损伤疼痛,常与丹参、郁金、延胡索等同用。

2. 疮痈肿毒　本品能活血祛瘀,以消痈止痛。治疮痈肿毒,可单用,亦可与金银花、黄连、赤芍等配伍。

3. 水肿、腹水　本品既能活血祛瘀,又能利水消肿,对瘀血阻滞、水瘀互结之水肿尤为适宜。治产后水肿,常与防己配伍。治腹水身肿,常与白术、茯苓、防己等同用。

【用法用量】内服:6~12g,煎汤,或入丸散。外用:适量。

【使用注意】血虚及无瘀滞者慎用。

【现代研究】

1. 化学成分　主要含己醛、苯甲醛、紫苏油烯等挥发油类,另含黄酮苷、酚类、鞣质等。

2. 药理作用　有抗血栓、抗凝血、强心等作用。

牛膝　niúxī

本品首载于《神农本草经》。为苋科植物牛膝 *Achyranthes bidentata* Bl. 的干燥根。主产于河南。冬季茎叶枯萎时采挖。生用或制用。《中国药典》规定,干燥药材及饮片 β- 蜕皮甾酮($C_{27}H_{44}O_7$)含量不得少于 0.030%。

【处方用名】牛膝、酒牛膝、盐牛膝。

【主要药性】苦、甘、酸,平。归肝、肾经。

【功效】逐瘀通经,补肝肾,强筋骨,利尿通淋,引血下行。

【应用】

1. 瘀血证　本品活血祛瘀力较强,性善下行,长于活血通经,其活血祛瘀作用有疏利降泄之特点,尤多用于妇科经产诸疾以及跌打伤痛。治瘀阻经闭、痛经、月经不调、产后腹痛,常与当归、桃仁、红花等配伍。治胞衣不下,可与当归、瞿麦、冬葵子等配伍。治跌打损伤、腰膝瘀痛,常与续断、当归、乳香、没药等配伍。

2. 腰膝酸痛、下肢痿软　牛膝既可活血祛瘀,又可补益肝肾、强筋健骨,兼能祛除风湿,故可用于肝肾亏虚之痹痛、腰膝酸软,常与杜仲、续断、补骨脂等配伍。治痹痛日久、腰膝酸痛,常与独活、桑寄生等配伍。治湿热成痿、足膝痿软,常与苍术、黄柏配伍。

3. 淋证、水肿、小便不利　本品性善下行,可利水通淋。治热淋、血淋、砂淋,常配冬葵子、瞿麦、车前子等配伍。治水肿、小便不利,常与地黄、泽泻、车前子等配伍。

4. 上部火热　本品味苦善泄降,能导热下泄,引血下行,以降上炎之火。治肝阳上亢之头痛眩晕,可与代赭石、生牡蛎、生龟甲等配伍。治胃火上炎之齿龈肿痛、口舌生疮,可与地黄、石膏、知母等配伍。治气火上逆,迫血妄行之吐血、衄血,常与白茅根、栀子、代赭石等同用。

【用法用量】内服:5~12g,煎汤,或入丸散。

【使用注意】孕妇月经过多者忌服。中气下陷,脾虚泄泻,下元不固,多梦遗精者慎用。

【现代研究】

1. 化学成分　主要含有三萜皂苷、蜕皮甾酮、牛膝甾酮、紫茎牛膝甾酮等甾体类成分和多糖类成分。

2. 药理作用 有兴奋子宫平滑肌、抗生育、抗着床、抗早孕、降血压、利尿、降低全血黏度、抗凝血、降血糖、降血脂、抗炎、镇痛、提高机体免疫功能等作用。

附:

川牛膝 本品为苋科植物川牛膝 *Cyathula officinalis* Kuan 的干燥根。主产四川、云南、贵州等地。冬季苗枯时采挖。生用或酒炙用。性味甘、微苦,平;归肝、肾经。功效逐瘀通经,通利关节,利尿通淋。适用于经闭癥瘕,胞衣不下,跌扑损伤,风湿痹痛,足痿筋挛,尿血血淋。本品与牛膝药性功用类似,但川牛膝长于活血通经,牛膝长于补肝肾、强筋骨。煎服,5~10g。

鸡血藤 jīxuèténg

本品首载于《本草纲目拾遗》。为豆科植物密花豆 *Spatholobus suberectus* Dunn 的干燥藤茎。主产于广西、云南等地。秋、冬二季采收。生用。

【处方用名】鸡血藤。

【主要药性】苦、甘,温。归肝、肾经。

【功效】活血补血,调经止痛,舒筋活络。

【应用】

1. 月经不调、痛经、闭经 本品苦而不燥,温而不烈,性质和缓,活血同时又兼补血,凡妇人血瘀及血虚之月经病证均可应用。治血瘀之月经不调、痛经、闭经,可与当归、川芎、香附等同用。治血虚月经不调、痛经、闭经,则常与当归、熟地黄、白芍等同用。

2. 风湿痹痛,手足麻木,肢体瘫痪及血虚萎黄 本品能行血养血而舒筋活络,为治疗经脉不畅,络脉不和病证的常用药。治风湿痹痛、肢体麻木,多与独活、威灵仙、桑寄生等祛风湿药同用。治中风手足麻木、肢体瘫痪,常与黄芪、丹参、地龙等同用。治血虚不养筋之肢体麻木及血虚萎黄,多与黄芪、当归等益气补血药同用。

【用法用量】内服:9~15g,煎汤,浸酒,或熬膏。

【现代研究】

1. 化学成分 主要含异黄酮类化合物、三萜类化合物及甾体类化合物等。

2. 药理作用 有增加动脉血流量、降低血管阻力、抗凝血、抗炎、镇静、收缩子宫、升高红细胞、升高血红蛋白等作用。

王不留行 wángbùliúxíng

本品首载于《神农本草经》。为石竹科植物麦蓝菜 *Vaccaria segetalis* (Neck.) Garcke 的干燥成熟种子。主产于河北。夏季采收。生用或制用。《中国药典》规定,干燥药材王不留行黄酮苷含量 ($C_{32}H_{38}O_{19}$) 不得少于 0.40%;干燥饮片王不留行黄酮苷含量 ($C_{32}H_{38}O_{19}$) 不得少于 0.15%。

【处方用名】王不留行、炒王不留行。

【主要药性】苦,平。归肝、胃经。

【功效】活血通经,下乳消肿,利尿通淋。

【应用】

1. 血瘀经闭、痛经　本品善于通利血脉,活血通经,走而不守,用于经行不畅、痛经及经闭,常与当归、川芎、香附、红花等同用。若治妇人难产,或胎死腹中,常与五灵脂、刘寄奴等配伍。

2. 产后乳汁不下,乳痈　本品归肝、胃经,走血分,苦泄宣通,行而不留,能行血脉,通乳汁,为治疗产后乳汁不下常用之品,常与穿山甲等配伍。若治产后气血亏虚、乳汁稀少,常与黄芪、当归等同用。此外,本品尚可活血消痈、消肿止痛,亦常用治乳痈肿痛,可与蒲公英、夏枯草、瓜蒌等配伍。

3. 热淋、血淋、石淋　本品性善下行,能活血利尿通淋,善治多种淋证,常与石韦、瞿麦、冬葵子等同用。

【用法用量】内服:5~10g,煎汤,或入丸散。外用:适量。

【使用注意】孕妇慎用。

【现代研究】

1. 化学成分　主要含有王不留行皂苷,黄酮苷,以及植物酸钙镁、磷脂、豆甾醇等。

2. 药理作用　有抗着床、抗早孕、兴奋子宫、促进乳汁分泌、抗肿瘤等作用。

月季花　yuèjìhuā

本品首载于《本草纲目》。为蔷薇科植物月季 *Rosa chinensis* Jacq. 的干燥花。主产于江苏。花微开时采摘。生用。《中国药典》规定,干燥药材中含金丝桃苷($C_{21}H_{20}O_{12}$)和异槲皮苷($C_{21}H_{20}O_{12}$)的总量不得少于 0.38%。

【处方用名】月季花。

【主要药性】甘,温。归肝经。

【功效】活血调经,疏肝解郁。

【应用】

1. 肝郁血滞之月经不调、痛经、闭经及胸胁胀痛　本品甘温通利,善疏肝解郁,调畅气血而活血调经,常用于肝气郁结,气滞血瘀之月经不调、痛经、闭经、胸胁胀痛,可单用,或与玫瑰花、当归、香附等同用。

2. 跌打损伤,瘀肿疼痛,痈疽肿毒,瘰疬　本品有活血消肿之效,治跌打损伤,瘀肿疼痛,痈疽肿毒,可单用捣碎外敷或研末冲服。治瘰疬肿痛未溃,常与夏枯草、贝母、牡蛎等同用。

【用法用量】内服:3~6g,煎汤,不宜久煎,泡服,或研末服。外用:适量。

【使用注意】用量不宜过大。孕妇慎用。

【现代研究】

1. 化学成分　主要含香茅醇、橙花醇、丁香油酚等挥发油,另含没食子酸、苦味酸、鞣质等。

2. 药理作用　有抗真菌等作用。

凌霄花　língxiāohuā

本品首载于《神农本草经》。为紫葳科植物凌霄 *Campsis grandiflora* (Thunb.) K. Schum. 或美洲凌霄 *Campsis radicans* (L.) Seem. 的干燥花。主产于江苏。夏、秋两季花盛开时采摘。生用。

【处方用名】凌霄花。

【主要药性】甘、酸,寒。归肝、心包经。

【功效】活血通经,凉血祛风。

【应用】

1. 血瘀经闭、癥瘕积聚及跌打损伤　本品辛散行血,能破瘀通经、消癥止痛。若治血瘀经闭,可与当归、红花、赤芍等配伍。若治瘀血癥瘕积聚,可与鳖甲、牡丹皮等配伍。若治跌打损伤,可单用捣敷,亦可与乳香、没药等同用。

2. 风疹、皮癣、皮肤瘙痒、痤疮　本品性寒泄热,凉血祛风,宜用于血分有热者。若治周身瘙痒,可单用,亦可与生地黄、牡丹皮、刺蒺藜等同用。若治风疹、皮癣,常与雄黄、黄连、天南星等为末外搽。

此外,本品性寒清热,凉血止血,还可用治血热便血、崩漏,单用或与地榆、槐花、生地黄等同用。

【用法用量】内服:5~9g,煎汤。外用:适量。

【使用注意】孕妇忌用。

【现代研究】

1. 化学成分　主要含有芹菜素、β- 谷甾醇、辣红素、水杨酸、阿魏酸等。

2. 药理作用　有抑制未孕子宫收缩、增强孕子宫收缩、改善血液循环、抑制血栓形成、镇痛、抗炎、抗氧化等作用。

第三节　活血疗伤药

本节药物性味多辛、苦、咸,主归肝、肾经,功能活血化瘀、消肿止痛、续筋接骨、止血生肌敛疮。主要适用于跌打损伤、瘀肿疼痛、骨折筋伤、金疮出血等伤科疾患。也可用于其他血瘀及外科疮疡痈肿等病证。

土鳖虫　tǔbiēchóng

本品首载于《神农本草经》。为鳖蠊科昆虫地鳖 *Eupolyphaga sinensis* Walker 或冀地鳖 *Steleophaga plancyi*(Boleny)的雌虫干燥体。主产于江苏、浙江、河南等地。夏季捕捉。以完整、色红褐、质轻者佳。生用。

【处方用名】土鳖虫、䗪虫、土元。

【主要药性】咸,寒;有小毒。归肝经。

【功效】破血逐瘀,续筋接骨。

【应用】

1. 跌打损伤,筋伤骨折,瘀肿疼痛　本品咸寒入血,主入肝经,性善走窜,能破血消肿止痛、续筋接骨疗伤,为骨伤科之要药。治骨折损伤,可单用研末调敷,或研末黄酒冲服,或与自然铜、骨碎补、乳香等同用。

2. 血瘀经闭,产后瘀阻腹痛　本品入肝经血分,能破血逐瘀、消癥散结。治血瘀经闭、产后瘀阻腹痛,常与大黄、桃仁等配伍。治干血成劳、经闭腹满、肌肤甲错者,与大黄、水蛭、虻虫等同用;治癥瘕积聚,可与鳖甲、桃仁、牡丹皮等同用。

【用法用量】内服:3~10g,煎汤;研末服,每次 1~1.5g,黄酒送服。外用:适量。

【使用注意】孕妇禁用。

【现代研究】

1. 化学成分　主要含棕榈油酸、油酸、软脂酸、豆蔻酸、硬脂酸等脂肪酸类,还含尿嘧啶、尿囊素、生物碱、氨基酸等。

2. 药理作用　有抗凝血、抗血栓形成、改善血液流变性、抗心肌缺血、调血脂、抗肿瘤、促进骨愈合、抗氧化等作用。

马钱子　mǎqiánzǐ

本品首载于《本草纲目》。为马钱科植物马钱 Strychnos nux-vomica L. 的干燥成熟种子。主产于印度、越南、缅甸等地。我国云南、广东、海南亦产。秋、冬季采收。以个大饱满、质坚肉厚、色灰黄有光泽者为佳。制用。《中国药典》规定,干燥药材、生马钱子饮片、制马钱子含士的宁($C_{21}H_{22}N_2O_2$)应为 1.20%~2.20%,马钱子碱($C_{23}H_{26}N_2O_4$)不得少于 0.80%。

【处方用名】马钱子、番木鳖。

【主要药性】苦,寒;有大毒。归肝、脾经。

【功效】通络止痛,散结消肿。

【应用】

1. 跌打损伤,骨折肿痛　本品通络消肿止痛。治跌打损伤,骨折肿痛,常与麻黄、乳香、没药等同用,也可与自然铜、骨碎补、土鳖虫等配伍。

2. 风湿顽痹,麻木瘫痪　本品通络,透达关节,善止痛。治疗风湿顽痹、拘挛疼痛、麻木瘫痪,可与麻黄、乳香、全蝎等份为丸服;治手足麻木、半身不遂,本品与甘草等份为末,炼蜜为丸服,亦可与人参、当归、穿山甲等同用。

3. 痈疽疮毒,咽喉肿痛　本品有毒,能攻毒散结消肿,止痛。治痈疽疮毒,多作外用,可单用或配伍炮山甲、制僵蚕等。治喉痹肿痛,可与青木香、山豆根等份为末吹喉。

【用法用量】内服:0.3~0.6g,炮制后入丸散。

【使用注意】孕妇禁用。不宜多服久服及生用。运动员慎用。外用不宜大面积涂敷。生品按国务院《医疗用毒性药品管理办法》要求管理使用。

【现代研究】

1. 化学成分　主要含士的宁、马钱子碱、异士的宁、异马钱子碱、伪士的宁、伪马钱子碱、N- 甲基 - 断 - 伪番木鳖碱、原番木鳖碱、番木鳖次碱等生物碱类。

2. 药理作用　有镇痛、抗炎、抗血栓形成、调节免疫、抗肿瘤、抗心律失常等作用。

自然铜　zìrántóng

本品首载于《雷公炮炙论》。为硫化物类矿物黄铁矿族黄铁矿,主含二硫化铁(FeS_2)。主产于四川、云南、广东等地。全年均可采挖。以色黄、质重、表面光滑、断面亮黄色者为佳。生用或制用。

【处方用名】自然铜、煅自然铜。

【主要药性】辛,平。归肝经。

【功效】散瘀止痛,续筋接骨。

【应用】

跌打损伤,筋骨折伤,瘀肿疼痛　本品味辛而散,入血行血,功能散瘀止痛,为伤科续筋接骨要药,外敷内服均可。治跌打损伤,可与没药、当归共为细末,酒调服;治闪腰岔气腰痛,与土鳖虫等份为末,开水送服;治骨折瘀阻肿痛,可与当归、羌活、骨碎补等同用。

【用法用量】内服:3~9g,多入丸散服,若入煎剂宜先煎。煅研细末入丸散吞服,每次 0.3~0.5g。外用:适量。

【使用注意】不宜久服。阴虚火旺、血虚无瘀者及孕妇慎用。

【现代研究】

1. 化学成分　主要含二硫化铁。

2. 药理作用　有促进骨折愈合、抑制骨转移肿瘤的生长等作用。

苏木　sūmù

本品首载于《新修本草》。为豆科植物苏木 *Caesalpinia sappan* L. 的干燥心材。主产于广西、广东、台湾等地。多于秋季采收。以粗壮质重、色红黄者为佳。生用。

【处方用名】苏木、苏方木。

【主要药性】甘、咸,平。归心、肝、脾经。

【功效】活血祛瘀,消肿止痛。

【应用】

1. 跌打损伤,骨折筋伤,瘀滞肿痛　本品味咸、归心肝入血分,能活血消肿止痛。治跌打损伤,可以本品酒煎服或与乳香、没药、血竭等同用。

2. 经闭痛经,产后瘀阻,胸腹刺痛　本品功能活血祛瘀、通经止痛,为妇科瘀滞经产诸证的常用药。治血瘀经闭、痛经、产后瘀滞腹痛,常与川芎、当归、红花等配伍。治产后瘀阻恶露不下,以本品单味锉碎水煎,或与芍药、鳖甲、荷叶等同用;治心腹瘀痛,常与丹参、川芎、延胡索等配伍。

此外,本品消肿止痛,可用于治疗痈肿疮毒,可与金银花、连翘、白芷等同用。

【用法用量】内服:3~9g,煎汤或入丸散。

【使用注意】孕妇慎用。

【现代研究】

1. 化学成分　主要含 3-(3′,4′- 二羟基苄基)-7- 羟基 -4- 色原烷酮、苏木酮 B,3-(3′,4′- 二羟基苄基)-4- 二羟基色原烷醇、苏木酚等色原烷类化合物,商陆黄素、鼠李素、槲皮素等黄酮类,原苏木素 A、B、C、E_1、E_2 等二苯并环氧庚烷类,还含苏木苦素 J、P 等。

2. 药理作用　有改善血液流变性、免疫抑制、抗肿瘤、抗肾损伤等作用。

骨碎补 gǔsuìbǔ

本品首载于《药性论》。为水龙骨科植物槲蕨 Drynaria fortunei (Kunze) J. Sm. 的干燥根茎。主产于湖北、江西、四川等地。全年可采收。以条粗大、色棕者为佳。生用或制用。《中国药典》规定,干燥药材、骨碎补饮片含柚皮苷($C_{27}H_{32}O_{14}$)不得少于 0.50%,烫骨碎补不得少于 0.40%。

【处方用名】骨碎补、烫骨碎补。

【主要药性】苦,温。归肝、肾经。

【功效】疗伤止痛,补肾强骨。外用消风祛斑。

【应用】

1. 跌扑闪挫,筋骨折伤　本品能散瘀消肿止痛、续筋接骨,为伤科之要药。治跌扑损伤,可单用本品浸酒服,并外敷,也可与炙龟甲、没药、自然铜等配伍;治金创、伤筋断骨、痛不可忍,可与自然铜、龟甲、没药等为末,温酒调服。

2. 肾虚腰痛,筋骨痿软,耳鸣耳聋,牙痛,久泻　本品苦温入肾,能温补肾阳、强筋健骨。治肾虚腰痛、筋骨痿软,常与补骨脂、牛膝、桂心等配伍;治肾虚耳鸣、耳聋、牙痛,可与熟地黄、山茱萸、泽泻等同用;治肾虚久泻,既可单用研末,入猪肾中煨熟食之,亦可与补骨脂、益智仁、吴茱萸等同用。

此外,本品外用可治疗斑秃、白癜风等病证。

【用法用量】内服:3~9g,煎汤或入丸、散。外用:适量,研末调敷或鲜品捣敷,亦可浸酒擦患处。

【使用注意】阴虚火旺、血虚风燥及无瘀血者慎用。

【现代研究】

1. 化学成分　主要含柚皮苷等黄酮类,还含三萜及酚酸等。

2. 药理作用　有促进骨折愈合、抗骨质疏松、调血脂、抗肾损伤、抗炎、镇痛等作用。

血竭 xuèjié

本品首载于《雷公炮炙论》。为棕榈科植物麒麟竭 Daemonorops draco Bl. 果实渗出的树脂经加工制成。主产于印度尼西亚、马来西亚、伊朗等地。秋季采收。以表面黑红色、研末血红色、火烧呛鼻者佳。生用。《中国药典》规定,干燥药材血竭素($C_{17}H_{14}O_3$)不得少于 1.0%。

【处方用名】血竭、龙血竭、麒麟竭。

【主要药性】甘、咸,平。归心、肝经。

【功效】活血定痛,化瘀止血,生肌敛疮。

【应用】

1. 跌打损伤,心腹诸痛　本品味咸入血,可散瘀止痛,为外、伤科及其他瘀滞痛证要药。治跌打损伤,瘀血肿痛,常与乳香、没药、儿茶等配伍。治伤损筋骨、疼痛难忍,可与当归、没药、赤芍等同用为散,温酒调服。治产后瘀滞腹痛、痛经、经闭及其他瘀血心腹刺痛,常与当归、莪术、三棱等配伍。治腹中血块,可与没药、滑石、牡丹皮同煮后为末,醋糊丸梧子大服。

2. 外伤出血　本品既能散瘀,又能止血,止血不留瘀,适用于瘀血阻滞、血不归经的出血病证。治外伤出血、血痔肠风等,既可单用研末外敷患处,亦可与儿茶、乳香、没药等配伍。

3. 疮疡不敛　本品外用,有敛疮生肌之功,可用治疮疡久溃不敛之证,可单用本品研末外敷,亦可与乳香、没药、儿茶等配伍为末外敷。

【用法用量】内服:1~2g,入丸、散。外用:适量研末撒或入膏药用。

【使用注意】无瘀血者不宜用,孕妇及月经期患者忌用。

【现代研究】

1. 化学成分　主要含血竭素、血竭红素、去甲基血竭红素、去甲基血竭素、2,4- 二羟基 -5- 甲基 -6- 甲氧基查耳酮等黄烷及黄酮类成分。

2. 药理作用　有抗血栓形成、改善血液流变性、抗心脑缺血、止血、镇痛、调血脂、促进组织愈合、抗炎、降糖、抗肿瘤、抗病原微生物、抗氧化等作用。

儿茶　érchá

本品首载于《饮膳正要》。为豆科植物儿茶 *Acacia catechu*(L. f.) Willd 的去皮枝、干的干燥煎膏。主产于云南。冬季采收加工。以表面黑褐色或棕褐色、有光泽、味苦涩者佳。生用。《中国药典》规定,干燥药材儿茶素($C_{15}H_{14}O_6$)和表儿茶素($C_{15}H_{14}O_6$)的总量不得少于 21.0%。

【处方用名】儿茶、孩儿茶、乌爹泥。

【主要药性】苦、涩,微寒。归肺、心经。

【功效】活血止痛,止血生肌,收湿敛疮,清肺化痰。

【应用】

1. 跌扑伤痛,出血　本品性苦涩,既能活血散瘀,又能收敛止血,治多种内外伤出血病证。其性微寒,内伤出血兼热者尤宜。外敷内服均宜。治外伤出血,可与血竭、白及、煅龙骨等同用;治血热吐血、衄血等,可单用内服,或与明矾、三七、大黄等同用。

2. 疮疡不敛,湿疹、湿疮,牙疳、下疳　本品苦燥性微寒,能解毒收湿、敛疮生肌。治诸疮溃烂流水、久不收口,可与煅龙骨、冰片、血竭等同用,研末外敷。治口疮、牙疳,可与硼砂等份为末,外搽患处;治下疳、阴疮,单用研末,或与珍珠、冰片同用,研末外敷;治痔疮肿痛,以本品为末,常与少许麝香配伍,调敷患处。

3. 肺热咳嗽　本品入肺经,内服能清肺化痰。治肺热痰嗽,可与桑叶、硼砂、紫苏子等同用。

另外,本品又能清热生津止泻,治暑热津伤口渴,常与滑石、生甘草、荷叶等配伍。治湿热泻痢,单用研末口服,可与黄连、黄芩、葛根等同用。

【用法用量】内服:1~3g,煎汤,包煎,多入丸散。外用:适量,研末撒或调敷。

【使用注意】脾胃虚寒及寒湿之证慎用。

【现代研究】

1. 化学成分　主要含儿茶素、表儿茶素等黄烷醇衍生物,槲皮素、山柰酚等黄酮类成分。

2. 药理作用　有抗血栓形成、抗心律失常、调脂、抗炎、抗病原微生物等作用。

北刘寄奴　běiliújìnú

本品首载于《滇南本草》。为玄参科植物阴行草 *Siphonostegia chinensis* Benth. 的干燥全草。

主产于华北、东北及中南地区。秋季采收。生用。《中国药典》规定,干燥药材、饮片木犀草素(C$_{15}$H$_{10}$O$_6$)不得少于 0.050%;毛蕊花糖苷(C$_{29}$H$_{36}$O$_{15}$)不得少于 0.060%。

【处方用名】北刘寄奴。

【主要药性】苦,寒。归脾、胃、肝、胆经。

【功效】活血祛瘀,通经止痛,凉血止血,清热利湿。

【应用】

1. 跌打损伤,外伤出血 本品苦泄寒清,既能活血,又能凉血止血。治疗跌打损伤、瘀滞肿痛,可单用研末以酒调服,可与骨碎补、延胡索同用;治折伤出血肿痛,可单用鲜品捣烂外敷,常与茜草、五倍子配伍。

2. 瘀血经闭,产后瘀痛,癥瘕积聚 本品苦泄,活血祛瘀、通经止痛。治血瘀经闭,常与桃仁、当归、川芎等配伍,亦可与凌霄花、当归尾、红花等同用;治产后瘀滞腹痛,可与当归、甘草等份为末,入姜片水煎服用;治血气相搏日久、坚结不移而成癥结者,单用本品为末,用酒调服。

3. 湿热黄疸,水肿腹胀,带下 本品苦寒,能清热利湿。治湿热黄疸、痢疾、水肿腹胀、妇女带下,可单用,或与茵陈、金钱草、黄柏等同用。

【用法用量】内服:6~9g,鲜品 30~60g,煎汤或研末。外用适量,研末撒或调敷,亦可鲜品捣烂外敷。

【使用注意】孕妇、经期及月经量多者忌用。气血虚弱无滞者、脾虚泄泻者慎用。

【现代研究】

1. 化学成分 主要含芹菜素、木犀草素等黄酮类,3- 羟基 -16- 甲基 - 十七烷酸、β- 谷甾醇、三十四烷、三十五烷。

2. 药理作用 有保肝利胆、降血脂、抗菌等作用。

附:

刘寄奴 本品为菊科多年生草本植物奇蒿 *Artemisia anomala* S. Moore 的干燥全草。主产于江苏、浙江、江西等地。夏、秋季采收。生用。性味苦,温;归心、脾经。功能破血通经,散瘀止痛,止血消肿,消食化积。适用于瘀血经闭,产后腹痛,癥瘕,跌打损伤,外伤出血,疮痈肿毒,食积腹痛。煎服,6~10g。外用,适量,捣敷或研末撒。

第四节 破血消癥药

本节药物大多性温,味辛苦,虫类药居多,兼有咸味,药性峻猛,功能破血逐瘀、消癥化积。主治癥瘕积聚,亦可用于血瘀经闭、瘀肿疼痛、偏瘫等症。

莪术 ézhú

本品首载于《药性论》。为姜科植物蓬莪术 *Curcuma phaeocaulis* Val.、广西莪术 *Curcuma kwangsiensis* S.G.Lee et C.F.Liang 或温郁金 *Curcuma wenyujin* Y.H.Chen et C.Ling 的干燥根茎。

后者习称"温莪术"。主产于四川、广西、浙江。冬季采收。以个均匀、质坚实、无须根、断面灰褐色者为佳。生用或制用。《中国药典》规定,干燥药材含挥发油不得少于 1.5%(ml/g),饮片不得少于 1.0%(ml/g)。

【处方用名】莪术、醋莪术、蓬莪术。

【主要药性】辛、苦,温。归肝、脾经。

【功效】行气破血,消积止痛。

【应用】

1. 癥瘕痞块,瘀血经闭,胸痹心痛　本品辛散苦泄温通,入肝经走血分,又入气分,能破血散瘀、消癥化积、行气止痛。治癥瘕痞块、经闭腹痛,可与三棱、当归、香附等同用;治胸痹心痛,可与丹参、川芎同用;治体虚而瘀血久留不去,常与黄芪、党参等配伍。

2. 食积胀痛　本品能行气止痛,消食化积。治食积不化所致的脘腹胀痛,常与青皮、槟榔、木香等配伍。

【用法用量】内服:6~9g,煎汤或入丸散。外用:适量。

【使用注意】月经过多者及孕妇禁用。不宜久服。

【现代研究】

1. 化学成分　主要含吉马酮、莪术二酮、莪术醇、莪术螺内酯、温郁金醇、姜烯、龙脑、莪术呋喃酮、松油烯、异龙脑等挥发油,还含姜黄素等酚性成分。

2. 药理作用　有抗凝血、改善血液流变性、抗血小板聚集、抗肿瘤、抗纤维化、镇痛、抗炎、抗病原微生物等作用。

三棱　sānléng

本品首载于《本草纲目拾遗》。为黑三棱科植物黑三棱 *Sparganium stoloniferum* Buch.-Ham. 的干燥块茎。主产于江苏、河南、山东等地。冬季至次年春采收。以体重、质坚、去净外皮、表面黄白色者为佳。生用或制用。

【处方用名】三棱、醋三棱、荆三棱、京三棱。

【主要药性】辛、苦,平。归肝、脾经。

【功效】破血行气,消积止痛。

【应用】

1. 癥瘕痞块,痛经,经闭,胸痹心痛　本品味苦泄降,入肝脾二经,既可走血分,以破血中之结;又走气分,以行气消积而止痛。治经闭痛经、产后瘀阻、扑损瘀血作痛,常与莪术、牛膝、延胡索等配伍;治胸痹心痛,可配伍丹参、川芎、红花等;治肝脾肿大,可与郁金、鳖甲、莪术等同用。

2. 食积胀痛　本品能行气开胃、消食止痛,可与青皮、麦芽、莪术等同用。

【用法用量】内服:5~10g,煎汤或入丸散。

【使用注意】不宜与芒硝、玄明粉同用。孕妇禁用。

【现代研究】

1. 化学成分　主要含苯乙醇、对二苯酚、3,4-二氢-8-羟基-3-甲基-1H-2-苯并吡喃-4-酮、β-榄香烯、2-呋喃醇等挥发油,山奈酚等黄酮类,还含脂肪酸、甾醇类等成分。

2. 药理作用　有抗血栓形成、抗凝血、改善血液流变性、改善微循环、镇痛、抗动脉粥样硬化等作用。

水蛭　shuǐzhì

本品首载于《神农本草经》。为水蛭科动物蚂蟥 *Whitmania pigra* Whitman、水蛭 *Hirudo nipponica* Whitman 或柳叶蚂蟥 *Whitmania acranulata* Whitman 的干燥全体。全国大部分地区均产。夏、秋二季捕捉。以体小、条整齐、黑褐色、气微腥者为佳。生用或制用。《中国药典》规定,干燥药材每 1g 含抗凝血酶活性水蛭应不低于 16.0U,蚂蟥、柳叶蚂蟥应不低于 3.0U。

【处方用名】水蛭、烫水蛭。

【主要药性】咸、苦,平;有小毒。归肝经。

【功效】破血通经,逐瘀消癥。

【应用】

1. 血瘀经闭,癥瘕痞块,中风偏瘫　本品咸能走血,苦能泄结,入肝经血分,为破血逐瘀消癥的良药。治血瘀经闭、癥瘕痞块,常与虻虫配伍,或与桃仁、大黄、三棱等同用;治中风偏瘫体虚者,常与人参、当归配伍。

2. 跌扑损伤,心腹疼痛　本品活血化瘀,亦可治疗一般瘀血证。治跌扑损伤,骨折疼痛,常与乳香、没药配伍为散,以酒送服;治瘀血心腹疼痛,可与牵牛子、大黄同用。

【用法用量】内服:1~3g,煎汤,多入丸散;焙干研粉吞服,每次用 0.3~0.6g。外用:适量。

【使用注意】孕妇禁服。

【现代研究】

1. 化学成分　主要含谷氨酸、天冬氨酸、亮氨酸、赖氨酸、缬氨酸等氨基酸,1-*O*- 十六烷基 - 甘油 -3- 磷酰胆碱等溶血甘油磷脂类,还含蛋白质、肝素、抗凝血酶、水蛭素等成分。

2. 药理作用　有抗凝血、抗血栓形成、改善血液流变性、抗脑出血、调血脂、抗组织纤维化、抗肾脏损伤、抗炎等作用。

虻虫　méngchóng

本品首载于《神农本草经》。为虻科动物黄绿原虻 *Arylotus bivttateinus* Takahasi、华广原虻 *Tabanus signatipennis* Portsch、指角原虻 *Tabanus yao* Macquart 或三重原虻 *Tabanus trigeminus* Coquillett 的雌性成虫的干燥体。全国大部分地区均产。夏、秋二季捕捉。以身干、个大、不蛀、完整、无杂质者为佳。生用或制用。

【处方用名】虻虫、炒虻虫。

【主要药性】苦,微寒;有小毒。归肝经。

【功效】破血消癥,逐瘀通经。

【应用】

1. 癥瘕积聚,蓄血,血瘀经闭　本品苦能泄结,寒能清热,入肝经血分,性急破血,药力峻猛,为破血消癥、逐瘀通经之品。治蓄血发狂、少腹硬满,常与水蛭、桃仁、大黄等同用。治血滞经闭或产后腹痛,与水蛭、桃仁、熟地黄等配伍。治干血成劳、经闭腹满,与水蛭、土鳖虫、桃仁等同用。

2. 跌扑损伤、瘀滞肿痛　本品能逐瘀疗伤。治跌打伤痛。可与牡丹皮配伍为末酒服,或与乳香、没药等同用。

【用法用量】内服:1.5~3g,煎汤或入丸散。研末吞服,每次0.3g。

【使用注意】孕妇禁用。

【现代研究】

1. 化学成分　主要含蛋白质、氨基酸、胆固醇及钙、镁、磷、铁等微量元素。

2. 药理作用　有改善血液流变性、抗血小板聚集、抗血栓形成、抗凝血等作用。

斑蝥　bānmáo

本品首载于《神农本草经》。为芫青科昆虫南方大斑蝥 *Mylabris phalerata* Pallas 或黄黑小斑蝥 *Mylabris cichorii* Linnaeus 的干燥体。全国大部分地区均产。夏、秋二季捕捉。以个大、完整、色鲜明者佳。生用或制用。《中国药典》规定,干燥药材、斑蝥饮片含斑蝥素($C_{10}H_{12}O_4$)不得少于0.35%,米斑蝥饮片含斑蝥素($C_{10}H_{12}O_4$)应为0.25%~0.65%。

【处方用名】斑蝥、米斑蝥。

【主要药性】辛,热;有大毒。归肝、胃、肾经。

【功效】破血逐瘀,散结消癥,攻毒蚀疮。

【应用】

1. 癥瘕,经闭　本品有毒力猛,内服有破血逐瘀、消癥散结之功。治经闭、癥瘕积聚之重证,常与元明粉配伍,或与桃仁、大黄、三棱等同用。

2. 顽癣,瘰疬,赘疣,痈疽不溃　本品辛散有毒,能攻毒蚀疮、消肿散结。治顽癣,本品微炒研末,蜂蜜调敷,或与樟脑、木槿皮同用浸酒外用;治瘰疬,以粟米炒后,与薄荷共为细末,鸡子清为丸服;或与白矾、白砒、青黛等配伍研末外掺;治赘疣,可单用外敷患处;治痈疽肿硬不破,和蒜捣膏贴之,或与雄黄、砒石、硼砂等同用。

此外,本品外敷能引赤发泡,贴敷穴位,可治面瘫、风湿痹痛;浸酒外搽,可治斑秃。

【用法用量】内服:0.03~0.06g,炮制后多入丸、散用。外用:适量,研末调敷或浸酒醋,或制油膏涂敷患处。

【使用注意】内服慎用,不宜久服多服。孕妇禁用。外用不宜大面积用。本品按国务院《医疗用毒性药品管理办法》要求管理使用。

【现代研究】

1. 化学成分　主要含斑蝥素、脂肪、树脂、蚁酸及多种微量元素等。

2. 药理作用　有抗肿瘤、抗凝血、抗炎、镇痛等作用。

穿山甲　chuānshānjiǎ

本品首载于《名医别录》。为鲮鲤科动物穿山甲 *Manis pentadactyla* Linnaeus 的鳞甲。主产于广西、广东、贵州等地。全年均可捕捉。以片匀、半透明、不带皮肉者佳。一般制用。

【处方用名】穿山甲、炮山甲。

【主要药性】咸,微寒。归肝、胃经。

【功效】活血消癥,通经下乳,消肿排脓,搜风通络。

【应用】

1. 经闭癥瘕 本品味咸微寒,归肝胃二经,性善走窜,能行散瘀滞、通利经水、消癥散结。治经闭,常与当归、红花、桃仁等配伍;治癥瘕,可与鳖甲、大黄、赤芍等同用。

2. 乳汁不通 本品走窜活血,通经下乳,为气血壅滞、乳汁不下的要药。可以单用本品为末,温酒送服。因肝气郁滞而致乳汁不下、乳房胀痛,常与通草、柴胡、王不留行等配伍;因气血虚乳汁稀少者,常与黄芪、党参、当归等配伍。

3. 痈肿疮毒 本品善活血消肿排脓。疮疡初起红肿能消肿止痛;疮疡脓成未溃能促溃排脓,故又为疮科要药。治痈疽初起,常与金银花、天花粉、乳香等同用。治痈疽脓成未溃,可与黄芪、当归、皂角刺等同用;治瘰疬、痰核肿痛,常与夏枯草、浙贝母、牡蛎等配伍。

4. 风湿痹痛,中风瘫痪 本品既活血祛瘀,又搜风通络。治风湿痹痛、肢体拘挛或强直疼痛、不得伸屈,常与羌活、防风、苏木等同用;治风湿顽痹、关节变形,常与地龙、蜈蚣、白花蛇等配伍;治中风瘫痪,手足不举,可配川乌等研末调敷。

【用法用量】内服:5~10g,煎汤或入丸散。研末吞服,每次 1~1.5g。

【使用注意】疮疡溃破者及孕妇慎用。

【现代研究】

1. 化学成分 主要含氨基酸、角蛋白、挥发油、水溶性生物碱、硬脂酸、胆固醇等。

2. 药理作用 有抗凝血、抗炎、镇痛、抗菌等作用。

注:《中国药典》2020 年版不再继续收载穿山甲鳞片。国家林草局发布关于穿山甲调整保护级别的公告(2020 年第 12 号):将穿山甲属所有种由国家二级保护野生动物调整为国家一级保护野生动物。

【思考题】

1. 何谓活血化瘀药? 简述活血化瘀药的分类、功效、主治。如何正确使用活血化瘀药?

2. 如何正确使用川芎、延胡索、郁金、丹参、红花、桃仁、益母草、牛膝、土鳖虫、马钱子、莪术、水蛭?

3. 简述桃仁与红花、牛膝与川牛膝、益母草与泽兰、乳香与没药在功效、应用方面的异同点。

ER 各论第十二章 同步练习

(冯 静 高 琰)

第十三章　化痰药

ER 各论第十三章
课件

【学习目标】

　　1. 掌握化痰药的含义、性能主治、应用要点;熟悉化痰药的分类及每节药物的性能特点。

　　2. 掌握半夏、川贝母、浙贝母、瓜蒌、桔梗的药性、功效、主治、性能特点、经典配伍以及用法用量、使用注意。熟悉天南星、芥子、旋覆花、竹茹、竹沥、前胡的功效、主治、某些特殊用法及使用注意。了解其余化痰药的功效、特殊用法及使用注意。

　　【含义】以祛痰或消痰为主要作用,主治痰证的药物,称化痰药。根据其药性和作用特点,化痰药分为温化寒痰药和清化热痰药两类。

　　【性能主治】本类药物多具苦、辛味,入肺脾经,苦能燥湿而化痰,辛能散结,故有祛痰或消痰之功。主治有形或无形之痰停滞体内所致的各种痰证,包括痰阻于肺的咳喘痰多,痰蒙心窍的昏厥、癫痫,痰扰清阳的眩晕、头痛,痰扰心神的失眠多梦,肝风挟痰的中风、惊厥,痰阻经络的半身不遂、口眼㖞斜、肢体麻木,痰瘀互结的瘿瘤、瘰疬,痰凝肌肉或骨节的阴疽、流注等。其中,药性偏温者,具有温化寒痰、燥化湿痰之功,适用于寒痰、湿痰证,称为温化寒痰药;药性偏寒凉者,具有清化热痰之功,适用于热痰证,称为清化热痰药。此外,部分药物兼止咳平喘、消肿止痛等功效,可用于咳嗽喘息、痈疽肿毒等。

　　【应用要点】

　　1. 对证用药　化痰药均适用于治疗痰证,在使用时应针对寒痰证、热痰证,选择温化寒痰或清化热痰的药物;在此基础上,应注意药物性能特点与痰证个体表现的对应性。

　　2. 配伍用药　为了增强疗效,化痰药常相须配伍使用。因"气滞则痰凝,气顺则痰消",故常配理气药,以顺气消痰;因"脾为生痰之源",脾失健运每致湿聚痰生,故常配健脾助运药,以断生痰之源;又因痰多易致咳喘,咳喘每多夹痰,故常与止咳平喘药同用。还要根据痰证的不同证候、疾病表现和相兼病证进行配伍,如针对寒痰、热痰、湿痰、燥痰的不同,可分别配伍温里、清热、燥湿或利湿、养阴润燥药;针对癫痫、惊厥、眩晕、失眠多梦等,分别配伍平肝息风、开窍、安神药;瘿瘤、瘰疬者配软坚散结药,阴疽、流注者配温阳通滞药。

　　3. 注意事项　寒痰、湿痰者应慎用清化热痰药,热痰、燥痰者应慎用温化寒痰药。另外,温燥性大、刺激性强的化痰药,对痰中带血者、孕妇,慎用或忌用。

第一节　温化寒痰药

本节药物味多辛苦,性偏温燥,归肺、脾、肝经,具温肺祛寒、燥湿化痰之功,部分药物外用能消肿止痛。主治寒痰、湿痰引起的咳嗽气喘、痰多色白、苔腻,以及眩晕、肢体麻木、阴疽流注等。

半夏　bànxià

本品首载于《神农本草经》。为天南星科植物半夏 *Pinellia ternata* (Thunb.) Breit. 的干燥块茎。主产于四川、湖北、河南等地。夏、秋二季采收。以色白、质坚实、粉性足者佳。生用或制用。《中国药典》规定,含总酸以琥珀酸($C_4H_6O_4$)计,半夏干燥药材不得少于 0.25%,清半夏饮片不得少于 0.30%;含白矾以含水硫酸铝钾[$KAl(SO_4)_2 \cdot 12H_2O$]计,姜半夏饮片不得过 8.5%,清半夏饮片不得过 10.0%。

【处方用名】法半夏、清半夏、姜半夏、半夏曲、生半夏。

【主要药性】辛,温;有毒。归脾、胃、肺经。

【功效】燥湿化痰,降逆止呕,消痞散结。

【应用】

1. 湿痰、寒痰证　本品辛温燥烈,主入脾肺经,善燥湿而化痰,并有止咳作用,为燥湿化痰、温化寒痰之要药,尤善治疗脏腑湿痰证。治痰湿阻肺之咳嗽气逆、咳痰量多色白,常与陈皮、茯苓等同用;治寒痰咳嗽、痰多清稀、形寒背冷,常与干姜、细辛同用;治痰饮眩悸、风痰眩晕、痰厥头痛,可配伍天麻、白术、茯苓等;治痰湿内阻、胃失和降之夜寐不安者,常与秫米同用;治热痰壅肺、咳嗽痰黄者,则需配黄芩、瓜蒌、贝母等。

2. 呕吐反胃　本品药性温燥,入脾胃经,能温中散寒、祛痰化饮、降逆止呕,为止呕要药,尤适宜于痰饮或胃寒呕吐,经随证配伍,可用于各种呕吐。治痰饮或寒邪中阻的呕吐,常与生姜同用;治胃热呕吐,常与黄连共用;治胃气虚呕吐,可与人参、白蜜配伍;治胃阴虚呕吐,需与石斛、麦冬、沙参等同用。

3. 胸脘痞闷,梅核气　本品味辛,能散能行而开郁消痞、化痰散结。治痰热结胸、胸脘痞闷,常与瓜蒌、黄连同用;治寒热互结、心下痞满,多配伍干姜、黄芩、黄连等;治气郁痰凝之梅核气,咽中异物吐之不出、咽之不下,可配伍厚朴、紫苏、茯苓等。

4. 瘰疬痰核,痈疽肿毒,虫蛇咬伤　本品辛散化痰,内服能消痰散结,外用能消肿止痛。治痰湿凝结之瘰疬、瘿瘤,常与海藻、昆布、青皮等配伍;治痈疽发背或乳疮初起,可单用研末,以鸡子白调涂,或以水磨外敷;治毒蛇咬伤,可用生品研末调敷或鲜品捣敷。

【用法用量】内服:3~9g,煎汤,或入丸散。内服一般用炮制品,煎汤。外用:适量。生品多外用,磨汁涂或研末调敷患处。法半夏、清半夏长于燥湿化痰,姜半夏偏于化痰止呕,生半夏多外用消肿止痛。

【使用注意】阴虚燥咳,血证、热痰、燥痰慎用。不宜与川乌、制川乌、草乌、制草乌、附子同用。生品按国务院《医疗用毒性药品管理办法》要求管理使用。

【现代研究】

1. 化学成分 主要含挥发油,β-谷甾醇,胆碱,左旋麻黄碱,皂苷,原儿茶醛,半夏蛋白,多种氨基酸和微量元素等。

2. 药理作用 有祛痰、镇咳、镇吐、抗肿瘤、抗心律失常、镇静、催眠、调节胃肠运动、抗溃疡、促进胆汁分泌、降血脂、抗生育和抗早孕、抗炎、抗菌、糖皮质激素样作用。

天南星 tiānnánxīng

本品首载于《神农本草经》。为天南星科植物天南星 *Arisaema erubescens* (Wall.) Schott、东北天南星 *Arisaema.amurense* Maxim. 或异叶天南星 *Arisaema heterophyllum* Bl. 的干燥块茎。天南星主产于河南、河北、四川等地;东北天南星主产于辽宁、吉林、内蒙古等地;异叶天南星主产于江苏、浙江、广西等地。秋、冬二季采收。以个大、色白、粉性足者佳。生用或制用。《中国药典》规定,干燥药材、生南星饮片、制天南星饮片含总黄酮以芹菜素($C_{15}H_{10}O_5$)计,不得少于 0.050%;制天南星饮片含白矾以含水硫酸铝钾[$KAl(SO_4)_2 \cdot 12H_2O$]计,不得过 12.0%。

【处方用名】制天南星、生天南星。

【主要药性】苦、辛,温;有毒。归肺、肝、脾经。

【功效】燥湿化痰,祛风止痉,散结消肿。

【应用】

1. 湿痰、寒痰证 本品苦辛燥烈,温燥之性强于半夏,燥湿祛痰力强,善治顽痰阻肺、咳喘痰多之证。治湿痰、寒痰之咳嗽痰多、色白清稀,常与半夏相须为用,并可配橘红、枳实等;治痰热咳嗽、咯痰黄稠,可与黄芩、瓜蒌、浙贝母等配伍。

2. 风痰证 本品苦温燥湿化痰,味辛祛风,入肝走经络,故能祛风痰、止痉搐,善治风痰诸证。治风痰眩晕,可与半夏、天麻同用;治中风痰壅、昏不知人、半身不遂、手足麻木、口眼㖞斜,可配川乌、白附子等;治破伤风角弓反张、痰涎壅盛,可与天麻、白附子、防风等同用;治小儿惊风、痰涎壅盛,可配伍全蝎、蝉蜕、白附子等;治癫痫,可与半夏、全蝎、僵蚕等同用。

3. 痈疽肿痛,瘰疬痰核,蛇虫咬伤 本品生用苦泄辛散力强,外用有散结消肿止痛之功。治痈疽肿痛未成脓者或已破溃者,均可研末以醋调敷,或以醋磨浓汁外敷。治阴疽肿硬难溃,可与草乌、狼毒等研末调敷;治热毒较盛者,须配天花粉、黄柏、大黄等清热药研末调敷。治瘰疬痰核,可研末以醋调敷,或配川乌等研末调敷。治蛇虫咬伤,可鲜品捣烂外敷,或配雄黄为末外敷。

【用法用量】内服:3~9g,煎汤,或入丸散。内服一般用炮制品,煎汤。外用:适量。用生品研末调敷或鲜品捣敷患处。制天南星偏于燥湿化痰、祛风止痉,生天南星多外用,偏于散结消肿。

【使用注意】孕妇慎用。生品按国务院《医疗用毒性药品管理办法》要求管理使用。

【现代研究】

1. 化学成分 主要含芹菜素等黄酮类成分,三萜皂苷,安息香酸,β-谷甾醇,甘露醇,氨基酸,微量元素等。

2. 药理作用 有祛痰、镇静、镇痛、抗惊厥、抗肿瘤、抗心律失常等作用。

附：

胆南星　本品为制天南星的细粉与牛、羊或猪的胆汁经加工而成;或用生天南星细粉与上述胆汁经发酵而成。性味苦、微辛,凉;归肺、肝、脾经。功能清化热痰、息风定惊,用治痰热咳嗽、咯痰黄稠、中风痰迷、癫狂惊痫等。煎服,3~6g。

白附子　báifùzǐ

本品首载于《中药志》。为天南星科植物独角莲 *Typhonium giganteum* Engl. 的干燥块茎。主产于河南、甘肃、湖北等地。秋季采挖。以个大、色白、质坚实、粉性足者佳。生用或制用。

【处方用名】制白附子、禹白附、生白附子。

【主要药性】辛,温;有毒。归胃、肝经。

【功效】燥湿化痰,祛风止痉,止痛,解毒散结。

【应用】

1. 风痰证　本品辛散燥烈,能祛风痰而止痉搐,为治风痰常用药。治中风痰壅,口眼㖞斜,语言謇涩,常与全蝎、僵蚕、地龙等同用。治惊风、癫痫,可配伍天南星、天麻、钩藤等;治破伤风,可与防风、天麻、天南星等同用。

2. 痰厥头痛,偏正头痛　本品辛散温通,性善上行,善祛头面风痰,且能止痛。治痰厥头痛、眩晕,常与半夏、天南星同用;治偏正头痛,可与川芎、白芷、川乌等配伍。

3. 瘰疬痰核,毒蛇咬伤　本品辛散有毒,能解毒散结。治瘰疬痰核,可单用鲜品捣烂外敷;治毒蛇咬伤,可单用捣汁内服并外敷,或配雄黄共研细末,用水或白酒调涂患处,也可与穿心莲、重楼、紫花地丁等同用。

【用法用量】内服:3~6g,煎汤,或入丸散;内服一般用炮制品,煎汤。外用:适量。生品捣烂,熬膏或研末以酒调敷患处。制白附子偏于燥湿化痰、祛风止痉;生白附子偏于解毒散结。

【使用注意】孕妇慎用。生品按国务院《医疗用毒性药品管理办法》要求管理使用。

【现代研究】

1. 化学成分　主要含脂肪酸和酯类成分,还有 β- 谷甾醇、β- 谷甾醇 -D- 葡萄糖苷、氨基酸等。

2. 药理作用　有镇咳、祛痰、镇静、镇痛、抗惊厥、抗破伤风毒素、抗菌、抗炎作用,还具有抗癌活性。

附：

关白附　本品为毛茛科植物黄花乌头 *Aconitum coreanum* (Lévl.) Raip 的干燥块根。主产于辽宁、吉林、黑龙江等地。8~9 月采挖。生用或制用。性味辛,热;有毒。归胃、肝经。功能燥湿化痰,祛风止痉,散寒止痛。适用于中风痰壅,口眼㖞斜,惊风癫痫,破伤风,痰厥头痛,心痛血痹,腰膝关节冷痛,皮肤湿痒等。煎服,1.5~4.5g。外用适量,捣烂外敷,或研末调敷。因其毒性比白附子大,而解毒散结力比白附子小,目前临床较少应用。

芥子　jièzǐ

本品首载于《名医别录》。为十字花科植物白芥 *Sinapis alba* L. 或芥 *Brassica juncea* (L.) Czern. et Coss 的干燥成熟种子。前者习称"白芥子"，后者习称"黄芥子"。主产于安徽、河南、山东等地。夏末秋初采收。以粒大均匀、饱满者为佳。生用或制用。《中国药典》规定，干燥药材、芥子饮片含芥子碱硫氰酸盐（$C_{16}H_{24}NO_5 \cdot SCN$）计，不得少于 0.50%，炒芥子不得少于 0.40%。

【处方用名】芥子、白芥子、炒芥子。

【主要药性】辛，温。归肺经。

【功效】温肺豁痰，利气散结，通络止痛。

【应用】

1. 寒痰咳喘，胸胁胀痛　本品辛温力雄，性善走散，专入肺经，能温肺散寒、豁痰逐饮、利气宽胸。治寒痰壅肺，咳喘胸闷，痰多清稀，可与紫苏子、莱菔子同用；治悬饮咳喘、胸胁胀痛，可与甘遂、大戟配伍。治冷哮日久者，可与细辛、甘遂、麝香等研末，于夏令外敷肺俞、定喘、膏肓等穴；或以芥子注射液在肺俞、定喘、大杼等行穴位注射。

2. 痰滞经络，关节麻木、疼痛，痰湿流注，阴疽肿毒　本品辛散透发，性温通行，善于温通经络，祛散皮里膜外之痰以利气散结，又能通络止痛。治痰滞经络，肢体关节麻木或肿痛，可单用研末，以醋调敷，或配马钱子、没药、肉桂等同用；治痰湿流注、阴疽肿毒，可配鹿角胶、肉桂、麻黄等。

【用法用量】内服：3~9g，煎汤，或入丸散。外用：适量，用散剂调敷或膏剂外敷。

【使用注意】久咳肺虚、阴虚火旺者忌用；有消化道溃疡、出血者、皮肤过敏者忌用。

【现代研究】

1. 化学成分　主要含芥子碱、芥子苷、芥子酸、脂肪油，还有甾体类、蛋白质、黏液质等其他类化合物。

2. 药理作用　有祛痰、杀菌、抗辐射、抗衰老、刺激胃液和胰液分泌、致呕吐等作用，外用有皮肤黏膜刺激作用，可引起皮肤充血、灼痛、甚至发泡。

皂荚　zàojiá

本品首载于《神农本草经》。为豆科植物皂荚 *Gleditsia sinensis* Lam. 的干燥成熟果实和不育果实。前者称大皂角，后者称猪牙皂。主产于四川、陕西、河北等地。秋季采收。以饱满、色紫褐、有光泽者为佳。生用。

【处方用名】皂荚、皂角、大皂荚、猪牙皂。

【主要药性】辛、咸，温。有小毒。归肺、大肠经。

【功效】祛痰开窍，散结消肿。

【应用】

1. 顽痰咳喘，咳痰不爽　本品辛散结、咸软能化胶结之顽痰。治顽痰咳喘，咳痰黏稠，难以平卧，可单用研末，以蜜为丸，枣汤送服；治咳喘痰多，可与麻黄、猪胆汁制成片剂服用。

2. 痰阻窍闭证　本品辛散走窜之性极强，入鼻则嚏，入喉则吐，能通窍开噤。治中风、痰厥、癫痫、喉痹等不省人事、口噤不开者,可与细辛共研为散,吹鼻取嚏;或与明矾研末,温水调服,取吐以涌吐痰涎,开窍醒神。

3. 痈肿　本品外用辛散而消肿排脓。治疮痈疔肿未溃,研末稠敷,或熬膏涂敷;或与蓖麻仁捣烂外敷,可消肿溃脓;治疥疮,与苦楝皮研细末、脂膏调涂。

此外,本品味辛入肺而通利大肠。治大便燥结,可单用,或配细辛研末,加蜜调匀,制成栓剂,塞入肛门使用。

【用法用量】内服:1~1.5g,多入丸散。外用:适量,研末吹鼻取嚏或研末调敷患处。

【使用注意】非顽痰实证体壮者慎用。咯血、吐血者,以及孕妇忌服。内服剂量不宜过大。

【现代研究】

1. 化学成分　主要含五环三萜及其糖苷类化合物,还有黄酮类化合物、鞣质、蜡醇、豆甾醇、谷甾醇、聚糖、树胶、油脂等。

2. 药理作用　有祛痰、抑菌、抗氧化、抗肿瘤、兴奋子宫、增加冠状动脉血流量、缩小心梗面积等作用。

附:

皂角刺　本品为豆科皂荚的干燥棘刺,性味辛,温;归肝、胃经。有消肿,托毒排脓,杀虫功效。适用于痈疽初起或脓成不溃,外用可治疥癣、麻风等。煎服,3~10g。外用适量,醋蒸取汁涂患处。

旋覆花　xuánfùhuā

本品首载于《神农本草经》。为菊科植物旋覆花 *Inula japonica* Thunb. 或欧亚旋覆花 *Inula britannica* L. 的干燥头状花序。主产于河南、河北、江苏等地。夏、秋二季采收。以朵大、花头完整、色浅黄者为佳。生用或制用。

【处方用名】旋覆花、蜜旋覆花。

【主要药性】苦、辛、咸,微温。归肺、脾、胃、大肠经。

【功效】降气,消痰,行水,止呕。

【应用】

1. 喘咳痰多,胸膈痞闷　本品苦降辛开,咸能软坚,既能降气消痰化饮而止咳平喘,又能开泄气机、化痰行水而消痞除闷。故痰浊阻肺、肺气不降、咳喘痰黏、胸闷不舒者,无论寒热均可应用。治外感风寒、咳嗽痰多,可与半夏、麻黄、生姜等同用;治痰饮壅肺的咳喘痰多、胸膈痞闷,可配伍紫苏子、半夏、槟榔等;治痰热咳喘、痰黄黏稠者,可配伍桑白皮、瓜蒌、黄芩等;治顽痰胶结难咯、胸中满闷者,则可与海浮石、海蛤壳、皂荚等配伍。

2. 呕吐,噫气,心下痞硬　本品苦降入胃而善止呕噫。治痰浊中阻,胃气上逆之呕吐、噫气、胃脘痞硬者,常与赭石、半夏、生姜等同用;治胃热呕逆,可配伍黄连、竹茹、枇杷叶等;治气虚痰阻、胃气上逆而致呕吐,则需与人参、半夏、生姜等同用。

【用法用量】内服:3~9g,煎汤,或入丸散,入汤剂包煎。生旋覆花偏于降气化痰、止呕,蜜旋覆花偏于润肺化痰止咳。

【使用注意】阴虚劳嗽、津伤燥咳者慎用。

【现代研究】

1. 化学成分 主要含旋覆花素、大花旋覆花素、旋覆花内酯等倍半萜内酯类成分,槲皮素、木犀草素等黄酮类成分,以及咖啡酸、绿原酸等有机酸类成分。

2. 药理作用 有祛痰、抑菌、抗炎、镇咳、缓解支气管痉挛、增加胃酸和胆汁分泌、提高胃肠平滑肌张力、保肝、利尿、增加冠脉血流量等作用。

附:

金沸草 本品为菊科植物旋覆花的地上部分。性味苦、辛、咸,温;归肺、大肠经。功能降气,消痰,行水。适用于外感风寒,痰饮蓄结,咳嗽痰多,胸膈痞满。煎服,5~10g。

白前 báiqián

本品首载于《名医别录》。为萝藦科植物柳叶白前 *Cynanchum stauntonii*(Decne.)Schltr. ex Lévl. 或芫花叶白前 *Cynanchum glaucescens*(Decne.)Hand.-Mazz. 的干燥根茎及根。主产于浙江、江苏、安徽等地。秋季采收。以根茎粗、色黄白者佳。生用或制用。

【处方用名】白前、蜜白前。

【主要药性】辛、苦,微温。归肺经。

【功效】降气,消痰,止咳。

【应用】

痰多咳喘 本品味苦降泄,味辛行散,微温而不燥,专于入肺,有降气化痰,止咳平喘之功,故无论外感内伤、新久咳嗽、属寒属热,均可应用,尤以痰湿或寒痰阻肺、肺失肃降者为宜。治外感咳嗽、咯痰不爽,可与荆芥、桔梗、陈皮等同用;治痰饮内停、咳嗽肿满、不得平卧、喉中痰鸣,可与半夏、紫菀、大戟等同用;治痰热壅肺咳喘,可配伍桑白皮、葶苈子、地骨皮等。若治气阴不足、久咳痰喘,当与黄芪、北沙参、山药等同用。

【用法用量】内服:3~10g,煎汤,或入丸散。生白前偏于解表理肺、降气化痰;蜜白前偏于润肺降气止咳。

【现代研究】

1. 化学成分 主要含皂苷类成分,包括白前皂苷 A~K、白前新皂苷 A、B 等,还有 β-谷甾醇、三萜华北白前醇、脂肪酸等。

2. 药理作用 有祛痰、镇咳、平喘、抗炎、抗溃疡、镇痛等作用。

猫爪草 māozhuǎcǎo

本品首载于《中药材手册》。为毛茛科植物小毛茛 *Ranunculus ternatus* Thunb. 的干燥块根。主产于河南、江苏、安徽等地。早春或秋末采收。以质坚实、色黄褐者佳。生用。

【处方用名】猫爪草。

【主要药性】甘、辛,温。归肝、肺经。

【功效】化痰散结,解毒消肿。

【应用】

1. 瘰疬痰核　本品味辛行散,化痰散结消肿。治痰火郁结之瘰疬痰核,常与夏枯草、玄参、连翘等同用。

2. 疔疮肿毒,蛇虫咬伤　本品解毒散结消肿。治疮肿、蛇伤,多以鲜品捣烂外敷患处,或研末调敷。

【用法用量】内服:15~30g,单味可用至120g,煎汤,或入丸散。外用:适量,捣敷或研末调敷。

【现代研究】

1. 化学成分　主要含黄酮类及苷类如粗贝壳杉黄酮-4'-甲醚、榧双黄酮、罗汉松双黄酮A、白果素、异银杏素、穗花杉双黄酮和猫爪草苷等,生物碱,挥发油,甾醇类以及皂苷、多糖等。

2. 药理作用　有抑菌、免疫调节、抗肿瘤、降血压作用,对中枢神经、心脏、呼吸系统及肠壁功能具有不同程度的抑制作用。

第二节　清化热痰药

本节药物多苦寒,功能清化热痰,主治热痰壅肺所引起的咳嗽气喘、痰多黄稠;部分药物质润甘寒,能清润化痰,适用于燥痰所致的咳嗽气喘,痰少质黏,咯痰不爽等。有的药物味咸,兼能软坚散结,适用于痰火郁滞的瘿瘤、瘰疬等。

川贝母　chuānbèimǔ

本品首载于《神农本草经》。为百合科植物川贝母 *Fritillaria cirrhosa* D. Don、暗紫贝母 *Fritillaria unibracteata* Hsiao et K. C. Hsia、甘肃贝母 *Fritillaria przewalskii* Maxim.、梭砂贝母 *Fritillaria delavayi* Franch.、太白贝母 *Fritillaria Taipaiensis* P. Y. Li、瓦布贝母 *Fritillaria unibracteata* Hsiao et K. C. Hsia var. *wabuensis*(S. Y. Tang et S. C. Yue)Z. D. Liu,S. Wang et S. C. Chen 的干燥鳞茎。按性状不同分别习称“松贝”“青贝”“炉贝”和“栽培品”。主产于四川、青海、甘肃等地。夏、秋二季或积雪融化后采收。以质坚实、粉性足、色白者佳。生用。《中国药典》规定,干燥药材含总生物碱以西贝母碱($C_{27}H_{43}NO_3$)计,不得少于0.050%。

【处方用名】川贝母、川贝。

【主要药性】苦、甘,微寒。归肺、心经。

【功效】清热润肺,化痰止咳,散结消痈。

【应用】

1. 肺热燥咳,干咳少痰,阴虚劳嗽,痰中带血　本品味苦疏泄,甘润微寒,长于清肺化痰,又能润肺止咳,尤宜治阴虚劳嗽和肺热燥咳之证。治肺热燥咳、痰少难咯,可单味研末服,或与梨蒸服,也可与知母相须为用,或配蛇胆汁、瓜蒌同用;治肺肾阴虚久咳、干咳少痰,或痰中带血,可与麦冬、百合、桔梗等同用。

2. 瘰疬,乳痈,肺痈,疮痈肿毒　本品性寒清热,苦泄而化痰解郁、散结消痈。治痰火郁结之瘰疬痰核,可与玄参、牡蛎、夏枯草等同用;治热毒壅结之乳痈、肺痈、疮痈肿毒,可与蒲公英、鱼腥草、连翘等药同用。

【用法用量】内服:3~10g,煎汤,或入丸散;研粉冲服,每次 1~2g。

【使用注意】不宜与川乌、制川乌、草乌、制草乌、附子同用。

【现代研究】

1. 化学成分　主要含多种生物碱,包括西贝母碱、川贝碱、松贝碱、松贝甲素、松贝乙素、青贝碱、棱砂贝母碱、棱砂贝母酮碱、川贝酮碱、棱砂贝母芬碱、棱砂贝母芬酮碱、新贝甲素、岷贝碱甲、岷贝碱乙、贝母辛碱等,还有萜类、甾体、β-谷甾醇、油酸、硬脂酸、软脂酸、嘌呤、嘧啶等。

2. 药理作用　有镇咳、祛痰、解痉、降血压、抑菌、镇痛、催眠等作用。

附:

1. 平贝母　本品为百合科植物平贝母 *Fritillaria ussuriensis* Maxim. 的干燥鳞茎。主产于黑龙江、吉林、辽宁等地。春季采收。生用。性味苦、甘、微寒;归肺、心经。功能清热润肺,化痰止咳。适用于肺热燥咳,干咳少痰,阴虚劳嗽,咯痰带血。煎服,3~9g;研粉冲服,每次 1~2g。不宜与川乌、制川乌、草乌、制草乌、附子同用。

2. 伊贝母　为百合科植物新疆贝母 *Fritillaria walujewii* Regel 或伊犁贝母 *Fritillaria pallidiflora* Schrenk 的干燥鳞茎。主产于新疆。5~7 月间采收。生用。性味苦、甘,微寒;归肺、心经。功能清热润肺,化痰止咳。适用于肺热燥咳,干咳少痰,阴虚劳嗽,咳痰带血。煎服,3~9g。不宜与川乌、制川乌、草乌、制草乌、附子同用。

浙贝母　zhèbèimǔ

本品首载于《本草正》。为百合科植物浙贝母 *Fritillaria thunbergii* Miq. 的干燥鳞茎。主产于浙江、江苏、安徽等地。初夏采收。以鳞叶肥厚、质坚实、粉性足、断面色白者佳。生用。《中国药典》规定,干燥药材含贝母素甲($C_{27}H_{45}NO_3$)和贝母素乙($C_{27}H_{43}NO_3$)的总量不得少于 0.080%。

【处方用名】浙贝母、象贝母、大贝。

【主要药性】苦,寒。归肺、心经。

【功效】清热化痰止咳,解毒散结消痈。

【应用】

1. 风热咳嗽,痰热咳嗽　本品苦寒,开泄力大,清泄力强,长于清化热痰,并降泄肺气。治外感风热咳嗽,可配伍桑叶、前胡、牛蒡子等;治痰热郁肺、咳痰黄稠,可与知母、瓜蒌、桑白皮等配伍。

2. 瘰疬,瘿瘤,肺痈,乳痈,疮毒　本品苦寒开泄,清火散结力大。治痰火郁结的瘰疬结核,可与玄参、牡蛎、连翘等同用;治瘿瘤,可与海藻、昆布、夏枯草等配伍;治肺痈、乳痈,可配伍鱼腥草、蒲公英、金荞麦等;治热毒疮痈,可与连翘、野菊花、紫花地丁等同用。

【用法用量】内服:5~10g,煎汤,或入丸散。

【使用注意】不宜与川乌、制川乌、草乌、制草乌、附子同用。

【现代研究】

1. 化学成分　主要含生物碱如贝母甲素、贝母乙素、贝母辛、浙贝母酮、异浙贝母碱、贝母丁碱、浙贝母碱苷等,以及 β- 谷甾醇、胆酸、脂肪酸等。

2. 药理作用　有镇咳、平喘、祛痰、镇静、镇痛、抗炎、抑菌、抗溃疡、抗肿瘤、抗凝血等作用。

附:

1. 湖北贝母　本品为百合科植物湖北贝母 *Fritillaria hupehensis* Hsiao et K. C. Hsia 的干燥鳞茎。主产于湖北、四川、湖南等省。夏初采挖。生用。性味微苦,凉;归肺、心经。功能清热化痰,止咳,散结。适用于热痰咳嗽,痰核瘰疬,痈肿疮毒。内服,3~9g,或研粉冲服。不宜与川乌、制川乌、草乌、制草乌、附子同用。

2. 土贝母　本品为葫芦科植物土贝母 *Bolbostemma paniculatum* (Maxim.) Franquet 的干燥块茎。主产于河南、河北、山东等地。秋季采挖。生用。性味苦,微寒;归肺、脾经。功能解毒,散结,消肿。适用于乳痈,瘰疬,痰核。煎服,5~10g。

瓜蒌　guālóu

本品首载于《神农本草经》。为葫芦科植物栝楼 *Trichosanthes kirilowii* Maxim. 或双边栝楼 *Trichosanthes rosthornii* Harms 的干燥成熟果实。主产于河北、河南、安徽等地。秋季采收。以体重、皮厚、皱缩有筋、糖分足者为佳。生用。

【处方用名】瓜蒌、全瓜蒌、栝蒌。

【主要药性】甘、微苦,寒。归肺、胃、大肠经。

【功效】清热涤痰,宽胸散结,润燥滑肠。

【应用】

1. 痰热咳喘　本品甘寒清润,味苦泄肺,善于清肺热、润肺燥而治热痰证、燥痰证。治痰热咳嗽、痰稠难咯,胸闷不舒,可与黄芩、胆南星、枳实等配伍;治燥热伤肺、干咳无痰,或痰少质黏、咯痰不爽,可与川贝母、桔梗、南沙参等同用。

2. 胸痹心痛,结胸痞满　本品既能清肺化痰,又苦泄利气、开郁散结以宽胸。治痰气痹阻、胸阳不振的胸闷痹痛、喘咳不得卧,可配伍薤白、半夏、白酒;治痰热互结的结胸、胸膈痞满、按之则痛,可与黄连、半夏同用。

3. 乳痈、肺痈、肠痈　本品苦泄以消痈散结。治肺痈咳吐脓血,可与鱼腥草、金荞麦、桔梗等配伍;治肠痈,可与败酱草、薏苡仁、红藤等配伍;治乳痈红肿热痛,可与蒲公英、金银花、天花粉等同用。

4. 大便秘结　瓜蒌味甘质润,能润肠通便。治津液不足、肠燥便秘,可与火麻仁、郁李仁、决明子等同用。

【用法用量】内服:9~15g,煎汤,或入丸散。

【使用注意】脾虚便溏者慎用。不宜与川乌、制川乌、草乌、制草乌、附子同用。

【现代研究】

1. 化学成分　主要含有机酸类成分如正三十四烷酸、富马酸,以及大量羟基甾醇类化合物,还有多种氨基酸、蛋白质、挥发油、生物碱和维生素。

2. 药理作用　有祛痰、抑菌、止泻、抗氧化、降血脂、抗肿瘤等作用,还能抗心律失常、扩张冠状动脉、增加冠状动脉血流量、保护急性心肌缺血,提高心肌对常压、低压缺氧的耐受力,还能扩张微血管。

附:

1. 瓜蒌子　本品为葫芦科植物栝楼或双边栝楼的干燥成熟种子。性味甘,寒;归肺、胃、大肠经。功能润肺化痰,滑肠通便。适用于燥咳痰黏,肠燥便秘等证。煎服,9~15g。不宜与川乌、制川乌、草乌、制草乌、附子同用。

2. 瓜蒌皮　本品为葫芦科植物栝楼或双边栝楼的干燥成熟果皮。性味甘,寒;归肺、胃经。能清化热痰,利气宽胸。适用于痰热咳嗽,胸闷胁痛等证。煎服,6~10g。不宜与川乌、制川乌、草乌、制草乌、附子同用。

竹茹　zhúrú

本品首载于《名医别录》。为禾本科植物青秆竹 *Bambusa tuldoides* Munro、大头典竹 *Sinocalamus beecheyanus*(Munro)McClure var. *pubescens* P. F. Li 或淡竹 *Phyllostachys nigra*(Lodd.) Munro var. *henonis*(Mitf.)Stapf ex Rendle 的茎秆的干燥中间层。主产于江苏、浙江、江西等地。全年均可采收。以色黄绿、丝均匀、细软有弹性者佳。生用或制用。

【处方用名】竹茹、姜竹茹。

【主要药性】甘,微寒。归肺、胃、心、胆经。

【功效】清化热痰,除烦,止呕。

【应用】

1. 痰热咳嗽　本品甘凉而润,善于清化热痰。治肺热咳嗽,痰黄黏稠,可与瓜蒌、桑白皮、黄芩等同用。

2. 胆火挟痰,惊悸不宁,心烦失眠　本品甘寒,能清痰火而除烦。治胆火夹痰、痰火内扰、胸闷痰多、惊悸不宁,或烦躁失眠,可与半夏、枳实、茯苓等同用。

3. 中风痰迷,舌强不语　本品能清化热痰,治疗中风痰迷、舌强不语,可与胆南星、牛黄、地龙等同用。

4. 胃热呕吐,妊娠恶阻,胎动不安　本品性寒入胃,能清泻胃热而降逆止呕,为治胃热呕逆要药。治胃热呕吐,可与黄连、芦根、枇杷叶等同用;治胃虚有热而呕吐者,可与陈皮、生姜、人参等配伍;治妊娠恶阻,胎动不安,可与紫苏梗、砂仁、白术等同用。

此外,本品甘寒入血,还能凉血止血,可用于血热吐血、衄血、崩漏、尿血等。

【用法用量】内服:5~10g,煎汤,或入丸散。生竹茹偏于清化痰热、除烦,姜竹茹偏于止呕。

【现代研究】

1. 化学成分　主要含 2,5- 二甲氧基 - 对苯醌,β- 羟基苯甲醛,丁香醛等

2. 药理作用　有抑菌作用。

竹沥　zhúlì

本品首载于《名医别录》。为禾本科植物青秆竹 *Bambusa tuldoides* Munro、大头典竹

Sinocalamus beecheyanus（Munro）McClure var. *pubescens* P. F. Li 或淡竹 *Phyllostachys nigra*（Lodd.）Munro var. *henonis*（Mitf.）Stapf ex Rendle 的新鲜的竹秆经火烤灼而流出的淡黄色澄清液汁。以色泽透明、无沉淀者佳。生用。

【处方用名】竹沥、淡竹沥。

【主要药性】甘,寒。归心、肺、肝经。

【功效】清热豁痰,定惊利窍。

【应用】

1. 痰热咳喘　本品甘润性寒,质地滑利,祛痰力强。善治痰热咳喘、痰稠难咯、顽痰胶结之证,可单用鲜竹沥口服,或与桑白皮、川贝母、瓜蒌等同用。

2. 中风痰迷,惊痫癫狂　本品入心肝经,甘寒滑利,能滑痰清热而利窍定惊。治痰热上扰、中风口噤,可以本品配姜汁饮用;治痰火内扰、肝阳化风的癫痫抽搐,可与胆南星、黄连、地龙等配伍;治小儿惊风抽搐,可与胆南星、牛黄、钩藤等同用。

【用法用量】内服:30~50ml,冲服。

【使用注意】寒痰及脾虚便溏者忌用。

【现代研究】

1. 化学成分　主要含愈创木酚、甲酚、苯酚等酚性成分,以及有机酸、氨基酸及糖类、黄酮及微量元素等。

2. 药理作用　有镇咳、祛痰、抑菌、抗炎作用。

天竺黄　tiānzhúhuáng

本品首载于《蜀本草》。为禾本科植物青皮竹 *Bambusa textilis* McClure 或华思劳竹 *Schizostachyum chinense* Rendle 等秆内的分泌液干燥后的块状物。主产于云南、广西、广东等地。秋、冬二季采收。以块大、灰黄、质硬而脆、吸湿性强者佳。生用。

【处方用名】天竺黄、天竹黄、竹黄。

【主要药性】甘,寒。归心、肝经。

【功效】清热豁痰,清心定惊。

【应用】

1. 热病神昏,中风痰迷　本品甘寒,入心肝经,能祛痰开窍、定惊止痉,无竹沥寒滑之弊,故为清心定惊良药。治热病神昏谵语,可与牛黄、黄连、竹叶卷心等同用;治中风痰壅、癫痫抽搐,可与石菖蒲、郁金、胆南星等配伍。

2. 小儿痰热惊痫,抽搐,夜啼　本品能化痰定惊止痉。治小儿痰热之惊痫、抽搐、夜啼,可与麝香、朱砂、胆南星等同用。

【用法用量】内服:3~9g,煎汤,或入丸散。

【现代研究】

1. 化学成分　主要含胆碱、甜菜碱等生物碱,二氧化硅,多种氨基酸和有机酸。

2. 药理作用　有镇痛、抗炎、抑菌、扩张血管、抗凝血等作用。

前胡　qiánhú

本品首载于《名医别录》。为伞形科植物白花前胡 *Peucedanum praeruptorum* Dunn 或紫花前胡 *Peucedanum decursivum* (Miq.) Maxim. 的干燥根。前者主产于浙江、河南、四川等地;后者主产于江西、湖南、浙江等地。冬季至次春采收。以根粗壮、皮部肉质厚、质柔软、断面油点多、香气浓者佳。生用或制用。《中国药典》规定,白花前胡干燥药材、饮片含白花前胡甲素($C_{21}H_{22}O_7$)不得少于 0.90%,白花前胡乙素($C_{24}H_{26}O_7$)不得少于 0.24%,紫花前胡干燥药材、饮片含紫花前胡苷($C_{20}H_{24}O_9$)不得少于 0.90%。

【处方用名】前胡、炒前胡、蜜前胡。

【主要药性】苦、辛,微寒。归肺经。

【功效】降气化痰,散风清热。

【应用】

1. 痰热喘满,咯痰黄稠　本品味苦降泄消痰,性寒清热,故有清降化痰之功。治痰热壅肺、肺失宣肃的咳喘胸闷、咯痰黄稠,可与桑白皮、苦杏仁、浙贝母等同用。因寒性不著,也常用治寒痰和湿痰证,需与白前、半夏、天南星等配伍。

2. 风热咳嗽痰多　本品辛散苦泄,能宣散风热、化痰止咳,尤宜治外感风热、咳嗽痰黄量多,多与桑叶、薄荷、桔梗等同用;若治风寒咳嗽、痰白清稀,则与紫苏叶、荆芥、半夏等配伍。

【用法用量】内服:3~10g,煎汤,或入丸散。

【现代研究】

1. 化学成分　主要含香豆素、皂苷和挥发油,包括白花前胡甲素、乙素、丙素、丁素,以及前胡苷、紫花前胡素等。

2. 药理作用　有祛痰、抗炎、抗过敏、解除平滑肌痉挛、抗溃疡、扩张血管、增加冠状动脉血流量、抑制血小板凝集、抗肿瘤、抑制流感病毒、抗菌等作用。

桔梗　jiégěng

本品首载于《神农本草经》。为桔梗科植物桔梗 *Platycodon grandiflorum* (Jacq.) A. DC. 的干燥根。全国大部分地区均产,以东北、华北地区产量大。春、秋二季采收。以根肥大、坚实、色白、味苦者佳。生用。《中国药典》规定,干燥药材、饮片含桔梗皂苷 D($C_{57}H_{92}O_{28}$)不得少于 0.10%。

【处方用名】桔梗、苦桔梗。

【主要药性】苦、辛,平。归肺经。

【功效】宣肺,祛痰,排脓,利咽。

【应用】

1. 咳嗽痰多,胸闷不畅　本品苦泄辛散,善于开宣肺气,并能祛痰,为肺经气分病之要药,对肺气失宣,咳嗽痰多,无论外感内伤、属寒属热均可应用。治风寒咳嗽,痰白清稀,可与紫苏叶、苦杏仁、陈皮等配伍;治风热咳嗽、咳痰黄稠,可与桑叶、菊花、苦杏仁等配伍;治肺寒咳嗽、痰多清稀,可与半夏、干姜、细辛等配伍;治肺热咳嗽、痰黄黏稠,可与浙贝母、瓜蒌、海蛤壳等同用。

2. 肺痈吐脓　本品开宣肺气而排脓。治肺痈、咳吐脓血、痰黄腥臭,常与甘草同用,或与鱼腥草、薏苡仁、芦根等配伍。

3. 咽痛音哑　本品辛散,能开宣肺气以利咽开音。治风热犯肺、咽痛失声者,常配甘草同用,或与薄荷、牛蒡子、蝉蜕等配伍;治热毒盛壅、咽喉肿痛,可与射干、马勃、板蓝根等同用。

此外,本品能开宣肺气而通利二便,可用治癃闭、便秘。另外,本品为"舟楫之剂",可在治疗上焦疾病的方药中加入桔梗,以引药上行。

【用法用量】内服:3~10g,煎汤,或入丸散。

【使用注意】凡气机上逆之呕吐、呛咳、眩晕及阴虚火旺咳血等,不宜用。

【现代研究】

1. 化学成分　主要含三萜皂苷,如桔梗皂苷 A、C、D 与远志皂苷等,还有菠菜甾醇、芍甾醇、桔梗聚糖、远志酸、桔梗酸等。

2. 药理作用　有祛痰、镇咳、抗炎、解痉、镇痛、镇静、降血糖、降血脂、抗过敏、抗肿瘤、免疫增强、抗胆碱、促进胆酸分泌、松弛肠平滑肌、抑制胃液分泌和抗溃疡等作用。

胖大海　pàngdàhǎi

本品首载于《本草纲目拾遗》。为梧桐科植物胖大海 *Sterculia lychnophora* Hance 的干燥成熟种子。主产于泰国、越南、马来西亚等地。我国广东、云南、海南等地已有引种。4~6月采收。以个大、棕色、表面有细皱纹及光泽、无破皮者佳。生用。

【处方用名】胖大海、通大海。

【主要药性】甘,寒。归肺、大肠经。

【功效】清热润肺,利咽开音,润肠通便。

【应用】

1. 肺热声哑,干咳无痰,咽喉干痛　本品性味甘寒,体轻清润,既能清宣肺气,又能润肺化痰,以利咽开音。治肺热津伤的咳嗽痰黏,咯痰不爽,咽干少痰,常与地骨皮、桑白皮、北沙参等配伍;治肺热郁闭,咽痛音哑,可单味泡服,也常与甘草同用,或与牛蒡子、射干、桔梗等配伍;治外感风热,咳嗽音哑,常与蝉蜕同用,或再配伍桔梗、桑叶等。

2. 热结便秘,头痛目赤　本品质润性滑,能清宣肺气而通利大肠,用于肺热肠燥之便秘,或兼头痛、目赤等上部热症者,可单味泡服,或配大黄、芒硝、火麻仁等泻下药同用。

【用法用量】内服:2~3 枚,沸水泡服或煎汤。

【现代研究】

1. 化学成分　主要含 D- 半乳糖、L- 鼠李糖、蔗糖、2,4 二 - 羟基苯甲酸、胖大海素、胡萝卜苷、黏液质等。

2. 药理作用　有缓泻、镇痛、抗病毒、抗菌、抗炎、利尿、降血压、免疫促进等作用。

附:

罗汉果　本品为葫芦科植物罗汉果 *Siraitia grosvenorii* (Swingle) C. Jeffrey ex A. M. Lu et Z. Y.

Zhang 的干燥果实。主产于广西、广东、江西等地。秋季采收。生用。性味甘,凉;归肺、大肠经。功能清热润肺,利咽开音,滑肠通便。适用于肺热燥咳,咽痛失音,肠燥便秘。煎服,9~15g。

海藻　hǎizǎo

本品首载于《神农本草经》。为马尾藻科植物海蒿子 *Sargassum pallidum* (Turn.) C. Ag. 或羊栖菜 *Sargassum fusiforme* (Harv.) Setch. 的干燥藻体。前者习称"大叶海藻",后者习称"小叶海藻",主产于辽宁、山东、浙江等地。夏、秋二季采收。以色黑褐、盐霜少、枝嫩者佳。生用。《中国药典》规定,干燥药材、饮片含海藻多糖以岩藻糖($C_6H_{12}O_5$)计不得少于 1.70%。

【处方用名】海藻。

【主要药性】苦、咸,寒。归肝、胃、肾经

【功效】消痰软坚散结,利水消肿。

【应用】

1. 瘿瘤,瘰疬,睾丸肿痛　本品苦泄咸软,性寒清热,能清热消痰、软坚散结。治痰火凝结之瘿瘤,常与昆布相须为用,或与青皮、半夏、贝母等配伍;治痰火瘰疬,可与夏枯草、玄参、浙贝母等配伍;治痰气互结的睾丸肿痛,可与橘核、川楝子、延胡索等同用。

2. 痰饮水肿　本品苦泄性降,有利水消肿之功,用于痰饮水肿及脚气浮肿,多与泽泻、茯苓、猪苓等同用。

【用法用量】内服:6~12g,煎汤,或入丸散。

【使用注意】不宜与甘草同用。

【现代研究】

1. 化学成分　主要含碘、钾,羊栖菜多糖 A、B、C,甘露醇,海藻多糖,藻胶酸,多种维生素,氨基酸和无机盐等。

2. 药理作用　有降血脂、减轻动脉粥样硬化、降血压、抗肿瘤、抗凝血、改善微循环、止血、抗菌、抗病毒等作用。可纠正由于缺碘引起的甲状腺功能不足,抑制甲状腺功能亢进。

昆布　kūnbù

本品首载于《名医别录》。为海带科植物海带 *Laminaria japonica* Aresch. 或翅藻科植物昆布 *Ecklonia kurome* Okam. 的干燥叶状体。主产于山东、辽宁、浙江等地。夏、秋两季采收。以质厚、色黑褐者佳。生用。《中国药典》规定,干燥药材含昆布多糖以岩藻糖($C_6H_{12}O_5$)计不得少于 2.0%,海带含碘(I^{131})不得少于 0.35%,昆布含碘(I^{131})不得少于 0.20%。昆布饮片指标成分含量同相应的药材。

【处方用名】昆布、海带。

【主要药性】咸,寒。归肝、胃、肾经。

【功效】消痰软坚散结,利水消肿。

【应用】

1. 瘿瘤,瘰疬,睾丸肿痛　本品咸能软坚,功用与海藻相似,常与海藻相须为用。治痰火郁结的瘿瘤,常与海藻、青皮、贝母等配伍;治瘿瘤日久、气血不足者,则可与人参、黄芪、当归等同用;治瘰疬初起、恶寒发热,可与连翘、牛蒡子、防风等配伍;治痰火炽盛、瘰瘤遍生颌下、坚而不溃,可与夏枯草、玄参、三棱等配伍;治睾丸肿痛,可与橘核、川楝子、荔枝核等同用。

2. 痰饮水肿 本品性润走下,有利水消肿之功,用于水肿、脚气浮肿、小便不利,可与薏苡仁、泽泻、猪苓等同用。

【用法用量】内服:6~12g,煎汤,或入丸散。

【现代研究】

1. 化学成分 主要含多聚糖,氨基酸,挥发油,维生素,以及碘、钾等微量元素。

2. 药理作用 有降血脂、降血压、降血糖、抗肿瘤、抗辐射、增强免疫功能、镇咳、平喘、抗凝血、止血、抗菌、通便等作用。可纠正由于缺碘引起的甲状腺功能不足,抑制甲状腺功能亢进。

黄药子　huángyàozǐ

本品首载于《滇南本草》。为薯蓣科植物黄独 *Dioscorea bulbifera* L. 的干燥块茎。主产于湖北、湖南、江苏等地。秋、冬两季采收。以外皮棕褐色、切面色黄者佳。生用。

【处方用名】黄药子、黄独。

【主要药性】苦,寒;有毒。归肺、肝、心经。

【功效】化痰散结消瘿,清热凉血解毒。

【应用】

1. 瘿瘤,瘰疬 本品苦寒疏泄力强,长于化痰软坚、散结消瘿,为治疗瘿瘤的要药。治痰火互结所致瘿瘤,可单以本品浸酒饮用;或与海藻、昆布、牡蛎等同用。

2. 疮疡肿毒,毒蛇咬伤,咽喉肿痛 本品能清热解毒、凉血消肿。治疮疡肿毒、毒蛇咬伤,可单用为末,调敷患处,或与半枝莲、紫花地丁、重楼等同用;治热毒咽喉肿痛,可与板蓝根、射干、山豆根等配伍。

3. 血热出血 本品苦寒入肝而凉血止血。治血热妄行的吐血、咳血、衄血等,可单用煎服,或与蒲黄炭、棕榈炭、茜草炭等同用。

此外,本品兼能止咳平喘,用于咳嗽、气喘等。

【用法用量】内服:5~9g,煎汤,或浸酒;1~2g,研末服。外用:适量,鲜品捣敷,或干品研末调敷,或磨汁外涂。

【使用注意】脾胃虚弱者和肝功能损害者慎用;不宜过量、久服。

【现代研究】

1. 化学成分 主要含黄独素 A~H 等二萜类成分,还有皂苷、黄酮、酚酸、生物碱、鞣质、淀粉及糖类等。

2. 药理作用 有抑菌、抗病毒、抗炎、抗肿瘤(尤其甲状腺肿瘤)、降血糖、止血、调节平滑肌舒张或收缩等作用

蛤壳　géqiào

本品首载于《神农本草经》。为帘蛤科动物文蛤 *Meretrix meretrix* Linnaeus 或青蛤 *Cyclina sinensis* Gmelin 的贝壳。夏、秋二季捕捞。以光滑、断面有层纹者为佳。生用或制用。《中国药典》规定，干燥饮片含碳酸钙（$CaCO_3$）不得少于 95.0%。

【处方用名】蛤壳、海蛤壳、煅蛤壳。

【主要药性】苦、咸，寒。归肺、肾、胃经。

【功效】清热化痰，软坚散结，制酸止痛；外用收湿敛疮。

【应用】

1. 痰火咳嗽，胸胁疼痛，痰中带血　本品苦泄咸软，性寒清热，故善清肺热、化稠痰。治痰热壅肺、胸闷咳喘、痰黄黏稠，可与瓜蒌、桑白皮、浙贝母等配伍；治肝火灼肺、胸胁疼痛、咳痰带血，常与青黛同用。

2. 瘰疬，瘿瘤　本品味咸软坚散结。治痰火郁结的瘰疬痰核，可配玄参、连翘、夏枯草等；治瘿瘤，多与海藻、昆布、海浮石等同用。

3. 胃痛吐酸　本品煅用能制酸止痛。制胃痛吐酸，可与海螵蛸、牡蛎、瓦楞子等配伍。

此外，本品煅后外用，收湿敛疮。治湿疹、烫伤等，可研末油调敷。

【用法用量】内服：6~15g，煎汤宜先煎，蛤粉宜包煎。外用：适量，研极细粉撒布或油调敷患处。生蛤壳偏于清热化痰、软坚散结；煅蛤壳偏于制酸止痛、收湿敛疮。

【现代研究】

1. 化学成分　主要含碳酸钙、壳角质、氨基酸，还有多种微量元素等。

2. 药理作用　有消炎、利尿、止血、降血糖、降血脂、抗氧化等作用。

海浮石　hǎifúshí

本品首载于《本草拾遗》。为胞孔科动物脊突苔虫 *Costazia aculeata* Canu et Bassler 和瘤苔虫 *Costazia costazii* Audouim 的骨骼；或火山喷出的岩浆形成的多孔状石块。前者习称"石花"，主产于福建、浙江、江苏等沿海地区，夏、秋季采收；后者习称"浮海石"，主产于辽宁、福建、山东等沿海地区，全年可采。以体轻、色灰白者佳。生用。

【处方用名】海浮石、浮海石。

【主要药性】咸，寒。归肺、肾经。

【功效】清肺化痰，软坚散结，利尿通淋。

【应用】

1. 痰热咳喘　本品味咸软坚，性寒清热，体虚轻浮入肺，能清火化痰，尤善治老痰胶结之证。治肺热咳喘、痰黄黏稠、胶结成块，可与胆南星、浙贝母、瓜蒌等同用；治痰火灼肺、胸胁疼痛、咳痰带血，可与栀子、青黛、瓜蒌等配伍。

2. 瘿瘤，瘰疬　本品咸能软坚，有化痰散结作用。治痰火郁结的瘿瘤、瘰疬，多与海藻、牡蛎、浙贝母等同用。

3. 血淋，石淋　本品咸寒，既能清热利尿通淋，又能软坚。治石淋小便涩痛，可用本品为末，生甘草汤调敷；治血淋、石淋，可与车前子、木通、滑石等同用。

【用法用量】内服：10~15g，煎汤，或入丸散。打碎先煎。

【现代研究】

1. 化学成分 石花主要含碳酸钙,还含镁、铁及酸不溶物,火山岩浆的石块主含二氧化硅,还有氯、镁等。

2. 药理作用 有排痰、利尿、中和胃酸等作用。

瓦楞子 wǎléngzǐ

本品首载于《本草备要》。为蚶科动物毛蚶 *Arca subcrenata* Lischke、泥蚶 *Arca granosa* Linnaeus 或魁蚶 *Arca inflata* Reeve 的贝壳。主产于山东、浙江、福建等沿海地区。秋冬至春季采收。以放射肋线明显者为佳。生用或制用。

【处方用名】瓦楞子、煅瓦楞子。

【主要药性】咸,平。归肺、胃、肝经。

【功效】消痰化瘀,软坚散结,制酸止痛。

【应用】

1. 顽痰胶结,黏稠难咯 本品咸能软坚,有消痰散结作用。治顽痰胶结、黏稠难咯,可与瓜蒌、竹沥、胆南星等同用。

2. 瘰疬,瘿瘤 本品味咸软坚、消痰散结。治痰火瘰疬,可与夏枯草、浙贝母、连翘等配伍;治瘿瘤,多与海藻、昆布、浙贝母等同用。

3. 癥瘕痞块 本品味咸软坚,入肝经血分,又能活血化痰散结。治痰瘀互结的癥瘕痞块,可单用醋淬为丸服用,或与三棱、莪术、青皮等药同用。

4. 胃痛吐酸 本品煅后能制酸止痛。治肝胃不和、胃痛吐酸,可单用,或与海螵蛸、牡蛎、延胡索等同用。

【用法用量】内服:9~15g,煎汤宜先煎,或入丸散。生瓦楞子偏于消痰化瘀,软坚散结;煅瓦楞子偏于制酸止痛。

【现代研究】

1. 化学成分 主要含碳酸钙,还有硅酸盐、磷酸盐、有机质及镁、铁等。

2. 药理作用 有中和胃酸、抗溃疡、抑制幽门螺杆菌、保肝、降血糖、降血脂等作用。

礞石 méngshí

本品首载于《嘉祐本草》。为变质岩类黑云母片岩或绿泥石化云母碳酸盐片岩,或变蛭石片岩或水黑云母片岩。前者习称青礞石,主产于江苏、湖南、四川等地;后者习称金礞石,主产于河南、河北、山西等地。全年可采收。青礞石以色黑绿、断面有星点为佳,金礞石以色金黄、无杂质者为佳。生用或制用。

【处方用名】礞石、金礞石、青礞石、煅礞石。

【主要药性】甘、咸,平。归肺、心、肝经。

【功效】坠痰下气,平肝镇惊。

【应用】

1. 顽痰胶结,咳逆喘急 本品味咸能软,质重下坠,善下气消痰软坚。治老痰、顽痰,胶结难咯,常与沉香、黄芩、大黄等同用。

2. 癫痫发狂,烦躁胸闷,惊风抽搐　本品味咸质重,既消痰软坚,又入肝而镇肝定惊,为治惊风癫痫之良药。治痰热癫痫发狂,或胸闷烦躁、大便秘结,可与大黄、黄芩、地龙等配伍;治痰热动风、惊痫抽搐,可单煅为末,以薄荷汁和白蜜调服,或与僵蚕、胆南星、牛黄等同用。

【用法用量】内服:10~15g,煎汤,宜布包先煎;3~6g,入丸散。

【使用注意】非痰热内结的实证不宜使用;脾胃虚弱、小儿慢惊风忌用;孕妇慎用。

【现代研究】

1. 化学成分　青礞石主要含硅酸盐,还有镁、铝、铁、结晶水等;金礞石主含云母、石英,还有钾、铁、镁、锰、铝、硅酸、结晶水等。

2. 药理作用　有化痰、泻下作用。

【思考题】

1. 何谓化痰药? 简述化痰药的分类、功效、主治。如何正确使用化痰药?

2. 如何正确使用半夏、川贝母、浙贝母、瓜蒌、桔梗?

3. 简述半夏与天南星、川贝母与浙贝母、瓜蒌皮与瓜蒌子在功效、应用方面的异同点。

ER 各论第十三章　同步练习

(李盛青)

第十四章 止咳平喘药

【学习目标】

1. 掌握止咳平喘药的含义、性能主治、应用要点。

2. 掌握苦杏仁、紫苏子、百部、桑白皮、葶苈子的药性、功效、主治、性能特点、经典配伍以及用法用量、使用注意。熟悉紫菀、款冬花、马兜铃、枇杷叶、白果功效、主治、某些特殊用法及使用注意。了解其余止咳平喘的功效、特殊用法及使用注意。

【含义】以减轻或制止咳嗽、喘息为主要作用,主治咳嗽或气喘的药物,称止咳平喘药。

【性能主治】本类药物大多味苦泄降,主归肺经,具有止咳平喘之功,主治咳嗽或喘息。故凡外感六淫或内伤气火、痰湿等所致的咳喘实证,以及肺虚或肾虚,或肺肾两虚所致的咳喘虚证均可选择使用。止咳平喘药有的长于止咳,有的长于平喘,有的药物则兼而有之。其中,药性寒凉者具有清肺功效,主治肺热咳喘;药性温热者具有温肺功效,主治肺寒咳喘;药性酸涩者具有敛肺功效,主治久咳虚喘;性偏滋润者具有润肺功效,主治肺燥咳喘;兼有化痰功效者主治痰多咳喘。部分药物兼有润肠通便、利水消肿、止带缩尿、活血化瘀、止痛、杀虫等功效,分别用于肠燥便秘、水肿、小便不利、带下白浊、遗尿尿频、瘀血证、虫症等。

【应用要点】

1. 对证用药 止咳平喘药适应于治疗咳嗽或喘息。在使用时应根据外感内伤、寒热虚实,有针对性选择清肺、温肺、敛肺、润肺、化痰等不同的药物。在此基础上注意药物性能特点与咳喘患者个体表现的对应性。

2. 配伍用药 为了增强疗效,止咳平喘药常相须配伍使用。同时,应根据病因及兼症,予以适当配伍。外感所致者,配伍解表药;肺热咳喘者,配伍清肺泄热药;脾虚湿阻者,配伍健脾燥湿药;虚劳久咳久喘者,配伍补肺益肾药或纳气平喘药。咳喘兼痰多者,常与化痰药配伍;兼胸闷气急者,配伍宣肺降气药。

3. 注意事项 对于表证或麻疹初期咳嗽者,不宜使用具有收敛性质的止咳平喘药。咳嗽兼有咳血者,不宜用强烈而有刺激性的化痰药,如皂荚、芥子等,以免有出血之虞。

苦杏仁 kǔxìngrén

本品首载于《神农本草经》。为蔷薇科植物山杏 *Prunus armeniaca* L. var. *ansu* Maxim.、西伯利

亚杏 *Prunus sibirica* L.、东北杏 *Prunus mandshurica*（Maxim.）Koehne 或杏 *Prunus armeniaca* L. 的干燥成熟种子。主产于我国东北、内蒙古、华北等地。夏季采收。以粒大、饱满、味苦、不发油者为佳。生用或制用。《中国药典》规定,含苦杏仁苷（$C_{20}H_{21}NO_{11}$）干燥药材、苦杏仁饮片不得少于 3.0%,炒苦杏仁饮片不得少于 2.4%。

【处方用名】苦杏仁、炒苦杏仁。

【主要药性】苦,微温;有小毒。归肺、大肠经。

【功效】降气止咳平喘,润肠通便。

【应用】

1. 咳嗽气喘 本品苦泄而微温,入肺经,能降肺气,有较强的止咳平喘作用,可用于治疗多种咳喘证,为止咳平喘要药。治风寒外束、咳嗽痰多者,常与麻黄、甘草同用;治风热咳嗽,可配伍桑叶、菊花等;治温燥咳嗽,可与桑叶、川贝母、沙参等同用;治肺热咳嗽,多与麻黄、生石膏等配伍;治久咳肺喘、咳嗽不止、睡卧不得,与桃仁、蜂蜜为丸服。

2. 肠燥便秘 本品质润多脂,具有润肠通便之功。治肠胃燥热或津液不足的便秘,常与火麻仁、郁李仁、桃仁等配伍。

【用法用量】内服:5~10g。煎汤,或入丸散。生品入煎剂宜后下。炒苦杏仁,苦泄之性减缓,多用于体虚脾弱之咳喘证。

【使用注意】阴虚咳喘、便溏者禁用。内服不宜过量,婴儿慎用。

【现代研究】

1. 化学成分 主要含苦杏仁苷、脂肪油、苦杏仁酶、苦杏仁苷酶、肌醇、多种游离氨基酸等。

2. 药理作用 苦杏仁苷能轻度抑制呼吸中枢,有镇咳、平喘作用;有降血糖、抗突变、抗肿瘤作用。苦杏仁苷及其降解物有抗动脉粥样硬化、抗肺纤维化、免疫抑制、免疫调节等作用。

附:

甜杏仁 本品为蔷薇科植物杏 *Prunus armeniaca* L. 或山杏 *Prunus armeniaca* L. var. *ansu* Maxim. 部分栽培种而味甜的干燥种子。主产河北、北京、山东等地。性味甘,平;归肺、大肠经。功效与苦杏仁近似,但偏于滋润、养肺气而无宣散之力,药力较为缓和,适用于肺虚久咳或津伤便秘等证。煎服,3~10g。

紫苏子 zǐsūzǐ

本品首载于《名医别录》。为唇形科植物紫苏 *Perilla frutescens*（L.）Britt. 的干燥成熟果实。秋季果实成熟时采收。主产于湖北、河南、江苏等地。秋季采收。以粒大、颗粒饱满、均匀、灰棕色,油性足者为佳。生用或制用。《中国药典》规定,含迷迭香酸（$C_{18}H_{16}O_8$）,干燥药材、紫苏子饮片不得少于 0.25%,炒紫苏子饮片不得少于 0.20%。

【处方用名】紫苏子、炒紫苏子。

【主要药性】辛,温。归肺经。

【功效】降气化痰,止咳平喘,润肠通便。

【应用】

1. 痰壅气逆,咳嗽气喘　本品辛温而不燥,质润下降,长于降气化痰、止咳平喘。治痰涎壅盛、胸膈满闷、气逆咳喘,常与芥子、莱菔子同用。治上盛下虚之久咳痰喘,则与当归、肉桂、半夏等配伍。

2. 肠燥便秘　本品含油脂,能润燥滑肠,又能降泄肺气以助大肠传导。治肠燥便秘,常与苦杏仁、瓜蒌仁、火麻仁等配伍。

【用法用量】内服:3~10g;煎汤,或入丸散。炒紫苏子药性较和缓。

【使用注意】脾虚便溏者慎用。

【现代研究】

1. 化学成分　主要含蛋白质、脂肪油。油中富含不饱和脂肪酸、亚麻酸、亚油酸。

2. 药理作用　有提高大鼠学习记忆能力、降血脂和较好的抗衰老作用。紫苏油可使血糖上升。

百部　bǎibù

本品首载于《名医别录》。为百部科植物直立百部 Stemona sessilifolia (Miq.) Miq. 蔓生百部 Stemona japonica (Bl.) Miq. 或对叶百部 Stemona tuberose Lour. 的干燥块根。主产于山东、河南、安徽等地。春、秋二季采收。以粗壮、肥润、坚实、色白者为佳。生用或制用。

【处方用名】百部、蜜百部。

【主要药性】甘、苦,微温。归肺经。

【功效】润肺下气止咳,杀虫灭虱。

【应用】

1. 新久咳嗽,百日咳,肺痨咳嗽　本品甘润苦降,微温不燥,主入肺经,长于润肺止咳,无论外感、内伤、暴咳、久嗽,皆可用之,尤以治久咳虚嗽、肺痨咳嗽为佳。治风寒咳嗽,可与荆芥、桔梗、白前等配伍;治风热咳嗽,可与竹叶、石膏、葛根等配伍;治小儿百日咳,可单用或与沙参、川贝母、白前等配伍;治久咳,可单用浓煎服;治肺痨咳嗽,可与麦冬、生地黄、白及等同用,或单用研末,以童子鸡熬汁为丸。

2. 蛲虫病,头虱、体虱,疥癣　本品味苦,生品外用具有杀虫灭虱之功,可用于蛲虫病、头虱、体虱等证。治蛲虫病,可用生百部30g煎取浓汁,睡前保留灌肠,或配伍槟榔、苦楝根皮等药煎汤内服;治疗头虱、体虱,用百部制成20% 乙醇浸膏,或50% 水煎剂外涂;治疥癣,可配伍雄黄、黄柏、鹤虱等熬膏外贴,或以百部加入乙醇内浸泡1周后为百部酊,外擦治疗。

【用法用量】内服:3~9g,煎汤,或入丸散。外用:适量。蜜炙百部,润肺止咳功效增强,宜用于肺虚久咳。

【使用注意】脾虚便溏者忌用。

【现代研究】

1. 化学成分　主要含多种生物碱,包括百部碱、百部定碱、原百部碱、次百部碱、直立百部碱等,另外,还含糖、脂类、蛋白质、琥珀酸等。

2. 药理作用　有镇咳、平喘、抗病原微生物、抗寄生虫、镇痛、镇静等作用。

紫菀 zǐwǎn

本品首载于《神农本草经》。为菊科植物紫菀 *Aster tataricus* L. f. 的干燥根及根茎。主产于河北、安徽、黑龙江等地。春、秋二季采收。以根长、色紫红、质柔韧者为佳。生用或制用。《中国药典》规定，含紫菀酮($C_{30}H_{50}O$)干燥药材、紫菀饮片不得少于 0.15%；蜜紫菀饮片不得少于 0.10%。

【处方用名】紫菀、炙紫菀。

【主要药性】辛、苦，温。归肺经。

【功效】润肺下气，化痰止咳。

【应用】

咳嗽气喘　本品辛温苦泄，润而不燥，长于润肺下气、消痰止咳。凡咳喘之证，无论外感、内伤、寒热虚实，皆可用之。治风寒咳嗽，常与百部、桔梗、荆芥等配伍。治肺热咳嗽，常与黄芩、贝母等配伍；治阴虚劳嗽、痰中带血，常与阿胶、知母、贝母等同用；治久嗽不愈，多与桔梗、天冬、生地黄等配伍。

【用法用量】内服：5~10g，煎汤，或入丸散。外感新咳宜生用，肺虚久咳宜蜜炙用。

【使用注意】阴虚有热及实热咳嗽，不宜使用。

【现代研究】

1. 化学成分　主要含紫菀皂苷 A、B、C、D、E、F 和 G，紫菀酮，槲皮素，无羁萜，表无羁萜等。

2. 药理作用　有祛痰、止咳、抑菌、抗癌等作用。

款冬花 kuǎndōnghuā

本品首载于《神农本草经》。为菊科植物款冬 *Tussilago farfara* L. 的干燥花蕾。主产于河南、甘肃、山西等地。冬季采收。以蕾体大、色紫红、花柄短、气清香者为佳。生用或制用。《中国药典》规定，干燥药材、饮片含款冬酮($C_{23}H_{34}O_5$)不得少于 0.070%。

【处方用名】款冬花、蜜款冬花。

【主要药性】辛、微苦，温。归肺经。

【功效】润肺下气，止咳化痰。

【应用】

咳嗽气喘　本品辛温不燥，苦降下行，专入肺经，功能温润下气、止咳化痰。功似紫菀，长于下气止咳。咳嗽无论新久，寒热虚实，皆可用之，常与紫菀相须为用。对肺寒咳嗽尤为适宜。治咳嗽偏寒者，可与干姜、紫菀、五味子同用；治咳嗽偏热者，可配伍知母、贝母、桑叶等；治肺虚喘嗽、痰中带血，常与百合同用。

【用法用量】内服：5~10g，煎汤，或入丸散。外感新咳宜生用，肺虚久咳宜蜜炙用。

【使用注意】咳血或肺痈咳吐脓血者慎用。

【现代研究】

1. 化学成分　主要含萜类、黄酮类、生物碱、挥发性成分等，包括槲皮素、芦丁、三萜苷、款冬酮、款冬素、款冬二醇等。

2. 药理作用　有镇咳、祛痰、平喘、收缩血管、兴奋呼吸、抗炎、抗肿瘤等作用。

马兜铃　mǎdōulíng

本品首载于《药性本草》。为马兜铃科植物北马兜铃 *Aristolochia contorta* Bge. 或马兜铃 *Aristolochia debilis* Sieb. et Zucc. 的干燥成熟果实。秋季采收。北马兜铃主产于黑龙江、吉林、河北等地;马兜铃主产于江苏、安徽、浙江等地。冬季采收。以干燥、椭圆形、果实完整、少碎裂、色黄绿者为佳。生用或制用。

【处方用名】马兜铃、蜜马兜铃。

【主要药性】苦,微寒。归肺、大肠经。

【功效】清肺降气,止咳平喘,清肠消痔。

【应用】

1. 肺热咳喘　本品性寒,味苦泄降,主入肺经,善清泄肺热、肃降肺气,又能化痰止咳平喘,尤宜于咳嗽痰喘属于肺热内壅者。治痰热壅肺而致喘咳者,常配伍瓜蒌、枇杷叶、桑白皮等;治肺热津伤、痰少咽干口渴者,可与知母、天冬、麦冬等同用;若痰中带血者,则与阿胶、白及、地骨皮等同用。

2. 痔漏下血,痔疮肿痛　本品性寒,入大肠经,能清泄大肠积热。治肠热痔漏下血、痔疮肿痛,可与生地黄、白术、甘草等配伍内服,或与槐角、地榆等煎汤熏洗。

【用法用量】内服:3~9g,煎汤,或入丸散。外用:适量,煎汤熏洗。一般生用,肺虚久咳宜蜜炙用。

【使用注意】虚寒咳喘及脾虚便溏者慎用。本品含马兜铃酸,可引起肾脏损害等不良反应,儿童及老年人慎用;孕妇、婴幼儿及肾功能不全者禁用。

【现代研究】

1. 化学成分　主要含水溶性季铵类生物碱、马兜铃碱、马兜铃酸、马兜铃次酸、木兰碱、β-谷固醇等。

2. 药理作用　有明显止咳作用与微弱的祛痰作用,能舒张支气管,缓解支气管痉挛。有抑菌作用。马兜铃酸皮下注射可引起严重的肾炎,大量可引起血尿、尿闭、呼吸困难、脉搏不整,甚至呼吸停止而死亡。

枇杷叶　pípayè

本品首载于《名医别录》。为蔷薇科植物枇杷 *Eriobotrya japonica* (Thunb.) Lindl. 的干燥叶。主产于广东、江苏、浙江等地。全年均可采收。以叶大、色灰绿、不破碎者为佳。生用或制用。《中国药典》规定,干燥药材、饮片含齐墩果酸($C_{30}H_{48}O_3$)和熊果酸($C_{30}H_{48}O_3$)的总量不得少于 0.70%。

【处方用名】枇杷叶、蜜枇杷叶。

【主要药性】苦,微寒。归肺、胃经。

【功效】清肺止咳,降逆止呕。

【应用】

1. 肺热咳喘　本品味苦泄降,性微寒,主入肺经,善清肺热、降肺气而止咳。治肺热咳喘、咯痰黄稠,可单用熬膏,或与桑白皮、黄连、甘草等同用;治燥热伤肺、咳嗽、咯痰不爽者,可与桑叶、麦冬、沙参等同用。

2. 胃热呕逆　本品苦寒性降，入胃经，能清胃热、降胃气而止呕逆。治胃热呕逆、烦热口渴，常与栀子、半夏、陈皮等同用。若治中寒气逆而致哕逆不止、饮食不入者，常与生姜、陈皮、甘草等同用。

【用法用量】内服：6~10g，煎汤、熬膏或入丸、散剂。止咳宜蜜炙用，止呕宜生用或姜汁炙用。

【使用注意】寒咳及胃寒呕逆者慎用。服用未去毛之枇杷叶易引起咳嗽加剧，喉头水肿、痉挛等症状。

【现代研究】

1. 化学成分　主要含皂苷类、糖类、熊果酸、齐墩果酸、苦杏仁苷、酒石酸、丁香素、枸橼酸、苹果酸等。

2. 药理作用　有止咳、祛痰、抗肿瘤、抗病毒、降糖、降血脂、保肝利胆等作用。

桑白皮　sāngbáipí

本品首载于《神农本草经》。为桑科植物桑 *Morus alba* L. 的干燥根皮。全国各地均产，主产于安徽、河南、浙江等地。秋末叶落时至次春发芽前采收。以色白、皮厚、粉性足者为佳。生用或制用。

【处方用名】桑白皮、蜜桑白皮。

【主要药性】甘，寒。归肺经。

【功效】泻肺平喘，利水消肿。

【应用】

1. 肺热咳喘　本品味甘性寒，入肺经，能清泻肺火，兼泻肺中水气而止咳平喘。治肺热壅盛之咳喘，常与地骨皮同用。若治水饮停肺、胀满喘急，可与麻黄、葶苈子等配伍。

2. 水肿　本品入肺经，既能泻降肺气，又能通调水道而利水消肿。治水肿胀满尿少、面目肌肤浮肿，常与茯苓皮、大腹皮等同用。

【用法用量】内服：6~12g，煎汤，或入丸散。泻肺利水宜生用，肺虚咳嗽宜蜜炙用。

【使用注意】肺寒咳喘者慎用。

【现代研究】

1. 化学成分　主要含黄酮类化合物，如桑素、桑酮、桑色烯、环桑素等；香豆素类化合物，如 5,7-羟基香豆素、东莨菪素、伞形花内酯等；此外还有桑辛素、桑多糖等。

2. 药理作用　有镇咳、祛痰、平喘、镇痛、抗炎、利尿、降血糖、抗过敏、抗癌、抗病毒等作用。

葶苈子　tínglìzǐ

本品首载于《神农本草经》。为十字花科植物播娘蒿 *Descurainia sophia* (L.) Webb. ex Prantl. 或独行菜 *Lepidium apetalum* Willd. 的干燥成熟种子。前者习称"南葶苈子"，主产于江苏、安徽、山东等地；后者习称"北葶苈子"，主产于河北、辽宁、内蒙古等地。夏季采收。以颗粒均匀、充实、色黄棕、无杂质者为佳。生用或制用。《中国药典》规定，含槲皮素-3-*O*-β-D-葡萄糖-7-*O*-β-D-龙胆双糖苷（$C_{33}H_{40}O_{22}$），干燥南葶苈子药材、葶苈子饮片不得少于 0.075%，炒南葶苈子不得少于 0.080%。

【处方用名】葶苈子、炒葶苈子。

【主要药性】辛、苦,大寒。归肺、膀胱经。

【功效】泻肺平喘,利水消肿。

【应用】

1. 痰涎壅盛之咳喘　本品辛散苦降,其性大寒,入肺经,能泻肺中水饮和痰热以平喘止咳。治痰涎壅盛、咳喘痰多、胸胁胀满而不得平卧之证,常与大枣配伍。

2. 水肿,小便不利　本品入肺和膀胱经,能通调水道、利水消肿。治疗水湿内停之胸腹水肿、小便不利,常与防己、椒目、大黄等同用。若治水热互结之结胸证,可配伍苦杏仁、大黄、芒硝等药。

【用法用量】内服:3~10g,煎汤,包煎,或入丸散。炒葶苈子其性较缓,临床较常使用。

【使用注意】虚寒性咳喘或水肿慎用。

【现代研究】

1. 化学成分　主要含黄酮类化合物,槲皮素-3-*O*-*β*-D-葡萄糖-7-*O*-*β*-D-龙胆双糖苷、槲皮素等;还含挥发油、脂肪酸、生物碱等。

2. 药理作用　有镇咳、祛痰、平喘、镇痛、抗炎、利尿、降血糖、抗过敏、抗癌、抗病毒等作用。

白果　báiguǒ

本品首载于《日用本草》。为银杏科植物银杏 *Ginkgo biloba* L. 的干燥成熟种子。主产于广西、四川、河南等地。秋季采收。以粒大、壳色黄白、种仁饱满、断面色淡黄者为佳。生用或制用。

【处方用名】白果、白果仁、炒白果、炒白果仁。

【主要药性】甘、苦、涩,平;有毒。归肺、肾经。

【功效】敛肺定喘,止带缩尿。

【应用】

1. 痰多咳喘　本品味涩收敛,主入肺经,既能敛肺定喘,又兼化痰之功,常用于治疗哮喘痰嗽、肺热痰喘、肺虚咳喘等证。治哮喘痰嗽,常与麻黄、甘草等同用;治肺热痰喘,常与黄芩、桑白皮等配伍;治肺虚咳喘,常与阿胶、沙参、党参等同用。

2. 带下白浊,遗尿尿频　本品苦能燥湿,涩能收敛,具有止带缩尿之功,适用于带下白浊、遗尿尿频诸证。治脾虚湿盛、带下清稀,可与山药、芡实等配伍;治湿热带下、色黄味臭秽,可与黄柏、车前子等同用;治肾虚湿阻、小便浑浊,可与萆薢、益智仁等同用;治肾气不固而见遗尿尿频者,可与山茱萸、金樱子等配伍。

【用法用量】内服:5~10g。煎汤,或入丸、散。生用毒性大,应严格控制剂量;炒用能使其毒性减弱。

【使用注意】本品有毒,不可多用,小儿尤当注意。

【现代研究】

1. 化学成分　含黄酮类化合物,如山柰黄素、山柰黄素-3-鼠李葡萄糖苷、槲皮黄素、芦丁、白果素等。外种皮含有毒成分如白果酸、氰化白果酸、氰化白果亚酸、白果酚、白果醇等。

2. 药理作用　有祛痰、平喘、抗病原微生物、抑制免疫、抗过敏、降血压、延缓衰老、抗氧化等作用。

附:

银杏叶　本品为银杏科植物银杏的干燥叶。性味甘、苦、涩,平。归心、肺经。功能活血化瘀,通络止痛,敛肺平喘,化浊降脂。适用于瘀血阻络,胸痹心痛,中风偏瘫,肺虚咳喘,高脂血症等。煎服,9~12g。有实邪者慎用。

矮地茶　ǎidìchá

本品首载于《本草图经》。为紫金牛科植物紫金牛 *Ardisia japonica*(Thunb.)Blume 的干燥全草。主产于长江流域以南各省。夏、秋二季采收。以茎色红棕、叶色绿者为佳。生用。《中国药典》规定,干燥药材、饮片含岩白菜素($C_{14}H_{16}O_9$)不得少于 0.50%。

【处方用名】矮地茶。

【主要药性】辛、微苦,平。归肺、肝经。

【功效】化痰止咳,清利湿热,活血化瘀。

【应用】

1. 咳喘痰多　本品性平,有较强的化痰止咳之功,兼平喘,对咳喘有痰者,无论寒热均可应用。治寒痰咳嗽,可与麻黄、细辛、干姜等同用;治肺热咳喘、痰多黄稠,常配伍黄芩、桑白皮等;治肺肾两虚之虚喘,可与五味子、胡桃肉等同用。

2. 湿热黄疸,水肿　本品具有清利湿热之功,适用于湿热黄疸及水湿内停之水肿、小便不利者。治湿热黄疸,可与茵陈、金钱草、栀子等同用;治水肿、小便不利者,常与茯苓、泽泻、白术等配伍。

3. 血瘀证　本品能活血化瘀,常用于治疗经闭,跌打损伤,风湿痹痛。治血瘀经闭,常与当归、川芎等配伍;治跌打损伤疼痛,可与三七、乳香、没药等同用;治风湿痹痛,可与威灵仙、姜黄、牛膝等药同用。

【用法用量】内服:15~30g,煎汤,或入丸散。或捣汁服。

【使用注意】服用矮地茶,或矮地茶素片,少数患者有胃脘部不适、恶心等消化道反应。

【现代研究】

1. 化学成分　主要含挥发油,由龙脑、β-桉叶油醇等 61 个成分组成,在去油后的残渣中分离得到岩白菜素。还含有紫金牛酚 Ⅰ、Ⅱ,冬青醇,槲皮苷,槲皮素,恩贝素等。

2. 药理作用　有祛痰、止咳、平喘、抗菌、抗病毒等作用。

洋金花　yángjīnhuā

本品首载于《本草纲目》。为茄科植物白花曼陀罗 *Datura metel* L. 的干燥花。主产于江苏、浙江、福建等地。4~11 月采收。以去萼、朵大、质厚、整齐、黄棕色、有香气者为佳。生用。《中国药典》规定,干燥药材含东莨菪碱($C_{17}H_{21}NO_4$)不得少于 0.15%。

【处方用名】洋金花。

【主要药性】辛、温;有毒。归肺、肝经。

【功效】平喘止咳,解痉,定痛。

【应用】

1. 哮喘咳嗽　本品性味辛温,峻烈有毒,有较强的麻醉镇咳平喘作用,用于治疗咳喘痰少或无痰之证。治疗支气管哮喘或慢性支气管炎,见咳嗽喘促者,可作散剂单用,或配烟叶制成卷烟吸入,也可用洋金花注射液肌内注射。

2. 脘腹冷痛,风湿痹痛,外科麻醉　本品有极强的麻醉镇痛功效,可用于治疗各种疼痛。治脘腹冷痛、风湿痹痛、跌打损伤等疼痛,可单用,或与川乌、草乌、姜黄等同用。以本品配伍川芎、草乌、当归等制成注射剂,或用本品提取物东莨菪碱制成麻醉药,广泛用于各种外科手术麻醉。

3. 小儿慢惊风　本品有止痉之功,治疗小儿慢惊风,多与天麻、全蝎、天南星等配伍同用。

【用法用量】内服:0.3~0.6g,宜入丸、散剂。本品多作散剂服,或作卷烟分次燃吸,每日不超过1.5g。外用:适量,煎汤洗或研末外敷。

【使用注意】外感及痰热咳喘、青光眼、高血压、心动过速、肝肾功能不全者、孕妇禁用。

【现代研究】

1. 化学成分　主要含莨菪烷型生物碱,包括东莨菪碱、莨菪碱、阿托品等。

2. 药理作用　有兴奋呼吸中枢,使呼吸加快,同时能镇痛、松弛支气管及胃肠平滑肌、抗休克、抗氧化等作用。洋金花生物碱小剂量时兴奋迷走神经,使心率减慢;剂量较大时则阻断心脏的 M 胆碱受体,使心率加快。中毒时表现:口干、皮肤潮红、瞳孔散大、心动过速、呕吐、眩晕、谵语、狂躁等症状。

【思考题】

1. 何谓止咳平喘药? 简述止咳平喘药的功效、主治。如何正确使用止咳平喘药?

2. 如何正确使用苦杏仁、紫苏子、百部、桑白皮、葶苈子?

3. 简述苦杏仁与紫苏子、苦杏仁与桃仁、桑白皮与葶苈子在功效、应用方面的异同点。

ER 各论第十四章　同步练习

（赵志英）

第十五章　安神药

【学习目标】

1. 掌握安神药的含义、性能主治、应用要点；熟悉安神药的分类及每节药物的性能特点。

2. 掌握朱砂、磁石、龙骨、酸枣仁的药性、功效、主治、性能特点、经典配伍以及用法用量、使用注意。熟悉琥珀、柏子仁、远志、灵芝的功效、主治及使用注意。了解其余安神药的功效、主治。

【含义】以安定神志为主要功效，主治心神不宁证的药物，称安神药。根据其药性和作用特点，安神药分为镇惊安神药与养心安神药两类。

【性能主治】本类药物主入心、肝经，具有镇惊安神或养心安神的功效，主治心神不宁所致失眠、多梦、心悸怔忡等病症以及惊风、癫痫等。其中矿物化石类药质重以镇惊安神为主，主治实邪扰动心神，神不归舍所致心神不宁，称为镇惊安神药；植物类药兼能养血而以养心安神为主，主治阴血不足、心神失养所致心神不宁，称为养心安神药。此外，有些安神药兼有收敛止汗、平肝潜阳、聪耳明目、祛痰、清热解毒、活血等功效，可用于治疗体虚自汗、阴虚盗汗、肝阳上亢、耳鸣耳聋、咳嗽痰多、疮痈肿毒、瘀血等病证。

【应用要点】

1. 对证用药　安神药均适用于心神不宁证，在使用时应根据心神不宁的虚、实不同，有针对性地选择镇惊安神药或养心安神药，在此基础上，应注意药物性能特点与心神不宁患者个体表现的对应性。

2. 配伍用药　为了增强疗效，安神药常相须配伍使用。同时应根据病因、兼证等进行配伍。心火炽盛者，常与清泻心火药物配伍；肝郁化火所致者，可与疏肝解郁、清肝泻火药配伍；因痰所致者，每与化痰开窍药配伍；血瘀所致者，宜与活血化瘀药配伍；肝阳上扰者，宜与平肝潜阳药配伍；血虚阴亏者，须与补血、养阴药配伍；心脾两虚者，则与补益心脾药配伍。癫狂、痫病、惊风等证，应以化痰开窍或平肝息风药为主，本类药物多作为辅药应用。

3. 注意事项　本类药物多属治标之品，矿石类镇惊安神药及有毒药物，只宜暂用，不可久服，应中病即止；入煎剂，应打碎先煎。矿石类安神药，如作丸散剂服时，须与养胃健脾之品配伍，以免伤胃耗气。

第一节　镇惊安神药

本节药物多为矿石、化石、贝壳类,其质重镇潜,故有重镇安神、平惊定志、平肝潜阳等作用,主治惊悸不安等心神不宁证。本节药物还可辅助治疗惊风、癫、狂、痫病。

朱砂　zhūshā

本品首载于《神农本草经》。为硫化物类矿物辰砂族辰砂,主含硫化汞(HgS)。主产于湖北、湖南、四川等地。全年可采收。以色鲜红、有光泽、质脆者为佳。水飞法研成极细粉末用。《中国药典》规定,含硫化汞(HgS)药材不得少于96.0%,朱砂粉饮片不得少于98.0%。

【处方用名】朱砂、丹砂、辰砂。

【主要药性】甘,微寒;有毒。归心经。

【功效】清心镇惊,安神,解毒明目。

【应用】

1. 心悸失眠　本品甘微寒,质重,寒能清火,重可镇惊,专归心经,既可镇心安神,又能清心热,尤适宜于心火亢盛所致心神不宁证。治热邪内扰心神之惊悸怔忡、烦躁不眠,常与黄连、莲子心、磁石等同用;治阴血不足、虚热内扰之失眠多梦、惊悸怔忡、心中烦热,常与当归、地黄、黄连等同用;治惊恐所致惊悸怔忡,可将朱砂纳入猪心中炖服,或与龙齿、麦冬配伍;若治心气不足、心惊善恐、夜卧不安,常与人参、茯神、石菖蒲配伍。

2. 惊风,癫痫　本品善清心火,又重镇定惊,有镇惊止痉之功,适宜于惊风、癫、狂病实证。治温热病、热痰闭阻心窍之高热烦躁、神昏谵语、惊厥抽搐者,常与牛黄、麝香同用;治小儿惊风,可与牛黄、钩藤等同用;治癫痫,可与磁石配伍为丸服。

3. 热毒疮痈　本品性微寒,有良好的清热解毒功效。治疗疮痈肿毒,常与雄黄、山慈菇等配伍;治咽喉肿痛、口舌生疮,常与冰片、硼砂等配伍外用。

【用法用量】内服:0.1~0.5g,入丸散,不宜入煎剂。外用:适量。

【使用注意】本品有毒,不宜大量服用,也不宜少量久服;孕妇及肝肾功能不全者禁用。忌火煅。

【现代研究】

1. 化学成分　主要含硫化汞HgS。此外,含铅、钡、铁、锌等多种微量元素。

2. 药理作用　有降低中枢兴奋性、镇静、催眠、抗惊厥、抗心律失常、改善睡眠等作用。外用有抑制和杀灭细菌、寄生虫作用。

磁石　císhí

本品首载于《神农本草经》。为氧化物类矿物尖晶石族磁铁矿,主含四氧化三铁(Fe₃O₄)。主产于河北、山东、辽宁等地。全年可采收。以色黑、断面致密有光泽、吸铁能力强者为佳。生用或制用。《中国药典》规定,含铁(Fe)药材、磁石饮片不得少于50.0%,煅磁石饮片不得少于45.0%。

【处方用名】磁石、灵磁石、煅磁石。

【主要药性】咸,寒。归肝、心、肾经。

【功效】镇惊安神,平肝潜阳,聪耳明目,纳气平喘。

【应用】

1. 惊悸失眠　本品质重沉降,入心经,既能镇惊安神,又可平肝潜阳,尤宜于心神不宁证兼肝阳上亢者。治心悸失眠,可与朱砂、神曲同用,也可与龙骨、牡蛎、珍珠母等同用。亦可用于癫、狂、痫病。

2. 肝阳上亢眩晕　本品咸寒质重清降,入肝、肾经,能平肝阳。治肝阳上亢之头晕目眩、烦躁易怒,常与石决明、牡蛎、牛膝等同用。治肝阳上亢阴虚甚者,多与熟地黄、白芍等同用;热甚者则与钩藤、菊花等同用。

3. 耳鸣耳聋,视物昏花　本品有聪耳明目作用。治疗肾虚耳鸣、耳聋,常与熟地黄、山茱萸等配伍;治肝肾不足、目暗不明、视物昏花者,多与枸杞子、女贞子等同用。

4. 肾虚喘促　本品又可纳气平喘。治肾气不足之虚喘,常与五味子、蛤蚧等同用。

【用法用量】内服:9~30g,煎汤,宜打碎先煎;或入丸散。潜阳安神宜生用,聪耳明目、纳气平喘宜醋淬后用。

【使用注意】脾胃虚弱者慎用。

【现代研究】

1. 化学成分　含四氧化三铁(Fe_3O_4),尚含钙、镁、钾、钠、铬、锰、镉、铜、锌、砷等微量元素。

2. 药理作用　有抑制中枢神经、镇静、催眠、抗惊厥作用。

龙骨　lónggǔ

本品首载于《神农本草经》。为古代大型哺乳类动物象类、三趾马类、犀类、鹿类、牛类等骨骼的化石。主产于河南、河北、山西等地。以体轻、质脆、分层、吸湿力强者为佳。全年可采挖。生用或制用。

【处方用名】龙骨、生龙骨、煅龙骨。

【主要药性】甘、涩,平。归心、肝、肾经。

【功效】镇惊安神,平肝潜阳,收敛固涩,收湿敛疮。

【应用】

1. 惊悸失眠,惊痫,癫狂　本品质重归心,有镇惊安神功效。治疗心悸失眠、健忘多梦,常与石菖蒲、远志配伍;治痰热内盛、惊痫抽搐、癫狂发作,常与牛黄、羚羊角、钩藤等配伍。

2. 肝阳上亢眩晕　本品质重归肝经,能平肝潜阳。治肝阳上亢之头晕目眩、烦躁易怒等,常与赭石、牡蛎、珍珠母等配伍。

3. 滑脱诸证　本品味涩能敛,有止汗、固精、固崩、止带等作用,适宜于正虚滑脱病证。治疗气虚阴亏、表卫不固之自汗、盗汗,常与黄芪、浮小麦等同用;治疗肾虚精关不固之遗精、滑精,常与芡实、牡蛎等配伍;治疗肾虚冲任不固、带脉失约之崩漏、带下,常与海螵蛸、五倍子等同用。

4. 湿疮湿疹,疮疡溃后不敛　本品煅用有收湿敛疮之效。治皮肤湿疮流水、湿疹瘙痒,可与牡蛎同用,研末外敷;治疮疡溃久不敛,常与枯矾等份,研末外敷。

【用法用量】内服:15~30g,煎汤宜打碎先煎,或入丸散。外用:适量,煅后研末干掺。生龙骨偏于镇惊安神,平肝潜阳;煅龙骨偏于收敛固涩,收湿敛疮。

【使用注意】湿热积滞者忌服。

【现代研究】

1. 化学成分　主要含碳酸钙、磷酸钙,尚含铁、钾、钠、氯、铜、锰等无机元素。

2. 药理作用　有镇静、催眠、抗惊厥、止血、降低骨骼肌兴奋性等作用。

附:

龙齿　本品为古代哺乳动物如三趾马类、犀类、鹿类、牛类、象类等的牙齿化石。性味甘、涩、凉;归心、肝经。功能镇惊安神,主治惊痫癫狂、心悸怔忡、失眠多梦。煎服,15~30g,先煎。

琥珀　hǔpò

本品首载于《名医别录》。为古代松科植物,如枫树、松树的树脂埋藏地下经年久转化而成的化石样物质。主产于广西、云南、辽宁等地。全年可采收。以块整齐、色红、质脆、断面光亮者为佳。生用。

【处方用名】琥珀、血琥珀、红琥珀。

【主要药性】甘,平。归心、肝、膀胱经。

【功效】安神定惊,活血散瘀,利尿通淋。

【应用】

1. 惊悸失眠,惊风,癫痫　本品质重,归心肝经,有镇惊安神功效,适宜于多种原因所致心神不宁证。治心神不宁、心悸失眠、健忘等症,常与石菖蒲、远志等同用;治心血亏虚、惊悸怔忡、夜寐不安,常与人参、酸枣仁等同用;治小儿急惊风以及癫、狂、痫病,常与胆南星、天竺黄等配伍。

2. 血滞经闭,癥瘕　本品入心、肝血分,有活血散瘀功效,适宜于多种瘀血证。治瘀血所致痛经、经闭,可与水蛭、虻虫等配伍;治心脉瘀阻、胸痹心痛,常与三七同用;治癥瘕积聚,可与三棱、鳖甲同用。

3. 淋证,癃闭　本品有利尿通淋、散瘀止血作用,故善治淋。治血淋、石淋、热淋、尿血、癃闭,可单用为散,灯心草煎汤送服;或与金钱草、海金沙同用。

此外,本品外用可生肌敛疮,可用于疮疡久不收口。

【用法用量】研末冲服,或入丸散,每次1.5~3g,不入煎剂。外用:适量。

【使用注意】阴虚内热及无瘀滞者慎服。

【现代研究】

1. 化学成分　含树脂、挥发油,还含琥珀氧松香酸、琥珀松香酸、琥珀银松酸、琥珀脂醇、琥珀松香醇及琥珀酸等。

2. 药理作用　有中枢抑制、抗惊厥、抗休克作用。

第二节　养心安神药

本节药物多为植物种子、种仁类,大多有甘润滋养之性,性味多甘平,以养心安神为主要作用,主治心神不宁虚证。

酸枣仁　suānzǎorén

本品首载于《神农本草经》。为鼠李科植物酸枣 *Ziziphus jujuba* Mill. var. *spinosa*(Bunge)Hu ex H. F. Chou 的干燥成熟种子。主产于河北、陕西、河南等地。秋季采收。以粒大、饱满、有光泽、外皮红棕色、种仁色黄白色者为佳。生用或制用。《中国药典》规定,干燥药材、饮片含酸枣仁皂苷 A($C_{58}H_{94}O_{26}$)不得少于 0.030%,含斯皮诺素($C_{28}H_{32}O_{15}$)不得少于 0.080%。

【处方用名】酸枣仁、炒酸枣仁。

【主要药性】甘、酸,平。归心、肝、胆经。

【功效】养心补肝,宁心安神,敛汗,生津。

【应用】

1. 心悸失眠　本品味甘,入心、肝经,既能养心肝阴血,又能宁心安神,为养心安神要药,尤宜于心肝阴血亏虚者。治心脾气血亏虚之惊悸不安、体倦失眠者,可与黄芪、当归等同用;治心肝阴血亏虚之虚烦不眠、惊悸多梦,常与知母、茯苓等配伍。

2. 自汗,盗汗　本品味酸,有收敛止汗功效。治体虚自汗、盗汗,常与黄芪、五味子、煅牡蛎等配伍。

3. 津伤口渴　本品甘酸,有生津止渴之功。治津伤口渴、咽干等,常与生地黄、麦冬、沙参等同用。

【用法用量】内服:10~15g,煎汤,或入丸散。

【使用注意】内有实邪郁火者慎服。

【现代研究】

1. 化学成分　主要含皂苷、三萜类化合物、黄酮类化合物;此外,含脂肪油和多种氨基酸、维生素 C、多糖及植物甾醇等。

2. 药理作用　有镇静、催眠、抗惊厥、抗抑郁、镇痛、降体温、降血压、抗心律失常、降血脂、抗炎、抗缺氧、抗肿瘤、抑制血小板聚集、增强免疫功能及兴奋子宫等作用。

柏子仁　bǎizǐrén

本品首载于《神农本草经》。为柏科植物侧柏 *Platycladus orientalis*(L.)Franco 的干燥成熟种仁。主产于山东、河南、河北等地。秋、冬两季采收。以颗粒饱满、黄白色、油性大而不泛油,无皮壳杂质者为佳。生用或制用。

【处方用名】柏子仁、侧柏仁、柏子仁霜。

【主要药性】甘,平。归心、肾、大肠经。

【功效】养心安神,润肠通便,止汗。

【应用】

1. 心悸失眠　本品甘平质润,药性平和,入心经,有养心安神之效。治阴血不足、心神失养之心悸怔忡、虚烦不眠,常与人参、五味子等配伍;治心肾不交之心悸少寐、梦遗健忘,常与麦冬、石菖蒲等同用。

2. 肠燥便秘　本品富含油脂,有润肠通便之功。治老人、产后阴血亏虚所致肠燥便秘,常与火麻仁、郁李仁等同用。

3. 阴虚盗汗　本品甘润,能补阴血而止汗。治疗阴虚盗汗,多与酸枣仁、牡蛎等同用。

【用法用量】内服:3~10g,煎汤,或入丸散;大便溏者宜用柏子仁霜。

【使用注意】大便溏薄者慎服。

【现代研究】

1. 化学成分　主要含脂肪油,并含少量挥发油、皂苷及植物甾醇、维生素 A、蛋白质等。

2. 药理作用　有催眠、恢复体力、改善学习记忆作用。

远志　yuǎnzhì

本品首载于《神农本草经》。为远志科植物远志 *Polygala tenuifolia* Willd. 或卵叶远志 *Polygala sibirica* L. 的干燥根。主产于山西、陕西、河北等地。春、秋两季采收。以根条粗壮、皮厚、去净木心者为佳。生用或制用。《中国药典》规定,含细叶远志皂苷($C_{36}H_{56}O_{12}$)、远志𠮯酮Ⅲ($C_{25}H_{28}O_{15}$)、3,6'-二芥子酰基蔗糖($C_{36}H_{46}O_{17}$)干燥药材、远志饮片分别不得少于 2.0%、0.15% 和 0.50%;制远志饮片分别不得少于 2.0%、0.10% 和 0.30%。

【处方用名】远志、制远志、炙远志。

【主要药性】苦、辛,温。归心、肾、肺经。

【功效】安神益智,交通心肾,祛痰,消肿。

【应用】

1. 心悸失眠　本品苦辛性温,性善宣泄通达,既能开心气而宁心安神,又能通肾气而强志不忘,为交通心肾、安神益智之佳品。治心肾不交之心神不宁、失眠多梦,常与茯神、龙齿等同用;治心脾不足、心肾不交之健忘、失眠、心悸怔忡,常与茯苓、石菖蒲、人参等同用。

2. 癫痫发狂　本品兼有祛痰、开窍之功。治痰湿闭阻心窍之癫痫、惊狂或神志恍惚,常与石菖蒲、郁金、白矾等同用。

3. 咳嗽痰多　本品苦温性燥,入肺经,有良好的祛痰止咳作用。治咳嗽痰多,可单用,或与苦杏仁、川贝母等同用。

4. 痈疽疮毒　本品辛行苦泄温通,可疏通气血之壅滞而消散痈肿。治疗痈疽疮毒、乳房肿痛,可单用研末酒送服,或蒸软加少量黄酒捣敷。

【用法用量】内服:3~10g。炙远志长于化痰止咳。

【使用注意】胃溃疡或胃炎者慎用。

【现代研究】

1. 化学成分　含皂苷类化合物、𠮯酮类化合物、寡糖酯类化合物。另含生物碱类、3,4,5-三甲氧基桂皮酸、远志醇、细叶远志定碱、脂肪油、树脂等。

2. 药理作用　有镇静、催眠、抗惊厥、兴奋子宫平滑肌、抗菌、延缓衰老、抗突变、抗癌等作用。远志皂苷有祛痰、镇咳、降血压作用。

灵芝　língzhī

本品首载于《神农本草经》。为多孔菌科真菌赤芝 *Ganoderma lucidum*(Leyss. ex Fr.) Karst. 或紫芝 *Ganoderma sinense* Zhao, Xu et Zhang 的干燥子实体。全国大部分地区均产。全年采收。生用。《中国药典》规定,干燥药材含灵芝多糖以无水葡萄糖($C_6H_{12}O_6$)计,不得少于 0.90%;含三萜及甾醇以齐墩果酸($C_{30}H_{48}O_3$)计,不得少于 0.50%。

【处方用名】灵芝、红芝、紫芝。

【主要药性】甘,平。归心、肺、肝、肾经。

【功效】补气安神,止咳平喘。

【应用】

1. 心悸失眠　本品味甘性平,入心经,能补心血、益心气、安心神。治心血不足、心神失养之心悸健忘、失眠多梦,可单用,或与当归、白芍、龙眼肉等同用。

2. 肺虚喘促　本品味甘,入肺经,能补益肺肾之气,止咳平喘。治肺虚喘促,可单用,或与黄芪、五味子等同用。

3. 虚劳短气,不思饮食　本品味甘补气,治虚劳短气,不思饮食,常与人参、山茱萸等配伍。

【用法用量】内服:6~12g,煎汤或入丸散。

【现代研究】

1. 化学成分　主要含灵芝多糖、三萜类化合物、核苷酸、氨基酸、甾醇、生物碱及微量元素等成分。

2. 药理作用　有免疫调节、抗肿瘤、抗氧化、抗衰老、保肝、耐缺氧、延长睡眠时间、平喘止咳、祛痰等作用。

首乌藤　shǒuwūténg

本品首载于《何首乌传》。为蓼科植物何首乌 *Polygonum multiflorum* Thunb. 的干燥藤茎。主产于河南、湖北、广东等地。秋、冬两季采收。以枝条粗壮、均匀、外皮棕红色者为佳。生用。《中国药典》规定,干燥药材、饮片含 2,3,5,4'- 四羟基二苯乙烯 -2-*O*-*β*-D- 葡萄糖苷($C_{20}H_{22}O_9$)不得少于 0.20%。

【处方用名】首乌藤、夜交藤。

【主要药性】甘,平。归心、肝经。

【功效】养血安神,祛风通络。

1. 失眠多梦　本品味甘,入心、肝二经,能补养阴血、养心安神。治阴虚血少之失眠多梦、心神不宁,常与酸枣仁、柏子仁等同用。

2. 血虚身痛,风湿痹痛　本品能养血祛风,通经活络。治血虚身痛,常与鸡血藤、当归、白芍等配伍;治风湿痹痛,常与羌活、独活、川芎等同用。

3. 皮肤瘙痒　本品有养血祛风止痒之功。治风疹、疥癣之皮肤瘙痒,常与蝉蜕、地肤子等同用。

【用法用量】内服:9~15g,煎汤,或入丸散。外用:适量,煎水洗患处。

【现代研究】

1. 化学成分　主要含蒽醌类、多糖、黄酮类、植物甾醇、脂肪酸等成分。

2. 药理作用　有镇静、催眠、抗氧化、抗炎、抗菌、促进免疫等作用。

合欢皮　héhuānpí

本品首载于《神农本草经》。为豆科植物合欢 *Albizia julibrissin* Durazz. 的干燥树皮。全国大部分地区均产。夏、秋两季采收。生用。《中国药典》规定,干燥药材、饮片含(−)-丁香树脂酚-4-*O*-β-D-呋喃芹糖基-(1→2)-β-D 吡喃葡萄糖苷($C_{33}H_{44}O_{17}$)不得少于 0.030%。

【处方用名】合欢皮。

【主要药性】甘,平。归心、肝、肺经。

【功效】解郁安神,活血消肿。

【应用】

1. 心神不安,忧郁失眠　本品性味甘平,入心、肝经,善解肝郁而悦心安神。治情志不遂所致心神不安、烦躁不宁、抑郁失眠,可单用或与酸枣仁、郁金等配伍。

2. 肺痈,疮肿　本品有活血消肿之功,能消散内外痈肿。治肺痈胸痛、咳吐血,单用即可,亦可与鱼腥草、芦根等药同用。

3. 跌扑伤痛　本品入心、肝血分,能活血祛瘀。治跌扑伤痛,常与乳香、没药、骨碎补等配伍。

【用法用量】内服:6~12g,煎汤或入丸散。外用:适量,研末调敷。

【现代研究】

1. 化学成分　含三萜皂苷化合物、黄酮、木脂素、生物碱、鞣质及多糖等成分。

2. 药理作用　有镇静、免疫增强、抗肿瘤等作用。

附:

合欢花　本品为豆科植物合欢的干燥花序或花蕾。前者习称"合欢花",后者习称"合欢米"。性味甘,平;归心、肝经。功效与合欢皮相似,专于解郁安神。临床用于心神不安,忧郁失眠。煎服,5~10g。

【思考题】

1. 何谓安神药? 简述安神药的分类、功效、主治。如何正确使用安神药?

2. 如何正确使用朱砂、磁石、龙骨、酸枣仁?

3. 简述磁石与龙骨、酸枣仁与柏子仁在功效、应用方面的异同点。

ER 各论第十五章　同步练习

(李会芳)

第十六章 平抑肝阳药

【学习目标】

1. 掌握平抑肝阳药的含义、性能主治、应用要点。

2. 掌握石决明、珍珠母、牡蛎、赭石的药性、功效、主治、性能特点、经典配伍以及用法用量、使用注意。熟悉紫贝齿、蒺藜、罗布麻叶的功效、主治、某些特殊用法及使用注意。

【含义】以平抑肝阳为主要作用,主治肝阳上亢证的药物,称平抑肝阳药。

【性能主治】本类药物以介类和矿物类居多,性多偏寒凉,具有质重沉降之性,主入肝经,均具有平肝潜阳之效。主治肝阳上亢证,症见头晕目眩、头痛耳鸣、急躁易怒、舌红苔黄、脉弦数等。此外,有些平抑肝阳药尚有清肝火、明目、安神等功效,又可用治肝火上攻的目赤肿痛、目生翳膜以及心神不安之证。

【应用要点】

1. 对证用药 平抑肝阳药均适用于治疗肝阳上亢证。在使用时应注意药物性能特点与肝阳上亢证个体表现的对应性。

2. 配伍用药 为了增强疗效,平抑肝阳药常相须配伍使用。同时应根据病因病机的不同进行相应的配伍。若肝肾阴虚而肝阳上亢者,需配伍滋养肝肾之阴的药物。若肝阳化火者,宜配伍清肝泻火之品。若肝阳化风、肝风内动者,当配伍平肝息风药。若兼心神不安者,则配伍安神药。

3. 注意事项 本类药物性寒质重,脾胃虚弱者需注意顾护脾胃。中气下陷者忌用。

石决明 shíjuémíng

本品首载于《名医别录》。为鲍科动物杂色鲍 *Haliotis diversicolor* Reeve、皱纹盘鲍 *Haliotis discus hannai* Ino、羊鲍 *Haliotis ovina* Gmelin、澳洲鲍 *Haliotis ruber*(Leach)、耳鲍 *Haliotis asinina* Linnaeus 或白鲍 *Haliotis laevigata*(Donovan)的贝壳。产于广东、福建、山东等地。夏、秋二季采收。以个大、壳厚、外表面洁净、内有彩色光泽者佳。生用或制用。《中国药典》规定,碳酸钙($CaCO_3$)的含量,干燥药材、石决明饮片不得少于93.0%,煅石决明饮片不得少于95.0%。

【处方用名】石决明、生石决明、煅石决明。

【主要药性】咸,寒。归肝经。

【功效】平肝潜阳,清肝明目。

【应用】

1. 肝阳上亢,头晕目眩　本品咸寒沉降,主归肝经,具有潜降肝阳、清泻肝热、兼益肝阴之功,为治肝阳上亢之要药。治肝肾阴虚,阴不制阳而致肝阳亢盛之头痛眩晕者,常与生地黄、白芍、牡蛎等配伍;治肝阳上亢兼肝火亢盛之头晕头痛、烦躁易怒,可与羚羊角、钩藤、夏枯草等同用。

2. 目赤翳障,视物昏花　本品味咸性寒,有清肝火、益肝阴、明目退翳之效。治目赤肿痛、翳膜遮睛、视物昏花等症,不论虚实均可应用,为眼科要药。治肝火上炎、目赤肿痛,可与黄连、龙胆草、决明子同用;治肝经风热、羞明流泪、翳膜遮睛,可与蝉蜕、菊花等同用;治肝血虚少、日久昏花,多与熟地黄、山茱萸、菟丝子等同用。

此外,本品煅用有收敛、制酸、止血等作用。可用于胃痛泛酸、外伤出血及疮疡不敛等。

【用法用量】内服:6~20g,煎汤,应打碎先煎;或入丸散。外用:适量。平肝、清肝宜生用,外用点眼宜煅用、水飞。

【现代研究】

1. 化学成分　贝壳含碳酸钙90%以上,多种氨基酸、壳角质、胆素,少量镁、铁、硅酸盐、磷酸盐等。煅后碳酸盐分解,产生碳酸钙。

2. 药理作用　有保肝、镇静等作用。

珍珠母　zhēnzhūmǔ

本品首载于《图经本草》。为蚌科动物三角帆蚌 *Hyriopsis cumingii* (Lea)、褶纹冠蚌 *Cristaria plicata* (Leach) 或珍珠贝科动物马氏珍珠贝 *Pteria martensii* (Dunker) 的贝壳。产于江苏、浙江、广东等地。全年可采收。以片大、色白、酥松不碎者佳。生用或制用。

【处方用名】珍珠母、煅珍珠母。

【主要药性】咸,寒。归肝、心经。

【功效】平肝潜阳,安神定惊,明目退翳。

【应用】

1. 肝阳上亢,头晕目眩　本品咸寒沉降,主入肝经,具有与石决明相似的平肝阳、清肝火功效。治疗肝阳上亢之头晕目眩,头痛头胀,常与牡蛎、石决明等配伍。若治肝阳上亢兼肝热烦躁易怒者,可与夏枯草、钩藤、菊花等同用。

2. 惊悸失眠　本品咸寒质重、入心经,有镇惊安神之效。治惊悸失眠、心神不宁,常与朱砂、龙骨、酸枣仁等同用。若治癫痫、惊风抽搐,可与天麻、钩藤等同用。

3. 目赤翳障,视物昏花　本品性寒入肝经,有清肝、明目、退翳之功。治肝热目赤、羞明、翳障,常与石决明、菊花、夏枯草等配伍。若治肝虚目暗、视物昏花,多与枸杞子、女贞子、黑芝麻等同用。

此外,本品煅用有制酸、燥湿收敛之功,可用于治疗胃痛泛酸、湿疮瘙痒、口舌生疮、溃疡久不收口等病症。

【用法用量】内服:10~25g,煎汤,宜打碎先煎,或入丸散。外用:适量。

【现代研究】

1. 化学成分　含碳酸钙、多种氨基酸、有机酸,以及少量镁、铁、硅酸盐、磷酸盐等。

2. 药理作用　有镇静、抗惊厥、中和胃酸、抗溃疡、保肝等作用。

牡蛎　mǔlì

本品首载于《神农本草经》。为牡蛎科动物长牡蛎 *Ostrea gigas* Thunberge、大连湾牡蛎 *Ostrea talienwhanensis* Crosse 或近江牡蛎 *Ostrea rivularis* Gould 的贝壳。产于广东、福建、浙江等地。全年均可采收。以个大、整齐、里面光洁者佳。生用或制用。《中国药典》规定,本品碳酸钙(CaCO₃)的含量不得少于94.0%。

【处方用名】牡蛎、生牡蛎、煅牡蛎。

【主要药性】咸,微寒。归肝、胆、肾经。

【功效】潜阳补阴,重镇安神,软坚散结,收敛固涩。

【应用】

1. 肝阳上亢,头晕目眩　本品味咸性寒,质重沉降,入肝经,平肝潜阳之中兼能益阴。治水不涵木、阴虚阳亢之头晕目眩、烦躁不安、耳鸣之证,常配伍龟甲、龙骨、代赭石等;治热病日久、灼烁真阴、虚风内动之四肢抽搐,可与龟甲、鳖甲、生地黄等同用。

2. 心悸失眠　本品质重能镇,有镇惊宁神之效。治心神不宁、心悸怔忡、失眠多梦,常与龙骨、远志、酸枣仁等同用。

3. 痰核,瘰疬,瘿瘤,癥瘕积聚　本品咸能软坚散结。治疗痰火郁结之痰核、瘰疬、瘿瘤等,常与浙贝母、玄参、夏枯草等同用;治气滞血瘀之癥瘕积聚者,可与丹参、川芎、莪术等配伍。

4. 滑脱诸证　本品煅用有收敛固涩之效,可用于治疗正气不固、滑脱不禁诸症。治自汗、盗汗,可单用牡蛎粉扑撒,亦常与黄芪、浮小麦、麻黄根等配伍内服;治肾虚之遗精、滑精,可与沙苑子、芡实、龙骨等同用;治遗尿、尿频,可与桑螵蛸、金樱子、龙骨等配伍;治崩漏、带下,可与鹿角霜、乌贼骨、芡实等配伍。

此外,煅牡蛎有制酸止痛之效,治胃痛泛酸,可与乌贼骨、浙贝母共研细末,内服。

【用法用量】内服:9~30g,煎汤宜打碎先煎,或入丸散。外用:适量。收敛固涩、制酸止痛宜煅用,其余多生用。

【现代研究】

1. 化学成分　主要含碳酸钙80%~95%,并含磷酸钙、硫酸钙、氧化铁、铝、镁、硅等、氨基酸、维生素、蛋白质、脂肪等。

2. 药理作用　有镇静、抗惊厥、抗癫痫、抗溃疡、增强免疫等作用。

紫贝齿　zǐbèichǐ

本品首载于《新修本草》。为宝贝科动物阿拉伯绶贝 *Mauritia arabica*(L.)的贝壳。产于福建、海南、台湾等地。夏季采收。以壳厚、有光泽者为佳。生用或制用。

【处方用名】紫贝齿、煅紫贝齿。

【主要药性】咸,平。归肝经。

【功效】平肝潜阳,镇静安神,清肝明目。

【应用】

1. 肝阳上亢,头晕目眩　本品味咸质重,入肝经,具有平肝潜阳之功。治肝阳上亢、头晕目眩,常与牡蛎、白芍、石决明等同用。

2. 惊悸失眠　本品有镇惊安神之效。治肝阳上亢、扰动心神之惊悸失眠,可与龙骨、磁石等同用;治小儿高热急惊风、四肢抽搐、烦躁不安,可与钩藤、羚羊角等同用。

3. 目赤肿痛　本品有清肝明目之功。治肝火上炎之目赤肿痛、目生翳膜,可与栀子、菊花、蝉蜕等同用。

【用法用量】内服:10~15g,煎汤,打碎先煎,或入丸散。

【现代研究】

1. 化学成分　主要含碳酸钙,占90%以上;含少量镁、铁、磷酸盐、硅酸盐、硫酸盐、氯化物。

2. 药理作用　有镇静、降血压作用。

赭石　zhěshí

本品首载于《本经》。为氧化物类矿物刚玉族赤铁矿 Hematite 的矿石,主含三氧化二铁(Fe_2O_3)。主产于山西、河南、河北等地。以色棕红、断面层次明显、有"钉头"、无杂石者为佳。生用或制用。《中国药典》规定,本品铁(Fe)的含量不得少于45.0%。

【处方用名】赭石、代赭石、煅赭石。

【主要药性】苦,寒。归肝、心、肺、胃经。

【功效】平肝潜阳,重镇降逆,凉血止血。

【应用】

1. 肝阳上亢,眩晕头痛　本品味苦性寒,质重沉降,入肝经,既能镇潜肝阳,又能清降肝火。治疗肝肾阴虚、肝阳上亢之头痛眩晕、目胀耳鸣、烦躁易怒等,常与生牡蛎、生龙骨、怀牛膝等同用;治肝阳上亢、肝火上攻的头晕头痛、心烦难寐,可与石决明、珍珠母、磁石等同用。

2. 呕吐,呃逆,嗳气　本品质重沉降,归胃经,为重镇降逆止呕之要药。治胃气上逆之呕吐、呃逆、嗳气等,可单用研末冲服,也常与旋覆花、半夏、生姜等同用。

3. 气逆喘息　本品质重沉降,入肺经,可降肺气而平喘。治哮喘有声、卧睡不得者,可单用本品研末,米醋调服,也可与桑白皮、紫苏子、苦杏仁配伍。治肺肾不足之虚喘,可与人参、山茱萸、山药等同用。

4. 血热吐衄,崩漏　本品苦寒,入心肝血分,有凉血止血之效,适用于血热出血诸症。治血热吐衄,可与竹茹、白芍、牛蒡子等同用;治崩漏,可单用本品火煅醋淬研末服,或与赤石脂、禹余粮等配伍。

【用法用量】内服:9~30g,煎汤,打碎先煎;或入丸散。平肝镇逆生用,收敛止血煅用。

【使用注意】孕妇慎用。含微量砷,故不宜长期使用。

【现代研究】

1. 化学成分　主要含三氧化二铁,并含镁、铝、硅、砷盐等杂质。

2. 药理作用　有镇静、促进红细胞及血红蛋白新生及一定的补血作用。

蒺藜　jílí

本品首载于《神农本草经》。为蒺藜科植物蒺藜 *Tribulus terrestris* L. 的干燥成熟果实。主产于东北、华北及西北等地。秋季采收。以颗粒均匀、饱满坚实、色灰白者为佳。生用或制用。

【处方用名】蒺藜、刺蒺藜、炒蒺藜。

【主要药性】辛、苦,平;有小毒。归肝经。

【功效】平肝解郁,活血祛风,明目,止痒。

【应用】

1. 眩晕头痛　本品味辛宣散、味苦沉降,主入肝经,既能平肝阳、又能散风邪,为治眩晕、头痛的要药。治肝阳上亢之眩晕、头痛,可与白芍、天麻、珍珠母等配伍;治风热头痛,可与桑叶、菊花、蔓荆子等配伍。

2. 胸胁胀痛,乳闭乳痈　本品辛散苦泄,入肝经,有疏肝解郁之效。治肝郁气滞、胸胁胀痛,单用本品研末服,也可与柴胡、香附、白芍等配伍;治肝郁乳汁不通、乳房胀痛,可单用本品研末服,也可与穿山甲、王不留行等同用。

3. 风热上攻,目赤翳障　本品苦泄辛散,入肝经,能疏散肝经风热、明目退翳。治肝经风热、目赤肿痛、多泪多眵、翳膜遮睛等症,可与菊花、决明子、青葙子等配伍。

4. 风疹瘙痒,白癜风　本品辛散,有祛风止痒之功。治风疹瘙痒,常与防风、蝉蜕、苦参等配伍;治血虚风盛、皮肤干燥、瘙痒难忍者,可与当归、何首乌、防风等配伍。治白癜风,可单用本品研末冲服。

【用法用量】内服:6~10g,煎汤,或入丸、散。外用:适量。

【使用注意】血虚气弱及孕妇慎用。

【现代研究】

1. 化学成分　主要含皂苷、脂肪油、挥发油、生物碱、鞣酸、树脂、黄酮类化合物。

2. 药理作用　有抗过敏、提高机体免疫功能、抗动脉粥样硬化、抗血小板凝集、降血糖、抗衰老等作用。

罗布麻叶　luóbùmáyè

本品首载于《救荒本草》。为夹竹桃科植物罗布麻 *Apocynum venetum* L. 的干燥叶。主产于西北、华北、东北等地。夏季采收。生用。《中国药典》规定,本品金丝桃苷($C_{21}H_{20}O_{12}$)的含量不得少于0.30%。

【处方用名】罗布麻、罗布麻叶。

【主要药性】甘、苦,凉。归肝经。

【功效】平肝安神,清热利水。

【应用】

1. 肝阳上亢,头晕目眩　本品味甘苦,性凉,有清热平肝之效。治肝阳上亢之头痛眩晕、烦躁失眠等,可单用本品煎服或以开水泡汁代茶饮,也可与石决明、牡蛎、赭石等配伍。

2. 水肿,小便不利　本品有利尿消肿之效。治水肿、小便不利,可单用,或与车前子、木通、茯苓皮等同用。

【用法用量】内服：6~12g，煎汤，或入丸散。

【使用注意】孕妇慎用；脾胃虚寒者不宜过量服用。

【现代研究】

1. 化学成分　主要含罗布麻甲素及乙素、芦丁、多种氨基酸等。

2. 药理作用　有镇静、降血压、利尿、降血脂、抗衰老、抗辐射、抗化疗、抗病毒等作用。

【思考题】

1. 何谓平抑肝阳药？简述平抑肝阳药的功效、主治。如何正确使用平抑肝阳药？

2. 如何正确使用石决明、珍珠母、牡蛎、赭石？

3. 简述石决明与珍珠母、牡蛎在功效、应用方面的异同点。

ER 各论第十六章　同步练习

（王颖芳）

第十七章　息风止痉药

【学习目标】

1. 掌握息风止痉药的含义、性能主治、应用要点。

2. 掌握羚羊角、牛黄、钩藤、天麻的药性、功效、主治、性能特点、经典配伍以及用法用量、使用注意。熟悉地龙、全蝎、蜈蚣、僵蚕的功效、主治、某些特殊用法及使用注意。了解其余息风止痉药的功效、特殊用法及使用注意。

【含义】以息风止痉为主要功效,主治肝风内动证的药物,称息风止痉药。

【性能主治】本类药物多偏寒凉,其性沉降,入肝经,能制止痉挛抽搐,具有息风止痉之功,主治肝风内动证之眩晕、震颤、痉挛抽搐等症。多数息风止痉药具有平肝潜阳、清泻肝火作用,还可用于治疗肝阳上亢、头痛眩晕、肝热目赤肿痛。此外,有些息风止痉药还有清热解毒散结、通络、开窍、利尿等功效,可用于治疗热毒证、痰蒙清窍癫痫、中风肢麻、手足不遂、风湿痹痛、窍闭神昏、小便不利等。

【应用要点】

1. 对证用药　息风止痉药适用于肝风内动证之痉挛抽搐。在使用时应注意各药的性能特点与肝风内动证个体表现的对应性。

2. 配伍用药　为了增强疗效,息风止痉药常相须配伍使用。同时根据病因、病机和兼证不同,与其他药物配伍使用。如治肝阳化风者,常与平抑肝阳药配伍;治热极生风者,常与清肝泻火药配伍;治阴血亏虚、虚风内动,常与滋阴药、养血药配伍。兼神昏窍闭者,与开窍药配伍;兼痰者,常与祛痰药配伍;兼心神不安者,常与安神药配伍;外风引动内风者,可与疏散外风药配伍。

3. 注意事项　有些药物有毒,用量不宜过大,孕妇忌服。热盛动风者,慎用温燥之品;脾虚慢惊者,不宜用寒凉之品。

羚羊角　língyángjiǎo

本品首载于《神农本草经》。为牛科动物赛加羚羊 *Saiga tatarica* Linnaeus 的角。主产于新疆、青海等地。全年可采收。以质嫩、色白、光润、有血丝、无裂纹者为佳。生用。

【处方用名】羚羊角、羚羊角粉、羚羊角片。

【主要药性】咸,寒。归肝、心经。

【功效】平肝息风,清肝明目,清热解毒。

【应用】

1. 肝风内动,惊痫抽搐　本品主入肝经,咸寒质重,有良好的清肝热、息肝风作用,为治疗肝风内动、惊痫抽搐之要药。因其性寒,清热力强,善治热极生风。治热盛动风之高热、神昏,惊厥抽搐,可单用锉粉用,或与钩藤、菊花、生地黄等配伍;治妊娠子痫,可与防风、独活、茯神等配伍;治痰热痫证,可与牛黄、郁金、天竺黄等同用。

2. 肝阳上亢,头晕目眩　本品味咸质重,其性沉降,有平肝阳作用。治疗肝阳上亢之头晕目眩、烦躁失眠,可与石决明、牡蛎、天麻等同用。

3. 肝火上炎,目赤头痛　本品性寒,主入肝经,善清泻肝火。治肝火上炎之头痛,目赤肿痛,羞明流泪,常与龙胆草、决明子、黄芩等配伍。

4. 壮热神昏,热毒发斑　本品入心、肝二经,味咸入血,寒能清热,故有泻火解毒、气血两清之效。治热病壮热神昏、躁狂、抽搐等症,常与石膏、寒水石等配伍;热毒炽盛发斑、出疹者,可与生地黄、赤芍等同用。

此外,羚羊角还能清肺止咳,用于肺热咳喘;能清热解毒,用于热毒疮疡。

【用法用量】内服:煎汤,1~3g,宜另煎 2 小时以上;磨汁或研粉服,每次 0.3~0.6g。

【使用注意】脾虚慢惊者禁服。

【现代研究】

1. 化学成分　主要含角蛋白、磷酸钙及不溶性无机盐等。尚含多种氨基酸、磷脂类成分和微量元素。

2. 药理作用　有抗惊厥、镇静、催眠、解热、抗炎、镇痛、降血压、增加动物对缺氧的耐受能力、兴奋中枢神经系统作用。

附:

山羊角　本品为牛科动物青羊 *Naemorhedus goral* Hardwicke、北山羊 *Capra ibex* Linnaeus 的角。分布于东北、华北、西北等地。性味咸、寒;归心、肝经。功能平肝镇惊。适用于肝阳上亢、眩晕头痛、肝火目疾以及惊风抽搐等。本品药性功用类似于羚羊角,临床上可作为羚羊角的代用品使用,但其力薄,用量偏大。煎服,10~15g。

牛黄　niúhuáng

本品首载于《神农本草经》。为牛科动物牛 *Bos taurus domesticus* Gmelin 的干燥胆结石。产于西北、华北、东北地区。全年均可采收。以完整、色棕黄、质松脆,断面层纹清晰而细腻者为佳。生用。《中国药典》规定,本品胆酸($C_{24}H_{40}O_5$)的含量不得少于 4.0%,胆红素($C_{33}H_{36}N_4O_6$)的含量不得少于 25.0%。

【处方用名】牛黄。

【主要药性】甘,凉。归心、肝经。

【功效】凉肝息风,清心豁痰,开窍醒神,清热解毒。

【应用】

1. 神昏,抽搐　本品性凉芳香,归心、肝经,既善清心豁痰开窍,又能凉肝息风止痉,为治痰热蒙蔽心窍所致神昏、抽搐之要药。治温热病热入心包，或中风、癫痫等痰热闭阻心窍之神昏谵语、高热烦躁、惊痫抽搐、口噤、舌蹇，可单用本品为末，淡竹沥化服，或与麝香、郁金、水牛角等配伍；治小儿惊风、壮热神昏、痉挛抽搐，可与胆南星、天竺黄、僵蚕等配伍。

2. 咽喉肿痛，口舌生疮，痈肿疔疮　本品有较强的清热解毒之效，治热毒疮肿，内服外用均可。治热毒郁结之咽喉肿痛、口舌生疮，可与珍珠、冰片、黄芩等配伍，内服或外用。治热毒疮疡，可与金银花、重楼等配伍；治乳岩、瘰疬、痰核，可与乳香、没药配伍。

【用法用量】内服：0.15~0.35g，研末入丸散。外用：适量，研末敷患处。

【使用注意】脾虚便溏者及孕妇慎用。

【现代研究】

1. 化学成分　主要含胆红素、胆酸、去氧胆酸、牛磺胆酸以及卵磷脂、脂肪酸、维生素 D 等。

2. 药理作用　有抗惊厥、镇静、镇痛、解热、利胆、保肝、强心、抗心肌损伤、降血压、抑制血小板聚集、解痉、收缩子宫平滑肌、祛痰镇咳、抗炎、抗休克、抗病原微生物、抗氧化、抑制肿瘤生长、助脂肪消化、促进大脑发育等作用。

附：

1. 体外培育牛黄　本品以牛科动物牛 *Bos taurus domesticus* Gmelin 的新鲜胆汁作母液，加入去氧胆酸、胆酸、复合胆红素钙等制成。生用。性味甘，凉。归心、肝经。功能凉肝息风，清心豁痰开窍，解毒。适用于热病神昏，中风痰迷，惊痫抽搐，癫痫发狂，咽喉肿痛，口舌生疮，痈肿疔疮。本品药性功用与天然牛黄相似，作为牛黄的代用品使用。内服：0.15~0.35g，多入丸散用。外用：适量，研末敷患处。

2. 人工牛黄　本品由牛胆粉、胆酸、猪去氧胆酸、牛磺酸、胆红素、胆固醇、微量元素等加工制成。性味甘，凉。归心、肝经。功能清热解毒，化痰定惊。适用于痰热谵狂，神昏不语，小儿急惊风，咽喉肿痛，口舌生疮，痈肿疔疮。内服：一次 0.15~0.35g，多作配方用。外用：适量，敷患处。

珍珠　zhēnzhū

本品首载于《雷公炮炙论》。为珍珠贝科动物马氏珍珠贝 *Pteria martensii*（Dunker）、蚌科动物三角帆蚌 *Hyriopsis cumingii*（Lea）或褶纹冠蚌 *Cristaria plicata*（Leach）等双壳类动物受刺激形成的珍珠。海水珍珠主产于广东、广西、台湾等地，淡水养殖珍珠主产于黑龙江、江苏、安徽等地。全年可采收。以有珍珠虹光环、断面显同心层纹者为佳。生用。用时水飞研磨。

【处方用名】珍珠、珍珠粉。

【主要药性】甘、咸，寒。归心、肝经。

【功效】安神定惊，明目消翳，解毒生肌，润肤祛斑。

【应用】

1. 惊悸失眠，惊风癫痫　本品咸寒沉降，入心、肝经，有安神定惊之功。治惊悸、怔忡、失眠，可单用珍珠粉吞服或蜂蜜调服；治疗小儿急惊，或痰热所致的癫痫抽搐，可与牛黄、黄连、胆南星等配伍。

2. 目赤翳障　本品性寒入肝，有清肝明目退翳之效，善治眼目疾患。治眼生翳膜、赤色疼痛，可与青葙子、菊花、石决明等内服；治眼目翳障初起，可与琥珀、熊胆、麝香等配伍点眼。

3. 咽喉腐烂,口舌生疮,溃疡不敛　本品能清热解毒,收敛生肌。治咽喉肿痛、牙疳蚀烂等症,可与牛黄为末,吹患处;治疮疡溃烂、久不收口,可与炉甘石、琥珀、煅龙骨等配伍。

此外,珍珠有润肤祛斑之效,可用治皮肤色斑。

【用法用量】内服:0.1~0.3g,研末,入丸、散,不入汤剂。外用:适量,研末干撒、点眼或吹喉。

【使用注意】孕妇慎用。

【现代研究】

1. 化学成分　主要含无机成分碳酸钙和碳酸镁(共占 91% 以上)、氧化硅、磷酸钙、Al_2O_3 及 Fe_2O_3,17 种氨基酸、30 多种微量元素、牛磺酸、丰富的维生素、肽类等成分。

2. 药理作用　有提高人体免疫力、延缓衰老、增强肌肤活性、祛斑美白、补充钙质、抑制脂褐素、清除自由基、抗氧化、抗肿瘤作用。

钩藤　gōuténg

本品首载于《名医别录》。为茜草科植物钩藤 Uncaria rhynchophylla (Miq.) Miq. ex Havil.、大叶钩藤 Uncaria macrophylla Wall.、毛钩藤 Uncaria hirsuta Havil.、华钩藤 Uncaria sinensis (Oliv.) Havil. 或无柄果钩藤 Uncaria sessilifructus Roxb. 的干燥带钩茎枝。主产于广东、广西、福建等地。秋、冬二季采收。以双钩、茎细、钩结实、光滑、色紫红、无枯枝钩者为佳。生用。

【处方用名】钩藤、嫩钩藤。

【主要药性】甘,凉。归肝、心包经。

【功效】息风定惊,清热平肝。

【应用】

1. 肝风内动,惊痫抽搐　本品性味甘凉,入肝、心包经,功能清热息风定惊,为治疗热盛内动、惊痫抽搐要药。治小儿高热惊风,常与天麻、全蝎、蝉蜕等同用;治温热病热极生风、痉挛抽搐,可与羚羊角、白芍、菊花等配伍。治小儿惊啼、夜啼,与蝉蜕、薄荷配伍。

2. 头痛,眩晕　本品性凉,主入肝经,能清热平肝。治头痛、眩晕属肝火上攻者,常与夏枯草、栀子、黄芩等配伍;属肝阳上亢者,常与天麻、石决明、菊花等配伍。

此外,钩藤具轻清疏泄之性,能清热透邪,可用于风热外感之头痛、目赤及斑疹透发不畅之证,可与相应的药物配伍使用。

【用法用量】内服:3~12g,煎汤,宜后下,或入丸散。

【使用注意】脾胃虚寒者慎服。

【现代研究】

1. 化学成分　含钩藤碱、异钩藤碱、去氢钩藤碱、异去氢钩藤碱等生物碱,以及三萜类成分等。

2. 药理作用　主要有镇静、抗癫痫、抗惊厥、抗肿瘤、降血压、抗心律失常、抑制心肌收缩、抗血栓、降血脂、降低大脑皮层的兴奋性、抑制组织胺引起的哮喘、抑制离体肠管、兴奋大鼠离体子宫作用。

天麻　tiānmá

本品首载于《神农本草经》。为兰科植物天麻 Gastrodia elata Bl. 的干燥块茎。主产于四川、云南、贵州等地。立冬后至次年清明前采收。有"冬麻""春麻"之分。以质地坚实沉重,有鹦哥嘴、色黄白、断面明亮、无空心者为佳。生用。《中国药典》规定,本品天麻素($C_{13}H_{18}O_7$)和对羟基苯甲醇($C_7H_8O_2$)的含量不得少于0.25%。

【处方用名】天麻、明天麻。

【主要药性】甘,平。归肝经。

【功效】息风止痉,平抑肝阳,祛风通络。

【应用】

1. 肝风内动,惊痫抽搐　本品主入肝经,味甘质润,有息风止痉之功。各种原因之肝风内动、惊痫抽搐,不论寒热虚实,皆可配伍应用。治小儿急惊风之高热、惊厥抽搐者,可与羚羊角、钩藤、全蝎等配伍;治小儿脾虚慢惊之肢体拘挛、四肢不温、手足蠕动者,可与人参、白术、白僵蚕等配伍;治破伤风之痉挛抽搐、角弓反张者,可与天南星、白附子、防风等配伍。

2. 眩晕,头痛　本品归肝经,善平肝阳,为治眩晕、头痛之要药,不论虚证实证,皆可配伍应用。治肝阳上亢之眩晕、头痛,常与钩藤、石决明、牛膝等同用;治风痰上扰之眩晕、头痛,常与半夏、白术、茯苓等同用;治头晕欲倒、偏正头痛,可与川芎配伍。

3. 中风肢麻,手足不遂,风湿痹痛　本品又能祛风通络止痛。治中风手足不遂、筋骨疼痛等,可与没药、制乌头、麝香等配伍;治风湿痹痛之关节屈伸不利者,多与秦艽、羌活、桑枝等同用。

【用法用量】内服:3~10g煎汤;研末,每次1~1.5g;或入丸、散。

【使用注意】气血虚甚者慎服。

【现代研究】

1. 化学成分　主要含天麻素、天麻多糖、天麻苷元、香荚兰醇、香荚兰醛、琥珀酸、β-谷甾醇、黏液质、脂肪酸类、维生素A类物质、微量生物碱、抗真菌蛋白及铁、氟、锰、锌、碘等微量元素。

2. 药理作用　有镇静、镇痛、抗惊厥、抗癫痫、保护受损神经细胞、降血压、减慢心率进而保护心肌、抗炎、增强免疫、抗氧化、延缓衰老、改善学习记忆功能、抗辐射、兴奋肠管、促进胆汁分泌、增强机体耐缺氧能力的作用。

地龙　dìlóng

本品首载于《神农本草经》。为钜蚓科动物参环毛蚓 *Pheretima aspergillum*（E. Perrier）、通俗环毛蚓 *Pheretima vulgaris* Chen、威廉环毛蚓 *Pheretima guillelmi*（Michaelsen）或栉盲环毛蚓 *Pheretima pectinifera* Michaelsen 的干燥体。主产于广东、上海、福建等地。前一种习称"广地龙",后三种习称"沪地龙"。广地龙春季至秋季采收,沪地龙夏季采收。以条大、肥壮、不碎、无泥者为佳。生用。

【处方用名】地龙、广地龙、沪地龙。

【主要药性】咸,寒。归肝、脾、膀胱经。

【功效】清热定惊,通络,平喘,利尿。

【应用】

1. 高热惊痫,癫狂　本品味咸性寒,主降泄,入肝经,既能息风止痉,又善清热定惊,故可用于热极生风所致的神昏谵语、痉挛抽搐,小儿惊风,癫狂痫等。治热盛动风者,可以单用或与钩藤、僵蚕、牛黄等配伍;治小儿惊风之高热、惊抽者,可以本品研烂,与朱砂共为丸服;治痫证发作之抽搐者,可单用或与天竺黄、胆南星等配伍。

2. 半身不遂,风湿痹证　本品性善走窜,长于通经活络。治中风后经络不利、半身不遂、口眼㖞斜者,常与黄芪、当归、川芎等配伍;治风湿热痹之关节红肿热痛、屈伸不利者,常与秦艽、防己、忍冬藤等配伍;治风寒湿痹之肢体麻木、关节疼痛者,常与川乌、天南星、乳香等配伍。

3. 肺热哮喘　本品性寒降泄,清热力强,长于清肺平喘。治肺热哮喘,可单用,或与麻黄、石膏、苦杏仁等同用。

4. 小便不利,尿闭不通　本品入膀胱经,咸寒趋下,有清热通利水道之功。治热结膀胱、小便不利,或尿闭不通、小腹急胀,可用鲜品捣烂,浸水,滤取浓汁服,也可与车前子、木通、泽泻等同用。

【用法用量】内服:5~10g,煎汤,或入丸散;鲜品 10~20g;或研末,1~2g;或鲜品拌糖或盐化水服。外用:适量,鲜品捣烂敷或取汁涂敷;研末撒或调涂。

【使用注意】脾胃素弱,或无实热之证者忌用。

【现代研究】

1. 化学成分　主要含蚯蚓解热碱、蚯蚓素、蚯蚓毒素、嘌呤类、胆碱、含氮物质胆、多种氨基酸、脂肪酸、类脂化合物、胆固醇、维生素 B 及微量元素。

2. 药理作用　有抗血栓、抗凝血及纤维蛋白溶解、抗心律失常、降血压、抗癌、平喘、收缩平滑肌、解热、镇静、抗惊厥、抗炎、镇痛、促进伤口愈合、兴奋子宫及肠道平滑肌、抗突变、抗疲劳、利尿、抗溃疡等作用。

全蝎　quánxiē

本品首载于《蜀本草》。为钳蝎科动物东亚钳蝎 *Buthus martensii* Karsch 的干燥体。主产于河南、山东、湖北等地。春末至秋初采收。以完整、色青褐或黄褐、干净身挺、腹硬、脊背抽沟、无盐霜者为佳。生用。

【处方用名】全蝎、淡全蝎。

【主要药性】辛,平。有毒。归肝经。

【功效】息风镇痉,攻毒散结,通络止痛。

【应用】

1. 痉挛抽搐　本品味辛性善走窜,专入肝经,既能平息肝风,又能搜风通络,有良好的息风止痉效果,为治痉挛抽搐之要药。治各种原因之惊风、痉挛抽搐,常与蜈蚣相须为用,研细末服。治小儿急惊风之高热神昏、痉挛抽搐者,常与羚羊角、钩藤、天麻等配伍;治小儿慢惊风之抽搐者,常与党参、白术、天麻等配伍;治癫痫抽搐者,可与郁金、白矾等份,研细末服;治破伤风之痉挛抽搐、角弓反张者,可与蜈蚣、天南星、蝉蜕等配伍;治中风之面瘫、口眼㖞斜,或面部肌肉抽动者,可与白僵蚕、白附子同用。

2. 疮疡肿毒,瘰疬结核　本品辛散有毒,以毒攻毒,能解毒散结。治诸疮肿毒,可与栀子配伍,用麻油煎黑去渣,入黄蜡为膏外敷。治瘰疬、瘿瘤、流注,常与半夏、马钱子、五灵脂等同用。

3. 风湿顽痹,偏正头痛　本品味辛行散,善于通络止痛。治风寒湿痹之筋脉拘挛,甚则关节变形之顽痹,可单用研末服,或与僵蚕同用。治顽固性偏正头痛,可与川芎、白芷、细辛等配伍。

【用法用量】内服:3~6g,煎汤,或入丸散;研末吞服,每次0.6~1g。外用:适量,研末掺、熬膏或油浸涂敷。

【使用注意】血虚生风者及孕妇禁用。

【现代研究】

1. 化学成分　主要含蝎毒、甜菜碱、三甲铵、牛磺酸、棕榈酸、硬脂酸、胆甾醇、卵磷脂、铵盐、氨基酸等。

2. 药理作用　有抗惊厥、抗癫痫、镇痛、抗血栓形成、抗动脉硬化、降血压、抑菌、抗肿瘤、增强心肌收缩力同时引起心率减慢和心律不齐等作用。蝎毒可直接引起骨骼肌自发性抽搐和强直性痉挛,最终致不可逆性麻痹,并表现出明显的细胞毒性作用。

蜈蚣　wúgōng

本品首载于《神农本草经》。为蜈蚣科动物少棘巨蜈蚣 *Scolopendra subspinipes mutilans* L. Koch 的干燥体。主产于江苏、浙江、湖北等地。春、夏二季采收。以条大、头红、足红棕色、身墨绿色、头足完整、腹干瘪者为佳。生用。

【处方用名】蜈蚣。

【主要药性】辛,温;有毒。归肝经。

【功效】息风镇痉,攻毒散结,通络止痛。

【应用】

1. 痉挛抽搐　本品味辛性温,性善走窜,通达内外,搜风定搐力强,为息风止痉要药。治多种原因引起的痉挛抽搐,常与全蝎相须为用。治小儿急惊风,可与胆南星、天竺黄、全蝎同用;治破伤风,可与天南星、防风等同用;治癫痫抽搐,可与黄连、天竺黄、龙胆等配伍。

2. 疮疡肿毒,瘰疬结核　本品味辛可散结,有毒可以毒攻毒。治恶疮肿毒,可与雄黄、猪胆汁配伍制膏外敷;治瘰疬溃烂,可与茶叶共为细末外敷;治毒蛇咬伤,可焙黄研细末,开水送服,或与黄连、大黄、生甘草等同用。

3. 风湿顽痹,偏正头痛　本品味辛行散,有良好的通络止痛功效。治风湿痹痛、关节拘挛、痛势剧烈者,可与麝香少许共为细末,温酒送服,也可与白花蛇、乳香、没药等配伍;治顽固性头痛或偏正头痛,可单用为末服或与川芎、僵蚕、地龙等配伍。

【用法用量】内服:3~5g;煎汤,或入丸、散;研末,0.5~1g。外用:适量,研末敷、油浸或研末调敷。

【使用注意】本品有毒,用量不宜过大。血虚生风者及小儿孕妇禁用。

【现代研究】

1. 化学成分　主要含两种类似蜂毒的毒性成分,多种不饱和脂肪酸、游离氨基酸和水解氨基酸、糖类、蛋白质、脂肪油、胆甾醇、蚁酸、多种氨基酸及多种微量元素。

2. 药理作用　有中枢抑制、抗惊厥、抗炎、镇痛、延缓衰老、抗氧化、抗肿瘤、抑菌、扩张血管、降血压、抗心肌缺血、加强心肌收缩力、抗疲劳、抗缺氧、溶血和组织胺样作用。

僵蚕 jiāngcán

本品首载于《神农本草经》。为蚕蛾科昆虫家蚕 *Bombyx mori* Linnaeus 4~5 龄的幼虫感染(或人工接种)白僵菌 *Beauveria bassiana*(Bals.)Vaillant 而致死的干燥体。主产于浙江、江苏、四川等地。多于春、秋季采收。以条直、肥壮、质坚、色白、断面光亮者为佳。生用或制用。

【处方用名】僵蚕、白僵蚕、炒僵蚕。

【主要药性】咸、辛,平。归肝、肺、胃经。

【功效】息风止痉,祛风止痛,化痰散结。

【应用】

1. 惊痫抽搐　本品味咸辛,入肝、肺二经,既能息风止痉,又能化痰定惊,对惊风、癫痫挟痰热者尤为适宜。治小儿急惊风之高热、神昏、抽搐者,可与牛黄、全蝎、黄连等同用;治脾虚久泻所致慢惊风之四肢抽动者,可与党参、白术等配伍;治破伤风之痉挛抽搐、角弓反张者,可与蜈蚣、全蝎等配伍;治痫证发作之手足抽搐、神志不清者,可与石菖蒲、郁金、白附子等同用。治中风中经络、口眼㖞斜或中风肢体麻木、半身不遂者,可与全蝎、白附子等同用。

2. 风热头痛,目赤,咽痛,风疹瘙痒　本品辛散,入肝、肺二经,有祛风明目、利咽、止痛、止痒之功。治风热之目赤肿痛、头痛、迎风流泪者,常与桑叶、木贼、荆芥等配伍;治外感之咽喉肿痛、声音嘶哑者,常与桔梗、薄荷、荆芥等同用;治风疹瘙痒,可单用,或与蝉蜕、薄荷等同用。

3. 痰核,瘰疬　本品味咸性平,能化痰软坚散结。治痰核、瘰疬,可与浙贝母、夏枯草、玄参等配伍。

【用法用量】内服:5~10g,煎汤,或入丸、散;研末,1~3g。外用:适量,煎水洗;研末撒或调敷。一般炒用,散风热宜生用。

【现代研究】

1. 化学成分　主要含蛋白质、草酸铵、脂肪、多种氨基酸及多种微量元素。

2. 药理作用　有催眠、镇静、抗惊厥、抗癫痫、抗血凝、降血糖、抑菌、抑制肿瘤等作用。

【思考题】

1. 何谓息风止痉药? 简述息风止痉药的功效、主治。如何正确使用息风止痉药?

2. 如何正确使用羚羊角、牛黄、钩藤、天麻、地龙、蜈蚣、全蝎?

3. 简述羚羊角与牛黄、钩藤与天麻、全蝎与蜈蚣在功效、应用方面的异同点。

ER 各论第十七章　同步练习

（王颖芳）

第十八章　开窍药

【学习目标】

1. 掌握开窍药的含义、性能主治、应用要点。

2. 掌握麝香、石菖蒲的药性、功效、主治、性能特点、经典配伍以及用法用量、使用注意。熟悉冰片的功效、主治、某些特殊用法及使用注意。了解其余开窍药的功效、特殊用法及使用注意。

【含义】以开窍醒神为主要功效，主治闭证神昏的药物，称开窍药。因其气味芳香，又称芳香开窍药。

【性能主治】本类药物多具辛味，气芳香，其性辛香走窜，主归心经，具有通关开窍、启闭回苏、醒脑复神的作用，主要用治闭证神昏，如温病热陷心包，或痰热闭窍之神昏谵语，以及中风、惊风、癫痫等见猝然昏厥者。此外，有些开窍药兼有活血、行气、止痛、辟秽、解毒等功效，还可用于气血瘀滞之心腹疼痛、经闭、癥瘕，或用于湿浊中阻，食少腹胀，或用于痈疽疔疮、目赤、咽痛等。

【应用要点】

1. 对证用药　开窍药适用于闭证神昏。在使用时应注意各药的性能特点与闭证神昏个体表现的对应性。

2. 配伍用药　为了增强疗效，开窍药常相须配伍使用。同时应根据病因、病机和兼证不同，与其他药物配伍使用。对闭证属寒者，应配伍温里散寒药；对闭证属热者，应配伍清热药。兼痰浊、瘀血、气滞者，相应配伍化痰、活血、行气之药；兼痉挛抽搐、烦躁不安者，应配伍息风止痉、安神定惊药物。

3. 注意事项　本类药物因药性辛香走窜，适用于神昏属闭证者，忌用于脱证。孕妇应禁用或慎用。开窍药多为救急、治标之品，易耗伤正气，只宜暂服，不可久用。因本类药物有效成分易于挥发，内服多不宜入煎剂，一般入丸剂、散剂服用。

麝香　shèxiāng

本品首载于《神农本草经》。为鹿科动物林麝 *Moschus berezovskii* Flerov、马麝 *Moschus sifanicus* Przewalski 或原麝 *Moschus moschiferus* Linnaeus 成熟雄体香囊中的干燥分泌物。主产于四川、西藏、云南等地。野生麝多在冬季至次春猎取，人工驯养麝多直接从香囊中取出麝香仁。以质柔软、有油性、块状颗粒的当门子多、香气浓烈者为佳。生用。《中国药典》规定,本品含麝香酮($C_{16}H_{30}O$)不得少于2.0%。

【处方用名】麝香、麝香仁。

【主要药性】辛,温。归心、脾经。

【功效】开窍醒神,活血通经,消肿止痛。

【应用】

1. 闭证神昏　本品辛温,气极香,走窜之性甚烈,有极强的通闭开窍作用,可用于各种原因所致的闭证神昏,为醒神回苏之要药。因其性温,故寒闭证尤宜。治中风痰厥、气郁暴厥、中恶昏迷等痰湿蒙蔽神明之寒闭神昏者,常与苏合香、安息香、檀香等配伍;治温病热陷心包、痰热闭窍,或小儿急热惊风等热闭神昏者,常与牛黄、冰片、朱砂等配伍。

2. 血瘀证　本品辛香开通走窜,可行血中之瘀滞,开经络之壅遏,而具活血通经止痛之效。故常用于多种血瘀证及瘀血阻络所致多种疼痛。治瘀血头痛,常与川芎、赤芍、桃仁等配伍;治心腹暴痛,常与木香、桃仁等配伍;治血瘀经闭,常与丹参、桃仁、红花等配伍;治癥瘕痞块,可与水蛭、虻虫、三棱等配伍。治风寒湿痹、顽固不愈者,可与独活、威灵仙、桑寄生等同用。治跌打损伤、骨折扭挫等,常与乳香、没药、红花等配伍内服或外用。

3. 疮疡肿毒,咽喉肿痛　本品辛香行散,有良好的活血散结,消肿止痛作用。治疮疡肿毒,常与牛黄、乳香、没药等同用。治咽喉肿痛,可与冰片、珍珠粉同用。

此外,本品活血通经,辛香走窜,力达胞宫,有催生下胎之效,用于难产、死胎、胞衣不下。

【用法用量】内服:0.03~0.1g,入丸、散。不宜入煎剂。外用:适量。

【使用注意】孕妇禁用。

【现代研究】

1. 化学成分　主要含麝香酮等大环化合物,睾丸酮、雌二醇、胆甾醇等甾族化合物。此外,还含多种氨基酸、尿囊素、蛋白激酶激活剂等。

2. 药理作用　有剂量依赖的中枢神经系统调节作用,小剂量兴奋中枢,大剂量抑制;并有抗缺血缺氧损伤、强心、抗炎和兴奋子宫、抗早孕、抗着床等作用。

冰片　bīngpiàn

本品首载于《新修本草》,为龙脑香科植物龙脑香 *Dryobalanops aromatica* Gaertn. f. 的树干经蒸馏所得的结晶,称"龙脑片",亦称"梅片";或由菊科植物艾纳香 *Blumea balsamifera* L.DC. 的新鲜叶经提取制成的结晶,称"艾片(左旋龙脑)";由樟科植物樟 *Cinnamomum camphora* (L.) Presl 的新鲜枝、叶经提取加工制成的结晶,称"天然冰片(右旋龙脑)"。用松节油、樟脑等经化学方法合成结晶,称"合成龙脑"(机制片)。龙脑香主产于东南亚地区;艾纳香主产于广东、广西、云南等地;天然冰片主产于江西、湖南。以片大而薄、色洁白、质松、气清香纯正者为佳。研粉用。《中国药典》规定,艾片含左旋龙脑以龙脑($C_{10}H_{18}O$)计不得少于85.0%;天然冰片含右旋龙脑($C_{10}H_{18}O$)不得少于96.0%;冰片(合成龙脑)含龙脑($C_{10}H_{18}O$)不得少于55.0%。

【处方用名】冰片、艾片、梅片。

【主要药性】辛、苦,微寒。归心、脾、肺经。

【功效】开窍醒神,清热止痛。

【应用】

1. 闭证神昏　本品味辛气香,有开窍醒神之功效,开窍之力较麝香为弱,二者常相须为用。冰片性偏寒凉,为凉开之品,更宜于热闭。治热病神昏、痰热内闭、暑热卒厥、小儿急惊风等热闭证,常与牛黄、麝香、黄连等配伍;治中风痰厥、气郁暴厥、中恶昏迷等寒闭证,多与麝香、苏合香、安息香等配伍。

2. 目赤肿痛,咽痛口疮,耳道流脓　本品苦寒,有清热、消肿、止痛之功,为五官科常用药。治目赤肿痛,可单用点眼,也可配伍炉甘石、硼砂、熊胆等制成眼药水;治疗咽喉肿痛、口舌生疮,常与硼砂、朱砂、玄明粉等配伍外用;治耳道流脓,可单用本品油调滴耳。

3. 疮疡肿毒,疮溃不敛,水火烫伤　本品有清热解毒、祛腐生肌作用。治疮毒肿痛或溃烂,可配伍牛黄、珍珠、炉甘石等外用,或配伍血竭、乳香等外用。治水火烫伤,可与枯矾配伍,溶于生理盐水局部喷洒,有显著止痛作用。

此外,本品入心经,有较好的止痛作用,可用于治疗冠心病心绞痛。

【用法用量】内服:0.15~0.3g,入丸、散。不宜入煎剂。外用:适量,研粉点敷患处。

【使用注意】孕妇慎用。

【现代研究】

1. 化学成分　龙脑冰片主要含右旋龙脑,艾片主要含左旋龙脑,合成冰片主要含消旋混合龙脑。

2. 药理作用　有耐缺氧、镇静、促渗透、抗炎、防腐等作用。

苏合香　sūhéxiāng

本品首载于《名医别录》。为金缕梅科植物苏合香树 *Liquidambar orientalis* Mill. 的树干渗出的香树脂经加工精制而成。主产于非洲、印度、土耳其等地,我国广西、云南有栽培。秋季剥取受损的树皮,榨取香树脂,精制。以棕黄色或暗棕色、半透明、质黏稠、香气浓者为佳。生用。《中国药典》规定,本品按干燥品计算,含肉桂酸($C_9H_8O_2$)不得少于 5.0%。

【处方用名】苏合香。

【主要药性】辛,温。归心、脾经。

【功效】开窍,辟秽,止痛。

【应用】

1. 寒闭神昏　苏合香辛温气香,有开窍醒神之力。长于温通、辟秽,故为治寒闭神昏之要药。治疗中风痰厥、惊痫等猝然昏倒属于寒邪、痰浊内闭者,常与麝香、安息香、檀香等配伍。

2. 胸痹心痛,胸闷腹痛　本品辛香温通,有化浊开郁、祛寒止痛之效。治寒凝气滞,或血瘀、痰阻之胸腹冷痛等症,常与檀香、沉香、冰片等配伍。

此外,本品能温通散寒,为治疗冻疮的良药,可用苏合香溶于乙醇中涂敷患处。

【用法用量】内服:0.3~1g,一般入丸剂。不入煎剂。外用:适量。

【现代研究】

1. 化学成分　主要含肉桂酸、月桂烯等挥发油。

2. 药理作用　有祛痰、抗菌、抗炎作用,并能增强机体耐缺氧能力,抑制血小板聚集,促进创伤愈合。

石菖蒲　shíchāngpú

本品首载于《神农本草经》。为天南星科植物石菖蒲 *Acorus tatarinowii* Schott. 的干燥根茎。主产于四川、浙江、江苏等地。秋、冬二季采收。以条长、粗肥、断面类白色、纤维性弱者为佳。生用。《中国药典》规定,含挥发油干燥药材不得少于 1.0%（ml/g）,饮片不得少于 0.7%（ml/g）。

【处方用名】石菖蒲、菖蒲。

【主要药性】辛、苦,温。归心、胃经。

【功效】开窍豁痰,醒神益智,化湿开胃。

【应用】

1. 痰蒙清窍,神昏癫痫　本品辛开苦燥温通,芳香走窜,有开窍醒神之功,兼能化湿、豁痰、辟秽。善治痰湿秽浊之邪蒙蔽清窍所致的神志昏乱。治中风痰迷心窍、神志昏乱、舌强不能语,常与半夏、天南星、橘红等配伍;治痰热蒙蔽,高热、神昏谵语者,可与郁金、半夏、竹沥等配伍;治癫狂痰热内盛者,可与远志、朱砂、生铁落等配伍。

2. 健忘失眠,耳鸣耳聋　本品芳香开窍、益心智、安心神、聪耳目。治健忘,常与人参、茯苓配伍;治劳心过度、心神失养引发的失眠、多梦、心悸怔忡,常与人参、酸枣仁等配伍;治耳聋耳鸣属肾虚者,可与磁石、熟地黄、山药等配伍。

3. 湿阻痞满,噤口痢　本品辛温芳香,善化湿醒脾开胃,治湿阻中焦证。治湿浊中阻、脘痞不饥,常与砂仁、苍术、厚朴等配伍。治疗湿浊、热毒蕴结肠中所致水谷不纳、痢疾后重之噤口痢,可与黄连、茯苓、石莲子等配伍。

【用法用量】内服:3~10g,煎汤,或入丸散。鲜品加倍。

【现代研究】

1. 化学成分　主要含 β- 细辛醚、α- 细辛醚、石竹烯、α- 葎草烯、石菖醚、细辛醚等挥发油,及氨基酸、有机酸和糖类。

2. 药理作用　有镇静、抗惊厥、解痉、平喘、抗心律失常、促进消化液分泌等作用。

附:

九节菖蒲　本品为毛茛科植物阿尔泰银莲花 *Anemone altaica* Fisch. 的根茎。主产于山西、陕西、河南等地。夏初采收。生用。性味辛,温;归心、肝、脾经。功能化痰开窍,安神,宣湿醒脾,解毒。适用于热病神昏,癫痫,气闭耳聋,多梦健忘,胸闷腹胀,食欲不振,风湿痹痛;外用治痈疽,疥癣。煎服,1.5~6g。或入丸、散。外用适量,煎水洗,或鲜品捣敷,或研末调敷。古本草石菖蒲以"一寸九节者良",故亦称九节菖蒲,两者有相似之处,但不得混淆。

安息香　ānxīxiāng

本品首载于《新修本草》。为安息香科植物白花树 *Styrax tonkinensis*（Pierre）Craib ex Hart. 的干燥树脂。主产于越南、泰国、印度尼西亚等国。收集树干损伤流出的树脂,阴干。以表面棕黄色、断面乳白色、显油润、香气浓、无杂质者为佳。生用。《中国药典》规定,本品含总香脂酸以苯甲酸 $(C_7H_6O_2)$ 计,不得少于 27.0%。

【处方用名】安息香。

【主要药性】辛、苦,平。归心、脾经。

【功效】开窍醒神,行气活血,止痛。

【应用】

1. 闭证神昏　本品辛苦性平,开窍之力弱,常配伍其他开窍药治疗闭证神昏。治中风痰厥、气郁暴厥、中恶昏迷属寒闭者,可与麝香、冰片、苏合香等配伍;治温病热邪闭窍,可与牛黄、麝香等配伍。治产后血晕、恶露不下者,可与五灵脂同用研末服。

2. 心腹疼痛,痹证　本品辛行苦泄,有行气活血止痛之功。治疗心腹疼痛、痹痛日久,可单用研末服,或与麝香、天麻、川芎等配伍。

【用法用量】内服:0.6~1.5g,入丸散。不入煎剂。外用适量。

【使用注意】阴虚火旺者忌服。

【现代研究】

1. 化学成分　主要含 3-苯甲酰泰国树脂酸酯、苯甲酸松柏醇酯等树脂类,以及苯甲酸、苯甲酸桂皮醇酯、香草醛等。

2. 药理作用　有祛痰、防腐作用。

【思考题】

1. 何为开窍药? 简述开窍药的功效、主治。如何正确使用开窍药?

2. 如何正确使用麝香、冰片、苏合香、石菖蒲?

3. 简述麝香与冰片在功效应用方面的异同点。

ER 各论第十八章　同步练习

(周　鹏)

第十九章 补虚药

【学习目标】

1. 掌握补虚药的含义、性能主治、应用要点;熟悉补虚药的分类及每节药物的性能特点。

2. 掌握人参、党参、黄芪、白术、甘草、鹿茸、淫羊藿、杜仲、续断、菟丝子、当归、熟地黄、白芍、阿胶、何首乌、北沙参、麦门冬、龟甲、鳖甲的药性、功效、主治、性能特点、经典配伍以及用法用量、使用注意。熟悉西洋参、山药、太子参、大枣、巴戟天、补骨脂、紫河车、肉苁蓉、天门冬、百合、石斛、黄精、玉竹、枸杞子、墨旱莲的功效、主治、某些特殊用法及使用注意。了解其余补虚药的功效、特殊用法及使用注意。

【含义】以补虚扶弱、纠正人体气血阴阳不足为主要作用,主治各种虚证的药物,称补虚药,又叫补益药。根据其药性和作用特点,补虚药分为补气药、补阳药、补血药和补阴药四类。

【性能主治】本类药物多具甘味,入五脏,扶助正气,补益精微,均具有补益之功,主治各种虚证。其中,药性偏温,以补气之功为主,适用于气虚证者,称为补气药;药性偏温热,以温肾助阳之功为主,适用于肾阳虚证者,称为补阳药;质地滋腻味厚,以补血之功为主,适用于血虚证者,称为补血药;质地滋腻而性偏寒凉,以补阴、生津之功为主,适用于阴虚证者,称为补阴药。此外,有些补虚药兼有祛寒、清热、收涩、安神、止咳平喘、润肠通便、明目等功效,可用于治疗寒证、热证、滑脱不禁、心神不安、咳嗽气喘、便秘、视物昏花等。

【应用要点】

1. 对证用药 补虚药适用于治疗虚证,在使用时,应根据气虚、血虚、阳虚、阴虚之不同,有针对性地选择补气药、补血药、补阳药、补阴药。在此基础上,应注意药物性能特点与虚证个体表现的对应性。

2. 配伍用药 为增强疗效,补虚药常相须配伍使用。同时应根据人体气血阴阳的关系和虚损的具体表现进行配伍。如阳虚、气虚并见者,补阳药和补气药配伍;阴虚、血虚并见者,补血药与补阴药配伍。气为血帅,血为气母,故补气药与补血药常配伍使用。"善补阳者必于阴中求阳,则阳得阴助而生化无穷;善补阴者必于阳中求阴,则阴得阳升而泉源不竭。"故补阳药与滋阴药常同用。邪盛正衰或正虚而邪未尽者,应配伍祛邪药,以扶正祛邪,邪去正复。应用补虚药常少量配伍理气、化湿、消食之品,以促进运化,防止气机壅滞、滋腻碍胃的不良作用。

3. 注意事项 使用补虚药应遵循对证用药原则,避免盲目使用,以免产生"误补益疾"之弊;

使用补虚药扶正祛邪,当分清主次,使祛邪而不伤正,补虚而不留邪;部分补虚药药性滋腻或易致气滞,妨碍脾胃运化,故湿阻中焦、脘腹胀满、便溏者不宜服用。入汤剂宜文火久煎,使药味尽出。虚证一般病程较长,为便于服用,多制成丸剂、膏剂、口服液等中成药制剂。

第一节　补气药

本节药物味多甘、性温或平,功效长于补气,主归脾、肺经,善补脾气和肺气,主治脾气虚证之食少便溏、体倦乏力,甚至脱肛、脏器下垂等症;肺气虚证之少气懒言、语声低微、咳喘无力等症。部分药物还有补心气、补肾气、补元气等功效,用于心气虚证、肾气虚证、元气亏虚证等。补气能促进津血化生,部分药物又兼生津、养血功效,故善治气阴两伤或气血两虚之证。

人参　rénshēn

本品首载于《神农本草经》。为五加科植物人参 *Panax ginseng* C. A. Mey. 的干燥根和根茎。主产于吉林、辽宁、黑龙江等地。秋季采收。以条粗、质较硬、完整者为佳。生用。《中国药典》规定,含人参皂苷 Rg_1($C_{42}H_{72}O_{14}$)和人参皂苷 Re($C_{48}H_{82}O_{18}$)的总量,干燥药材不得少于 0.30%,饮片不得少于 0.27%;人参皂苷 Rb_1($C_{54}H_{92}O_{23}$)的含量,干燥药材不得少于 0.20%,饮片不得少于 0.18%。

【处方用名】生晒参、红参、高丽参、野山参。

【主要药性】甘、微苦,微温。归脾、肺、心、肾经。

【功效】大补元气,复脉固脱,补脾益肺,生津养血,安神增智。

【应用】

1. 气虚欲脱证　本品甘温,能大补元气、复脉固脱,为拯危救脱之要药。治大吐、大泻、大汗、大失血或大病、久病所致元气虚极欲脱,气短神疲、脉微欲绝,可单用大量人参浓煎频服;治气虚欲脱兼亡阳肢冷者,常与附子同用;治气虚欲脱兼亡阴多汗者,常与麦冬、五味子同用。

2. 脾肺气虚证　本品甘微温,归脾、肺经,为补脾肺气之要药。治脾气虚之倦怠乏力、食少便溏,常与白术、茯苓、甘草同用;治肺气虚之咳嗽无力、气短喘促、痰多清稀,常与五味子、苦杏仁、紫菀等同用;治肺肾两虚之喘促气短,可与胡桃肉、蛤蚧等同用。

3. 气虚津伤口渴,消渴　本品既能补气,又能生津。治气津两伤之身热烦渴、口干舌燥,常与石膏、知母同用;治气阴两伤之消渴、口渴喜饮,常与黄芪、天花粉、五味子等同用。

4. 气血亏虚证　本品味甘,能补气以生血。治气血两虚之久病虚羸、气短乏力、面色无华、头晕目眩,常与当归、熟地黄、白术等同用。

5. 心神不宁　本品入心经,能补益心气,安神增智。治心气虚弱,心悸怔忡、失眠健忘多梦,常与黄芪、酸枣仁、茯苓等同用;治心脾两虚,气血不足,心悸、失眠者,常与黄芪、当归、龙眼肉等同用;治阴虚血少,虚烦神疲,常与熟地黄、当归、酸枣仁等同用。

此外,本品归肾经,又能补肾气、助肾阳。与鹿茸、肉苁蓉等同用,治肾阳虚衰、阳痿宫冷。若与解表药、攻里药配伍,能扶正祛邪。

【用法用量】内服:3~9g,另煎兑付;研粉吞服,一次 2g,一日 2 次。救治气虚欲脱证,可用至

15~30g。

【使用注意】不宜与藜芦、五灵脂同用。

【现代研究】

1. 化学成分　主要含人参皂苷、挥发油、单糖、多种维生素、氨基酸、胆碱、微量元素等成分。

2. 药理作用　有增强免疫、抗氧化、抗衰老、抗缺氧、强心、保护心肌、抗血栓形成、抗疲劳、降血脂、降血糖、抗动脉粥样硬化、抗休克、抗肝损伤、抗辐射、抗肿瘤等作用。

附：

人参叶　本品为五加科植物人参的干燥叶。性味苦、甘、寒；归肺、胃经。功能补气、益肺、祛暑、生津，临床多用于气虚咳嗽、暑热烦躁、津伤口渴、头目不清、四肢倦乏等。煎服，3~9g。不宜与藜芦、五灵脂同用。

西洋参　xīyángshēn

本品首载于《本草从新》。为五加科植物西洋参 *Panax quinquefolium* L. 的干燥根。主产于美国、加拿大等地，我国也有栽培。秋季采收。以表面横纹紧密、表面灰黄色、气清香、味浓者为佳。生用。《中国药典》规定，干燥药材和饮片含人参皂苷 Rg_1（$C_{42}H_{72}O_{14}$）、人参皂苷 Re（$C_{48}H_{82}O_{18}$）和人参皂苷 Rb_1（$C_{54}H_{92}O_{23}$）的总量不得少于 2.0%。

【处方用名】西洋参、花旗参。

【主要药性】甘、微苦，凉。归心、肺、肾经。

【功效】补气养阴，清热生津。

【应用】

1. 气阴两虚证　本品味甘能补，苦凉清热，为清补之品。治气阴两伤之气短息促、神疲乏力、心烦口渴，常与麦冬、五味子等同用；治火热耗伤肺脏气阴所致之短气喘促、咳嗽痰多或痰中带血等，常与麦冬、川贝母、玉竹等同用。

2. 热伤气阴，口燥咽干，消渴　本品既能益气养阴，又能清热生津。治热伤气津所致治身热汗多、口渴心烦、体倦少气、脉虚数者，常与西瓜翠衣、麦冬、竹叶等同用；治疗气阴两伤消渴，常与黄芪、天花粉、山药等同用。

【用法用量】内服：3~6g，另煎兑服。研粉吞服，一次 1~2g，一日 1~2 次。

【使用注意】脾阳虚衰、胃有寒湿者不宜使用。不宜与藜芦同用。

【现代研究】

1. 化学成分　主要含人参皂苷 Rg_1、Re、Rb_1 等多种三萜皂苷类成分，以及多糖、黄酮、挥发油、氨基酸、无机盐、微量元素等成分。

2. 药理作用　有增强免疫、抗疲劳、抗缺氧、抗肿瘤、抗心律失常、降血脂、降血糖、镇静等作用。

党参　dǎngshēn

本品首载于《本草从新》。为桔梗科植物党参 *Codonopsis pilosula*（Franch.）Nannf.、素花党参

Codonopsis pilosula Nannf. var. *modesta*（Nannf.）L. T. Shen 或川党参 *Codonopsis tangshen* Oliv. 的干燥根。主产于甘肃、山西等地。秋季采收。以条粗壮、质柔润、气味浓、嚼之无渣者为佳。生用或制用。

【处方用名】党参、潞党参、米炒党参。

【主要药性】甘,平。归脾、肺经。

【功效】健脾益肺,养血生津。

【应用】

1. 脾肺气虚证　本品味甘性平,不燥不腻,主归脾、肺经,与人参功效相似而药力和缓,为补中益气之佳品。治脾气虚证,食少倦怠、便溏等,常与白术、茯苓等同用;治肺气亏虚、咳嗽虚喘,常与黄芪、蛤蚧等同用。脾肺气虚轻证需用人参者,皆可以党参代之。

2. 气血不足证　本品有气血双补之功。治气血不足之面色萎黄、心悸气短,常与黄芪、当归等同用。

3. 津伤口渴,内热消渴　本品有气津双补作用。治气津两伤之气短口渴、内热消渴,常与麦冬、五味子等同用。

【用法用量】内服:9~30g,煎汤,或入丸散。

【使用注意】不宜与藜芦同用。

【现代研究】

1. 化学成分　主要含党参多糖、党参苷、党参内酯、植物甾醇、黄酮类、生物碱、香豆素类、无机元素、氨基酸、微量元素等成分。

2. 药理作用　有增强免疫功能、增强学习记忆、延缓衰老、改善胃肠功能、改善肺功能、抗炎、抗缺氧、抗疲劳、抗辐射、降血糖、调节血脂、抗心肌缺血等作用。

太子参　tàizǐshēn

本品首载于《中国药用植物志》。为石竹科植物孩儿参 *Pseudostellaria heterophylla*（Miq.）Pax ex Pax et Hoffm. 的干燥块根。主产于江苏、山东等地。夏季采收。以条粗、黄白色、无须根者为佳。生用。

【处方用名】太子参。

【主要药性】甘、微苦,平。归脾、肺经。

【功效】益气健脾,生津润肺。

【应用】

1. 脾气虚证　本品味甘微苦,性平偏凉,归脾经,能补脾气、养胃阴。治脾气虚弱、胃阴不足之体倦、食欲不振、口干舌燥,常与山药、北沙参等同用。

2. 气阴不足证　本品补气之力较弱,兼能养阴生津。治热病后期,气阴不足之倦怠自汗、口干渴,常与黄芪、五味子、麦冬等同用。

3. 肺燥干咳　本品归肺经,能补肺气、润肺燥。治肺气阴不足之燥咳痰少、舌红少苔,常与麦冬、南沙参、知母等同用。

【用法用量】内服:9~30g,煎汤,或入丸散。

【现代研究】

1. 化学成分　主要含太子参皂苷、太子参多糖、黄酮、多种氨基酸、微量元素等成分。

2. 药理作用　有增强免疫作用、抗疲劳、延缓衰老、改善记忆、降血糖、降血脂、止咳、祛痰、抗炎等作用。

黄芪　huángqí

本品首载于《神农本草经》。为豆科植物蒙古黄芪 *Astragalus membranaceus*（Fisch.）Bge. var. *mongholicus*（Bge.）Hsiao 或膜荚黄芪 *Astragalus membranaceus*（Fisch.）Bge. 的干燥根。主产于内蒙古。春、秋二季采收。以条粗长、断面黄白色、味甜、有粉性者为佳。生用或制用。《中国药典》规定，干燥药材和饮片含黄芪甲苷（$C_{41}H_{68}O_{14}$）不得少于 0.080%，毛蕊异黄酮葡萄糖苷（$C_{22}H_{22}O_{10}$）不得少于 0.020%。炙黄芪含黄芪甲苷（$C_{41}H_{68}O_{14}$）不得少于 0.060%，毛蕊异黄酮葡萄糖苷（$C_{22}H_{22}O_{10}$）不得少于 0.020%。

【处方用名】黄芪、炙黄芪、炒黄芪。

【主要药性】甘，微温。归肺、脾经。

【功效】补气升阳，固表止汗，利水消肿，生津养血，行滞通痹，托毒排脓，敛疮生肌。

【应用】

1. 气虚证　本品甘温，主归肺、脾经，既能补气，又能升举阳气，为补中益气之要药，尤善治中气下陷诸症。又能补气以生津、养血、摄血、行滞、通痹，适用于津伤口渴、血虚萎黄、气虚出血、气虚血滞等病症。治脾气虚弱之倦怠乏力、食少便溏等症，可单用熬膏或与党参配伍熬膏；治脾虚或兼脾不统血之便血崩漏，常与人参、白术等同用；治久泄脱肛、内脏下垂，常与人参、柴胡、升麻等配伍。治肺气虚弱之咳嗽无力、气短喘促、声低懒言，常与人参、五味子等同用。治气虚津伤之口渴、内热消渴，常与葛根、天花粉等同用。治血虚或气血两虚之面色萎黄、倦怠神疲，常与当归同用。治气虚血瘀之中风、半身不遂，常与当归、川芎等活血通络之品同用。治风湿痹痛，常配伍羌活、姜黄、当归等。

2. 表虚自汗　本品能补脾肺之气，益卫固表以止汗。治脾肺气虚之卫气不固、表虚自汗，常与白术、防风等同用。

3. 气虚水肿，小便不利　本品既补脾肺之气，又能利水消肿。为治气虚水肿之要药。善治脾虚水湿内停之水肿、小便不利，常与白术、茯苓等同用。

4. 痈疽难溃，久溃不敛　本品甘温补气，气旺以托毒排脓、敛疮生肌。治疮痈正虚毒盛，不能托毒外出，疮痈难溃，常与人参、穿山甲、白芷等同用；治疮痈后期，气血虚弱，脓水清稀，疮口难敛，常与人参、当归、肉桂等配伍。

【用法用量】内服：9~30g，煎汤，或入丸散。补气升阳宜蜜炙用，其余多生用。

【使用注意】凡表实邪盛，内有积滞，阴虚阳亢，疮痈初起或溃后热毒尚盛者，均不宜使用。

【现代研究】

1. 化学成分　主要含黄芪甲苷、毛蕊异黄酮葡萄糖苷、多糖、氨基酸等成分。

2. 药理作用　有增强免疫、抗衰老、利尿、促进造血、抗辐射、抗炎、抗肿瘤、降血脂、降血糖、保肝等作用。

白术 báizhú

本品首载于《神农本草经》。为菊科植物白术 *Atractylodes macrocephala* Koidz. 的干燥根茎。主产于浙江。冬季采收。以个大、质坚实、断面黄白色、香气浓者为佳。生用或制用。

【处方用名】白术、于术、炒白术、焦白术、麸炒白术。

【主要药性】苦、甘，温。归脾、胃经。

【功效】健脾益气，燥湿利水，止汗，安胎。

【应用】

1. 脾虚证　本品甘温补气，苦温燥湿，主归脾、胃经，既能补益脾气，又能健运脾胃，为补气健脾之专药。治脾胃气虚之倦怠乏力、食少便溏、腹胀腹泻，可单用熬膏服，或与人参、茯苓、甘草同用。

2. 痰饮眩悸，水肿　本品既能益气健脾，又能利水退肿、消痰饮。治脾虚痰饮内停眩晕、心悸，常与桂枝、茯苓、甘草同用；治脾虚水肿，常与茯苓、猪苓、泽泻等同用。

3. 气虚自汗　本品能益气健脾，固表止汗。治气虚不固、表虚自汗，可单用为末服，或与黄芪、防风同用。

4. 胎动不安　本品能益气健脾以安胎。治脾虚胎动不安，可与党参、黄芪、茯苓等配伍。若气虚兼热者，可再配伍黄芩等；若兼肾虚者，可再配伍桑寄生、杜仲、续断等；若兼气滞者，可再配伍紫苏梗、砂仁等；若兼胎漏下血者，可再配伍苎麻梗、阿胶、艾叶等。

【用法用量】内服：6~12g，煎汤，或入丸散。

【使用注意】阴虚内热及燥热伤津者慎用。

【现代研究】

1. 化学成分　主要含苍术醇、苍术酮、苍术醚等挥发油，白术内酯、双白术内酯等内酯类化合物，及白术多糖、果糖、菊糖、氨基酸、维生素 A 等成分。

2. 药理作用　有促进胃肠运动、增强免疫、抗衰老、保肝利胆、利尿、降血糖、抑制子宫平滑肌收缩、抗肿瘤、抗菌等作用。

山药 shānyào

本品首载于《神农本草经》。为薯蓣科植物薯蓣 *Dioscorea opposita* Thunb. 的干燥根茎。主产于河南。冬季茎叶枯萎后采收。以质坚实、粉性足、色白者为佳。生用或制用。

【处方用名】山药、怀山药、麸炒山药。

【主要药性】甘，平。归脾、肺、肾经。

【功效】补脾养胃，生津益肺，补肾涩精。

【应用】

1. 脾虚证　本品味甘性平，归脾经，既能补脾气，又能益脾阴，兼收涩止泻。治脾气虚之食少便溏、久泄不止，可单用研末服，或与人参、白术、茯苓等同用。治脾虚兼胃阴不足食少乏力、口干唇燥者，常与莲子、白扁豆、玉竹等同用。

2. 肺虚喘咳　本品归肺经，能补肺气、养肺阴。治肺虚久咳虚喘，常与南沙参、太子参等同用；

治肺肾两虚食少、虚热劳嗽、虚喘,可与熟地黄、山茱萸等配伍。

3. 肾虚遗精、带下、尿频　本品入肾经,补肾气、滋肾阴,兼具收涩之性。治肾虚不固的滑精、遗尿尿频、女子带下清稀等,常与益智、山茱萸等同用。治肾阴虚的腰膝酸软、遗精,常与熟地黄、山茱萸等同用。

4. 虚热消渴　本品性平,既能补脾肺肾之气,又能补脾肺肾之阴,为平补三焦气阴良药。治气阴两虚之消渴,可与黄芪、天花粉、知母等同用。

【用法用量】内服:15~30g,煎汤,或入丸散。麸炒可增强补脾止泻之力。

【现代研究】

1. 化学成分　主要含皂苷、黏液质、淀粉、胆碱、粗纤维、果胶、淀粉酶、微量元素等成分。

2. 药理作用　有调节胃肠功能、保护胃黏膜、提高免疫力、抗氧化、抗衰老、降血糖、降血脂、抗肿瘤、保肝等作用。

白扁豆　báibiǎndòu

本品首载于《名医别录》。为豆科植物扁豆 *Dolichos lablab* L. 的干燥成熟种子。全国大部分地区均产。秋、冬二季采收。以表面淡黄白色或淡黄色、有光泽、嚼之有豆腥气者为佳。生用或制用。

【处方用名】白扁豆、炒白扁豆。

【主要药性】甘,微温。归脾、胃经。

【功效】健脾化湿,和中消暑。

【应用】

1. 脾胃气虚证　本品味甘性温,主入脾胃经,补脾而不滋腻,化湿而不燥烈,能补气健脾、化湿和中。治脾虚湿滞、食欲不振、大便溏薄、白带过多等,常与人参、白术、茯苓等同用。

2. 暑湿吐泻,胸闷腹胀　本品能健脾化湿,和中消暑。治暑湿吐泻,可单用,亦常与荷叶、滑石等同用。治夏月乘凉饮冷,外感于寒,内伤于湿之阴暑证,常与香薷、厚朴等同用。

【用法用量】内服:9~15g,煎汤,或入丸散。健脾止泻宜炒用,和中消暑宜生用。

【现代研究】

1. 化学成分　主要含碳水化合物、蛋白质、脂肪、维生素、微量元素、泛酸、酪氨酸酶、胰蛋白酶抑制物、淀粉酶抑制物,以及血球凝集素 A、B 等成分。

2. 药理作用　有抗病毒、抑制痢疾杆菌、解毒、抗氧化、增强免疫等作用。

附:

1. 扁豆衣　本品为豆科植物扁豆的干燥种皮。性味甘、苦,温;归脾、大肠经。性能功效与扁豆相似,但健脾之力稍逊,功偏化湿。临床多用于脾虚有湿或暑湿所致的吐泻及脚气浮肿。煎服,5~10g。

2. 扁豆花　本品为豆科植物扁豆的干燥花蕾。性味甘、淡,平;归脾、胃经。功能消暑化湿,止泻、止带,临床多用于暑湿呕吐泄泻及白带过多。煎服,5~10g。

甘草　gāncǎo

本品首载于《神农本草经》。为豆科植物甘草 *Glycyrrhiza uralensis* Fisch.、胀果甘草 *Glycyrrhiza inflata* Bat. 或光果甘草 *Glycyrrhiza glabra* L. 的干燥根和根茎。主产于内蒙古、甘肃、新疆等地。春、秋二季采收。以外皮细紧、色棕红、质坚实、体重、断面黄白色、粉性足、味甜者为佳。生用或制用。《中国药典》规定,甘草苷($C_{21}H_{22}O_9$)的含量,干燥药材和炙甘草不得少于 0.50%,饮片不得少于 0.45%;甘草酸($C_{42}H_{62}O_{16}$)的含量,干燥药材不得少于 2.0%,饮片不得少于 1.8%,炙甘草不得少于 1.0%。

【处方用名】甘草、粉甘草、炙甘草。

【主要药性】甘,平。归心、肺、脾、胃经。

【功效】补脾益气,清热解毒,祛痰止咳,缓急止痛,调和诸药。

【应用】

1. 脾气虚证　本品味甘补益,入脾、胃经,能补脾益气。治脾气虚弱、倦怠乏力、食少便溏,常与人参、白术、茯苓同用。

2. 心气不足,心悸气短,脉结代　本品味甘,入心经,善补益心气、益气复脉。治心气不足所致的心动悸、脉结代,常与人参、桂枝、阿胶等同用。

3. 痈肿疮毒,咽喉肿痛　本品生用药性偏凉,能清热解毒。治热毒疮痈,可单用煎汤浸渍,或与金银花、连翘、紫花地丁等同用。治热毒上攻、咽喉肿痛,可单用煎服,或与桔梗、山豆根、牛蒡子等配伍。

4. 咳嗽痰多　本品性平,归肺经,能祛痰止咳,用于咳喘无论寒热虚实或有痰无痰,均可随证配伍使用。治风寒咳嗽,常与麻黄、苦杏仁配伍;治肺热咳喘,常与石膏、麻黄、苦杏仁同用;治寒痰咳喘,常与干姜、细辛等同用;治湿痰咳嗽,常与半夏、陈皮、茯苓配伍。

5. 脘腹、四肢挛急疼痛　本品味甘能缓,长于缓急止痛。治疗脾虚肝旺的脘腹挛急作痛,或阴血不足的四肢挛急作痛,常与白芍相须为用。

6. 缓解药物烈性、毒性　本品甘平,药性和缓,调和诸药,能缓和烈性或减轻毒副作用。如调胃承气汤中与大黄、芒硝同用,缓和峻下之力,使泻不伤正;四逆汤中与附子、干姜同用,防止温燥伤阴,降低附子的毒性。对药物或食物的中毒,以本品单用煎服或与蜂蜜、黑豆、绿豆等配伍用。

【用法用量】内服:2~10g,煎汤,或入丸散。

【使用注意】湿盛胀满、水肿者不宜使用。不宜与海藻、京大戟、甘遂、芫花同用。大剂量久服可导致水钠潴留,引起浮肿。

【现代研究】

1. 化学成分　主要含甘草苷、异甘草素等黄酮类,甘草酸、甘草次酸等三萜类,以及生物碱、多糖、香豆素、氨基酸、微量元素等成分。

2. 药理作用　有抗心律失常、抗溃疡、抑制胃酸分泌、缓解胃肠平滑肌痉挛、镇痛、镇咳、祛痰、平喘、抗利尿、降血脂、保肝、抗肿瘤、抗菌、抗病毒、抗炎、抗过敏等作用。

大枣　dàzǎo

本品首载于《神农本草经》。为鼠李科植物枣 *Ziziphus jujuba* Mill. 的干燥成熟果实。主产于山东、河北、河南等地。秋季果实成熟时采收。以个大、色红、肉厚、味甜者佳。生用。

【处方用名】大枣、红枣。

【主要药性】甘,温。归脾、胃、心经。

【功效】补中益气,养血安神。

【应用】

1. 脾虚证 本品甘温入脾经,能补中益气。治脾虚食少、乏力便溏,可用本品与糯米或小米熬粥,或与黄芪、白术、党参等同用。

2. 妇人脏躁,失眠 本品味甘,归心脾经,能补中益气、养血安神。治妇人脏躁、精神恍惚、心中烦乱,常与小麦、甘草同用;治血虚面色萎黄、心悸失眠,常与当归、熟地黄、酸枣仁等同用。

此外,本品味甘,有缓和药物毒性、烈性作用,如十枣汤中用本品缓和甘遂、大戟、芫花的毒性和烈性。

【用法用量】内服:6~15g,宜剪破入煎汤,或入丸散。

【使用注意】湿盛中满或有积滞、痰热者不宜服用。

【现代研究】

1. 化学成分 主要含多糖类、有机酸、三萜类、黄酮类、生物碱类、维生素、氨基酸、微量元素等成分。

2. 药理作用 有增强免疫、延缓衰老、抗疲劳、镇静、催眠、抗氧化、保肝、抗肿瘤、降血压、降血脂、抗炎、抗过敏等作用。

刺五加 cìwǔjiā

本品首载于《全国中草药汇编》。为五加科植物刺五加 *Acanthopanax senticosus*(Rupr. et Maxim.)Harms 的干燥根和根茎或茎。主产于黑龙江。春、秋二季采收。以质坚硬、断面黄白色、有特异香气浓者佳。生用。《中国药典》规定,干燥药材、饮片含紫丁香苷($C_{17}H_{24}O_9$)均不得少于0.050%。

【处方用名】刺五加。

【主要药性】辛、微苦,温。归脾、肾、心经。

【功效】益气健脾,补肾安神。

【应用】

1. 脾肺气虚 本品性温,入脾经,能益气健脾。治脾肺气虚,倦怠乏力,食欲不振,少气懒言,常与黄芪、白术等同用。

2. 肺肾两虚,久咳虚喘 本品能益肺补肾。治肺肾两虚,久咳虚喘,常与人参、五味子、蛤蚧等同用。

3. 肾虚腰膝酸软 本品性温归肾经,能温肾助阳。治肾阳虚腰膝酸软,可单用,或与杜仲、续断、桑寄生等同用。

4. 心脾不足,失眠多梦 本品归脾、心经,有补益心脾、安定神志之功。治心脾两虚,心神失养之失眠、多梦、健忘等,常与酸枣仁、远志、石菖蒲等同用。

【用法用量】内服:9~27g,煎汤,或入丸散。

【现代研究】

1. 化学成分 主要含刺五加苷、紫丁香苷等多种苷类成分,及多糖、脂肪酸、醌类等。

2. 药理作用　有提高免疫、抗疲劳、抗氧化、抗心肌缺血、抗衰老、降血糖、抗肿瘤、抗菌、抗病毒等作用。

绞股蓝　jiǎogǔlán

本品首载于《救荒本草》。为葫芦科植物绞股蓝 *Gynoacemma pentaphllum* (Thunb.) Mak 的干燥地上部分。主产于陕西、福建等地。秋季采收。以叶多、气香者佳。生用。

【处方用名】绞股蓝。

【主要药性】甘、苦，寒。归脾、肺经。

【功效】益气健脾，化痰止咳，清热解毒。

【应用】

1. 脾气虚证　本品味甘补益，归脾经，能益气健脾。治脾胃气虚、倦怠乏力、食少纳差等，常与白术、茯苓等同用。

2. 肺虚咳嗽　本品味甘性寒，入肺经，能益肺气、清肺热，化痰止咳。治疗肺气阴两虚、干咳痰黏等，常与川贝母、百合等同用。

3. 咽喉肿痛　本品能清热解毒，用治热毒上攻之咽喉肿痛，常与板蓝根、山豆根等同用。

【用法用量】内服：10~20g，煎汤，或泡服。

【现代研究】

1. 化学成分　主要含绞股蓝皂苷、人参皂苷等多种皂苷，以及多糖、黄酮类、无机元素、维生素、磷脂、有机酸、生物碱、蛋白质等成分。

2. 药理作用　有提高免疫、改善记忆、延缓衰老、抗疲劳、抗缺氧、降血脂、降血糖、保肝、抗胃溃疡、抗肿瘤、抗血栓形成、镇静催眠、镇痛等作用。

红景天　hóngjǐngtiān

本品首载于《四部医典》。为景天科植物大花红景天 *Rhodiola crenulata* (Hook. f. et Thoms.) H. Ohba 的干燥根和根茎。主产于西藏、青海、云南等地。秋季采收。以断面粉红色、气芳香者佳。生用。《中国药典》规定，干燥药材含红景天苷（$C_{14}H_{20}O_7$）不得少于 0.50%。

【处方用名】红景天。

【主要药性】甘、苦，平。归肺、心经。

【功效】益气活血，通脉平喘。

【应用】

1. 气虚血瘀，胸痹心痛，中风偏瘫　本品甘补苦泄，能益气活血。治气虚血瘀所致的胸痹心痛，心悸气短，神疲乏力，少气懒言，常与黄芪、三七等同用；治中风后遗症，半身不遂，偏身麻木，言语不清，口舌㖞斜，属气虚血瘀者，常与黄芪、川芎、地龙等同用；属肝肾不足者，常与杜仲、续断等同用。

2. 肺气虚，倦怠气喘　本品味甘，入肺经，能益气平喘。治肺虚喘咳，常与人参、黄芪、五味子等同用。

【用法用量】内服：3~6g，煎汤，或入丸散。

【现代研究】

1. 化学成分　主要含红景天苷、红景天苷元、多糖类、黄酮类、挥发油类、有机酸类、无机元素、脂肪类化合物等成分。

2. 药理作用　有抗疲劳、抗缺氧、抗心肌缺血、抗心律失常、改善心功能、抗寒冷、抗辐射、抗应激、抗衰老、抗病毒、改善学习记忆能力、调节免疫、降血脂、降血糖、抗肿瘤等作用。

饴糖　yítáng

本品首载于《名医别录》。为米、麦、粟、黍等粮食，经发酵糖化制成。全国大部分地区均产。分软、硬两种，软者称胶饴，硬者称白饴糖，均可入药，以胶饴为佳。以色浅黄、质黏稠、味甘无杂味者为佳。生用。

【处方用名】饴糖、胶饴、白饴糖。

【主要药性】甘，温。归脾、胃、肺经。

【功效】补中益气，缓急止痛，润肺止咳。

【应用】

1. 脾胃虚寒，脘腹疼痛　本品味甘性温，归脾、胃经，能补中益气、缓急止痛。治脾胃虚寒之脘腹冷痛，可单用。若脾胃虚寒、肝木乘土之里急腹痛，常与白芍、桂枝、甘草等同用；若气虚甚者，常配伍黄芪、炙甘草等；若中虚寒盛而脘腹痛甚者，常与干姜、川椒同用。

2. 肺虚燥咳　本品甘温质润，归肺经，能补气润肺止咳。治咽喉干燥、喉痒咳嗽，可单用本品噙咽。治肺虚久咳、干咳痰少，常与人参、阿胶、苦杏仁等同用。

【用法用量】内服：15~20g，烊化。

【使用注意】湿热内郁、中满吐逆、痰热咳嗽、小儿疳积者不宜使用。

【现代研究】

化学成分　主要含麦芽糖、蛋白质、脂肪、维生素 B_2、维生素 C 等成分。

蜂蜜　fēngmì

本品首载于《神农本草经》。为蜜蜂科昆虫中华蜜蜂 *Apis cerana* Fabricius 或意大利蜂 *Apis mellifera* Linnaeus 所酿的蜜。全国大部分地区均产。春至秋季采收。以稠如凝脂、气芳香、味甜而纯正者为佳。生用。《中国药典》规定，干燥药材含果糖（$C_6H_{12}O_6$）和葡萄糖（$C_6H_{12}O_6$）的总量不得少于 60.0%，果糖与葡萄糖含量比值不得小于 1.0。

【处方用名】蜂蜜、石蜜。

【主要药性】甘，平。归肺、脾、大肠经。

【功效】补中，润燥，止痛，解毒；外用生肌敛疮。

【应用】

1. 脾气虚证，脘腹虚痛　本品味甘入脾经，补脾气；性平，作用缓和；可药可食。治中焦虚寒之脘腹疼痛、喜温喜按，可单用，或与白芍、甘草等同用。

2. 肺燥干咳　本品味甘，入肺经，能润肺止咳。治肺虚久咳或肺燥咳嗽，常与桑叶、川贝母、阿胶等同用。

3. 肠燥便秘　本品质滋润,入大肠经,能润肠通便。治肠燥便秘,可单用,或与当归、生地黄、肉苁蓉等同用。

4. 解乌头类药毒　本品善解乌头类药毒,与乌头类药物同煎,能减低其毒性。服用乌头类药物中毒者,大剂量服用本品,有一定的解毒作用。

5. 疮疡不敛,水火烫伤　本品外用能生肌敛疮。治疮疡久溃不敛,烧烫伤,可外敷患处。

此外,常作为炮制辅料,增强部分药物的补益或润肺止咳之力;作为丸剂、膏剂的赋性剂,有矫味和黏合的作用。

【用法用量】内服:15~30g,冲服或入丸散。

【使用注意】湿阻中满,湿热痰滞,便溏泄泻者应慎用。

【现代研究】

1. 化学成分　主要含果糖和葡萄糖,及蔗糖、麦芽糖、糊精、挥发油、有机酸、蜡质、酶类、维生素、微量元素等成分。

2. 药理作用　有增强免疫、解毒、促使排便、保肝、降血糖、降血脂、降血压等作用。

第二节　补阳药

本节药物性味多为甘温,主归肾经,具有补肾阳功效,主治肾阳不足,畏寒肢冷,腰膝酸软,性欲淡漠,阳痿早泄,精薄不育或宫冷不孕,尿频遗尿,崩漏带下;脾肾阳虚,五更泄泻,或阳虚水泛之水肿;精血亏虚之眩晕耳鸣,须发早白,筋骨萎软或小儿五迟;肺肾两虚,肾不纳气等。

鹿茸　lùróng

本品首载于《神农本草经》。为鹿科动物梅花鹿 *Cervus nippon* Temminck 或马鹿 *Cervus elaphus* Linnaeus 的雄鹿未骨化密生茸毛的幼角。前者习称"花鹿茸",后者习称"马鹿茸"。主产于吉林、辽宁、黑龙江等地。夏、秋二季采收。以茸形粗壮、饱满、皮毛完整、质嫩、油润、无骨棱,无钉者为佳。切片或研细粉用。

【处方用名】鹿茸、鹿茸片、鹿茸粉。

【主要药性】甘、咸,温。归肾、肝经。

【功效】补肾阳,益精血,强筋骨,调冲任,托疮毒。

【应用】

1. 肾阳虚衰,精血不足　本品甘咸性温,入肾经,属纯阳之性,具生发之气,故能峻补肾阳,益精血。治肾阳亏虚、精血不足,可单用或与山药、熟地黄、山茱萸等配伍;治阳痿不举、小便频数,可与山药浸酒服;治精血耗竭、面色黧黑、耳聋目昏等,常与当归、熟地黄等配伍;治疗诸虚百损、五劳七伤、元气不足、畏寒肢冷、阳痿早泄、宫冷不孕、小便频数等证,常与人参同用。

2. 肾虚骨弱,筋骨萎软,小儿五迟　本品入肝经,既补肾阳,又强筋骨。治筋骨萎软或小儿发育迟缓,齿迟、行迟、囟门闭合迟等,常与五加皮、熟地黄等同用;治骨折后期、愈合不良,可与骨碎补、续断等同用。

3. 冲任虚寒,崩漏带下　本品补肾阳,益精血而兼能固冲止带。治冲任虚寒、崩漏不止、虚损羸瘦,常与山茱萸、续断等同用;治白带量多清稀,可与桑螵蛸、菟丝子等同用。

4. 阴疽内陷不起,疮疡久溃不敛　本品补阳气、益精血而有托毒生肌之功。治阴疽疮肿之内陷不起或疮疡久溃不敛,常与熟地黄、肉桂等同用。

【用法用量】内服:1~2g,研末冲服。

【使用注意】服用本品宜从小量开始,缓缓增加,不可骤用大量。热证、阴虚阳亢者均当忌服。

【现代研究】

1. 化学成分　主要含氨基酸类、脂肪酸、脂类、活性肽、多糖以及多种无机元素。

2. 药理作用　有性激素样作用,增强机体细胞免疫和体液免疫,促进造血功能,促进伤口、骨折的愈合,抗溃疡,抗心肌缺血,提高耐缺氧能力,并有抗诱变、抗炎、保肝、酶抑制、抗肿瘤等作用。

附:

1. 鹿角　本品为鹿科动物马鹿或梅花鹿已骨化的角或锯茸后翌年春季脱落的角基,分别习称"马鹿角""梅花鹿角""鹿角脱盘"。性味咸、温;归肾、肝经。功效温肾阳,强筋骨,行血消肿。适用于肾阳不足,阳萎遗精,腰脊冷痛,阴疽疮疡,乳痈初起,瘀血肿痛。煎服,6~15g。阴虚火旺者忌服。

2. 鹿角胶　本品为鹿角经水煎煮、浓缩制成的固体胶。性味甘、咸,温;归肾、肝经。功效温补肝肾,益精养血。适用于肝肾不足所致的腰膝酸冷,阳痿遗精,虚劳羸瘦,崩漏下血,便血尿血,阴疽肿痛。烊化兑服,3~6g。阴虚火旺者忌服。

3. 鹿角霜　本品为鹿角去胶质的角块。味咸、涩,性温;归肝、肾经。功效温肾助阳,收敛止血。适用于脾肾阳虚,白带过多,遗尿尿频,崩漏下血,疮疡不敛。煎服,9~15g。阴虚火旺者忌服。

紫河车　zǐhéchē

本品首载于《本草拾遗》。为健康人的干燥胎盘。以完整,色黄,血管内无残血者为佳。

【处方用名】紫河车、胎盘、人胞。

【主要药性】甘、咸、温。归肺、肝、肾经。

【功效】温肾补精,益气养血。

【应用】

1. 肾阳不足,精血亏虚　本品补肾阳,益精血,适用于肾阳不足,精血衰少诸症。治阳痿遗精、腰膝酸软、月经不调、头晕耳鸣、男子不育、女子不孕等,可单用研末服,或与熟地黄、鹿角胶、淫羊藿等配伍。

2. 肺肾两虚,久咳虚喘,骨蒸劳嗽　本品入肺、肾经,能补肺气、益肾精、纳气平喘。治肺肾两虚气喘,可单用,也可与人参、蛤蚧、冬虫夏草等同用;治咳喘兼有阴虚内热者,可与天冬、黄柏、龟甲等配伍。

3. 气血两虚证　本品能益气补养精血,适用于久病虚损劳积诸症。治气血亏虚气短羸瘦、面色萎黄或产后乳汁短少等,可单用,或与人参、黄芪、当归等同用。

【用法用量】内服:2~3g,研末吞服。

【使用注意】阴虚火旺者不宜单独应用。

【现代研究】

1. 化学成分　主要含多种抗体、干扰素、B-抑制因子、多种激素、溶菌酶、激肽酶、组胺酶、红细胞生成素、多糖、氨基酸等。

2. 药理作用　有激素样作用,促进乳腺、子宫、阴道、卵巢以及睾丸等发育,提高免疫功能,减轻疲劳,改善睡眠,增强红细胞、血色素和网质红细胞的新生,增强再生过程,延缓衰老、提高耐缺氧能力、强心、抗过敏、抗溃疡等作用。

淫羊藿　yínyánghuò

本品首载于《神农本草经》。为小檗科植物淫羊藿 *Epimedium brevicornu* Maxim.、箭叶淫羊藿 *Epimedium sagittatum*(Sieb. et Zucc.) Maxim.、柔毛淫羊藿 *Epimedium Pubescens* Maxim. 或朝鲜淫羊藿 *Epimedium koreanum* Nakai 的干燥叶。主产于山西、四川、湖北等地。夏、秋季采收。以梗少、叶多、色黄绿、叶整齐不碎者为佳。生用或制用。《中国药典》规定,含淫羊藿苷($C_{33}H_{40}O_{15}$),干燥药材不得少于0.50%、淫羊藿饮片不得少于0.40%。炙淫羊藿含淫羊藿苷($C_{33}H_{40}O_{15}$)和宝藿苷 I($C_{22}H_{30}O_{10}$)的总量不得少于0.60%。

【处方用名】淫羊藿、仙灵脾、炙淫羊藿。

【主要药性】辛、甘,温。归肝、肾经。

【功效】补肾阳,强筋骨,祛风湿。

【应用】

1. 肾阳虚证　本品辛甘性温燥烈,功效补肾阳,长于壮阳起痿。治肾阳虚衰之男子阳痿不育,可单用浸酒服,或与肉苁蓉、巴戟天、杜仲等同用。

2. 风寒湿痹　本品辛温散寒,祛风湿,又能强筋骨。治风寒湿痹日久,肝肾不足、筋骨不健,或素体肾阳不足、筋骨不健而患风湿痹证者,常与威灵仙、巴戟天、附子等同用。

【用法用量】内服:6~10g,煎汤,或入丸散。

【使用注意】阴虚火旺者不宜使用。

【现代研究】

1. 化学成分　主要含淫羊藿苷、宝藿苷 I、宝藿苷 II、淫羊藿次苷 I、淫羊藿次苷 II、大花淫羊藿苷 A 等黄酮,以及木质素、生物碱及挥发油等成分。

2. 药理作用　有雄激素样及植物雌激素样活性,增强动物的性功能,影响心血管系统、骨髓和造血系统功能,抗骨质疏松,改善学习记忆能力,抗辐射,抗肿瘤等作用。

巴戟天　bājǐtiān

本品首载于《神农本草经》。为茜草科植物巴戟天 *Morinda officinalis* How 的干燥根。主产于广东、广西等地。全年均可采收。以条大、肥壮、连珠状、肉厚、色紫者为佳。生用或制用。《中国药典》规定,本品含耐斯糖($C_{24}H_{42}O_{21}$)不得少于2.0%。

【处方用名】巴戟天、巴戟肉、盐巴戟天、制巴戟天。

【主要药性】甘、辛,微温。归肾、肝经。

【功效】补肾阳,强筋骨,祛风湿。

【应用】

1. 肾阳虚证　本品甘润不燥,入肾经,补肾助阳,并能强筋骨。治虚羸阳道不举,可与牛膝浸酒服;治肾阳虚弱,命门火衰之阳痿不育,可与淫羊藿、仙茅、枸杞子等配伍。

2. 风湿痹痛,筋骨痿软　本品辛温能散,甘温补肾,既祛风湿,又补肾阳,故能祛风湿、强筋骨。治肾虚骨痿、腰膝酸软,可与肉苁蓉、杜仲、菟丝子等同用;治风冷腰胯疼痛、行步不利,可与羌活、杜仲、五加皮等配伍。

【用法用量】内服:3~10g,煎汤,或入丸散。

【使用注意】阴虚火旺者不宜使用。

【现代研究】

1. 化学成分　主要含甲基异茜草素、甲基异黄草素-1-甲醚、大黄素甲醚等蒽醌类成分,环烯醚萜及低聚糖等成分。

2. 药理作用　对精子的膜结构和功能具有明显的保护作用、并改善精子的运动功能和穿透功能,能诱导骨髓基质细胞向成骨细胞分化;有延缓衰老、抗抑郁、抗肿瘤等作用。

仙茅　xiānmáo

本品首载于《海药本草》。为石蒜科植物仙茅 *Curculigo orchioides* Gaertn. 的干燥根茎。主产于四川、云南、贵州等地。秋、冬二季采收。以条粗、质坚、表面色黑者为佳。生用或制用。《中国药典》规定,含仙茅苷($C_{22}H_{26}O_{11}$),干燥药材不得少于0.10%、饮片不得少于0.080%。

【处方用名】仙茅、生仙茅、制仙茅。

【主要药性】辛,热;有毒。归肾、肝、脾经。

【功效】补肾阳,强筋骨,祛寒湿。

【应用】

1. 肾阳不足,命门火衰　本品辛热燥烈。善补命门而兴阳。治疗命门火衰之阳痿早泄及精寒不育,常与淫羊藿、巴戟天等同用。

2. 腰膝冷痛,筋骨痿软　本品辛散燥烈,能散寒湿、强筋骨,常与杜仲、独活、附子等配伍。

3. 阳虚冷泻　本品温补肾阳而能止泻,用治阳虚冷泻,可与补骨脂、益智仁等药同用。

【用法用量】内服:3~10g,煎汤,或入丸散。

【使用注意】本品燥热有毒,不宜过量、久服,阴虚火旺者忌服。

【现代研究】

1. 化学成分　主要含仙茅苷等酚苷类成分,仙茅皂苷 A~M,仙茅素 A、B、C 等三萜类成分,石蒜碱等生物碱类成分。

2. 药理作用　有抗衰老、免疫促进、调节下丘脑-垂体-性腺轴功能、保肝、保护心血管系统、降血糖等作用。

杜仲　dùzhòng

本品首载于《神农本草经》。为杜仲科植物杜仲 *Eucommia ulmoides* Oliv. 的干燥树皮。

主产于陕西、四川、云南等地。4~6月采收。以皮厚、块大、去净粗皮,内表面暗紫色,断面丝多者为佳。生用或制用。《中国药典》规定,本品含松脂醇二葡萄糖苷($C_{32}H_{42}O_{16}$)不得少于0.10%。

【处方用名】杜仲、盐杜仲。

【主要药性】甘,温。归肝、肾经。

【功效】补肝肾,强筋骨,安胎。

【应用】

1. 肝肾不足,腰膝酸痛　本品甘温,入肝肾经,以补肝肾、强筋骨见长,善治腰痛。治肾虚腰痛,可与五味子同用煎取汁,煮羊肾食,或与胡桃肉、补骨脂等配伍;治风湿腰痛冷重,可单用浸酒服,或与独活、桑寄生、细辛等配伍;治外伤腰痛,可与川芎、桂心、丹参等同用;治疗肾虚阳痿、精冷不固、小便频数,可与鹿茸、山茱萸、菟丝子等配伍;治肝肾不足、头晕目眩,可与牛膝、枸杞子、女贞子等同用。

2. 妊娠漏血,胎动不安　本品补肝肾、固冲任而安胎。治肝肾亏虚、胎动不安、胎漏下血或滑胎,可单用为丸服,或与续断、桑寄生、山药等配伍。

【用法用量】内服:6~10g,煎汤,或入丸散。炒用比生用效佳。

【使用注意】阴虚火旺者慎用。

【现代研究】

1. 化学成分　主要含松脂醇二葡萄糖苷、杜仲树脂醇双吡喃葡萄糖苷、杜仲树脂醇双吡喃葡萄糖苷甲醚等木脂素类成分,环烯醚萜、苷类、三萜类等成分。

2. 药理作用　有促进骨髓基质细胞增殖及向成骨细胞分化、镇静、镇痛、降血压、保肝、延缓衰老、抗应激、抗肿瘤、抗病毒、抗紫外线损伤等作用。

附:

杜仲叶　本品为杜仲科植物杜仲的干燥叶。性味微辛,温;归肝、肾经。功能补肝肾,强筋骨。适用于肝肾不足,头晕目眩,腰膝酸痛,筋骨痿软。煎服,10~15g。

续断 xùduàn

本品首载于《神农本草经》。为川续断科植物川续断 *Dipsacus asper* Wall. ex Henry 的干燥根。主产于湖北、四川、湖南等地。秋季采收。以条粗、质软、内呈黑绿色者为佳。生用或制用。《中国药典》规定,含川续断皂苷Ⅵ($C_{47}H_{76}O_{18}$),干燥药材不得少于2.0%,饮片不得少于1.5%。

【处方用名】续断、川续断、川断、盐续断、酒续断。

【主要药性】苦、辛,微温。归肝、肾经。

【功效】补肝肾,强筋骨,续折伤,止崩漏。

【应用】

1. 肝肾不足,腰膝酸软,风湿痹痛　本品性温,能温补肝肾、强筋健骨。治肝肾亏虚、筋骨不健、腰痛脚弱,可与杜仲、牛膝、五加皮等同用;治肝肾不足兼风湿痹痛,可与桑寄生、狗脊、杜仲等配伍。

2. 跌扑损伤,筋伤骨折　本品辛散温通,能活血祛瘀、续筋疗伤,为伤科常用药。治跌打损伤、瘀血肿痛、筋伤骨折,与桃仁、穿山甲、苏木等同用;治脚膝折损愈后失补、筋缩疼痛,可与当归、木瓜、白芍等配伍。

3. 崩漏经多,胎漏下血,胎动不安　本品补益肝肾,调理冲任,有固本安胎之功。可用于肝肾不足所致经产诸病症。治崩漏、月经过多,可与黄芪、地榆、艾叶等同用;治胎漏下血、胎动不安、滑胎,可与杜仲配伍,或与桑寄生、阿胶等配伍。

【用法用量】内服:9~15g,煎汤。治崩漏宜炒用;酒续断多用于风湿痹痛,跌扑损伤,筋伤骨折;盐续断多用于腰膝酸软。

【现代研究】

1. 化学成分　主要含常春藤苷、川续断皂苷Ⅵ等三萜皂苷,喜树次碱、川续断碱等生物碱,萜类、黄酮类、甾醇等成分。

2. 药理作用　具有促进成骨细胞的增殖、抗炎、抗衰老、抗氧化、抗维生素 E 缺乏症等作用。

肉苁蓉　ròucōngróng

本品首载于《神农本草经》。为列当科植物肉苁蓉 *Cistanche deserticola* Y. C. Ma 或管花肉苁蓉 *Cistanche tubulosa* (Schenk) Wight 的干燥带鳞叶的肉质茎。主产于内蒙古、新疆、甘肃等地。春季或秋季采收。以条粗壮、密被鳞片、色棕褐、质柔润者为佳。生用或制用。《中国药典》规定,肉苁蓉含松果菊苷($C_{35}H_{46}O_{20}$)和毛蕊花糖苷($C_{29}H_{36}O_{15}$)的总量不得少于 0.30%;管花肉苁蓉含松果菊苷($C_{35}H_{46}O_{20}$)和毛蕊花糖苷($C_{29}H_{36}O_{15}$)的总量不得少于 1.5%。

【处方用名】肉苁蓉、肉苁蓉片、酒苁蓉。

【主要药性】甘、咸,温。归肾、大肠经。

【功效】补肾阳,益精血,润肠通便。

【应用】

1. 肾阳不足,精血亏虚　本品甘温助阳,质润滋养,咸以入肾,能补肾阳、益精血。治男子五劳七伤、阳痿不起、小便余沥,常与菟丝子、蛇床子、五味子等同用;治肝肾不足、筋骨痿软、四肢无力、步履艰难,可与菟丝子、杜仲、萆薢同用。

2. 肠燥便秘　本品甘咸质润,入大肠能润肠通便。治津枯便秘兼阳虚者,可单用大剂量肉苁蓉煎汤服,或与当归、牛膝、泽泻等同用;治津液耗伤、老人、虚人大便秘结,可与沉香、麻子仁同用。

【用法用量】内服:6~10g,煎汤,或入丸散。

【使用注意】阴虚火旺、热结便秘、大便溏泻者不宜服用。

【现代研究】

1. 化学成分　主要含松果菊苷、毛蕊花糖苷等苯乙醇苷,表马钱子酸等环烯醚萜类,木质素、生物碱、糖类、糖醇、固醇及多种微量元素等成分。

2. 药理作用　有激活肾上腺、释放皮质激素的作用,可增强下丘脑 - 垂体 - 卵巢的促黄体功能,而不影响自然生殖周期的内分泌平衡。还有抗衰老、抗疲劳、抗老年痴呆、增强免疫等药理作用。

锁阳　suǒyáng

本品首载于《本草衍义补遗》。为锁阳科植物锁阳 *Cynomorium songaricum* Rupr. 的干燥肉质茎。主产于内蒙古、甘肃、新疆等地。春季采收。以个肥大、色红、坚实、断面粉性、不显筋脉者为佳。生用。

【处方用名】锁阳、锁阳片。

【主要药性】甘，温。归肝、肾、大肠经。

【功效】补肾阳，益精血，润肠通便。

【应用】

1. 肾阳不足，精血亏虚　本品甘温，入肾经，能补肾阳、益精血。治疗阳痿、不孕，常与巴戟天、补骨脂、菟丝子等配伍；治腰膝酸软、筋骨无力，常与熟地黄、龟甲等同用。

2. 肠燥便秘　本品甘温质润，能益精血、润肠通便，宜于精血亏虚之肠燥便秘，可单用熬膏服，或与肉苁蓉、火麻仁、生地黄等同用。

【用法用量】内服：5~10g，煎汤，或入丸散。

【使用注意】阴虚火旺、大便溏泻、热结便秘者不宜服用。

【现代研究】

1. 化学成分　主要含黄酮、有机酸、三萜皂苷、花色苷、鞣质、糖和糖苷类、淀粉、蛋白质、脂肪、还原糖、挥发油等成分。

2. 药理作用　有抑制雄性性腺发育，降低雄性激素水平，对糖皮质激素具有双相调节，抑制应激性溃疡，防治骨质疏松，调节免疫、抗氧化、抗衰老等作用。

补骨脂　bǔgǔzhī

本品首载于《药性论》。为豆科植物补骨脂 *Psoralea corylifolia* L. 的干燥成熟果实。主产于河南、四川、陕西等地。秋季采收。以粒大、色黑、饱满、坚实者为佳。生用或制用。《中国药典》规定，本品补骨脂素（$C_{11}H_6O_3$）和异补骨脂素（$C_{11}H_6O_3$）的总量不得少于 0.70%。

【处方用名】补骨脂、盐补骨脂、炒补骨脂、炙补骨脂。

【主要药性】辛、苦，温。归肾、脾经。

【功效】补肾壮阳，固精缩尿，纳气平喘，温脾止泻；外用消风祛斑。

【应用】

1. 肾阳不足，阳痿，腰痛　本品性温助阳，苦辛燥散。治肾虚腰痛，可单用为散，温酒调服，或与杜仲、胡桃仁同用；治肾虚阳痿，常与菟丝子、胡桃肉、沉香等配伍。

2. 肾虚遗精滑精，遗尿尿频　本品可补肾固摄，善固精缩尿。治滑精，以补骨脂、青盐等份同炒为末服；治夜尿频多，可单用本品与糯米煮粥；治肾气虚冷、小便无度，可与小茴香等份为丸服。

3. 肾虚作喘　本品补肾纳气平喘。治肾阳虚衰、肾不纳气之虚喘，可与附子、肉桂、沉香等同用。

4. 脾肾阳虚，五更泄泻　本品入脾肾二经，能温补脾肾、收涩止泻，治脾肾虚寒所致五更泄泻，常与吴茱萸、五味子、肉豆蔻配伍。

5. 白癜风,斑秃　本品外用能治白癜风及斑秃等皮肤疾患,研末,用酒浸制成酊剂,外涂患处。

【用法用量】内服:6~10g,煎汤,或入丸散。外用:适量,可用 20%~30% 酊剂涂患处。

【使用注意】阴虚火旺、大便秘结者忌服。

【现代研究】

1. 化学成分　主要含补骨脂素、异补骨脂素等香豆素类,黄酮、单萜酚、皂苷、挥发油、多糖、类脂等成分。

2. 药理作用　有雄激素样作用,能增强阴道角化,增强子宫重量,收缩子宫及缩短出血时间,减少出血量,扩张冠状动脉,兴奋心脏,提高心脏功率,致光敏等。

益智　yìzhì

本品首载于《本草拾遗》。为姜科植物益智 Alpinia oxyphylla Miq. 的干燥成熟果实。主产于海南、广东等地。夏、秋间采收。以粒大、饱满、气味浓者为佳。生用或制用。《中国药典》规定,本品含挥发油不得少于 1.0%。

【处方用名】益智、益智仁、盐益智仁、煨益智仁。

【主要药性】辛,温。归脾、肾经。

【功效】暖肾固精缩尿,温脾止泻摄唾。

【应用】

1. 肾气不固,遗尿尿频,遗精白浊　本品暖肾固精缩尿,补益之中兼有收涩之性。治梦遗滑精,常与乌药、山药等配伍;治下焦虚寒、小便频数,以益智、乌药等份为末,山药糊丸。

2. 中寒泄泻,腹中冷痛,口多涎唾　本品性温,归脾、肾经,能暖肾温脾,开胃摄唾。治脾胃虚寒、脘腹冷痛、呕吐泄利,常与干姜、吴茱萸、小茴香等同用;治中气虚寒、食少、多涎唾,可单用本品含之。

【用法用量】内服:3~10g,煎汤,或入丸散。

【现代研究】

1. 化学成分　主要含桉油精、姜烯、姜醇等挥发油,维生素、微量元素、维生素、氨基酸、脂肪酸等成分。

2. 药理作用　具有抗疲劳、抗高温、中枢抑制、镇痛、免疫抑制、抗过敏、抗癌、抗应激、延缓衰老、消除自由基、抗氧化等作用。

菟丝子　tùsīzǐ

本品首载于《神农本草经》。为旋花科植物南方菟丝子 Cuscuta australis R. Br. 或菟丝子 Cuscuta chinensis Lam. 的干燥成熟种子。我国大部分地区均产。秋季采收。以色灰黄、颗粒饱满者为佳。生用或制用。《中国药典》规定,本品含金丝桃苷($C_{21}H_{20}O_{12}$)不得少于 0.1%。

【处方用名】菟丝子、盐菟丝子。

【主要药性】辛、甘、平。归肝、肾、脾经。

【功效】补益肝肾,固精缩尿,安胎,明目,止泻;外用消风祛斑。

【应用】

1. 肝肾不足,腰膝酸软,阳痿遗精,遗尿尿频　本品味甘能补,能平补肝肾而固精缩尿。治肾虚腰痛,可与菟丝子、杜仲、山药等同用;治阳痿遗精,可与枸杞子、覆盆子、车前子等配伍;治小便过多或失禁,可与桑螵蛸、肉苁蓉、鹿茸等同用;治遗精、白浊、尿有余沥,可与沙苑子、芡实、萆薢等同用。

2. 肾虚胎漏,胎动不安　本品能补肝肾安胎。治肾虚胎元不固之胎动不安、滑胎,可与续断、桑寄生、阿胶等配伍。

3. 肝肾不足,目暗耳鸣　本品滋补肝肾、益精养血而明目。治肝肾不足、目失所养之目暗不明、耳鸣,常与熟地黄、车前子、枸杞子等同用。

4. 脾肾阳虚,便溏泄泻　本品能补肾益脾止泻。治脾肾两虚之便溏泄泻,可与补骨脂、白术、肉豆蔻等同用。

5. 白癜风　本品外用能消风祛斑,用治白癜风,可酒浸外涂。

此外,取本品补肾益精之功,亦可治肾虚消渴。

【用法用量】内服:6~12g,煎汤,或入丸散。外用:适量。

【使用注意】阴虚火旺、大便燥结、小便短赤者不宜服用。

【现代研究】

1. 化学成分　主要含金丝桃苷、菟丝子苷等黄酮类成分,绿原酸等有机酸类成分,还含钙、钾、磷等微量元素及氨基酸等。

2. 药理作用　有雌激素样作用、抗衰老作用,能降低胆固醇、软化血管、降低血压,并能促进造血功能、抑制肠运动。

沙苑子　shāyuànzǐ

本品首载于《本草衍义》。为豆科植物扁茎黄芪 *Astragalus complanatus* R. Br. 的干燥成熟种子。主产于陕西、河北等地。秋末冬初采收。以颗粒饱满、色绿褐者为佳。生用或制用。《中国药典》规定,含沙苑子苷($C_{28}H_{32}O_{16}$),干燥药材、沙苑子饮片不得少于0.060%,盐沙苑子饮片不得少于0.050%。

【处方用名】沙苑子、盐沙苑子。

【主要药性】甘,温。归肝、肾经。

【功效】补肾助阳,固精缩尿,养肝明目。

【应用】

1. 肾虚腰痛,遗精早泄,遗尿尿频,白浊带下　本品甘温补益,温补收摄,善治肾虚不固诸症。治肾虚遗精滑泄、白带过多,可与龙骨、牡蛎、莲子等配伍;治肾虚腰痛,可与杜仲、续断、桑寄生等同用。

2. 肝肾不足,头晕目眩,目暗昏花　本品善补肝肾而明目。治肝肾不足、目失所养之目暗不明,以及头晕目眩,可与枸杞子、菟丝子、菊花等同用。

【用法用量】内服,9~15g,煎汤,或入丸散。

【使用注意】阴虚火旺、小便不利者不宜服用。

【现代研究】

1. 化学成分　主要含酚类、鞣质、甾醇和三萜类成分、生物碱、沙苑子苷等黄酮类成分。

2. 药理作用　有增强机体的非特异性和特异性免疫功能、保肝、抗肝纤维化、抗癌、抗疲劳、延缓衰老、抗辐射等作用。

蛤蚧　géjiè

本品首载于《雷公炮炙论》。为壁虎科动物蛤蚧 *Gekko gecko* Linnaeus 的干燥体。主产于广西、广东等地,进口蛤蚧主产于越南。全年均可采收。以体大、肥壮、尾粗而长、不破碎者为佳。生用或制用。

【处方用名】蛤蚧、酒蛤蚧。

【主要药性】咸,平。归肺、肾经。

【功效】补肺益肾,纳气定喘,助阳益精。

【应用】

1. 肺肾不足,虚喘气促,劳嗽咳血　本品入肺肾二经,长于补肺益肾、定喘咳,为治虚证喘咳之佳品。治虚劳久嗽虚喘,可与熟地黄、紫菀、苦杏仁等同用;治肺肾两虚气喘,可与人参、胡桃仁、苦杏仁等同用。

2. 肾虚阳痿,遗精　本品质润不燥,补肾助阳兼能益精养血,有固本培元之功。治肾阳不足、精血亏虚的阳痿遗精,可单用浸酒服,或与益智仁、巴戟天、补骨脂等同用。

【用法用量】内服:3~6g,多入丸散或酒剂。

【使用注意】咳喘实证不宜使用。

【现代研究】

1. 化学成分　主要含溶血磷脂酰胆碱、神经鞘磷脂、磷脂酰胆碱、磷脂酰乙醇胺等磷脂类成分,月桂酸、豆蔻酸、花生酸、亚油酸、硬脂酸、油酸、花生四烯酸、棕榈酸、棕榈油酸、亚麻酸等脂肪酸类成分,蛋白质、氨基酸、微量元素等。

2. 药理作用　具有促肾上腺皮质激素样作用,雄激素样作用,以及平喘,抗炎,降低血糖,抗肿瘤及延缓衰老等作用。

核桃仁　hétáorén

本品首载于《开宝本草》。为胡桃科植物胡桃 *Juglans regia* L. 的干燥成熟种子。主产于陕西、山西、河北等地。秋季采收。以色黄、个大、饱满、油多者为佳。生用。

【处方用名】核桃仁、胡桃肉、炒核桃仁。

【主要药性】甘,温。归肾、肺、大肠经。

【功效】补肾,温肺,润肠。

【应用】

1. 肾阳不足,腰膝酸软　本品甘温多脂,补肾益精强腰。治肾亏腰酸、头晕耳鸣,尿有余沥,可与杜仲、补骨脂等同用;治肾虚腰膝酸软、两足痿弱,可与杜仲、续断、五加皮等同用。

2. 肺肾不足,虚寒喘嗽　本品长于补肺肾、敛肺纳气定喘。治肺虚久咳,可与人参、紫菀、苦杏仁等配伍;治肺肾不足,肾不纳气所致的虚喘证,可与人参、熟地黄、蛤蚧等同用。

3. 肠燥便秘　本品质润多脂,能润肠通便。治肠燥便秘,可单用,或与火麻仁、肉苁蓉、当归等同用。

【用法用量】内服:6~9g,煎汤,或入丸散;定喘嗽宜连皮用,润肠燥宜去皮用。

【使用注意】阴虚火旺、痰热咳嗽及便溏者不宜服用。

【现代研究】

1. 化学成分　主要含脂肪油、蛋白质、碳水化合物、钙、磷等。

2. 药理作用　有增加人血白蛋白,影响胆固醇的体内合成及其氧化排泄,延缓衰老,镇咳等作用。

冬虫夏草　dōngchóngxiàcǎo

本品首载于《本草从新》。为麦角菌科真菌冬虫夏草菌 *Cordyceps sinensis*（Berk.）Sacc. 寄生在蝙蝠蛾科昆虫幼虫的子座和幼虫尸体的干燥复合体。主产于四川、西藏、青海等地。夏初采收。以完整、虫体丰满肥大、外色黄亮、内色白、子座短者为佳。生用。《中国药典》规定,本品含腺苷（$C_{10}H_{13}N_5O_4$）不得少于 0.010%。

【处方用名】冬虫夏草、冬虫草、虫草。

【主要药性】甘,平。归肺、肾经。

【功效】补肾益肺,止血化痰。

【应用】

1. 肾虚精亏,阳痿遗精,腰膝酸痛　本品补肾益精,有兴阳起痿之功。治肾阳不足、精血亏虚之阳痿遗精、腰膝酸痛可单用浸酒服,或与淫羊藿、杜仲、巴戟天等同用。

2. 久咳虚喘,劳嗽痰血　本品甘平,为平补肺肾之佳品,功能补肾益肺、止血化痰、止咳平喘。治劳嗽痰血,可单用,或与沙参、川贝母、阿胶等同用;治肺肾两虚,摄纳无权,气虚作喘者,可与人参、黄芪、胡桃肉等配伍。

此外,还可用于病后体虚不复或自汗畏寒,可将本品与鸭、鸡、猪肉等炖服,有补肾固本,补肺益卫之功。

【用法用量】内服:3~9g,煎汤,或入丸散;或炖服。

【使用注意】有表邪者不宜用。

【现代研究】

1. 化学成分　主要含腺苷、腺嘌呤核苷、肌苷、次黄嘌呤、腺嘌呤、鸟嘌呤、尿嘧啶等核苷类成分,麦角甾醇等甾醇类成分,蛋白质、脂肪酸、氨基酸、多糖等。

2. 药理作用　有平喘、镇咳、祛痰、拟雄性激素样作用和抗雌激素样作用,增强肾上腺皮质激素的合成与分泌、提高细胞免疫以及减慢心率、降血压、抗实验性心律失常、抗心肌缺血、抑制血栓形成、降血脂、抗衰老、抗癌、抗菌、抗病毒、抗放射等作用。

胡芦巴　húlúbā

本品首载于《神农本草经》。为豆科植物胡芦巴 *Trigonella foenum-graecum* L. 的干燥成熟种子。

主产于河南、甘肃、四川等地。夏季采收。以个大、饱满、坚硬者为佳。生用或制用。《中国药典》规定，本品含葫芦巴碱($C_7H_7NO_2$)不得少于0.45%。

【处方用名】胡芦巴、盐胡芦巴、炒胡芦巴。

【主要药性】苦，温。归肾经。

【功效】温肾助阳，祛寒止痛。

【应用】

1. 肾阳不足，阳痿遗精　本品性温补肾助阳。治肾阳不足，阳痿，精冷自遗等症，可与枸杞子、熟地黄、山茱萸等配伍。

2. 小腹冷痛，寒疝腹痛，寒湿脚气　本品味苦燥湿、性温祛寒助阳，有温肾阳、逐寒湿之功，善治下元虚冷、寒湿内盛之证。治寒凝经行腹痛、小腹冷痛，可与当归、乌药、小茴香等配伍；治寒疝腹痛，痛引睾丸，可与吴茱萸、川楝子、巴戟天等同用；治寒湿脚气、足膝冷痛，常与木瓜、补骨脂、附子等同用。

【用法用量】内服：5~10g，煎汤，或入丸散。

【使用注意】阴虚火旺者忌用。

【现代研究】

1. 化学成分　本品含龙胆宁碱、番木瓜碱、胆碱、胡芦巴碱等生物碱以及皂苷、脂肪油等。

2. 药理作用　有降血糖、抑制胆汁盐酸的吸收、降低血清胆固醇的浓度、抑制胃酸分泌、降低黏膜损伤、利尿、抗肿瘤、保肝、刺激毛发生长等作用。

韭菜子　jiǔcàizǐ

本品首载于《名医别录》。为百合科植物韭菜 *Allium tuberosum* Rottl. ex Spreng. 的干燥成熟种子。全国各地均产。秋季采收。以粒饱满、色黑者为佳。生用或制用。

【处方用名】韭菜子、韭子、盐韭菜子。

【主要药性】辛、甘，温。归肝、肾经。

【功效】温补肝肾，壮阳固精。

【应用】

1. 肝肾亏虚，腰膝酸痛　本品性温，补肝肾，强筋壮骨。治肝肾不足、筋骨痿软、步履艰难、屈伸不利，可以单用，或与仙茅、巴戟天、枸杞子等同用。

2. 阳痿遗精，遗尿尿频，白浊带下　本品温补固摄，能固精止遗、缩尿止带，宜于肾虚滑脱诸证。治肾阳虚衰、下元虚冷之阳痿不举、遗精遗尿，可单用，或与补骨脂、益智仁、菟丝子等同用；治肾阳不足、带脉失约、白浊带下，可单用醋煮，炼蜜为丸服；或与菟丝子、山药、乌贼骨等配伍。

【用法用量】内服：3~9g，煎汤，或入丸散。

【使用注意】阴虚火旺者忌服。

【现代研究】

1. 化学成分　主要含生物碱、皂苷、硫化物、苷类物质、蛋白质、维生素 C 等。

2. 药理作用　有祛痰、抗菌等作用。

阳起石　yángqǐshí

本品首载于《神农本草经》。为硅酸盐类矿物焦闪石族透闪石，主含碱式硅酸钙镁 $[Ca_2Mg_5(Si_4O_{11})_2(OH)_2]$。主产于湖北、河南、山西等地。全年均可采收。以色淡绿、有光泽、质松软者为佳。一般煅用。

【处方用名】阳起石、煅阳起石。

【主要药性】咸，温。归肾经。

【功效】温肾壮阳。

【应用】

肾阳亏虚，阳痿，宫冷不孕　本品温肾壮阳起痿。治肾阳亏虚诸症，可单用本品或入复方。治阳痿阴汗，可用本品煅后研末服；治下元虚冷、精滑不禁、便溏足冷，可与钟乳石、附子为丸服；治精清精冷无子，可与鹿茸、菟丝子、肉苁蓉等配伍；治子宫虚寒不孕，可与吴茱萸、艾叶、阿胶等配伍。

【用法用量】内服：3~6g，多入丸散。

【使用注意】阴虚火旺者忌用。不宜久服。

【现代研究】

1. 化学成分　主要成分是碱式硅酸钙镁 $[Ca_2Mg_5(Si_4O_{11})_2(OH)_2]$。

2. 药理作用　有兴奋性功能的作用。

紫石英　zǐshíyīng

本品首载于《神农本草经》。为氟化物类矿物萤石族萤石，主含氟化钙 (CaF_2)。产于山西、甘肃等地。全年可采收。以色紫、有光泽者为佳。生用或煅用。《中国药典》规定，本品含氟化钙 (CaF_2) 不得少于 85.0%。

【处方用名】紫石英、煅紫石英。

【主要药性】甘，温。归肾、心、肺经。

【功效】温肾暖宫，镇心安神，温肺平喘。

【应用】

1. 肾阳亏虚，宫冷不孕，崩漏带下　本品甘温，能助肾阳，暖胞宫，调冲任。治元阳衰惫、血海虚寒，宫冷不孕、崩漏带下诸证，常与当归、熟地黄、山茱萸等配伍。

2. 惊悸不安，失眠多梦　本品入心经，能镇心安神。治心悸怔忡、虚烦失眠，可与酸枣仁、柏子仁、当归等同用；治心经痰热、惊痫抽搐，可与龙骨、磁石、大黄等配伍。

3. 虚寒咳喘　本品温肺寒，止喘嗽。治肺寒气逆，可单用火煅醋淬为末，花椒泡汤服；治肺气不足、短气喘乏，口出如含冰雪，语言不出者，可与五味子、款冬花、人参等同用。

【用法用量】内服，9~15g，煎汤，先煎；或入丸散。

【使用注意】阴虚火旺、肺热咳喘者忌用。

【现代研究】

1. 化学成分　主要含氟化钙 (CaF_2)，纯品含钙 51.2%、氟 48.8% 及氧化铁等。

2. 药理作用　有兴奋中枢神经，促进卵巢分泌的作用。

海狗肾 hǎigǒushèn

本品首载于《药性论》。为海狗科动物海狗 *Callorhinus ursinus* Linnaeus 或海豹科动物海豹 *Phoce vitulina* Linnaeus 的雄性外生殖器,又名腽肭脐。海狗分布于北太平洋,偶见于我国的黄海及东海;海豹分布于欧洲大西洋沿岸和北太平洋沿岸,我国见于渤海湾内沿海地区。春季捕捉采收。以形粗长,质油润,半透明,无腥臭者为佳。滑石粉炒后用。

【处方用名】海狗肾、腽肭脐。

【主要药性】咸,热。归肾经。

【功效】暖肾壮阳,益精补髓。

【应用】

肾阳亏虚,阳痿精冷,精少不育　本品性热壮阳,味咸入肾,为血肉有情之品,有补肾壮阳、益精补髓之功。治肾阳亏虚、腰膝痿弱、阳痿不举、精寒不育、尿频便溏、腹中冷痛等症,常与人参、鹿茸、附子等同用;治精少不育之症,可与鹿茸、紫河车、人参等同用。

【用法用量】内服:每次 1~3g,每日 2~3 次,研末服。

【使用注意】阴虚火旺及骨蒸劳嗽等忌用。

【现代研究】

1. 化学成分　主要含有雄性激素、蛋白质及脂肪等。
2. 药理作用　海狗肾有雄性激素样作用。

附:

黄狗肾　本品为犬科动物黄狗 *Canis familiaris* L. 的阴茎和睾丸。又名狗鞭。性味咸,温;归肾经。适用于肾虚精亏,阳痿宫冷,健忘耳鸣,神思恍惚,腰酸足软。研粉冲服或入丸、散剂服,1~3g。鲜品可加调料煮熟服食。阴虚火旺者不宜用。

海马 hǎimǎ

本品首载于《本草拾遗》。为海龙科动物线纹海马 *Hippocampus kelloggi* Jordan et Snyder、刺海马 *Hippocampus histrix* Kaup、大海马 *Hippocampus kuda* Bleeker、三斑海马 *Hippocampus trimaculatus* Leach 或小海马(海蛆)*Hippocampus japonicus* Kaup 的干燥体。主产于广东、福建、台湾等地。夏、秋二季采收。以个大、色黄白、头尾齐全者为佳。生用或制用。

【处方用名】海马、制海马、酒海马。

【主要药性】甘、咸,温。归肝、肾经。

【功效】温肾壮阳,散结消肿。

【应用】

1. 肾阳虚证　本品甘温补肾,温肾壮阳。治肾虚阳痿、遗精遗尿等症,常与鹿茸、人参、熟地黄等配伍;治夜尿频多,可与桑螵蛸、覆盆子、枸杞子等同用。治肾阳不足、摄纳无权之虚喘,可与蛤蚧、核桃仁、人参等配伍。

2. 癥瘕积聚,跌扑损伤　本品入血分,有助阳活血、散结消肿之功。治气滞血瘀之癥瘕积聚,可与木香、大黄、莪术等同用;治气血不畅、跌打肿痛,可与血竭、当归、乳香等配伍。

此外,本品外用散结消肿,可治痈肿疔疮。

【用法用量】内服:3~9g,煎汤,或入丸散。外用:适量,研末敷患处。

【使用注意】孕妇及阴虚火旺者不宜服用。

【现代研究】

1. 化学成分 主要含有大量的镁和钙,其次为锌、铁、锶、锰,以及少量的钴、镍和镉。

2. 药理作用 具有雄激素样作用,以及抗衰老、抗肿瘤等作用。

第三节 补血药

本节药物味甘性温,多为质润之品,有补血的功效,主治血虚证之面色苍白或萎黄、唇甲苍白、眩晕耳鸣、心悸怔忡、失眠健忘,或月经愆期、量少闭经等症。

当归 dāngguī

本品首载于《神农本草经》。为伞形科植物当归 *Angelica sinensis* (Oliv.) Diels 的干燥根。主产于甘肃。秋末采收。以主根粗长、油润、外皮黄棕色、断面黄白色、气味浓郁者为佳。生用或制用。《中国药典》规定,干燥药材含挥发油不得少于 0.4%(ml/g),含阿魏酸($C_{10}H_{10}O_4$)不得少于 0.050%。

【处方用名】当归、全当归、秦当归、炙当归、酒当归。

【主要药性】甘、辛,温。归肝、心、脾经。

【功效】补血活血,调经止痛,润肠通便。

【应用】

1. 血虚证 本品味甘性温,主入肝心经,长于补血,为补血之佳品。治血虚头晕心悸、失眠怔忡、面色无华等,常与熟地黄、白芍、川芎等同用;治气血两虚证,常与黄芪同用。

2. 月经不调,经闭痛经 本品味甘而重,善补血;气轻而辛,又能活血,“诚为血中之气药,亦血中之圣药”。为妇科补血活血、调经止痛之佳品。治妇女月经不调、经闭痛经,不论寒热虚实,皆可应用,尤以血虚、血瘀有寒者最为适宜,常与熟地黄、白芍、川芎等配伍;若属气血两虚者,可再配伍党参、白术、甘草;若瘀血较重者,可再配伍桃仁、红花。治冲任虚寒所致者,可与白芍、桂枝、吴茱萸等配伍;治肝郁气滞者,可与柴胡、白芍等配伍;治肝郁化火所致者,可与柴胡、牡丹皮、栀子等配伍。

3. 疼痛 本品辛散温通,既能补血活血,又能散寒止痛。凡血虚、血瘀、血寒所致诸痛,皆可随证配伍使用。治血虚寒凝腹痛,可与生姜、羊肉同用,或与桂枝、白芍、生姜等同用;治风寒湿痹、关节疼痛,常与羌活、独活、防风等同用;治跌扑损伤、瘀肿疼痛,常与乳香、没药、红花等同用;治疮痈初期、肿胀疼痛,常与金银花、天花粉、赤芍等同用。

4. 肠燥便秘 本品味甘质润,补血润肠通便。用于血虚肠燥便秘,常与肉苁蓉、火麻仁、地黄等同用。

【用法用量】内服:6~12g,煎汤,或入丸散。生当归,偏于补血调经,润肠通便;酒当归,偏于活血通经。传统认为,当归身偏于补血,当归头和尾偏于活血,全当归偏于和血(补血活血)。

【使用注意】湿盛中满、大便溏泻者忌用。

【现代研究】

1. 化学成分　主要含藁本内酯、正丁烯呋内酯、黄樟醚等挥发油,阿魏酸、香草酸、烟酸等有机酸类成分,以及多糖、维生素、氨基酸等。

2. 药理作用　有促进造血、抗血栓、改善血循环、抗凝血、提高免疫力、抑制子宫平滑肌收缩、抗炎、镇痛、抗脂质过氧化、抗肿瘤、抗菌、抗辐射等作用。

熟地黄　shúdìhuáng

本品首载于《本草拾遗》。为玄参科植物地黄 Rehmannia glutinosa Libosch. 块根的炮制加工品。主产于河南。以块肥大、质柔软有韧性、断面乌黑色、有光泽、味甜者为佳。《中国药典》规定,干燥饮片含地黄苷 D ($C_{27}H_{42}O_{20}$) 不得少于 0.050%。

【处方用名】熟地黄、熟地。

【主要药性】甘,微温。归肝、肾经。

【功效】补血滋阴,益精填髓。

【应用】

1. 血虚证　本品味甘性温质润,功善补血,为治疗血虚证之要药。治血虚萎黄、心悸怔忡、月经不调、崩漏下血等,常与当归、白芍、川芎同用。

2. 肝肾阴虚证　本品味甘滋润,入肝肾经,善滋阴补血,为治肝肾阴虚证之要药。治肝肾阴虚之腰膝酸软、骨蒸潮热、盗汗遗精、内热消渴、眩晕耳鸣等,常与山药、山茱萸等同用。治肝肾不足,精血亏虚之须发早白,常与制首乌、菟丝子、牛膝等同用。

【用法用量】内服:9~15g,煎汤,或入丸散。

【使用注意】气滞痰多、脘腹胀满、食少便溏者忌用。

【现代研究】

1. 化学成分　与生地黄相类似,主要含地黄苷 D、毛蕊花糖苷、单糖、氨基酸、维生素 A 等成分。

2. 药理作用　有促进造血、增强免疫功能、降血糖、强心、抗衰老、抗焦虑、改善学习记忆等作用。

白芍　báisháo

本品首载于《神农本草经》。为毛茛科植物芍药 Paeonia lactiflora Pall. 的干燥根。主产于浙江、安徽等地。夏、秋二季采收。以根粗、坚实、无白心或裂隙者为佳。生用或制用。《中国药典》规定,芍药苷($C_{23}H_{28}O_{11}$)的含量,干燥药材不得少于 1.6%,干燥饮片不得少于 1.2%。

【处方用名】白芍、白芍药、炒白芍、酒白芍。

【主要药性】苦、酸,微寒。归肝、脾经。

【功效】养血调经,敛阴止汗,柔肝止痛,平抑肝阳。

【应用】

1. 血虚证　本品味酸,主入肝经,长于养血调经。治疗血虚萎黄、眩晕心悸、月经不调或经闭等,常与熟地黄、当归、川芎等同用。

2. 自汗,盗汗　本品味酸收敛,有敛阴止汗之功。治气虚自汗,常与白术、黄芪等同用。治阴虚盗汗,常与浮小麦、煅牡蛎等同用。治外感风寒、营卫不和之汗出恶风,常与桂枝同用。

3. 胁痛,腹痛,四肢挛急疼痛　本品酸敛肝阴,能养血柔肝而止痛。治血虚肝郁之胁肋疼痛,常与当归、柴胡等同用。治脾虚肝旺之腹痛泄泻,常与白术、防风、陈皮等同用。治肝血亏虚、筋脉失养之手足挛急作痛,常与甘草同用。

4. 肝阳上亢证　本品能养血敛阴、平抑肝阳。治肝阳上亢之头痛、眩晕,常与牛膝、地黄、赭石等同用。

【用法用量】内服:6~15g,煎汤,或入丸散。

【使用注意】不宜与藜芦同用。

【现代研究】

1. 化学成分　主要含芍药苷、氧化芍药苷、苯甲酰芍药苷、白芍苷等单萜类成分,及 β- 谷甾醇、没食子酸、丹皮酚等成分。

2. 药理作用　有抗肾损伤、抗肝损伤、抗脑缺血、抗炎、镇静、抗抑郁、调节胃肠功能、调节免疫、镇痛、解痉等作用。

阿胶　ējiāo

本品首载于《神农本草经》。为马科动物驴 *Equus asinus* L. 的干燥皮或鲜皮经煎煮、浓缩制成的固体胶。主产于山东。以色匀、质脆、半透明、断面光亮、无腥气者为佳。生用或制用。《中国药典》规定,干燥药材和饮片含 L- 羟脯氨酸不得少于 8.0%,甘氨酸不得少于 18.0%,丙氨酸不得少于 7.0%,L- 脯氨酸不得少于 10.0%。

【处方用名】阿胶、阿胶珠。

【主要药性】甘,平。归肺、肝、肾经。

【功效】补血滋阴,润燥,止血。

【应用】

1. 血虚证　本品味甘质润,为血肉有情之品,补血之要药。治血虚萎黄、眩晕心悸、肌痿无力、心烦不眠,可单用,也常与熟地黄、当归、白芍等同用。治气虚血亏之心动悸、脉结代,常与甘草、桂枝、人参等同用。

2. 阴虚证　本品味甘质润,入肺、肝、肾经,善补肺、肝、肾之阴,润肺燥。治燥邪伤肺之干咳无痰、鼻燥咽干,常与桑叶、麦冬、苦杏仁等同用;治肺热阴虚之干咳少痰、痰中带血,常与苦杏仁、牛蒡子、马兜铃等同用;治肺肾阴虚之痨嗽咳血,常与百部、天冬、麦冬等同用。治热病伤阴、肾水亏虚、心火亢盛之心烦不眠,常与黄连、鸡子黄、白芍等同用;治温热病后期、阴虚风动之手足瘛疭,常与龟甲、鳖甲、白芍等同用。

3. 出血证　本品质黏,善止血,为止血之要药,尤适宜于出血兼有血虚、阴虚者。治吐血尿血、便血崩漏、妊娠胎漏等多种出血证,可单用,也常与生地黄、白及、灶心土等同用。

【用法用量】内服:3~9g,烊化兑付,或入丸散。润肺宜用蛤粉拌炒,止血宜用蒲黄拌炒。

【使用注意】脾胃虚弱便溏者慎用。

【现代研究】

1. 化学成分　主要含蛋白质及肽类成分,水解产生 L- 羟脯氨酸、L- 脯氨酸、谷氨酸、丙氨酸、精氨酸、天冬氨酸等多种氨基酸。

2. 药理作用　有促进造血、降低血黏度、抗肺损伤、增强免疫、抗缺氧、抗疲劳、抗辐射、抗炎、抗肿瘤、抗休克等作用。

何首乌　héshǒuwū

本品首载于《日华子本草》。为蓼科植物何首乌 *Polygonum multiflorum* Thunb. 的干燥块根。主产于湖北、四川、贵州等地。秋、冬二季采收。生何首乌以个大、质坚实而重、红褐色、断面显云锦花纹、粉性足者佳;制何首乌以质坚硬、断面角质样、棕褐色或黑色者为佳。生用或制用。《中国药典》规定,生何首乌干燥药材含 2,3,5,4′- 四羟基二苯乙烯 -2-O-β-D- 葡萄糖苷($C_{20}H_{22}O_9$)不得少于 1.0%,含结合蒽醌以大黄素($C_{15}H_{10}O_5$)和大黄素甲醚($C_{16}H_{12}O_5$)的总量计,不得少于 0.10%;生何首乌干燥饮片含结合蒽醌以大黄素($C_{15}H_{10}O_5$)和大黄素甲醚($C_{16}H_{12}O_5$)的总量计,不得少于 0.05%。制何首乌干燥饮片含 2,3,5,4′- 四羟基二苯乙烯 -2-O-β-D- 葡萄糖苷($C_{20}H_{22}O_9$)不得少于 0.70%,含游离蒽醌以大黄素($C_{15}H_{10}O_5$)和大黄素甲醚($C_{16}H_{12}O_5$)的总量计,不得少于 0.10%。

【处方用名】何首乌、首乌、生首乌、制何首乌、制首乌。

【主要药性】苦、甘、涩,微温。归肝、心、肾经。

【功效】制何首乌:补肝肾,益精血,乌须发,强筋骨,化浊降脂。生何首乌:解毒,消痈,截疟,润肠通便。

【应用】

1. 血虚证　制首乌味甘苦涩,补中兼收,功善补肝肾、益精血,为滋补良药。治血虚萎黄、心悸怔忡、眩晕耳鸣等,常与熟地黄、当归、酸枣仁等同用。

2. 肝肾阴虚证　制首乌甘补涩收,善补肝肾、乌须发、强筋骨。治肝肾不足、精血亏虚之须发早白、腰膝酸软等,常与女贞子、菟丝子、熟地黄等同用。

3. 疮痈,瘰疬,风疹瘙痒　本品生用能解毒,消痈。治湿热疮毒、黄水淋漓,可与苦参、连翘、银花等同用;治瘰疬结核,可单用内服或外敷,或与夏枯草、玄参、贝母等配伍;治风疹瘙痒,常与防风、白鲜皮、薄荷等同用。

4. 久疟体虚　生何首乌有截疟之效。治久疟体虚,常与人参、黄芪、当归等同用。

5. 肠燥便秘　生何首乌苦泄甘润,有润肠通便之功。治精血亏虚、肠燥便秘,可单用或常与肉苁蓉、当归、火麻仁等同用。

此外,制首乌还能化浊降脂,用于高脂血症,可单用或配伍墨旱莲、女贞子等。

【用法用量】内服:制何首乌 6~12g,生何首乌 3~6g,煎汤,或入丸散。

【使用注意】痰湿壅盛者忌用制何首乌;大便溏泻者忌用生何首乌。不宜长期、大量服用。

【现代研究】

1. 化学成分　主要含大黄素、大黄酚、大黄酸、大黄素甲醚等蒽醌类,二苯乙烯苷类化合物、卵磷脂、脂肪等成分。

2. 药理作用　有促进肠管运动和泻下、保肝、降血脂、抗动脉粥样硬化、抗衰老、抗氧化、抗炎、抗菌、抗病毒、抗癌、抗诱变等作用。

龙眼肉　lóngyǎnròu

本品首载于《神农本草经》。为无患子科植物龙眼 *Dimocarpus longan* Lour. 的假种皮。主产于广西、广东、福建等地。夏、秋二季采收。以肉厚、片大、色棕黄、半透明、气微香、味甜者佳。生用。

【处方用名】龙眼肉、龙眼。

【主要药性】甘,温。归心、脾经。

【功效】补益心脾,养血安神。

【应用】

气血虚证　本品味甘性温,能补心脾,益气血,安神,不滋腻,亦不壅滞,为滋补良药。治心脾两虚、气血不足之心悸怔忡,健忘失眠,血虚萎黄,常与人参、当归、酸枣仁等同用;用于年老体衰、产后、大病之后,气血不足,可单用本品加白糖蒸熟食用。

【用法用量】内服:9~15g,煎汤,或入丸散。

【使用注意】湿盛中满或有停饮、痰、火者忌用。

【现代研究】

1. 化学成分　主要含葡萄糖、果糖、蔗糖、胆碱、有机酸、蛋白质、脂肪、维生素等成分。
2. 药理作用　有抗缺氧、抗应激、抗焦虑、抗菌、抗衰老等作用。

第四节　补阴药

本节药物性味多甘寒,功效滋补阴液,并多兼润燥和清热之效,主治阴虚诸证。阴虚证主要表现为津液濡养不足之皮肤、口鼻、咽喉、眼目干燥或肠燥便秘,阴不制阳之阴虚内热如午后潮热、五心烦热、两颧潮红,或阴虚阳亢而见头晕目眩等,以及消瘦、须发早白、脑转耳鸣、健忘、齿松齿脱、腰膝酸软等虚损症状。不同脏腑的阴虚还表现出特殊症状,如肺阴虚可见干咳、少痰、咽干、咯血等;心阴虚可见心悸怔忡、失眠多梦等;胃阴虚可见口燥咽干、饥不欲食、干呕、脘痞不舒等;肝阴虚可见眼目干涩、眩晕、耳鸣、月经不调等;肾阴虚可见五心烦热、盗汗、头晕、耳鸣耳聋、腰膝酸软、遗精等。补阴药随其归经不同,分别主治相应脏腑的阴虚证。

北沙参　běishāshēn

本品首载于《本草汇言》。为伞形科植物珊瑚菜 *Glehnia littoralis* Fr. Schmidt ex Miq. 的干燥根。主产于山东、江苏、福建等地。夏秋二季采收。以根条细长、色白均匀、质坚实者为佳。生用。

【处方用名】北沙参、沙参。

【主要药性】甘、微苦,微寒。归肺、胃经。

【功效】养阴清肺,益胃生津。

【应用】

1. 肺阴虚证　本品甘润而偏寒,能补肺阴,兼能清肺热。治阴虚肺燥有热之干咳少痰、咽干音哑,或劳嗽痰血等证,常与麦冬、桑叶、玄参等同用。

2. 胃阴虚证　本品能补胃阴而生津止渴,兼能清胃热。治胃阴虚有热、咽干口渴等症,常与石斛、玉竹、乌梅等配伍;治胃阴脾气俱虚之倦怠、口干、食少者,可与山药、太子参、黄精等同用。

【用法用量】内服:5~12g,煎汤,或入丸散。

【使用注意】虚寒证忌用。不宜与藜芦同用。

【现代研究】

1. 化学成分　主要含欧前胡素、佛手柑内酯、补骨脂内酯等多种香豆素类成分,生物碱及挥发油等。

2. 药理作用　有镇咳、祛痰、免疫调节、抗菌、镇痛、镇静、抗氧化、抗突变、抗肿瘤等作用。

南沙参　nánshāshēn

本品首载于《神农本草经》。为桔梗科植物轮叶沙参 *Adenophora tetraphylla* (Thunb.) Fisch. 或沙参 *Adenophora stricta* Miq. 的干燥根。主产于安徽、江苏、浙江等地。春秋二季采收。以根粗大、饱满、无外皮、色黄白者为佳。生用。

【处方用名】南沙参、沙参。

【主要药性】甘,微寒。归肺、胃经。

【功效】养阴清肺,益胃生津,化痰,益气。

【应用】

1. 肺阴虚证　本品甘润微寒,能补肺阴、润肺燥、兼清肺热。治肺阴亏虚及燥热之邪伤肺所致的干咳少痰、咳血或咽干、音哑等症,常与麦冬、川贝母、瓜蒌等配伍。本品兼有祛痰作用,肺阴虚痰黏难咯者尤为适宜,常与地骨皮、瓜蒌、浙贝母等同用。

2. 胃阴虚证　本品养胃阴,清胃热,生津止渴。治胃阴虚,口燥咽干、大便秘结、舌红少津,或见饥不欲食、呕吐等症,常与麦冬、生地黄、玉竹等配伍。

此外,本品有气阴双补之效。治疗热病后期,余热未清,气阴两虚,多与玉竹、麦冬、党参等配伍。

【用法用量】内服:9~15g,煎汤,或入丸散。

【使用注意】不宜与藜芦同用。

【现代研究】

1. 化学成分　轮叶沙参主要含南沙参皂苷等三萜类成分、β-谷甾醇、胡萝卜苷、蒲公英萜酮,及饱和脂肪酸、磷脂类成分。沙参主要含呋喃香豆素类。

2. 药理作用　有调节免疫力、抗辐射、抗肿瘤、改善学习记忆、延缓衰老、祛痰、强心、抗真菌等作用。

百合　bǎihé

本品首载于《神农本草经》。为百合科植物卷丹 *Lilium lancifolium* Thunb.、百合 *Lilium brownii* F. E. Brown var. *viridulum* Baker 或细叶百合 *Lilium pumilum* DC. 的干燥肉质鳞叶。主产于甘肃、湖南、江西等地。秋季采收。以鳞叶均匀、肉厚、质硬、筋少、色白、味微苦者为佳。生用或制用。《中国药典》规定,本品含百合多糖以无水葡萄糖($C_6H_{12}O_6$)计,不得少于21.0%。

【处方用名】百合、蜜百合、炙百合。

【主要药性】甘,寒。归心、肺经。

【功效】养阴润肺,清心安神。

【应用】

1. 肺阴虚证　本品味甘微寒,养肺阴,清肺热,善治阴虚肺热之证。治肺燥阴虚有热之干咳无痰,或痰中带血、咽干等,常与生地黄、玄参、川贝母等配伍。治咳嗽不已,或痰中带血,可与款冬花等分为丸服。

2. 心神不安　本品能养心阴,清心热,宁心安神,故可用于阴虚有热之心神不安证。治虚热内扰之失眠、心悸,常与麦冬、酸枣仁、丹参等配伍;治心肺阴虚之百合病,常与生地黄、知母等同用。

【用法用量】内服:6~12g,煎汤,或入丸散。鲜品加量。清心安神宜生用;润肺止咳宜蜜炙用。

【现代研究】

1. 化学成分　主要含秋水仙碱等多种生物碱、皂苷、多糖、磷脂类、酚酸甘油酯、氨基酸及微量元素等成分。

2. 药理作用　有抗疲劳、抗肿瘤、抗氧化、免疫调节、止咳、平喘、祛痰、镇静等作用。

麦冬　màidōng

本品首载于《神农本草经》。为百合科植物麦冬 *Ophiopogon japonicus* (L. f) Ker-Gawl. 的干燥块根。主产于四川、浙江、江苏等地。夏季采挖。以肥大、质柔、表面淡黄白色、半透明、嚼之有黏性者为佳。生用。《中国药典》规定,本品含麦冬总皂苷以鲁斯可皂苷元($C_{27}H_{42}O_4$)计,不得少于0.12%。

【处方用名】麦冬、麦门冬、寸冬。

【主要药性】甘、微苦,微寒。归心、肺、胃经。

【功效】养阴生津,润肺清心。

【应用】

1. 肺阴虚证　本品甘润入肺,善养肺阴,清肺热。治阴虚肺燥有热之鼻燥咽干、干咳痰少、甚或咳血,以及咽痛音哑等症,常与阿胶、石膏、桑叶等配伍。

2. 胃阴虚证　本品味甘质润,性微苦寒,长于滋养胃阴、生津止渴,兼清胃热,适用于胃阴虚有热之证。治热伤胃阴之口干舌燥,常配伍生地黄、玉竹、沙参等。治消渴,可与天花粉、乌梅等配伍。治胃热津伤之便秘,多配生地黄、玄参等。

3. 心烦失眠　本品入心经,既能养心阴,又清心除烦安神。治心阴虚有热所致的心烦、失眠多梦、健忘、心悸怔忡等,多配伍生地黄、酸枣仁、柏子仁等;治热扰心营、身热夜甚、心烦少寐,可与生地黄、丹参、金银花等同用。

【用法用量】内服:6~12g,煎汤,或入丸散。

【使用注意】风寒或痰饮咳嗽、脾虚便溏者忌服。

【现代研究】

1. 化学成分　主要含麦冬皂苷 B、D 等多种甾体皂苷,还含多糖、黄酮类、氨基酸等成分。

2. 药理作用　有增强免疫功能、抗菌、抗过敏、平喘、改善心功能、抗心肌缺血、抗心律失常、延缓衰老、降血糖、镇静、促进胃肠蠕动等作用。

天冬　tiāndōng

本品首载于《神农本草经》。为百合科植物天冬 Asparagus cochinchinensis (Lour.) Merr. 的干燥块根。主产于贵州、四川、广西等地。秋冬二季采收。以肥满、致密、黄白色、半透明者为佳。生用。

【处方用名】天冬、天门冬。

【主要药性】甘、苦,寒。归肺、肾经。

【功效】养阴润燥,清肺生津。

【应用】

1. 肺阴虚证　本品甘润苦寒,养阴清火作用较强,宜于阴虚燥热之证。治燥热伤肺,轻者可单用熬膏服,重者可与知母、川贝母、瓜蒌等配伍;治阴虚劳嗽咯血,可与生地黄、百部、阿胶等同用。

2. 肾阴虚证　本品甘寒滋肾阴,苦寒清降虚火,适宜于肾阴亏虚诸症。治肾阴亏虚之眩晕耳鸣、腰膝酸痛,常与熟地黄、枸杞子、牛膝等配伍;治阴虚火旺之骨蒸潮热,可与生地黄、知母、黄柏等配伍;治阴虚内热消渴者,可与生地黄、山药、天花粉等配伍。

此外,本品还有一定益胃生津作用,兼能清胃热,可用于热病伤津之食欲不振、口渴及肠燥便秘等。

【用法用量】内服:6~12g,煎汤,或入丸散。

【使用注意】脾虚泄泻、痰湿内盛者忌服。

【现代研究】

1. 化学成分　主要含天冬苷Ⅳ～Ⅶ等多种甾体皂苷类化合物,天冬酰胺、瓜氨酸、丝氨酸等多种氨基酸,还含黏液质、寡糖及多糖等成分。

2. 药理作用　有镇咳、祛痰、平喘、抗炎、抗溃疡、抗血栓、抗肿瘤、调节免疫功能及延缓衰老等作用。

石斛　shíhú

本品首载于《神农本草经》。为兰科植物金钗石斛 Dendrobium nobile Lindl.、霍山石斛 Dendrobium huoshanense C. Z. Tang et S. J. Cheng、鼓槌石斛 Dendrobium chrysotoxum Lindl. 或流苏石斛 Dendrobium fimbriatum Hook. 的栽培品及其同属植物近似种的新鲜或干燥茎。主产于四川、贵州、云南等地。全年均可采收。鲜品以青绿色或黄绿色、肥满多汁、嚼之发黏者为佳;干品以色金黄、有光泽、质柔韧者为佳。鲜用或生用。《中国药典》规定,金钗石斛干燥药材含石斛碱($C_{16}H_{25}NO_2$)不得少于 0.40%;霍山石斛含多糖以无水葡萄糖($C_6H_{12}O_6$)计,不得少于 17.0%;鼓槌石斛干燥药材含毛兰素($C_{18}H_{22}O_5$)不得少于 0.030%

【处方用名】石斛、鲜石斛、金钗石斛、铁皮石斛。

【主要药性】甘,微寒。归胃、肾经。

【功效】益胃生津,滋阴清热。

【应用】

1. 胃阴虚证　本品长于滋养胃阴、生津止渴,兼能清胃热,故适用于胃阴虚证。治疗热病伤津、口干烦渴者,可单用煎汤代茶饮,或与天花粉、生地黄、麦冬等配伍;治胃阴不足、食少干呕,可与芦根、白茅根、竹茹等配伍。

2. 肾阴虚证　本品又能滋肾阴,兼能降虚火,适用于肾阴亏虚诸证。治肾阴亏虚之目暗不明,可与枸杞子、熟地黄、菟丝子等配伍;治肾阴亏虚之筋骨痿软,可与熟地黄、山茱萸、牛膝等配伍;治阴虚火旺之骨蒸劳热,可与生地黄、黄柏、知母等配伍。

【用法用量】内服:6~12g,煎汤,或入丸散;鲜品15~30g。

【使用注意】温热病早期、湿温病尚未化燥伤津者,及脾胃虚寒、便溏、苔腻者皆当忌服。

【现代研究】

1. 化学成分　主要含石斛碱、石斛胺、石斛次碱等生物碱,石斛素等苯类及其衍生物,以及酚类化合物、木脂素类、黄酮类、多糖、黏液质、淀粉等。

2. 药理作用　有增强免疫功能、促进消化、调整胃肠道运动、保肝、利胆、降血糖、降血压、降血脂、抗肿瘤、延缓衰老、解热、镇痛等作用。

玉竹　yùzhú

本品首载于《神农本草经》。为百合科植物玉竹 *Polygonatum odoratum* (Mill.) Druce 的干燥根茎。主产于湖南、河南、江苏等地。秋季采收。以条长、肥壮、柔润、色黄白者为佳。生用。《中国药典》规定,本品含玉竹多糖以葡萄糖($C_6H_{12}O_6$)计,不得少于6.0%。

【处方用名】玉竹、葳蕤。

【主要药性】甘,微寒。归肺、胃经。

【功效】养阴润燥、生津止渴。

【应用】

1. 肺阴虚证　本品味甘质润微寒,能养肺阴,清肺热,适用于肺阴虚燥热之证。治阴虚肺燥之干咳少痰,常与沙参、麦冬、桑叶等配伍;治虚火上炎之咳血、咽干,可与麦冬、生地黄等配伍。因本品滋阴而不碍邪,还可用于治疗素体阴虚而外感风热咳嗽者,可与薄荷、淡豆豉等配伍。

2. 胃阴虚证　本品又能养胃阴、清胃热,适用于胃阴虚证。治疗燥伤胃阴之口干舌燥、食欲不振,可与麦冬、北沙参、百合等配伍。治疗胃热津伤之消渴,可与知母、麦冬、天花粉等配伍。

【用法用量】内服:6~12g,煎汤,或入丸散。

【现代研究】

1. 化学成分　主要含玉竹黏多糖、玉竹果聚糖、甾体皂苷、黄酮类、微量元素、氨基酸、黏液质等成分,同时还含有少量铃兰苦苷,铃兰苷等成分。

2. 药理作用　有增强免疫功能、降血糖、降血脂、缓解动脉粥样斑块形成、扩张外周血管和冠脉、强心、抗肿瘤、抗氧化、抗衰老及肾上腺皮质激素样作用。

黄精　huángjīng

本品首载于《名医别录》。为百合科植物滇黄精 *Polygonatum kingianum* Coll. et Hemsl.、黄精 *Polygonatum sibiricum* Red. 或多花黄精 *Polygonatum cyrtonema* Hua 的干燥根茎。黄精主产于河北、内蒙古、陕西等地；滇黄精主产于云南、贵州、广西等地；多花黄精主产于贵州、湖南、云南等地。春秋二季采收。以块大、肥润、色黄、断面透明者为佳。生用或酒制用。《中国药典》规定，含黄精多糖以无水葡萄糖（$C_6H_{12}O_6$）计，干燥药材及黄精饮片不得少于 7.0%，酒黄精饮片不得少于 4.0%。

【处方用名】黄精、制黄精、酒黄精。

【主要药性】甘，平。归脾、肺、肾经。

【功效】补气养阴，健脾，润肺，益肾。

【应用】

1. 阴虚燥咳　本品既能能养肺阴，兼能益肺气，适用于阴虚肺燥兼气虚者。治气阴两虚之久咳或干咳少痰、气短乏力，可单用或与南沙参、麦冬、川贝母等配伍；治肺肾阴虚之劳嗽咯血，可单用熬膏服，或与熟地黄、白及、阿胶等配伍。

2. 脾虚证　本品甘平，既能补益脾气，又养胃阴。治脾胃气虚所致面色萎黄、困倦乏力，可单用或与党参、山药、白术等同用；治脾胃阴伤之口干食少、大便干燥，可单用，或与南沙参、麦冬、玉竹等同用。

3. 肾精亏虚证　本品滋肾阴，益肾精。治肾精亏虚之须发早白、头晕眼花、腰膝酸软、形体消瘦等症，单用本品熬膏服，或与枸杞子、何首乌、熟地黄等配伍。

此外，本品可用于治疗气阴两伤之消渴，单用常服，或与山药、西洋参、太子参等配伍。

【用法用量】内服：9~15g，煎汤，或入丸散。

【使用注意】脾虚湿盛、气滞腹满者不宜用。

【现代研究】

1. 化学成分　主要含黄精多糖、甾体皂苷、水杨酸、木脂素、黏液质、淀粉、氨基酸等成分。

2. 药理作用　有调节免疫功能、降血糖、降血脂、增加冠脉流量、强心、抗心肌缺血、抗疲劳、抗氧化、抗菌、抗病毒、延缓衰老、改善记忆等作用。

明党参　míngdǎngshēn

本品首载于《本草从新》。为伞形科植物明党参 *Changium smyrnioides* Wolff 的干燥根。主产于江苏、浙江、四川等地。4~5 月采收。以条细长均匀、直径 7~8mm、色泽明亮、质坚实，称"银芽"者为佳。生用。

【处方用名】明党参。

【主要药性】甘、微苦，微寒。归肺、脾、肝经。

【功效】润肺化痰，养阴和胃，平肝，解毒。

【应用】

1. 肺阴虚证　本品甘寒质润，微苦微寒清热，能养肺阴、润肺燥，且清肺化痰，常用于肺阴虚或痰热咳嗽。治疗阴虚燥咳之干咳少痰、口燥咽干等，可与南沙参、麦冬、知母等配伍；治痰热咳嗽，可与桑白皮、枇杷叶等配伍。

2. 胃阴虚证　本品能养阴清热、生津止渴,故适用于胃阴虚证。治疗热病耗伤胃津之咽干口燥、舌红少津、食少呕恶等,常配伍太子参、麦冬、山药等。

3. 肝阴虚证　本品有滋肝阴、平肝阳、清肝降火之功,故可用于肝阴不足或肝火上攻之证。治阴虚阳亢之眩晕、头痛,可与白芍、石决明等配伍;治肝火目赤,可与桑叶、菊花、夏枯草等配伍。

【用法用量】内服:6~12g,煎汤,或入丸散。

【使用注意】脾虚便溏、外感咳嗽者忌服。

【现代研究】

1. 化学成分　主要含 6,9-十八碳二炔酸甲酯等挥发油,棕榈酸、亚油酸等脂肪酸,以及明党参多糖、多种氨基酸、多种微量元素。

2. 药理作用　有增强免疫功能、抗疲劳、耐缺氧、抗氧化、抗过敏、降血脂等作用。

枸杞子　gǒuqǐzǐ

本品首载于《神农本草经》。为茄科植物宁夏枸杞 *Lycium barbarum* L. 的干燥成熟果实。主产于宁夏、甘肃、新疆等地。夏秋二季采收。以粒大、色红、肉厚、质柔润、籽小、味甜者为佳。生用。《中国药典》规定,干燥药材含枸杞多糖以葡萄糖($C_6H_{12}O_6$)计,不得少于 1.8%;含甜菜碱($C_5H_{11}NO_2$)不得少于 0.50%。

【处方用名】枸杞子、枸杞、甘枸杞、宁枸杞。

【主要药性】甘,平。归肝、肾经。

【功效】滋补肝肾,益精明目。

【应用】

肝肾阴虚证　本品甘平质润,滋补肝肾阴精、养肝血,故适用于肝肾亏虚、精血不足诸症,尤善明目。治肝肾精血不足所致的头晕、目眩、耳聋、牙齿松动、须发早白、腰膝酸软、遗精滑泄、健忘失眠,及肝肾阴虚之潮热盗汗、消渴诸证,可单用,或与熟地黄、山茱萸、当归等同用;治肝肾阴虚或精亏血虚之眼目干涩、内障目昏,常与女贞子、熟地黄、菊花等配伍。

【用法用量】内服:6~12g,煎汤,或熬膏服,或入丸剂。

【使用注意】脾虚便溏、实热邪盛者忌服。

【现代研究】

1. 化学成分　主要含甜菜碱、胡萝卜素、烟酸、维生素 B_2、多糖、氨基酸及微量元素等成分。

2. 药理作用　有增强免疫功能、促进造血功能、延缓衰老、抗突变、抗肿瘤、降血脂、降血糖、降血压、保肝等作用。

墨旱莲　mòhànlián

本品首载于《新修本草》。为菊科植物鳢肠 *Eclipta prostrata* L. 的干燥地上部分。主产于江苏、江西、浙江等地。花开时采割。以色墨绿、叶多、无杂质者为佳。生用。《中国药典》规定,本品含蟛蜞菊内酯($C_{16}H_{12}O_7$)不得少于 0.040%。

【处方用名】墨旱莲、旱莲草。

【主要药性】甘、酸,寒。归肾、肝经。

【功效】滋补肝肾,凉血止血。

【应用】

1. 肝肾阴虚证　本品甘寒,能补益肝肾之阴,兼能清热。治肝肾阴虚或阴虚内热所致须发早白、头晕目眩、失眠多梦、腰膝酸软、遗精耳鸣等证,常与女贞子同用,或再与熟地黄、桑椹、枸杞子等配伍。

2. 阴虚血热出血　本品补益肝肾,又长于凉血止血,故尤宜于阴虚血热的出血。治吐血、衄血、尿血、血痢、崩漏下血,可单用或与生地黄、阿胶等配伍。

【用法用量】内服:6~12g,煎汤,或入丸散。

【现代研究】

1. 化学成分　主要含旱莲皂苷、齐墩果酸、熊果酸等三萜类,芹菜素、槲皮素、木犀草素等黄酮类,三噻吩甲醇等噻吩类,以及蟛蜞菊内酯类,还含烟酸、鞣质、氨基酸、维生素 A 等。

2. 药理作用　有调节免疫功能、保肝、延缓衰老、抗氧化、抗肿瘤、抗炎、抗菌、止血、镇静、镇痛及促进毛发生长等作用。

女贞子　nǚzhēnzǐ

本品首载于《神农本草经》。为木犀科植物女贞 *Ligustrum lucidum* Ait. 的干燥成熟果实。主产于浙江、江苏、湖南等地。冬季采收。以粒大、饱满、色紫黑、质坚实者为佳。生用或制用。《中国药典》规定,本品含特女贞苷($C_{31}H_{42}O_{17}$)不得少于 0.70%,含红景天苷($C_{14}H_{20}O_7$)不得少于 0.20%。

【处方用名】女贞子、酒女贞子。

【主要药性】甘、苦,凉。归肝、肾经。

【功效】滋补肝肾,明目乌发。

【应用】

肝肾阴虚证　本品味甘性凉,能补益肝肾之阴,兼能清热。治肝肾阴虚眩晕耳鸣、腰膝酸软、须发早白,常与墨旱莲同用,或再与何首乌、桑椹、杜仲等配伍;治阴虚目暗不明,可与石决明、枸杞子、菟丝子等配伍;治肾阴亏虚消渴者,可与生地黄、天冬、山药等同用;治阴虚内热之骨蒸潮热,可与生地黄、知母、地骨皮等同用。

【用法用量】内服:6~12g,煎汤,或入丸散。因主要成分齐墩果酸不易溶于水,故以入丸剂为佳。本品以黄酒拌后蒸制,可增强滋补肝肾作用,并使苦寒之性减弱,避免滑肠。

【现代研究】

1. 化学成分　主要含齐墩果酸、乙酰齐墩果酸、熊果酸等三萜类,棕榈酸、硬脂酸、油酸、亚油酸等脂肪油类,及甘露醇、葡萄糖等。

2. 药理作用　有保肝、调节免疫功能、延缓衰老、降血脂、抗动脉粥样硬化、对抗化疗或放疗所致的白细胞减少、抗疲劳、抗炎、抗菌等作用。

桑椹　sāngshèn

本品首载于《新修本草》。为桑科植物桑 *Morus alba* L. 的干燥果穗。主产于江苏、浙江、湖南等地。4~6月采收。以个大、肉厚、色紫暗红、糖性大者为佳。生用。

【处方用名】桑椹、桑椹子、黑桑椹。

【主要药性】甘、酸,寒。归心、肝、肾经。

【功效】滋阴补血,生津润燥。

【应用】

1. 肝肾阴虚证　本品能补益肝肾之阴,兼能凉血退热。治肝肾阴虚之头晕耳鸣、目暗昏花、关节不利、失眠、须发早白等,可熬膏常服;或与熟地黄、何首乌等同用。

2. 津伤口渴、消渴及肠燥便秘　本品能生津止渴、润肠通便,又能补养阴血。治津伤口渴、内热消渴及肠燥便秘等证,鲜品食用有效,亦可与女贞子、知母、麦冬等配伍。

【用法用量】内服:9~15g,煎汤,或入丸散。

【使用注意】脾胃虚寒,便溏腹泻者不宜服用。

【现代研究】

1. 化学成分　主要含糖、鞣酸、苹果酸、维生素、胡萝卜素、蛋白质、芦丁等成分。

2. 药理作用　有调节机体免疫功能、降低胆固醇等的作用。

黑芝麻　hēizhīmá

本品首载于《神农本草经》。为脂麻科植物脂麻 Sesamum indicum L. 的干燥成熟种子。我国各地有栽培。秋季采收。以籽粒大、饱满、色黑、无杂质者为佳。生用或制用。

【处方用名】黑芝麻、黑脂麻。

【主要药性】甘,平。归肝、肾、大肠经。

【功效】补肝肾,益精血,润肠燥。

【应用】

1. 肾精肝血亏虚诸证　本品性平和,可滋补肝肾精血。治肝肾精亏血虚所致的头晕眼花、耳鸣耳聋、须发早白等症,可单用,或与熟地黄、枸杞子、女贞子等同用。

2. 肠燥便秘　本品富含油脂,能润肠通便。治精亏血虚之肠燥便秘,可单用,或与肉苁蓉、火麻仁、当归等配伍。

【用法用量】内服:9~15g,煎汤,或入丸散。

【使用注意】脾虚便溏者不宜服用。

【现代研究】

1. 化学成分　主要含油酸、亚油酸、棕榈酸、花生酸等脂肪油,以及植物蛋白、氨基酸、木脂素、植物甾醇、糖类、磷脂及微量元素。

2. 药理作用　有延缓衰老、抗动脉硬化、促进排便、降血脂、降血糖等作用。

楮实子　chǔshízǐ

本品首载于《名医别录》。为桑科植物构树 Broussonetia papyrifera (L.) Vent. 的干燥成熟果实。主产于河南、湖北、湖南等地。秋季采收。以粒饱满、色红、子老、纯净无杂质者为佳。生用。

【处方用名】楮实子。

【主要药性】甘,寒。归肝、肾经。

【功效】补肾清肝,明目,利尿。

【应用】

1. 肝肾阴虚,腰膝酸软,虚劳骨蒸,头晕目昏　本品甘寒养阴,善补肝肾之阴,兼清虚热。治肝肾不足之腰膝酸软、虚劳骨蒸、盗汗遗精、头晕目昏等症,可与枸杞子、墨旱莲、女贞子等配伍。

2. 目翳昏花　本品甘寒补阴,性寒清肝明目。治肝肾不足之眼目昏花,可与枸杞子、菟丝子等配伍;治肝经有热之目赤肿痛,可单用,或与决明子、夏枯草等同用。

3. 水肿胀满　本品补阴且能利尿消肿,利水而不伤阴,善治阴虚水饮内停。治水肿、小便不利或水液内停之臌胀,可与生地黄、茯苓、泽泻等配伍。

【用法用量】内服:6~12g,煎汤,或入丸散。外用捣敷。

【使用注意】脾胃虚寒者忌服。

【现代研究】

1. 化学成分　主要含饱和脂肪酸及油酸、亚油酸、棕榈酸等脂肪油,还含有皂化物、多种氨基酸及生物碱等。

2. 药理作用　有调节免疫、降血脂及抑制毛发癣菌等作用。

龟甲　guījiǎ

本品首载于《神农本草经》。为龟科动物乌龟 *Chinemys reevesii* (Gray) 的背甲及腹甲。主产于浙江、湖北、湖南等地。全年可采收。以块大、完整、洁净无腐肉者为佳。生用或制用。

【处方用名】龟甲、龟板、醋龟甲。

【主要药性】咸、甘,微寒。归肝、肾、心经。

【功效】滋阴潜阳,益肾强骨,养血补心,固经止崩。

【应用】

1. 肝肾阴虚证　本品甘寒滋阴、咸寒沉降,长于滋补肝肾之阴而制阳,适用于阴虚阳亢诸证。治阴虚阳亢,头目眩晕,可与天冬、白芍、牡蛎等同用;治阴虚内热,骨蒸潮热,盗汗遗精,可与知母、黄柏等配伍;治阴虚风动,神倦瘛疭者,可与阿胶、鳖甲、生地黄等同用。

2. 肾虚筋骨痿弱　本品长于滋肾养肝而健骨。治肾虚之筋骨不健,腰膝酸软,步履乏力及小儿鸡胸、龟背、囟门不合诸症,常与熟地黄、知母、锁阳等同用;治小儿脾肾不足,阴血亏虚,发育不良,鸡胸、龟背,可与紫河车、鹿茸、当归等同用。

3. 阴血亏虚之惊悸、失眠、健忘　本品归心肾经,可养血补心,安神定志。治阴血不足,心肾失养之惊悸、失眠、健忘,可与石菖蒲、远志、龙骨等同用。

4. 崩漏下血　本品性偏寒凉,补肾固经止血,尤宜于阴虚血热、冲任不固之崩漏、月经过多,常与生地黄、黄芩、地榆等同用。

【用法用量】内服:9~24g,煎汤,或入丸散。入汤剂宜先煎。本品经砂烫醋淬后,有效成分更容易煎出,并可去腥气,易于粉碎,方便制剂。

【使用注意】脾胃虚寒及有寒湿者忌服;孕妇慎用。

【现代研究】

1. 化学成分　主要含动物胶、角蛋白、脂肪、骨胶原、氨基酸,及钙、磷、锶、锌、铜等多种常量及微量元素。

2. 药理作用　有增强免疫功能、延缓衰老、增加冠脉流量、调节能量代谢、提高耐缺氧能力,及兴奋子宫、解热、镇静等作用。

附:

龟甲胶　本品为龟甲经水煎煮、浓缩制成的固体胶。性味咸、甘,凉;归肝、肾、心经。功效与龟甲相似,具有滋阴、养血、止血的功效,临床多用于阴虚潮热、骨蒸盗汗、腰膝酸软、血虚萎黄、崩漏带下等证。烊化兑服,3~9g。

鳖甲　biējiǎ

本品首载于《神农本草经》。为鳖科动物鳖 *Trionyx sinensis* Wiegmann 的背甲。主产于湖北、湖南、安徽等地。全年可采收。以个大、甲厚、无残肉、洁净无腐臭味为佳。生用或制用。

【处方用名】鳖甲、醋鳖甲。

【主要药性】咸,微寒。归肝、肾经。

【功效】滋阴潜阳,退热除蒸,软坚散结。

【应用】

1. 肝肾阴虚证　本品咸寒,滋养肝肾之阴而制阳,适用于阴虚阳亢诸证。长于退虚热、除骨蒸,故为治阴虚发热之要药。治温病后期、阴液耗伤、邪伏阴分、夜热早凉、热退无汗者,常与牡丹皮、生地黄、青蒿等同用;治疗肝肾阴虚、骨蒸潮热,常与秦艽、地骨皮等同用;治阴虚风动、手足瘛疭者,常与阿胶、生地黄、麦冬等同用。

2. 癥瘕积聚　本品味咸,长于软坚散结,适用于癥瘕积聚。治疟疾日久不愈,胁下痞硬成块,常与牡丹皮、桃仁、土鳖虫等同用。

【用法用量】内服:9~24g,煎汤,或入丸散。入汤剂宜先煎。本品经砂烫醋淬后,有效成分更容易煎出,并可去腥气,易于粉碎,方便制剂。

【使用注意】脾胃虚寒,食少便溏者忌服。

【现代研究】

1. 化学成分　主要含动物胶、骨胶原、角蛋白、氨基酸、碳酸钙、磷酸钙、碘、维生素 D 及锌、铜、锰等微量元素。

2. 药理作用　有促进造血功能、增强免疫功能、抗应激、抗辐射、镇静、抗结缔组织增生等作用。

哈蟆油　hámayóu

本品首载于《神农本草经》。为蛙科动物中国林蛙 *Rana temporaria chensinensis* David 雌蛙的干燥输卵管。主产于吉林。白露前后采收。以块大、肥厚、黄白色、有光泽、不带皮膜、无血筋及卵子者为佳。生用。

【处方用名】哈蟆油、哈士蟆油。

【主要药性】甘、咸,平。归肺、肾经。

【功效】补肾益精,养阴润肺。

【应用】

1. 阴虚体弱,盗汗神疲　本品味甘补益,味咸归肾,善补肾益精血。治病后、产后,伤血耗气,虚弱羸瘦,神衰盗汗等症,可单用;治盗汗,可与党参、白术、阿胶等同用。

2. 劳嗽咯血　本品性平,补肾养阴润肺。治肺肾阴伤之劳嗽咯血,以本品与白木耳蒸服;或与蛤蚧、人参、熟地黄等同入丸、散服。

【用法用量】内服:5~15g,炖服,或入丸散。

【使用注意】外感初起及食少便溏者忌服。

【现代研究】

1. 化学成分　主要含睾酮、孕酮、雌二醇、色氨酸、赖氨酸、蛋氨酸、亮氨酸、维生素 A、维生素 E 及金属元素 K、Na、Mg 等。

2. 药理作用　有强壮作用及促进动物性成熟的作用,还能增强机体免疫机能、抗疲劳、延缓衰老等作用。

【思考题】

1. 何谓补虚药? 简述补虚药的分类、功效、主治。如何正确使用补虚药?

2. 如何正确使用人参、党参、黄芪、白术、甘草、鹿茸、淫羊藿、杜仲、续断、菟丝子、当归、熟地黄、白芍、阿胶、何首乌、北沙参、麦门冬、龟甲、鳖甲?

3. 简述人参与党参、人参与黄芪、黄芪与白术、苍术与白术、淫羊藿与巴戟天、杜仲、续断及桑寄生、当归与熟地黄、当归与白芍、生地黄与熟地黄、白芍与赤芍、北沙参与南沙参、麦冬与天冬、龟甲与鳖甲在功效、应用方面的异同点。

ER 各论第十九章　同步练习

（陈　芳　陈海丰　周　鹏）

第二十章　收涩药

ER 各论第二十章
课件

【学习目标】

1. 掌握收涩药的含义、性能主治、应用要点;熟悉收涩药的分类及每节药物的性能特点。

2. 掌握五味子、乌梅、山茱萸、桑螵蛸、莲子的药性、功效、主治、性能特点、经典配伍以及用法用量、使用注意。熟悉麻黄根、浮小麦、诃子、肉豆蔻、海螵蛸、芡实的功效、主治、某些特殊用法及使用注意。了解其余收涩药的功效、特殊用法及使用注意。

【含义】以收敛固涩为主要功效,主治正虚遗泄滑脱病证的药物,称收涩药,又称固涩药。根据其药性及作用的不同,分为固表止汗药、敛肺涩肠药和固精缩尿止带药三类。

【性能主治】本类药物味多酸、涩,主入肺、脾、肾、大肠经,具有收敛固涩之效,主治正气不足、自汗盗汗、久咳虚喘、遗精滑精、遗尿尿频、出血、带下量多等正气不足所致滑脱诸症。即李时珍所谓"用酸涩之药,以敛其耗散",陈藏器所谓"涩可固脱"之意。其中,以固护卫气、收敛止汗,治疗自汗、盗汗为主的药物,称为固表止汗药;以收敛肺气、涩肠止泻,治疗久咳虚喘、久泻久痢为主的药物称为敛肺涩肠药;以补肾固精、缩尿止带,治疗遗精滑精、遗尿尿频、带下量多的药物,称为固精缩尿止带药。此外,某些收涩药兼有安神、清肺、清热燥湿、止痛等功效,还可用于治疗心神不宁、肺热、湿热、疼痛等。

【应用要点】

1. 对证用药　收涩药适用于治疗滑脱病证。在使用时应根据滑脱病证的具体表现,有选择地使用固表止汗药、敛肺涩肠药或固精缩尿止带药;在此基础上,应注意药物性能特点与滑脱证个体表现的对应性。

2. 配伍用药　为了增强疗效,收涩药常相须配伍使用。滑脱病证的根本原因为正气虚弱,故使用本类药物时,应与补益药配伍,以标本兼顾。气虚自汗、阴虚盗汗者,常配伍补气药、补阴药;脾肾阳虚、久泻不止者,应配伍温补脾肾药;肾虚遗精滑精、遗尿尿频者,当配伍补肾固精药;冲任不固、崩漏不止者,当配伍补益肝肾药;肺肾虚损、久咳虚喘者,宜配伍补肺益肾、纳气平喘药。

3. 注意事项　本类药物味酸、涩敛邪,故凡表邪未解,湿热所致之泻痢、带下,血热出血,以及郁热未清者,均不宜用,误用有"闭门留寇"之弊。但某些收涩药除收涩作用之外,兼有清湿热、解毒等功效,则又当区别对待。罂粟壳有成瘾之弊,为有毒之品,慎用。

第一节　固表止汗药

本节药物性味多甘涩性平,归肺经行肌表、入心经而收心液,而有固表止汗之功。适用于气虚卫外不固,腠理疏松,津液外泄之自汗以及阴虚不能制阳,阳热迫津外泄之盗汗。

麻黄根　máhuánggēn

本品首载于《本草经集注》。为麻黄科植物草麻黄 *Ephedra sinica* Stapf 或中麻黄 *Ephedra intermedia* Schrenk et C. A. Mey. 的干燥根及根茎。主产于山西、河北、甘肃等地。秋末采收。以质硬、外皮红棕色、切面黄白色者为佳。生用。

【处方用名】麻黄根。

【主要药性】甘、涩,平。归心、肺经。

【功效】固表止汗

【应用】

自汗、盗汗　本品味涩、性平,入肺经,能固腠理、闭毛窍,为固表止汗之专药。治气虚自汗,可与浮小麦、黄芪等配伍;治阴虚盗汗,可与生地黄、五味子、白芍等配伍;治产后虚汗不止,可与黄芪、山茱萸、当归等配伍。

【用法用量】内服:3~9g,煎汤或入丸散。外用:适量,研粉撒扑。

【使用注意】有表邪者忌用。

【现代研究】

1. 化学成分　主要含生物碱类成分如麻黄根碱 A、B、C、D,麻根素及阿魏酰组胺等。尚含有麻黄双黄酮 A、B、C、D 等。

2. 药理作用　能抑制低热和烟碱所致的发汗;对末梢血管有扩张作用,对肠管、子宫等平滑肌呈收缩作用;麻黄根甲醇提取物能降低血压,但麻黄素有升压作用。

浮小麦　fúxiǎomài

本品首载于《本草蒙筌》。为禾本科植物小麦 *Triticum aestivum* L. 的干燥轻浮瘪瘦的颖果。全国各地均产。夏至采收。以水淘之,浮起者为佳。生用或制用。

【处方用名】浮小麦、浮麦、炒浮小麦。

【主要药性】甘,凉。归心经。

【功效】固表止汗,益气,除热。

【应用】

1. 自汗、盗汗　本品甘凉入心经,可益心气、敛心液;为养心敛液、固表止汗之常用药。治气虚自汗,可与黄芪、煅牡蛎等配伍;治阴虚盗汗,可与地骨皮、地黄等配伍。

2. 阴虚发热,骨蒸劳热　本品甘凉,能益气阴,除虚热。治阴虚发热,骨蒸劳热,可与麦冬、地骨皮、生地黄等配伍。

【用法用量】内服:6~12g,煎汤;研末服,3~5g。

【使用注意】表邪汗出者忌用。

【现代研究】

1. 化学成分　主要含淀粉、蛋白质、糖类、粗纤维等。尚含少量的谷甾醇、卵磷脂、尿囊素、精氨酸、淀粉酶、蛋白分解酶及微量维生素 B、E 等成分。

2. 药理作用　有降血糖、保肝等作用。

糯稻根　nuòdàogēn

本品首载于《本草再新》。为禾本科植物糯稻 *Oryza sativa* L. var. *glutinosa* Matsum. 的干燥根茎及根。全国各地均产。一般 10 月采收。以根长、体轻、质软、色黄棕者为佳。生用。

【处方用名】糯稻根、糯稻根须。

【主要药性】甘,平。归肺、胃、肾经。

【功效】固表止汗,益胃生津,退虚热。

【应用】

1. 自汗、盗汗　本品甘平质轻,有固表止汗,益胃生津之功。适用于各种虚汗兼有口渴者。治气虚自汗,可单味煎服或与黄芪、浮小麦等配伍;治阴虚盗汗,可与生地黄、五味子、地骨皮等配伍。

2. 虚热不退,骨热潮蒸　本品可生津、退虚热。治虚热不退,骨蒸潮热,以及病后阴虚口渴者,可与麦冬、玄参、地骨皮等配伍。

【用法用量】内服:30~60g,煎汤,或入丸散。

【现代研究】

化学成分　主要含黄酮、糖类、氨基酸等成分。

第二节　敛肺涩肠药

本节药物酸涩收敛,上可入肺经而敛肺止咳平喘;下可入大肠经而涩肠止泻止痢。主要用于肺虚久咳、肺肾两虚之虚喘以及大肠虚寒或脾肾阳虚所致的久泻、久痢。对痰浊壅肺所致咳喘以及泻痢初起,邪气方盛者宜慎用。

五味子　wǔwèizǐ

本品首载于《神农本草经》。为木兰科植物五味子 *Schisandra chinensis* (Turcz.) Baill. 的干燥成熟果实。习称"北五味子"。主产于东北、辽宁、吉林。秋季采收。以粒大、色红、肉厚、有光泽、显油润者为佳。生用或制用。《中国药典》规定,本品五味子醇甲($C_{24}H_{32}O_7$)含量不得少于 0.40%。

【处方用名】五味子、辽五味、醋五味子。

【主要药性】酸、甘,温。归肺、心、肾经。

【功效】收敛固涩,益气生津,补肾宁心。

【应用】

1. 久咳虚喘　本品味酸性收,甘温而润,可敛肺气,摄肾气,为治疗久咳虚喘之要药。治肺虚久咳,可单用或与罂粟壳同用;治肺肾两虚之喘咳,可与熟地黄、山茱萸、山药等配伍;治寒饮咳喘之证,可与细辛、干姜、茯苓等配伍。

2. 梦遗滑精,遗尿尿频　本品甘温而涩,补肾涩精止遗,是治肾虚精关不固之遗精滑精及遗尿尿频之佳品。治梦遗滑精,可单味熬膏服或与桑螵蛸、芡实、龙骨等配伍;治遗尿尿频,可与山药、益智仁等配伍。

3. 久泻不止　本品味酸涩性收敛,能涩肠止泻。治脾肾虚寒、久泻不止者,常与肉豆蔻、吴茱萸、补骨脂等配伍。

4. 自汗、盗汗　本品补气敛肺、固表止汗。治气虚自汗,可与人参、白术、浮小麦等配伍;治阴虚盗汗,可与麻黄根、山茱萸、白芍等配伍。

5. 津伤口渴,内热消渴　本品甘而益气,酸可生津,故能益气生津止渴。治气阴两伤、汗多口渴者,可与人参、麦冬、知母等配伍;治阴虚内热、口渴多饮之消渴证,可与生地黄、天花粉、地骨皮等配伍。

6. 心悸失眠　本品可收敛心气,滋肾补阴,故有宁心安神之功。治阴不足、心神失养而致心悸怔忡、失眠多梦者,可与酸枣仁、麦冬、生地黄等配伍。

【用法用量】内服:2~6g,煎汤,或入丸散;研末服,1~3g。

【使用注意】凡表邪未解,内有实热,咳嗽初起,麻疹初期,均不宜使用。

【现代研究】

1. 化学成分　主要含木脂素类成分如五味子甲素、五味子乙素,五味子醇甲、五味子醇乙,五味子酯甲、五味子酯乙等;挥发油如花柏醇、α-花柏烯等;还含有多糖和氨基酸等。

2. 药理作用　对神经系统各级中枢有兴奋作用,能使大脑皮层的兴奋和抑制过程趋于平衡;对呼吸系统有兴奋作用,有镇咳和祛痰作用;能增强机体对非特异性刺激的防御能力;具有提高免疫、抗氧化、抗衰老作用。此外,还有利胆保肝、抑菌、降血压等作用。

附:

南五味子　本品为木兰科植物华中五味子 Schisandra sphenanthera Rehd. et Wils. 的干燥成熟果实。主产于西南地区及长江流域以南各省份。秋季采收。生用或制用。性味酸、甘,温;归肺、心、肾经。功能收敛固涩,益气生津,补肾宁心。适用于久嗽虚喘,梦遗滑精,遗尿尿频,久泻不止,自汗盗汗,津伤口渴,内热消渴,心悸失眠。煎服,2~6g。

乌梅　wūméi

本品首载于《神农本草经》。为蔷薇科植物梅 Prunus mume (Sieb.) Sieb. et Zucc. 的干燥近成熟果实。主产于四川、浙江、福建等地。夏季采收。以个大、肉厚,色黑,柔润,味极酸者为佳。生用或制用。《中国药典》规定,含枸橼酸($C_6H_8O_7$),干燥药材、乌梅饮片不得少于 12.0%,乌梅肉、乌梅炭饮片不得少于 6.0%。

【处方用名】乌梅、乌梅肉、乌梅炭。

【主要药性】酸、涩,平。归肝、脾、肺、大肠经。

【功效】敛肺涩肠,生津止渴,安蛔止痛。

【应用】

1. 肺虚久咳　本品酸涩入肺,有敛肺止咳之功。治肺虚久咳少痰或干咳无痰,可单用熬膏服,或与罂粟壳、川贝母等配伍。

2. 久泻久利　本品酸收涩敛,入大肠经,故可涩肠止泻。治久泻、久痢可单味煎服或与诃子、罂粟壳、肉豆蔻等配伍。治湿热泻痢、便下脓血,可与黄连、黄柏等配伍。

3. 虚热消渴　本品味酸,有生津液、止烦渴之功。治虚热消渴,可单味煎服或与麦冬、人参等配伍。

4. 蛔厥腹痛　本品味酸,可安蛔止痛,为安蛔之良药。治蛔虫所致腹痛、呕吐、四肢厥冷之蛔厥,可与黄连、细辛等配伍。

此外,本品炒炭尚能固崩止血,可治崩漏不止、便血。

【用法用量】内服:6~12g,大剂量可达 30g。外用:适量,捣烂或炒炭研末外敷。止泻、止血可炒炭用。

【使用注意】外有表邪或内有实热积滞者均不宜服用。

【现代研究】

1. 化学成分　主要含有机酸类成分如枸橼酸、苹果酸、琥珀酸、酒石酸等。还含有芦丁、熊果酸等。

2. 药理作用　有止泻作用,有轻度收缩胆囊作用,可促进胆汁分泌;在体外对蛔虫活动有抑制作用。此外,还有止血、抑菌、抗休克、增强免疫等作用。

五倍子　wǔbèizǐ

本品首载于《本草拾遗》。为漆树科植物盐肤木 *Rhus chinensis* Mill.、青麸杨 *Rhus potaninii* Maxim. 或红麸杨 *Rhus punjabensis* Stew. var. *sinica*(Diels) Rehd. et Wils. 叶上的虫瘿,主要由五倍子蚜 *Melaphis chinensis*(Bell) Baker 寄生而形成。主产于四川、贵州、陕西等地。秋季采收。以个大完整、壁厚、灰褐色者为佳。生用。《中国药典》规定,干燥药材含鞣质不得少于 50.0%,含鞣质以没食子酸($C_7H_6O_5$)计,不得少于 50.0%。

【处方用名】五倍子。

【主要药性】酸、涩,寒。归大肠、肺、肾经。

【功效】敛肺降火,涩肠止泻,敛汗,止血,收湿敛疮。

【应用】

1. 肺虚久咳,肺热痰嗽　本品酸涩收敛,性寒清热,入肺经有敛肺止咳、清肺降火之效,可用于肺虚久咳,肺热痰咳之证。治肺虚久咳,可与五味子、罂粟壳等配伍;治肺热痰咳,可与瓜蒌、黄芩、桑白皮等配伍。

2. 久泻久痢　本品酸涩归大肠,有涩肠止泻之功。治久泻久痢,可醋炒为末单用,亦可与乌梅、五味子等同用。

3. 自汗、盗汗　本品可敛肺止汗。治自汗、盗汗,可单用研末,与荞麦面等份作饼,煨熟食之;或研末水调敷肚脐处;或与浮小麦、牡蛎等配伍。

4. 出血　本品能收敛止血。治崩漏,单用或与棕榈炭、贯众炭等配伍;治便血、痔血,可与地榆、槐花等配伍内服或熏洗患处;治咳嗽咳血,常与藕节、白及、玄参等配伍。

5. 痈肿疮毒,皮肤湿烂　本品外用有收湿敛疮、解毒消肿之功。治湿疮流水、溃疡不敛、肛脱不收、子宫下垂等,可单用或与枯矾配伍研末外敷或煎汤熏洗。

【用法用量】内服:3~6g,煎汤,或入丸散。外用:适量;研末外敷或煎汤熏洗。

【使用注意】湿热泻痢者忌用。

【现代研究】

1. 化学成分　主要含鞣质:1,2,3,4,6-五-*O*-没食子酰基-β-D-葡萄糖,3-*O*-二没食子酰基-1,2,4,6-四-*O*-没食子酰基-β-D-葡糖糖等;还含有没食子酸、脂肪酸等。

2. 药理作用　没食子酸对蛋白质有沉淀作用,与皮肤、黏膜的溃疡面接触后,具有收敛、止血、抗炎、镇痛作用;也可减轻肠道炎症,具有止泻作用。另外,还有抑菌、抗病毒等作用。

罂粟壳　yīngsùqiào

本品首载于《宝庆本草折衷》。为罂粟科植物罂粟 *Papaver somniferum* L. 的干燥成熟果壳。主产于甘肃。秋季采收。以色黄白,皮厚者为佳。生用或制用。《中国药典》规定,本品含吗啡($C_{17}H_{19}O_3N$)应为 0.06%~0.40%。

【处方用名】罂粟壳、米壳。

【主要药性】酸、涩,平;有毒。归肺、大肠、肾经。

【功效】敛肺,涩肠,止痛。

【应用】

1. 肺虚久咳　本品酸涩收敛,入肺经,有较强敛肺止咳作用。治肺虚久咳或邪尽咳嗽不止者,可单用研末服,亦可与人参、蛤蚧、山药等配伍。

2. 久泻久痢　本品味酸涩,能固肠道,涩滑脱。治脾虚久泻,可与炒白术、诃子、山药等配伍;治脾虚中寒、久痢不止,可与白术、肉豆蔻、赤石脂等配伍;治脾肾两虚、久泻不止、脱肛,可与人参、黄芪、肉豆蔻等配伍。

3. 脘腹疼痛,筋骨疼痛　本品有很强的止痛作用。治脘腹疼痛、筋骨疼痛,可单用,也可与延胡索、白芍、全蝎等配伍。

【用法用量】内服:3~6g。止咳可蜜炙,止泻、止痛可醋炙。

【使用注意】罂粟壳属于麻醉药品管制品种,易成瘾,不可常服;孕妇及儿童禁用;运动员慎用;咳嗽或泻痢初起邪实者忌用。

【现代应用】

1. 化学成分　主要含生物碱类成分如吗啡、可待因、那可汀、那碎因、罂粟碱、罂粟壳碱等,还含有多糖、内消旋肌醇、赤藓醇等。

2. 药理作用　有止泻、镇咳、镇痛、镇静等作用。

诃子　hēzǐ

本品首载于《药性论》。为使君子科植物诃子 *Terminalia chebula* Retz. 或绒毛诃子 *Terminalia chebula* Retz. var. *tomentella* Kurt. 的干燥成熟果实。主产于云南、广东、广西等地,秋、冬二季采收。

以表面黄棕、微皱、有光泽、肉厚者为佳。生用或制用。

【处方用名】诃子、煨诃子。

【主要药性】苦、酸、涩,平。归肺、大肠经。

【功效】涩肠止泻,敛肺止咳,降火利咽。

【应用】

1. 久泻久痢,便血脱肛　本品味酸涩,入大肠经,涩肠止泻之效颇佳。治久泻、久痢属虚寒者,可与干姜、罂粟壳、赤石脂等配伍;治泻痢日久、中气下陷之脱肛,可与人参、黄芪、升麻等配伍。治肠风下血症,可与白芷、防风、地榆等配伍。

2. 肺虚久咳,咽痛音哑　本品酸涩而苦,酸涩收敛,苦则降泄,故可敛肺止咳、清肺利咽,是治失音之良药。治疗肺虚久咳,可与人参、五味子、蛤蚧等配伍;治痰热郁肺、久咳失音者,可与桔梗、甘草、山豆根等配伍。治久咳咽痛音哑,可与硼砂、青黛、冰片等配伍。

【用法用量】内服:3~10g,煎汤,或入丸散。涩肠止泻可煨用,敛肺清热、利咽开音可生用。

【使用注意】凡外有表邪、内有湿热积滞者忌用。

【现代研究】

1. 化学成分　主要含鞣质如诃子酸、诃黎勒酸、诃子鞣质等。还含有三萜类、有机酸、脂肪酸类等。

2. 药理作用　有抗氧化、抗肿瘤、改善血液流变性、止泻等作用;对支气管平滑肌收缩有抑制作用;还具有强心、抑制病原微生物等作用。

石榴皮　shíliúpí

本品首载于《名医别录》。为石榴科植物石榴 *Punica granatum* L. 的干燥果皮。主产于陕西、四川、湖南等地。秋季采收。以皮厚、红棕色者为佳。生用或制用。《中国药典》规定,干燥药材含鞣质不得少于 10.0%,含鞣花酸($C_{14}H_6O_8$)不得少于 0.30%。

【处方用名】石榴皮、石榴皮炭。

【主要药性】酸、涩,温。归大肠经。

【功效】涩肠止泻,止血,驱虫。

【应用】

1. 久泻久痢,脱肛　本品酸涩而温,入大肠经,能涩肠止泻痢。治久泻、久痢,可单用;治泻痢日久属虚寒者,可与干姜、附子等配伍;治久泻、久痢而致脱肛者,应与人参、黄芪等配伍。若治湿热泻痢,应与黄连、黄柏等同用。

2. 便血,崩漏,带下　本品酸涩,能收敛止血、收涩止带。治便血,可单用,或与地榆、槐花等配伍;治崩漏及妊娠下血不止,可与阿胶、艾叶、贯众等配伍;治白带过多,可与海螵蛸、白芷等配伍。

3. 虫积腹痛　本品有杀虫之功。治蛔虫、蛲虫、绦虫等虫积腹痛,可与苦楝皮、槟榔等配伍。

【用法用量】内服:3~9g,煎汤,或入丸散。入汤剂生用,入丸、散多炒用,止血多炒炭用。

【使用注意】泻痢初起者忌服。

【现代研究】

1. 化学成分　主要含石榴皮鞣质、2,3-*O*-连二没食子酰等;还含石榴皮碱、伪石榴皮碱、异石榴皮碱、没食子酸、鞣花酸、异槲皮苷等。

2. 药理作用 有止泻作用;对绦虫有杀灭作用;有抑菌、抗病毒作用。此外,还有保肝、抑制胃酸分泌、调节免疫、抗溃疡等作用。

肉豆蔻 ròudòukòu

本品首载于《雷公炮炙论》。为肉豆蔻科植物肉豆蔻 *Myristica fragrans* Houtt. 的干燥种仁。主产于马来西亚、印度尼西亚、斯里兰卡,我国广东、广西、云南亦有栽培。冬、春两季采收。以个大、体重、质坚实、破开后香气浓者佳。生用或制用。《中国药典》规定,干燥药材、肉豆蔻饮片含挥发油不得少于 6.0%(ml/g),去氢二异丁香酚($C_{20}H_{22}O_4$)不得少于 0.10%;煨肉豆蔻含挥发油不得少于 4.0%(ml/g),去氢二异丁香酚($C_{20}H_{22}O_4$)不得少于 0.080%。

【处方用名】肉豆蔻、煨肉蔻。

【主要药性】辛,温。归脾、胃、大肠经。

【功效】涩肠止泻,温中行气。

【应用】

1. 脾胃虚寒,久泻不止 本品既能涩肠止泻,又能温中暖脾。为治疗虚寒性泻痢之要药。治脾胃虚寒之久泻久痢,可与人参、当归、白术等配伍;治脾肾阳虚、五更泄泻,或久泻不愈者,常与补骨脂、五味子、吴茱萸等配伍。

2. 胃寒气滞,脘腹胀痛,食少呕吐 本品味辛性温燥,能温中醒脾、行气止痛。治中焦寒郁气滞之脘腹胀痛、食少呕吐者,常与木香、干姜、陈皮等配伍。

【用法用量】内服:3~10g,煎汤,或入丸散。内服须煨制去油用。

【使用注意】湿热泻痢者不宜使用。

【现代研究】

1. 化学成分 主要含去氢二异丁香酚、香桧烯、α- 蒎烯、β- 蒎烯、松油 -4- 烯醇、γ- 松油烯、肉豆蔻醚等。

2. 药理作用 有促进胃液分泌及胃肠蠕动作用,但大量服用则有抑制作用;有较为明显的麻醉作用;对细菌和霉菌均有抑制作用;有一定的抗肿瘤作用。

赤石脂 chìshízhī

本品首载于《神农本草经》。为硅酸盐类矿物多水高岭石族多水高岭石,主含四水硅酸铝〔$Al_4(Si_4O_{10})(OH)_8 \cdot 4H_2O$〕。主产于福建、山东、河南等地。全年均可采收。以色红、光滑细腻、质软、易断、吸水力强者为佳。生用或制用。

【处方用名】赤石脂、煅赤石脂。

【主要药性】甘、酸、涩,温。归大肠、胃经。

【功效】涩肠止泻,收敛止血,生肌敛疮。

【应用】

1. 久泻久痢 本品甘温酸涩,入胃肠经,长于固涩下焦、涩肠止泻,且能止血,为治疗虚寒性泻痢之常用药。治泻痢日久、滑泄不禁、痢后脱肛者,可与禹余粮相须为用;治虚寒下痢、便下脓血、色暗不鲜者,常与干姜、粳米配伍。

2. 大便出血,崩漏带下　本品质重而涩,直入下焦阴分,能收敛止血。治崩中下血、淋漓不断,可与乌贼骨、侧柏叶等同用;治便血、痔血,常与禹余粮、槐米、地榆等配伍。若用于治妇女肾虚、带下清稀者,可与鹿角霜、芡实、龙骨等配伍。

3. 疮疡久溃不敛,湿疮脓水浸淫　本品外用有收湿生肌敛疮之功。治疗疮疡久溃不敛,可与乳香、血竭等同用,研细末,掺于疮口;治湿疮脓水浸淫者,可与五倍子、枯矾等研末外敷。

此外,外用亦治外伤出血。

【用法用量】内服:9~12g,煎汤,宜先煎。外用:适量,研末敷患处。

【使用注意】不宜与肉桂同用。

【现代研究】

1. 化学成分　主要含四水硅酸铝以及钛、镍、锶、钡等微量元素。

2. 药理作用　有吸附、止泻作用;对肠道黏膜有保护作用;可抑制胃肠道出血,并能显著缩短家兔血浆钙化时间。

禹余粮　yǔyúliáng

本品首载于《神农本草经》。为氢氧化物类矿物褐铁矿,主含碱式氧化铁[$FeO(OH)$]。主产于河南、江苏。全年可采收。以红棕色、断面显层纹者为佳。生用或制用。

【处方用名】禹余粮、煅禹余粮。

【主要药性】甘、涩,微寒。归胃、大肠经。

【功效】涩肠止泻,收敛止血。

【应用】

1. 久泻,久痢　本品甘涩性微寒,质重下降,入大肠,功善涩肠止泻。治大肠气虚,固摄无力之久泻久痢者,常与赤石脂相须为用。

2. 大便出血,崩漏带下　本品质重味涩,能收敛止血。治气虚失摄之大便出血,可与人参、白术、棕榈炭等配伍;治崩漏带下,常与海螵蛸、赤石脂、龙骨等同用。

【用法用量】内服:9~15g,煎汤,宜先煎;或入丸散。

【使用注意】孕妇慎用。

【现代研究】

1. 化学成分　主要含碱式氧化铁,还含有磷酸盐及少量铝、钙、镁、钾、磷等元素。

2. 药理作用　抑制小鼠肠蠕动,生品能明显缩短凝血时间和出血时间,而煅品则出现延长作用。此外,禹余粮能促进胸腺增生,提高细胞免疫功能作用。

第三节　固精缩尿止带药

本节药物酸涩收敛,主入肾、膀胱经,有固精、缩尿、止带的作用,部分药物尚有补益肝肾之功,故适用于肾虚不固所致的遗精滑精、遗尿尿频、带下清稀等症。对外邪内侵、湿热下注所致的遗精、尿频等不宜用。

山茱萸 *shānzhūyú*

本品首载于《神农本草经》。为山茱萸科植物山茱萸 *Cornus officinalis* Sieb. et Zucc. 的干燥成熟果肉。主产于浙江、河南、安徽等地。秋末冬初采收。以肉肥厚、色紫红、油润柔软者为佳。生用或制用。《中国药典》规定,含莫诺苷($C_{17}H_{26}O_{11}$)和马钱苷($C_{17}H_{26}O_{10}$)的总量,干燥药材、山茱萸饮片不得少于 1.2%;酒萸肉饮片不得少于 0.70%。

【处方用名】山茱萸、山萸肉、酒萸肉。

【主要药性】酸、涩,微温。归肝、肾经。

【功效】补益肝肾,收涩固脱。

【应用】

1. 肝肾亏虚,眩晕耳鸣,腰膝酸痛,阳痿　本品味酸涩、微温,质润不燥,补而不峻,既能益精助阳,又可养髓荣筋,为平补阴阳之要药。治肝肾阴虚之头晕目眩、腰膝酸软者,常与熟地黄、牡丹皮等配伍;治肾阳不足之腰痛脚弱、小便不利者,常与肉桂、附子等同用;治肾虚阳痿者,多与鹿茸、补骨脂、淫羊藿等配伍。

2. 遗精滑精,遗尿尿频　本品既能补肾益精,又能固精缩尿,对于肾虚不固、膀胱失约之遗、滑之症,有标本兼治之效,故为固精止遗之要药。治肾虚精关不固之遗精、滑精者,常与熟地黄、山药等配伍;治肾虚膀胱失约之遗尿、尿频者,可与沙苑子、覆盆子等配伍。

3. 崩漏带下,月经过多　本品入下焦,能补肝肾、调经水、固冲任以止血。治妇女肝肾亏损、冲任不固之崩漏、月经过多者,常与熟地黄、白芍、阿胶等配伍;治脾气虚弱、冲任不固而漏下不止者,常与龙骨、黄芪、白术等配伍;治带下不止,可与莲子、芡实、龙骨等配伍。

4. 大汗虚脱　本品酸涩,能敛汗固脱,为防止元气虚脱之要药。治冷汗不止、元气耗散、气息欲断者,可与人参、附子、龙骨等配伍。

5. 内热消渴　本品亦能治肝肾阴虚之内热消渴,常与生地黄、枸杞子、天花粉等配伍。

【用法用量】内服:6~12g,煎汤,或入丸散。急救固脱可用至 20~30g。

【使用注意】素有湿热而致小便淋涩者不宜服用。

【现代研究】

1. 化学成分　主要含环烯醚萜苷类成分如莫诺苷、马钱苷、山茱萸裂苷、山茱萸苷等;另含有熊果酸,7- 脱氢马钱素,山茱萸鞣质 1、2、3,挥发油等。

2. 药理作用　对非特异性免疫功能有增强作用,有保肝、升高白细胞、抗氧化、止泻、抑制血小板聚集、抗血栓形成、强心及升压作用。此外,还有一定的抑菌、抗病毒、降糖、利尿等作用。

覆盆子 *fùpénzǐ*

本品首载于《名医别录》。为蔷薇科植物华东覆盆子 *Rubus chingii* Hu 的干燥果实。主产于浙江、福建、湖北等地。夏初采收。以个大、饱满、色黄绿者为佳。生用。《中国药典》规定,干燥药材含鞣花酸($C_{14}H_6O_8$)不得少于 0.20%,含山柰酚 -3-*O*- 芸香糖苷($C_{27}H_{30}O_{15}$)不得少于 0.03%。

【处方用名】覆盆子。

【主要药性】甘、酸,温。归肝、肾、膀胱经。

【功效】益肾固精缩尿,养肝明目。

【应用】

1. 遗精滑精,遗尿尿频,阳痿早泄　本品甘温酸涩,主入肝肾,补肾助阳而不伤阴,收敛固精而不留邪,为治肾虚阳痿、遗精滑精、不孕、遗尿尿频之常用药。治阳气不足之阳痿、尿频,不能生育者,常与菟丝子、五味子等同用;治肾虚遗尿、尿频者,可与桑螵蛸、益智仁等同用。

2. 肝肾不足,目暗不明　本品能补益肝肾,益精明目。治疗肝肾不足、精血亏虚、目暗不明者,可与菟丝子、枸杞子等配伍。

【用法用量】内服:6~12g,煎汤,或入丸散。

【使用注意】阴虚火旺,膀胱蕴热而小便短涩者忌用。

【现代研究】

1. 化学成分　主要含有鞣花酸、覆盆子酸等。还含山柰酚 -3-O- 芸香糖苷、萜类、多糖等。

2. 药理作用　有调节下丘脑 - 垂体 - 性腺轴功能、改善学习记忆能力、延缓衰老等作用。此外,还有抑菌、抗诱变、促进淋巴细胞增殖等作用。

桑螵蛸　sāngpiāoxiāo

本品首载于《神农本草经》。为螳螂科昆虫大刀螂 *Tenodera sinensis* Saussure、小刀螂 *Statilia maculata* (Thunberg) 或巨斧螳螂 *Hierodula patellifera* (Serville) 的干燥卵鞘。以上三种分别习称"团螵蛸""长螵蛸"及"黑螵蛸"。全国大部分地区均产。深秋至次春采收。以完整、色黄褐,卵未孵化者为佳。一般剪碎用。

【处方用名】桑螵蛸。

【主要药性】甘、咸,平。归肝、肾经。

【功效】固精缩尿,补肾助阳。

【应用】

1. 遗精滑精,遗尿尿频,小便白浊　本品能补肾气、固精关、缩小便,为治疗肾虚下元不固之遗精、滑精、早泄、遗尿、尿频、白浊之佳品。治肾气虚弱、精关不固、遗精滑泄者,常与龙骨、五味子等配伍;治小儿遗尿,可单用为末,米汤送服;治心肾两虚之遗尿尿频、小便白浊,可与远志、龙骨、石菖蒲等配伍。

2. 肾虚阳痿　本品有补肾助阳之效。治肾阳不足之阳痿、早泄乏力,可与鹿茸、沙苑子、菟丝子等配伍。

【用法用量】内服,5~10g,煎汤,或入丸散。

【使用注意】阴虚火旺,膀胱蕴热而小便短涩者忌用。

【现代研究】

1. 化学成分　主要含蛋白质、脂肪、氨基酸、维生素、微量元素等。

2. 药理作用　有一定抗利尿作用;可延长小鼠常压耐缺氧时间,并延长小鼠游泳时间,具有抗缺氧、抗疲劳作用;有抗氧化作用。此外,还具有促进消化液分泌、降低血糖、血脂及抗肿瘤作用。

金樱子　jīnyīngzǐ

本品首载于《雷公炮炙论》。为蔷薇科植物金樱子 *Rosa laevigata* Michx. 的干燥成熟果实。主产于四川、湖南、广东等地。10~11 月采收。以个大、色红黄者为佳。生用。《中国药典》规定,本品含金樱子多糖以无水葡萄糖($C_6H_{12}O_6$)计,不得少于 25.0%。

【处方用名】金樱子、金樱肉。

【主要药性】酸、甘、涩,平。归肾、膀胱、大肠经。

【功效】固精缩尿,固崩止带,涩肠止泻。

【应用】

1. 遗精滑精,遗尿尿频,崩漏带下　本品酸涩收敛,主入肾与膀胱经,长于固摄,具有固精缩尿、固崩止带作用。治肾遗精滑精、遗尿尿频、崩漏下血、带下过多,可单用本品熬膏服,或与芡实相须为用。

2. 久泻,久痢　本品味酸收涩,可入大肠经而涩肠止泻。治脾虚失运、气虚不固之久泻、久痢者,可单用浓煎服,或与人参、山药、芡实等同用。

【用法用量】内服:6~12g,煎汤,或入丸散。

【使用注意】邪气实者不宜使用。

【现代研究】

1. 化学成分　主要含多糖、黄酮类、三萜类及鞣质等。还含有机酸、皂苷及少量淀粉等成分。

2. 药理作用　有收敛、止泻作用;有增强小鼠非特异性免疫、体液免疫和细胞免疫作用;还具有抗氧化作用、抗动脉粥样硬化作用。此外,还具有抑菌、抗炎等作用。

海螵蛸　hǎipiāoxiāo

本品首载于《神农本草经》。为乌贼科动物无针乌贼 *Sepiella maindroni* de Rochebrune 或金乌贼 *Sepia esculenta* Hoyle 的干燥内壳。主产于江苏、浙江、广州等地。4~8 月采集。以干净、色白者为佳。生用。《中国药典》规定,本品含碳酸钙($CaCO_3$)不得少于 86.0%。

【处方用名】海螵蛸、乌贼骨。

【主要药性】咸、涩,温。归脾、肾经。

【功效】收敛止血,涩精止带,制酸止痛,收湿敛疮。

【应用】

1. 内外出血　本品味涩收敛止血,治疗多种出血,为止血之要药。治崩漏下血,常用于茜草、阿胶、蒲黄等同用;治吐血便血,可与生大黄、白及配伍;治外伤出血,可单用研末外敷。

2. 遗精滑精,赤白带下　本品温涩收敛,有固精止带之功。治肾虚遗精滑精,常与山萸肉、金樱子、芡实等配伍;治妇女赤白带下,可与白芷、血余炭等同用。

3. 胃痛吞酸　本品能制酸止痛。治胃痛吞酸,可与煅牡蛎、煅瓦楞子、白及等同用。

4. 湿疹湿疮,溃疡不敛　本品外用有收湿敛疮作用。治湿疮湿疹,可与黄柏、青黛、煅石膏等研磨外敷;治溃疡多脓、久不愈合者,可单用研末外敷,亦可配伍煅石膏、白芷、冰片共研细末撒敷患处。

【用法用量】内服:5~10g,煎汤,或入丸散。外用:适量,研末敷患处。

【使用注意】阴虚有热者不宜用。

【现代研究】

1. 化学成分　主要含碳酸钙,壳角质,黏液质。还含有多种微量元素,其中含大量的钙,少量钠、锶、镁、铁以及微量硅、铝、钛、锰、钡、铜。

2. 药理作用　有中和胃酸、降低胃蛋白酶活性,促进溃疡面愈合、抗消化性溃疡以及抗肿瘤、抗放射及接骨作用。

莲子　liánzǐ

本品首载于《神农本草经》。为睡莲科植物莲 *Nelumbo nucifera* Gaertn. 的干燥成熟种子。主产于湖南、福建、江苏等地。秋季采收。以个大、饱满者为佳。生用。

【处方用名】莲子、莲子肉。

【主要药性】甘、涩,平。归脾、肾、心经。

【功效】补脾止泻,止带,益肾涩精,养心安神。

【应用】

1. 脾虚泄泻　本品甘涩,既补益脾气,又能涩肠止泻,为治脾虚泻痢之良药。治脾虚久泻、食欲不振者,可单用本品,或与党参、茯苓、白术等配伍。

2. 带下　本品既能补脾益肾,又能固涩止带,为治疗脾虚、肾虚带下之常用药。治脾虚带下,常与白术、山药、人参等同用;治脾肾两虚、带下清稀、腰膝酸软者,可与山茱萸、沙苑子、芡实等同用。

3. 遗精　本品味甘而涩,入肾经能益肾固精。治肾虚精关不固之遗精、滑精,常与芡实、桑螵蛸等同用。

4. 心悸失眠　本品甘平,入心肾二经,有养心益肾之功。治心肾不交之虚烦、心悸、失眠者,常与酸枣仁、远志等配伍。

【用法用量】内服:6~15g,煎汤,或入丸散。

【使用注意】大便燥结者不宜使用。

【现代研究】

1. 化学成分　主要含槲皮素、金丝桃苷、芦丁等。还含有淀粉、蛋白质、脂肪、多聚糖等。

2. 药理作用　有利尿、抗氧化、延缓衰老、增强免疫等作用。

附:

1. 莲须　本品为睡莲科植物莲的干燥雄蕊,性味甘、涩,平。归心、肾经。主要有固肾涩精的功效。用于遗精滑精,带下,尿频等证。煎服,3~5g。

2. 莲房　本品为睡莲科植物莲的干燥花托,性味苦、涩,温。归肝经。主要有化瘀止血的功效。用于崩漏,尿血,痔疮出血等证。煎服,5~10g。

3. 莲子心　本品为睡莲科植物莲的成熟种子中的干燥幼叶及胚根。性味苦,寒。归心、肾经。主要有清心安神,交通心肾,涩精止血的功效。用于热入心包,神昏谵语,心肾不交,失眠遗精,血热吐血等证。煎服,2~5g。

4. 荷叶　本品为睡莲科植物莲的干燥叶。性味苦,平。归肝、脾、胃经。主要有清暑化湿,升发清阳,凉血止血的功效。用于暑热烦渴,暑湿泄泻,脾虚泄泻,血热吐衄,便血崩漏等证。煎服,3~10g。

5. 荷梗　本品为睡莲科植物莲的干燥叶柄及花柄。性味苦,平。归肺、脾、胃经。主要有通气宽胸,和胃安胎的功效。用于外感暑湿,胸闷不畅、妊娠呕吐、胎动不安等证。煎服10~15g。

6. 石莲子　本品为睡莲科植物莲老熟的果实。性味甘、涩、微苦。归脾、胃、心经。主要有清湿热,开胃进食,清心宁神,涩精止遗的功效。用于呕吐不食,心烦失眠,遗精,尿浊,带下等证。煎服,9~12g。

芡实　qiànshí

本品首载于《神农本草经》。为睡莲科植物芡 *Euryale ferox* Salisb. 的干燥成熟种仁。主产于江苏、山东、湖南等地。秋末冬初采收。以饱满、断面白色、粉性足、无碎末者佳。生用或制用。

【处方用名】芡实、炒芡实、麸炒芡实。

【主要药性】甘、涩,平。归脾、肾经。

【功效】益肾固精,补脾止泻,除湿止带。

【应用】

1. 遗精滑精,遗尿尿频　本品味甘而涩,入肾经能益肾固精。治肾虚精关不固,心肾不交之遗精、滑精,常与金樱子相须为用,也可与沙苑子、莲须、牡蛎等配伍;治肾虚遗尿,尿频,可与桑螵蛸、菟丝子、益智仁等同用。

2. 脾虚久泻　本品既能健脾除湿,又可收敛止泻。治脾虚湿盛、久泻不止,可与白术、茯苓、薏苡仁等配伍。

3. 白浊,带下　本品具益肾健脾、除湿止带之功效。治脾肾两虚之白浊、带下,可与党参、白术、山药等配伍;治脾虚湿热下注、带下色黄者,则宜与黄柏、车前子等同用。

【用法用量】内服:9~15g,煎汤,或入丸散。

【使用注意】大小便不利者不宜用。

【现代研究】

1. 化学成分　主要含淀粉、蛋白质、脂肪、钙、磷、铁、维生素 B_1、维生素 B_2、维生素 C、烟酸以及胡萝卜素等。

2. 药理作用　具有抗氧化和清除氧自由基作用;可减少心脏缺血再灌注损伤。

刺猬皮　cìwèipí

本品首载于《神农本草经》。为刺猬科动物刺猬 *Erinaceus europaeus* L. 的干燥外皮。主产于河北、江苏、山东等地。全年可捕捉。以肉脂刮净,刺毛整洁者为佳。一般炒用。

【处方用名】刺猬皮、炒刺猬皮。

【主要药性】苦、涩，平。归肾、胃、大肠经。

【功效】固精缩尿、收敛止血、化瘀止痛。

【应用】

1. 遗精滑精，遗尿尿频　本品味涩，具收涩之性，长于固精缩尿。治肾虚精关不固之遗精、滑精以及肾虚膀胱失约之遗尿、尿频，可单味应用，亦可与益智仁、金樱子、芡实等配伍。

2. 便血，痔血　本品具收敛止血之功，善治下焦出血证。治肠风下血，可与木贼、防风等同用；治痔疮出血，可与地榆炭、侧柏叶、生地黄等配伍；若痔疮成漏，则应加配牡丹皮、黄连等。

3. 胃痛，呕吐　本品苦能泄降，化瘀降逆止痛，多用于治胃痛日久、气病入络、反胃呕吐。治气滞血瘀而致的胃脘疼痛，可与九香虫、香附等同用；治胃逆呕吐，可将其炙黄研末绿豆粥送服，或与赭石、旋覆花等同用。

【用法用量】内服：3~10g，煎汤；散剂，一次 1.5~3g。

【现代研究】

1. 化学成分　上层刺主要含角蛋白，下层真皮层主要含胶原、弹性硬蛋白、脂肪等。

2. 药理作用　具有止血和促进平滑肌蠕动作用。

椿皮　chūnpí

本品首载于《新修本草》。为苦木科植物臭椿 *Ailanthus altissima*（Mill.）Swingle 的干燥根皮或干皮。主产于山东、辽宁、河南等地。全年可采收。以皮厚、无粗皮、色黄白者为佳。生用或制用。

【处方用名】椿皮、椿根皮、麸炒椿皮、椿皮炭。

【主要药性】苦、涩，寒。归大肠、胃、肝经。

【功效】清热燥湿，收涩止带，止泻，止血。

【应用】

1. 赤白带下　本品味苦涩性寒，入大肠经，有清热燥湿、收敛止带之效，为止带之常用药。治湿热下注、带脉失约而致赤白带下，可与黄柏、栀子、芡实等配伍。

2. 湿热泻痢，久泻久痢　本品既能清热燥湿，又可涩肠止泻。治久泻久痢，可与肉豆蔻、诃子等同用；治湿热泻痢，可与黄连、黄芩等配伍。

3. 便血，崩漏　本品味苦寒而涩，既可清热，又可收敛止血，故适用于血热崩漏、便血者。治崩漏、月经过多，常与黄柏、黄芩、白芍等同用；治便血痔血可与地榆、槐花、侧柏叶等配伍；若出血日久、气血两虚，则应加配人参、黄芪等。

【用法用量】内服：6~9g，煎汤，或入丸散。

【使用注意】泻痢初起及脾胃虚寒者慎用。

【现代研究】

1. 化学成分　主要含臭椿苦内酯、11-乙酰臭椿内酯，脂肪酸以及植物甾醇、转化糖、蜡醇、鞣质、臭椿苦酮、苦木素、臭椿辛内酯 C、β-卡波林衍生物等成分。

2. 药理研究　有抗菌、抗原虫及抗肿瘤作用。

鸡冠花　jīguānhuā

本品首载于《滇南本草》。为苋科植物鸡冠花 *Celosia cristata* L. 的干燥花序。全国大部分地区有产。秋季采收。以朵大而扁、色泽鲜艳的白鸡冠花为佳。生用或制用。

【处方用名】鸡冠花、鸡冠花炭。

【主要药性】甘、涩,凉。归肝、大肠经。

【功效】收敛止血,止带,止痢。

【应用】

1. 吐血,崩漏,便血,痔血　本品味涩性凉,善入肝经血分,既可凉血,又能收敛,可用于各种出血证,尤善治下焦出血。治便血、痔血,常与地榆、槐花、黄芩炭等配伍;治冲任虚寒崩漏,则可与黄芪、山茱萸、炮姜等配伍。

2. 赤白带下　本品收涩止带,为治疗带下症之常用药。治脾虚带下,常与椿根皮、土茯苓、车前子配伍;治湿热带下,则应与黄柏、龙胆等配伍。

3. 久痢不止　本品有凉血涩肠止痢之功。治久痢不止者,常与椿皮、罂粟壳、赤石脂同用;治赤白下痢,可单用酒煎服,或与黄柏、黄连、秦皮等同用。

【用法用量】内服:6~12g,煎汤,或入丸散。

【现代研究】

1. 化学成分　本品含山奈苷、苋菜红苷、松醇及大量硝酸钾;红色花序中主含苋菜红苷,黄色花序中含微量苋菜红苷。

2. 药理作用　有中期引产作用;对人体阴道毛滴虫有良好杀灭作用。

【思考题】

1. 何谓收涩药? 简述收涩药的分类、功效、主治。如何正确使用收涩药?

2. 如何正确使用五味子、乌梅、山茱萸、桑螵蛸、莲子?

3. 简述麻黄根与麻黄在功效、应用方面的异同点。

ER 各论第二十章　同步练习

（卫培峰）

第二十一章 涌吐药

【学习目标】

---

1. 掌握涌吐药的含义、性能主治、功效、应用要点。熟悉涌吐药的使用注意事项。

2. 了解常山、甜瓜蒂、胆矾、藜芦的处方用名、功效、特殊用法及使用注意。

【含义】以促使呕吐为主要作用，主治毒物、宿食、痰涎等停滞在胃脘或胸膈以上所致病证的药物，称涌吐药，又称催吐药。

【性能主治】本类药物多具苦、辛味，有毒，入胃经，有强烈的涌吐作用，对于胃脘或胸膈以上的有形实邪，能因势利导，使之迅速排出，达到治疗疾病的目的。适用于误食毒物，停留胃中，未被吸收；或宿食停滞，尚未入肠，胃脘胀痛；或痰涎壅盛，阻于胸膈或咽喉，呼吸急促；或痰浊上涌，蒙蔽清窍，癫痫发狂等病症。此外，有些涌吐药药兼有退黄、截疟、杀虫、祛腐蚀疮等功效，还可用于治疗黄疸、疟疾、虫症、疮疡余毒不尽等。

【应用要点】

1. 对证用药 涌吐药适用于毒物、宿食、痰涎停滞于胃脘或胸膈以上的实证。使用时应注意药物性能特点与该病证个体表现的对应性。

2. 配伍用药 本类药物多具毒性，作用强烈，易伤胃气，故常与解毒之品配伍以保护胃气，防止耗伤正气。

3. 注意事项 使用本类药物，宜采用"小量渐增"的方法，切忌骤用大量；同时要注意"中病即止"，只可暂投，不可连服或久服，谨防中毒或涌吐太过，导致不良反应。若用药后不吐或未达到必要的呕吐程度，可饮热开水以助药力，或用翎毛探喉以助涌吐。若药后呕吐不止，应立即停药，并积极采取措施，及时抢救。吐后应适当休息，不宜马上进食，待胃肠功能恢复后，再进流质或易消化的食物，以养胃气，忌食油腻辛辣及不易消化之物。凡体质虚弱，老人、小儿、妇女胎前产后，以及素患失血、头晕、心悸、劳嗽喘咳等，均当忌用。

因本类药物作用峻猛，服药后患者反应强烈而痛苦不堪，故现代临床少用。

常山 chángshān

本品首载于《神农本草经》。为虎耳草科植物常山 *Dichroa febrifuga* Lour. 的干燥根。主产于四川、贵州等地。秋季采收。以质坚实而重,形如鸡骨,表面及断面淡黄色,光滑者为佳。生用或制用。

【处方用名】常山、恒山、酒常山。

【主要药性】苦、辛,寒;有毒。归肺、肝、心经。

【功效】涌吐痰涎,截疟。

【应用】

1. 痰饮停聚,胸膈痞塞　本品辛开苦泄,善于开泄痰结,其性上行,能引吐胸中痰饮。治痰饮停聚、胸膈壅塞、不欲饮食、欲吐而不能吐者,可配甘草,水煎和蜜温服。

2. 疟疾　本品善于祛痰而截疟,为治疟之要药。适用于各种疟疾,尤以治间日疟、三日疟为佳。治疟疾,古方常单用本品浸酒或煎服;治疟疾寒热,或二、三日一发者,可与厚朴、草豆蔻、槟榔等同用;治虚人久疟不止者,可与黄芪、人参、乌梅等同用;治疗疟久不愈而成疟母者,可与鳖甲、三棱、莪术等同用。

【用法用量】内服:5~9g,煎汤,或入丸散。截疟宜酒制用。治疗疟疾宜在寒热发作前半天或前2小时服用。

【使用注意】用量不宜过大;孕妇及体虚者慎用。

【现代研究】

1. 化学成分　主要含生物碱类成分和香豆素类成分。生物碱主要有常山碱甲、乙、丙。另含常山次碱、4-喹唑酮等;香豆素类成分主要有常山素A、B等。

2. 药理作用　有催吐作用。还有抗疟、降血压、兴奋子宫、抗肿瘤、抗流感病毒、抗阿米巴原虫、消炎、促进伤口愈合等作用。可导致胃肠黏膜充血或出血以及肝、肾的病理损害。

甜瓜蒂　tián'guādì

本品首载于《神农本草经》。为葫芦科植物甜瓜 Cucumis melo L. 的干燥果蒂。全国各地均产。夏、秋季采收。以色黄、稍带果柄、味苦者为佳。生用或制用。

【处方用名】甜瓜蒂、瓜蒂、炒瓜蒂。

【主要药性】苦,寒;有毒。归心、胃、胆经。

【功效】涌吐痰食,祛湿退黄。

【应用】

1. 风痰、宿食停滞,食物中毒,痰热癫痫　本品味苦涌泄,能催吐其壅塞之痰,或未化之食,或误食之毒物。治宿食停滞胃脘、胸脘痞硬、气逆上冲者,或误食毒物不久,尚停留于胃者,可单用本品取吐,或与赤小豆为散,用豆豉煎汁和服;治风痰内扰、上蒙清窍、发为癫痫、发狂欲走者,或痰涎涌喉、喉痹喘息者,亦可单用本品为末取吐。

2. 湿热黄疸　本品能祛湿退黄。治湿热黄疸,可单用本品研末吹鼻,令鼻中黄水出而达祛湿退黄之效;治诸黄,可单用甜瓜蒂一味锉末,水煎去渣顿服。

【用法用量】内服:每次 0.6~1.5g,煎汤,或研末吞服。外用:适量;研末吹鼻,待鼻中流出黄水即可停药。

【使用注意】孕妇、体虚及心脏病患者忌用。

【现代研究】

1. 化学成分　主要含葫芦素B、葫芦素E(即甜瓜素或甜瓜毒素)、葫芦素D、异葫芦素B、葫芦素B苷和喷瓜素,还含皂苷、氨基酸等。

2. 药理作用　有致吐作用;还有保肝、退黄疸、增强免疫功能、抗肿瘤、降血压、抑制心肌收缩力、减慢心率等作用。

胆矾　dǎnfán

本品首载于《神农本草经》。为三斜晶系胆矾的矿石,主含含水硫酸铜(CuSO₄·5H₂O)。主产于云南。全年均可采收,或用化学方法制得。以块大、色深蓝、透明,无杂质者为佳。生用或制用。

【处方用名】胆矾、煅胆矾。

【主要药性】酸、辛,寒。有毒。归肝、胆经。

【功效】涌吐痰涎,解毒收湿,祛腐蚀疮。

【应用】

1. 喉痹,癫痫,误食毒物　本品味酸涩而辛,其性上行,具有涌吐作用,能涌吐风痰及毒物。治喉痹,可与白僵蚕共为末,吹喉;治风痰癫痫,单用本品研末,温醋调服;治误食毒物,可单用本品取吐,以排出胃中毒物。

2. 风眼赤烂,口疮,牙疳　本品外用有解毒收湿之功。治疗口、眼诸窍火热之证为宜。治风眼赤烂,可用本品煅研,泡汤洗眼;治口疮,可与蟾皮共研末,外敷患处;治牙疳,可以本品研末,加麝香少许和匀,外敷。

3. 胬肉,疮疡不溃　本品外用有祛腐蚀疮之功。治胬肉疼痛,可用本品煅研外敷;治肿毒不溃,以本品研末点疮。

【用法用量】内服:0.3~0.6g,研末服。外用:适量,煅后研末撒或调敷。

【使用注意】孕服、体虚者忌服。

【现代研究】

1. 化学成分　主要含含水硫酸铜(CuSO₄·5H₂O)。

2. 药理作用　内服后能引起反射性呕吐,并能促进胆汁分泌。对口腔、胃肠道有强烈的刺激作用,可引起局部黏膜充血、水肿、溃疡;对心、肝、肾有直接的毒性作用;还能引起溶血性贫血。

藜芦　lílú

本品首载于《神农本草经》。为百合科植物黑藜芦 *Veratrum nigrum* L. 的干燥根茎。主产于山西、河北、河南等地。夏季采收。以根粗坚实、断面粉性者为佳。生用。

【处方用名】藜芦。

【主要药性】苦、辛,寒;有毒。归肺、肝、胃经。

【功效】涌吐风痰,杀虫。

【应用】

1. 中风、癫痫、喉痹、误食毒物　本品内服催吐作用强,善于涌吐风痰。治中风、癫痫、喉痹诸病症见痰涎壅盛者,以及误食毒物,可与瓜蒂、防风研末为散服;治诸风痰饮,可与郁金研末,温浆水和服探吐;治中风不语,喉中如曳锯,口中涎沫,可配天南星研末为丸,温酒服。

2. 疟疾　本品能祛痰截疟。治久疟不能食、胸中郁郁如吐、欲吐不能吐者,可单用为末服,以吐为度。

3. 疥癣,白秃,恶疮,头虱　本品外用能杀虫止痒。治疥癣、白秃,以本品研末,油调涂之;治诸疡疮、经久生虫,可配伍白矾、雄黄、苦参等,先以藜芦、苦参为末,入猪脂,煎沸,去渣,入他药末搅匀,外涂患处;治头虱,可用藜芦研末掺毛发。

此外,对蚊蝇及其幼虫有杀灭作用,也可作农作物杀虫剂使用。

【用法用量】内服:0.3~0.6g,煎汤,或入丸散,温水送服以催吐;外用:适量,研末,油调涂。

【使用注意】体虚及孕妇禁服;不宜与人参、党参、西洋参、南沙参、北沙参、丹参、玄参、苦参、细辛、白芍、赤芍同用;其治疗量与中毒量接近,内服易产生毒性反应。可作为农作物及蚊蝇的杀虫剂。

【现代研究】

1. 化学成分　主要含原藜芦碱、藜芦碱、伪藜芦碱、秋水仙碱、藜芦酰棋盘花碱等生物碱。总生物碱含量以根茎最高,根次之,茎叶含量少。

2. 药理作用　本品具有降压作用,对结核菌、皮肤真菌有抑制作用。对家蝇有强大的毒杀效力。

【思考题】

1. 何谓涌吐药？简述涌吐药的功效、主治和使用注意？
2. 常山、甜瓜蒂、胆矾、藜芦使用注意有哪些？

ER 各论第二十一章　同步练习

(张金莲)

第二十二章　攻毒杀虫止痒药

【学习目标】

1. 掌握攻毒杀虫止痒药的含义、性能主治和应用要点。熟悉攻毒杀虫止痒药的使用注意。

2. 掌握硫黄、雄黄的药性、功效、主治、性能特点、经典配伍以及用法用量、使用注意；了解其余药物的功效、主治及使用注意。

【含义】以攻毒消肿、杀虫止痒为主要功效，主治痈肿疮毒、疥癣瘙痒病症的药物，称攻毒杀虫止痒药。

【性能主治】本类药大多具有毒性，以毒攻毒，具有攻毒疗疮、消肿止痛、燥湿杀虫止痒等功效，主治疮痈疔毒、疥癣、湿疹瘙痒、聤耳、梅毒、虫蛇咬伤等病症。有些药物兼有截疟、止痢、祛痰、补阳、开窍等功效，还可用于治疗疟疾、痢疾、痰证、肾阳虚证以及窍闭神昏等。

【应用要点】

1. 对证用药　本类药物主要适用于外科、皮肤科、五官科病症。使用时根据药物性能特点，采用辨病与辨证相结合，有针对性地选择相应的药物。

2. 配伍用药　为了增强疗效，攻毒杀虫止痒常相须配伍使用。同时，根据疾病的病机和兼证与其他药物配伍使用。治疗痈肿疮毒，常与活血化瘀药配伍使用，促进肿毒消散；热毒炽盛所致者，常与清热解毒药配伍；湿热导致者，常与清热利湿药配伍。治疗疥癣瘙痒，常与祛风、燥湿止痒药配伍，以增强止痒作用；治疗蛇虫咬伤，可与清热解毒药配伍。

3. 注意事项　本类药物大多有毒，以外用为主，且不宜大面积涂敷，也不宜在头面及五官使用，以免吸收中毒；部分药物可内服，应严格掌控剂量，注意用法，不可过量或持续使用，以防中毒；应严格遵守炮制和制剂法度，以确保用药安全。外用方法各异，可根据病情选择使用。如外用有研末外撒，或煎汤洗渍及热敷、浴泡、含漱，或用油脂及水调敷，或制成软膏涂抹，或作成药捻、栓剂等。本类药物内服使用时，宜作丸散剂应用，使其缓慢溶解吸收，且便于掌握剂量。

硫黄　liúhuáng

本品首载于《神农本草经》。为自然元素类矿物硫族自然硫。主产于山西、山东、陕西等地。全年可采收。以色黄、光亮、质松脆者为佳。生硫黄只作外用，内服常与豆腐同煮后阴干用。《中国药典》规定,本品含硫(S)不得少于98.5%。

【处方用名】硫黄。

【主要药性】酸,温。有毒。归肾、大肠经。

【功效】外用解毒杀虫止痒,内服补火助阳通便。

【应用】

1. 疥癣湿疹,阴疽恶疮　本品性温而燥,有解毒杀虫、止痒功效,尤为治疥疮要药。治疗疮瘙痒,可单用制软膏外用;治顽癣瘙痒,可与轻粉、斑蝥、冰片为末,同香油、面粉为膏涂患处;治湿疹瘙痒,可与苦参、蛇床子、地肤子等同用;治阴疽恶疮,可与乳香、没药、麝香等配伍;治蛇虫咬伤,轻者可单用本品香油调敷患处,重者可与五灵脂为末,酒调服。

2. 阳痿足冷,虚喘冷哮,虚寒便秘　本品乃纯阳之品,入肾大补命门火而助元阳,内服有补火助阳、壮阳通便功效。治疗肾阳不足的阳痿、小便频数、腰冷膝弱、遗精、遗尿等,常与鹿茸、补骨脂、蛇床子等配伍;治肾不纳气之虚喘,常与附子、肉桂、沉香同用;治阳虚冷积便秘,多与半夏等同用。

【用法用量】内服:1.5~3g,炮制后入丸散服。外用:适量,研末油调涂敷患处。

【使用注意】孕妇及阴虚火旺者忌服。不宜与芒硝、玄明粉同用。

【现代研究】

1. 化学成分　主要含单质硫(S),尚含有少量钙、铁、铝、镁和微量硒、碲等元素,常有黏土和有机质混入。

2. 药理作用　有溶解角质、杀疥虫、抗细菌与真菌等作用;还可抗炎、扩张支气管平滑肌、祛痰、引起缓泻。

雄黄　xiónghuáng

本品首载于《神农本草经》。为硫化物类矿物雄黄族雄黄的矿石。主含二硫化二砷(As$_2$S$_2$)。主产于广东、湖南、贵州等地。全年可采收。以色红、块大、质松脆、有光泽者为佳。生用。《中国药典》规定,干燥药材含砷量以二硫化二砷(As$_2$S$_2$)计,不得少于90.0%。

【处方用名】雄黄、雄黄粉。

【主要药性】辛,温;有毒。归肝、大肠经。

【功效】解毒,杀虫,燥湿祛痰,截疟定惊。

【应用】

1. 痈肿疔疮,湿疹,疥癣,虫蛇咬伤　本品温燥有毒,外用以毒攻毒而有解毒、杀虫、燥湿之效,为"治疮杀毒要药"。治痈肿疔毒,可单用或入复方,以外用为主;治湿疹、疥癣等皮肤瘙痒者,与白矾等分为散,清茶调涂患处;或配伍乳香、没药为丸,陈酒送服。治虫蛇咬伤,轻者单用本品香油调涂患处,重者内外兼施,可与五灵脂共为细末,调酒灌服,同时外敷以增效。

2. 哮喘,惊痫,疟疾　本品内服有祛痰、截疟、定惊之效。治小儿喘满咳嗽,与苦杏仁、巴豆配伍;治癫痫,与朱砂同用。古方中用雄黄治疗疟疾,现已少用。

【用法用量】内服:0.05~0.1g,入丸散用。外用:适量,熏涂患处。

【使用注意】本品有毒,内服宜慎,且应水飞,不可久服;外用不宜大面积涂敷或长期使用。孕妇禁用。忌火煅。本品按国务院《医疗用毒性药品管理办法》要求管理使用。

【现代研究】

1. 化学成分　主要含二硫化二砷(As$_2$S$_2$),尚含有少量三氧化二砷(As$_2$O$_3$)及五氧化二砷(As$_2$O$_5$)。

2. 药理作用　有抗菌、抗病毒、增强细胞免疫功能、抗肿瘤、抗血吸虫及疟原虫等作用,二硫化二砷能促进白血病细胞株的细胞凋亡。

白矾　báifán

本品首载于《神农本草经》。为硫酸盐类矿物明矾石经加工提炼制成。主含含水硫酸铝钾[KAl(SO$_4$)$_2$·12H$_2$O]。主产于安徽、浙江、山西等地。全年可采收。以块大、无色、透明、无杂质者为佳。生用或制用。《中国药典》规定,药材、白矾饮片含含水硫酸铝钾[KAl(SO$_4$)$_2$·12H$_2$O]不得少于 99.0%。

【处方用名】白矾、明矾、枯矾。

【主要药性】酸、涩,寒。归肺、脾、肝、大肠经。

【功效】外用解毒杀虫,燥湿止痒;内服止血止泻,祛除风痰。

【应用】

1. 疮疡,湿疹瘙痒,疥癣,阴痒带下　本品酸涩,善收湿止痒,并能燥湿解毒杀虫,尤宜治创面湿烂或瘙痒者。治疮疡痈疽,常与朴硝研末外用;治湿疹瘙痒、黄水流注,可单用,或与煅石膏、冰片、黄连等研末外用;治疥疮瘙痒,可与硫黄等同用。

此外,本品燥湿止痒,还可用于痔疮、脱肛、子宫脱垂以及带下阴痒等。

2. 吐衄,便血,崩漏,创伤出血　本品性涩,能入肝经血分,内服、外用均有收敛止血功效,适宜于多种出血证。治衄血不止,以本品研末吹鼻;治吐血,可与白及、海螵蛸等配伍;治肠风便血,可与炮姜等为丸服;治崩漏下血,可与五倍子、地榆等同用;治金疮出血,用生矾、煅矾配松香研末,外敷伤处。

3. 久泻久痢　本品内服能涩肠止泻。治疗久痢便脓血,常与五味子、诃子等涩肠止泻药同用。

4. 风痰痫病,痰热癫狂　本品性寒,内服能清热化痰。治风痰痫病、热痰癫狂,常与郁金配伍为末,薄荷糊丸服。

5. 湿热黄疸　本品还可祛湿退黄。治湿热黄疸,可单用,或与茵陈、金钱草等同用。

【用法用量】内服:0.6~1.5g。外用:适量,研末敷或化水洗患处。

【使用注意】体虚胃弱及无湿热痰火者禁用。

【现代研究】

1. 化学成分　为含水硫酸铝钾[KAl(SO$_4$)$_2$·12H$_2$O],枯矾为脱水白矾。

2. 药理作用　有抗菌、抗皮肤癣菌及真菌、抗阴道滴虫、止血、止泻、促进溃疡愈合、利胆和抗肿瘤等作用。

附:

皂矾　本品为硫酸盐类矿物水绿矾的矿石。主含含水硫酸亚铁(FeSO$_4$·7H$_2$O)。性味酸,凉;

归肝、脾经。功能解毒燥湿,杀虫补血。主治黄肿胀满,疳积久痢,肠风便血,血虚萎黄,湿疮疥癣,喉痹口疮。内服,0.8~6g。外用适量。

蛇床子 shéchuángzǐ

本品首载于《神农本草经》。为伞形科植物蛇床 *Cnidium monnieri* (L.) Cuss. 的干燥成熟果实。主产于河北、山东、浙江等地。夏、秋二季采收。以颗粒饱满、灰黄色、气味浓厚者为佳。生用。《中国药典》规定,按干燥品计算含蛇床子素($C_{15}H_{16}O_3$)不得少于 1.0%。

【处方用名】蛇床子。

【主要药性】辛、苦,温;有小毒。归肾经。

【功效】杀虫止痒,燥湿祛风,温肾壮阳。

【应用】

1. 阴部湿痒,湿疹,疥癣 本品辛苦温燥,外用有燥湿杀虫止痒作用,为治皮肤及妇科瘙痒之常用药。治阴部瘙痒,可与苦参、黄柏、白矾煎汤外洗;治湿疹瘙痒,以本品研粉调凡士林外涂;治疥癣瘙痒,单用本品研粉,猪脂调之外涂,或与硫黄等药为末,菜油调涂。

2. 寒湿带下,湿痹腰痛 本品性温热,内服既能燥湿祛风,又可温肾助阳,适宜于寒湿病证。治肾阳虚、寒湿带下、量多清稀,常与山药、杜仲、牛膝配伍;治寒湿久痹兼肾虚者,常与杜仲、补骨脂同用。

3. 肾虚阳痿,宫冷不孕 本品内服能温肾壮阳起痿。治疗肾虚阳痿,常与鹿茸、淫羊藿、巴戟天等配伍;治宫冷不孕,可与菟丝子、五味子等同用。

【用法用量】内服:3~10g,煎汤,或入丸散。外用:适量,多煎汤熏洗,或研末调敷。

【使用注意】阴虚火旺或下焦有湿热者不宜内服。

【现代研究】

1. 化学成分 主要含蛇床子素、佛手柑内酯、异虎耳草素等;还含有油酸、亚油酸、挥发油、氨基酸等。

2. 药理作用 有增强非特异性免疫功能、类性激素样作用以及抗真菌、抗病毒、抗炎、杀虫作用。蛇床子素有抗心律失常、扩张血管、降低血压,保护心血管、改善大脑缺血、提高学习记忆能力、降血脂、抗血栓、抗凝血、抗肿瘤、镇静、催眠等作用。

木鳖子 mùbiēzǐ

本品首载于《开宝本草》。为葫芦科植物木鳖 *Momordica cochinchinensis* (Lour.) Spreng. 的干燥成熟种子。主产于湖北、广西、四川等地。9~11 月采收。生用或制用。《中国药典》规定,含丝石竹皂苷元(3-*O*-*β*-D- 葡萄糖醛酸甲酯,$C_{37}H_{56}O_{10}$),木鳖子仁不得少于 0.25%,木鳖子霜不得少于 0.40%。

【处方用名】木鳖子、木鳖子仁、木鳖子霜。

【主要药性】苦,微甘,凉。有毒。归肝、脾、胃经。

【功效】散结消肿,攻毒疗疮。

【应用】

1. 疮疡肿毒,瘰疬,痔疮肿痛,干癣,秃疮 本品能散结消肿,攻毒疗疮,并有生肌、止痛作用。

治上述病症,可单用以醋磨汁外涂或研末醋调敷于患处;治痈肿诸毒,可与草乌、半夏等炒焦研细,水调外敷;治痔疮肿痛,可与荆芥、朴硝等份煎汤,熏洗;治瘰疬痰核,可以本品研碎,入鸡蛋内蒸熟食之。

2. 拘挛疼痛　本品能疏通经络,而治痹痛、跌打伤痛。治痹痛、瘫痪,可配乳香为末,清油、黄腊为膏,取少许搓擦患处;治跌打损伤、瘀肿疼痛,可配肉桂、丁香等研末,生姜汁煮米粥调糊外敷。

【用法用量】外用适量,研末,用油或醋调涂患处。内服:0.9~1.2g,多入丸散用。

【使用注意】孕妇及体虚者忌服。

【现代研究】

1. 化学成分　含木鳖子皂苷、木鳖子酸、木鳖子素、齐墩果酸、甾醇、氨基酸,以及油、蛋白质、海藻糖等。

2. 药理作用　木鳖子皂苷有抗炎及降血压作用,并能抑制离体蛙心和离体兔十二指肠;皂苷有溶血作用。

土荆皮　tǔjīngpí

本品首载于《本草纲目拾遗》。为松科植物金钱松 *Pseudolarix amabilis*(Nelson)Rehd. 的干燥根皮或近根树皮。主产于江苏、浙江、安徽等地。夏季采收。以片大而整齐、黄褐色者为佳。生用。《中国药典》规定,本品含土荆皮乙酸($C_{23}H_{29}O_8$)不得少于 0.25%。

【处方用名】土荆皮。

【主要药性】辛,温。有毒。归肺、脾经。

【功效】杀虫疗癣,止痒。

【应用】

1. 各种癣症　本品有较好的杀虫疗癣、祛湿止痒作用。以外用为主。现多制成土荆皮酊外用。

2. 湿疹及皮肤瘙痒　可单用浸酒外擦,或配大黄、黄柏、苦参等同用。

【用法用量】外用适量,酒或醋浸涂擦,或研末调涂患处。

【使用注意】只供外用,不可内服。

【现代研究】

1. 化学成分　主要有土荆皮酸、β-谷甾醇、鞣质、挥发油、多糖。

2. 药理作用　有抗真菌、抗癌、抗早孕、止血作用。

蜂房　fēngfáng

本品首载于《神农本草经》。为胡蜂科昆虫果马蜂 *Polistes olivaceous*(DeGeer)、日本长脚胡蜂 *Polistes japonicus* Saussure 或异腹胡蜂 *Parapolybia varia* Fabricius 的巢。全国均有,秋、冬二季采收。生用或炒用。

【处方用名】蜂房、露蜂房。

【主要药性】甘,平。归肝、胃经。

【功效】攻毒杀虫,祛风止痛。

【临床应用】

1. 疮疡肿毒,乳痈,瘰疬,顽癣　本品能攻毒杀虫,为外科常用之品。治疮肿初发,可单用,或与生南星、生草乌配伍;治乳痈,可与瓜蒌、蒲公英等配伍;治瘰疬,可与蛇蜕、黄芪、玄参等同用;治顽癣,以本品为末,调猪脂涂擦。

2. 风湿痹痛,牙痛　本品又能祛风止痛。治风湿痹痛,可与川乌、草乌同用,乙醇浸泡外涂痛处;治牙痛,可与细辛煎水漱口。

【用法用量】内服:3~5g,煎汤,或入丸散。外用适量,研末油调敷患处,或煎水漱,或洗患处。

【使用注意】气血虚弱者,痈疽已破溃者禁用。

【现代研究】

1. 化学成分　主要含蜂蜡、蜂胶和蜂房油等物质;此外,还含有丰富的锌、铁、硅、锰、铜等微量元素。

2. 药理作用　有增强免疫力、调节内分泌的功能,能镇痛、抗菌、抗炎、抗感染、抗氧化、抗肿瘤等作用,蜂房油能驱蛔虫、绦虫。

蟾酥　chánsū

本品首载于《药性论》。为蟾蜍科动物中华大蟾蜍 *Bufo bufo gargarizans* Cantor 或黑框蟾蜍 *Bufo melanostictus* Schneider 的干燥分泌物。主产于河北、山东、四川等地,夏、秋二季采收。粉碎用。《中国药典》规定,干燥药材含华蟾酥毒基($C_{26}H_{34}O_6$)和脂蟾毒配基($C_{24}H_{32}O_4$)的总量不得少于 6.0%。

【处方用名】蟾酥、蟾酥粉。

【主要药性】辛,温。有毒。归心经。

【功效】解毒,止痛,开窍醒神。

【应用】

1. 痈疽疔疮,咽喉肿痛,牙痛　本品有良好的解毒消肿、麻醉止痛作用,可外用或内服。治痈疽及恶疮,常与麝香、朱砂配伍;治咽喉肿痛,常与牛黄、冰片配伍;治牙痛,可单用研末点患处;用于五官科的黏膜麻醉,可与川乌、生南星等配伍。

2. 中暑神昏,痧胀腹痛吐泻　本品辛温走窜,有辟秽化浊、开窍醒神之功。治痧胀腹痛吐泻,常与麝香、雄黄、丁香配伍,研末吹入鼻中取嚏。

【用法用量】内服:0.015~0.03g,多入丸散用。外用适量。

【使用注意】内服勿过量,外用不可入目。孕妇慎用。本品按国务院《医疗用毒性药品管理办法》要求管理使用。

【现代研究】

1. 化学成分　主要含蟾毒、蟾毒配基脂肪酸酯、蟾毒配基硫酸酯等。

2. 药理作用　有强心、抗心肌缺血、抗凝血、升压、抗休克、兴奋大脑皮层及呼吸中枢、抗炎、镇痛及局麻等作用。蟾毒内酯类和华蟾素有抗肿瘤、升白细胞、抗放射线等作用。

附:

蟾皮　本品为蟾蜍科动物中华大蟾蜍或黑眶蟾蜍除去内脏的干燥体。性味苦、凉,有毒。归心、肺、脾、大肠经。功能清热解毒,利水消肿。主治痈疽,肿毒,瘰疬,疳积腹胀,慢性气管炎等。内服,3~9g;外用适量;鲜用,敷贴;或干品研末调敷。

大蒜 dàsuàn

本品首载于《本草衍义补遗》。为百合科植物大蒜 *Allium sativum* L. 的鳞茎。全国各地均有栽培。夏季采挖。以个大、肥厚、味辛辣者为佳。生用。《中国药典》规定,本品含大蒜素($C_6H_{10}S_3$)不得少于 0.15%。

【处方用名】大蒜、独头蒜。

【主要药性】辛,温。归脾、胃、肺经。

【功效】解毒消肿,止痢,杀虫。

【应用】

1. 痈肿疮疡,疥癣　本品内服外用均有良好的解毒、杀虫、消肿作用。治疮疖初发,可用单用独头蒜切片贴肿处。治皮肤或头癣瘙痒,可用大蒜切片外擦或捣烂外敷。

2. 泄泻,痢疾　本品止痢力强。治泻痢,可单用本品内服,或以大蒜 10% 浸液保留灌肠。

3. 钩虫病,蛲虫病　本品有杀虫之功。治蛲虫病,可将大蒜捣烂,加茶油少许,睡前涂于肛门周围。

【用法用量】内服:9~15g。外用适量,捣敷,切片擦或隔蒜灸。

【使用注意】外用不可久敷;阴虚火旺及目、口齿、喉舌诸疾不宜;孕妇不宜以汁灌肠。

【现代研究】

1. 化学成分　主要有大蒜油、大蒜素、硫化亚硝酸酯类。

2. 药理作用　有广谱抗菌、降脂、抑制血小板聚集、抗肿瘤、抗突变、抗炎、杀精、兴奋子宫等作用。

【思考题】

1. 何谓攻毒杀虫止痒药? 简述攻毒杀虫止痒药的功效、主治。如何正确使用攻毒杀虫止痒药?

2. 如何正确使用硫黄、雄黄、白矾、蛇床子?

3. 简述硫黄与雄黄在功效、应用方面的异同点。

ER 各论第二十二章　同步练习

(李会芳)

第二十三章　拔毒化腐生肌药

【学习目标】

1. 掌握拔毒化腐生肌药的含义、性能主治;熟悉拔毒化腐生肌药的应用要点、使用注意。

2. 掌握红粉的药性、功效、主治、性能特点、经典配伍以及用法用量、使用注意。熟悉炉甘石、硼砂的功效、主治、某些特殊用法及使用注意。了解其余拔毒化腐生肌药的功效、特殊用法及使用注意。

【含义】以拔毒化腐、生肌敛疮为主要功效,主治疮疡脓出不畅,或久溃不敛等病症的药物,称为拔毒化腐生肌药。

【性能主治】本类药物多为有毒之品,可以"以毒攻毒",具拔毒化腐、祛腐生肌之功;少数药物有收敛生肌之功。主治痈疽疮疡溃后脓出不畅,或溃后腐肉不去、新肉难生、创口难以愈合之症,以及癌肿、梅毒。此外,有些拔毒化腐生肌药兼有杀虫、燥湿、止痒、明目退翳、祛痰等功效,还可用于治疗湿疹、疥癣、目赤翳障、痰多咳喘等。

【应用要点】

1. 对证用药　拔毒化腐生肌药主要适用于脓成不溃,或脓出不畅,或腐肉不去之疮疡不敛的病症。应根据药物性能特点,有选择地使用。其在破溃之中,多选拔毒化腐药;若腐肉已脱、脓水将尽,多选生肌敛疮之品。

2. 配伍用药　疮疡发病多与热毒、火毒有关,故常与清热解药配伍;营血壅滞为疮疡发生发展的病理基础,故又常与活血化瘀药配伍;疮疡脓毒已尽,新肉难生,可与补气养血药配伍。

3. 注意事项　本类药物多为大毒之品或具有较强刺激性,为确保用药安全,使用时应严格遵守炮制及制剂法度、严格控制剂量和用法,"中病即止""小量渐增"为其用药基本原则。即使外用也不可过量和持续使用,以防中毒。有些药物不宜在头面及黏膜上使用,尤其是含砷、汞、铅等类的药物毒副作用尤甚,使用时更应注意用药安全。

本类药物以局部外用为主,其常用的外用方法有:研末外撒;或制成膏药敷贴;或研末加猪脂、羊脂、松脂、麻油、凡士林等调敷;或制成药捻外用等。具体用法可根据具体药物、病情和用途而定。

红粉　hóngfěn

本品首载于《外科大成》，由水银、火硝、白矾混合升华而成的红色升华物。主产于河北、湖北、湖南等地。以色红、块片不碎、有光泽者为佳。研细末用。陈久者良。《中国药典》规定，本品含氧化汞(HgO)不得少于99.0%。

【处方用名】红粉、升药、红升丹。

【主要药性】辛，热。大毒。归肺、脾经。

【功效】拔毒，除脓，去腐，生肌。

【应用】

疮疡腐肉不去，窦道瘘管　本品辛热，有大毒，具拔毒除脓、去腐生肌之效，广泛用于痈疽溃后，脓水未尽或脓出不畅，或腐肉不去，甚至形成窦道瘘管，新肉难生之疾，为外科要药。每与煅石膏配伍为用，根据病情不同而调整两药的用量比例。如红粉与煅石膏的用量比有1：9、2：8、3：7、6：4、5：5、9：1之不同，而分称为九一丹、八二丹、七三丹、六四丹、五五丹、九转丹，两者配伍随着本品用量的增加，拔毒除脓去腐之力逐渐增强。

【用法用量】外用：适量，研极细粉末单用或配用，干掺或调敷，或以药捻沾药粉使用。本品按国务院《医疗用毒性药品管理办法》要求管理使用。

【使用注意】本品有大毒，只供外用，不能内服。外用亦不宜过量或久用。外疡腐肉已去或脓水已尽者，不宜用，孕妇禁用。

【现代研究】

1. 化学成分　主要含氧化汞(HgO)，另含硝酸汞[Hg(NO_3)_2]等。

2. 药理作用　本品有抗菌、促进疮面愈合作用。局部用可引起接触性皮炎，以及头晕、头痛、失眠、多梦、情绪激动或抑郁，流涎、溃疡、牙龈肿痛、出血、口臭、牙龈萎缩、牙齿松动脱落，肌肉震颤，甚至肝肾功能受损。

轻粉　qīngfěn

本品首载于《本草拾遗》，为水银、白矾(或胆矾)、食盐等用升华法制成的氯化亚汞(Hg_2Cl_2)结晶性粉末。主产于湖北、河北、湖南等地。以色白、片大、质轻、明亮有光泽者为佳。研细末用。《中国药典》规定，本品含氯化亚汞(Hg_2Cl_2)不得少于99.0%。

【处方用名】轻粉、汞粉、水银粉、腻粉。

【主要药性】辛，寒。有毒。归大肠、小肠经。

【功效】外用杀虫，攻毒，敛疮。内服祛痰消积，逐水通便。

【应用】

1. 疥疮，顽癣，臁疮，梅毒，疮疡，湿疹　本品辛寒燥烈，有毒，外用有较强的攻毒杀虫止痒、敛疮生肌之功。治疮疡、疥癣瘙痒、黄水流漓、酒渣鼻、痤疮、梅毒下疳等皮肤湿烂、瘙痒为主的多种疾患，常与煅石膏、黄连、黄柏等配伍外用。

2. 痰涎积滞，水肿臌胀，二便不利　本品辛行性寒，性猛走而不守，具有逐痰涎、消臌胀、通二便之功。治痰涎喘逆，不得平卧，常与诃子、瓜蒌等配伍；治水肿臌胀，二便不利，常与大黄、甘遂、大戟等同用。

【用法用量】外用:适量,研末掺敷患处。内服:每次0.1~0.2g,1日1~2次,多入丸剂或装胶囊服,服后立即漱口,以免口腔糜烂、牙齿受损。

【使用注意】本品有毒,不可过量或久服;内服宜慎;体虚或孕妇禁用。本品按国务院《医疗用毒性药品管理办法》要求管理使用。

【现代研究】

1. 化学成分　主要含氯化亚汞(Hg_2Cl_2)。

2. 药理作用　有良好的抑菌作用。口服有一定利尿、泻下作用。局部外用可引起接触性皮炎,内服可致肝肾等器官及组织受损,也可导致中枢神经和自主神经功能紊乱。

信石　xìnshí

本品首载于《日华子本草》,为天然砷华(Arsenolite)矿石,或由毒砂(硫砷铁矿,Arsenopyrite)、雄黄(Realgar)等含砷矿物的加工品。主产于江西、湖南、广东等地。药材分白信石(白砒)与红信石(红砒),药用以红信石为主。信石升华的精制品即为白色粉末砒霜(三氧化二砷,As_2O_3),其毒性更剧。红信石以块状、色红润、有晶莹直纹、无泽者为佳;白信石色白为上,余同红信石。研细粉用。

【处方用名】信石、砒石、砒霜。

【主要药性】辛,大热。有大毒。归肺、肝经。

【功效】外用攻毒杀虫,蚀疮去腐;内服劫痰平喘,攻毒蚀癌,截疟。

【应用】

1. 恶疮,瘰疬,顽癣,牙疳,痔疮　本品大辛大热,性烈毒猛,外用攻毒杀虫、蚀疮去腐力峻。单用毒大,易导致剧烈疼痛,多配伍他药以缓其毒。治恶疮日久、痈疽发背、瘰疬、顽癣、疔疮、疥疮、走马牙疳、痔疮等多种疾患,常与明矾、雄黄、乳香等配伍外用。

2. 寒痰哮喘　本品味辛性大热,善入肺经,质重沉降,内服具逐寒劫痰,止咳定喘之效。治疗寒痰咳喘、久治不愈者,可配淡豆豉捣丸服用。

3. 癌肿　本品有大毒,尚能以毒攻毒以抑癌,可用于多种癌肿,尤宜于血癌。

【用法用量】外用:适量,研末撒敷,宜作复方散剂或入膏药、药捻用。内服:一次0.002~0.004g,入丸、散服。

【使用注意】本品剧毒,内服宜慎,须严格掌握用量,不可持续服用;外用亦不可过量,以防局部吸收中毒。体虚者及孕妇禁服。不可作酒剂服。忌火煅。不宜与水银配伍。本品按国务院《医疗用毒性药品管理办法》要求管理使用。

【现代研究】

1. 化学成分　白信石和砒霜主要含三氧化二砷(As_2O_3),红信石还含有少量硫化砷(As_2S)。

2. 药理作用　本品有杀灭微生物、疟原虫及阿米巴原虫作用。对癌细胞有特定的毒性,对多种肿瘤有抑制作用。小剂量信石可促进蛋白质的合成,活跃骨髓造血功能,促进红细胞及血色素新生。另外,还有抗组织胺及平喘作用。局部外用对皮肤、黏膜有强烈腐蚀作用,内服可致肝、肾、心等器官及组织受损,还能致癌、致畸、致突变等。

铅丹 qiāndān

本品首载于《神农本草经》。为纯铅加工制成的氧化物,主含四氧化三铅(Pb_3O_4)。主产于广东、河南、福建等地。以细腻光滑、色橙红、无粗粒者为佳。研细粉用。

【处方用名】铅丹、红丹、黄丹。

【性味归经】辛、咸,寒。有毒。归心、脾、肝经。

【功效】外用拔毒生肌,杀虫止痒;内服坠痰镇惊。

【应用】

1. 疮疡溃烂,湿疹瘙痒,疥癣　本品味辛咸性寒,入血分,质重沉降,有毒,外用有拔毒生肌、杀虫止痒之功。治疮疡初起红肿或脓成未溃者,配黄明胶外用;治痈疽溃后不敛,可与煅石膏、轻粉、冰片等配伍。

2. 惊痫癫狂、心神不宁　本品味咸入血,质重沉降,入心经,有坠痰定惊、重镇安神之效。治痰热惊痫癫狂、心神不宁之证。

铅丹又为制备外用膏药的原料,常用植物油或配伍三七、马钱子等药熬制成外贴膏药使用。

【用法用量】外用:适量,研末撒布或熬膏贴敷。内服:每次 0.3~0.6g,入丸、散服。

【使用注意】本品有毒,用之不当可引起铅的蓄积中毒,宜慎用。不可持续使用以防蓄积中毒。孕妇禁用。

【现代研究】

1. 化学成分　本品主含四氧化三铅(Pb_3O_4),氧化铅(PbO)及过氧化铅(PbO_2),尚含铅的其他氧化物。

2. 药理作用　有直接杀灭细菌、寄生虫、并有抑制黏膜分泌的作用。长期或过量使用会对神经、造血、消化、泌尿、呼吸及心血管等多系统产生损伤。

附:

密陀僧　本品为硫化物类矿物方铅矿提炼银、铅时沉积的炉底,或为铅熔融后的加工制成品,主含氧化铅(PbO)。主产于湖南、江苏、陕西等地。性味咸、辛,平;有毒。归肝、脾经。外用功能燥湿、杀虫、解毒、收敛、防腐;内服祛痰镇惊。外用宜于疮疡溃后不敛、口疮、湿疹、疥癣、狐臭、汗斑、烧烫伤、痔疮等,内服用于风痰惊痫。外用适量,研末撒或调涂,或制成膏药、软膏、油剂等外用。内服入丸、散,0.2~0.5g。本品有毒,以外用为主,内服慎。剂量过大或长期服用有铅蓄积中毒风险。体虚、孕妇及儿童禁用。不宜与狼毒同用。

炉甘石 lúgānshí

本品首载于《本草品汇精要》,为碳酸盐类矿物方解石族菱锌矿,主含碳酸锌($ZnCO_3$)。主产于广西、湖南、四川等地。全年可采收。以块大、色白或色淡红、体轻浮者为佳。生用或制用。《中国药典》规定,含氧化锌(ZnO),药材、炉甘石饮片不得少于 40.0%;煅炉甘石不得少于 56.0%。

【处方用名】炉甘石、煅炉甘石。

【性味归经】甘,平。归肝、脾经。

【功效】解毒明目退翳,收湿止痒敛疮。

【应用】

1. 目赤目障,烂弦风眼　本品入肝经,功能解毒明目退翳,且可收湿止痒,为眼科外用要药。治目赤翳障,常与玄明粉配伍;治眼睑赤烂、羞明多泪,多与黄连、冰片等同用。

2. 溃疡不敛,湿疮瘙痒　本品外用有收湿止痒、敛疮生肌之效。治疮疡溃后脓水淋漓、疮口不敛者,常配伍龙骨共研极细末,干掺患处;治湿疹、湿疮,皮肤湿痒,常水飞炉甘石制成洗剂,外擦。

【用法用量】外用:适量,研末撒布或调敷,水飞点眼、吹喉。

【使用注意】本品专供外用,不作内服。口服在胃内易形成氧化锌(ZnO),刺激腐蚀胃肠道。

【现代研究】

1. 化学成分　本品主含碳酸锌($ZnCO_3$),还含有少量氧化钙、氧化镁、氧化锰等。煅炉甘石的主要成分为氧化锌(ZnO)。

2. 药理作用　有一定抑菌作用。其所含的碳酸锌($ZnCO_3$)不溶于水,外用能部分吸收创面的分泌液,有防腐、收敛、消炎、止痒及保护创面作用。因部分药材含有铅、镉等重金属而有一定毒性。

硼砂　péngshā

本品首载于《日华子本草》,为天然矿物硼砂经精制而成的结晶体,主含含水四硼酸钠($Na_2B_4O_7 \cdot 10H_2O$)。主产于青海、西藏、云南等地。全年可采收。以色白、透明者为佳。生用或煅用。

【处方用名】硼砂、月石。

【性味归经】甘、咸,凉。归肺、胃经。

【功效】外用清热解毒,内服清肺化痰。

【应用】

1. 咽喉肿痛,口舌生疮,目赤肿痛　本品甘凉,能清热解毒、消肿防腐,为喉科及眼科常用药。治咽喉肿痛、口舌生疮,常与冰片、玄明粉配伍;治目赤肿痛,可单用本品水溶液洗眼,或与珍珠、熊胆等同用。

2. 痰热咳嗽　本品味甘咸,性凉,主入肺经,内服有清肺化痰之效。治肺热咳嗽,痰黄黏稠之症,常与桔梗、贝母等配伍为用。

【用法用量】内服:1.5~3g,入丸、散。外用:适量,研极细末干撒或调敷患处,或化水含漱。

【使用注意】以外用为佳,内服宜慎。

【现代研究】

1. 化学成分　主要含含水四硼酸钠($Na_2B_4O_7 \cdot 10H_2O$),还含有少量铅、铜、铝、钙、铁、镁等杂质。

2. 药理作用　本品体外对多种革兰氏阴性菌和阳性菌、皮肤真菌及白念珠菌等有一定抑制作用。对皮肤黏膜有收敛和保护作用,另略有防腐、抗惊厥作用。

1. 何谓拔毒化腐生肌药？简述拔毒化腐生肌药的功效、主治、应用要点、使用注意。
2. 如何正确使用红粉、信石、炉甘石、硼砂？
3. 简述红粉与轻粉在功效、应用方面的异同点。

ER 各论第二十三章　同步练习

(廖广辉)

主要参考书目

［1］ 国家药典委员会.中华人民共和国药典:一部.2020年版.北京:中国医药科技出版社,2020

［2］ 国家中医药管理局《中华本草》编委会.中华本草.上海:上海科学技术出版社,1999

［3］ 南京中医药大学.中药大辞典.2版.上海:上海科学技术出版社,2006

［4］ 颜正华.中药学.2版.北京:人民卫生出版社,2006

［5］ 张廷模.临床中药学.上海:上海科学技术出版社,2012

［6］ 常章富,郭忻.中药学专业知识(二).北京:中国医药科技出版社,2017

［7］ 周祯祥,唐德才.中药学.2版.北京:中国中医药出版社,2016

［8］ 钟赣生.中药学.4版.北京:中国中医药出版社,2016

［9］ 周祯祥,唐德才.临床中药学.北京:中国中医药出版社,2016

［10］ 李学林,崔瑛,曹峻岭.实用临床中药学(中药饮片部分).北京:人民卫生出版社,2013

［11］ 国家中医药管理局.中医病证诊断疗效标准.南京:南京大学出版社,1994

附录：中药药食两用名录、可用于食品的中药名录

《卫生部关于进一步规范保健食品原料管理的通知》（卫法监发〔2002〕51号）

1. 既是食品又是中药材物质目录 丁香、八角茴香、刀豆、小茴香、小蓟、山药、山楂、马齿苋、乌梅、木瓜、火麻仁、代代花、玉竹、甘草、白芷、白果、白扁豆、白扁豆花、龙眼肉（桂圆）、决明子、百合、肉豆蔻、肉桂、余甘子、佛手、杏仁（甜、苦）、沙棘、芡实、花椒、赤小豆、麦芽、昆布、枣（大枣、黑枣）、罗汉果、郁李仁、金银花、青果、鱼腥草、姜（生姜、干姜）、枳椇子、枸杞子、栀子、砂仁、胖大海、茯苓、香橼、香薷、桃仁、桑叶、桑椹、桔红（橘红）、桔梗、益智仁、荷叶、莱菔子、莲子、高良姜、淡竹叶、淡豆豉、菊花、菊苣、黄芥子、黄精、紫苏、紫苏子（籽）、葛根、黑芝麻、黑胡椒、槐米、槐花、蒲公英、榧子、酸枣、酸枣仁、鲜白茅根（或干白茅根）、鲜芦根（或干芦根）、橘皮（或陈皮）、薄荷、薏苡仁、薤白、覆盆子、藿香、乌梢蛇、牡蛎、阿胶、鸡内金、蜂蜜、蝮蛇（蕲蛇）、人参、山银花、芫荽、玫瑰花、松花粉、粉葛、布渣叶、夏枯草、当归、山柰、西红花、草果、姜黄、荜茇、党参、肉苁蓉（荒漠）、铁皮石斛、西洋参、黄芪、灵芝、山茱萸、天麻、杜仲叶。

2. 可用于保健食品的物品名单 人参、人参叶、人参果、三七、土茯苓、大蓟、女贞子、山茱萸、川牛膝、川贝母、川芎、马鹿胎、马鹿茸、马鹿骨、丹参、五加皮、五味子、升麻、天门冬、天麻、太子参、巴戟天、木香、木贼、牛蒡子、牛蒡根、车前子、车前草、北沙参、平贝母、玄参、生地黄、生何首乌、白及、白术、白芍、白豆蔻、石决明、石斛（需提供可使用证明）、地骨皮、当归、竹茹、红花、红景天、西洋参、吴茱萸、怀牛膝、杜仲、杜仲叶、沙苑子、牡丹皮、芦荟、苍术、补骨脂、诃子、赤芍、远志、麦冬、龟甲、佩兰、侧柏叶、制大黄、制何首乌、刺五加、刺玫果、泽兰、泽泻、玫瑰花、玫瑰茄、知母、罗布麻、苦丁茶、金荞麦、金樱子、青皮、厚朴花、姜黄、枳壳、枳实、柏子仁、珍珠、绞股蓝、胡芦巴、茜草、荜茇、韭菜子、首乌藤、香附、骨碎补、党参、桑白皮、桑枝、浙贝母、益母草、积雪草、淫羊藿、菟丝子、野菊花、银杏叶、黄芪、湖北贝母、番泻叶、蛤蚧、越橘、槐实、蒲黄、蒺藜、蜂胶、酸角、墨旱莲、熟大黄、熟地黄、鳖甲。

中药名称汉语拼音索引